DERECHO ADMINISTRATIVO

MANUEL REBOLLO PUIG
DIEGO J. VERA JURADO
(Directores)

DERECHO ADMINISTRATIVO

TOMO I

CONCEPTOS FUNDAMENTALES, FUENTES Y ORGANIZACIÓN

MANUEL REBOLLO PUIG
(Coordinador)

QUINTA EDICIÓN

AUTORES:
ELSA MARINA ÁLVAREZ GONZÁLEZ
ANTONIO BUENO ARMIJO
ELOÍSA CARBONELL PORRAS
MANUEL IZQUIERDO CARRASCO
MARIANO LÓPEZ BENÍTEZ
MANUEL REBOLLO PUIG
MANUEL RODRÍGUEZ PORTUGUÉS
DIEGO J. VERA JURADO
M.ª REMEDIOS ZAMORA ROSELLÓ

tecnos

Diseño de cubierta:
J. M. Domínguez y J. Sánchez Cuenca

1.ª edición, 2015
Reimpresión, 2016
2.ª edición, 2016
3.ª edición, 2017
4.ª edición, 2019
5.ª edición, 2023

Valentín Beato, 21 - 28037 Madrid
ISBN: 978-84-309-8519-7
Depósito Legal: M-19672-2023

Printed in Spain

Índice

BIBLIOGRAFÍA GENERAL

TRATADOS Y MANUALES

Se recogen a continuación los manuales y tratados españoles de Derecho Administrativo que están actualizados y en los que el alumno puede encontrar materiales de interés para el estudio de las lecciones junto con la bibliografía más específica que se recoge al final de cada una de ellas.

Barrero Rodríguez, C. (coord.): *Lecciones de Derecho Administrativo. Parte general*, 2 vols., Tecnos, 6.ª y 7.ª ed., 2022.

Bermejo Vera, J.: *Derecho Administrativo básico*, 2 vols., Civitas, 13.ª y 2.ª ed., 2019 y 2018.

Cosculluela Montaner, L.: *Manual de Derecho Administrativo*, Civitas, 33.ª ed., 2022.

Esteve Pardo, J.: *Lecciones de Derecho Administrativo*, Marcial Pons, 10.ª ed., 2021.

Fernández Farreres, G.: *Sistema de Derecho Administrativo*, 2 vols., Civitas, 6.ª ed., 2022.

Gamero Casado, E. y Fernández Ramos, S.: *Manual básico de Derecho Administrativo*, Tecnos, 19.ª ed., 2022.

García de Enterría, E. y Fernández, T. R.: *Curso de Derecho Administrativo*, 2 vols., Civitas, 20.ª y 17.ª ed., 2022.

Martín Rebollo, L.: *Manual de Derecho Administrativo y guía para el estudio de las leyes administrativas*, Aranzadi, 6.ª ed., 2022.

Menéndez, P. y Ezquerra, A. (dirs.): *Lecciones de Derecho Administrativo*, Civitas, 2.ª ed., 2021.

Muñoz Machado, S.: *Tratado de Derecho Administrativo y Derecho público general*, 16 vols., *BOE*, 4.ª ed., 2015.

Parada Vázquez, R.: *Derecho Administrativo*, 3 vols., UNED/Ediciones académicas, 26.ª, 23.ª y 16.ª ed., 2017.

Parejo Alfonso, L.: *Lecciones de Derecho Administrativo*, Tirant lo Blanch, 12.ª ed., 2022.

Rodríguez Santiago, J. M., Doménech Pascual, G, y Arroyo Jiménez, L. (coords.), *Tratado de Derecho Administrativo*, vol. I, Marcial Pons, 2021.

Sánchez Morón, M.: *Derecho Administrativo. Parte general*, Tecnos, 14.ª ed., 2018.

Santamaría Pastor, J. A.: *Principios de Derecho Administrativo general*, 2 vols., Iustel, 5.ª ed., 2018.

Torres López, M. A. (coord.): *Conceptos para el estudio del Derecho Administrativo I y II en el grado*, 2 vols., Tecnos, 7.ª ed., 2021.

Trayter Jiménez, J. M.: *Derecho Administrativo. Parte general*, Atelier, 7.ª ed., 2022.

LIBROS HOMENAJE

Entre las obras generales que contienen artículos relevantes sobre las materias estudiadas hay diversos libros publicados en homenaje a Profesores especialmente destacados. Muchos de esos estudios serán citados en la bibliografía de cada lección y lo serán, además, indicando sólo el libro homenaje en que se contiene sin reproducir sus demás datos (por ejemplo, *Homenaje a García de Enterría*). Ofrecemos a continuación una relación por orden alfabético del apellido del Profesor homenajeado de aquéllos más utilizados en diversas lecciones. Los que versan exclusivamente sobre temas contenidos en una lección serán citados en ella.

Boquera: *Nuevas perspectivas del Régimen local. Estudios en homenaje al Profesor José M.ª Boquera Oliver*, Tirant lo Blanch, 2002.

Carro Fernández-Valmayor: *Los retos actuales del Derecho Administrativo en el Estado autonómico*, Andavira, Fundación Democracia y Gobierno Local, 2017.

Cosculluela: *Régimen jurídico básico de las Administraciones públicas. Libro homenaje al Profesor Luis Cosculluela Montaner*, Iustel, 2015.

De la Quadra-Salcedo: *Los retos del Estado y la Administración en el siglo xxi. Libro homenaje al profesor Tomás de la Quadra-Salcedo Fernández del Castillo*, Tirant lo Blanch, 2017.

Entrena Cuesta: *La justicia administrativa. Libro homenaje al Profesor Dr. D. Rafael Entrena Cuesta*, Atelier, 2003.

Fernández Rodríguez: *Administración y justicia. Un análisis jurisprudencial. Liber amicorum Tomás-Ramón Fernández*, Civitas, 2012.

García de Enterría: *Estudios sobre la Constitución Española. Homenaje al Profesor Eduardo García de Enterría*, Civitas, 1991.

Garrido Falla: *Actualidad y perspectivas del Derecho público de fines del siglo xx, Homenaje al Profesor Garrido Falla*, Universidad Complutense, 1992.

González Pérez: *La protección jurídica del ciudadano (procedimiento administrativo y garantía jurisdiccional). Estudios en homenaje al Profesor Jesús González Pérez*, Civitas, 1993.

Martín Mateo: *El Derecho Administrativo en el umbral del siglo XXI. Homenaje al Prof. Dr. D. Ramón Martín Mateo*, Tirant lo Blanch, 2000.

Martín-Retortillo: *Derechos fundamentales y otros estudios en homenaje al Prof. Dr. Lorenzo Martín-Retortillo*, Universidad de Zaragoza, 2008.

Martín-Retortillo: *Estudios de Derecho público económico. Libro homenaje al Prof. Dr. D. Sebastián Martín-Retortillo*, Civitas, 2003.

Martínez López-Muñiz: *Derecho Administrativo e integración europea. Estudios en homenaje al profesor José Luis Martínez López-Muñiz*, Editorial Reus, 2017.

Menéndez Rexach: *Homenaje al Profesor Ángel Menéndez Rexach*, Aranzadi, 2018.

Morell: *El gobierno local. Estudios en homenaje al Profesor Luis Morell Ocaña*, Iustel, 2010.

Muñoz Machado: *Memorial para la reforma del Estado. Estudios en homenaje al profesor Santiago Muñoz Machado*, Centro de Estudios Políticos y Constitucionales, 2016.

Parejo Alfonso: *Estudios de Derecho Público en homenaje a Luciano Parejo Alfonso*, Tirant lo Blanch, 2018.

Pérez Moreno: *Derechos y garantías del ciudadano. Estudios en homenaje al Profesor Alfonso Pérez Moreno*, Iustel, 2011.

Rivero Ysern: *El nuevo Derecho Administrativo. Libro homenaje al Prof. Dr. Enrique Rivero Ysern*, Ratio Legis, 2011.

Santamaría: *Por el Derecho y la libertad. Libro homenaje al Profesor Juan Alfonso Santamaría Pastor*, Iustel, 2014.

Villar Palasí: *Libro homenaje al Profesor José Luis Villar Palasí*, Civitas, 1989.

REVISTAS ESPECIALIZADAS

En la bibliografía de cada lección se citan artículos publicados en diversas revistas científicas. Sobre todo, por su relevancia general para el Derecho Administrativo, debe quedar aquí constancia de las siguientes:

Revista de Administración Pública (*RAP*). Cuatrimestral. Editada por el Centro de Estudios Políticos y Constitucionales desde 1950.

Revista Española de Derecho Administrativo (*REDA*). Trimestral. Editada por Civitas desde 1974. Desde 2014 publica en números separados «Crónicas de Jurisprudencia».

Documentación Administrativa (*DA*). Editada por el Instituto Nacional de Administración Pública (INAP) desde 1958.

Revista General de Derecho Administrativo (*RGDA*). Cuatrimestral. Editada por Iustel desde 2002.

Justicia Administrativa (*JA*). Trimestral. Editada por Lex Nova desde 1998 hasta 2013. Desde entonces su contenido fundamental ha pasado a integrarse en las «Crónicas de Jurisprudencia» incorporadas a la *REDA*.

Revista de Estudios de la Administración Local y Autonómica (*REALA*). Trimestral. Editada por el Instituto Nacional de Administración Pública (INAP) desde 1941, aunque ha dependido en su historia de diversos organismos y tenido otros nombres (Revista de Estudios de la Vida Local).

De ámbito autonómico y especial interés es *Administración de Andalucía. Revista Andaluza de Administración Pública (RAAP)*. Cuatrimestral. Editada por el Instituto Andaluz de Administración Pública y la Universidad de Sevilla desde 1990.

ABREVIATURAS

ap.	Apartado
art.	artículo
as.	asunto
as. ac.	asuntos acumulados
BOE	*Boletín Oficial del Estado*
BOJA	*Boletín Oficial de la Junta de Andalucía*
c.	contra
CC	Código Civil
CE	Constitución Española
CEDH	Convenio Europeo para la protección de los Derechos Humanos y las Libertades Fundamentales
CGPJ	Consejo General del Poder Judicial
CPen	Código Penal
DA	*Documentación Administrativa* (revista)
EA	Estatuto de Autonomía
EAA	Estatuto de Autonomía de Andalucía
EBEP	Texto Refundido del Estatuto Básico del Empleado Público
FJ	Fundamento Jurídico
JA	*Justicia Administrativa* (revista)
LAJA	Ley de la Administración de la Junta de Andalucía
LAULA	Ley de Autonomía Local de Andalucía
LBCOCISN	Ley de Bases de las Cámaras Oficiales de Comercio, Industria, Servicios y Navegación
LCP	Ley de Colegios Profesionales
LCSP	Ley de Contratos del Sector Público
LEC	Ley de Enjuiciamiento Civil
LEF	Ley de Expropiación Forzosa
LG	Ley del Gobierno
LGA	Ley del Gobierno de la Comunidad Autónoma de Andalucía
LGP	Ley General Presupuestaria
LGSub	Ley General de Subvenciones
LGT	Ley General Tributaria
LJCA	Ley Reguladora de la Jurisdicción Contencioso-Administrativa
LO	Ley Orgánica
LOCE	Ley Orgánica del Consejo de Estado
LOPJ	Ley Orgánica del Poder Judicial
LOSU	Ley Orgánica del Sistema Universitario
LOREG	Ley Orgánica de Régimen Electoral General
LOTC	Ley Orgánica del Tribunal Constitucional
LOU	Ley Orgánica de Universidades
LPAC	Ley del Procedimiento Administrativo Común de las Administraciones Públicas
LPAP	Ley de Patrimonio de las Administraciones Públicas
LRBRL	Ley Reguladora de las Bases de Régimen Local
LRJSP	Ley de Régimen Jurídico del Sector Público
LRSAL	Ley de Racionalización y Sostenibilidad de la Administración Local

LTAIC	Ley de Tratados y otros Acuerdos Internacionales
PAC	Política Agrícola Común
RAP	*Revista de Administración Pública*
RAAP	*Administración de Andalucía. Revista Andaluza de Administración Pública*
RD	Real Decreto
REALA	*Revista de Estudios de la Administración Local y Autonómica*
REDA	*Revista Española de Derecho Administrativo*
RGDA	*Revista General de Derecho Administrativo*
STC	Sentencia del Tribunal Constitucional
STEDH	Sentencia del Tribunal Europeo de Derechos Humanos
STJUE	Sentencia del Tribunal de Justicia de las Comunidades Europeas/Sentencia del Tribunal de Justicia de la Unión Europea
STS	Sentencia del Tribunal Supremo
TC	Tribunal Constitucional
TEDH	Tribunal Europeo de Derechos Humanos
TFUE	Tratado de Funcionamiento de la Unión Europea
TJUE	Tribunal de Justicia de la Unión Europea
TRRL	Texto Refundido las disposiciones vigentes en materia de Régimen Local
TS	Tribunal Supremo
TUE	Tratado de la Unión Europea
UE	Unión Europea

LECCIÓN 1

DERECHO ADMINISTRATIVO Y ADMINISTRACIÓN PÚBLICA*

I. CONCEPTO DE DERECHO ADMINISTRATIVO

1. El Derecho Administrativo como Derecho de la Administración pública

El Derecho Administrativo es el sector del ordenamiento que regula a la Administración pública: su organización, sus competencias, sus bienes, su personal, sus actividades, su control... Las relaciones jurídicas en que es parte la Administración pública son propias del Derecho Administrativo. Muy destacadamente las que entable con los sujetos privados. Por ello, también forma parte del Derecho Administrativo la situación de estos sujetos privados respecto a la Administración pública.

En la distinción entre Derecho público y Derecho privado, el Derecho Administrativo es claramente parte del primero en tanto que lo que regula es una organización estatal, un poder público, no a los sujetos privados formalmente iguales en sus relaciones entre sí, que es lo propio del segundo. Como, además, la Administración es la organización estatal que realiza masivamente actividades y mantiene ordinariamente relaciones jurídicas, el Derecho Administrativo es, incluso, «el Derecho público interno por excelencia» (García de Enterría).

Numerosas normas forman parte sin duda del Derecho Administrativo pues regulan distintos aspectos de la Administración pública. Así, por ejemplo, y por sólo citar algunas de las más eminentes, la Ley de Procedimiento Administrativo Común de las Administraciones Públicas (LPAC); la Ley de Régimen Jurídico del Sector Público (LRJSP); la Ley de Contratos del Sector Público (LCSP); la Ley del Patrimonio de las Administraciones Públicas (LPAP); la Ley de Transparencia, Acceso a la Información Pública y Buen Gobierno (a la que aludiremos como Ley de Transparencia); la Ley General de Subvenciones (LGSub); el Estatuto Básico del Empleado Público (EBEP); la Ley de Expropiación Forzosa (LEF); etc.

Pero también son de Derecho Administrativo numerosas leyes que, aunque afectan directamente a los sujetos privados y se ocupan predominantemente de sus derechos y deberes, lo hacen en relación con la Administración pública y atribuyen a ésta, a su vez, potestades y deberes respecto a aquéllos.

---

* Por Manuel Rebollo Puig (epígrafes I a IV) y Antonio Bueno Armijo (epígrafe V). Grupo de investigación de la Junta de Andalucía SEJ-196. Proyecto de la Junta de Andalucía PROYEXCEL_00903.

Por ejemplo, la Ley de Seguridad Vial regula ante todo cómo han de comportarse los sujetos privados cuando realizan actividades privadas como son las de tráfico, pero es Derecho Administrativo porque lo hace encomendando a la Administración que concrete la forma en que han de comportarse los particulares, que los vigile, que reaccione ante sus transgresiones, etc. Así que es una Ley de ejecución administrativa y, por ende, de Derecho Administrativo. Y lo mismo puede decirse de otras muchas leyes como las de Seguridad Ciudadana, de Sanidad, de Educación, de Protección de la Atmósfera, etc. Desde este punto de vista una regulación es de Derecho Administrativo, y no de Derecho privado, no por la materia de la que se ocupe ni porque se refiera al comportamiento de los sujetos privados, sino porque convierta a la Administración en la garante de esa regulación atribuyéndole actividades, funciones, poderes. Así, por ejemplo, la legislación sobre horarios comerciales o sobre las rebajas establece prohibiciones para las empresas privadas, pero es Derecho Administrativo en la medida en que atribuye a la Administración pública la vigilancia de cumplimiento de esas prohibiciones y la determinación de las consecuencias de su transgresión (orden de cese, sanciones...).

Aun dentro de la unidad general de todo el Derecho y partiendo, desde luego, de que cada una de sus partes o ramas (el Derecho Civil, el Penal, el Administrativo...) no son compartimentos estancos, sí que es indudable que el Derecho Administrativo tiene conceptos, principios, reglas generales e instrumentos propios así como un sentido general común y específico que le confieren singularidad en el conjunto del ordenamiento y cierta unidad interna.

2. El Derecho Administrativo, equilibrio entre prerrogativas y limitaciones de la Administración

La Administración ha de servir los intereses generales (art. 103.1 CE). Ésa es su misión y existe para eso. Por tanto, su Derecho, el Derecho Administrativo, debe aspirar a establecer un régimen jurídico de la Administración con el que pueda conseguir los intereses generales que tenga encomendados. Incluso que, en lo posible, garantice que la Administración efectivamente los persiga con acierto y los realice sin desviaciones, sin que quienes actúan desde y por ella (autoridades y empleados públicos) tomen decisiones inadecuadas para tales intereses generales o, peor aún, busquen otros fines.

Es esta aspiración la que justifica que el Derecho Administrativo tenga muchas reglas que dan a la Administración potestades, prerrogativas, privilegios, exorbitancias que no tienen los sujetos privados. Y es también la que justifica que tenga otras reglas que le imponen límites y controles a los que tampoco están sometidos los sujetos privados. Por eso, es un Derecho que, de una parte, permite a la Administración ser más expeditiva que a los particulares y que, de otra, al mismo tiempo, la encorseta más.

Así, la Administración puede aprobar normas vinculantes para todos (reglamentos), expropiar los bienes ajenos, recuperar por su propia fuerza y sin acudir al juez la posesión de sus bienes, etc. Pero, en sentido contrario, el Derecho Administrativo impone a la Administración mayores límites o mayores deberes que los que tienen los sujetos privados; por ejemplo, tiene un deber de respeto a los derechos fundamentales superior al de los sujetos privados; un deber de neutralidad y objetividad desconocido para los sujetos privados; no puede formar su voluntad con la libertad e informalidad de los sujetos privados, sino siguiendo procedimientos estrictos, no ya para tomar actos de autoridad, sino también para contratar con otro sujeto o para seleccionar su personal; tiene menos libertad que un sujeto privado para disponer o explotar sus bienes; tiene un especial deber de transparencia y de información para con los demás sujetos; tiene controles específicos más severos; etc.

Lo que con aquellas prerrogativas se pretende es que pueda realizar los intereses generales y lo que con sus superiores límites y controles se pretende es, de un lado, que verdaderamente emplee sus prerrogativas correctamente para la consecución de esos intereses generales y, de otro, que no lo haga a costa de los derechos e intereses privados más allá de lo necesario y querido por el ordenamiento. Por eso se dice que el Derecho Administrativo es, de un lado, un «Derecho tutor de los intereses públicos» y, de otro, un «Derecho garantizador» de los ciudadanos (Cosculluela).

Así puede decirse que el Derecho Administrativo aspira a una justa y ponderada armonía entre los intereses generales y los privados; entre la eficacia de la Administración y las garantías de los ciudadanos; entre la agilidad de la actuación administrativa y su sometimiento a rigideces y controles especiales.

Es un equilibrio difícil de lograr y siempre inestable porque depende de factores variables según épocas y lugares, en función, sobre todo, de lo que se pida a la Administración y de la idea que se tenga de los poderes públicos y de sus relaciones con los ciudadanos. Poco más puede decirse con carácter general de ese difícil equilibrio. Sólo que un exceso de limitaciones y controles, aunque tenga aspectos positivos, puede acabar por alzar dificultades excesivas para la eficaz y eficiente actuación de la Administración y, por tanto, a la postre, para el logro de los intereses generales que se le confíen, además de ser un engorro para los ciudadanos. Pero que, en sentido contrario, unas extensas e intensas prerrogativas sin estar compensadas y paliadas por los adecuados límites y controles no sólo serán un peligro para los derechos e intereses privados (los intereses privados que entran en tensión o conflicto con los intereses generales y los que más bien están en sintonía con ellos), sino, en realidad, un peligro para los mismos intereses generales porque propiciarán que aquellas prerrogativas se utilicen desacertadamente y hasta con fines espurios y favorecerá la corrupción.

Anticipemos que, aunque estos privilegios y límites especiales de la Administración son la expresión más patente del Derecho Administrativo, éste, como veremos luego, no se compone sólo de esas normas originales sino también de otras similares o idénticas a las que rigen para los sujetos privados.

3. Derecho Administrativo general y especial

Dentro del Derecho Administrativo se puede distinguir una parte general y una parte especial o, por mejor decir, diversas partes especiales.

La parte general se ocupa de los conceptos, principios, normas e instituciones jurídicas aplicables de ordinario y normalmente (aunque con excepciones) a la generalidad de las actuaciones de la Administración. Se ocupa de su organización, de su sometimiento al Derecho y a los Tribunales, de sus privilegios y limitaciones comunes, de los caracteres genéricos de sus actos, de sus contratos, de su responsabilidad, de sus medios personales y materiales, de sus relaciones ordinarias con otros sujetos... Viene formulado como tal por ciertas leyes que precisamente se presentan como reguladoras en general de la Administración (las que ya hemos citado, LPAC, LRJSP,

LCSP, LPAP, LEF...) pero también está formado por conceptos, principios y reglas comunes que se inducen por abstracción de las distintas partes especiales.

Las distintas partes especiales se ocupan de sectores concretos de la actividad administrativa. Y, así, son partes especiales del Derecho Administrativo, el Derecho Urbanístico, el del Medio Ambiente, el Derecho Administrativo económico, el de la sanidad pública, el de la educación... regulados por una o varias leyes a las que comúnmente se llaman «leyes sectoriales» porque se refieren a sectores concretos de la actividad administrativa. Por lo común, todo lo que se considera parte general es de aplicación en las partes especiales pero no es del todo inusual que esas leyes sectoriales introduzcan no sólo añadidos más específicos sobre ese sector, sino también matizaciones o excepciones a las reglas generales del Derecho Administrativo.

Lo que aquí primera y fundamentalmente nos ocupará en esta obra es el estudio de la parte general.

Algunas partes especiales del Derecho Administrativo han tenido un desarrollo tan sobresaliente y un grado de complejidad y singularidad tan marcado que, desde ciertos puntos de vista (académicos, científicos...), puede decirse que se han desgajado del Derecho Administrativo. Es el caso del Derecho Financiero.

Regula éste, de un lado, los ingresos más importantes del Estado (los tributos) y, de otro, sus gastos. Por eso abarca el Derecho Tributario y el Derecho Presupuestario. De todo ello se ocupa la Administración; una rama de la Administración —extensa e importantísima— a la que se puede llamar Administración financiera o Hacienda pública. Así que el Derecho Financiero regula una parte fundamental de la Administración, de la actividad administrativa, de las relaciones entre la Administración y los sujetos privados. Por tanto, puede y debe decirse que el Derecho Financiero es una parte especial del Derecho Administrativo. Así, por ejemplo, si el artículo 1.1 LJCA atribuye a la jurisdicción contencioso-administrativa el conocimiento de las pretensiones deducidas en relación con la Administración «sujeta al Derecho Administrativo», no se duda de que también está incluyendo aquellos pleitos en que se aplica el Derecho Financiero. Igualmente puede y debe afirmarse que muchos de los grandes conceptos, principios y reglas generales del Derecho Administrativo son también válidos para el Derecho Financiero; y, en la misma dirección pero en sentido contrario, las regulaciones de Derecho Financiero deben ser tenidas en cuenta para inducir por abstracción la parte general del Derecho Administrativo.

Ahora bien, esta parte especial del Derecho Administrativo se ha hecho, si se me permite decirlo así, muy especial, esto es, con muchas reglas específicas e incluso con muchas distintas de las que rigen en general para las demás actividades administrativas (unas veces razonablemente por tener esta parte de la Administración singularidades y necesidades específicas; alguna vez por decisiones de las normas de justificación y acierto más discutible). Además, es extensa y compleja. Son varias las leyes que se ocupan de esta actividad en general (la LGT y la LGP, sobre todo), numerosas las que regulan concretos tributos (el impuesto sobre la renta, el de sociedades, el de valor añadido, etc.) o facetas de esa actividad administrativa (la gestión, la inspección, la recaudación, etc.). Incluso se puede y se suele hablar dentro del Derecho Financiero de una parte general (con conceptos, principios y reglas comunes a toda esta parte del Derecho Administrativo, pero no a las demás) y de una parte especial. Todo esto justifica sobradamente que el Derecho Financiero se haya convertido en una disciplina jurídica autónoma, que constituya en la organización universitaria un «ámbito de conocimiento» (como lo es el Derecho Administrativo, el Derecho Civil, el Derecho Mercantil...) y que tenga un lugar aparte en los planes de estudio de Derecho. Ello se basa en y, a su vez, refuerza su autonomía científica. Pero sin negar nada de esto, el Derecho Financiero es, en realidad, como hemos dicho, parte del Derecho Administrativo, conforme a la definición de éste que hemos dado.

Algo parecido sucede con la regulación de la Seguridad Social que es también uno de los sectores más importantes de la actividad administrativa y de la Administración actual.

Por tanto, ese Derecho de la Seguridad Social es también una parte del Derecho Administrativo aunque con muchas peculiaridades y también desgajado del Derecho Administrativo como disciplina jurídica con la diferencia, respecto al caso anterior, de que, en vez de constituirse en una específica área de conocimiento, se ha integrado por razones históricas y por su conexión material y objetiva con el Derecho del Trabajo. Lo mismo puede decirse de la intervención administrativa en las relaciones laborales o concretamente de la encaminada a garantizar la seguridad en el trabajo.

Hay otros muchos casos en los que sectores concretos de la actividad administrativa son estudiados en otras disciplinas jurídicas por relacionarse más o menos intensamente con el núcleo esencial que les corresponde a esas otras. Por ejemplo, en Derecho Mercantil se estudia la legislación de defensa de la competencia pero, sin negar su relación con lo que propiamente es objeto del Derecho Mercantil, la legislación de defensa de la competencia está confiada en España fundamentalmente a la Administración y por ello constituye parte del Derecho Administrativo. Otro ejemplo: la situación de los extranjeros en España depende en gran medida de la Administración pública y, por tanto, su regulación es en gran parte de Derecho Administrativo; pese a lo cual suele ser estudiada, junto con otros aspectos próximos, en el Derecho Internacional Privado, etc.

Al margen de estas adscripciones a unas u otras asignaturas y de tales o cuales clasificaciones científicas, nada de esto afecta al concepto de Derecho Administrativo. También esas partes del ordenamiento son Derecho Administrativo, aunque sean partes especiales del Derecho Administrativo muy importantes o con muy notables singularidades.

II. DERECHO DE LA ADMINISTRACIÓN Y DERECHO ADMINISTRATIVO

Hasta ahora hemos establecido una relación entre el Derecho Administrativo y la Administración. La cuestión que ahora nos ocupará es ésta: ¿Siempre que esté presente la Administración será de aplicación el Derecho Administrativo o, por el contrario, puede que la Administración quede parcialmente sometida al mismo Derecho que rige las relaciones entre sujetos privados? O lo que es lo mismo: el régimen jurídico de la Administración ¿es siempre y en todo caso el Derecho Administrativo o es a veces el Derecho privado? Para contestar, respondamos a una pregunta previa.

1. ¿Por qué existe el Derecho Administrativo?

¿Por qué hay un régimen jurídico específico para la Administración pública? O sea, ¿por qué la Administración no tiene el mismo régimen jurídico de los sujetos privados?

Los sujetos privados se rigen por el Derecho privado. Fundamentalmente por el Derecho Civil y, en menor medida, para ciertos tipos de sujetos o para ciertos tipos de relaciones jurídicas, por el Derecho Mercantil y por el Derecho del Trabajo (o Derecho Laboral). Todo ello sin perjuicio de que para hacer valer sus derechos frente a otros sujetos privados hayan de acudir a los jueces y tribunales y de que, por tanto, a ese respecto, queden sometidos al Derecho Procesal que es Derecho público por cuanto regula la actuación de un poder público, como son los Juzgados y Tribunales. También todo ello sin perjuicio de su sometimiento al Derecho Penal en cuanto cometan delitos, Derecho Penal que también es Derecho público porque quien castiga es el Estado. Con estas salvedades, los sujetos privados se rigen por el Derecho privado. Y lo que nos preguntamos es por qué ese mismo Derecho privado no se aplica sin más a las Administraciones públicas. Así, si una Administración tuviera una finca o un hospital, ello vendría regulado por las mismas reglas que el Derecho Civil dedica a la propiedad de los particulares; si quisiera contratar con una empresa la construcción de ese mismo hospital, lo haría conforme a las reglas de Derecho privado que se ocupan del contrato de obra; si la Administración causara daños a un particular, habría de indemnizarlo en aplicación de las mismas reglas de Derecho Civil sobre responsabilidad extracontractual; si necesitara personal para ese hospital, lo contrataría como cualquier particular conforme a las reglas de Derecho Laboral; etc. ¿Por qué no es así?

En la mayoría de las respuestas tradicionales a esta pregunta late esta idea: las Administraciones tienen un régimen jurídico distinto al de los sujetos privados porque hacen cosas distintas que las que hacen los sujetos privados. Este tipo de respuestas lleva a afirmar que el Derecho Administrativo no existe para las actuaciones de la Administración iguales a las que pueda realizar un sujeto privado ni debe aplicarse en tales casos. Por tanto, según estas tesis, el Derecho Administrativo no se aplicará siempre que esté presente una Administración, sino sólo cuando la Administración esté realizando sus actividades específicas, prototípicas y distintas de las de los sujetos privados. Si hace las mismas de éstos, será aplicable a la Administración y a sus relaciones el Derecho privado. Así, en su respuesta al por qué existe el Derecho Administrativo está también implícita su respuesta al ámbito de aplicación del Derecho Administrativo y al ámbito de aplicación del Derecho privado a la Administración.

A partir de tal premisa, estas tesis se lanzan a la búsqueda del criterio delimitador entre la actividad específica de la Administración y la que ésta realiza como cualquier particular, criterio que daría la clave para fijar la frontera entre la aplicación del Derecho Administrativo y la aplicación del Derecho privado a la Administración. Variados han sido los intentos ensayados, dominantes en unas épocas u otras. Los dos más destacables son el de los actos de autoridad y el del servicio público. Pero ninguno ha resultado plenamente satisfactorio.

La primera versión notable de este tipo de teorías es la que distinguió entre «actos de autoridad» y «actos de gestión». Sólo los primeros, se decía, manifiestan la superioridad de la Administración y sólo ellos están regulados por las reglas del Derecho Administrativo que, asimismo, deben regir todos sus efectos y las relaciones jurídicas que generan. Contrariamente, en los «actos de gestión» la Administración se comporta como un particular; *ergo* deben quedar sometidos en su producción y efectos al Derecho privado. Pronto esta tesis se reveló incapaz de explicar la realidad y hoy basta pensar en la sanidad pública o en la educación para comprender que, aunque la Administración no realice actos de autoridad sino actos de gestión también está realizando sus actividades típicas y normales, de suerte que el Derecho Administrativo con toda lógica es aplicable.

La teoría más acabada e influyente de este tipo de construcciones es la de la escuela del servicio público, para la que el Derecho Administrativo no es en general el Derecho de la Administración sino el Derecho de los servicios públicos.

Para la escuela del servicio público (encabezada por Léon Duguit) la Administración (y el Estado entero) es un conjunto de servicios públicos, una organización destinada a la gestión de servicios públicos. A estos efectos, por servicio público no se entiende sólo la actividad para proporcionar a cada ciudadano individualmente una atención para cubrir sus necesidades (sanidad, educación, servicios sociales...), sino otras muchas: la misma actividad de la policía o del ejercito es, en esta concepción, servicio público, como lo es ofrecer calles, carreteras, jardines, control de actividades privadas para que no perjudiquen los intereses generales, etc. Prácticamente todo lo que se considere una actividad administrativa para la consecución del interés general. Ésa es la tarea fundamental de la Administración, su finalidad institucional. Y el Derecho Administrativo no es más que el Derecho de esos servicios públicos de la Administración: es el que regula esos servicios públicos. Son, además, las necesidades de los servicios públicos las que justifican la existencia de reglas especiales. Si los contratos de la Administración tienen un régimen especial es porque están relacionados con un servicio público (construir una carretera o un hospital o suministrar materiales al ejército o a la policía) y no en otro caso; si los bienes de la Administración tienen un régimen especial es porque están destinados a la prestación de un servicio público (el de la sanidad, el de la educación, el de la defensa...), pero no en otro caso; el personal de la Administración tendrá un régimen especial en cuanto sea el personal para prestar servicios públicos, pero no en otro caso; la Administración tendrá un régimen específico de responsabilidad extracontractual cuando cause daños en la prestación de servicios públicos, pero no en otro caso... Así, cuando la Administración desarrolla actividades sin la condición de servicio público, sería absurdo e injustificado aplicarle el Derecho Administrativo; lo único coherente, según esta forma de razonar, sería aplicar el Derecho privado. Puesto que se utilizaba un concepto amplísimo de servicio público que cubría la inmensa mayoría de las actividades de la Administración, la parte reservada al Derecho privado era muy reducida, incluso, para algunos, limitada a la denominada gestión del dominio privado de la Administración. Tampoco esta atractiva teoría es capaz de explicarlo todo y, además de que no es fácil determinar las fronteras de ese concepto amplio de servicio público, se observó en contra que a veces inequívocos servicios públicos se gestionaban al menos en parte conforme a ciertas normas Derecho privado y, en sentido contrario, que otras actividades, pese a no ser servicio público, se veían afectadas por normas específicas de Derecho Administrativo.

Ante el fracaso y la frustración en esa búsqueda de un único criterio capaz de explicar todo el Derecho Administrativo y de delimitar por sí solo su ámbito de aplicación, se han adoptado frecuentemente posturas relativistas y eclécticas que renuncian a encontrar ese criterio único y clave del Derecho Administrativo que, a su vez, sea el que explique su ámbito de aplicación y, por exclusión, el de aplicación del Derecho privado a la Administración. Por el contrario, se acepta que esa línea divisoria responde a múltiples criterios variables según las materias; que en realidad no hay aspectos de la Administración sometidos a Derecho Administrativo y otros sometidos a Derecho privado sino que en cada uno hay distintos grados; que todo depende de lo que decidan las leyes (o la misma Administración en la medida en que las leyes le permitan optar por el Derecho Administrativo o por el privado). Pero hay otra forma de enfocar la cuestión, que entendemos más correcta.

Todas esas tesis reposan en una especie de desdoblamiento de la Administración, según haga lo característico y propio de ella o lo que hace cualquier sujeto privado, partición que no tiene verdadero fundamento. Frente a ellas parece más exacto afirmar que lo importante no es lo que la Administración hace sino lo que la Administración es; que el Derecho Administrativo existe porque la Administración es un sujeto singular que para el ordenamiento es siempre y esencialmente diferente de cualquier otro y, desde luego, de los ciudadanos y sujetos privados: siempre es poder público, incluso cuando no use de su autoridad y privilegios; siempre utiliza dinero público, siempre se sirve de bienes públicos, siempre actúa a través de empleados públicos; siempre debe perseguir los intereses generales, aunque no realice una actividad de servicio público, aunque gestione una propiedad o una empresa como aparentemente podía hacerlo un particular; nunca tiene libertad como sí la tienen los sujetos privados ni autonomía de la voluntad. La Administración es siempre parte del Estado, la personificación interna del Estado, el brazo ejecutor del Estado. Lo es cuando se encarga de la defensa nacional (el ejército) o de mantener el orden público (la policía) lo mismo que cuando recauda impuestos o gestiona una prisión, un colegio, un hospital, la lotería nacional o una fábrica cualquiera. Siempre ha de servir «con objetividad los intereses generales» y siempre ha de hacerlo «con sometimiento pleno a la ley y al Derecho», como proclama el artículo 103.1 CE. Todo esto la marca y la impregna de principio a fin. Por eso tiene un régimen jurídico propio y diferenciado del de los sujetos privados, sea cual sea la actividad que realice, incluso aunque aparente y superficialmente haga lo mismo que podría hacer un sujeto privado. Nunca le es aplicable, propia y exactamente hablando, el Derecho privado porque éste es el que regula a los sujetos privados que son libre e iguales entre sí, y la Administración jamás es uno de esos sujetos ni tiene sentido que el Derecho la trate como a tales. Así puede decirse que nunca tiene sentido aplicar el Derecho privado —que es el de los sujetos particulares, libres, con autonomía de la voluntad y formalmente iguales— a la Administración; y que, correlativamente, el Derecho Administrativo —Derecho público por antonomasia— es aplicable siempre que esté presente la Administración, haga lo que haga.

Es sugerente la STS 2037/2017, de 20 de diciembre, según la cual incluso cuando se trate aparentemente de relaciones de Derecho privado «la presencia e intervención de la Administración impone la toma en consideración de principios y reglas específicas (...) como la interdicción de la arbitrariedad (...), servicio a los intereses generales, objetividad y legalidad (art. 103.1 CE). Toda actividad administrativa (...) se encuentra siempre y por principio teñida por la finalidad de interés general, y eso determina que la definición y la dinámica de esa relación no pueda ser nunca idéntica a la que se aplica en las relaciones estrictamente particulares. Al contrario, la intervención de la Administración pública en el tráfico jurídico, tanto público como privado, precisará siempre de un substrato jurídico que salvaguarde eficazmente la subsistencia de esos principios generales constitucionalmente garantizados (...) Así ocurre, por ejemplo, con la contratación pública o con las relaciones patrimoniales sobre los bienes públicos. Por mucho que se distinga entre contratos administrativos y contratos privados, o entre sus bienes demaniales y patrimoniales, siempre existirá tanto en unas como en otras modalidades un fondo de Derecho Público indisponible...».

2. El Derecho Administrativo, Derecho único de la Administración

Ínsito está en todas aquellas construcciones que descartamos —las que distinguen para la aplicación del Derecho Administrativo a la Administración según lo que ésta haga— que no consideran que el Derecho Administrativo sea el Derecho único de la Administración puesto que ésta también queda sometida en parte al Derecho privado.

Es decir, para ellas el régimen jurídico de la Administración es mixto (compuesto de Derecho público, el Administrativo, y de Derecho privado, sobre todo el Civil). Dentro de ellas, cabe en primer lugar concebir al Derecho Administrativo como un Derecho especial, esto es, como un conjunto incompleto de reglas específicas (que pueden ser pocas o muchas) que se aplican a las Administraciones sólo cuando así esté expresamente previsto para aspectos concretos (que pueden ser reducidos o extensos). O cabe concebir al Derecho Administrativo como el Derecho común de las Administraciones públicas, el que se le aplica de ordinario, como regla general. Ésta ha sido la postura dominante en España y defendida con especial acierto por García de Enterría.

Por el contrario, sostenemos, en concordancia con lo que acabamos de explicar, que el Derecho Administrativo es el Derecho único de la Administración pública. Esta concepción obliga a negar que el Derecho Administrativo esté compuesto sólo por reglas originales.

3. Sobre el contenido original o no de las reglas de Derecho Administrativo

Muchas de las normas de Derecho Administrativo son distintas de las del Derecho privado. Ya lo vimos antes cuando explicamos que el Derecho Administrativo confería a la Administración privilegios que no tienen los sujetos privados y la sometía a límites que tampoco sufren éstos. Son normas de Derecho Administrativo originales porque, o bien no hay en el Derecho privado ninguna que regule lo mismo o bien la norma que regula ese mismo aspecto lo hace de forma sustancialmente diferente.

Pero también puede suceder que las normas de Derecho Administrativo sean relativamente parecidas a las que se aplican para los mismos aspectos a los sujetos privados o incluso que sean idénticas. Hasta es posible que el Derecho Administrativo se remita expresamente a las normas de Derecho privado (Civil, Mercantil, Laboral), incluso invocando su fuente formal (el CC, el CCom, la Ley de Sociedades Anónimas, el Estatuto de los Trabajadores, etc.). Dependerá de que se consideren adecuadas para la Administración. Pero, aunque ocurra esto, estas normas se aplicarán a la Administración como Derecho Administrativo y en un contexto y un conjunto jurídico diferente; en el contexto de un estatuto específico de la Administración que siempre es un sujeto jurídicamente diferente de los sujetos privados, compuesto también por reglas distintas y originales. Así que el hecho de que haya reglas similares o iguales a las de Derecho privado, además de muy razonable, no afecta a nada esencial ni significa, propiamente hablando, que se le esté aplicando a la Administración el Derecho privado.

Lo que cabe afirmar es que, aunque la autonomía del Derecho Administrativo es constante, la originalidad o particularidad de sus reglas es variable (De Laubadère).

Por tanto, todas las reglas aplicables a la Administración, originales o no, forman parte del régimen jurídico de la Administración, del Derecho Administrativo.

Acaso pudiera pensarse que esta concepción expuesta no se concilia bien con nuestro Derecho positivo porque hay preceptos —y preceptos notables— que parecen acoger la idea de que la Administración a veces está sometida al Derecho Administrativo, pero otras veces no.

Se trata sobre todo de los artículos 38 y 39.1 LPAC y 1 LJCA. Estudiaremos estos preceptos en su momento. Aquí suficiente es anticipar que los dos primeros dan presunción de validez y ejecutividad a los actos de la Administración «sujetos al Derecho Administrativo» y que el tercero atribuye a la jurisdicción contencioso-administrativa los pleitos en relación con la actuación de la Administración «sujeta al Derecho Administrativo». De ellos puede inferirse que aceptan que en ocasiones —no se dice cuáles ni por qué— la Administración no está sujeta al Derecho Administrativo, sino a otro que —aunque tampoco lo dicen— debe ser el Derecho privado.

Sin embargo estos preceptos pueden ser entendidos, conforme a lo que hemos defendido, en el sentido de que distinguen entre los casos en que la Administración queda sujeta a esas partes del Derecho Administrativo en que predominan sus normas originales y aquellas otras dominadas por sus normas iguales a las de Derecho privado.

Así las cosas, estos preceptos simplemente establecen dos de las reglas originales más características, una sobre el valor de los actos de la Administración y otra sobre su fuero jurisdiccional. En cualquier caso, este tipo de preceptos, se lean en una clave o en otra, no resuelven lo más mínimo el problema que afrontan. De ellos no puede deducirse cuándo la Administración actúa sometida al Derecho Administrativo (*rectius*, cuando actúa sometida predominantemente a las normas originales del Derecho Administrativo) y cuándo, en consecuencia, podrá dictar actos con presunción de validez y ejecutividad de cuya impugnación habrá de conocer la jurisdicción contencioso-administrativa. Más bien cabría decir al contrario que cuando la Administración puede dictar actos con esas cualidades es que está actuando conforme a las reglas más prototípicas del Derecho Administrativo, conforme a sus reglas más originales, y que será entonces cuando los litigios a que den lugar competerán a la jurisdicción contencioso-administrativa. Así que estos preceptos, más que una solución contienen una petición de principio y son tautológicos. De hecho, ha sido y sigue siendo problemático determinar con exactitud los casos en que la Administración puede producir decisiones con presunción de validez y ejecutividad así como el ámbito de la jurisdicción contencioso-administrativa y los casos en los que, por el contrario, la Administración no cuenta con esos privilegios y sus litigios quedan sometidos a la jurisdicción civil. Para resolverlo hay que acudir a otras ideas que abordaremos en su momento. Si acaso, puede decirse con carácter general que aquellos criterios clásicos que se invocaron para justificar la existencia y la aplicación del Derecho Administrativo pueden servir para justificar la existencia y aplicación de las normas originales del Derecho Administrativo; entre ellas, la de la presunción de validez y ejecutividad de los actos de la Administración y la del sometimiento de los litigios a la jurisdicción contencioso-administrativa. Pero a nuestros efectos actuales basta poner de relieve que ese género de preceptos realmente no condicionan el concepto de Derecho Administrativo ni excluyen el que hemos acogido.

4. Sobre las lagunas de las normas de Derecho Administrativo y la forma de colmarlas

Todo lo dicho hasta aquí permite explicar también que la inexistencia de una de esas normas específicas para la Administración no comporta sin más y necesariamente la aplicación de las normas establecidas para los sujetos privados. Por el contrario, ante la inexistencia de una norma específica de Derecho Administrativo para regular algún aspecto de la vida administrativa habrá propiamente una laguna que deberá colmarse deduciendo la solución del conjunto del Derecho Administrativo hasta construir una nueva regla, que será también una regla de Derecho Administrativo. Pese a lo que dice el artículo 4.3 CC, las lagunas de las normas de Derecho Administrativo no se resuelven con las normas de Derecho Civil, sino que el Derecho Administrativo autointegra sus lagunas (García de Enterría), aunque pueda hacerlo con soluciones inspiradas en las del Derecho Civil u otras ramas del Derecho.

Es ilustrativa la STS 53/2020, de 22 de enero, cuando en su FJ 6.º critica la solución que da por supuesto que «el CC y, más en general, el Derecho privado, son supletoriamente aplicables en cualquier relación regida por el Derecho Administrativo en que no haya una norma legal o reglamentaria que contemple el correspondiente supuesto de hecho». Por el contrario, dice que «semejante automatismo en el carácter supletorio del Derecho privado, sin valorar las posibles peculiaridades y exigencias de cada tipo de relación jurídico-administrativa, es problemático. Es verdad que el apartado tercero del artículo 4 CC establece que "las disposiciones de este Código se aplicarán como supletorias en las materias regidas por leyes especiales", pero ello se refiere primariamente a la legislación civil y mercantil, no a la legislación administrativa. En este orden de ideas no hay que olvidar que el Derecho Administrativo (...) se funda en determinados principios que son nítidamente distintos de los propios del Derecho privado».

Quizás esa nueva regla sea distinta de las que rigen para los particulares o quizá sea similar o idéntica a las establecidas en el Derecho privado para relaciones entre particulares. Puede incluso que el juez para la formulación de esta nueva regla se inspire en las reglas de otras ramas del Derecho que resuelven cuestiones similares para relaciones no administrativas o, al menos, en los principios que laten en esas otras reglas. O puede, por contra, que deduzca esa nueva regla de otras específicas ya existentes de Derecho Administrativo de las que pueda inducir un principio general o aplicarlas analógicamente.

Imaginémonos que nos encontramos ante el supuesto de que un particular *motu proprio* asume a su costa la reparación de un bien de la Administración. Supongamos, además, que el supuesto encaja perfectamente en lo que en Derecho Civil se conoce como gestión de negocios ajenos y que se regula en los artículos 1.888 a 1.894 CC para, claro está, la gestión de un particular de los negocios de otro particular. Y supongamos además que, por el contrario, no hay ninguna norma de Derecho Administrativo que regule los derechos y obligaciones recíprocos de ese sujeto y de la Administración en tal hipótesis; es decir, que no hay una regulación de Derecho Administrativo para el supuesto de la gestión por un particular de los negocios de la Administración. Pues lo que afirmamos significa que no por existir esta laguna de las normas de Derecho Administrativo se debe aplicar el CC. Habrá que resolver el asunto inventando una regla de Derecho Administrativo. Quizás acabe por ser una regla idéntica a la del CC porque se piense que, en realidad, también es adecuada para la Administración; o tal vez se opte por negar radicalmente la aplicación de las reglas del CC porque se considere perturbador que un particular se entrometa en los asuntos administrativos o porque se rechace que un particular pueda comprometer los gastos públicos y, en consecuencia, no se le quiera reconocer ningún derecho ni siquiera al más mínimo reembolso de los gastos que hizo y que beneficiaron a la Administración; o también es posible finalmente que se invente una regla que tenga ciertas similitudes con las del CC pero también algunas diferencias para adaptarlas a las singularidades de la vida administrativa, a las normas sobre gasto público... No importa aquí resolver esta cuestión ni exponer cómo se ha resuelto esta laguna. Lo único que pretendemos es ejemplificar que las lagunas de las normas del Derecho Administrativo no llevan necesariamente a la aplicación de las normas de Derecho privado.

5. Factores que explican la originalidad de las normas de Derecho Administrativo

Con el concepto dado de Derecho Administrativo se pueden y deben retomar nociones como la del acto de autoridad o sobre todo la de servicio público, pero con una función distinta a la que antes descartamos. No son, como pretendieron las teorías clásicas y ya rechazadas, la clave que explique el Derecho Administrativo en su conjunto. Pero sí que son las que, junto con otros factores, han venido justificando en gran medida que las normas de Derecho Administrativo sean muchas veces diferentes de las del Derecho privado, es decir, originales. Sobre todo, han justificado privilegios de la Administración. Son también las que hacen que sus lagunas se cubran frecuentemente con reglas o principios distintos de los de Derecho privado. Por eso también son nociones que han de orientar su creación, su interpretación y su aplicación.

Más en concreto, es oportuno enfatizar el valor que se atribuye a los servicios públicos y a su principio cardinal, el de la continuidad de los servicios públicos, principio que fundamenta en amplia medida muchas de las normas más específicas del Derecho Administrativo.

Los servicios públicos (sanidad, educación, policía, bomberos, transportes, etc.) son los que satisfacen las exigencias del interés general y por ello debe garantizarse su funcionamiento ininterrumpido, mucho más allá de lo que procede respecto a las actividades privadas. Para ello los bienes de la Administración afectos a un servicio público tienen un régimen muy singular que se basa en su inalienabilidad, imprescriptibilidad e inebargabilidad y que, a partir de ahí, está rodeado de otras muchas reglas peculiares, con muchos privilegios y límites administrativos, que tienden a garantizar la continuidad de los servicios públicos a que están adscritos. Para ello se impone a los empleados de la Administración un régimen igualmente original con, entre otras cosas, limitaciones del derecho de huelga y diversas particularidades que tratan de garantizar la continuidad de los servicios públicos. Para ello los contratos de la Administración relacionados con los servicios públicos tienen normas peculiares y confieren poderes específicos a la Administración o incluso derechos singulares a los contratistas cuyo sentido último es asegurar la continuidad de los servicios públicos. Para ello se establecen en casos de crisis normas que, pese a todas las dificultades, aseguren la continuidad de los servicios públicos, etc.

Aun así, insistamos en que estas nociones no son las únicas capaces de orientar el contenido y originalidad del Derecho Administrativo y que la simple presencia de la Administración es de por sí suficiente para justificar numerosas singularidades del Derecho Administrativo.

III. CONCEPTO DE ADMINISTRACIÓN. LAS ADMINISTRACIONES EN EL CONJUNTO DE ENTES PÚBLICOS

La anterior definición de Derecho Administrativo hace necesario, a su vez, determinar qué entendemos por Administración pública a estos efectos. El concepto que buscamos de Administración pública es un concepto jurídico, no sociológico ni político ni económico; un concepto jurídico de Administración que precisamente sirva para completar la definición de Derecho Administrativo y para delimitar su ámbito de aplicación.

1. La Administración como parte de la organización del Estado encuadrada en el Poder Ejecutivo

Aclaremos en primer lugar que hablamos de Administración pública en sentido orgánico o subjetivo, esto es como organización.

No hablamos, por tanto, de la administración pública como una función o un tipo de actividad dentro de las estatales o públicas ni decimos que el Derecho Administrativo sea el Derecho que regula esa función o actividad objetiva o materialmente administrativa sea quien sea el órgano o persona que la realice. Ha habido muchos intentos de definir el Derecho Administrativo como el Derecho que regula esa actividad o función objetiva o materialmente administrativa, sea quien fuere el que la realice. Incluso parece que recientemente esas tesis resurgen con nuevos bríos. Aunque aparentemente explican algunos aspectos de la realidad, sostenemos aquí que a la postre están condenadas al fracaso por muchas razones: la dificultad para encontrar un concepto material de actividad administrativa; se sustentan sobre un dato irrelevante y artificioso para la Constitución que no se corresponde con lo esencial; no acotan un régimen jurídico uniforme ni coherente; no captan lo esencial y deforman buena parte de la realidad jurídica. Olvidan lo fundamental que es la singularidad de la Administración como organización, institución y sujeto, que es un aspecto evidente, incontrovertible y arraigado con sólidos fundamentos teóricos.

La Administración pública es, desde luego y en primer lugar, parte de la organización del Estado. Esto es un dato crucial que marca una diferencia de raíz y muy relevante con los sujetos privados que quedan todos excluidos del concepto de Administración pública.

El Estado no es un ente más junto a otros sujetos y entes sociales. Hay una división radical y profunda entre el Estado y todos los demás sujetos internos. El Estado, al menos desde las Revoluciones liberales, no es el poder político superior sino el monopolio del poder político. No sólo es desigual a todos los demás sujetos, sino que entraña la concentración de todas las desigualdades jurídicas. Todos los demás sujetos son jurídicamente iguales entre sí. A partir de esas diferencias insalvables entre el Estado y los demás sujetos, surgen otra infinidad de diferencias jurídicas. Siendo la Administración parte del Estado goza de las cualidades del Estado, y su Derecho, el Derecho Administrativo, es Derecho público por antonomasia. Existe una diferencia esencial entre Derecho público (el de las organizaciones estatales) y Derecho privado (el de los sujetos particulares entre sí): por más que muchas veces se entremezclen en su aplicación al mismo asunto o por más que algunas de sus normas se asemejen entre sí (como ocurre a veces y más últimamente), la división entre Derecho público y privado sigue siendo —y no puede dejar de ser salvo cambio drástico de todo el sistema político y jurídico— fundamental y cardinal.

Cualquier sujeto u organización que no sea parte del Estado no es Administración pública. Esto excluye a todas las personas físicas y a las personas jurídicas creadas por la voluntad de éstas.

Toda organización creada por la voluntad de los particulares queda al margen de la organización estatal y, por tanto, de la Administración pública.

Si esa organización creada por la voluntad de los particulares alcanza a tener personalidad jurídica, será una persona jurídica privada, que estará creada, organizada y regida conforme al Derecho privado y que sobre todo será un instrumento al servicio de la voluntad y aspiraciones de sujetos particulares, ya tenga por fin la obtención de lucro o, en el extremo opuesto, los fines más altruistas o espirituales. Así, son personas de Derecho privado que no son Administración ni parte del Estado las asociaciones, las fundaciones, las sociedades mercantiles, los partidos políticos, los sindicatos, las iglesias... Y ello aunque eventualmente se propongan, como fruto de iniciativas privadas, defender los intereses generales (como es propio de lo que se llaman modernamente Organizaciones no gubernamentales, ONGs) e incluso aunque sean declaradas de utilidad o interés público. Siguen sin serlo aunque reciban dinero público o incluso aunque en virtud de contratos u otro título realicen actividades de colaboración con el Estado (con las Administraciones públicas) o se coloquen a ciertos efectos en su lugar (v. gr., colegios privados concertados, empresas que construyen carreteras para la Administración o prestan el servicio público de ambulancias...). Y por supuesto no lo son aunque de hecho hayan adquirido un gran poder o una gran repercusión social o incluso aunque lleguen a condicionar las decisiones de los Estados.

El resto, o sea, el conjunto de organizaciones no creadas por la voluntad de los sujetos privados, es muy heterogéneo y no todas son Administración pública. Sólo tienen en común que son organizaciones existentes por voluntad directa del Estado, es decir, de los poderes públicos, no por la voluntad de los sujetos privados.

Para acotar el concepto de Administración pública en los Estados con división de poderes, como el nuestro, hay que excluir todas las organizaciones propias del Poder Legislativo y Judicial. Su significado y posición jurídica es por completo y por esencia en un Estado con división de poderes distinto del de la Administración. Por tanto, aunque forman parte del Estado, quedan fuera de la Administración pública organizaciones propias del Poder Legislativo (Congreso, Senado y Parlamentos autonómicos) o del Poder Judicial (con los juzgados y tribunales, y con sus órganos de gobierno, sobre todo el Consejo General del Poder Judicial). En tanto que en la Constitución hay más que los tres Poderes clásicos, conviene añadir que también quedan fuera de la Administración pública el Tribunal Constitucional y la Corona, así como el Defensor del Pueblo y el Tribunal de Cuentas (y sus equivalentes autonómicos).

Así las cosas, podría identificarse a la Administración pública con la organización del Poder Ejecutivo o encuadrada o dependiente del Poder Ejecutivo. Pero eso es sólo aproximativo. La complejidad organizativa actual del Estado hace necesarias varias observaciones y distinciones complementarias para delimitar el concepto de Administración pública.

2. La pluralidad de Administraciones en el conjunto más amplio de entes públicos o del sector público

Por lo pronto hay ya que aclarar que, aunque hasta ahora hemos hablado de la Administración, en singular, como si hubiera una sola, realmente hay una pluralidad de Administraciones públicas, cada una de ellas con personalidad jurídica propia y con algún grado de autonomía (muy elevado en unos casos e ínfimo en otros) respecto a las demás.

Retengamos ese dato de que cada una de las Administraciones públicas es una persona jurídica; por tanto, centro de imputación de poderes, deberes, obligaciones y sujeto de relaciones jurídicas. Es un dato relevante para el Derecho español que, además, lo proclama expresamente: «Cada una de las Administraciones públicas... actúa para el cumplimiento de sus fines con personalidad jurídica única» (art. 3.4 LRJSP). Así que, completando la definición dada inicialmente, podemos decir que el Derecho Administrativo es el sector del ordenamiento que regula a esas personas jurídicas que llamamos Administraciones públicas.

Pero hay otros entes públicos (personas jurídicas creadas por la voluntad de los poderes públicos y no encuadradas en los otros Poderes del Estado distintos del Ejecutivo) que no son Administraciones públicas; no, al menos, para nuestro Derecho. Si acaso, a ese conjunto heterogéneo se puede aludir genéricamente como «sector público», como hacen varias leyes. Pero, no todos los entes del sector público son Administraciones. Por tanto, hay que concretar algo más.

Para seguir avanzando es necesario dar cuenta de las clases de entes públicos y, para ello, conviene partir de la distinción entre los territoriales y los no territoriales.

3. Entes públicos territoriales. Las Administraciones territoriales

Son entes territoriales el Estado, las Comunidades Autónomas y los entes locales (esencialmente, los Municipios). Súmese a ello las Ciudades Autónomas de Ceuta y Melilla que, a caballo entre las Comunidades Autónomas y los entes locales, son entes territoriales.

Los entes territoriales tienen como substrato social todo el conjunto de población de un territorio, toda una sociedad completa que se asienta y desarrolla en un espacio determinado (el substrato del Estado español es la Nación española; el de las Comunidades Autónomas una región o nacionalidad; el de un Municipio una ciudad o pueblo), mientras los no territoriales, o no tienen ningún substrato social (caso de los entes institucionales) o sólo incluyen a un sector concreto de la sociedad (los empresarios en las Cámaras de Comercio, o los médicos en los Colegios de Médicos...). Así, los territoriales constituyen por esencia entes políticos, colectividades con relevancia política y asuntos públicos de gran amplitud en tanto que los no territoriales no presentan tal característica. Sólo respecto a los entes territoriales el artículo 137 CE habla de gestión de «sus respectivo intereses». Los entes territoriales son los que verdaderamente vertebran todo el sistema político, los que realmente constituyen los centros de poder político, de modo que todo asunto público es responsabilidad de alguno de ellos. Por eso, los entes territoriales tienen las potestades superiores; por eso, sus potestades afectan a todos los sujetos que, aunque sea transitoriamente, se encuentren en su territorio; por eso tienen gran amplitud de fines; por eso los titulares de sus órganos superiores son elegidos por su población sin intervención de otros entes; etc.

Las Administraciones territoriales son las de estos tres géneros de entes territoriales: la Administración del Estado, las de las Comunidades Autónomas y las Administraciones locales (más las Ciudades Autónomas de Ceuta y Melilla). Son las piezas estructurales de todo el conjunto de Administraciones públicas. Son las Administraciones por antonomasia y, desde luego, las primeras, esencial e indiscutiblemente sometidas al Derecho Administrativo.

Puede resultar chocante que se contraponga el Estado a las Comunidades Autónomas y a los entes locales si, como hemos dicho antes, toda Administración pública es parte de la organización del Estado, es Estado. Lo que sucede es que se habla de Estado en dos sentidos distintos. La misma Constitución emplea la locución Estado en dos sentidos, como explicó la STC de 28 de julio de 1981: «El término Estado es objeto en el texto constitucional de una utilización claramente anfibológica. En ocasiones [...] el término Estado designa la totalidad de la organización jurídico-política de la Nación española, incluyendo las organizaciones propias de las nacionalidades y regiones que la integran y la de otros entes territoriales [...]; en otras por el contrario, por Estado se entiende sólo el conjunto de las instituciones generales [...] contraponiendo estas instituciones a las propias de las Comunidades Autónomas y otros entes territoriales autónomos». En el primer sentido podemos hablar del Estado global, que comprende al Estado en sentido estricto pero también a todas las entidades infraestatales, sean autonómicas o locales. En el segundo sentido hablamos del Estado en sentido estricto para referirnos sólo al conjunto de las instituciones con competencias en todo el territorio nacional (entre ellas, la Administración del Estado con sus Ministerios, las Delegaciones y Subdelegaciones del Gobierno...); en este sentido sí se contrapone Estado a Comunidades Autónomas y a entes locales.

Hemos hablado, en primer lugar, de la Administración del Estado. La Administración del Estado es una persona jurídica única. Dentro de ella hay órganos —por ejemplo, los Ministerios— sin personalidad jurídica.

El Estado, en su conjunto, no tiene personalidad jurídica en el Derecho interno (sí en el Derecho internacional). No se puede confundir al Estado con la Administración del Estado. El Estado es también su población, su territorio y toda su organización (Cortes, Poder Judicial...), no sólo su Administración.

Ni siquiera cabe identificar plenamente a la Administración del Estado con el Poder Ejecutivo del Estado. En éste se integra la Administración del Estado pero también el Gobierno. Y el Gobierno no es pura y simplemente Administración. Muy frecuentemente actúa como un órgano —el superior— de la Administración del Estado: decide sobre ciertos contratos de esa Administración, sobre sus expropiaciones, sobre nombramientos de autoridades de la Administración.... Cuando así sucede es Administración y queda sometido al Derecho Administrativo como cualquier otro órgano de la Administración del Estado. Pero en otra faceta el Gobierno (o incluso su Presidente solo) actúa como órgano del Estado, pero no de su Administración; por ejemplo, cuando aprueba un Proyecto de Ley para su remisión a las Cortes, cuando actúa como representante del Reino de España en relaciones internacionales, etc. En esas otras actuaciones no actúa como órgano de la Administración y, por ende, queda en principio al margen del Derecho Administrativo. Incluso se habla de actos políticos del Gobierno como algo distinto de los genuinos actos administrativos, según veremos oportunamente.

Se ha hecho habitual hablar, porque lo hacen las leyes, de Administración General del Estado para referirse a esa persona jurídica única y contraponerla al conjunto de entes institucionales que dependen de ella.

En segundo lugar, nos hemos referido a las Administraciones de cada una las diecisiete Comunidades Autónomas. La Administración de cada Comunidad Autónoma es una persona jurídica, como dice para la andaluza el artículo 2.2 LAJA. Dentro de ella hay órganos —por ejemplo, las Consejerías— sin personalidad jurídica.

No se puede confundir a la Comunidad Autónoma con su Administración (pese a lo que dice el art. 139.1 EAA). Cada Comunidad Autónoma es también su población, su territorio y toda su organización (también su Parlamento), no sólo su Administración.

Ni siquiera cabe identificar a la Administración de cada Comunidad Autónoma con el Poder Ejecutivo de esa Comunidad. *Mutatis mutandis*, puede decirse de los Consejos de Gobierno de las Comunidades Autónomas algo similar a lo dicho del Gobierno de la Nación. Aunque en las Comunidades Autónomas no hay Poder Judicial (porque en España éste es único y no está descentralizado) sí hay Poder Legislativo y Ejecutivo. La Administración de cada Comunidad se integra en el Poder Ejecutivo de la Comunidad. Y los Gobiernos autonómicos, aunque siempre integran el Poder Ejecutivo de la Comunidad, son, por una parte, el órgano máximo de su Administración y, por otra, órgano político de la Comunidad en su conjunto. Sólo en cuanto a lo primero quedan sometidos al Derecho Administrativo.

A las Administraciones de las Comunidades Autónomas se les suele llamar simplificadamente «Administraciones autonómicas», expresión aceptable siempre que se comprenda que no son las únicas Administraciones dotadas de autonomía (también la tienen, p. ej., los Municipios).

De entre las Administraciones autonómicas nos interesa aquí especialmente la de Andalucía. Aclaremos ahora sólo que no puede identificarse a la Administración de Andalucía con la «Junta de Andalucía». La Junta de Andalucía «es la institución en que se organiza políticamente Andalucía» e incluye también al Parlamento de Andalucía (art. 99.1 EAA). A este respecto, los términos no son del todo homogéneos; por ejemplo, con el término de Junta de Galicia se alude a su Poder Ejecutivo y Administración de esa Comunidad Autónoma, no a su Parlamento.

En tercer lugar, hemos citado a las Administraciones de los entes locales. «Son entes locales territoriales: *a*) El Municipio. *b*) La Provincia. *c*) La Isla en los archipiélagos balear y canario» (art. 3.1 LRBRL). Cada uno de los municipios (más de 8.000 actualmente en España) y cada Provincia es una persona jurídica (arts. 11.1 y 31.1 LRBRL), aunque dentro de ella hay distintos órganos: la alcaldía o presidencia, el pleno...

No se puede confundir al ente local con su Administración. Así, un Municipio es su población, su territorio y su organización, como dice el artículo 11.2 LRBRL. Ahora bien, en el caso de los entes locales toda su organización es su Administración. Al ser toda su organización la administrativa se tiende a identificar, aunque no sea exacto, ente local y Administración local. A su vez, como en los Municipios su organización administrativa es normalmente su respectivo Ayuntamiento se tiende a identificar Municipio y Ayuntamiento; pero realmente el Ayuntamiento es sólo la organización administrativa del Municipio.

Aclaremos, por otra parte, que de las cincuenta Provincias españolas no todas son Administraciones locales (no lo son, p. ej., en las Comunidades Autónomas uniprovinciales ni lo son propiamente en el País Vasco donde son algo más que Administraciones locales). Pero sí lo son normalmente, y desde luego lo son las ocho provincias andaluzas. La organización administrativa de la Provincia como ente local es normalmente la Diputación. Así sucede en las ocho provincias andaluzas, cada una con sus respectiva Diputación. Pero no tiene que ser así en toda España (no lo es, p. ej., en Canarias: hay provincias pero no Diputaciones).

Además de Municipios y Provincias puede haber otras Administraciones locales territoriales. Así en Baleares y Canarias lo son sus once Islas encarnadas respectivamente por los Consejos y Cabildos Insulares. En Cataluña y Aragón son Administraciones locales territoriales las Comarcas (no ocurre así en Andalucía). También puede haber en toda España Administraciones locales territoriales inframunicipales (hay unas 3.700 en España, sólo unas 50 en Andalucía; p. ej., Algallarín, Bobadilla) que ocupan un papel menor. Por otra parte, hay también Administraciones locales no territoriales; destacadamente las Mancomunidades, que forman voluntariamente varios Municipios (hay en España unas 1.000; en Andalucía cerca de 90).

4. ENTES PÚBLICOS NO TERRITORIALES: INSTITUCIONALES Y CORPORATIVOS

El resto de entes públicos no son territoriales, lo que, conforme a lo explicado, comporta su inferioridad respecto a los territoriales. Esta categoría de los entes públicos no territoriales incluye personas jurídicas muy diversas (una Universidad pública, un Colegio profesional, una sociedad anónima de capital íntegramente de un municipio, etc.). Nos ocuparemos oportunamente de ellos (lecciones 13 y 14). Ahora sólo procede una visión panorámica para dar cuenta de que en nuestro Derecho algunos de estos entes son calificados como Administraciones públicas, pero otros no. A tal efecto, hay que distinguir entre entes públicos institucionales y entes públicos corporativos.

Los entes públicos institucionales se crean y existen para realizar una concreta actividad que en principio es propia de una Administración territorial. Por ejemplo, se crea la Agencia Estatal de la Administración Tributaria para realizar parte de las tareas que en principio son de la Administración del Estado; igualmente el Servicio Andaluz de Salud existe para desarrollar actividades que en principio son de la Administración andaluza; y lo mismo podría decirse de una gerencia municipal de urbanismo o de una entidad creada por un Ayuntamiento para la gestión de los transportes públicos locales. ¿Se considera que estos entes institucionales son Administraciones? Depende.

En resumen, puede afirmarse que se consideran Administraciones los entes institucionales creados y personificados conforme a Derecho público (los que la LRJSP llama «organismos públicos», más los entes institucionales atípicos, incluidas las autoridades administrativas independientes, como se verá en la lección 13).

Los que quedan fuera de ese concepto de Administración pública son los entes institucionales creados y personificados conforme a Derecho privado, o sea, iguales que los que pueden crear los sujetos privados. Así, primero, las fundaciones creadas por una Administración iguales a las constituidas por voluntad de los particulares. Y, segundo, las sociedades mercantiles (por ejemplo, sociedades anónimas) creadas exclusivamente por una o varias Administraciones igual que las pueden constituir los sujetos privados. Ni unas ni otras son Administraciones públicas ni, por ende, están en principio sometidas al Derecho Administrativo.

Esto puede parecer absurdo. Y en gran parte lo es. Lo es que se permita a las Administraciones servirse de unas fórmulas que están pensadas al servicio de los sujetos privados, en vez de las configuradas específicamente para ellas. Lo es que así se permita a las Administraciones huir de su Derecho específico, el Derecho Administrativo, con todo lo que ello entraña. De hecho, se viene reaccionando contra todo esto, contra esta conocida como «huida del Derecho Administrativo». Por un lado, se ha limitado la posibilidad de que las Administraciones creen estas personas de Derecho privado o de que les atribuyan ciertas funciones públicas. Por otro, se ha impuesto a estos entes de titularidad administrativa pero personificados conforme al Derecho privado el sometimiento a ciertas reglas iguales a las de las Administraciones de modo que ya no están sujetas a un régimen idéntico al de sus equivalentes cuando son realmente privadas. De hecho, se les considera incluidos en el sector público y hay ciertas normas que se aplican a todo el sector público. De todo esto se irá dando cuenta oportunamente. Pero, incluso así, lo cierto y lo que aquí importa retener es que no son Administraciones públicas ni propiamente están sometidas al Derecho Administrativo.

Hablaba en segundo lugar de los entes públicos corporativos. Entre ellos están destacadamente los Colegios Profesionales (de Abogados, de Médicos, de Arquitectos...) y las Cámaras de Comercio. Pero también las Cofradías de Pescadores, los Consejos Reguladores de las Denominaciones de Origen, las Juntas de Compensación Urbanística, la Organización Nacional de Ciegos de España (ONCE), etc.

Pero, ¿son Administraciones públicas? No es inusual responder afirmativamente (así, Cosculluela); y hasta es habitual referirse a todas ellas como «Administración corporativa». Pero sostenemos aquí, por entender que es lo que mejor refleja su situación actual en el Derecho español, que no lo son: son entes públicos, son, incluso, poderes públicos, hasta sirven como instrumentos a las Administraciones públicas;

pero no son Administraciones públicas. Por ello, no se rigen por el Derecho Administrativo salvo en aspectos concretos.

5. Entes en los que se integran varias Administraciones

No queda completo el panorama sin aludir a ciertos entes de los que forma parte una Administración junto con otra u otras o junto con otros sujetos que no son Administración. También los hay con formas de personificación de Derecho público, que son Administraciones y están regidas por el Derecho Administrativo, y de Derecho privado, que no son Administraciones ni están reguladas por el Derecho Administrativo.

Entre los de Derecho público los prototipos son los consorcios y las mancomunidades. En los consorcios se integran varias Administraciones de distinto tipo (p. ej., la Administración del Estado y la de una Comunidad Autónoma) o eventualmente sujetos públicos o privados sin ánimo de lucro (p. ej., un consorcio formado por un Ayuntamiento y la asociación contra el cáncer). Las mancomunidades las integran varios Municipios. En ambos casos se trata de Administraciones públicas no territoriales y sujetas al Derecho Administrativo.

Entre los de Derecho privado, cabe que varias Administraciones creen una sociedad mercantil igual que podrían hacerlo varios sujetos privados. También puede suceder que varias Administraciones creen conjuntamente una Fundación conforme a la legislación de fundaciones de Derecho privado (Ley 50/2002, de Fundaciones). O que constituyan una asociación igual que las que pueden crear personas privadas conforme a la Ley Orgánica de Asociaciones (Ley Orgánica 1/2002). En ninguno de estos casos, el ente creado será Administración pública ni, por tanto, regido por el Derecho Administrativo.

Por otra parte, y también conforme a Derecho privado, es posible que una Administración constituya una sociedad mercantil o una asociación o una fundación con sujetos que no son Administración. El caso más destacable es el de una sociedad anónima con varios socios, uno o varios de los cuales es Administración y los restantes son sujetos privados (se les llama sociedades de economía mixta). Ninguno de estos entes es realmente un ente institucional o instrumental puesto que ninguno de ellos es creado sólo por una Administración ni es un simple instrumento suyo. En cualquier caso, no son Administraciones ni, por tanto, están sometidos al Derecho Administrativo. Cosa distinta es que algunos de ellos sí sean considerados parte del «sector público» y tengan por ello un régimen en el que sí se incluyen algunas normas iguales o similares al de las Administraciones, es decir, algunas normas iguales o similares a las de Derecho Administrativo.

IV. LA APLICACIÓN DE NORMAS DE DERECHO ADMINISTRATIVO A SUJETOS DISTINTOS DE LA ADMINISTRACIÓN

Hemos establecido una relación directa y plena entre Derecho Administrativo y Administración pública de manera que, primero, el Derecho Administrativo (aunque sean sus normas iguales a las de Derecho privado) se aplicará siempre que esté presente la Administración y, segundo, sólo se aplicará cuando esté presente la Administración, no cuando se trate de sujetos (públicos o privados) que no sean Administración.

Esta última conclusión parece, sin embargo, desmentida por la realidad pues la verdad es que ciertas reglas de Derecho Administrativo se aplican a sujetos a los que hemos negado la condición de Administración pública.

Unas veces ocurre así porque las normas específicas reguladoras de esos sujetos se remiten a las de Derecho Administrativo.

Ejemplo de ello suministra la LOPJ cuando establece el régimen del Consejo General del Poder Judicial, que ya hemos explicado que no es Administración. En buena medida, contiene la LOPJ reglas específicas para la actuación de este Consejo. Pero dice su artículo 640: «La indemnización de los daños y perjuicios causados por el Consejo General del Poder Judicial queda sometida al régimen de la responsabilidad patrimonial de las Administraciones Públicas». O sea, a ese respecto, en vez de haber establecido un régimen específico de responsabilidad patrimonial por los daños que cause el Consejo o de haberse remitido a otro régimen de responsabilidad (el de Derecho privado, el de los Juzgados y Tribunales, etc.), la Ley ha decidido que sea de aplicación el mismo que rige para los casos en los que quienes causen los daños sean las Administraciones, es decir, el de Derecho Administrativo. En la misma línea, el artículo 642 LOPJ dice: «En todo cuanto no se hallare previsto en esta Ley Orgánica y en los Reglamentos del Consejo General del Poder Judicial, se observarán, en materia de procedimiento, recursos y forma de los actos del Consejo General del Poder Judicial, en cuanto sean aplicables, las disposiciones de la Ley de Régimen Jurídico de las Administraciones Públicas...». Por tanto, a ciertos efectos son de aplicación, siquiera supletoria, ciertas normas de Derecho Administrativo.

Otro ejemplo hay en el artículo 2.2 LBCOCISN según el cual a las Cámaras de Comercio, que hemos mantenido que no son Administraciones, «les será de aplicación, con carácter supletorio, la legislación referente a la estructura y funcionamiento de las Administraciones Públicas en cuanto sea conforme con su naturaleza y finalidades».

Otras veces sucede porque las mismas normas de Derecho Administrativo declaran expresamente su aplicación, además de a las Administraciones, a estos otros entes.

Buen ejemplo de esto último ofrece la LPAC. Enumera en su artículo 2.3 los entes a los que considera Administración pública. Fuera de ese concepto quedan, entre otras, las entidades de derecho privado vinculadas o dependientes de las Administraciones a las que se refiere en su artículo 2.2.*b*); eso significa que quedan fuera, según hemos visto, las fundaciones creadas por una Administración o las sociedades mercantiles de las que sea único titular una Administración. Pero el mismo artículo 2.2.*b*) dice que, aunque no son Administraciones, «quedarán sujetas a lo dispuesto en las normas de esta Ley (o sea, las mismas que rigen para las Administraciones) que específicamente se refieran a las mismas, y en todo caso, cuando ejerzan potestades administrativas». Por tanto, es esta misma Ley la que decide una cierta aplicación de normas de Derecho Administrativo a entes que no considera Administraciones. Algo parecido se deduce del artículo 2.4 para las Corporaciones de Derecho Público de base sectorial: no las considera Administraciones Públicas pero establece que se les aplicará esta Ley, al menos parcial y supletoriamente. Y también es significativa la disposición adicional 5.ª de la misma Ley relativa a órganos públicos no administrativos y ni siquiera del Poder Ejecutivo (el Congreso de los Diputados, el Tribunal Constitucional...) de los que se dice que, en cuanto a su «actuación administrativa», se regirán «por lo previsto en su normativa específica, en el marco de los principios que inspiran la actuación administrativa de acuerdo con esta Ley». En suma, vemos que una Ley tan propia del Derecho Administrativo y pensada para las Administraciones se aplica también en parte a entes y órganos que no son Administraciones.

Otros ejemplos pueden verse en la Ley de Transparencia (arts. 2 a 4); en la LCSP (arts. 2 y 3); en la LGSub (art. 3); en el EBEP (art. 2); en la LPAP (art. 2); en la LGP (arts. 1 a 3); y, especialmente, en la LJCA, sus artículos 1 y 2 [sobre todo sus apartados *a*), *c*) y *d*)] que evidencian que la jurisdicción contencioso-administrativa ya no es sólo la propia de las Administraciones.

Ante este hecho incuestionable de que algunas normas de Derecho Administrativo se aplican a entes que no hemos considerado Administraciones, caben soluciones como éstas: negar, en contra de lo que hemos venido explicando, que el Derecho Administrativo sea el Derecho de las Administraciones públicas para afirmar que es el de la actividad materialmente administrativa; o bien, rectificar la definición que hemos dado de Administración pública para considerar también Administraciones a estos otros sujetos. Parte de la doctrina se inclina más o menos decididamente por esas soluciones. Las creo, sin embargo, erróneas y condenadas al fracaso porque prescinden de lo esencial y generan, a la postre, más confusión que claridad. La explicación correcta, aunque pueda parecer más complicada, es otra.

El hecho de que ciertas normas de Derecho Administrativo sean aplicables a entes que no son Administraciones no debe llevar a abjurar de cuanto hemos venido explicando sobre el concepto de Administración, de Derecho Administrativo y sobre su ámbito de aplicación.

Lo que en esencia sucede es que esos otros sujetos (que no son y siguen sin ser Administraciones) tienen un régimen jurídico (que no es el de Derecho Administrativo) propio (unas veces de Derecho privado y otras de Derecho público, pero no Administrativo) en el que se incluyen para regular algunas de sus actividades (normalmente una parte reducida) ciertas normas iguales o parecidas a las de las Administraciones. Pero, incluso cuando sean iguales, se les aplican en un contexto distinto, en un conjunto diferente, el de su propio Derecho, y no como normas de Derecho Administrativo. Con esto, lo que queda afectado es sólo la originalidad o el particularismo de las normas de Derecho Administrativo. Si conforme a lo que ya expusimos tal originalidad era relativa porque el Derecho Administrativo incorporaba normas iguales o similares a las de otros Derechos (sobre todo Civil, pero también Mercantil, Laboral y, para algunos aspectos, Penal), ahora también se reduce porque el Derecho de otros sujetos incorpora normas iguales o parecidas a las de Derecho Administrativo. Gráficamente podríamos decir que con lo que explicamos antes la originalidad del Derecho Administrativo se reducía porque importaba reglas procedentes de otros Derechos; con lo que añadimos ahora se reduce porque exporta reglas a otros Derechos. Tanto que cabe decir que muchas de las normas que inicialmente eran de Derecho Administrativo, sin dejar de serlo, han sido el germen de principios generales de más amplio radio de acción, incluso de todo el ordenamiento. Pero como ya dijimos que esa originalidad es variable y no consustancial, nada del concepto ni del ámbito de aplicación del Derecho Administrativo ha cambiado.

A partir de ahí la cuestión, ya secundaria, es la de explicar las causas por las que el régimen propio de esos diversos sujetos que no son Administraciones integra normas iguales o parecidas a las de Derecho Administrativo. Son múltiples y muy diversas tales causas. A veces es porque ese otro sujeto que no es Administración actúa por ella, como un agente o delegado o colaborador de la Administración; otras por razones de mera conveniencia o de simplificación o de racionalidad o hasta de justicia. Una explicación completa no puede abordarse aquí.

Respecto a los sujetos privados que realizan actividades administrativas se hará en la lección siguiente. En cuanto a las entidades de Derecho privado creadas o participadas por la Administración se hará al analizar los entes institucionales y los frenos a la «huida del Derecho Administrativo» (Lección 13). Cuando se estudien las Corporaciones sectoriales de Derecho Público (Lección 14) se explicará cuándo, por qué motivos y en qué medida se someten a normas como las aplicables a las Administraciones.

Sí conviene, al menos, explicar ahora la razón por la que ciertas reglas de Derecho Administrativo se aplican a algunas actuaciones marginales de órganos estatales no integrados en el Poder Ejecutivo ni, por tanto, en la Administración y a las relaciones que mantienen en esos concretos ámbitos de actuación con otros sujetos.

Nos referimos a órganos del Poder Legislativo (Congreso de los Diputados, Senado y Parlamentos autonómicos) o directamente dependientes de él (Defensor del Pueblo, Tribunal de Cuentas y similares autonómicos). También a órganos del Poder Judicial (Consejo General del Poder Judicial y órganos de gobierno de los Juzgados y Tribunales). Asimismo nos referimos al Tribunal Constitucional y al Rey, que no se integran en ninguno de los tres poderes clásicos ni, desde luego, en la Administración. Todo el régimen de estos órganos estatales es, desde luego, de Derecho público, pero no concretamente de Derecho Administrativo. Tienen su Derecho público específico, que no es Derecho Administrativo.

En cuanto estos órganos realizan sus actividades prototípicas de ninguna forma se les aplican reglas de Derecho Administrativo. Por ejemplo, no se aplica a la esencial actividad de los Juzgados y Tribunales consistente en juzgar y hacer ejecutar lo juzgado ni a otras que también les son propias (como la llamada «jurisdicción voluntaria» o la «policía de estrados», por más que se asemejen a veces a ciertas actuaciones de la Administración); ni a la actividad legislativa del Congreso, del Senado o de los Parlamentos autonómicos (ni siquiera aunque aprueben una Ley singular y para un caso concreto, similar materialmente a un acto administrativo) ni a la que realizan de control del Gobierno; ni a la actuación del TC en recursos de inconstitucionalidad, conflictos de competencias...

Pero estos órganos realizan también una modesta actividad de administración interna, que es puramente marginal respecto de su actividad principal; por ejemplo, también compran muebles; también contratan obras (reparación del edificio en que están instalados); también tienen personal propio (auxiliares administrativos, ujieres, letrados...) al que deben seleccionar, pagar, ascender, sancionar. Sobre todo es amplia en el caso del Consejo General del Poder Judicial porque es el órgano de gobierno de tal Poder al que le corresponde, no juzgar y hacer ejecutar lo juzgado, como es propio de los órganos judiciales, sino una amplia función de administración que incluye nombramiento de jueces, decisión sobre sus ascensos, sanciones disciplinarias, inspección de los juzgados... similares a muchas de las que realiza la Administración respecto a su personal. Ante esa actividad marginal y auxiliar de otros Poderes del Estado no integrados en la Administración se ha decidido, al menos en España, establecer pocas reglas específicas y, en su defecto, aplicarles las normas de Derecho Administrativo. Se ha establecido así por considerarlo una solución razonable, pero no porque necesariamente haya de ser así ni porque por definición eso sea propio del Derecho Administrativo. Se ha decidido así igual que podría haberse acogido otra solución, por ejemplo, establecer un régimen específico completo y amplio y, en su caso, ante sus lagunas, la supletoriedad de otro Derecho (el Civil, el Laboral...). Ante ello no procede afirmar de ningún modo que el Derecho Administrativo haya dejado de ser el Derecho de la Administración pública para convertirse en el Derecho de todos los órganos estatales en cuanto realicen ciertas actividades «administrativas». Ni siquiera más modestamente cabe decir que el Derecho Administrativo haya ampliado su ámbito de aplicación más allá de la Administración pública.

Se trata sólo de que a esos órganos estatales no administrativos se les aplica su régimen jurídico, su Derecho, que es desde luego Derecho público (aunque no Derecho Administrativo); pero que en ese su Derecho público se integran, a veces, más o menos ampliamente, y en la medida en que lo decida ese Derecho público propio, normas iguales a las establecidas por el Derecho Administrativo.

No se aplican como Derecho Administrativo. Por tanto, nada de esto afecta a la definición del Derecho Administrativo ni al ámbito de aplicación del Derecho Administrativo.

V. DERECHO ADMINISTRATIVO INTERNACIONAL Y DERECHO ADMINISTRATIVO DE LA UNIÓN EUROPEA

1. El Derecho Administrativo internacional

Cabe hablar de Derecho Administrativo internacional en dos sentidos:

a) En primer lugar, el Derecho Administrativo internacional es el Derecho de los órganos administrativos de las Organizaciones Internacionales. Es un Derecho creado por estas Organizaciones Internacionales para sí mismas y dirigido fundamentalmente a regular sus «burocracias» internas, habitualmente pequeñas. En efecto, estas Organizaciones suelen contar con normas propias para regular el funcionamiento de sus órganos administrativos, las relaciones de empleo de su personal, su responsabilidad patrimonial por daños a terceros, etc.

Las Organizaciones Internacionales cuentan con funcionarios o personal propio, generalmente organizados en torno a sus «Secretarías Generales», que pueden llegar a ser muy numerosos y que requieren de una normativa propia para su regulación y funcionamiento. En el caso de Naciones Unidas, su personal estaba formado por 37.505 funcionarios a fecha de 31 de diciembre de 2018, de acuerdo con el Informe del Secretario General sobre «Composición de la Secretaría: datos demográficos del personal» [A/74/82 de 22 de abril de 2019]. La norma reguladora de este personal es el «Estatuto y Reglamento del Personal de las Naciones Unidas» [ST/SGB/2017/1], aprobada por las propias Naciones Unidas y ejemplo paradigmático de este primer tipo de Derecho Administrativo internacional. Existen, incluso, tribunales contencioso-administrativos internacionales especializados en resolver los litigios en los que sean parte los funcionarios de las principales Organizaciones Internacionales, como el Tribunal Administrativo de las Naciones Unidas o el Tribunal Administrativo de la Organización Internacional del Trabajo.

b) En segundo lugar, el Derecho Administrativo internacional es también una forma de referirse a las normas del Derecho internacional dirigidas a las Administraciones públicas nacionales. Por tanto, es un Derecho que se aplica en concreto a la Administración pública española y es el que, por ello, nos interesa aquí.

2. El Derecho Administrativo y la administración de la Unión Europea

De manera similar a lo expresado en relación con el Derecho Administrativo internacional, por Derecho Administrativo de la Unión también cabe entender dos fenómenos distintos:

a) En primer lugar, el Derecho Administrativo de la Unión es el Derecho de la Administración pública de la Unión Europea.

b) En segundo lugar, el Derecho Administrativo de la Unión incluye normas de Derecho de la Unión dirigidas a las Administraciones públicas nacionales, normas, pues, que les reconocen potestades o imponen deberes y límites.

Aparentemente, nos encontraríamos ante el mismo esquema expuesto en relación con el Derecho Administrativo internacional. Sin embargo, la situación es bastante distinta. Se debe a que aquí no cabe diferenciar radicalmente entre la Administración de la Unión Europea y las Administraciones de los Estados miembros. Y ello porque las Administraciones de los Estados miembros actúan frecuentemente como Administraciones de la Unión Europea.

La Unión Europea, como las organizaciones internacionales, tiene una Administración propia con una serie de órganos específicos. En este caso se habla de «Administración directa» de la Unión Europea con una serie de instituciones y órganos en los que trabajan empleados públicos de la Unión, ubicados mayoritariamente en Bruselas.

La principal institución de la Administración directa de la Unión es la Comisión Europea con su alrededor de 30.000 funcionarios, a la que deben sumarse, al menos, una treintena de agencias descentralizadas (como la Autoridad Bancaria Europea, la Oficina Europea de Policía - Europol o la Agencia Europea del Medicamento) y las 6 agencias ejecutivas de la UE (como la Agencia Ejecutiva de Investigación). Junto a ellas, la otra gran figura de la Administración pública de la Unión es el Banco Central Europeo, que se encarga de ejecutar la política monetaria de la Unión.

Derecho Administrativo de la Unión es, desde luego, el Derecho que regula esa Administración directa de la Unión.

Pero además la Unión Europea se sirve normalmente de las Administraciones de los Estados miembros, incluidas, por supuesto, las Administraciones españolas. Así, en estos casos las Administraciones españolas actúan como Administraciones de la Unión Europea. Ante ello se habla de «Administración indirecta» de la Unión Europea.

Por ejemplo, son las Administraciones públicas nacionales, formadas por empleados nacionales, las que se encargan de controlar las entradas y salidas de mercancías del territorio aduanero de la Unión (en el caso de España, el Departamento de Aduanas e Impuestos especiales de la Agencia Estatal de Administración Tributaria) y no ningún órgano europeo formado por funcionarios de la Unión Europea. Ello pese a que toda esa materia es de la competencia de la Unión Europea. La actuación de la Administración española (que es orgánicamente española, pero funcionalmente europea) se rige en este ámbito por el Derecho de la Unión (en concreto, el Reglamento n.º 952/2013, «Código aduanero de la Unión») y es controlada y supervisada por la Comisión Europea.

Lo mismo puede decirse de algunas cuestiones relacionadas con el control de la entrada y salida de nacionales de terceros países del territorio de la Unión: aunque es materia de competencia de la Unión, no es ningún órgano creado por la Unión, sino la Administración nacional (en el caso de España, el Ministerio de Asuntos Exteriores y Cooperación a través de su red de Misiones Diplomáticas y Oficinas consulares), la que se encarga de recibir, tramitar y expedir o denegar los visados para estancias cortas y para el tránsito por territorios de países de la Unión. Esta actuación de la Administración española, que en realidad está actuando como Administración de la Unión, se rige de nuevo por las normas aprobadas por la Unión (en este caso, por el llamado «Código de Visados» o Reglamento n.º 810/2009).

Tampoco es ningún órgano o institución europeo, sino la Administración pública nacional (en el caso de Andalucía, la Consejería de Agricultura), la que se encarga de recibir, tramitar, resolver, pagar, inspeccionar y, en su caso, exigir el reintegro de las ayudas concedidas en el marco de la Política Agrícola Común (PAC) a los agricultores andaluces. Y también en este caso toda su actuación se rige por normativa de la Unión y es igualmente dirigida y férreamente controlada por la Comisión Europea.

La regla general es que sean las Administraciones nacionales, con sus propios medios y empleados, las encargadas de ejecutar las políticas de la Unión y entablar relaciones con los ciudadanos. O sea, no sólo es que la Unión se pueda servir para ejecutar sus políticas de las Administraciones nacionales, sino que eso es lo normal; o sea, que la Administración pública de la Unión descansa fundamentalmente sobre el modelo de Administración indirecta (art. 291.1 TFUE) y sólo excepcionalmente actúa por medio de su Administración directa.

Por tanto, si, como decíamos, el Derecho Administrativo de la Unión es en primer lugar el Derecho de la Administración pública de la Unión, hemos de aclarar que el Derecho Administrativo de la Unión es tanto el Derecho que regula a la Administración directa de la Unión como el que regula a las Administraciones nacionales cuando actúan como Administración indirecta de la Unión.

Ahora bien, evidentemente las Administraciones de los Estados miembros no siempre actúan como Administración indirecta de la Unión, sino que lo hacen como Administraciones nacionales. Es lo que siempre han venido haciendo y es lo que siguen haciendo con normalidad. En la inmensa mayoría de sus actuaciones actúan como Administraciones nacionales. Pero incluso en ese caso (esto es, cuando trabajan para su respectivo Estado) pueden estar sometidas a diversas normas del Derecho de la Unión.

Así, por ejemplo, cuando contratan una obra todas las Administraciones de los Estados miembros tienen que cumplir la Directiva 2014/24/UE sobre contratación pública; o cuando conceden ayudas a sus empresas tienen que respetar los límites que imponen los artículos 107 a 109 TFUE, etc.

También ese conjunto de normas de la Unión que se imponen a las Administraciones de los Estados miembros cuando actúan como Administraciones nacionales son Derecho Administrativo de la Unión.

BIBLIOGRAFÍA

ARIÑO ORTIZ, G.: «Sobre el concepto de Administración pública y Derecho Administrativo», en la obra recopilatoria del autor *Lecciones de Administración (y políticas públicas)*, Iustel, 2011.

BAENA DEL ALCÁZAR, M.: «Para una reconstrucción de los límites formales del Derecho Administrativo», en *Homenaje a Garrido Falla.*

BARNÉS VÁZQUEZ, J.: «Introducción a la doctrina alemana del Derecho privado administrativo», en *Homenaje a Clavero.*

BOGDANDY, A. V. y MIR PUIGPELAT, O. (coords.): *El Derecho Administrativo en el espacio jurídico europeo*, Tirant lo Blanch, 2013.

BUENO ARMIJO, A.: «Una propuesta de concepción subjetiva del Derecho Administrativo comunitario», en *El Derecho público de la crisis económica. Transparencia y sector público. Hacia un nuevo Derecho Administrativo. Actas del VI Congreso de la Asociación Española de Profesores de Derecho Administrativo*, INAP, 2011.

CARBONELL PORRAS, E.: «La naturaleza jurídica de Ceuta y Melilla y su encuadramiento en la estructura territorial del Estado», *REDA*, n.º 110, 2001.

ESTEVE PARDO, J.: «La extensión del Derecho público. Una reacción necesaria», *RAP*, n.º 189, 2012.

FUENTETAJA PASTOR, J. A.: *La administración europea: la ejecución europea del derecho y las políticas de la Unión*, Thomson-Civitas, 2007.

— *Derecho Administrativo europeo*, Thomson-Civitas, 2.ª ed., 2015.

GAMERO CASADO, E.: *Desafíos del Derecho Administrativo en un mundo en disrupción*, Comares, 2015.

— «¿El "retorno" al Derecho Administrativo? Manifestaciones en las leyes de procedimiento, régimen jurídico y contratos del sector público», *REDA*, n.º 189, 2018.

GARCÍA-ANDRADE GÓMEZ, J.: «El sector público como referente actual del Derecho Administrativo», *RAP*, n.º 209, 2019.

— «¿Huida o expansión del Derecho Administrativo?», *REDA*, n.º 209, 2020.

GARCÍA DE ENTERRÍA, E.: «El concepto de personalidad jurídica en el Derecho público», en *Homenaje a Clavero.*

GARRIDO FALLA, F.: «La Administración pública después de la Constitución», en *Homenaje a Villar Palasí.*

LÓPEZ BENÍTEZ, M. y REBOLLO PUIG, M.: «Aplicabilidad y extensión del art. 149.1.18.ª CE a entes no administrativos», en *Homenaje a Clavero.*

LÓPEZ MENUDO, F.: «El Derecho Administrativo como Derecho especial y excepcional de algunos entes públicos. Consecuencias», en *Homenaje a Clavero.*

MARCHECO ACUÑA, B.: «Acerca del concepto de Derecho Administrativo», *RGDA*, n.º 54, 2020.

MARTÍN-RETORTILLO BAQUER, S.: *El Derecho Civil en la génesis del Derecho Administrativo y de sus instituciones*, Civitas, 2.ª ed., 1996.

MARTÍNEZ LÓPEZ-MUÑIZ, J. L.: «A vueltas con la delimitación de la Administración pública…», en *Homenaje a Fernández Rodríguez.*

— «Delimitación de las Administraciones públicas a los efectos del art. 149.1.18.ª CE. Hacia la superación de la insatisfactoria situación legislativa actual», en *Homenaje a Cosculluela.*

— «Derecho público y Derecho privado, disyuntiva determinante para el Estado de Derecho», *RGDA*, n.º 26, 2011.

— «El régimen necesariamente jurídico-público de los bienes, contratos, personal y entes instrumentales de los poderes públicos», *RGDA*, n.º 27, 2011.

MUÑOZ MACHADO, S.: «Derecho Administrativo», en MUÑOZ MACHADO, S. (dir.), *Diccionario de Derecho Administrativo*, Iustel, 2005.

MORILLO-VELARDE PÉREZ, J. I.: «La huida del Derecho Administrativo. La personalidad jurídica de las Administraciones públicas y el principio de eficacia. Reflexiones», en *Homenaje a Clavero.*

NIETO GARCÍA, A.: «Entes territoriales y no territoriales», *RAP*, n.º 64, 1974.

ORTEGA ÁLVAREZ, L. I.: «El debate sobre la concepción subjetiva del Derecho Administrativo tras la aprobación de la Constitución Española de 1978», en *Homenaje a Garrido Falla.*

REBOLLO PUIG, M.: «El Derecho Administrativo como Derecho único de la Administración», *RGDA*, n.º 2, 2003.

Rivero Ortega, R.: *Administraciones públicas y Derecho privado*, Marcial Pons, 1998.
Sánchez Morón, M.: «El retorno del Derecho Administrativo», *RAP*, n.º 206, 2018 y *Homenaje a Menéndez Rexach.*
— *Las Administraciones españolas*, Tecnos, 2018.
Souvirón Morenilla, J. M.: «Sobre la Administración pública y el Derecho Administrativo: en torno a la sustantividad del Derecho Administrativo y su vis expansiva», en *Homenaje a Martín Mateo.*
Suay Rincón, J.: «Entidades territoriales», en Muñoz Machado, S. (dir.), *Diccionario de Derecho Administrativo*, Iustel, 2005.

LECCIÓN 2

LA ACTIVIDAD ADMINISTRATIVA*

I. CONCEPTO: ACTIVIDAD ADMINISTRATIVA COMO ACTIVIDAD DE LAS ADMINISTRACIONES

Conforme a lo explicado en la lección 1, hablamos aquí de actividad administrativa para aludir a toda la que realizan las Administraciones públicas. No, por tanto, en un sentido material, como si hubiera y se pudiera acotar con alguna utilidad jurídica una actividad que por su propia naturaleza sea administrativa, sino como la que realizan esas organizaciones y personas jurídicas que son las Administraciones públicas.

Las actividades de las Administraciones son muy heterogéneas desde casi todos los puntos de vista.

Muchas veces es parecida a la prototípica atribuida a órganos estatales no administrativos: por ejemplo, cuando aprueba reglamentos su actividad es similar a la legislativa de los Parlamentos; cuando resuelve recursos administrativos o impone sanciones, se asemeja a la jurisdiccional de los jueces. En otros muchos casos es, si así se puede decir, más genuinamente suya, más peculiar de la Administración. Dentro de lo difícil y vaporoso de esa actividad más característicamente administrativa, quizás puede identificarse como la adopción de decisiones jurídicas concretas —o sea, para un caso determinado— y su ejecución. Pero tampoco es extraño que esto mismo lo realicen ocasionalmente otros Poderes, como, por ejemplo, cuando el Legislativo aprueba leyes para un caso único o específico o cuando los jueces ejercen la jurisdicción voluntaria o la policía de estrados, por no hablar de los supuestos en que uno y otro realizan actos de pura administración interna. Y es que, aunque la división de Poderes tiende a atribuir a cada Poder una función, nunca alcanza perfecta y plenamente esa aspiración.

Además de que por una u otra causa la actividad de la Administración se asemeja a veces a la de los órganos estatales no administrativos, en otras ocasiones es similar a la que puede realizar cualquier sujeto privado; así, cuando explota un bien o gestiona una empresa de su titularidad.

En suma, la Administración pública no tiene una sola función jurídico-material ni ninguna de ese tipo le pertenece en exclusiva. No puede extrañar porque la Administración es la única organización estatal capaz de realizar el conjunto de las diversas actividades necesarias para el cumplimiento de los fines del Estado. Y, en efecto, las

---

* Por Manuel Rebollo Puig (epígrafes I a V) y Manuel Izquierdo Carrasco (epígrafe VI). Grupo de investigación de la Junta de Andalucía SEJ-196. Proyecto de la Junta de Andalucía PROYEXCEL_00903.

acomete en la gran medida en que no pueden ser asumidas por el Poder Legislativo y el Judicial, correspondiéndole, en cualquier caso, mucho más que la pura y mecánica ejecución de las leyes. Y lo que da unidad a todas esas actividades realizadas por la Administración —o, mejor, por las Administraciones— es precisamente que es ella la que las realiza. Este dato subjetivo es capital y confiere por sí solo a toda esa múltiple y desigual actividad un sentido de conjunto, un común significado político y jurídico, una cierta uniformidad. Y es también lo que explica, entre otras cosas, que tenga un régimen jurídico común, el Derecho Administrativo.

Lo que hemos afirmado lo han concluido, desde luego, otros autores. Citemos, al menos, a Giannini: «[...] hemos de admitir que una caracterización objetiva de la función administrativa no existe [...] De una función administrativa se puede solamente hablar, en cambio, en un sentido subjetivo: equivalente a aquél de actividad de la Administración (organización) [...] La realidad es, en efecto, que "función administrativa" es una expresión verbal utilizada para describir el conjunto de funciones desarrolladas por la Administración».

II. LAS DIVERSAS FORMAS JURÍDICAS DE ACTIVIDAD ADMINISTRATIVA

Dentro de esa amplia y variada actividad administrativa cabe identificar unos concretos tipos de formas de actuación que la doctrina ha clasificado con cierta precisión. Son, por así decir, categorías abstractas y formales sobre los grandes tipos de actos de la Administración.

Desde este punto de vista cabe clasificar la actividad administrativa en jurídica y material.

La actividad jurídica está constituida por declaraciones de la Administración. Sus formas prototípicas son los reglamentos, los actos administrativos y, si interviene concurrentemente la declaración de otro sujeto, los convenios (entre ellos, destacada aunque no exclusivamente, los contratos).

A veces, a esas tres formas de actividad jurídica (reglamentos, actos y convenios), algunos autores añaden una cuarta, los planes. Pero éstos no forman una categoría autónoma y en unos casos tienen naturaleza de reglamentos (salvo que se aprueben por ley) y en otros de actos que, a su vez, pueden ser de distinto valor. Incluso no cabe excluir que el plan sea el objeto o resultado de un convenio.

La actividad jurídica de la Administración es la más intensamente condicionada por el Derecho (que, entre otras cosas, la somete a estrictos procedimientos y formalidades) y tradicionalmente era la que constituía el único objeto del control judicial.

La actividad material incluye unas variopintas actuaciones dependientes de la voluntad de la Administración pero no expresada mediante declaraciones, sino mediante hechos.

Hechos que normalmente alteran la realidad física. Así, desde la realización material de una obra pública hasta el pago de una cantidad, pasando, entre otras muchas, por la actuación profesional de un médico de la sanidad pública o la recogida de basura realizada por los servicios municipales, la de un profesor de un centro público o la retirada de un vehículo por la policía o el cuidado de un jardín público o la realización de una encuesta o de una estadística o la simple emisión de información por parte de los agentes de la Administración para conocimiento general (p. ej., información sobre la forma de ejercer un derecho o sobre los peligros de un alimento). Pero también cabe incluir aquí las meras conversaciones o negociaciones, incluso aunque se llegue a un consenso vago y no vinculante sobre la forma en que procederá la Administración. A veces, se distingue dentro de la actividad material, la actividad técnica de la Administración pero, en general, tal distinción no tiene trascendencia jurídica.

Aunque esta actividad material está normalmente menos regulada por el Derecho (y de ordinario no está sometida a procedimientos), no sólo tiene gran importancia social y política, sino que también es relevante desde el punto de vista jurídico pues la Administración está en su totalidad condicionada por el Derecho: puede ser lícita o ilícita; dentro de la lícita puede ser obligada (en cuyo caso la inactividad administrativa será ilícita) o simplemente permitida; puede ser controlada por los tribunales (que pueden obligar a cesar en ella u obligar a realizarla o condenar a la Administración a indemnizar por los daños causados por la actividad o inactividad material de la Administración), etc.

Sobre la base de estas distinciones, están asentadas las grandes explicaciones de la parte general del Derecho Administrativo pues permiten comprender el régimen jurídico general de la actividad administrativa. Aspiran a ser clasificaciones puramente lógicas y dogmáticas y, como tales, iguales y permanentes en los distintos Estados y en las diferentes épocas. Permiten un análisis jurídico formal completo pero no dan ninguna idea de lo que realmente pretende la Administración ni de los aspectos de la vida social en los que se entromete en cada tiempo y lugar.

III. LOS DISTINTOS FINES DE LA ACTIVIDAD ADMINISTRATIVA Y LA PERSECUCIÓN DE LOS INTERESES GENERALES. SU DETERMINACIÓN Y MUTABILIDAD

Si la clasificación de las formas jurídicas de la Administración aspira a encontrar unas pocas categorías universales e intemporales, por el contrario, si se atiende a los específicos fines encomendados a la Administración, a su objeto y contenido material, la diversidad aumenta extraordinariamente. Diversidad en un mismo Estado y momento (desde la defensa nacional a, p. ej., la lucha contra el cambio climático o el bienestar de los animales). Y diversidad, sobre todo, según lugares y épocas. O sea, mutabilidad. Diversidad y mutabilidad porque muy diferentes y cambiantes son los fines que persigue la Administración.

Puede decirse que los fines de la Administración son siempre los intereses generales. Lo impone el artículo 103.1 CE: «La Administración pública sirve [...] los intereses generales...». Pero a la postre es el ordenamiento el que en cada momento concreta lo que se consideren intereses generales y los que convierte en fines de la actividad administrativa. Lo expresa el artículo 3.3 LRJSP cuando afirma que la actuación de cada Administración «se desarrolla para alcanzar los objetivos que establecen las leyes y el resto del ordenamiento jurídico». Y lo que a este respecto establecen las leyes y el resto del ordenamiento cambia según épocas y lugares en virtud de diversos factores.

IV. LOS MODOS DE LA ACTIVIDAD ADMINISTRATIVA

Incluso con esa gran diversidad de fines y su mutabilidad, la teoría ha establecido unas clasificaciones sobre los distintos modos con que la Administración los persigue. De entre ellas es especialmente orientativa, útil y arraigada en la doctrina española la que, con unos u otros matices y términos, distingue actividad de limitación, actividad de fomento, actividad de servicio público y actividad puramente empresarial de la Administración.

Aunque sus definiciones y contornos no son del todo claros y se solapan, y sin perjuicio de su desarrollo en el tomo III, conviene ofrecer una primera visión de estos modos que reflejan las distintas maneras en que la Administración afecta a los derechos de los particulares, restringiéndolos o aumentándolos. Ello al margen de que, además, la Administración realiza actividades que son más bien auxiliares o instrumentales: desde aquellas con las que se provee de los medios para realizar sus actividades principales hasta las puramente internas sobre su propia organización. Esto otro, aunque importante (actividad organizatoria, tributaria, selección y gestión de su personal, adquisición de bienes mediante expropiación o contratos, gestión de sus propios bienes, etc.) queda al margen de esta clasificación que atiende al modo en que la Administración persigue los variados intereses generales según su proyección externa y su incidencia en los ciudadanos.

En los dos primeros modos de actividad (limitación y fomento), la Administración persigue los intereses generales orientando la actividad de los particulares en la realización de actividades puramente privadas.

En la actividad de limitación lo hace imperativamente, estableciendo la forma en que obligatoriamente han de proceder los particulares: lo que pueden o no pueden o deben hacer, o cómo deben hacerlo. También reaccionando coactivamente en caso de incumplimiento. Así, esta actividad se puede definir como aquélla en la que la Administración impone restricciones, deberes o de cualquier forma ordena obligatoriamente las conductas privadas con el fin de garantizar algún interés público. El núcleo de la actividad consiste en el ejercicio de autoridad. Se canaliza sobre todo mediante la reglamentación de actividades privadas, las órdenes, los controles y similares.

Por ejemplo, en relación con el tráfico y para garantizar la seguridad vial, la Administración despliega una amplia actividad de limitación mediante reglamentos que establecen genéricamente las condiciones de los vehículos o la forma en que han de proceder los conductores en cada ocasión; mediante órdenes que imponen deberes en situaciones concretas; mediante exámenes, inspecciones...

En la actividad de fomento la Administración orienta el comportamiento de los particulares por métodos persuasivos. No les impone deberes respaldados con la coacción. Simplemente establece algunas ventajas (subvenciones, desgravaciones fiscales, etc.) para quien actúe de determinada forma que se considera conveniente para el interés general. Aquí, pues, se presenta la Administración de forma más amable que con la actividad de limitación, más respetuosa con la libertad privada.

Siguiendo con el mismo ejemplo del tráfico, la Administración, aunque no prohíba la circulación de vehículos de más de quince años, puede animar a cambiar los coches con esa edad otorgando subvenciones a quienes los sustituyan por coches nuevos.

Se da un salto cualitativo en los dos otros modos de intervención enunciados, el del servicio público y el de la mera actividad empresarial de la Administración, en los que esta, directa o directamente, ofrece ciertos bienes o servicios. En principio, parecen formas de intervención más suaves que la actividad de limitación puesto que la Administración se presenta afablemente como prestadora de bienes y servicios y no como un poder que directamente restringe la libertad. Pero desde otro punto de vista, a diferencia de la limitación y del fomento, ya no se trata sólo de encauzar la actividad privada, sino que la Administración asume el protagonismo en la realización de actividades para satisfacer el interés general de modo que aumenta su tamaño y su poder para sustituir o completar la actividad privada.

Por actividad de servicio público (o prestacional) entendemos, en el contexto de esta clasificación, aquella por la que la Administración suministra prestaciones a los ciudadanos en favor de ellos y para garantizar la satisfacción de sus necesidades. La Administración actúa, por tanto, en beneficio de los ciudadanos aunque por razones de interés general: el interés general consiste aquí precisamente en satisfacer ciertas necesidades del individuo.

Importa completar la definición dada con varias precisiones.

La primera es que, claro está, hablamos aquí de servicio público en un sentido más restringido que el que dimos en la lección 1 a esta misma expresión para referirnos a todas las actividades de la Administración de interés general y que incluiría a la casi totalidad de las actuaciones administrativas. Por eso es frecuente, para evitar confusión, denominar a este concreto modo de actividad administrativa actividad prestacional.

Sobre todo importa destacar que la Administración puede suministrar esas prestaciones directa o indirectamente; es decir, que puede prestar y gestionar el servicio por sí misma o hacerlo mediante los sujetos privados que ella determine.

Es decir, que puede hacerlo, no convirtiéndose la Administración misma en empresaria, sino mediante sujetos privados a los que confía la gestión material de la actividad. Puede así que la Administración no sea propietaria de los medios de producción necesarios para prestar el servicio y que tampoco tenga que hacer frente a las inversiones para su implantación y gestión. Pero esa gestión indirecta no resta un ápice al carácter de servicio público y a su titularidad por la Administración. Ésta tiene todas las potestades para determinar quién y cómo prestará el servicio, incluso a qué precio, y para modificar esas condiciones. Correlativamente, el empresario privado no realizará la actividad en virtud de su libertad de empresa, sino porque se lo encarga la Administración en virtud de un título administrativo (normalmente, un contrato) y sometido a potestades de la Administración que no son de simple limitación sino de dirección de toda su actuación.

Y señalemos en tercer lugar que no es esencial a la idea de servicio público el que todo el género de prestaciones a que se refiere se reserve en su totalidad a la Administración. Esto es, que la asuma de manera exclusiva y excluyente, que se convierta en monopolio público. Ello era y es posible (art. 128.2 CE). Pero no esencial al concepto de servicio público. Por ejemplo, hay un servicio público sanitario o educativo pero sigue habiendo médicos, hospitales o colegios completamente privados. Ahora bien, en muchos casos sí se declara ese monopolio (abastecimiento de agua, transporte colectivo urbano, etc.) de suerte que sólo puede realizar la actividad la Administración o aquel sujeto privado al que se confiera la gestión indirecta del servicio público.

En la actividad puramente empresarial de la Administración ésta realiza actividades industriales, comerciales, financieras... ofertando bienes o servicios en el mercado por alguna razón de interés general (para permitir el desarrollo económico general o el de una zona o sector concreto, para aumentar el empleo, para explotar ciertos recursos..., incluso para obtener ingresos) distinta de garantizar a los particulares una prestación.

Por ejemplo, la Administración tiene una fábrica de automóviles o unos astilleros o un hotel...; o simplemente explota su propio patrimonio (p. ej., una finca de su propiedad). Se puede también incluir aquí, aunque con peculiaridades, algunas actividades administrativas realizadas exclusivamente con fines recaudatorios (lotería nacional, monopolios fiscales) o con otros fines que nunca son garantizar ciertas prestaciones a los ciudadanos. Normalmente la actividad empresarial se realiza en concurrencia con otras iguales realizadas por los particulares, pero también puede declararse un monopolio. Por ejemplo, en España, el monopolio del tabaco, que todavía subsiste para su comercio minorista. Y puede ser desarrollada directamente por la Administración o mediante empresas privadas (así, la Administración explota directamente los Paradores Nacionales, pero un Ayuntamiento puede tener un hotel que arriende a un particular; o se gestiona el comercio minorista de tabaco mediante estancos que cuentan con una concesión administrativa).

Conste que las Administraciones no se convierten en empresarias sólo en este último tipo de actividad. También puede haber y ha habido empresas públicas para la prestación de servicios públicos. Y hasta la gestión de un hospital o de una universidad es, en cierto sentido, la gestión de una empresa. Por tanto, no pueden considerarse iguales todas las empresas públicas. No es lo mismo una empresa municipal para prestar el abastecimiento de agua (que es un servicio público) que para gestionar un hotel (actividad puramente empresarial). Cosa distinta es que a veces los límites puedan no ser claros y que cabe que una misma empresa realice los dos tipos de actividad (p. ej., cuide de los parque públicos y ofrezca servicios de jardinería a los particulares). Además, claro está, el que haya un servicio público o actividad empresarial no comporta necesariamente que haya una empresa pública porque, como ya hemos visto, puede confiar su gestión a una empresa privada.

V. DESCRIPCIÓN DE LA EVOLUCIÓN DE LA ACTIVIDAD ADMINISTRATIVA

Conviene ofrecer una síntesis elemental de la evolución de la actividad administrativa en los dos últimos siglos para comprender la situación actual.

1. La actividad administrativa en el Estado liberal

Arranquemos para ello de la misión que, al menos en teoría, atribuía a la Administración el liberalismo originario, más puro o genuino. El liberalismo tendía a reducir el poder político para garantizar los derechos de los ciudadanos y permitir el libre y espontáneo funcionamiento de la sociedad; partía de que sería así como se conseguiría el bienestar y hasta la felicidad. El mercado, con su famosa «mano invisible» (en la conocida expresión de Adam Smith), sería el terreno de juego en el que sobre todo se encontrarían las personas libres y propietarias para desarrollar sus relaciones y conseguir así sus fines individuales y, a la postre, los fines sociales. El no menos célebre «*laissez faire, laissez passer; le monde va de lui même*» (dejad hacer, dejad pasar; el mundo funciona por sí mismo) resume expresivamente esta concepción. En ella al Estado corresponde fijar las reglas de juego (sobre todo con la aprobación del Derecho privado) y establecer Tribunales para que impongan con fuerza esas reglas. En ese esquema, en el que encuentran un claro papel el Poder Legislativo y el Judicial, lo tendrían casi marginal el Poder Ejecutivo y su Administración.

Pero las cosas nunca fueron así. No sólo porque ese liberalismo puro y radical no se llevó a la práctica del todo, sino porque, en realidad, la misma teoría liberal exigía otras actuaciones estatales que, como no podían ser desarrolladas por el Legislativo ni el Judicial, recaían sobre el Ejecutivo y, en suma, sobre la Administración, a la que, por tanto, confería un importante papel.

Además de la defensa exterior, con la aparición de ejércitos estables y todo el aparato administrativo que ello supuso, el liberalismo le atribuía el mantenimiento del orden público en el interior precisamente para posibilitar el libre desarrollo de las fuerzas sociales.

El orden público no era sólo la seguridad ciudadana, sino, como explicó Otto Mayer, el estado general de la sociedad en el que las fuerzas sociales se ven comprometidas lo menos posible por los efectos dañinos y peligros de las conductas individuales y hasta de la naturaleza. Para preservar al orden público se daban a la Administración amplias potestades; potestades para imponer coactivamente limites a los individuos (actividad de policía) pero también para realizar algunos servicios públicos y obras públicas (p. ej., mercados para garantizar la salubridad de alimentos, iluminación de calles para garantizar la seguridad de las personas). De ninguna forma era una misión ínfima sino muy extensa y capaz de justificar una Administración relativamente grande y fuerte con una relativamente amplia actividad.

También aceptaba la teoría liberal que el Estado —en realidad, su Administración— asumiera la realización de las grandes obras de infraestructuras.

El mismo Adam Smith lo afirmaba para los casos en que la actividad privada no fuese suficiente. Acaso pueda ya verse aquí, desde los orígenes, un germen del principio de subsidiariedad (o sea, el Estado puede y debe asumir actividades económicas fundamentales cuando la iniciativa privada no sea suficiente) siquiera sea para esas grandes obras. Lo cierto es que también esto potenciaba la actividad de la Administración.

Por otra parte se conservaron propiedades públicas —minas, aguas, montes— salvadas de la desamortización y sobre las que la Administración realizaba importantes actividades para su gestión y explotación. Y algo similar sucedió con algunos monopolios fiscales (como el del tabaco).

Asimismo, la Administración asumió servicios sociales a los que se aludía como beneficencia. Era una actividad amplia de atención a los más necesitados que incluía la asistencia sanitaria y que hizo que la Administración tuviera y gestionara hospitales.

Igualmente, la Administración asumió en buena parte la educación elemental y la universitaria (ésta prácticamente en monopolio), así como algunos servicios culturales.

Incluso el Estado liberal conservó lo que podríamos considerar servicios públicos económicos, como el de correos. La aparición del ferrocarril ofreció un nuevo terreno a la intervención administrativa de este género.

Aunque estas actividades (la de construcción de obras públicas, la de explotación de bienes o la de gestión de servicios), cuando tenían una naturaleza predominantemente económica, se desarrollaban de ordinario mediante empresas privadas con las que la Administración contrataba, se observa en todo caso una actividad administrativa no reducida que exigió y consolidó una Administración de un tamaño notable, fuerte y dotada de profesionales bien formados. Incluso, cabe decir, que la Administración, ya en el Estado liberal y quizás contra pronóstico, era la organización más grande, más robusta, más continua y más inteligente del Estado y de la sociedad. Se sentaron así las bases que permitieron una posterior expansión de la actividad administrativa, como en efecto se produjo.

2. La expansión de la actividad administrativa. Su teorización y constitucionalización: el Estado social

Con el tiempo, ya a finales del siglo XIX y sobre todo a lo largo de casi todo el siglo XX, esa actividad administrativa aumentó intensamente. Expongamos simple y telegráficamente una evolución que, en realidad, es compleja.

Primero, frente a una actividad de policía que sólo restringía la actuación de los ciudadanos para mantener el orden público, surgió una vasta actividad administrativa de limitación capaz de ordenar todos los sectores y con los más diversos fines (entre los últimos en aparecer y más potentes, protección del medio ambiente y defensa de los consumidores).

Segundo, se consolidó una actividad administrativa de fomento que, aunque con métodos persuasivos, dio a la Administración grandes posibilidades para orientar las actuaciones de los particulares e intervenir decisivamente en todos los sectores.

Tercero, se extendió descomunalmente su tarea de realización de obras públicas, que, desde luego, entre otras cosas incluyó el urbanismo.

Cuarto, lo más importante, se ampliaron los servicios sociales: seguridad social, vivienda, cultura (para el acceso a la cultura y para la creación artística)...; hasta el deporte y el ocio. Más, desde luego, unos servicios de educación que cubren a toda la población hasta edades impensables antes. Y finalmente la sanidad (tendencialmente universal, o sea, para todos los ciudadanos, no ya solo para los más necesitados como sucedía cuando era una parte de la beneficencia, ni solo para los trabajadores como sucedía cuando era parte de la seguridad social).

Quinto, se asumieron numerosos servicios económicos; sobre todo, los llamados servicios en red por considerar que se trataba de monopolios naturales, como los de electricidad, transporte (incluso el aéreo), telefonía, radio y televisión.

Y, paralelamente, se generalizaron las empresas públicas. No sólo para gestionar directamente servicios públicos o propiedades, sino para acometer actividades puramente empresariales que asumió la Administración, ya sea para dominar sectores estratégicos (petróleo) o para favorecer el desarrollo de sectores económicos (siderurgia, automóviles, turismo) o simplemente para no dejar caer empresas privadas en crisis.

Las causas de la expansión fueron múltiples. Confluyeron factores políticos, ideológicos y teóricos: la presión de movimientos obreros y la influencia del socialismo o de la doctrina social de la Iglesia; la teoría keynesiana; la revolución comunista y la reacción fascista, también estatalizante, y el propósito de ofrecer alternativas democráticas... Pero más que todo eso lo que se puede ver es que el Estado y su Administración crecían a golpe de necesidades apremiantes marcadas por el desarrollo industrial y las concentraciones urbanas; por las sucesivas crisis económicas; por las situaciones bélicas, prebélicas y posbélicas; etc.

El mismo progreso de las ciencias y técnicas propició —y sigue propiciando— este crecimiento de la intervención administrativa.

De un lado, porque muchos de los nuevos servicios, fruto de los avances científicos y los progresos técnicos, hicieron ilusoria la autosuficiencia de los individuos, fuesen pobres o ricos, para cubrir mediante el mercado sus necesidades vitales. El desarrollo de la Medicina suministra un buen ejemplo: todos sus avances, que hicieron remediable o evitable lo que antes no lo era, crearon inmediatamente una demanda social que, sin embargo, por sus elevados costes, aumentaba las diferencias entre las necesidades sanitarias y la posibilidad de satisfacerlas individualmente. Se afirmó que «sanitariamente todos somos paraindigentes» de modo que sin una decidida intervención pública no sólo se produciría una sangrante desigualdad en el acceso a prestaciones vitales, sino que incluso, por lo reducido de los enfermos potencialmente autosuficientes, se imposibilitaría el desarrollo de una asistencia sanitaria conforme a las posibilidades de la ciencia.

Además, de otro lado, el mismo desarrollo científico y técnico también ha determinado ineludiblemente un aumento de la actividad administrativa para luchar contra los riesgos: a veces, porque han sido los mismos avances técnicos los que han creado nuevos riesgos (en los alimentos, en las formas de energía, en los transportes, en la información digital...); otras porque han aportado soluciones frente a riesgos que antes eran desconocidos o imprevisibles e inevitables, desde los terremotos a las epidemias. Y ante todo ello se reclama de la Administración una acción preventiva que lleva a que instaure nuevos servicios e imponga nuevos límites a las actividades particulares. O sea, que hasta la tradicional misión de preservar el orden público exige hoy, por el progreso de la ciencia, una actividad administrativa mucho más amplia y compleja que la imaginable en el siglo XIX.

En suma, más que unas ideologías u otras, que unas teorías u otras, la expansión de la actividad administrativa se produjo por la presión de nuevas realidades y nuevas necesidades.

Fueron ellas las que propiciaron un abandono de la idea que estaba en la base del liberalismo, o sea, de su fe en el libre y espontáneo desenvolvimiento de la sociedad y en el mercado. La famosa «mano invisible» parece que no sólo no se veía, sino que tampoco se sentía. El *laissez faire* no guiaba ya a los poderes públicos ni era lo que los ciudadanos les reclamaban en casi ningún sitio ni sector. *Le monde ne va plus de lui même*, podríamos decir; o no gusta cómo funciona solo. En sanidad, por ejemplo, se dijo que el «principio del *laisser faire* lleva consigo ineludiblemente el *laisser rendre malade* y, a veces, el de *laisser mourir*». Y algo similar podría decirse en otros muchos ámbitos.

De hecho, con uno u otro sesgo y alguna diferencia de grado, esa expansión se produjo con gobiernos de derechas y de izquierdas. Sobre todo en la Europa occidental. Expresivamente se ha dicho que a lo largo del siglo XX, más pronto o más tarde, la mayoría de los Estados de la Europa occidental eran «Estados administrativos».

Todo esto, *a posteriori*, se teorizó, se sublimó y se constitucionalizó.

A ello responde la teoría que construyó la escuela del servicio público, a la que aludimos en la lección anterior. Y más que esta teoría influyó su sublimación, el mito del servicio público.

Se vio al Estado como un conjunto de servicios públicos que ofrecen igualitariamente prestaciones sociales, económicas y culturales. Los gobernantes, más que poder, tienen un deber, el de organizar y garantizar el funcionamiento continuo de los servicios públicos. El servicio público es el fundamento y el límite del poder de los gobernantes: tienen poder para organizar y garantizar el funcionamiento de los servicios públicos. Con esta visión, la idea de servicio público no sólo explicaba y justificaba todos los cambios ya habidos, sino que los potenciaba. El servicio público daba mayor legitimidad al Estado y se convertía en un motor prestigioso para todo lo público y para la ampliación de las actividades estatales que todavía se reforzaba más por constituir un instrumento de solidaridad, de integración, de cohesión social, de redistribución de las rentas y de democratización. La idea dejó de ser una especulación de juristas y se asentó en las convicciones políticas arraigadas en la sociedad. Así, la Administración no sólo era grande, fuerte..., sino benefactora, simpática... Que su actividad aumentase se veía como un avance.

La constitucionalización se produjo con la fórmula del Estado social. Muestra tardía pero madura de ello es nuestra Constitución. Su artículo 1.1 establece que «España se constituye en un Estado *social* y democrático de Derecho». Su artículo 9.2, el que más claramente señala la orientación de un Estado social, dice que «corresponde a los poderes públicos promover las condiciones para que la libertad y la igualdad del individuo y de los grupos en que se integra sean reales y efectivas; remover los obstáculos que impidan o dificulten su plenitud y facilitar la participación de todos en la vida política, económica, cultural y social».

Ese mandato general a los poderes públicos se concreta en otros que mayoritariamente lucen entre los que la Constitución llama «principios rectores de la política social y económica» (arts. 39 a 52), donde van apareciendo la seguridad social, la protección de la salud, de los trabajadores, de la familia, de los discapacitados, de la investigación científica, del medio ambiente, del patrimonio cultural, de los consumidores, el acceso a la cultura, a la vivienda... e incluso el fomento del deporte y de la adecuada utilización del ocio. Y junto a todo ello, un precepto bien significativo: «Los poderes públicos promoverán las condiciones favorables para el progreso social y económico y para una distribución de la renta regional y personal más equitativa...» (art. 40.1). Además, como mínimo hay que recordar el derecho a la educación, al que la Constitución da una fuerza superior (art. 27) y la obligación de los poderes públicos de atender a «la modernización y desarrollo de todos los sectores económicos... a fin de equiparar el nivel de vida de todos los españoles» (art. 130). No sólo es que casi todo pueda ser objeto de atención por los poderes públicos, sino que debe serlo por imperativo constitucional. Asimismo se proclama que «toda la riqueza del país en sus distintas formas y sea cual sea su titularidad está subordinada al interés general» (art. 128.1), «se reconoce la iniciativa pública en la actividad económica», sin que aparezca expresamente proclamado el principio de subsidiariedad e incluso con la posibilidad de establecer monopolios públicos para los recursos y servicios esenciales (art. 128.2). Y, como pieza clave para financiar todo esto, se prevé «un sistema tributario justo inspirado en los principios de igualdad y progresividad» (art. 31.1) y «una asignación equitativa de los recursos públicos» (art. 31.2).

Aunque la CE hable en abstracto de los poderes públicos, todo ello acaba por recaer sobre la Administración cuya amplísima actividad es ya fruto de un mandato constitucional.

Naturalmente que esto supuso, aquí y en todos los Estados que asumieron el mismo modelo, una Administración grande, fuerte y, sobre todo, cara. Pero eso se aceptaba. Era el fruto de un gran pacto entre las principales fuerzas políticas de la Europa occidental, un punto de encuentro entre el capitalismo y el socialismo, entre la economía de mercado y la estatalización, entre la libertad y la igualdad. Y dio buenos resultados, con una mejora en la calidad de vida de la población en general, una mayor solidaridad e integración social; permitió una paz y estabilidad política sin precedentes, coincidiendo con periodos de crecimiento económico.

3. La reciente reducción de la actividad administrativa

A finales del siglo xx fueron surgiendo críticas al modelo de Estado social que se había ido implantando y a su gran Administración (es una Administración elefantiásica, ineficiente, cara, insostenible, paralizante...). Esas críticas tienen un gran componente político y no son asumidas por todos en la misma medida. A unos lleva a propugnar una cierta vuelta al liberalismo originario. Para otros, si acaso, solo se deben introducir unos modestos ajustes. No entraremos aquí en aquellas críticas ni en las diferentes posturas políticas, unas tendentes a reducir drásticamente la actividad de las Administraciones y otras solo a realizar pequeños retoques.

Lo cierto es que se han venido produciendo cambios jurídicos que afectan directamente a las Administraciones y que tienden a reducir su actividad. Muchos de esos cambios nos han venido impuestos por la Unión Europea. Pero, en realidad, puede afirmarse que el Derecho europeo sólo ha sido el vehículo formal que ha concretado las formas y los ritmos de unos cambios que obedecen a causas más generales y profundas. Pasemos revista a esos cambios.

Lo primero que se vio afectado fue la actividad puramente empresarial de la Administración. Buena parte de las empresas públicas cayeron en el altar de la competencia que desde el principio erigieron las instituciones europeas.

La Unión Europea no prohíbe las empresas públicas pero las somete estrictamente a las reglas del mercado y a la competencia. De modo que no pueden tener privilegios ni, desde luego, ayudas públicas. Así, las empresas públicas crónicamente deficitarias, que se sostenían por diversas razones sociales, hubieron de liquidarse. Y ya puestos, aunque sólo fuese por hacer caja, los Estados vendieron muchas de las que sí eran rentables. Así, buena parte de las empresas públicas se privatizaron o simplemente se liquidaron.

En realidad, las mismas reglas de la competencia también han supuesto restricciones a las ayudas públicas en favor de empresas privadas y, por tanto, a la que hemos denominado actividad administrativa de fomento.

Los segundos en caer fueron la mayoría de los servicios públicos de carácter económico.

También el golpe lo asestó la Unión Europea. Aunque los Tratados constitutivos de la UE no los prohibían e incluso admitían que los Estados los mantuvieran sin ajustarse por completo a las reglas de la competencia en tanto que fuese necesario para cumplir su misión, ya a finales del siglo XX las instituciones europeas decidieron ser ellas mismas las que establecieran, sector por sector, en qué medida podían aceptarse excepciones a la competencia en estos servicios económicos de interés general. Y así lo hicieron para transportes ferroviarios y aéreos, servicios postales, electricidad, gas, telecomunicaciones... Lo hicieron liberalizando tales actividades que dejaron de ser servicios públicos, como lo eran en España y en gran parte de los Estados miembros, y pasaron a poder ser ejercidas por empresas privadas en ejercicio de su libertad.

Con todo, incluso liberalizados, estos sectores tan importantes para la vida de los individuos y para la sociedad en su conjunto, no se han entregado puramente al mercado. Se les considera «servicios de interés económico general» y se les somete a una incisiva intervención pública (la llamada «regulación económica») que sobre todo tiene por finalidad asegurar el derecho de todos al acceso a las prestaciones esenciales, incluso cuando no sea rentable. Por eso se impone a los operadores las llamadas «obligaciones de servicio público». Así, aunque hay un cierto repliegue de la actividad administrativa, no hay una abdicación del Estado en sus responsabilidades. Se dice entonces que se ha pasado de un «Estado prestador» a un «Estado regulador» o a un «Estado garante» que, sin asumir directamente las actividades necesarias para satisfacer las necesidades de los ciudadanos, garantiza a todos las prestaciones imprescindibles. Todo, al menos en teoría, en un intento de compatibilizar los fines de los servicios públicos con las ventajas del mercado y la libre competencia.

De este proceso quedaban al margen los servicios públicos no económicos (como son fundamentalmente los servicios sociales, los de sanidad y los de educación), núcleo duro y baluarte del Estado social, que, en principio, pueden seguir organizando y financiando los Estados miembros de la Unión Europea en la forma que estimen oportuna.

Poco a poco, también se ha visto afectada la actividad administrativa de limitación. Se habla a tal propósito de «desregulación» o de «simplificación administrativa». Con unos u otros nombres, se tiende a aligerar la actividad administrativa de limitación.

También en este frente los impulsos más decididos vinieron del Derecho europeo. Hito sobresaliente en este proceso es el de la célebre Directiva de Servicios de 2006 y su gesta más conocida es la reducción de autorizaciones administrativas.

Paralelamente se ha ido abriendo paso un fenómeno más extraño por el que los particulares han sustituido parcialmente o colaboran en la actividad administrativa de limitación, con lo que, a la postre, también por esta vía se reduce la actividad de la Administración.

La autorregulación (normas técnicas, códigos de buenas prácticas, etc.), la autoinspección y la existencia de entidades privadas certificadoras, acreditadoras o colaboradoras en la inspección (que serán analizadas en el siguiente epígrafe) son la expresión de este fenómeno que también repliega a la Administración incluso en aspectos prototípicamente públicos porque comportan ejercicio de autoridad.

En este proceso mención especial merece la reforma constitucional de 2011 que dio nueva redacción al artículo 135 CE y que ahora proclama el principio de estabilidad presupuestaria y limita el déficit público y el endeudamiento de las Administraciones. No es más que la consagración al máximo rango de unas obligaciones que derivan de la Unión Europea e indirectamente comporta límites a la expansión de la Administración, de su organización, de su personal, de su actividad... y afecta ya a todo, incluidos los servicios públicos sociales.

Esta reforma constitucional tiene su desarrollo legislativo en la Ley Orgánica de Estabilidad Presupuestaria (LO 2/2012), y su complemento en la Ley Orgánica de Control de la Deuda Comercial del Sector Público (LO 9/2013), que han establecido una severa disciplina del gasto público que, no obstante, parece haberse relajado a raíz de la pandemia de la Covid.

Con la sucinta referencia hecha a los principales cambios operados en los últimos años tenemos ya datos suficientes para afirmar que hay cierta tendencia a reducir la actividad administrativa. Pero no es fácil saber cuál es el verdadero sentido de lo hasta ahora hecho ni, menos aún, de los derroteros que esta evolución tomará en el futuro.

En cualquier caso, no se trata de demoler el Estado social. De hecho, aunque con la reforma de su art. 135, la Constitución sigue reflejando en muchos preceptos, como antes se vio, una concepción sólida del Estado social y, en consecuencia, una extensa actividad administrativa. Además, la realidad no muestra en el fondo una sensible reducción en los fines ni en la actividad administrativa. Incluso en muchos ámbitos lo que se observa es todo lo contrario; sobre todo, una actividad administrativa de limitación que crece y afecta profundamente a los más variados campos de la vida de los sujetos privados.

VI. SUJETOS PRIVADOS QUE CONTRIBUYEN AL INTERÉS GENERAL, QUE REALIZAN ACTIVIDADES ADMINISTRATIVAS Y QUE EJERCEN FUNCIONES PÚBLICAS

En esta lección dedicada a la actividad administrativa debe hacerse referencia a ciertas realidades en que los sujetos privados realizan actividades propias de la Administración u otras próximas a ellas. Aprovecharemos también para —poniendo en relación estas realidades con lo estudiado en la lección anterior— exponer si en algún caso esos sujetos particulares pasan a estar regulados siquiera en alguna parte por normas de Derecho Administrativo.

1. Sujetos privados que contribuyen al interés general

Los sujetos privados, es decir, los simples ciudadanos, directamente o por medio de las personas jurídicas que ellos crean (fundaciones, asociaciones, sociedades), contribuyen amplísimamente y en las formas más variadas a la realización de los intereses generales, incluso a los mismos intereses que han asumido las Administraciones. Esto no tiene nada de sorprendente porque el hecho de que a la Administración le corresponda perseguir los intereses generales (art. 103.1 CE) no significa que sea la única que lo hace. Así que, en efecto, los sujetos privados realizando actividades puramente privadas pueden contribuir a la realización de los intereses generales.

En un sentido amplísimo puede decirse que, incluso cuando acometen sus actividades privadas en provecho propio y hasta con ánimo de lucro, también contribuyen al logro de los intereses generales. Es ésa una idea que casa bien con el pensamiento liberal para el que, con la actuación de cada persona con sus fines individuales y egoístas, se logra a la postre el interés general. Desde esta perspectiva puede decirse, y no es falso, que, por ejemplo, quien realiza cualquier actividad económica (produce alimentos o ropa, o la comercializa, o presta servicios profesionales...), aunque lo haga con ánimo de lucro, está contribuyendo a realizar el interés general porque estará ayudando a que haya en el mercado bienes útiles para todos, a generar riqueza, a crear empleo..., en suma, al interés general. Pero todo eso es jurídicamente irrelevante y para el Derecho se tratará de una simple actividad privada realizada por un particular con fines individuales.

No cambian en esencia las cosas por el hecho de que esa actividad privada esté sometida a múltiples límites y deberes para que no lesione el interés general (la seguridad de las personas, el medio ambiente, la protección de los consumidores, etc.). Podrá decirse que simplemente cumpliendo esa legalidad contribuye al interés general. Pero, de nuevo, esa forma de contribuir al interés general no cambia en absoluto que se trata de un sujeto privado actuando como tal.

Tampoco cambia la situación en los casos en que se le imponen deberes de contribución positiva al interés general; o sea, deberes ya no sólo para que no dañe ciertos valores o bienes jurídicos, sino para que contribuya directamente a ellos; así, cuando se le impone pagar impuestos o retener a sus asalariados una parte de la retribución e ingresarla en Hacienda o comunicar ciertos datos a la Administración... Lo mismo cuando se imponen a los operadores privados en ciertos sectores considerados servicios de interés económico general (p. ej., electricidad) las llamadas «obligaciones de servicio público». En todos esos casos hay un deber de contribuir al logro de los intereses generales. Pero es un deber impuesto a los sujetos privados que estos cumplirán como particulares.

Más clara y estrictamente puede hablarse de sujetos privados que contribuyen al logro del interés general cuando lo hacen voluntaria y precisamente con ese fin. O sea, cuando lo hacen con una finalidad benefactora o altruista de servicio a la colectividad, no buscando principalmente su beneficio personal ni su lucro. Esto muchas veces se hace informalmente (desde la persona que deposita en una papelera el papel tirado en la calle hasta el que decide usar la bicicleta para contaminar menos, pasando por el empresario que contrata discapacitados por filantropía o quien emprende por su cuenta la alfabetización de ciertas personas de su entorno) y el Derecho no le da ningún tratamiento especial.

Pero en muchos casos, cada vez más, el Derecho sí que da un tratamiento específico a esas actuaciones privadas cuando se realizan con ciertas formas y por determinados cauces que el mismo Derecho prevé. A este respecto hay que referirse a las fundaciones, a las asociaciones de utilidad pública y al voluntariado.

La misma Constitución consagra «el derecho de fundación para fines de interés general» (art. 34); o sea, que prevé que los particulares creen personas jurídicas privadas —las fundaciones— que tienen fines de interés general. Su regulación estatal se contiene sobre todo en la Ley 50/2002 de Fundaciones. Las Comunidades Autónomas también regulan las fundaciones que realizan actividades principalmente dentro de sus respectivos territorios; en Andalucía, lo hace en la Ley 10/2005.

También hay muchas asociaciones privadas con fines de interés general. La legislación de asociaciones lo reconoce ampliamente. Así, junto a simples asociaciones de interés puramente privado, se habla en muchos preceptos de la LO 1/2002 Reguladora del Derecho de Asociación de las asociaciones que «realicen actividades de interés general», para las que prevé un tratamiento especial, sobre todo para las que presenten más marcadamente ese carácter que se puede declarar «de utilidad pública». Las Comunidades Autónomas regulan las asociaciones que principalmente desarrollan su actividad dentro de su territorio. En Andalucía la Ley 4/2006, que tiene una regulación específica para las que denomina «asociaciones de interés público de Andalucía».

Incluso al margen de las fundaciones y de las asociaciones hay otro género de actividades privadas que contribuyen directa y formalmente al interés general y a las que se alude como «voluntariado». La Ley estatal 45/2015 de Voluntariado dice que se entiende por tal «el conjunto de actividades de interés general desarrolladas por personas físicas» que tengan «carácter solidario», se realicen libremente (no en cumplimiento de un deber) y sin contraprestación, a través de ciertas entidades y programas. Andalucía regula esta figura en su Ley 4/2018 del Voluntariado.

No nos interesa aquí entrar en el régimen de las fundaciones ni en el de las asociaciones ni en el del voluntariado sino sólo poner de relieve cómo hay actuaciones puramente privadas de sujetos particulares que están formalmente encaminadas al logro del interés general en los sectores más variados (asistencia social, cooperación internacional, cultura, etc.). A ese fenómeno se alude modernamente como «tercer sector» (para diferenciarlo del estatal y del empresarial o de mercado) o se habla de «organizaciones no gubernamentales» (ONGs).

Todas esas actividades privadas de interés general pueden desarrollarse al margen de cualquier intromisión de los poderes públicos que simplemente las contemplen y dejen hacer. Pero también puede suceder que los poderes públicos —sobre todo las Administraciones— las tengan muy en cuenta y las fomenten y ayuden por diversos medios. A veces serán meras beneficiarias de esporádicas y concretas actuaciones administrativas de fomento (p. ej., una subvención). Y otras habrá una potenciación pública de estas actividades más intensa y continuada y una relación con la Administración más estrecha. Todo esto tiene gran importancia social y política que incluso se ha visto reforzada, de una parte, por el deseo de reducir el tamaño de la Administración y el gasto público, y, de otra, por el propósito de dejar más campo al desarrollo de los sujetos privados y a la sociedad. Pero, en cualquier caso, incluso aunque gocen de un reconocimiento formal de su contribución al interés general y aunque reciban muchas ayudas públicas, son y siguen siendo actividades privadas de sujetos particulares: lo es, desde luego, la de la persona que simplemente recibe una subvención para, por ejemplo, instalar placas solares en su casa o en su fábrica; pero lo es también la de una de esas entidades del «tercer sector» o «no gubernamentales» por más que toda su actividad sea de interés general y aunque tenga continuas e íntimas relaciones con la Administración. Nada de lo expuesto supone que esos particulares se conviertan en Administración pública ni se integren en la Administración ni realicen actividades administrativas ni ejerzan funciones públicas.

Por ello, su régimen general será el de Derecho privado: en lo que se refiera a su propia organización y a sus relaciones con otros sujetos privados (con quienes disfruten de sus actividades, con sus trabajadores, con sus suministradores, con los que sufran daños por su actuación...) regirá el Derecho privado. Sólo será de aplicación el Derecho Administrativo en sus relaciones con la Administración. No obstante, las leyes pueden establecer que algunas normas de Derecho Administrativo se les apliquen en sus relaciones con terceros. Por ejemplo, la LCSP (art. 17) impone que cuando las entidades privadas pretendan realizar ciertos contratos financiados con subvenciones públicas deben cumplir algunas normas en la elección de su contratista similares a las que tiene que cumplir la Administración. Pero se trata de excepciones.

Algo parecido puede decirse de los partidos políticos, de los sindicatos y de las asociaciones empresariales: aunque con un régimen muy singular y con expreso reconocimiento constitucional (arts. 6 y 7), son asociaciones privadas que cumplen funciones de interés general.

2. Sujetos privados que realizan actividades administrativas o ejercen funciones públicas

Pero hay otros casos en los que los sujetos privados, no ya es sólo que contribuyan al interés general con su actividad privada, como hasta ahora hemos visto, sino que acometen actividades que ya no son puramente privadas.

Dejamos al margen los supuestos en los que el sujeto privado se integra en la Administración, en su organización, de manera que deja de ser tal privado para convertirse, en el fondo, aunque sea transitoriamente, en personal de la Administración. Quien actúa será la Administración aunque no lo haga por medio de su personal habitual constituido por las autoridades, los funcionarios y los contratados laborales. Puede incluirse aquí a quienes se ven obligados a formar parte de las mesas electorales que actuarán por un día como personal de la Administración. También a los que se integran en órganos administrativos como cauce de participación ciudadana (p. ej., el representante en algún órgano municipal de una asociación de vecinos o el representante estudiantil en algún órgano universitario). En estos casos y otros semejantes los particulares realizan actividades administrativas pero lo hacen como personal de la Administración y quien actúa es la Administración. Da igual desde este punto de vista que esa integración en la Administración sea obligada (caso de las mesas electorales) o voluntaria (caso del representante estudiantil). En cualquier caso, más que un sujeto privado realizando actuaciones administrativas, son supuestos de actuación administrativa realizada por la Administración, aunque reclute a su personal de forma atípica.

Este fenómeno de sujetos privados que sin integrarse en la Administración realizan actividades de interés general que ya no son meras actividades privadas presenta muchas variedades. Intentemos sólo esbozar un marco general orientativo. Y sobre todo trataremos de explicar que, aunque estos sujetos privados están generalmente sometidos al Derecho privado, en parte se les aplican algunas normas de Derecho Administrativo.

A) *Sujetos privados que realizan actividades administrativas*

En primer lugar, hay casos en los que los sujetos privados realizan actividades administrativas. Como, según hemos dicho, actividad administrativa es la que realizan las Administraciones, lo que aquí sucede es que actividades que en principio corresponden a la Administración son acometidas por sujetos privados. Estos colaboran en las actividades de la Administración y, cabe decir, ocupan en parte el lugar de ésta. Sucede así porque la ley lo permite y la Administración lo decide.

Supuesto extenso y asentado es el que se canaliza mediante los clásicos contratos administrativos. En los contratos administrativos (que se estudiarán en el tomo II) la Administración actúa como cliente de empresas privadas y se sirve de ellas para realizar su actividad. Esa empresa privada, a cambio de alguna retribución, puede que se obligue a construir obras públicas (carreteras, colegios, hospitales...) o a realizar trabajos intelectuales (proyectos, estudios...) o materiales (limpieza de los edificios públicos) o a fabricar bienes para la Administración (ordenadores, medicamentos, armas...), etc. En todos esos casos puede decirse que la empresa privada actúa como colaboradora de la Administración y, en cierto sentido amplio, cabe también afirmar que realiza una actividad administrativa. El supuesto más claro es de los contratos por los que la Administración encarga a una empresa privada que gestione materialmente algún servicio público (p. ej., el abastecimiento de agua, la recogida de basura, el transporte colectivo urbano, el de diálisis, etc.).

En principio, todos esos contratistas no realizan nada más que actividad material de la Administración, no su actividad jurídica ni ejercen las potestades propias de la Administración sobre los ciudadanos. La LCSP más bien excluye esa posibilidad. Pero es teóricamente posible que una ley permita incluso que la Administración confíe a sujetos privados la realización de actividades jurídicas de la Administración e incluso el ejercicio de potestades administrativas que incidan directamente sobre los ciudadanos.

B) *Ejercicio privado de funciones públicas*

En segundo lugar, en ocasiones la ley establece directamente que sujetos privados realicen actividades con potestades sobre los demás particulares y los sitúa en un plano de superioridad sobre los demás sujetos privados; una superioridad en principio impropia de un sujeto privado (en teoría, por hipótesis, igual jurídicamente a cualquier otro sujeto privado y, por tanto, sin ningún poder público sobre los demás).

En este supuesto, ya no cabe hablar propiamente de sujetos privados que realizan actividades administrativas (puesto que no se trata de realizar una actividad de las Administraciones, o sea, de una actividad encomendada por el ordenamiento a las Administraciones). A lo sumo se podría hablar de sujetos que realizan actividades parecidas o idénticas a otras administrativas, de actividades con potestades iguales a las administrativas, de actividades que antes eran de la Administración... pero no exactamente de actividades que ahora sean administrativas. En este caso se suele y se puede hablar de ejercicio privado de funciones públicas, aunque la noción de función pública es oscura.

La ley ha confiado directamente una actividad a ciertos sujetos privados que reúnan determinadas condiciones. Es posible y muy frecuente que para que esos sujetos privados puedan empezar tal actividad y ejercer funciones públicas haga falta un acto administrativo. Pero será un acto administrativo por el que se reconoce que se dan las condiciones exigidas por la ley para realizar la actividad, no un acto administrativo por el que la Administración transfiera o confíe al particular una actividad de la propia Administración.

Ejemplo que se cita tradicionalmente como de este segundo género es el de algunas profesiones cuyo objeto, se dice, es ejercer ciertas funciones públicas. Así, los Notarios a los que corresponde dar fe pública en negocios y actuaciones jurídico-privadas.

También parece el caso de los Registradores de la Propiedad y Mercantiles que dirigen una oficina pública para la inscripción y publicidad de situaciones privadas con gran relevancia jurídica. Aunque puede mantenerse, y se mantiene a veces, que en realidad se trata de funcionarios (de hecho, se accede a estas profesiones por un acto administrativo tras unas oposiciones), bien pueden ser vistos como unos sujetos privados cuya actividad consiste enteramente en el ejercicio de unas determinadas funciones públicas. Aunque más limitadamente, otros profesionales privados tienen, dentro de una actividad más extensa, alguna función pública. Sucede así con los capitanes de barcos o de aeronaves a los que se les reconocen ciertas potestades para mantener el orden, instruir algunas diligencias por delitos cometidos a bordo, autorizar matrimonios o testamentos en circunstancias excepcionales.

Junto a todo lo anterior, se han ido desarrollando últimamente y con abundancia otros supuestos en los que ciertos sujetos privados colaboran en la clásica actividad administrativa de limitación y hasta ejercen lo que podrían considerarse potestades de autoridad.

Citemos tres ejemplos (aunque se volverá sobre esto en el tomo III, al estudiar la actividad administrativa de limitación):

— Art. 62.4 del Texto Refundido de la Ley sobre Tráfico: «La constatación de las aptitudes psicofísicas de los conductores se ejercerá por centros, que necesitarán autorización previa de la autoridad competente para desarrollar su actividad. Se regulará reglamentariamente el funcionamiento de los centros de reconocimiento de conductores, así como sus medios personales y materiales mínimos». Son pues esos centros privados los que, por ley (aunque con necesidad de un acto administrativo y con las condiciones que por reglamento establezca la Administración) los que han de emitir un informe que se incorpora al procedimiento administrativo de obtención del permiso de conducir y sólo tal informe tiene valor jurídico en ese procedimiento. Lo mismo sucede con los permisos de armas.

— Hay también entidades privadas que elaboran y aprueban normas (v. gr., las de Asociación Española de Normalización, AENOR) a las que, por remisión de auténticas normas estatales o por otras vías, se les reconoce cierta eficacia pública.

— Asimismo hay entidades privadas que deben controlar y emitir certificaciones sobre el cumplimiento por otros sujetos privados de la normativa a la que están sometidos (la de seguridad industrial, la de buques, aviones o vehículos ordinarios, la medioambiental, la composición de metales preciosos, etc.), certificaciones que se requieren necesariamente y a las que se confiere un valor similar a las que tendrían las expedidas por la Administración. Así, si la ITV (que fuera de Andalucía realizan entidades privadas) califica negativamente al vehículo no podrá circular; e igualmente pueden llevar al cierre de establecimientos que consideren peligrosos por no cumplir la normativa.

En algunos de estos supuestos sigue habiendo una actividad de la Administración que envuelve la intervención del sujeto privado (así, el del informe de entidades privadas sobre la condiciones de un solicitante para obtener una autorización de conducir o de armas). Pero en otros las actividades públicas de estas entidades privadas no se insertan en el seno de una actividad administrativa; no hay una intervención en una actuación de la Administración, pues no hay un procedimiento o actividad administrativa en la que esa acción privada se incardine.

La generalización de este fenómeno se relaciona con el propósito, ya aludido, de reducir el tamaño de la Administración y su burocracia. En todo caso, sólo es posible cuando lo establezca la ley que asimismo fijará los requisitos para acceder a la actividad y las condiciones para desarrollarla. La Administración por sí misma no puede prever la atribución de funciones públicas a sujetos privados.

Como se trata de sujetos privados, su régimen general es el Derecho privado, salvo en sus relaciones con la Administración. Pero, teniendo en cuenta que realizan actuaciones administrativas o funciones públicas que afectan a otros particulares con poderes en parte parecidos a los de la Administración, a veces las leyes optan por imponerles algunos límites materiales y procedimentales semejantes a los de la Administración.

Por ejemplo, el art. 4 de la Ley 19/2013 de Transparencia, impone a los sujetos privados «que presten servicios públicos o ejerzan potestades administrativas» obligaciones de transparencia similares a las de la Administración; o se les prohíbe actuar en los casos en que puedan existir conflictos de intereses al modo en que se impone el deber de abstención a las autoridades y funcionarios; etc. Esto, en la dosis adecuada, es oportuno. Pero ello no puede llevar a considerar que el Derecho Administrativo les sea aplicable en general, lo que sería contraproducente y hasta absurdo. Se trata sólo de un fenómeno parcial que ni afecta a todos esos sujetos ni les afecta en todas sus actuaciones ni en ningún caso supone su sometimiento indiscriminado al Derecho Administrativo. No se trata de que les sea natural y generalmente aplicable el Derecho Administrativo en sus relaciones con otros sujetos. Por eso tampoco estos nuevos fenómenos hacen tambalearse a la definición del Derecho Administrativo como Derecho de las Administraciones públicas.

BIBLIOGRAFÍA

Álvarez García, V.: «La confirmación por parte de la jurisprudencia del TJUE de la capacidad normativa de los sujetos privados», *RGDA*, n.º 46, 2017.
Ariño Ortiz, G.: *Economía y Estado. Crisis y reforma del sector público*, Marcial Pons, 1993.
— «La liberalización de los servicios públicos en Europa. Hacia un nuevo modelo de regulación para la competencia», recogido con otros estudios del autor en *Lecciones de Administración (y políticas públicas)*, Iustel, 2011.
— «El retorno a lo privado. Ante una nueva encrucijada histórica», en la obra recopilatoria del autor *Lecciones de Administración (y políticas públicas)*, Iustel, 2011.
Barnés Vázquez, J.: «La vida pública de los sujetos privados; una expansión (cualitativa) del Derecho Administrativo», *Homenaje a Parejo*.
Beltrán de Felipe, M.: *Reflexiones sobre el estado actual de algunas políticas públicas y de las formas clásicas de intervención administrativa en la economía*, Esperia Publications Lid, 1999.
Canals i Ametller, D.: *El ejercicio por particulares de funciones de autoridad. Control, inspección y certificación*, Comares, 2003.
Carrillo Donaire, J. A.: *El Derecho de la seguridad y la calidad industrial*, Marcial Pons, 2000.
Carro Fernández-Valmayor, J. L.: «Servicio público e intervención pública. Una reflexión general sobre los servicios públicos de relevancia económica», en *Homenaje a S. Martín-Retortillo.*
Carro Fernández-Valmayor, J. L. y Almeida Cerreda, M.: «Sobre la llamada actividad informal de la Administración», en *Homenaje a Cosculluela.*
Cantero Martínez, J.: «A vueltas con el ejercicio de potestades públicas y su ejercicio por los particulares. Nuevos retos para el Derecho Administrativo», *REDA*, n.º 151, 2011.
Cueto Pérez, M.: *Procedimiento administrativo, sujetos privados y funciones públicas*, Civitas, 2008.
Embid Irujo, A.: *El Derecho de la crisis económica*, Prensas Universitarias de Zaragoza, 2009.
Esteve Pardo, J.: *La nueva relación entre Estado y sociedad. Aproximación al trasfondo de la crisis*, Marcial Pons, 2013.
— «El nuevo garantismo de los intereses generales. La extensión del Derecho público a particulares que ejercen funciones públicas», *Homenaje a Martínez López-Muñiz.*
Fernández Farreres, G.: «La Administración pública y las reglas de la externalización», *JA*, n.º 33, 2006.
— «Reflexiones sobre el principio de subsidiariedad y la Administración económica», en *Homenaje a S. Martín-Retortillo.*
— «El concepto de servicio público y su funcionalidad en el Derecho Administrativo de la nueva economía», *JA*, n.º 18, 2003.

Font i Llovet, T. y Galán Galán, A.: «Principio democrático, autonomía local, estabilidad presupuestaria y servicios públicos. ¿Hacia la cuadratura del círculo?», en *Homenaje a Carro.*

Galán Galán, A. y Prieto Romero, C. (dirs.): *El ejercicio de funciones públicas por entidades privadas*, Huygens, 2010.

García Andrade Gómez, J.: «La reforma del art. 135 de la Constitución española», *RAP*, n.º 187, 2012.

Gardini, G.: «Crisis económica y protección de los derechos sociales en Europa», *REALA*, n.º 9, 2018.

Garrido Falla, F.: «Crisis de la noción de servicio público», en *Homenaje a S. Martín-Retortillo.*

Gómez-Ferrer Morant, R.: «Sobre la confluencia de valores, derechos e intereses en el Estado social», en *Homenaje a De la Quadra.*

Izquierdo Carrasco, M.: *La seguridad de los productos industriales. Régimen jurídico-administrativo y protección de los consumidores*, Marcial Pons, 2000.

Jiménez-Blanco Carrillo de Albornoz, A.: «La crisis de la deuda pública y la renovación de los conceptos del Derecho Administrativo», en *Homenaje a Santamaría.*

Jordana de Pozas, L.: «Ensayo de una teoría del fomento en el Derecho Administrativo», *Revista de Estudios Políticos*, n.º 48, 1949.

— «El problema de los fines de la actividad administrativa», *RAP*, n.º 4, 1951.

Magaldi Mendaña, N.: *Los orígenes de la municipalización de servicios en España. El tránsito del Estado liberal al Estado social a la luz de la municipalización de servicios públicos*, INAP, 2012.

Martín-Rebollo, L.: «Sociedad, economía y Estado», en *Homenaje a S. Martín-Retortillo.*

Morell Ocaña, L.: «El aislamiento conceptual de la actividad técnica de la Administración», en *Homenaje a Martín Mateo.*

Nieto García, A.: «La Administración sirve con objetividad los intereses generales», en *Homenaje a García de Enterría.*

Ojeda Marín, A.: «Entidades privadas colaboradoras con la Administración en el ámbito técnico», en *Homenaje a García-Trevijano Fos*, IEAL, 1982.

Padrós Reig, C.: *La Administración invisible. Panorama general y ejemplos prácticos de entidades colaboradoras de la Administración pública*, Dykinson, 2010.

Parejo Alfonso, L.: *Estado y Derecho en proceso de cambios. Las nuevas funciones de regulación y garantía del Estado social de soberanía limitada*, Tirant lo Blanch, 2016.

Rebollo Puig, M.: «Sobre el adelgazamiento de la Administración, sus dietas y sus límites», *El Cronista del Estado social y Democrático de Derecho*, n.º 48, 2014.

Sainz Moreno, F.: «Ejercicio privado de funciones públicas», *RAP*, n.ºs 100-102, 1983.

Vaquer Caballería, M.: «Los problemas de la contraposición entre económico y social en la doctrina europea de los servicios de interés general», *RGDA*, n.º 8, 2005.

Villar Rojas, F. J.: «El principio de sostenibilidad y las Administraciones públicas», en López Benítez, M., Fuentetaja Pastor, J. A. y Rodríguez-Campos González, S. (dirs.), *Las reformas administrativas de la crisis*, Aranzadi, 2017.

LECCIÓN 3

LAS FUENTES DEL DERECHO ADMINISTRATIVO*

I. LAS FUENTES DEL DERECHO ADMINISTRATIVO EN EL ORDENAMIENTO JURÍDICO ESPAÑOL

1. Enumeración de las fuentes

Rige, desde luego, en el Derecho Administrativo, lo dispuesto en el artículo 1.1 CC: «Las fuentes del ordenamiento jurídico español son la ley, la costumbre y los principios generales del derecho». Y también vale el orden que allí se establece: «La costumbre sólo regirá en defecto de ley aplicable...» (art. 1.3 CC); «Los principios generales del derecho se aplicarán en defecto de ley y costumbre...» (art. 1.4 CC). No procede que reiteremos aquí todo lo que esto significa, que es objeto de la teoría general del Derecho. Pero sí conviene profundizar en algunos aspectos que son especialmente relevantes para el Derecho Administrativo y analizar las singularidades que, en su caso, ello presente en Derecho Administrativo.

2. La concepción del ordenamiento jurídico

Por lo pronto debe notarse que ese artículo 1 CC habla de «ordenamiento jurídico». La misma expresión es utilizada por la Constitución, desde su capital artículo 1.1. Y es habitual en Derecho Administrativo donde sobre todo se insiste en la invalidez de los actos administrativos y en su anulación por los tribunales cuando infrinjan de cualquier forma el «ordenamiento jurídico» (arts. 48.1 LPAC y 70.2 LJCA). Puede tomarse esta expresión como sinónimo de Derecho. Pero late además en ella una cierta concepción del Derecho que conviene desvelar y realzar.

Donde mejor se expresó un conocimiento y un propósito de asumir ese significado profundo es en esta afirmación, siempre repetida y nunca suficientemente ponderada, de la Exposición de Motivos de la LJCA de 1956 cuando explicaba que procedía declarar la invalidez de los actos administrativos por su «disconformidad [...] al Ordenamiento jurídico, por entender que reconducirla simplemente a las leyes equivale a incurrir en un positivismo superado y olvidar que *lo jurídico no se encierra y circunscribe a las disposiciones escritas sino que se extiende a los principios y a la normatividad inmanente en la naturaleza de las instituciones*».

---

* Por Manuel Rebollo Puig (epígrafes I, II, V, VI, VII, VII, IX, XI, XIII y XIV), Antonio Bueno Armijo (epígrafes III y IV) y Manuel Rodríguez Portugués (epígrafes X y XII). Grupo de investigación de la Junta de Andalucía SEJ-196. Proyecto de la Junta de Andalucía PROYEXCEL_00903.

La doctrina clásica suele limitarse a presentar el Derecho como un sistema de normas que se diferencian intrínsecamente de otras reglas (morales, sociales...) por ciertas características, en especial, por su imperatividad y coercibilidad. Esto no capta lo más profundo del fenómeno jurídico que precisamente es el que trató de mostrar la teoría del ordenamiento de Santi Romano en la que se pone el énfasis en elementos distintos de las normas: en la misma estructura del ordenamiento, en sus modos de formación, en su vida propia y evolución, en sus miembros y órganos, los que crean y los que aplican o simplemente cumplen o incumplen sus normas..., elementos todos ellos que ordenan la realidad social más allá de las normas porque ordenan y explican las mismas normas.

Es más, la idea de ordenamiento precede a la de norma —como la de lengua precede a la de palabra— la cual es norma jurídica precisamente porque como tal la reconoce el ordenamiento. Es el ordenamiento el que comunica a la norma su carácter jurídico, ya que la eficacia de la norma no es fruto de su naturaleza intrínseca o de su conexión con otras normas, sino que encuentra su fundamento en la misma institución. Así, las normas jurídicas sólo se presentan como un aspecto parcial y derivado ya que el Derecho, el ordenamiento, es ante todo organización de un cuerpo social. En ese sentido dice Giannini que «al grupo organizado y que efectivamente es productor de normas propias se le llama ordenamiento jurídico».

El ordenamiento jurídico no comprende sólo las normas de conducta, sino que se identifica con la estructura, la organización, los valores y los fines de la sociedad o de los grupos sociales constituidos en institución, esto es, los organizados establemente para realizar un objetivo. Esto se sintetiza en la repetida afirmación de Santi Romano: el ordenamiento jurídico es organización, estructura, posición de un ente social como tal y posición en relación con sus miembros. La teoría del ordenamiento jurídico no expresa un desiderátum, sino que es una explicación de la realidad jurídica que sirve para comprenderla. Entre otras virtualidades, sirve para abordar, al menos, lo siguiente:

— La existencia de una pluralidad de ordenamientos, y no sólo del estatal y de los reconocidos o amparados por el estatal.

Hay ordenamiento allí donde hay un grupo social organizado establemente para la realización de un fin en el que los miembros sufren coerción para su consecución. Aquí cobra un nuevo y más profundo sentido el clásico aforismo *ubi societas, ibi ius*. Puede hablarse de ordenamiento de una entidad religiosa o de un partido político o de un club deportivo o de una asociación empresarial o de un grupo étnico, etc. A veces esos otros ordenamientos son elementales y hasta burdos y puede que ni siquiera tengan normas escritas o que éstas sean una parte mínima e insustancial en el conjunto; o puede que sean tan sofisticados, o hasta más, que el del Estado, como sucede con el de la Iglesia Católica, el Derecho Canónico, que ha sido durante mucho tiempo más depurado que el de los Estados. Pero todos son ordenamientos jurídicos, porque no es sólo ordenamiento el estatal o los reconocidos por el Estado o los que se asemejan al del Estado. Así, la teoría del ordenamiento jurídico comporta el abandono de la completa estatalización del fenómeno jurídico.

— Las relaciones entre distintos ordenamientos, que pueden ser diversas y depender de lo que al respecto establezca cada uno de los ordenamientos implicados o, en su caso, un tercero.

Explica el hecho mismo de que hay relaciones entre ordenamientos y no sólo relaciones entre las reglas de un mismo ordenamiento. Y sirve para comprender que las relaciones entre reglas jurídicas de distintos ordenamientos deben abordarse como relaciones entre ordenamientos. Esas relaciones interordinamentales pueden ser de lo más variadas: desde la asunción íntegra del valor de un ordenamiento por otro hasta, en el extremo opuesto, considerarlo irrelevante o hasta ilícito; pasando por múltiples situaciones intermedias como dar a ciertos efectos pleno valor a algunas normas o decisiones del otro, pero no a las demás a las que puede considerar irrelevantes o hasta ilícitas; etc.

Nosotros contemplamos estos fenómenos desde el punto de vista del ordenamiento estatal, que es el que estudiamos. Pero conviene tomar conciencia de ello y de que también cabe contemplar al ordenamiento estatal desde el punto de vista de otros ordenamientos. Por ejemplo, las relaciones entre el ordenamiento estatal y el del Comité Olímpico Internacional o el de la Iglesia Católica pueden ser vistas desde la perspectiva de éstos sin que ello suponga colocarse en planteamientos extrajurídicos. Y así puede que el COI (o la FIFA o la UEFA…) no dé validez ni efectos a lo declarado por los órganos estatales con competencias deportivas o que incluso se la niegue a las sentencias de los jueces estatales sobre sus decisiones o hasta que prevea sanciones para quien recurra sus decisiones ante jueces estatales; o que la Iglesia Católica no dé ninguna validez a la declaración estatal de divorcio…

— Dentro del ordenamiento estatal sirve para comprender que no monopolizan su creación los poderes públicos con competencia para aprobar normas, que este ordenamiento no es sólo el conjunto de sus normas escritas, que éstas son sólo una de sus formas de expresión que deben valorarse en ese conjunto.

El ordenamiento estatal es creación de la sociedad asentada en su territorio. Desde luego, prioritariamente de sus órganos con poder de creación de normas. Pero también de los miembros de esa sociedad, de todos, aunque de forma más directa, no necesariamente más intensa de los abogados, de la doctrina jurídica y, en algunos ámbitos, de órganos administrativos que generan cierta doctrina e incluso de meros funcionarios. Esto, a veces, es palmario, como sucede con la jurisprudencia, incluso la de los tribunales inferiores, aunque las normas le nieguen la condición de fuente del Derecho; o como se deduce de las explicaciones sobre lo que sea el contenido esencial de los derechos fundamentales o el significado de la garantía institucional, supuestos ambos en los que el TC llama abiertamente, y con acierto, a la imagen que tenga «la conciencia social en cada tiempo y lugar». Pero sucede igualmente, aunque no haya ningún reconocimiento de este género, para otros muchos aspectos. Así, «el ordenamiento jurídico resulta ser una unidad con vida propia, independiente y distinta de la de las propias normas […] Las normas cambian, pero el ordenamiento jurídico permanece» (García de Enterría), como permanece la persona aunque cada siete años renueve todas su células, o la ciudad aunque transforme su fisonomía y remplace a su población… porque el ordenamiento (todo ordenamiento, incluido el estatal), aunque es una realidad dinámica, permanece en tanto no cambien sus principios cardinales, sus valores esenciales, sus fines profundos, marcados todos por las concepciones sociales más arraigadas sobre el mismo sentido de la sociedad y su idea de la obra colectiva que debe realizar.

Lo anterior, a su vez, no sólo explica el valor de la costumbre o de los principios generales del Derecho, sino que el ordenamiento tenga valores superiores («la libertad, la justicia, la igualdad y el pluralismo político», como dice el art. 1.1 CE, más «la dignidad de la persona, los derechos inviolables que le son inherentes, el libre desarrollo de la personalidad…», art. 10.1 CE) y un fundamento (la unidad de la Nación española, art. 2 CE). También permite comprender lo absurdo de, como hace el positivismo más ramplón, reverenciar a las normas aisladas y a su a veces tosca redacción.

Lo revelan hechos tan evidentes como que el mismo precepto, aunque su redacción permanezca intacta durante siglos, o aunque sea idéntica a la de otro Estado con una estructura social diferente y una cultura distinta, podrá significar algo por completo diverso. Y no porque se ponga en relación con otras normas sino porque se inserta en una sociedad diferente. Incluso si trasplantásemos todas las normas del Derecho de un país a otro (p. ej., las de Alemania a Afganistán), esos países tendrían ordenamientos muy diferentes.

Asimismo, la teoría del ordenamiento reorienta la interpretación de las normas estatales.

No sólo da su cabal sentido al mandato de interpretarlas «en relación con [...] la realidad social del tiempo en que han de ser aplicadas» (art. 3.1 CC), sino al de atender en tal labor «fundamentalmente al espíritu y finalidad de aquellas» que, en el fondo, pese a la literalidad del artículo 3.1 CC, debe estar marcado por el espíritu y finalidad, no de la norma interpretada, sino por el del ordenamiento. Con razón afirma García de Enterría que «La interpretación de cada norma [...] es [...] una interpretación del ordenamiento entero en el que dicha norma se integra y dentro de la cual cobra su significación». Al mismo tiempo relativiza otras formas de interpretación de las normas, como la que se centra en «el sentido propio de sus palabras», por mucho que el artículo 3.1 CC la sitúe en primer lugar.

— Sirve, finalmente, pero no con menor importancia, para abordar las relaciones entre el ordenamiento estatal y otros desde la perspectiva del ordenamiento estatal.

En especial, y es lo que aquí importa, explica la existencia de diversos ordenamientos de entes públicos y sus relaciones entre sí; de ordenamientos que, desde este punto de vista que sitúa al Estado en el centro, son supraestatales o infraestatales: ordenamientos de organizaciones supraestatales (internacionales y, en particular, la de la Unión Europea) que el mismo Estado reconoce y en las que asume integrarse; y ordenamientos de otros entes públicos integrados en el Estado y a los que éste reconoce como ordenamientos secundarios, y a los que confiere parte de la regulación de su propia organización y cuerpo social (así, las relaciones entre el ordenamiento del Estado y los de las Comunidades Autónomas; o los de estos dos con el de cada entidad local; o con los de cada Universidad o Colegio Profesional...). Todo esto presenta singular interés para la comprensión del Derecho Administrativo y cierta complejidad.

Cada ordenamiento (el Internacional, el de la Unión Europea, el Canónico...) tiene sus propias fuentes y no vale para todos lo que dice el artículo 1 CC. Con acierto dice éste enunciar las fuentes del «ordenamiento jurídico español». Más exactamente lo que determina y enuncia son las fuentes de los distintos ordenamientos públicos españoles, determinación que corresponde hacer para todos ellos al propio Estado en sentido estricto al establecerlo así la Constitución: «El Estado tiene competencia exclusiva sobre las siguientes material: [...] determinación de las fuentes del Derecho...» (art. 149.1.8.ª CE). Esta competencia estatal se materializa en el artículo 1 CC. Por tanto, leyes, costumbre y principios generales del Derecho son las fuentes del ordenamiento estatal, de cada uno de los autonómicos, de los locales..., ello sin perjuicio de que sea cada ordenamiento el que establece sus concretas normas, costumbres y principios específicos.

3. Ley y diversos tipos de normas escritas como fuentes del Derecho Administrativo

Dicho todo lo cual, lo que procede ahora es analizar las fuentes del Derecho enunciadas en el artículo 1.1 CC para, como anunciamos, ocuparnos de su relevancia en el Derecho Administrativo.

Una aclaración previa es necesaria: el artículo 1.1 CC habla de ley en un sentido amplio como equivalente a cualquier norma escrita con muy diversos tipos. Lo que a este respecto hemos de añadir ahora es que estos diversos tipos de normas escritas, se presentan con extrema abundancia en Derecho Administrativo. No sólo es que el Derecho Administrativo, que no está codificado, tiene un número copioso de normas superior al que se da en otros sectores del ordenamiento, sino que con normalidad concurren muchas de ellas con distintas formas, orígenes y valor para regular un mismo aspecto. Por ello, tiene especial importancia para el Derecho Administrativo el estudio de las relaciones entre los diversos géneros de normas. Pero en esta lección sólo nos ocuparemos de los diversos tipos de normas de cada ordenamiento y de sus relaciones entre sí; no de las relaciones entre diversos ordenamientos que se estudiarán posteriormente (lección 4).

II. LA CONSTITUCIÓN Y EL DERECHO ADMINISTRATIVO

Partamos aquí de recordar que la Constitución es una norma jurídica vinculante para todos en su totalidad y directamente aplicable por cualesquiera tribunales (no sólo el Constitucional) y por cualquier sujeto (en especial, por la Administración). Que asimismo es, no sólo la norma superior jerárquica de todo el ordenamiento español, sino además su fundamento en el que se expresan los valores esenciales sobre los que asienta el orden político y jurídico. Por eso es al mismo tiempo, como suele decirse, la ley suprema, la ley fundamental y la ley de leyes (*norma normarum*): toda norma se basa en la Constitución que es la que crea todos los poderes (de ahí la distinción entre poder constituyente y poderes constituidos); ninguna norma vale si es contraria a la Constitución y todas han de interpretarse conforme a ella. Y todo esto es así para el ordenamiento del Estado en su conjunto y, por tanto, también para el de todas y cada una de las Comunidades Autónomas, en especial, para sus Estatutos de Autonomía que tienen en la Constitución la norma superior y fundamentadora.

Esto, que es cierto para toda rama del Derecho (Civil, Penal, Laboral...), tiene especial valor para el Derecho Administrativo. Por ello se repite, aunque hay en ello algo de exageración, que «el Derecho Administrativo es Derecho Constitucional concretizado» (Werner).

No es momento de analizar toda esa influencia de la Constitución en la Administración y en el Derecho Administrativo. De cada uno de los preceptos constitucionales más significativos para nuestro objeto daremos cuenta en el lugar oportuno. Ahora sólo se trata de destacar el valor general de la Constitución como fuente del Derecho para la ordenación de la Administración y su actividad.

Claro está que la decisión misma de constituirse España en «un Estado social y democrático de Derecho que propugna como valores superiores de su ordenamiento jurídico la libertad, la justicia, la igualdad y el pluralismo político» (art. 1.1 CE) es de por sí configuradora de los rasgos más esenciales de la Administración de ese Estado, la que explica en gran medida su sentido, su posición, sus relaciones con los otros

Poderes y con los ciudadanos. Y algo similar cabe decir de la proclamación de la unidad de España y del reconocimiento del derecho a la autonomía de las nacionalidades y regiones (art. 2 CE) que, aunque no se agota en ello, explica en parte la pluralidad de Administraciones y las relaciones entre ellas. Pero hay más que eso.

De una parte, hay en la CE algunos preceptos específicamente referidos a la Administración pública y que, por tanto, puede decirse, incluso, que son preceptos de Derecho Administrativo, aunque de rango constitucional. Así, destacadamente los artículos 97 a 107, en el Título IV bajo el rubro «Del Gobierno y de la Administración», y de entre los que aún merece realzarse por su valor configurador de la Administración el artículo 103. Pero también para aspectos más concretos de la Administración son significativos el artículo 8 sobre las Fuerzas Armadas; el artículo 132 sobre los bienes de la Administración; los artículos 140 a 142 sobre la Administración local; etc. Y el nuevo artículo 135 que consagra el principio de estabilidad presupuestaria para todas las Administraciones.

Pero, de otra parte, casi la totalidad del resto de la Constitución afecta directa y hasta prioritariamente a la Administración siendo como es el brazo ejecutor del Estado, el poder público que mantiene relaciones jurídicas masivas y cotidianas con los ciudadanos. Hay muchos preceptos constitucionales que se refieren genéricamente a los poderes públicos (como el señero art. 9 CE) y que, por tanto, conciernen especial, aunque no exclusivamente, a las Administraciones. Los derechos fundamentales que, si bien no son sólo eso, son destacadamente mandatos y límites para las Administraciones. Los principios de política social y económica han de ser llevados a la práctica sobre todo por las Administraciones. Diversos órganos constitucionales, como el Defensor del Pueblo o el Tribunal de Cuentas, están configurados para el control de la Administración (arts. 54 y 136 CE). El reconocimiento de la iniciativa pública económica (art. 128.2 CE) es, en realidad, el de la iniciativa económica de las Administraciones, y la reserva al sector público de recursos y servicios esenciales (mismo art. 128.2 CE) es una reserva en favor de las Administraciones... La misma organización territorial del Estado (Título VIII), aunque se ocupe de las Comunidades Autónomas que no son sólo Administraciones, es cardinal para toda la organización administrativa y crucial también para distribuir la competencia de regulación de los distintos aspectos del Derecho Administrativo.

Así que la Constitución orienta lo que son las Administraciones, lo que deben hacer o no hacer o cómo hacerlo y, por tanto, condiciona todo su régimen, el Derecho Administrativo.

Pese a todo, es mucho lo que, como no puede ser de otra forma, la Constitución deja abierto y, en sentido contrario, lo que, al margen de concretos cambios constitucionales, permanece. En concreto, es mucho lo que queda abierto y lo que permanece sobre la Administración y el Derecho Administrativo.

Respecto a lo primero digamos que la Constitución no recoge nada más que las líneas maestras. Otra cosa no sería respetuosa con el pluralismo político que la misma Constitución asume como uno de sus valores superiores. Caben dentro de la Constitución políticas diferentes, aunque con ciertos límites, y también configuraciones diversas de la Administración y del Derecho Administrativo.

Por lo que se refiere a la permanencia del Derecho Administrativo más allá de concretos vaivenes constitucionales es un hecho que muchas técnicas e instituciones del Derecho Administrativo hunden sus raíces en el Antiguo Régimen y, algunas, son incluso anteriores, y que en lo actual, aunque con nuevas orientaciones y en un marco distinto, encontramos sedimentos de épocas preconstitucionales. Hasta un rasgo tan distintivo de nuestro Derecho Administrativo, como es la autotutela de la Administración, proviene de períodos preconstitucionales y no está plasmado en la Constitución. Sin remontarnos tan lejos, la consolidación de principios básicos sobre el Estado y el Derecho público a partir de las Revoluciones liberales y en las que se asientan buena parte de las ideas cardinales del Derecho Administrativo actual, no sólo del español, permite hablar de una relativa continuidad incluso en rasgos esenciales de la Administración. Hasta la existencia misma de un Derecho Administrativo como Derecho específico de la Administración o la de una jurisdicción contencioso-administrativa son elementos capitales anteriores a la Constitución y de los que sólo hay algún vestigio en ella. Por todo esto puede entenderse lo que en los albores del siglo XX afirmó Otto Mayer: «el Derecho Constitucional pasa, mientras que el Derecho Administrativo permanece».

III. LAS FUENTES DEL DERECHO ADMINISTRATIVO INTERNACIONAL. EN ESPECIAL, LOS TRATADOS INTERNACIONALES

Cualquiera de las fuentes del Derecho Internacional puede contener normas de Derecho Administrativo internacional. Ello incluye, al menos, a la costumbre internacional, los principios generales del Derecho Internacional, los tratados y acuerdos internacionales y las resoluciones adoptadas por las Organizaciones Internacionales. Naturalmente, no procede ahora el estudio pormenorizado de las fuentes del Derecho Internacional. Sin embargo, por su especial relevancia para la Administración pública, debemos hacer una somera referencia a los tratados y acuerdos internacionales.

Aunque el artículo 2.1.*a*) del Convenio de Viena sobre el Derecho de los Tratados, de 23 de mayo de 1969, utiliza un concepto restringido y relativamente estricto de Tratado internacional, la práctica ha dado lugar a formas jurídicas de lo más diversas. Como respuesta a esta notable diversidad, el legislador español ha intentado reconducir los posibles acuerdos y tratados internacionales con relevancia para el ordenamiento español a tres categorías principales y ha establecido una regulación propia para cada una de ellas, si bien reconociendo que pueden existir otras categorías de acuerdos diferentes a estas tres.

De este modo, la Ley 25/2014, de 27 de noviembre, de Tratados y otros Acuerdos Internacionales, en adelante, LTAI, distingue entre Tratados Internacionales (*a*), Acuerdos internacionales administrativos (*b*) y Acuerdos internacionales no normativos (*c*).

a) Los Tratados Internacionales [art. 2.*a*) LTAI] son acuerdos celebrados por escrito entre el Reino de España y otros sujetos de Derecho Internacional (otro Estado, una Organización Internacional). Se rigen por el Derecho Internacional y resulta irrelevante la denominación que reciban (Acuerdo, Tratado, Convenio...) y que se formalicen en un instrumento único o en dos o más instrumentos conexos (los tradicionales «canjes de notas»).

Solo los puede celebrar el Estado (no las Comunidades Autónomas) por entrar dentro de la competencia que le reconoce el art. 149.1.3.ª CE. En concreto, corresponde al Consejo de Ministros manifestar el consentimiento de España [art. 5.1.*d*) LG], pero en el caso de los Tratados a que se refieren los artículo 93 y 94 CE —que son muchos y los más importantes— es necesaria la previa autorización de las Cortes Generales.

Existen infinidad de Tratados Internacionales, tanto bilaterales como multilaterales, que imponen obligaciones a la Administración pública española. Por ejemplo: los múltiples Acuerdos bilaterales que España tiene firmados con otros Estados sobre reconocimiento recíproco de los permisos de conducción y que obligan a la Administración española a dar pleno reconocimiento a las licencias de conducción expedidas por tales países; el Convenio multilateral de Aarhus (o «Convención sobre el acceso a la información, la participación del público en la toma de decisiones y el acceso a la justicia en asuntos ambientales»), de 15 de enero de 1999, que impone a la Administración pública española obligaciones concretas frente a los ciudadanos, por ejemplo, en materia de acceso a la información medioambiental o a la participación en la elaboración de reglamentos en esta misma materia; o también, en buena medida, el Convenio Europeo para la protección de los Derechos Humanos y las Libertades Fundamentales, CEDH, de 4 de noviembre de 1950, en tanto que la garantía de tales derechos implica, entre otras cosas, la prohibición de ciertas conductas de la Administración y la exigencia positiva de otras.

Con carácter general, los Tratados Internacionales crean derechos y obligaciones entre los Estados. Sin embargo, pueden crear derechos y obligaciones no sólo para los Estados, sino también para los ciudadanos de los Estados. Dicho en otros términos, algunos Tratados son directamente aplicables y los derechos que crean son directamente exigibles frente a la Administración pública española por parte de los ciudadanos. Cuando eso ocurre se habla de normas con efecto directo o *self executing* (p. ej., los Tratados sobre reconocimiento recíproco de permisos de conducción o, parcialmente, el CEDH).

El artículo 30.1 LTAI parece asumir que esta es la regla general: «Los tratados internacionales serán de aplicación directa, a menos que de su texto se desprenda que dicha aplicación queda condicionada a la aprobación de las leyes o disposiciones reglamentarias pertinentes». Pero, en realidad, son numerosos los casos en que su aplicación requiere leyes y reglamentos de desarrollo.

b) Los Acuerdos internacionales administrativos [art. 2.*b*) LTAI] son acuerdos de carácter internacional no constitutivos de Tratados, sino previstos en estos para su ejecución y concreción. Son celebrados por órganos o entes españoles competentes por razón de la materia (un ministerio, una Comunidad Autónoma, un ente local, una universidad) en tanto que lo permita un Tratado. De acuerdo con el artículo 38 LTAI su celebración debe estar prevista en un Tratado internacional, al que vendrán a desarrollar o concretar, por lo que su contenido será frecuentemente de naturaleza técnica.

Se rigen por Derecho Internacional y, por ello, quedan fuera de este concepto los acuerdos internacionales celebrados por cualquiera de esos órganos, organismos o entes cuando se rigen por un ordenamiento jurídico interno (p. ej., cuando se realiza una compra de material militar entre el Ministerio de Defensa y un Ministerio extranjero y el acuerdo de compraventa queda sujeto al ordenamiento del país vendedor). A esta categoría de acuerdo se refiere expresamente el artículo 47.2.*c*) LRJSP, como uno de los tipos de convenios que pueden adoptar las Administraciones públicas.

Estos Acuerdos internacionales administrativos se conocen desde hace tiempo en el Derecho Internacional, siendo en ocasiones llamados «Protocolos de aplicación» dado que su finalidad esencial es, como se ha indicado, concretar aspectos técnicos de la aplicación de un Tratado Internacional firmado por el Estado. Sin embargo, su número y relevancia parecen no dejar de aumentar, otorgando un importante campo de acción a la Administración pública, no siempre debidamente juridificado. Por ejemplo, su publicación en el *Diario Oficial* correspondiente no resultaba obligatoria hasta que así lo ha establecido el artículo 41 LTAI.

Como ejemplo puede señalarse el Acuerdo Administrativo entre el Ministerio de Educación y Formación Profesional del Reino de España y el Departamento de Educación de Nueva Gales del Sur (Australia) para el establecimiento de programas de cooperación educativa (envío de profesores de secundaria españoles a zonas rurales de Australia) que supone concreción del Acuerdo de Cooperación Cultural, Educativa y Científica entre España y Australia (*BOE* n.º 280, de 22 de noviembre de 2022).

A pesar de su nombre, los Acuerdos internacionales administrativos no son necesariamente celebrados por una Administración pública. Así ocurre, por ejemplo, con el Acuerdo Internacional Administrativo entre el Consejo General del Poder Judicial del Reino de España y el Consell Superior de Justícia del Principado de Andorra de 21 de julio de 2015 (*BOE* n.º 177, de 25 de julio).

c) Los Acuerdos internacionales no normativos [art. 2.*c*) LTAI] son acuerdos de carácter internacional no constitutivos de Tratado ni de Acuerdo internacional administrativo, celebrados por el Estado, el Gobierno, los órganos, organismos y entes de la Administración General del Estado, las Comunidades Autónomas y Ciudades de Ceuta y Melilla, las Entidades Locales, las Universidades públicas y cualesquiera otros sujetos de Derecho público con competencia para ello, que contienen declaraciones de intenciones o establecen compromisos de actuación de contenido político, técnico o logístico, y que no llegan a constituir fuente de obligaciones internacionales ni se rigen por el Derecho Internacional.

Estos acuerdos, frecuentemente denominados Memorandos de Entendimiento o identificados mediante las siglas MoU (derivadas de la denominación inglesa *Memorandum of Understanding*) se mueven estrictamente en el nivel político, no jurídico, de ahí que se les sitúe explícitamente en la categoría de «declaraciones de intenciones», que la Ley indique expresamente que no generan obligaciones y que no se imponga, frente a los otros tipos de acuerdos, la obligatoriedad de su publicación en *Diario Oficial*.

IV. LAS FUENTES DEL DERECHO ADMINISTRATIVO DE LA UNIÓN

Cabe dividir las fuentes del Derecho de la Unión en dos grandes grupos: fuentes escritas y fuentes no escritas.

En las fuentes no escritas están la costumbre y los principios generales del Derecho. La costumbre no parece tener importancia en el Derecho de la Unión, mientras que los principios generales del Derecho sí tienen grandísima relevancia.

Íntimamente relacionado con esto, aunque conceptualmente distinto, se encuentra el papel de la jurisprudencia en el ordenamiento de la Unión. No cabe hablar, propiamente, de fuente del Derecho, dado que la jurisprudencia no «crea el Derecho», sino que, más bien, lo descubre. Pero lo cierto es que el Tribunal de Justicia de la Unión Europea, a través de su jurisprudencia, ha descubierto muchísimo Derecho. Habitualmente, el Tribunal de Justicia descubre principios generales, que están presentes en el ordenamiento jurídico de forma implícita. Pero, en otras ocasiones, ha descubierto competencias implícitas de la Unión o incluso potestades administrativas implícitas de las Instituciones de la Unión (como la potestad de revisar de oficio sus propios actos, STJUE de 12 de julio de 1957, *Algera*, A:III).

Dentro de las fuentes escritas, la clasificación esencial en el Derecho de la Unión es la que distingue entre normas de Derecho Originario y normas de Derecho Derivado.

a) Las normas de Derecho Originario se corresponden, sustancialmente, aunque no sólo, con los Tratados básicos sobre los que se funda la Unión Europea, esto es, normas internacionales firmadas por los Estados miembros con las que se crea y modela la Unión.

Las principales normas que integran el Derecho Originario actualmente son el TUE, el TFUE (antiguo Tratado de la Comunidad Europea), el Tratado de la Comunidad Europea de la Energía Atómica y los tratados posteriores que los han modificado, entre los que deben destacarse el Acta Única Europea, el propio TUE, el Tratado de Ámsterdam, el Tratado de Niza y el Tratado de Lisboa. A ellos se suman todos los Tratados de adhesión mediante los cuales se han ido incorporando nuevos Estados miembros, así como la Carta de los Derechos Fundamentales de la Unión Europea y los protocolos y anexos que acompañan a todos los textos citados.

La posición normativa del Derecho Originario dentro del ordenamiento de la Unión equivale, aproximadamente, a la posición normativa que ocupan las normas constitucionales en los ordenamientos de los Estados, tanto desde un punto de vista formal como material. Formalmente, el Derecho Originario ostenta el rango normativo más alto dentro del ordenamiento de la Unión, igual que las Constituciones dentro del ordenamiento jurídico de los Estados. En consecuencia, el Derecho Originario, como norma suprema, debe ser respetado por el resto de normas del ordenamiento de la Unión, esto es, el Derecho Derivado, que no puede contravenirlo. Desde un punto de vista material, cabe apreciar que el Derecho Originario regula cuestiones básicas del ordenamiento jurídico de la Unión, casi coincidentes con las cuestiones que típicamente regulan las Constituciones nacionales: derechos fundamentales, separación de poderes (sistema institucional: Parlamento Europeo, Consejo Europeo, Consejo, Comisión, Tribunal de Justicia, etc.), distribución de competencias, sistema de producción normativa, etc.

b) Por su parte, las normas de Derecho Derivado son las normas adoptadas por las Instituciones de la Unión, ya sea unilateralmente, ya sea con participación de terceros Estados (un tratado internacional firmado con Marruecos, p. ej.). Esto es, mientras el Derecho Originario está formado por normas de Derecho de la Unión que proceden de los Estados miembros, el Derecho Derivado está formado por normas de Derecho de la Unión que proceden de las Instituciones de la Unión. Este distinto origen explica, precisamente, la distinta posición normativa que ocupa cada uno de ellos.

La principal división dentro del Derecho Derivado, no introducida hasta el Tratado de Lisboa, es la que distingue entre actos legislativos y actos no legislativos. Expresado algo toscamente, los actos legislativos son aquellos aprobados con participación del Consejo y el Parlamento Europeo en el seno de alguno de los procedimientos legislativos previstos en el TFUE. Los actos no legislativos, por exclusión, son todos los demás y dentro de ellos es posible encontrar tanto actos normativos que desarrollan actos legislativos como simples actos administrativos.

El artículo 288 TFUE establece que «para ejercer las competencias de la Unión las instituciones adoptarán reglamentos, directivas, decisiones, recomendaciones y dictámenes». Aunque no procede aquí entrar a analizar estos tipos, conviene al menos señalar lo siguiente:

— Los reglamentos son normas obligatorias y directamente aplicables en todos los Estados miembros con solo su publicación en el Diario Oficial de la Unión Europea; esto es, tienen efecto directo sin necesidad de que los órganos nacionales adopten ninguna medida de transposición al ordenamiento interno. Vinculan a las Administraciones (a la de la Unión y a todas las de los Estados miembros) y pueden crear directamente derechos y obligaciones para los ciudadanos.

— Las directivas son normas obligatorias para los Estados miembros «en cuanto al resultado que deba conseguirse» pero dejan «a las autoridades nacionales la elección de la forma y de los medios». Esto supone que deben ser traspuestas al ordenamiento de cada uno de los Estados miembros que, por tanto, deberán aprobar leyes o reglamentos nacionales en el plazo que cada directiva señale. Así que son normas dirigidas a los Estados miembros y que, consecuentemente, no son de aplicación directa. Esto último ha tenido algunas matizaciones de modo que se ha aceptado excepcionalmente que las directivas que contienen mandatos claros y precisos puedan ser invocadas por los ciudadanos frente al Estado que las incumple. Volveremos sobre ello en la lección siguiente.

Tanto los reglamentos como las directivas pueden ser actos legislativos o actos no legislativos, en función, según se ha indicado antes, de si han sido adoptados mediante un procedimiento legislativo o no. Su posición ordinamental, por tanto, depende del procedimiento de adopción. Junto a ellos hay otros actos normativos atípicos (acuerdos institucionales, presupuestos de la Unión...).

Este sistema de fuentes, sin embargo, no se aplica a la Política Exterior y de Seguridad Común, que cuenta con un sistema normativo propio (arts. 24 y 25 TUE).

V. LAS LEYES EN SENTIDO FORMAL COMO FUENTES DEL DERECHO ADMINISTRATIVO

Tras la Constitución, y dejando por ahora aparte al Derecho Internacional y al Derecho de la Unión se sitúan las leyes en sentido formal, esto es las aprobadas por el Poder Legislativo como tales leyes y conforme al procedimiento establecido para ello.

Leyes son todas las que como tales apruebe cualquiera de los Poderes Legislativos del Estado. Lo son las que contienen normas generales (o sea, las leyes en sentido formal que también lo son en sentido material) y las leyes que excepcionalmente contienen un mandato o decisión para un caso concreto (que son leyes en sentido formal, aunque no material). Y las que prevé específicamente la Constitución (v. gr., arts. 105 o 107 CE) o cualquier otra no prevista de ninguna forma por la Constitución. De modo que las leyes no tienen que ser desarrollo de la Constitución. Su posibilidad de establecer el Derecho es mucho más amplia.

Lo expresó así el TC: «[...] la función de legislar no puede entenderse como una simple ejecución de los preceptos constitucionales pues, sin perjuicio de la obligación de cumplir los mandatos que la Constitución impone, el legislador goza de una amplia libertad de configuración normativa para traducir en reglas de Derecho las plurales opciones políticas que el cuerpo electoral libremente expresa a través del sistema de representación parlamentaria [...]» (SSTC 99/1987 y 227/1988); «[...] el legislador no se limita a ejecutar o aplicar la Constitución, sino que, dentro del marco que ésta traza, adopta libremente las opciones políticas que en cada momento estima más oportunas» (STC 55/1996).

Como tienen Poder Legislativo el Estado y las Comunidades Autónomas, hay leyes estatales y autonómicas. Los demás entes (los locales) no tiene Poder Legislativo: no pueden aprobar leyes; sólo reglamentos.

Dentro de las del Estado, son por igual leyes todas las que como tales aprueban las Cortes generales, tanto las ordinarias como las orgánicas (art. 81 CE); y lo son las que contienen una delegación legislativa en favor del Gobierno (art. 82 CE) o las de presupuestos del Estado (art. 134 CE). Y sea cual sea la materia sobre la que versen y con independencia de que al dictarla el Estado esté ejerciendo una competencia que tenga sobre toda una materia (p. ej., la penal) u otra sobre parte de una materia que comparta con las Comunidades Autónomas (p. ej., sanidad). Lo son igualmente las que se integren en el llamado bloque de la constitucionalidad (vid. lección 4).

Dentro de las de las Comunidades Autónomas son leyes todas las que con cualquier contenido y en ejercicio de cualesquier de sus competencias aprueben sus respectivos Parlamentos.

Ejemplificándolo respecto a Andalucía, son leyes por igual las ordinarias y las que, conforme al artículo 108 EAA, requieren una mayoría absoluta. Lo son las que contienen una delegación legislativa en favor del Gobierno andaluz (art. 109.1 EAA) o las que aprueben el presupuesto de la Comunidad Autónoma (art. 190 EAA). Y lo son tanto se produzcan en una materia en que corresponda toda la competencia a Andalucía (p. ej., sobre turismo, de acuerdo con el art. 71 EAA) o en otra en que, por ser compartida con el Estado, la competencia autonómica sea más reducida (p. ej., sobre sanidad interior, según el art. 55.2 EAA).

Al dato de su aprobación por el Poder Legislativo, que encarna la representación popular, se asocia tradicionalmente una serie de cualidades a las que se alude como fuerza de ley (cualidad ilimitada de establecer mandatos obligatorios para todos en cualquier materia) y valor de ley (superioridad respecto a cualquier otra manifestación de la voluntad del Estado de modo que no puede ser modificada ni privada de efectos nada más que por otra ley). A esto mismo, puesto en relación con las otras fuentes del Derecho, se llama rango de ley, de modo que todas las demás, que tienen rango jerárquico inferior, le están subordinadas.

Es expresivo de esta fuerza de la ley el clásico aforismo del Derecho anglosajón según el cual «la ley lo puede todo menos convertir a un hombre en mujer». La teoría clásica predicaba estos caracteres por igual de todas las leyes porque, como se decía, la voluntad popular es siempre igual a sí misma. Todo ello sólo se matizaba aclarando que se trataba de cualidades virtuales a las que el legislador podía renunciar. Así, cabía y cabe que la ley no contenga una norma obligatoria, sino una declaración meramente programática y no vinculante; o que decida mantener los efectos de una norma anterior contraria a sus determinaciones; o que admita la posibilidad de ser modificada por una norma inferior, por reglamento (deslegalización). Pero esas matizaciones, si bien se mira, sólo potenciaban la fuerza de ley porque, a fin de cuentas, sólo añadían más posibilidades de la ley, la de renunciar a su fuerza y valor.

La realidad actual no se adecua fácilmente a estas explicaciones sobre las cualidades de la ley.

Ahora las leyes tienen como límite la Constitución y también los Tratados Internacionales y el Derecho europeo. Incluso respetando esos límites no todas pueden regular todo, sino que, en función de los distintos tipos aludidos y de su procedencia de las Cortes o de los Parlamentos autonómicos, pueden regular unas materias u otras o hacerlo de una forma y no de otra según lo que haya establecido otra ley sin que todas puedan abordar cualquier materia ni derogar o modificar a cualquier otra ley. Pueden ser enjuiciadas y dejadas sin efecto por sentencias.

Aun así, las leyes en su conjunto siguen ocupando el centro en el sistema de fuentes, como no puede ser de otra forma en un Estado de Derecho. Recuérdese que el Preámbulo de la Constitución proclama «consolidar un Estado de Derecho que asegure el imperio de la ley como expresión de la voluntad popular». Así, cabe seguir hablando de fuerza, valor y rango de ley, lo que sigue expresando cierta primacía respecto a otras fuentes, una mayor libertad de configuración del Derecho que las otras fuentes y, por lo que aquí más importa, un especial dominio sobre la Administración, aunque ya no tenga la omnipotencia de otrora.

Sobre todo nos importa enfatizar que ni las leyes están constreñidas a regular las materias reservadas a ellas por la Constitución ni existe en nuestra Constitución ni cabe admitir de ninguna forma reservas en favor de los reglamentos, es decir, materias que hayan de ser reguladas por éstos y queden cerradas a las leyes.

Las reservas constitucionales de ley, como se verá en la lección 8, suponen sobre todo una drástica restricción a la posibilidad de reglamentos. Pero lo que en ningún caso significan, y es lo que ahora queremos destacar, es que las leyes hayan de producirse sólo en esas materias que les están reservadas.

En algún ordenamiento se conocen materias reservadas a los reglamentos y, por tanto, vedadas a la regulación por ley. El caso prototípico es el de Francia en su Constitución vigente, no en las anteriores, y, en realidad, se interpreta y aplica muy moderadamente. Pero en España no hay tal noción ni argumentos de los que pueda deducirse (tampoco sirve la autonomía local para defender que ciertas materias sólo deben ser reguladas por los reglamentos que aprueben los municipios). Una idea tan contraria al imperio de la ley sólo podría ser asumida con una base constitucional inequívoca que ni remotamente existe en la CE de la que más bien se deduce con claridad lo contrario. Cosa distinta es que el Derecho de la Unión Europea sí que haya supuesto reservar ciertas regulaciones a autoridades administrativas independientes y, al hacerlo, en cierto modo sí que haya dado lugar a algo semejante a una reserva reglamentaria (STJUE de 3 de diciembre de 2009, as. C-424/07, Comisión c. República Federal de Alemania).

El estudio general de las leyes, de sus cualidades, del procedimiento de elaboración y aprobación, de sus límites, de su control, etc., no corresponde al Derecho Administrativo sino a la teoría general del Derecho y al Derecho Constitucional. Por otra parte, como es obvio, las leyes no contienen sólo Derecho Administrativo sino Derecho Civil, Penal, Mercantil, Procesal... Es más, en esas otras ramas del Derecho las leyes tienen un protagonismo total.

Lo único que procede añadir aquí es que, además, también contienen frecuentemente regulación de Derecho Administrativo y que, en ese sentido, son fuentes específicas del Derecho Administrativo. Lo son, conforme a lo explicado en la lección 1, en la medida en que se ocupen de la Administración o de las conductas de los particulares en relación con la Administración. Todas esas leyes de ejecución administrativa son fuentes del Derecho Administrativo. Son, además, una fuente especialmente relevante en cuanto que en ellas encuentra la Administración, según explicaremos al analizar el principio de legalidad, no sólo un límite negativo, sino fundamento de su actuación. De hecho, todos los sectores del Derecho Administrativo, de su parte general y de cada una de sus partes especiales, aunque completadas con muchas normas inferiores, están presididas por una o varias leyes.

En este conjunto de normas con rango de ley se singularizan los Estatutos de Autonomía. Por ello nos ocuparemos específicamente de ellos algo después.

También, aunque por razones muy distintas, son peculiares las leyes que aprueban los presupuestos del Estado o de las Comunidades Autónomas.

Esto se estudiará con más detenimiento en Derecho Financiero. Digamos aquí sólo que el artículo 134 CE les atribuye un contenido específico y establece un procedimiento especial para su aprobación con limitaciones a las enmiendas que puedan introducir las Cortes. Por ello el TC ha limitado estrictamente las regulaciones que se pueden contener en tales leyes. Sintetiza bien esta jurisprudencia la STC 152/2014 según la cual el contenido de tales leyes puede ser de dos tipos: «Por un lado y de forma principal, el contenido propio o "núcleo esencial" del presupuesto, integrado por la previsión de ingresos y la habilitación de gastos para un ejercicio económico, así como por las normas que directamente desarrollan y aclaran los estados cifrados... Adicionalmente, las leyes de presupuestos pueden albergar otras disposiciones. Lo que hemos denominado "contenido eventual" o no necesario, está integrado por todas aquellas normas (que) guardan una relación directa con los ingresos y gastos del Estado, responden a los criterios de política económica del Gobierno o, en fin, se dirigen a una mayor inteligencia o mejor ejecución del presupuesto...». Todo lo demás que se incluya en estas leyes será inconstitucional y nulo aunque tenga alguna repercusión indirecta en los ingresos o los gastos. Véase, por ejemplo, la STC 123/2016 que anula un precepto incluido en una ley de presupuestos que reducía los derechos a subsidio de desempleo de los presos por terrorismo. Lo mismo puede decirse de la ley de presupuestos de Andalucía dados los términos del art. 190 EAA.

VI. REFERENCIA A LOS DECRETOS LEGISLATIVOS Y DECRETOS-LEY

Admite la Constitución que el Gobierno apruebe dentro de ciertos límites y en determinadas condiciones y circunstancias (siempre con intervención *a priori* o *a posteriori* del Poder Legislativo) algunas normas asimilables a las leyes que, aunque no propiamente la fuerza de ley, sí tienen su valor y rango. Se trata de los Decretos Legislativos y de los Decretos-ley.

Recordemos sólo respecto a los Decretos Legislativos que su régimen está en los artículos 82 a 85 CE, que pueden contener tanto un Texto Articulado como un Texto Refundido y que en cualquier caso necesitan una ley de delegación, ya sea estableciendo las bases que se han de convertir en artículos más concretos ya sea señalando las normas que han de refundir. Y, en cuanto a los Decretos-ley, recordemos que se permiten en circunstancias excepcionales y con las condiciones y límites del artículo 86 CE.

Figuras similares han sido establecidas por varios Estatutos de Autonomía de modo que, dentro de sus competencias, también en algunas Comunidades sus respectivos Consejos de Gobierno pueden aprobar Decretos Legislativos y Decretos-ley. Es el caso de Andalucía.

En concreto, en el EAA los Decretos Legislativos, con las mismas modalidades y un régimen muy similar al establecido en la Constitución, se prevén en su artículo 109. Los Decretos-ley son contemplados en el artículo 110 EAA también en términos parecidos a los del artículo 86 CE.

Aunque los Decretos Legislativos y los Decretos-ley son obra del Gobierno de la Nación o de los Consejos de Gobierno autonómicos y, por tanto, del Poder Ejecutivo, no lo son de la Administración. Es uno de esos casos, a los que ya aludimos en la lección 1, en los que el Gobierno no actúa como Administración. Por ello mismo, su régimen no es parte del Derecho Administrativo y por eso no corresponde su estudio aquí, sino sólo apuntar que con frecuencia son fuentes del Derecho Administrativo con las mismas funciones respecto a la Administración que las que cumple la ley, esto es, según hemos dicho, la de límite y fundamento de la actuación administrativa. En concreto, como se verá en su momento, cuando rige la vinculación positiva de la Administración a la ley, esa función la pueden cumplir estas normas; y cuando hay reservas de ley, las cubren estas normas.

VII. LOS REGLAMENTOS COMO FUENTES DEL DERECHO ADMINISTRATIVO

Llamamos aquí reglamentos a las normas del ordenamiento jurídico general aprobadas por la Administración (o por otros órganos y entes estatales distintos del Poder Legislativo) con rango inferior a la ley.

Siendo normas —y normas que se integran en el ordenamiento jurídico general— son fuentes del Derecho. En ese sentido, son como las leyes; por ello se dice que son leyes en sentido material (aunque no sean leyes en sentido formal y tengan un régimen muy distinto del de éstas). Pueden contener regulación de Derecho Civil, Mercantil, Procesal... Pero su contenido más frecuente, por muchas y poderosas razones, es de Derecho Administrativo, o sea, regulación de la Administración y de las relaciones entre ésta y los sujetos privados. Por eso, con toda lógica, se le presta más atención en el estudio del Derecho Administrativo.

Pero, hay otra razón de más peso para esa mayor atención: el reglamento no sólo es fuente de singular relevancia del Derecho Administrativo; es que, además, es él mismo obra de la Administración, una de sus formas de actividad, ejercicio de una de sus potestades. De suerte que el reglamento es aquí más que fuente del Derecho Administrativo; es también una materia regida por el Derecho Administrativo en tanto que éste regula lo que hace la Administración y el reglamento es fruto de la actividad de la

Administración y expresión de su voluntad. Por ello, dedicaremos al reglamento una lección específica en que se estudiará su régimen de producción, de validez y de control. Allí nos ocuparemos del reglamento con independencia de que su contenido sea o no de Derecho Administrativo.

Ahora sólo procede adelantar, porque es necesario para continuar nuestras explicaciones, que siendo muchas las Administraciones, muchas pueden ser las que aprueben reglamentos, esto es, las que tengan potestad reglamentaria. La tienen, como veremos oportunamente, todas las Administraciones territoriales (hay reglamentos estatales, autonómicos y locales) y algunas no territoriales (p. ej., reglamentos de convivencia aprobados por las Universidades; circulares del Banco de España).

Es más, hay reglamentos aprobados por órganos del Estado no incluidos en la Administración. Así, por ejemplo, el TC o el CGPJ pueden aprobar algunos reglamentos. Asimismo, pueden hacerlo, las Corporaciones sectoriales de Derecho público que, según ya explicamos en la lección 1 y desarrollaremos en la 14, no son propiamente Administraciones.

Baste aquí decir que todos esos reglamentos, sea cual sea en el ente que los apruebe y el concreto órgano que lo haga, son por igual fuente del Derecho, vinculantes, por tanto, para la Administración y para los sujetos privados; como tales han de ser tenidos en cuenta por todos, incluidos los Tribunales.

VIII. LA ARTICULACIÓN ENTRE LAS NORMAS DE CADA UNO DE LOS ORDENAMIENTOS ESTATALES: JERARQUÍA NORMATIVA, COMPETENCIA Y PROCEDIMIENTO

La relación entre las diversas normas de cada uno de los ordenamientos estatales se rige con frecuencia por el principio de jerarquía. La misma Constitución dice que «garantiza el principio de... la jerarquía normativa» (art. 9.3). En su virtud, dentro de cada ordenamiento, las normas tienen distinto rango y una posición vertical: la Constitución es superior jerárquica de las leyes; las leyes son superiores jerárquicas de los reglamentos; además, puede haber jerarquía entre los distintos reglamentos (art. 128.3 LPAC). La consecuencia de esa ordenación jerárquica es que la norma superior puede modificar o derogar a la inferior; mientras que, por el contrario, «carecerán de validez las disposiciones que contradigan otra de rango superior» (art. 1.2 CC).

Debe notarse que sólo hablamos de jerarquía entre normas de un mismo ordenamiento, o sea, de jerarquía en las relaciones normativas intraordinamentales.

No hay jerarquía entre normas de distintos ordenamientos. Así, por ejemplo, no hay jerarquía entre un reglamento estatal y un reglamento andaluz; ni entre una ley estatal y un reglamento andaluz... Como tampoco la hay entre las normas de la Unión Europea y las nacionales... Las relaciones entre normas de distintos ordenamientos las estudiaremos en la lección 4. Aclaremos, además, que sólo hablamos aquí de relaciones entre normas de modo que queda al margen la posición de la costumbre y de los principios generales del Derecho. Y tampoco hay que situar en la jerarquía normativa a los actos administrativos: su sometimiento a las normas, incluidos los reglamentos, deriva del principio de legalidad, no del de jerarquía normativa.

Pero el principio de jerarquía no es el único que organiza las relaciones intraordinamentales porque muchas normas de un mismo ordenamiento tienen igual rango. En otros casos, las relaciones entre normas de un mismo ordenamiento se articulan en función del principio de competencia y a veces, aunque con un papel menor, en función del principio de procedimiento. Así, hay normas que tienen el mismo rango jerárquico que otras del mismo ordenamiento pero que han de producirse por un determinado órgano o siguiendo un concreto procedimiento, de modo que sólo podrá modificar válidamente una norma otra dictada por el mismo órgano que la aprobó o con el mismo procedimiento. Sólo si la oposición entre dos normas de un mismo ordenamiento no se resuelve conforme a ninguno de esos tres principios será de aplicación el criterio cronológico conforme al cual la norma posterior deroga a la anterior (art. 2 CC).

Está en la cúspide jerárquica del ordenamiento español la Constitución que es, como sabemos, además de fundamento de todos los ordenamientos estatales y ley de leyes, la norma suprema, superior jerárquica a todas: es superior a las normas del Estado en sentido estricto y a las de todos los ordenamientos infraestatales (las de cada una de las Comunidades Autónomas, las de cada uno de los entes locales, etc.).

Dicho esto, se trata ahora de concretar cómo se despliega el principio de jerarquía en cada uno de los ordenamientos estatales y en qué medida se completa con el de competencia o con el de procedimiento.

1. En el ordenamiento del Estado en sentido estricto, en el siguiente escalón a la Constitución (y salvo lo relativo a Derecho Internacional y Derecho de la Unión), están las leyes en sentido formal, así como los Decretos Legislativos y los Decretos-ley (precisamente definidos como normas con rango jerárquico de ley).

No hay, empero, jerarquía entre las leyes orgánicas y las ordinarias, como no la hay entre ninguna de ellas y los Decretos Legislativos y los Decretos-Ley. Eso no significa, sin embargo, que sean iguales y que cualquiera de ellas pueda modificar o derogar a las demás, sino que las relaciones entre ellas, todas con rango de ley, se articulan en torno a los principios de competencia y de procedimiento; y, sólo en su defecto, por el cronológico.

Como es sabido, una ley ordinaria puede modificar a un Decreto Legislativo y a un Decreto-ley; y, a la inversa, cualquiera de estos dos, siempre que se dicte con respeto a los límites que les impone la Constitución, puede modificar una ley ordinaria. A este respecto, rige sólo el criterio cronológico a condición, claro está, de que esas normas del Ejecutivo con rango de ley se hayan dictado con cumplimiento de las condiciones que impone la Constitución.

Por el contrario, una ley orgánica no puede ser modificada por una ley ordinaria (ni por un Decreto legislativo ni por un Decreto-ley), no, al menos, en tanto que la ley orgánica haya permanecido dentro de las materias que la Constitución confía a este tipo de normas. Pero no es así porque tengan rango superior. La explicación está en el principio de procedimiento (la ley orgánica exige su aprobación por mayoría absoluta del Congreso).

Las relaciones entre los Estatutos de Autonomía y las demás leyes estatales son más complejas. A ellas nos referimos luego específicamente.

Con rango jerárquico inferior a todas las normas anteriores están los reglamentos estatales.

A su vez, entre los distintos reglamentos estatales hay también jerarquía (vid. lección 8).

2. Hay también jerarquía entre las normas de cada uno de los ordenamientos autonómicos. En la cúspide de cada ordenamiento autonómico está siempre su respectivo Estatuto de Autonomía, sin perjuicio de su sometimiento a la Constitución. Volveremos de inmediato sobre esta posición de los Estatutos. Tras el Estatuto hay diversas normas aprobadas por los órganos autonómicos ordenadas entre sí fundamentalmente según una jerarquía que establece precisamente ese ordenamiento.

En concreto, las leyes andaluzas son de rango inferior al EAA y superior a los reglamentos andaluces. A estos efectos, las leyes, los Decretos legislativos y los Decretos-ley andaluces ocupan la misma posición jerárquica. A su vez, los diversos reglamentos andaluces se ordenan entre sí conforme a los principios de jerarquía y competencia (vid. lección 8). Así, la jerarquía dentro del ordenamiento andaluz, sin perjuicio de la superioridad de la Constitución, es ésta: 1.º EAA; 2.º Leyes, Decretos legislativos y Decretos-ley; 3.º Reglamentos y, entre ellos, también hay diversos rangos jerárquicos.

3. Respecto a las relaciones entre las distintas normas de alguno de los otros ordenamientos estatales (p. ej., entre las normas de un mismo Municipio o de una misma Universidad), el principio de jerarquía desempeña un papel menor. Muchas veces, dentro de ellos no hay nada más que un tipo de norma aprobada siempre por el mismo órgano y siguiendo siempre el mismo procedimiento, de modo que sencillamente la norma posterior deroga a la anterior. Pero hay que analizar caso por caso para ver si puede haber distintos órganos con competencia reglamentaria y si los distintos reglamentos se articularán por relaciones de jerarquía, de competencia o de procedimiento. Dejémoslo aquí sólo apuntado para poner de relieve que el principio de jerarquía no es el único que estructura las relaciones normativas intraordinamentales. De la concreta solución en el caso de los ordenamientos locales nos ocuparemos en la lección 8.

IX. LOS ESTATUTOS DE AUTONOMÍA

Lo dicho hasta aquí ha de completarse con una específica alusión a los Estatutos de Autonomía que ocupan una posición especial y que están previstos sobre todo en el artículo 147.1 CE.

Hay diecisiete Estatutos de Autonomía, uno por Comunidad Autónoma, aunque en el caso de Navarra se habla de Comunidad Foral y su Estatuto se aprobó como Ley de Reintegración y Amejoramiento del Régimen Foral de Navarra. Pero su naturaleza no es distinta. Súmense a ellos los Estatutos de Autonomía de Ceuta y Melilla que, aun con rasgos similares a los demás, se elaboraron por un procedimiento singular y, además, parece que pueden ser modificados sin que sea necesario el consentimiento de sus instituciones (art. 41 de ambos Estatutos). En concreto, Andalucía aprobó su primer Estatuto en 1981. Pero el vigente se aprobó por LO 2/2007, de 19 de marzo. Analizaremos sucesivamente su naturaleza; su contenido; la competencia y procedimiento para su aprobación y reforma; y sus relaciones con las otras normas, estatales y autonómicas.

1.º) Por lo que se refiere a su naturaleza, se desprende del artículo 147.1 CE:

> Dentro de los términos de la presente Constitución, los Estatutos serán la norma institucional básica de cada Comunidad Autónoma y el Estado los reconocerá y amparará como parte integrante de su ordenamiento jurídico.

De este precepto se deduce que los Estatutos son a la vez parte del ordenamiento del Estado y del de la respectiva Comunidad Autónoma. También que el Estatuto tiene que producirse dentro de los términos de la CE, que es superior jerárquica de todos los Estatutos de modo que éstos no pueden contradecirla. Deben ser interpretados en lo posible conforme a la CE y, si aun así es insalvable su contradicción con la CE, deben ser anulados por el TC, como ha ocurrido ya en alguna ocasión (así, la STC 30/2011 declaró inconstitucional y nulo el art. 51 EAA; la STC 31/2010 hizo lo mismo con algunos preceptos del Estatuto de Cataluña). Ese carácter de «norma institucional básica de cada Comunidad Autónoma» les confiere una especie de función constituyente de la Comunidad.

2.º) Su contenido necesario está establecido el artículo 147.2 CE:

> [...] deberán contener:
>
> *a*) La denominación de la Comunidad que mejor corresponda a su identidad histórica.
>
> *b*) La delimitación de su territorio.
>
> *c*) La denominación, organización y sede de las instituciones autónomas propias.
>
> *d*) Las competencias asumidas dentro del marco establecido en la Constitución y las bases para el traspaso de servicios correspondientes a las mismas.

Pero hay en la CE otros preceptos sobre el contenido de los Estatutos: el artículo 147.3 que les encomienda regular el procedimiento de modificación; el artículo 3.2 sobre lengua cooficial; el artículo 4.2, sobre bandera; el artículo 69.5, sobre designación de senadores; el artículo145.2 sobre convenios entre Comunidades; etc.

Todos estos aspectos sólo pueden ser regulados por los Estatutos y no por ningún otro tipo de norma, ni estatal ni autonómica. A su vez, los Estatutos deben regular esas materias, no cualquier otra. De modo que hay materias reservadas a los Estatutos y los Estatutos están reservados a esas materias.

Los primeros Estatutos, aunque con algún exceso, más o menos se limitaron a regular aquello que claramente la CE les confiaba. Pero los más recientes optaron por textos mucho más extensos que ya no se atienen a ese contenido que con claridad les atribuye y les reserva la CE. Ejemplo de ello es el EAA. Sirva para hacerse una idea que el Estatuto andaluz de 1981 tenía 75 artículos y el actual tiene 250 ¿Hasta qué punto es lícita esta inflación estatutaria? Afirmó la STC 247/2007 que los Estatutos tienen un «contenido constitucionalmente legítimo» y otro, por tanto, que no lo es. Pero no son del todo nítidas las fronteras de ese contenido legítimo. Ello es así porque el TC interpreta esas remisiones de la CE a los Estatutos de manera relativamente amplia de modo que les permite incluir «un complemento adecuado por su conexión con las aludidas previsiones constitucionales». Sobre todo se lo permite por el hecho de que, como dice el artículo 147.1 CE, el Estatuto es la norma institucional básica de la Comunidad. Por esa vía se les permite introducir normas que se impongan a los poderes autonómicos, o sea, que establezcan mandatos y límites a los poderes autonómicos, sobre cualquier materia de las que estos tendrán que abordar (así, pueden contener «principios rectores de las políticas públicas» autonómicas, como hace el EAA; normas sobre los entes locales de la Comunidad, como hace el EAA, que tienen el valor de restringir lo que los poderes autonómicos puedan luego regular sobre ellos; etc.). Pero, al menos, dejó claro esa STC 247/2007, y lo confirmó la 31/2010, que los Estatutos no pueden proclamar derechos fundamentales ni desarrollar los establecidos en la CE ni, en realidad, consagrar ningún verdadero derecho subjetivo pleno de los ciudadanos. Los que contienen algunos Estatutos, como el andaluz (arts. 15 a 35), parece que deben interpretarse como si fuesen sólo mandatos a los poderes autonómicos similares a los principios rectores de políticas y no auténticos derechos de los ciudadanos. También excluyó que los Estatutos contengan mandatos a los poderes del Estado en sentido estricto. Y asimismo prohibió que los Estatutos puedan entrar a regular materias reservadas a las otras leyes orgánicas, es decir, a las que corresponde aprobar en exclusiva al Estado.

3.º) Los Estatutos tienen un procedimiento de elaboración y de reforma peculiar que requiere siempre la voluntad conforme del Estado y de la Comunidad Autónoma expresada al máximo nivel. Culmina en todo caso ese procedimiento con la aprobación del Estatuto por las Cortes como Ley orgánica; pero no basta una Ley orgánica cualquiera, sino la que aprueba lo que se ha elaborado tras ese complejo procedimiento.

El procedimiento de aprobación inicial estaba establecido en el artículo 146 CE; pero algunas Comunidades (las llamadas de «vía rápida») debían aprobar su Estatutos por el más complicado previsto en el artículo 151.2 CE. Éste fue el caso de Andalucía. En ambos procedimientos había una participación especial de representantes de los territorios afectados y finalmente debía aprobarse por las Cortes Generales como Ley orgánica (art. 81 CE). Pero sólo se pueden modificar por el procedimiento previsto en el Estatuto respectivo, no por la simple aprobación de una Ley orgánica común, aunque en cualquier caso al final necesitan una Ley orgánica (art. 147.3 CE). En concreto, el EAA se ocupa de su reforma en sus artículos 248 a 250: la iniciativa de la reforma corresponde siempre a las instituciones andaluzas (no al Estado) y su aprobación requiere siempre referéndum positivo del cuerpo electoral andaluz, además de la aprobación por el Estado, concretamente por las Cortes como Ley orgánica. Por tanto, tiene una «rigidez» muy superior a la de las demás leyes orgánicas y, desde luego, a la de las leyes autonómicas.

De lo anterior se deduce, en suma, que los Estatutos son singulares en cuanto a la competencia para aprobarlos (que está en manos simultáneamente de órganos estatales y autonómicos) y en cuanto a su procedimiento (distinto del de las leyes autonómicas y distinto también del de las leyes estatales, incluidas las orgánicas).

4.º) Con los datos expuestos, se ha de afrontar qué relación tienen los Estatutos con las demás normas. Ya sabemos que son inferiores jerárquicos a la Constitución. Pero ¿y respecto a las demás normas estatales y autonómicas? La respuesta es importante y problemática sobre todo en cuanto a los preceptos de los Estatutos que desbordan aquellos aspectos que la Constitución les reservó con claridad.

En cuanto a su relación con las normas estatales hay que entender que se rigen por los principios de competencia y de procedimiento. Ello entraña que las normas estatales, incluidas las leyes orgánicas, no pueden entrar en las materias de Estatuto ni contradecir sus preceptos en tanto en cuanto éstos hayan permanecido dentro de esas materias.

Particularmente, es así en cuanto los Estatutos enumeran las competencias que asume la respectiva Comunidad Autónoma. A este respecto el Estatuto es parte del llamado bloque de la constitucionalidad, concepto que analizaremos en la lección 4, y que garantiza, desde luego, que las leyes del Estado no pueden contradecir esas determinaciones estatutarias. Pero en la medida en que el Estatuto desborde la regulación de las materias que le corresponden, ya no puede considerarse que sea inmune a la regulación de las leyes estatales. Y precisamente porque no está bien y claramente acotado aquello que corresponde a los Estatutos, sus relaciones con las distintas leyes estatales pueden ser muy problemáticas. De hecho, muchos son los problemas que efectivamente se plantean al haber optado los más recientes Estatutos, en especial el andaluz, por textos muy extensos.

Por lo que se refiere a las relaciones entre el Estatuto y las leyes de la respectiva Comunidad Autónoma, aquél es superior jerárquico a éstas.

Como dijo la STC 247/2007, «en cuanto al ordenamiento autonómico, el Estatuto de Autonomía constituye su norma de cabecera, esto es, su norma *superior*, lo que supone que las demás le están *subordinadas*». La función constituyente del Estatuto respecto a la Comunidad lo justifica. Parece entonces que hay que aceptar que los Estatutos mantienen esta superioridad jerárquica respecto a todas las leyes autonómicas incluso cuando aborden aspectos que, en principio, no previó la Constitución que se regulasen en ellos, sino en las demás normas de la Comunidad. Esto concuerda con el dato, antes puesto de relieve, de que el TC acepte que los Estatutos contengan mandatos para todos los poderes autonómicos, incluidos su Legislativo.

Todo esto, confesémoslo, arroja un resultado conjunto confuso y difícil que, entre otras cosas, entraña que un precepto estatutario no declarado inconstitucional se imponga irresistiblemente a las leyes autonómicas pero no valga nada frente a las leyes estatales. Laten aquí problemas políticos y jurídicos de calado no bien ni definitivamente resueltos.

X. LA COSTUMBRE EN DERECHO ADMINISTRATIVO. ALUSIÓN AL PRECEDENTE ADMINISTRATIVO

Después de la ley, señala el artículo 1 CC que es fuente del ordenamiento jurídico español la *costumbre*, que regirá «sólo en defecto de ley aplicable». En el Derecho Administrativo el papel de la costumbre es, sin embargo, muy limitado, mucho más desde luego que en el Derecho Privado. Y ello por el singular sometimiento de la Administración pública al principio de legalidad (sobre todo en su vertiente de vinculación positiva), según el cual la Administración pública sólo puede actuar sobre la base de potestades previamente conferidas por normas escritas (leyes o no, según los casos) y en el marco de lo establecido por ellas.

Con todo, existen sectores del ordenamiento administrativo regidos, en mayor o menor medida, por la costumbre, si bien es así por expresa remisión o permisión de la Ley.

El ejemplo más señero de costumbre como fuente del Derecho Administrativo se encuentra en el artículo 29.3 LRBRL, según el cual los órganos de gobierno y administración de los municipios en régimen de concejo abierto ajustan «su funcionamiento a los usos, costumbres y tradiciones locales». Una previsión similar se halla en el artículo 75 TRRL en relación con el aprovechamiento de los bienes comunales: «El aprovechamiento y disfrute de bienes comunales se efectuará preferentemente en régimen de explotación colectiva o comunal [...] Cuando este aprovechamiento y disfrute general simultáneo de bienes comunales fuere impracticable, regirá la costumbre u ordenanza local, al respecto [...]». Muestra peculiar es la del artículo 30.1 RD 1614/2011 que permite comercializar «productos de loterías de acuerdo con los usos y costumbre tradicionalmente admitidas» sin autorización del operador, en cuya virtud, por ejemplo, se admite hacer y vender participaciones de décimos de la lotería de Navidad.

No es extraño que en estos casos el legislador correspondiente opere una auténtica inversión del sistema de prelación de fuentes previsto en general en el Código Civil. Si el artículo 1.3 CC señala que la «costumbre sólo regirá en defecto de ley aplicable», en estos supuestos es expresamente la norma escrita la que pasa a tener valor supletorio respecto de la costumbre.

De nuevo, los municipios en régimen de concejo abierto ofrecen un buen ejemplo. El artículo 29.3 LRBRL, después de decir, como se ha visto, que los órganos de gobierno de estos municipios ajustan su funcionamiento a los usos tradicionales, añade: «y, en su defecto, a lo establecido en esta Ley y las leyes de las Comunidades Autónomas sobre régimen local». En materia de bienes comunales, la STS de 12 de enero de 2012 (recurso casación 691/2008) anuló una resolución de la Administración porque aprobaba un plan de aprovechamiento de dichos bienes sin tener en cuenta la costumbre de determinados municipios: «De la prueba practicada en el proceso resulta acreditada la existencia de costumbre sobre el pastoreo de los vecinos de Lena [...] *Todos estos datos demuestran la pervivencia de una costumbre local que los acuerdos impugnados desconocen, lo que obliga a estimar el recurso*». En parecidos términos las SSTS de 17 de febrero y 7 de junio de 2012 (casaciones n.º 6080/2008 y 1728/2009).

Distinto de la costumbre es el llamado *precedente administrativo*, es decir, la forma en que la Administración ha aplicado una norma con anterioridad a un supuesto determinado.

El precedente no es fuente del Derecho. Por eso, la Administración puede apartarse del precedente. Lo confirma el artículo 35.*c*) LPAC: «Serán motivados [...] los actos que se separen del criterio seguido en actuaciones precedentes...». O sea que, con el requisito formal de motivar por qué se aparta del precedente, puede hacerlo.

Ahora bien, si la Administración viene resolviendo de una determinada manera ciertos asuntos, el hecho de que ante otro igual resuelva de forma distinta puede ser un indicio de trato discriminatorio o de arbitrariedad de la Administración o violación de la confianza legítima... Entonces, quizá se considere que ese nuevo acto que se apartó del precedente administrativo es ilegal; pero no lo será por el valor en sí del precedente sino por el valor de los principios de igualdad, prohibición de la arbitrariedad, protección de la confianza, etc.

XI. LOS PRINCIPIOS GENERALES DEL DERECHO

Los principios generales del Derecho son las ideas directrices de un ordenamiento jurídico, las que inspiran, orientan, relacionan y estructuran sus distintos elementos. Ellos mismos forman parte del ordenamiento y son jurídicos aunque eventualmente concuerden con valores éticos, filosóficos, religiosos... o con las convicciones sociales sobre el Derecho. Pero no se identifican con esos valores y convicciones. Si acaso son su traducción técnica jurídica.

Cada ordenamiento tiene sus propios principios generales del Derecho aunque muchas veces pueden ser comunes con los de otros.

No todos los principios generales son iguales sino que tienen distinta amplitud, importancia y valor. Y puede haber principios generales de todo el Derecho o sólo del Derecho Administrativo o sólo de algunas partes o sectores del Derecho Administrativo.

El Derecho Administrativo tiene principios propios y diferentes del de otras ramas del Derecho, como se comprende teniendo en cuenta que es el Derecho de unos sujetos, las Administraciones, que son para el Derecho muy distintos de los demás sujetos. Pero ello no está reñido con la existencia de principios generales del Derecho en su conjunto y que rigen también para la Administración. Tampoco significa que sus principios propios y específicos hayan de ser por completo originales, igual que ya sabemos (lección 1) que el Derecho Administrativo no lo tiene que ser. Y, por último, no impide admitir que hay principios que tienen un radio de acción menor, el de sólo un sector del Derecho Administrativo (p. ej., principios del Derecho urbanístico o del ambiental o del sancionador o del de la función pública...).

Los principios generales hay que inducirlos por abstracción de todos los elementos del ordenamiento: no sólo de las normas, sino de sus otros componentes y de la vida jurídica en su conjunto: de las normas, sí, y su efectividad real; de las sentencias; de la aplicación por todos los miembros del ordenamiento, en especial, para nuestro objeto, por las Administraciones; etc.; y de los fines y valores asumidos por la organización que genera cada ordenamiento. Por ello, aunque en parte hay que inferirlos de las normas, no dependen sólo de ellas y, aunque no son inmutables, son más estables que ellas.

Esa labor de inducción sólo puede realizarse con un conocimiento profundo y amplio del Derecho y de la ciencia jurídica y con un estudio meticuloso. Por eso es la doctrina la mejor preparada para su descubrimiento y al hacerlo cumple su misión más elevada. La jurisprudencia o, más ampliamente, el conjunto de sentencias, aunque no sean fuente del Derecho, suministran un material valioso para conocer la vida real del ordenamiento y, por tanto, para inducir los principios generales del Derecho. Tan valioso como las propias normas. Lo que importa de las sentencias a estos efectos no son tanto sus proclamaciones de principios generales del Derecho (que lo hacen con frecuencia y alguna vez con error) sino las soluciones concretas y reiteradas que ofrecen y de las que, junto con otros muchos elementos, se pueden inferir los auténticos principios generales del Derecho.

Más allá de lo que expresamente reconoce el artículo 1.4 CC, cumplen otras funciones. Sirven ante todo para relacionar y sistematizar los distintos elementos del ordenamiento, en concreto, su infinidad de normas, y así estructurar y vertebrar el ordenamiento en su conjunto, dándole unidad y coherencia pese a sus contradicciones.

Esto es absolutamente trascendental pues exactamente con las mismas piezas se pueden construir edificios muy distintos según cómo se las disponga y coloque. Y así los principios generales del Derecho, con los mismos elementos, sobre todo con las mismas normas, pueden conformar ordenamientos diferentes. Esta función estructural y vertebradora es, en realidad, la más importante, la que explica, fundamenta y condensa todas las demás.

Cumplen también una función hermenéutica. Es más, en el fondo, la interpretación de cada norma y de cada conjunto de normas debe consistir precisamente en buscar su sentido más acorde con los principios generales del Derecho.

Son, además, fuente supletoria, porque así lo establece el artículo 1.4 CC.

No obstante, sucede que la Constitución o las leyes excluyen esta función en determinados ámbitos y para ciertos cometidos. Así, no pueden justificar la imposición de penas o de sanciones administrativas dada la reserva de ley que preside el Derecho Penal y el Derecho Administrativo sancionador. Otras reservas de ley o el simple principio de legalidad como vinculación positiva a la ley (que se analizará en la lección 5) pueden llevar a la misma exclusión sin que eso suponga que no haya en esos ámbitos principios generales del Derecho y que cumplan sus otras funciones.

En realidad, los principios generales cumplen otras funciones menos reconocidas: así, sirven para elegir la norma aplicable de entre muchas que podrían suministrar soluciones diversas al mismo caso; explican más certeramente el fenómeno al que se alude como derogación de las normas por desuso y que más bien es una derogación porque ciertas normas quedan al margen de nuevos principios; etc.

Estas funciones las cumplen especialmente en el Derecho Administrativo del que es habitual afirmar que es un «Derecho principial», no porque en él haya más principios, sino porque aquí cumplen más ampliamente esas funciones. El exceso de normas que padece el Derecho Administrativo ha reducido la función supletoria de los principios generales, pero ha hecho más imprescindibles y valiosas todas las demás. Precisamente la elefantiasis normativa, con normas de todo género y del más diverso origen, coyunturales, poco meditadas, dictadas con desconocimiento de las demás... hace que sólo armados de los principios generales se pueda poner armonía y sentido en ese caos normativo.

Además, en Derecho Administrativo cumplen una función adicional muy relevante: constituyen un límite a las potestades discrecionales de la Administración, incluida la reglamentaria, como se verá (lecciones 5 y 8).

XII. LA JURISPRUDENCIA Y SU VALOR EN EL DERECHO ADMINISTRATIVO

Vale en Derecho Administrativo lo que con carácter general establece el artículo 1.6 CC. Al margen de que se le reconozca o no carácter de fuente del Derecho, la afirmación de que «la jurisprudencia complementará el ordenamiento jurídico» supone admitir una cierta creación judicial del Derecho. A la postre, es Derecho no sólo lo que dicen las normas, sino en gran medida lo que los jueces y tribunales dicen que dicen las normas.

El artículo 1.6 CC atribuye concretamente ese papel complementario a la jurisprudencia entendida como «la doctrina que de modo reiterado establezca el Tribunal Supremo al interpretar y aplicar la ley, la costumbre y los principios generales del derecho». Por tanto, atribuye ese valor de jurisprudencia no a lo que se declare en cualquier resolución judicial sino a la doctrina del Tribunal Supremo contenida al menos en dos pronunciamientos («de modo reiterado»).

Dentro de ello, la jurisprudencia más relevante para el Derecho Administrativo es la que proviene de la Sala 3.ª, o de lo Contencioso-Administrativo, del Tribunal Supremo, Sala en la que culmina la jurisdicción contencioso-administrativa que es a la que compete ordinariamente la aplicación del Derecho Administrativo (art. 1.1 LJCA).

Jurisprudencia puede crear el TS al resolver cualquiera de los asuntos que le corresponden. Pero sobre todo lo hace cuando resuelve recursos de casación contra sentencias de otros juzgados y tribunales contencioso-administrativos. Es más, en la actualidad el recurso de casación está concebido para permitir al TS la formación de jurisprudencia. Además, por otra parte, el recurso de casación cabe para combatir las sentencias de los juzgados y tribunales inferiores que hayan infringido la jurisprudencia (art. 88.1 LJCA). Del recurso de casación nos ocuparemos en el tomo II. Ahora sólo queríamos destacar la relación que existe entre jurisprudencia y recurso de casación: al resolver recursos de casación se crea jurisprudencia; mediante el recurso de casación se impone el respeto a la jurisprudencia ya existente.

Debe tenerse en cuenta que al TS no le corresponde establecer jurisprudencia en relación con las normas de las Comunidades Autónomas. Eso es propio de los Tribunales Superiores de Justicia de cada Comunidad Autónoma. Dice por ejemplo el artículo 140.3, *in fine*, EAA que «corresponde en exclusiva al Tribunal (Superior) de Justicia de Andalucía la unificación de la interpretación del Derecho de Andalucía». Y estos Tribunales también tienen su Sala de lo Contencioso-Administrativo. Incluso cabe ante estos Tribunales un recurso de casación por infracción de las normas de la respectiva Comunidad Autónoma (art. 86.3 LJCA). Ante ello, cabe hablar de una jurisprudencia contencioso-administrativa de estos Tribunales Superiores de Justicia con el valor complementario que le atribuye el artículo 1.6 CC aunque sólo en relación con el Derecho autonómico.

Un problema específico que plantea la jurisprudencia como complemento del ordenamiento jurídico es el de su mutabilidad. ¿Puede el Tribunal Supremo modificar o rectificar su jurisprudencia? Más que una posibilidad, ello puede constituir incluso un deber en ocasiones: recuérdese que, para evitar la petrificación del ordenamiento jurídico, el artículo 3.1 CC ordena que las normas sean interpretadas conforme a la realidad social del tiempo en que han de ser aplicadas. Y, lógicamente, esa «actualización» de las normas por vía de aplicación puede exigir en muchas ocasiones una rectificación de la jurisprudencia. Ahora bien, en aras de la seguridad jurídica y del principio de igualdad, ello no puede hacerse de cualquier manera, sino en términos —como ha precisado el Tribunal Constitucional— que permitan suponer una estabilidad *pro futuro* en relación con el cambio de criterio.

«El cambio resulta legítimo cuando es razonado, razonable y con vocación de futuro, esto es, destinado a ser mantenido con continuidad, fundado en razones jurídicas objetivas que excluyan todo significado de resolución *ad personam* o de ruptura ocasional en una línea que se venga manteniendo con normal uniformidad antes de la decisión divergente o en la que se continúe con posterioridad» (SSTC 105/2009, de 4 de mayo, FJ 4; y 178/2014, de 3 de noviembre, FJ 4).

Por otra parte, hay que hacer un lugar especial a la jurisprudencia del Tribunal Constitucional, cuyo significado y valor es distinto. Aunque el artículo 1.6 CC no se refiera a ella, tiene una importancia de primer orden. Y ello por un doble motivo. Primero, porque la jurisprudencia de los jueces y tribunales debe entenderse corregida por la jurisprudencia del Tribunal Constitucional (art. 40 LOTC). Y, segundo, porque el artículo 5 LOPJ impone a los jueces y tribunales aplicar el ordenamiento jurídico no sólo conforme a la Constitución, sino también conforme a la interpretación que de la Constitución haya hecho el Tribunal Constitucional con sus sentencias y resoluciones.

De forma similar, tienen también cada vez mayor importancia las sentencias y resoluciones de determinados órganos jurisdiccionales de ámbito internacional o supranacional. Es el caso, sobre todo, del Tribunal Europeo de Derechos Humanos y del Tribunal de Justicia de la Unión Europea.

Recuérdese que en virtud del artículo 10.2 CE, las normas constitucionales que reconocen derechos fundamentales deben interpretarse de conformidad no sólo con la Declaración Universal de Derechos Humanos, sino también con los tratados y acuerdos internacionales sobre las mismas materias ratificados por España. Algunos de dichos tratados, como el Convenio Europeo de Derechos Humanos, prevén un órgano jurisdiccional *ad hoc* al que se le confía la misión de interpretar y salvaguardar la eficacia de sus disposiciones. De ahí que, en el caso del Convenio citado, las sentencias del Tribunal Europeo de Derechos Humanos revistan una importancia evidente para interpretar no sólo las normas del Convenio que reconocen los distintos derechos, sino también, indirectamente, nuestras propias normas constitucionales de derechos fundamentales. De ahí que el propio Tribunal Constitucional se valga en multitud de ocasiones de dichas sentencias para resolver los conflictos que se le someten en materia de derechos fundamentales. Más incisiva aún, desde otra perspectiva, en cuanto al Derecho de la Unión Europea y su incidencia sobre el de los Estados miembros, es la jurisprudencia del TJUE que, además, ha resultado particularmente creativa, como ya se ha explicado más arriba.

Cuestión por completo diferente de la que nos ocupa es que, al margen del valor de la doctrina expresada en la jurisprudencia, diversos órganos jurisdiccionales tienen una competencia que les permite afectar directamente al ordenamiento: la de anular normas que vulneran los límites a que están sometidas. Actúan así, según suele decirse, como legisladores negativos.

Una de las más relevantes funciones del Tribunal Constitucional es el control de constitucionalidad de las normas con rango de ley (además de las normas reglamentarias en los conflictos de competencia y recursos de amparo, en su caso). En el ejercicio de esa función, puede declarar la disconformidad de aquellas disposiciones legales o de igual rango que sean incompatibles con la Constitución (art. 27 LOTC) y, en consecuencia, declarar su nulidad (art. 39.1 LOTC).

Por su parte, los Tribunales de la jurisdicción contencioso-administrativa pueden hacer lo mismo con los reglamentos (e, incluso, con los Decretos legislativos cuando excedan los límites de la delegación; art. 1.1 LJCA). Como se verá en la lección 8, así como al estudiar la jurisdicción contencioso-administrativa en el tomo II, pueden ser objeto de los recursos contencioso-administrativos los reglamentos y caso de que el Tribunal compruebe sus vicios, los anulará [art. 71.1.*a*) LJCA].

En ambos casos, poniendo de relieve ese carácter asimilable al de legislador negativo del que hablábamos, las sentencias se tienen que publicar. Pero en ninguno de ellos la sentencia puede establecer la nueva norma sustitutiva de la anulada (art. 71.2 LJCA, en relación con la jurisdicción contencioso-administrativa; y, en relación con el Tribunal Constitucional, SSTC 45/1989, de 20 de febrero, FJ 11; 235/2007, de 7 de noviembre, FJ 7, etc.).

XIII. LA APLICACIÓN EN EL TIEMPO

Vale para el Derecho Administrativo todo lo estudiado en la teoría general del Derecho o en Derecho Civil sobre la vigencia indefinida de las normas (sin perjuicio de que existan algunas que fijan de antemano su periodo de vigencia u otras de las que se deduce que sólo regirán mientras subsistan ciertas circunstancias especiales), sobre el momento en que comienza su vigencia (art. 2.1 CC, aunque no todas se publican en el *BOE*, sino en otros diarios oficiales y aunque hay alguna peculiaridad menor para los reglamentos locales, a lo que se aludirá en la lección 8) y sobre el momento en que termina con su derogación (art. 2.2 CC, derogación que puede ser expresa o tácita; total o parcial). A esto último sólo hay que añadir el posible cese de su eficacia por declaración de nulidad de la norma (fundamentalmente, por el TC o por la jurisdicción contencioso-administrativa). Cosa distinta es que las normas sometidas a un procedimiento para declarar su nulidad, pueden quedar provisionalmente suspendidas en tanto que tal procedimiento se sustancia (p. ej., art. 161.2 CE).

También puede producirse respecto a las normas de Derecho Administrativo, como respecto a cualquier otra, la llamada *desuetudo*, o sea, la obligada inaplicabilidad de normas por haber caído en desuso al no ser ya consideradas por la sociedad como Derecho. No hay derogación, ni siquiera tácita; además, no cabe la derogación por desuso (art. 2.2 CC) ni por costumbre contra ley (art. 1.3 CC). Pero la norma no debe ser aplicada porque realmente ha dejado de formar parte del ordenamiento jurídico en la conciencia social. Por ejemplo, daba la prensa la noticia de una norma parisina de principios del siglo XX que prohibía a las mujeres usar pantalones y que nunca había sido derogada expresamente. Pero, como se comprenderá, incluso suponiendo que no hubiese sido derogada tácitamente, es inaplicable, no sólo por su incompatibilidad con los valores y aspiraciones sociales, sino porque incumpliéndola todos lo hacen en la convicción de estar actuando conforme a Derecho.

También es igualmente de aplicación lo relativo a la general irretroactividad de las normas y sus posibles excepciones dentro de los límites constitucionales [arts. 9.3, 25.1 y 83.*b*) CE y art. 2.3 CC], así como la relevancia que tienen las llamadas disposiciones transitorias que frecuentemente acompañan a leyes y reglamentos y que tratan de resolver más concretamente los problemas que se generan con el paso de una regulación a otra, sobre todo los que surgen respecto a las situaciones nacidas con anterioridad a la nueva norma pero que subsisten después de ella. Todo ello es de extraordinaria importancia y más aún cuando las normas son tan cambiantes como ahora, especialmente las de Derecho Administrativo. Tanto que en la práctica no es raro que sea precisamente el régimen de las situaciones pendientes lo más conflictivo y lo que más atención merezca de cada nueva norma hasta que ésta, a su vez, es sustituida por otra que agrava los problemas. Pero los criterios de solución y el mismo concepto de retroactividad y sus grados son en Derecho Administrativo los generales y a ellos hemos de remitirnos.

Sólo es relativamente específico de nuestro ámbito la supuesta regla proclamada tradicionalmente según la cual, aunque las leyes pueden ser retroactivas en algunos casos y dentro de ciertos límites, no podrían serlo nunca los reglamentos, o sea, las normas de creación administrativa. Pero tal supuesta restricción a los reglamentos ha sido seriamente puesta en cuestión (sobre todo lo ha desarrollado con especial acierto López Menudo) y más bien puede afirmarse hoy que no hay ninguna especificidad de los reglamentos en cuanto a sus limitadas posibilidades de retroactividad que son, en general, similares a las de las leyes; esto es, prohibición absoluta de retroactividad *in pejus* de las normas penales y sancionadoras, así como de todas las «restrictivas de derechos individuales» (arts. 9.3 y 25.1 CE). De hecho, el artículo 47.2 LPAC sólo se refiere a la nulidad de los reglamentos «que establezcan la retroactividad de disposiciones sancionadoras no favorables o restrictivas de derechos individuales», no, por tanto, la de cualquier reglamento retroactivo. Sobre estos límites, que son los mismos de las leyes, ha recaído una abundante jurisprudencia del TC en relación con normas de todo tipo y del más diverso contenido. En sentido contrario, se ha impuesto la necesaria retroactividad de las normas penales y sancionadoras favorables, que se estudiará en el tomo II en la lección dedicada a las sanciones administrativas. En Derecho financiero se estudiará la especialmente problemática retroactividad de las normas tributarias que el artículo 10.2 LGT sólo enmarca.

De otra parte, la aplicación de una nueva norma a situaciones anteriores, aunque no se haya consolidado un derecho y sólo haya expectativas y aunque no incurra en la retroactividad prohibida, puede eventualmente ser contraria a los principios de seguridad jurídica (también proclamado por el art. 9.3 CE) y de protección de la confianza legítima, que específicamente se impone a la Administración [art. 3.1.*e*) LRJSP] y que acaso pudiera aportar un límite específico a sus reglamentos.

XIV. LA APLICACIÓN EN EL ESPACIO

Frente a los ordenamientos personales antiguamente frecuentes y de los que aún hoy hay ejemplos notables (así, el ordenamiento canónico que afecta a ciertas relaciones de los miembros de la Iglesia Católica), los ordenamientos estatales actuales son territoriales de modo que ellos y todas y cada una de sus normas rigen en el territorio del ente que las ha aprobado y para todos los que se encuentren en él con independencia de sus circunstancias personales (nacionalidad, vecindad, religión, etc.). Es lo que, mal que bien, plasma el artículo 8.1 CC: «Las leyes penales, las de policía y las de seguridad pública obligan a todos los que se hallen en territorio español». A ello hay que añadir que en sentido jurídico el territorio español comprende el mar territorial, el espacio aéreo, los buques españoles... Lo mismo puede decirse de las normas de cada Comunidad Autónoma que rigen en el territorio de la respectiva Región o Nacionalidad, de las de un Ayuntamiento que rigen en el término municipal... Es una consecuencia, por lo pronto, de la misma competencia territorial de cada ente.

Naturalmente ello no es óbice para que existan normas con inferior ámbito de aplicación (así que el Estado puede aprobar una norma sólo para Melilla o para Canarias o un Ayuntamiento aprobar una ordenanza sólo para su zona histórica, etc.). Además, claro está, lo afirmado no significa que en el espacio de un ordenamiento menor no tenga aplicación el de otro de más ámbito: el europeo en toda España, el español en todo el territorio de Andalucía y en el de cualquier Comunidad Autónoma, y el de éstas en el de todos sus entes locales. Entre ordenamientos territoriales de distinto nivel la delimitación se basará en criterios materiales o funcionales, no espaciales. Ningún territorio está cerrado a las competencias de otros entes superiores ni a la vigencia de sus ordenamientos.

Pero el principio de territorialidad es sólo la regla general, el punto de partida, y tiene múltiples matizaciones o incluso excepciones.

Para empezar, subsiste algunos ordenamientos que no son propiamente territoriales. Puede suceder así con los ordenamientos de entes no territoriales. Y así, por ejemplo, una universidad española podría sancionar a uno de sus alumnos por las infracciones disciplinarias cometidas fuera de sus establecimientos e incluso durante su estancia erasmus en el extranjero.

Por otra parte, aun tratándose de ordenamientos claramente territoriales, hay frecuentes supuestos de extraterritorialidad.

Por lo pronto, incluso cuando haya de aplicarse estrictamente el principio de territorialidad, se plantean casos en que el supuesto de hecho o la relación jurídica concernida no se localiza exclusivamente en un solo territorio sino en dos o más en los que rigen ordenamientos diferentes. Al elegir como aplicable alguno de ellos sucede que el ordenamiento elegido tiene una cierta eficacia extraterritorial.

Por otra parte, incluso nuestros ordenamientos predominantemente territoriales contienen normas de carácter personal o supuestos en que sus normas son aplicables a los sujetos de su ordenamiento aunque actúen fuera de su territorio. Hasta el Derecho Penal los conoce como refleja bien el artículo 23 LOPJ que prevé supuestos en que los Tribunales penales españoles y aplicando la ley española conocen de delitos cometidos fuera de nuestras fronteras por los nacionales e, incluso, en algunos casos, por extranjeros. Con más frecuencia sucede con las leyes civiles y el mismo CC (arts. 9 ss.) recoge muchos aspectos regidos por la ley personal en función de la nacionalidad o de la residencia habitual, además de reglas sobre la aplicación del Derecho Civil común o foral que tampoco se acomodan al principio de territorialidad.

En Derecho Administrativo hay también numerosos supuestos. Por lo pronto los hay de normas españolas con efectos fuera de España. Ejemplo obvio de ello ofrece la Ley de la Acción y del Servicio Exterior del Estado. Incluso al margen de ello, hay servicios públicos que se prestan en el extranjero a los nacionales emigrantes o hay derechos o deberes ligados a la nacionalidad (p. ej., derecho de voto de los españoles residentes en el extranjero). Asimismo, en otro orden de cosas, la Ley de Contratos del Sector Público contiene previsiones para los contratos de los entes públicos españoles que se formalicen y ejecuten en el extranjero (disp. adic. 1.ª); etc.

Además en el Derecho Administrativo los problemas se presentan con frecuencia respecto a las normas autonómicas y locales que a veces tienen efectos más allá del territorio del ente que las aprueba.

La extraterritorialidad de las normas autonómicas ha sido expresamente aceptada por el TC. Ya decía la STC 37/1981: «La unidad política, jurídica, económica y social de España impide su división en compartimentos estancos y, en consecuencia, la privación a las Comunidades Autónomas de la posibilidad de actuar cuando sus actos pudieran originar consecuencias más allá de sus límites territoriales equivaldría necesariamente a privarlas, pura y simplemente, de toda capacidad de actuación»; «[...] esta limitación territorial de la eficacia de las normas y actos (autonómicos) no puede significar, en modo alguno, que le esté vedado por ello a esos órganos (autonómicos), en uso de sus competencias propias, adoptar decisiones que puedan producir consecuencias de hecho en otros lugares del territorio nacional». La misma idea se reitera en otras; por ejemplo, la STC 49/1988 afirma que la territorialidad «no impide que el ejercicio de las competencias de una Comunidad pueda tener repercusiones de hecho fuera de la misma».

De acuerdo con ello, el artículo 43.1 EAA admite como excepciones «los supuestos a que hace referencia expresamente el presente Estatuto y otras disposiciones legales del Estado que establecen la eficacia jurídica extraterritorial de las disposiciones y los actos de la Junta de Andalucía». Y el artículo 7, tras establecer la regla general de la territorialidad, la relativiza: «Podrán tener eficacia extraterritorial cuando se deduzca de su naturaleza y en el marco del ordenamiento constitucional».

Un supuesto específico de extraterritorialidad de los ordenamientos de las Comunidades Autónomas se da respecto a los espacios marítimos bajo jurisdicción española: aunque se parte de que no forman parte del territorio de las Comunidades Autónomas, se acepta que ejercen ciertas competencias (sobre todo en materia de pesca y de protección del medio ambiente) sobre tales espacios, competencias que, por tanto, son ejemplos de extraterritorialidad. Se aparta de esta solución el Estatuto de Canarias, puesto que su artículo 4 dice que el ámbito espacial de esa Comunidad «comprende el archipiélago canario integrado por el mar y las siete islas...».

BIBLIOGRAFÍA

AGUDO GONZÁLEZ, J.: «La extraterritorialidad de las actuaciones jurídico-administrativas de las Comunidades Autónomas», *RAP*, 206, 2018.

ARROYO JIMÉNEZ, L., «Derecho Administrativo y Constitución Española», *RAP*, n.º 209, 2019.

BACIGALUPO SAGGESE, M.: «Límites constitucionales a la innovación legislativa: retroactividad, retrospección y responsabilidad patrimonial del Estado», *DA*, n.os 263-264, 2002.

BALAGUER CALLEJÓN, F.: «Naturaleza jurídica del Estatutos de Autonomía de la Ciudad Autónoma de Melilla», en FERNÁNDEZ PAVÉS, M.ª J. (dir.), *Estatuto de Autonomía y régimen fiscal de Melilla*, Cedecs, 1998.

BAÑO LEÓN, J. M.: «Ley», en MUÑOZ MACHADO, S. (dir.), *Diccionario de Derecho Administrativo*, Iustel, 2005.

— «Reserva de administración y Derecho comunitario», en *Nuevas fronteras del Derecho de la Unión Europea. Liber amicorum José Luis Iglesias Buhigues*, Tirant lo Blanch, 2012.

BARCELONA LLOP, J.: «Principio de jerarquía (normas)», en SANTAMARÍA PASTOR, J. A. (dir.), *Los principios jurídicos del Derecho Administrativo*, La Ley, 2010.

BELADÍEZ ROJO, M.: *Los principios jurídicos*, Tecnos, 1994.

— «El derecho fundamental a la igualdad en la aplicación judicial del Derecho», en *Homenaje a Fernández Rodríguez.*

BENSUSAN MARTÍN, M. P.: «Nuevas perspectivas de la costumbre en el Derecho Administrativo», *RAAP*, n.º 82, 2012.

BOCANEGRA SIERRA, R.: *El valor de las sentencias del Tribunal Constitucional*, Instituto de Estudios de Administración Local, 1982.

CANO CAMPOS, T.: «Leyes viejas y reforma de la Constitución: inconstitucionalidad sobrevenida, derogación y modelo de control», en *Homenaje a Muñoz Machado.*

CASTELL ARTECHE, J. M.: «Estatuto de Autonomía», en MUÑOZ MACHADO, S. (dir.), *Diccionario de Derecho Administrativo*, Iustel, 2005.

CASTILLO BLANCO, F.: *La interpretación y aplicación del ordenamiento jurídico público. Especial referencia al abuso del derecho*, INAP, 2007.

CRUZ VILLALÓN, P. y MEDINA GUERRERO, M. (dirs.): *Comentarios al Estatutos de Autonomía para Andalucía*, Parlamento de Andalucía, 2012.

DE LA QUADRA-SALCEDO, T.: «La ley en la Constitución: leyes orgánicas», *REDA*, n.º 24, 1980.

DÍAZ GONZÁLEZ, G. M.: *La acción exterior local. Bases constitucionales*, Iustel, 2019.

DÍEZ-PICAZO GIMÉNEZ, L. M.: «La doctrina del precedente administrativo», *RAP*, n.º 98, 1982.

DÍEZ SASTRE, S.: *El precedente administrativo. Fundamentos y eficacia vinculante*, Marcial Pons, 2008.

— «La fuerza vinculante del precedente administrativo», *REDA*, n.º 143, 2009.

DOMÉNECH PASCUAL, G.: «Creación judicial del Derecho a través del recurso de casación en interés de la ley. Una crítica desde una perspectiva económica y evolutiva», en *Homenaje a Santamaría.*

FERNÁNDEZ FARRERES, G.: «El Estado autonómico ante la encrucijada de la igualdad o diversidad de Estatutos», *REDA*, n.º 196, 2019.

FERNÁNDEZ RODRÍGUEZ, T. R.: *Las leyes orgánicas y el bloque de la constitucionalidad; en torno al artículo 20 de la Ley Orgánica del Tribunal Constitucional*, Civitas, 1981.

GARCÍA DE ENTERRÍA, E.: *Reflexiones sobre la ley y los principios generales del Derecho*, Civitas, 1984.

GARRORENA MORALES, A.: *El lugar de la ley en la Constitución Española*, Centro de Estudios Constitucionales, 1980.

LOBO RODRIGO, A.: «El mar como parte integrante del ámbito territorial de las Comunidades Autónomas», *RAAP*, n.º 107, 2020.

LÓPEZ MENUDO, F.: *El principio de irretroactividad de las normas jurídico-administrativas*, Instituto García Oviedo, 1982.

— «El principio de irretroactividad», en SANTAMARÍA PASTOR, J. A. (dir.), *Los principios jurídicos del Derecho Administrativo*, La Ley, 2010.

MAGALDI MENDAÑA, M.: «Régimen jurídico de la actividad internacional de las Universidades públicas», *Organización de la Universidad y la Ciencia*, INAP - AEPDA, 2018.

MARTÍN-RETORTILLO BAQUER, L.: *La interconexión de los ordenamientos jurídicos y el sistema de fuentes del Derecho*, Real Academia de Jurisprudencia y Legislación, 2004.

MEDINA ORTEGA, J.: «La jurisprudencia del Tribunal Administrativo de las Naciones Unidas», en *RAP*, n.º 36, 1961.

MORELL OCAÑA, L.: «La costumbre y los principios jurídicos generales en el Derecho Administrativo», *DA*, n.º 195, 1982.
MUÑOZ MACHADO, S.: «Jerarquía normativa (Principio de)», en MUÑOZ MACHADO, S. (dir.), *Diccionario de Derecho Administrativo*, Iustel, 2005.
— «Retroactividad», en MUÑOZ MACHADO, S. (dir.), *Diccionario de Derecho Administrativo*, Iustel, 2005.
— *Vieja y nueva Constitución*, Crítica, 2016.
MUÑOZ MACHADO, S. y REBOLLO PUIG, M. (dirs.): *Comentarios al Estatuto de Autonomía para Andalucía*, Civitas, 2008.
ORTEGA ÁLVAREZ, L.: «La funcionalidad y eficacia de los principios generales del Derecho», *JA*, n.º 15, 2002.
— «Principios generales del Derecho», en MUÑOZ MACHADO, S. (dir.), *Diccionario de Derecho Administrativo*, Iustel, 2005.
— «Costumbre», en MUÑOZ MACHADO, S. (dir.), *Diccionario de Derecho Administrativo*, Iustel, 2005.
— «Precedente administrativo», en MUÑOZ MACHADO, S. (dir.), *Diccionario de Derecho Administrativo*, Iustel, 2005.
— (coord.): «La reforma de los Estatutos de Autonomía», *RGDA*, n.º 12, 2006.
ORTIZ DÍAZ, J.: «El precedente administrativo», *RAP*, n.º 24, 1957.
PÉREZ TREMPS, P.: «Unidad del ordenamiento y derecho comunitario», en *Revista Vasca de Administración Pública*, n.º 65.2, 2003.
REBOLLO PUIG, M.: «El Derecho propio de Andalucía y sus fuentes», en MUÑOZ MACHADO, S. y REBOLLO PUIG, M. (dirs.), *Comentarios al Estatuto de Autonomía para Andalucía*, Civitas, 2008.
— «Los principios generales del Derecho (atrevimiento atribulado sobre su concepto, funciones e inducción)», en SANTAMARÍA PASTOR, J. A. (dir.), *Los principios jurídicos del Derecho Administrativo*, La Ley, 2010.
REQUENA LÓPEZ, T.: *El principio de jerarquía normativa*, Civitas, 2004.
RIVERO ORTEGA, R.: «Precedente, jurisprudencia, y doctrina legal en el Derecho público», *RAP*, n.º 157, 2002.
RUBIO LLORENTE, F.: «Rango de ley, fuerza de ley, valor de ley», *RAP*, n.ºs 100-102.
SÁENZ DE SANTA MARIA, P. *et al.*: *Comentarios a la Ley de Tratados Internacionales y Otros Acuerdos Internacionales*, Civitas, 2015.
SANTIAGO IGLESIAS, D.: *La jurisprudencia y su función en el ordenamiento jurídico-administrativo*, Marcial Pons, 2021.
SUAY RINCÓN, J.: «La doctrina de los principios generales del Derecho y su contribución al desarrollo del Derecho Administrativo», en *Homenaje a González Pérez.*
TORRES MURO, I.: «El fracaso del engorde de los Estatutos de Autonomía», en *Homenaje a Muñoz Machado.*
VAQUER CABALLERÍA, M.: «Eficacia temporal de las normas», en MUÑOZ MACHADO, S. (dir.), *Diccionario de Derecho Administrativo*, Iustel, 2005.
— «Eficacia territorial de las normas», en MUÑOZ MACHADO, S. (dir.), *Diccionario de Derecho Administrativo*, Iustel, 2005.
— «El territorio (una aproximación a su concepto en Derecho Público)», *Homenaje a De la Quadra.*
VELASCO RICO, C. I.: *Delimitación de competencias en el Estado Autonómico y puntos de conexión*, Institut d'Estudis Autonòmics, 2012.

LECCIÓN 4

RELACIONES ENTRE ORDENAMIENTOS*

I. OBJETO Y PLAN

En la lección anterior hemos visto que existen distintos ordenamientos. Entre los ordenamientos supraestatales nos hemos referido al Internacional y al de la Unión Europea. Entre los ordenamientos estatales nos hemos referido al ordenamiento del Estado en sentido amplio (esto es, al del Estado como organización política total de la Nación española, ordenamiento que incluye a varios), al del Estado en sentido estricto (es decir, el del conjunto de las instituciones con competencias en todo el territorio nacional), al de cada una de las Comunidades Autónomas, al de cada ente local y marginalmente a otros (p. ej., al de cada Universidad). Además, se han visto las fuentes de cada uno de esos ordenamientos y las relaciones entre sí dentro de cada uno de esos ordenamientos.

Ahora se trata de estudiar las relaciones entre cada uno de esos ordenamientos partiendo de que, como afirma Cosculluela, «la relación no se establece norma a norma, sino ordenamiento a ordenamiento». Concretamente abordaremos, primero, las relaciones entre el ordenamiento internacional y el estatal; segundo, entre el ordenamiento de la Unión Europea y el estatal; y, por último, entre el ordenamiento estatal y el de las Comunidades Autónomas. Por el contrario, de las relaciones entre el ordenamiento estatal o el de la respectiva Comunidad Autónoma con el de los entes locales nos ocuparemos en la lección 8, la dedicada a la potestad reglamentaria, dado que los entes locales sólo aprueban reglamentos.

II. RELACIONES ENTRE EL ORDENAMIENTO INTERNACIONAL Y EL ESTATAL

Centrándonos en los acuerdos y tratados internacionales, de los que nos ocupamos en la lección 3, debemos analizar ahora qué ocurre en caso de conflicto entre ellos y las normas del ordenamiento jurídico español (entendido este ahora como un todo en el que se engloban todos los ordenamientos internos que ya conocemos: el estatal, los autonómicos, los locales, etc.). A tal efecto, debemos distinguir entre los Tratados Internacionales y los Acuerdos internacionales administrativos. En relación con los

* Por Manuel Rebollo Puig (epígrafes I, IV y V) y Antonio Bueno Armijo (epígrafes II y III). Grupo de investigación de la Junta de Andalucía SEJ-196. Proyecto de la Junta de Andalucía PROYEXCEL_00903.

Acuerdos internacionales no normativos, y puesto que no tienen fuerza jurídica vinculante, la posibilidad de conflicto de normas, sencillamente, no cabe.

En relación con los Tratados Internacionales, el artículo 96.1 CE dispone que: «Los tratados internacionales válidamente celebrados, una vez publicados oficialmente en España, formarán parte del ordenamiento interno. Sus disposiciones sólo podrán ser derogadas, modificadas o suspendidas en la forma prevista en los propios tratados o de acuerdo con las normas generales del Derecho Internacional».

Las consecuencias de ello las expresa así el artículo 31 LTAI: «Las normas jurídicas contenidas en los Tratados Internacionales válidamente celebrados y publicados oficialmente prevalecerán sobre cualquier otra norma del ordenamiento interno en caso de conflicto con ellas, salvo las normas de rango constitucional».

La superioridad de la Constitución sobre los Tratados entraña que: *a*) si se desea celebrar un Tratado contrario a la Constitución es necesario modificar previamente la Constitución (art. 95.1 CE); y *b*) el TC puede declarar la inconstitucionalidad de un Tratado por las mismas vías que puede hacerlo respecto a una ley [art. 27.2.*c*) LOTC]. Además, cabe un control previo de su constitucionalidad (arts. 95.2 CE y 19 LTAI).

La primacía de los Tratados Internacionales sobre cualquier otra norma del ordenamiento interno salvo la Constitución, unida al deber de observancia de estos Tratados que recae sobre «todos los poderes públicos, órganos y organismos del Estado» (art. 29 LTAI), dan lugar a que, en caso de conflicto entre un Tratado Internacional y cualquier otra norma interna (con la única excepción de la Constitución), los jueces y la propia Administración pública deban inaplicar esta última.

Con carácter previo, sin embargo, parece que será necesaria la intervención del Consejo de Estado, que deberá ser consultado obligatoriamente y en Pleno, en caso de «dudas y discrepancias que surjan en la interpretación o cumplimiento de tratados, convenios o acuerdos internacionales en los que España sea parte» (arts. 21.4 LOCE y 35 LTAI).

Ejemplo paradigmático de la inaplicación de leyes contrarias a un Tratado Internacional por parte de la Administración lo constituye la inaplicación de las leyes reguladoras de impuestos por parte de la Administración tributaria en caso de contradicción con Convenios de Doble Imposición. En tales casos, como ha indicado la jurisprudencia, «las disposiciones internas o domésticas que se opongan o contradigan de alguna forma lo dispuesto en los Tratados Internacionales [...] deben resultar inaplicadas a favor de lo dispuesto en tales convenios» (SAN de 10 de julio de 2015, rec. 281/2012).

En relación con los Acuerdos internacionales administrativos (válidamente celebrados), el artículo 41.4 LTAI también ha optado por establecer que, una vez publicados en el *Boletín Oficial del Estado*, formarán parte del ordenamiento interno español.

Su posición normativa, sin embargo, no resulta tan clara como la de los Tratados Internacionales.

a) En tanto el Acuerdo internacional administrativo esté amparado por lo establecido en el Tratado Internacional que desarrolla (*secundum tractatum*), prevalecerá sobre cualquier otra norma del ordenamiento interno, salvo que se trate de normas de rango constitucional. En estos casos, cabe entender que el conflicto no es entre el Acuerdo administrativo internacional y la norma interna, sino entre el Tratado Internacional y la norma interna, por lo que resulta de aplicación lo previsto en el artículo 96.1 CE y en el artículo 31 LTAI, recién vistos. Es decir, todos los poderes públicos, incluyendo a la Administración, deberán aplicar el Acuerdo internacional administrativo en lugar de la norma interna con la que pueda haber entrado en colisión.

b) Por el contrario, si el Acuerdo internacional administrativo va más allá de lo establecido por el Tratado Internacional que desarrolla (*praeter tractatum*), debe entenderse que se trata de una mera norma administrativa que en ningún caso cabría equiparar a un Tratado Internacional. En este supuesto, si entrara a regular materias en las que rige la reserva de ley o entrase en contradicción con normas de rango legal, el juez, aunque no la Administración, podría inaplicarlo (art. 6 LOPJ). Ello sin perjuicio de la responsabilidad internacional que esta inaplicación pudiera generar.

c) Por último, si el Acuerdo administrativo internacional contradijera el contenido del Tratado Internacional que desarrolla (*contra tractatum*). En este caso, el Acuerdo internacional administrativo sería inválido, de acuerdo con el artículo 38.3 LTAI. Esta invalidez, unida a la prevalencia del Tratado Internacional sobre cualquier otra norma del ordenamiento interno (art. 31 LTAI) y al deber de observancia antes señalado (art. 29 LTAI), permitirían a la Administración su inaplicación.

III. RELACIÓN ENTRE EL ORDENAMIENTO DE LA UNIÓN Y EL ESTATAL

Las reglas que articulan las relaciones entre el ordenamiento de la Unión Europea y el de cada uno de los Estados miembros se encuentras en los Tratados Constitutivos, si bien algunas de ellas sólo están de manera implícita y ha sido el Tribunal de Justicia de la Unión Europea el que, en su labor interpretativa, las ha formulado.

En el ordenamiento español la recepción del ordenamiento de la Unión encuentra su fundamento en el artículo 93 CE, aunque éste, que no se refiere específicamente a la Unión Europea, serviría también de fundamento para la integración en el Derecho interno de ordenamientos de otros organismos internacionales y supranacionales.

Como ha explicado el Tribunal Constitucional, «el artículo 93 es sin duda soporte constitucional básico de la integración de otros ordenamientos con el nuestro, a través de la cesión del ejercicio de competencias derivadas de la Constitución, ordenamientos llamados a coexistir con el Ordenamiento interno, en tanto que ordenamientos autónomos por su origen. En términos metafóricos podría decirse que el artículo 93 CE opera como bisagra mediante la cual la Constitución misma da entrada en nuestro sistema constitucional a otros ordenamientos jurídicos a través de la cesión del ejercicio de competencias [...]» (Declaración TC 1/2004, de 13 de diciembre).

Las relaciones entre el Derecho de la Unión y el de cada uno de los Estados miembros se articulan fundamentalmente conforme a tres principios: el de primacía, el de efecto directo y el de interpretación conforme. Expongámoslos.

1. El principio de competencia

El ordenamiento de la Unión y el ordenamiento español son dos ordenamientos distintos, separados y autónomos, cada uno con sus normas producidas según sus reglas y procedimientos. Sin embargo, el ordenamiento de la Unión es un «ordenamiento jurídico propio integrado en el sistema jurídico de los Estados miembros» (STJUE de 14 de julio de 1964, *Costa c. ENEL*, as. 6/64). Ambos ordenamientos comparten, en buena medida, unos mismos sujetos (los ciudadanos), mantienen continuas relaciones entre sí y, sin embargo, puede suceder que sus respectivas normas entren en contradicción. En consecuencia, una de las primeras cuestiones que debe resolverse al tratar de las relaciones entre el Derecho nacional y el Derecho de la Unión es cuál debe prevalecer en caso de conflicto.

El primer principio que rige la relación entre ordenamiento de la Unión y ordenamiento nacional es el principio de competencia. La Unión Europea únicamente puede actuar dentro de los límites de las competencias que le han atribuido sus Estados miembros en los Tratados (artículo 5.2 TUE). Esta idea, expresada con el nombre de «principio de atribución», se deriva del hecho de que solo los Estados miembros son entes soberanos. Por ello mismo, la Unión solo ostenta las competencias que estos han decidido atribuirle y, en consecuencia, toda competencia no atribuida a la Unión en los Tratados corresponde a los Estados miembros (artículos 4.1 y 5.3 TUE).

Cuando la Unión Europea actúa fuera de las competencias que se le han atribuido, sus actos son nulos (STJUE de 5 de octubre de 2000, *Alemania/Parlamento y Consejo*, C-376/98). Ahora bien, solo el TJUE es competente para declarar que la Unión ha actuado más allá de sus competencias. Los Estados miembros no pueden apreciar por sí mismos la invalidez de los actos de las Instituciones de la Unión (ni por este ni por ningún otro motivo), ni pueden adoptar «medidas correctoras o de defensa para remediar un presunto incumplimiento de las normas del Derecho de la Unión por parte de una Institución» (STJUE de 12 de febrero de 2009, Comisión/Grecia, as. C-45/07, ap. 26). Para lograr una declaración de invalidez deben interponer un recurso de anulación ante el TJUE (artículo 263 TFUE).

El TJUE ha admitido que los Estados miembros podrían ignorar un acto jurídico de las Instituciones de la Unión que adoleciera «de vicios especialmente graves y evidentes hasta el extremo de poder ser calificado de acto inexistente» (STJUE de 27 de marzo de 2019, *Comisión/Alemania*, as. C-620/19, ap. 89). Sin embargo, la interpretación extremadamente restrictiva de esta categoría realizada por el TJUE imposibilita en la práctica que un Estado miembro pueda apreciar la invalidez de un acto jurídico de la Unión por haber sido dictado fuera de sus competencias.

2. El principio de primacía del Derecho de la Unión sobre el Derecho de los Estados miembros

La regla general es que la Unión tenga competencias compartidas con los Estados miembros (artículo 4.1 TFUE). Por ello el principio de competencia será habitualmente insuficiente para resolver los conflictos entre ambos ordenamientos. En efecto, no será infrecuente que se produzcan conflictos entre normas adoptadas por la Unión y por un Estado miembro y que ambos ostenten competencias para dictarlas. ¿Cómo determinar, entonces, qué norma debe prevalecer? A esas preguntas trata de responder el llamado «principio de primacía», de conformidad con el cual el Derecho de la

Unión prevalece, prima sobre el Derecho interno en caso de contradicción entre ambos.

A pesar de tratarse de una característica esencial del ordenamiento jurídico de la Unión, los Tratados no recogen expresamente el principio de primacía. Se trata de una construcción enteramente jurisprudencial, basada, eso sí, en determinados artículos de los Tratados que contienen implícitamente este principio. La primera consagración jurisprudencial del principio de primacía se produjo en la STJUE de 14 de julio de 1964, *Costa c. ENEL*, as. 6/64, relativa a la posible contradicción entre la Ley italiana de nacionalización de la energía eléctrica, de 6 de septiembre de 1962, y algunos preceptos del entonces llamado Tratado de la Comunidad Económica Europea de 1957. Frente a la postura mantenida por el Tribunal Constitucional italiano, que consideró que cualquier ley ordinaria italiana posterior y contraria al Tratado sería válida, en aplicación del principio según el cual la ley posterior deroga a la ley anterior, el TJUE consideró que los Estados miembros habían realizado una transferencia de competencias en favor del ordenamiento europeo, creando un cuerpo normativo cuyas normas eran únicas y homogéneas para todos ellos. En consecuencia, el TJUE afirmó que la fuerza normativa del ordenamiento de la Unión no puede depender de la normativa interna de cada Estado o, en otros términos, que no cabe oponer una norma nacional (y, por tanto, unilateral) a una norma de la Unión (y, por tanto, común). Por tanto, en caso de conflicto, la norma de la Unión primará sobre la norma nacional, de modo que la voluntad común prime sobre la voluntad individual.

El TJUE ha precisado que, en virtud del principio de primacía del Derecho, «la invocación por un Estado miembro de las disposiciones del Derecho nacional, aun si son de rango constitucional, no puede afectar a la eficacia del Derecho de la Unión en el territorio de ese Estado» (STJUE de 26 de febrero de 2013, as. C-399/11, *Melloni*, ap. 59). Es decir, el TJUE plantea el principio de primacía como una regla para resolver conflictos entre ordenamientos, considerados en conjunto, y no entre normas o actos jurídicos concretos. En consecuencia, cualquier acto jurídico del ordenamiento de la Unión prima sobre cualquier acto jurídico del ordenamiento nacional, incluyendo sus normas constitucionales.

Del principio de primacía ha deducido el TJUE estos otros dos: el «principio de interpretación conforme» y el «principio de inaplicación».

En virtud del «principio de interpretación conforme» todos los poderes públicos de los Estados miembros deben adoptar, de entre todas las interpretaciones posibles de sus normas nacionales, aquella que permita dar cumplimiento al Derecho de la Unión (STJUE de 4 de mayo de 2023, *ALD Automotive*, as. C-78/22, ap. 39).

Cuando la interpretación conforme no sea posible, es decir, cuando la contradicción entre la norma nacional y el Derecho de la Unión sea ineludible, debe acudirse al «principio de inaplicación», consagrado por primera vez en la STJUE de 9 de marzo de 1978, *Simmenthal*, as. 106/77. De conformidad con este principio, el órgano nacional «encargado de aplicar, en el marco de su competencia, las disposiciones del Derecho de la Unión, está obligado a garantizar la plena eficacia de estas normas dejando inaplicada de oficio, en caso de necesidad, cualquier disposición contraria de la legislación nacional, incluso posterior, sin solicitar o esperar su previa derogación por el legislador o mediante cualquier otro procedimiento constitucional» (STJUE de 20 de marzo de 2018, *Garlsson Real Estate y otros*, as. C-537/16, ap. 67). Es decir, los órganos nacionales pueden, por sí mismos, inaplicar las normas nacionales contrarias al Derecho de la Unión, sin necesidad de que estas normas nacionales sean expresamente derogadas o anuladas.

El principio de inaplicación, supone, en apariencia, toda una revolución de nuestros esquemas constitucionales. No sólo los jueces, sino la propia Administración pública (STJUE de 22 de junio de 1989, *Costanzo*, as. 103/88, ap. 30), tienen la potestad y la obligación de inaplicar por sí mismos cualquier norma nacional, incluidas las leyes y la propia Constitución, cuando sea necesario para garantizar la plena eficacia de los actos jurídicos de la Unión. Este poder-deber supone, para los jueces españoles, una importante ampliación de la posibilidad de inaplicar normas reglamentarias ilegales que les reconoce el artículo 6 LOPJ, dado que ahora también podrán inaplicar normas con rango de ley e incluso la Constitución. Pero, sobre todo, supone conceder a las Administraciones públicas españolas una facultad radicalmente contraria al principio de vinculación a la Ley, por cuanto les autoriza (más bien, les obliga) a ignorar todas aquellas normas españolas que sean contrarias al Derecho de la Unión (STJUE de 21 de enero de 2020, *Banco de Santander*, as. C-274/14, ap. 78).

3. El principio de efecto directo del Derecho de la Unión en los Estados miembros

El principio de primacía parte del supuesto de hecho de que existen dos normas plenamente válidas y eficaces pero contradictorias, de modo que debe decidirse cuál de ellas resulta de aplicación en el supuesto concreto. Por su parte, el principio de efecto directo intenta resolver una cuestión distinta: si las normas de la Unión crean, por sí mismas, derechos y obligaciones para los ciudadanos de los Estados miembros o si es necesario que estos transpongan o introduzcan expresamente los actos de la Unión para que produzcan tales derechos y obligaciones en sus ciudadanos. Pues bien, la regla general es la del efecto directo del Derecho de la Unión.

Este efecto directo no está consagrado expresamente en los Tratados pero ha sido proclamado por el TJUE. El primer caso en que se planteó la cuestión del efecto directo de las normas comunitarias al TJUE fue en el asunto *Van Gend en Loos*, as. 26/62, resuelto por la STJUE de 5 de febrero de 1963. En este caso se planteó si resultaba posible que los ciudadanos pidieran directamente a los Tribunales nacionales que anulasen las subidas arancelarias acordadas por la Administración nacional en contra del Tratado de la Comunidad Económica Europea. Es decir, se planteaba si el Tratado creaba directamente derechos para los ciudadanos frente a la Administración, a lo que el TJUE respondió afirmando que los Estados miembros habían creado un nuevo ordenamiento jurídico «cuyos sujetos son, no sólo los Estados miembros, sino también sus nacionales». Lo anterior implica que el Derecho de la Unión crea derechos y obligaciones directamente para los ciudadanos, de manera uniforme en todos los Estados miembros, a partir de su entrada en vigor y durante toda la duración de su validez, pudiendo ser invocado ante las autoridades públicas nacionales, que tienen el deber de salvaguardar tales derechos. De este modo, y a diferencia de lo que ocurre en el Derecho Internacional clásico, en el Derecho de la Unión el efecto directo de sus normas no será la excepción, sino la regla.

El TJUE sólo exige dos requisitos para que una norma de Derecho de la Unión despliegue su eficacia directa: que se trate de una norma clara y precisa y que se trate de una norma incondicional. A partir de aquí, la jurisprudencia posterior ha ido extendiendo el principio de efecto directo tanto a las normas de Derecho originario como a las normas de Derecho derivado.

Se aceptó sin dificultades para los reglamentos de la Unión. Fue más dudoso si también las directivas podían tener efectos directos. El TJUE lo ha admitido en ciertos casos y condiciones (STJUE de 4 de diciembre de 1974, *Van Duyn*, as. 41/74). Así, sumando el principio de primacía y el de efecto directo, puede resultar que la Administración española deba inaplicar una norma nacional contraria a una directiva (STJUE de 22 de diciembre de 2010, *Gaviero Gaviero*, as. C-456, ap. 73).

IV. PRINCIPIOS QUE ARTICULAN LAS RELACIONES ENTRE EL ORDENAMIENTO ESTATAL Y LOS AUTONÓMICOS

El ordenamiento estatal en sentido estricto y cada uno de los autonómicos (como el andaluz) son, ya lo sabemos, ordenamientos distintos. Ambos encuentran su fundamento en la Constitución. Y es la misma Constitución la que articula las relaciones entre ellos que son muy intensas. Los ordenamientos autonómicos, incluido desde luego el andaluz, son incompletos y permanentemente permeables al estatal. Si se tiene en cuenta la competencia del Estado sobre Derecho Civil, Penal, Procesal, Mercantil, Laboral, derechos fundamentales…, más muchas importantes sobre Derecho Administrativo, se comprende que es casi inimaginable una cuestión jurídica que se pueda abordar sólo con un ordenamiento autonómico.

Las relaciones entre el ordenamiento estatal en sentido estricto y cada uno de los autonómicos (p. ej., el andaluz) están presididas por dos principios: el de competencia, primero, y el de primacía del estatal, después. Son de aplicación sucesiva: primero hay que intentar resolver las cuestiones con el de competencia; y, si el anterior no es suficiente, acudir al de primacía.

1. Principio de competencia. Matizaciones derivadas de la posible supletoriedad del Derecho estatal

El principio de competencia supone que sólo será aplicable la norma, estatal o autonómica, aprobada por quien tenga la competencia para ello, sea el Estado o sea una Comunidad Autónoma. La otra norma será en unos casos nula y en otros, aunque no nula, tendrá valor sólo supletorio de la dictada por quien tiene la competencia. Veamos cuándo habrá nulidad y cuándo supletoriedad.

En el caso de norma autonómica que supere las competencias de la respectiva Comunidad Autónoma y que entre en las competencias del Estado la consecuencia será la nulidad.

Esa norma autonómica será nula aunque no contradiga ninguna norma estatal ya sea porque el Estado no ha regulado esa materia o porque la norma autonómica concuerda con la norma estatal. Lo importante para afirmar esa nulidad no es que contradiga o vulnere una norma estatal sino que ha entrado en la competencia estatal. Aun así, a veces se admiten normas autonómicas que entran en el ámbito de las competencia del Estado si se limitan a la mera repetición de las estatales a condición de que lo hagan por razones sistemáticas (o sea, para que se entienda el conjunto de la regulación de una materia formada por normas estatales y autonómicas) y de que se aclare que son mera repetición de una estatal. Y huelga decir que, con más razón, la norma autonómica que invada competencia estatal será nula si contradice una norma estatal, y que, desde este punto de vista, será indiferente el respectivo rango de las normas: será nula aunque se trate de una ley autonómica que entre a regular lo que el Estado sólo ha abordado por reglamento.

En el caso de normas estatales que regulen aspectos que corresponden a la competencia de una Comunidad Autónoma, la consecuencia será en unos casos su nulidad y, en otros, su validez pero como norma sólo supletoria de la regulación de esa Comunidad. En concreto, la norma estatal será nula si el Estado, al aprobarla, no tiene ninguna competencia para regular lo que en ella haya abordado. En otro caso, esto es, si tiene o tenía alguna competencia para aprobarla, la norma estatal será válida pero sólo será supletoria de la regulación que establezca la Comunidad Autónoma con competencia para ello.

A esta supletoriedad se refiere el artículo 149.3, *in fine*, CE: «El derecho estatal será, en todo caso, supletorio del derecho de las Comunidades Autónomas».

La refleja el artículo 42.2.1.º EAA: «En el ámbito de sus competencias exclusivas, el derecho andaluz es de aplicación preferente..., teniendo en estos casos el derecho estatal carácter supletorio».

Hay que completar lo anterior con la jurisprudencia del TC según la cual que ese artículo 149.3, *in fine*, CE prevea la supletoriedad del Derecho estatal no significa que el Estado tenga una competencia para aprobar normas sobre toda materia; o sea, no es una regla que atribuya al Estado competencia para en cualquier caso aprobar derecho supletorio.

Esta jurisprudencia se plasmó sobre todo en las SSTC 118/1996 y 61/1997 que declararon la inconstitucionalidad y nulidad de determinadas normas estatales que expresamente proclamaban su carácter supletorio respecto a las autonómicas. Así, la norma estatal que regule materias de competencia autonómica será generalmente nula, pero no será así y podrá admitirse su validez con carácter meramente supletorio en algunos casos. Sobre todo en los siguientes casos:

— Cuando se trate de normas preconstitucionales o aprobadas por el Estado antes de que la respectiva competencia fuese asumida por las Comunidades Autónomas; es decir, cuando aún tenía competencia para aprobarla. Así ocurre, por ejemplo, con las normas estatales sobre turismo o sobre urbanismo anteriores a 1978: ahora todas las Comunidades Autónomas tienen competencia exclusiva en esas materias y el Estado no puede aprobar normas sobre ellas ni siquiera con carácter supletorio; pero las que aprobó antes de la Constitución conservan ese valor supletorio.

— Cuando versen sobre una materia sobre la que una o varias Comunidades no han asumido una competencia, aunque sí lo hayan hecho otras. Así, imagínese, no la asumió Baleares, pero sí otras Comunidades, incluida Andalucía: entonces el Estado puede dictar esa norma que será de aplicación directa en Baleares y sólo supletoria en las demás Comunidades, incluida Andalucía. Así las cosas, como Ceuta y Melilla no tienen ninguna competencia legislativa, cabría sostener que el Estado puede dictar para esas Ciudades Autónomas leyes sobre cualquier materia, leyes que tendrían valor supletorio para los diecisiete Derechos autonómicos.

— Cuando sean de aplicación directa para una materia de competencia estatal y jueguen supletoriamente para una materia paralela de competencia autonómica. Por ejemplo, el Estado puede regular por completo todo lo relativo a aguas que discurran por más de una Comunidad Autónoma (art. 149.1.22.ª CE) mientras que las Comunidades Autónomas pueden hacerlo respecto de las que no salgan de su territorio; pero la legislación estatal sobre aguas supracomunitarias se aplicará supletoriamente a las aguas intracomunitarias en tanto no haya legislación autonómica. Igualmente el Estado puede regular por completo el régimen de los bienes o de los contratos de su Administración, pero esa regulación será supletoria de la que las Comunidades Autónomas pueden aprobar respecto a los bienes o contratos de su propia Administración.

— Además, parece que se permite al Estado dictar normas supletorias de las autonómicas cuando es necesario para cumplir el Derecho de la Unión Europea. Dijo la STC 79/1992: «a falta de la consiguiente actividad legislativa o reglamentaria de las Comunidades Autónomas, esa normativa estatal supletoria puede ser necesaria para garantizar el cumplimiento del Derecho derivado europeo, función que corresponde a las Cortes Generales o al Gobierno, según los casos (art. 93 CE, conforme al que ha de interpretarse también el alcance de la cláusula de supletoriedad del art. 149.3 CE)». En la misma dirección SSTC 130 y 135/2013. Sin embargo, el TJUE no ha considerado que esas normas estatales supletorias españolas sean suficientes para dar por cumplido el Derecho de la Unión Europea. En concreto en su sentencia de 24 de octubre de 2013, C-151/12, condenó a España por incumplimiento de una Directiva sobre aguas porque las Comunidades Autónomas no la habían transpuesto aunque el Estado sí había aprobado normas supletorias. En síntesis sostiene que, dada la incertidumbre reinante en España respecto al alcance de la supletoriedad, no se cumplen los requisitos de claridad y precisión exigidos para la trasposición de Directivas.

Aclaremos que esta supletoriedad del Derecho estatal y la correlativa aplicación preferente del Derecho autonómico se despliega con independencia del rango de las respectivas normas: así, una ley estatal sólo supletoria en Andalucía quedará desplazada por la regulación andaluza aprobada por reglamento.

2. Primacía del Derecho estatal sobre los autonómicos

Aunque no existe jerarquía entre ordenamientos, de ninguna forma el del Estado en sentido estricto y los autonómicos están en plano de igualdad. Por la superioridad del interés de la Nación sobre el de sus partes y por la soberanía del pueblo español en su conjunto hay una supremacía del ordenamiento estatal sobre todos los autonómicos. En su virtud, cuando el principio de competencia no sea suficiente porque tanto el Estado como la Comunidad Autónoma actúen dentro de su competencia, la regulación estatal se impone a la autonómica. O, lo que es lo mismo: la legislación que apruebe el Estado en virtud de cualquiera de sus competencias sobre cualquier materia es un límite sustantivo al ejercicio de las competencias normativas autonómicas sobre cualquier materia.

Este principio de primacía del Derecho estatal está reflejado en parte en el artículo 149.3 CE cuando afirma que las normas del Estado «prevalecerán, en caso de conflicto, sobre las de las Comunidades Autónomas en todo lo que no esté atribuido a la exclusiva competencia de éstas», esto es, salvo que la norma estatal sea meramente supletoria. En realidad, esta «prevalencia» solo refleja parcialmente la «primacía» de la que hablamos que tiene más alcance y justificación más profunda en la Constitución.

De nuevo, no importa el rango de las respectivas normas y, en esta situación, la ley autonómica deberá respetar lo dispuesto en un reglamento del Estado aprobado dentro de la competencia de éste.

La situación a la que aludimos, esto es, que tanto el Estado como la Comunidad Autónoma actúen dentro de su competencia y pese a todo puedan concurrir o colisionar en algún aspecto o en algún caso, aunque pueda parecer extraña al lego, es usual. Se da porque en muchas materias la competencia está compartida (p. ej., en medio ambiente tienen competencias normativas el Estado y las Comunidades Autónomas). Y también porque las materias se entrecruzan y se interfieren entre sí (la materia turismo, que es de exclusiva competencia autonómica, puede verse afectada por la legislación mercantil, que es del Estado). Siguiendo con esos ejemplos, afirmamos que las normas estatales sobre medio ambiente o sobre sociedades mercantiles se imponen a todas las autonómicas, sea cual sea la materia sobre la que versen éstas y aunque se dicten en materias de su exclusiva competencia, como las de turismo.

Las consecuencias del principio de primacía se pueden esquematizar así:

Primero. Toda norma autonómica contraria a una norma estatal anterior es nula.

Hay que insistir en que esto sólo se predica si la cuestión no se resuelve con el principio de competencia y, por tanto, sólo para el supuesto de que ambas normas hayan sido aprobadas dentro de la competencia respectiva del Estado y de la Comunidad Autónoma. Y no es que la norma estatal reduzca la competencia autonómica. La Comunidad Autónoma conserva íntegra su competencia pero ha de ejercerla con respeto a la norma estatal. Por ejemplo, sigue conservando su competencia exclusiva sobre turismo pero al ejercerla debe respetar la legislación estatal sobre sociedades mercantiles o sobre expropiación. Si no lo hace, esa norma autonómica sobre turismo no será inconstitucional por incompetencia, puesto que se ha dictado en materia de su exclusiva competencia, sino por su contenido. Aunque no vulnera una regulación material de la Constitución, vulnera una regulación estatal a la que debe respetar por imperativo constitucional.

Naturalmente, quedan excluidas de esta primacía las normas estatales meramente supletorias. Pero excluido esto, la primacía de la norma estatal y la nulidad de la autonómica se da tanto cuando las dos normas versen sobre la misma materia (p. ej., las dos son de medio ambiente) como cuando versen sobre materias diferentes (turismo la autonómica y legislación mercantil la estatal).

Segundo. Toda norma autonómica contraria a una norma estatal posterior deviene inaplicable desde que entra en vigor ésta.

En la hipótesis a que nos referimos, la norma autonómica se aprobó en su momento con plena validez y pudo haber estado vigente mucho tiempo. Pero su eficacia cesa con la entrada en vigor de la nueva norma estatal contradictoria, siempre, claro está, insistamos una vez más, que esa norma la haya aprobado el Estado dentro de su competencia. Se suele decir que no se trata propiamente de una derogación porque se considera que no cabe la derogación entre normas de distintos ordenamientos. Se prefiere decir que se produce un «desplazamiento» de la norma autonómica por la estatal. Pero su similitud con la derogación es notable.

Tercero. Si en un caso, aunque no en general, entran en concurso conflictivo una norma del Estado y una norma de una Comunidad Autónoma, ambas dictadas válidamente dentro de sus respectivas competencias, prevalece en ese concreto caso la norma estatal que será la aplicable en detrimento de la autonómica que, no obstante, permanecerá vigente y será aplicable en otros supuestos.

Hay algunas dudas sobre quién puede aplicar éste principio de primacía cuando afecta a normas autonómicas con rango de ley. Es seguro que la primera de las consecuencias enunciadas sólo la puede aplicar el TC. Y es seguro que la tercera la puede aplicar cualquier operador jurídico, incluido cualquier juez al que se le plantee tal concurso de normas al dictar sentencia en un asunto concreto. Las dudas están en la segunda regla. Según creo, debería aceptarse que cualquier operador jurídico y cualquier tribunal puede dar por desplazada e inaplicable en el caso la norma autonómica contraria a una norma estatal posterior, como si se tratara de un caso de derogación. Así lo entendió el TS. Por el contrario, el TC (con especial rotundidad en la STC 66/2011) entendió que sólo él mismo puede declarar esa contradicción y sus consecuencias. Tal doctrina del TC no tiene justificación y es perturbadora para todo el sistema. La STC 102/2016 inició una saludable rectificación en la que ha profundizado con acierto la STC 204/2016.

V. LA DISTRIBUCIÓN DE COMPETENCIAS ENTRE EL ESTADO Y LAS COMUNIDADES AUTÓNOMAS. PARTICULAR REFERENCIA A LAS COMPETENCIAS SOBRE DERECHO ADMINISTRATIVO

Tras haber afirmado que las relaciones entre el ordenamiento estatal en sentido estricto y los autonómicos se rigen primeramente por el principio de competencia, se comprende que es capital conocer la distribución de competencias entre el Estado y las Comunidades Autónomas. Se trata de un tema que desborda el Derecho Administrativo. No obstante, presenta especial interés para el Derecho Administrativo.

1. Regulación de la distribución de competencias: el bloque de la constitucionalidad

Hay que partir del artículo 149.1 CE que establece las competencias del Estado que los Estatutos de Autonomía deben respetar al fijar las que asume su respectiva Comunidad Autónoma.

En la Constitución hay dos listas, las de los artículos 148.1 y 149.1. La del artículo 148.1 comienza así: «Las Comunidades Autónomas podrán asumir competencias en las siguientes materias: [...]», y las enumera en veintidós apartados. La del artículo 149.1 tiene treinta y dos apartados bajo este encabezamiento: «El Estado tiene competencias exclusivas sobre las siguientes materias: [...]». Pero, además de que esos cincuenta y cuatro apartados no lo abarcan todo, la única lista verdaderamente importante es la del artículo 149.1. Pese a la literalidad del artículo 148.1, no enumera las competencias de las Comunidades Autónomas ni las que, como máximo, puedan tener en virtud de sus Estatutos: sólo expresa las que como máximo pudieron tener algunas Comunidades Autónomas (las que siguieron la vía más lenta) durante los cinco primeros años. Como esos cinco años pasaron hace tiempo para todas las Comunidades Autónomas, el artículo 148.1 no supone ahora un límite a ninguna de ellas ni expresa para ninguna ni su ámbito de competencias ni su máximo. De hecho, todas las Comunidades Autónomas han asumido ya más competencias de las que permitía este artículo 148.1.

Aunque el artículo 149.1 CE dice enumerar las «materias» sobre las que el Estado tiene «competencia exclusiva», esto no es exacto porque en la mayoría de sus apartados no atribuye al Estado una materia completa sino sólo alguna competencia sobre esa materia (p. ej., sólo la legislación o sólo la legislación básica o sólo la coordinación...).

Precisamente uno de los contenidos obligatorios de cada Estatuto es la determinación de las competencias de la Comunidad Autónoma.

Lo impone el artículo 147.2.*d*) CE. Y lo cumplen todos los Estatutos. El EAA lo hace prolija y detalladamente en su Título II (arts. 42 a 88).

Los Estatutos pueden atribuir a su Comunidad cualquier competencia salvo las del artículo 149.1 CE. Lo dice el artículo 149.3 CE: «Las materias (debería decir, las competencias) no atribuidas expresamente al Estado por esta Constitución podrán corresponder a las Comunidades Autónomas, en virtud de sus respectivos Estatutos».

Por tanto, los Estatutos pueden atribuir a su respectiva Comunidad todas las competencias sobre una materia no aludida en el artículo 149.1 CE, ya esté citada en el artículo 148.1 CE (p. ej., urbanismo) o no (p. ej., defensa del consumidor, que no está ni en el art. 148.1 ni en el 149.1). Y pueden también atribuir a su Comunidad alguna competencia sobre una materia sí citada en el artículo 149.1 pero para la que sólo reserve al Estado alguna competencia; por ejemplo, el artículo 149.1.31.ª CE reserva al Estado la competencia de «estadística para fines estatales», luego el Estatuto puede atribuir a la Comunidad el resto de competencias sobre la materia estadística. Siguiendo con los ejemplos citados, véanse los artículos 56, 58.2.4.º y 76.3 EAA.

Si un Estatuto atribuye a la Comunidad alguna competencia de las que el artículo 149.1 CE reserva al Estado, será en esa parte nulo, igual que, según ya explicamos, sucede con cualquier otra determinación estatutaria inconstitucional. Por ejemplo, así ha ocurrido con el artículo 51 EAA.

Pero puede no atribuir a la Comunidad alguna competencia pese a que no esté reservada al Estado por el artículo 149.1 CE, es decir, pese a que podría habérsela atribuido. En ese caso, la competencia será estatal como también dice el artículo 149.3 CE: «La competencia sobre las materias que no se hayan asumido por los Estatutos de Autonomía corresponderá al Estado».

Conforme a lo expuesto, se comprende que para conocer la distribución de competencias entre el Estado y una concreta Comunidad Autónoma hay que estar al respectivo Estatuto de Autonomía. Así, suponiendo que respete la Constitución, para saber qué competencias tiene la Comunidad andaluza y cuáles conserva aquí el Estado hay que atender a lo dispuesto en el EAA. Y lo mismo puede decirse de cualquier Comunidad Autónoma.

Pero la Constitución no remite sólo a los Estatutos de Autonomía la determinación de la distribución de competencias. Otras Leyes del Estado, previstas en la misma Constitución pueden eventualmente afectar a la delimitación de las competencias del Estado y de las Comunidades Autónomas. A veces, esas otras Leyes, por expresa previsión constitucional (art. 150), pueden *alterar* parcialmente la distribución de competencias consagrada en la Constitución y en los Estatutos, ya sea para aumentar las competencias de las Comunidades Autónomas (leyes marco y leyes de transferencia o delegación), ya sea para aumentar las del Estado (leyes de armonización). Otras veces, esas otras Leyes estatales están previstas en la Constitución simplemente para *concretar* o perfilar con más precisión la distribución de competencias que ya consagran la Constitución y los Estatutos de Autonomía.

En el artículo 150 CE se prevén tres tipos de leyes que *alteran* la distribución de competencias normal: las leyes marco (ap. 1), las leyes de transferencia o delegación (ap. 2) y las leyes de armonización (ap. 3). Me limitaré a hacer alguna referencia al segundo tipo que es del que se ha hecho y se está haciendo uso.

Las leyes de transferencia o delegación (que se han de aprobar como orgánicas) permiten transferir o delegar a las Comunidades competencias legislativas, ejecutivas o ambas que, en principio, corresponden al Estado. No toda competencia estatal es transferible o delegable, pero la Constitución sólo se refiere a ello de forma muy imprecisa: «facultades correspondientes a materias de titularidad estatal que por su propia naturaleza sean susceptibles de transferencia o delegación». No lo son, por ejemplo, las más inherentes a la soberanía nacional, como son buena parte de las competencias en materia de defensa o de relaciones internacionales... Se interpretó inicialmente que eran indelegables todas las competencias reservadas al Estado por el artículo 149.1 de la Constitución; pero esta interpretación, bastante razonable, no ha sido la que se ha impuesto y ahora es difícil precisar *a priori* todo lo que puede ser confiado a las Comunidades por esta vía. Estas Leyes deben prever las «formas de control que se reserve el Estado» que pueden ser mayores que las ordinarias. Por eso, como en el caso de las leyes marco, las competencias que asuman por esta vía las Comunidades se ejercerán con menor autonomía que las asumidas en virtud de los Estatutos. Además, el Estado, puede derogar estas leyes y recuperar el ejercicio de su competencia. Se han dictado en varias ocasiones leyes de este tipo, muy distintas entre sí por su contenido y función: unas han beneficiado a una concreta Comunidad, otras a muchas o incluso a todas; unas han pretendido equiparar las Comunidades con menos competencias a aquellas que tenían más y otras se han dictado precisamente en favor de las que ya tenían más para aumentar todavía su diferenciación; unas veces se han referido a competencias que podrían haber sido asumidas en virtud de los Estatutos, pero que no lo fueron, y en otras ocasiones se han dictado para transferir competencias que no podrían haberse atribuido en los Estatutos por estar incluidas en el artículo 149.1 CE.

Ejemplo de leyes que *concretan* la distribución de competencias puede verse en el artículo 148.1.22.ª CE: las Comunidades Autónomas pueden tener competencias sobre policías locales «en los términos que establezca una Ley orgánica», es decir, una ley del Estado. Igualmente, pese a la competencia del Estado en relación con el Poder Judicial o Administración de Justicia, la Constitución remite a una Ley orgánica —Ley, por tanto, estatal— la posible participación en el establecimiento de las demarcaciones judiciales que podrán establecer los Estatutos de Autonomía en favor de las Comunidades Autónomas (art. 152.1.2.ª CE).

Constitución, Estatutos y esas otras Leyes estatales a las que se ha confiado la determinación de las competencias forman lo que se ha dado en llamar el «bloque de la constitucionalidad»: todo ese bloque, y no sólo la Constitución misma, es lo que ha de tener en cuenta el TC para enjuiciar los litigios sobre competencias. Se refleja así en el artículo 28.1 LOTC:

> Para apreciar la conformidad o disconformidad con la Constitución de una ley, disposición o acto con fuerza de Ley del Estado o de las Comunidades Autónomas, el Tribunal considerará además de los preceptos constitucionales, las Leyes que, dentro del marco constitucional, se hubieran dictado para delimitar las competencias del Estado y

las diferentes Comunidades Autónomas o para regular o armonizar el ejercicio de las competencias de éstas.

Por el contrario, el Derecho de la Unión Europea no influye en la distribución de competencias entre el Estado y las Comunidades Autónomas. No influye para resolver quién ha de transponer o de dar cumplimiento a normas de la Unión y ni siquiera para decidir cuál de las Administraciones españolas ha de actuar como Administración indirecta de la Unión.

Así se desprende tanto del Derecho de la Unión como del propio Derecho español. El Derecho de la Unión impone obligaciones a los Estados miembros que han de cumplir los poderes públicos nacionales. Hasta impone que sean las Administraciones nacionales las que actúen como Administración indirecta de la Unión. Pero no prejuzga qué poderes nacionales han de ser aquellos ni qué Administraciones nacionales han de ser las que actúen como Administración indirecta de la Unión. Desde sus respectivas perspectivas lo han afirmado el TJUE y el TC. El primero dice que, «la forma en que los Estados pueden atribuir el ejercicio de tales facultades (las reconocidas por el Derecho de la Unión) y el cumplimiento de dichas obligaciones (las que impone el Derecho de la Unión) a determinados órganos internos depende únicamente del sistema constitucional de cada Estado» (STJUE de 15 de diciembre de 1971, as. ac. 51 al 54/71, *International Fruit Company*, apdo. 4). Y por su parte el TC ha declarado que el ingreso de España en la Unión no ha alterado el reparto de competencias establecido en el bloque de la constitucionalidad (así, Sentencias 236/1991 y 215/2014).

Esto es consecuencia del llamado principio de autonomía institucional y procedimental de los Estados miembros de la Unión Europea. Según este principio, cuando el Derecho de la Unión obliga a los Estados miembros a realizar cualquier tipo de actuación (sea normativa o ejecutiva), la medida correspondiente debe tomarse por la autoridad nacional (legislativa, administrativa o judicial; estatal o infraestatal) que corresponda conforme al Derecho interno. El Derecho de la Unión no interfiere en ello.

No obstante, puede haber algunas excepciones en las que el Derecho de la Unión sí contenga reglas que afecten a la distribución de competencias. Por ejemplo, el Derecho de la Unión exige que haya un único órgano nacional encargado de coordinar a todos los órganos que realicen pagos con cargo a la Política Agraria Común y que entregue a la Comisión la información necesaria. Así, aunque la agricultura es competencia autonómica conforme al bloque de la constitucionalidad, existe un organismo estatal (el Fondo Español de Garantía Agraria) al que corresponde esa misión.

2. Distribución de competencias por materias, funciones y territorio

La distribución de competencias en el bloque de la constitucionalidad se asienta sobre la división de todas las posibles actuaciones públicas en diversas «materias». Lo que ante todo dice enumerar el artículo 149.1 CE son «materias»; lo mismo puede decirse del resto del bloque de la constitucionalidad: civil, mercantil, penal, laboral, sanidad, expropiación forzosa, medio ambiente, urbanismo, energía, estadística, turismo, agricultura, ganadería, etc. Por ello, la primera operación para saber si una actuación o regulación es competencia del Estado o de una Comunidad Autónoma consiste en determinar en qué materia de las manejadas por el bloque de la constitucionalidad debe incluirse. La tarea de delimitar cada materia no es simple porque muchas de ellas son muy amplias, tienen contornos imprecisos, se solapan...

Por ejemplo, la expropiación por razones urbanísticas ¿será de la materia expropiación o de la materia urbanística?; la lucha contra la peste porcina ¿será de la materia sanidad o de la materia ganadería?; la regulación de las condiciones de los autobuses públicos para garantizar su seguridad ¿será materia de transportes, de industria, de tráfico? La respuesta es importante porque la distribución de competencias no es igual en la materia expropiación y en la materia urbanística; ni en la de sanidad y ganadería; ni en transportes, industria y tráfico.

Sobre cada materia, el bloque de la constitucionalidad hace una distribución de competencias por funciones. Y a tal respecto el bloque de la constitucionalidad ha seguido muy distintos sistemas: en unas materias atribuye todas las funciones a la competencia al Estado (así, nacionalidad, defensa, relaciones internacionales, etc.); en otras materias permite darlas todas a las Comunidades (urbanismo, turismo, vivienda, comercio interior...). Y en otras muchas le da algunas funciones al Estado y otras a las Comunidades Autónomas; o sea, que la materia es compartida. A su vez, hay muchas formas de compartir la materia: se reserva al Estado toda la legislación y las Comunidades pueden asumir toda la ejecución (v. gr., art. 149.1.7.ª y 12.ª CE); o se reserva al Estado sólo la «legislación básica» y las Comunidades pueden asumir todo lo demás (v. gr., art. 149.1.23.ª y 25.ª CE); o se reserva al Estado el fomento y la coordinación general, pudiendo asumir todo lo demás las Comunidades (art. 149.1.15.ª CE); o se atribuye al Estado lo que discurre por más de una Comunidad pudiendo asumir éstas lo que sólo discurre por su territorio (art. 149.1.21.ª y 22.ª); o se opta por otros sistemas diversos como el singular establecido para la legislación civil en el artículo 149.1.8.ª CE.

Por otra parte, además de por la materia y por la función, las competencias de las Comunidades Autónomas están acotadas por el territorio. Esto sirve, no ya (salvo excepciones) para distribuir las competencias entre el Estado y las Comunidades Autónomas, sino para delimitar las competencias de cada Comunidad respecto a las demás. Este límite territorial de las competencias autonómicas (del que sólo hay un reflejo concreto en el art. 157.2 CE) está reconocido por el TC y recogido en los diversos Estatutos.

Para el TC este límite, «viene impuesto por la organización territorial del Estado en Comunidades Autónomas» y surge de la «necesidad de hacer compatible el ejercicio simultáneo de las competencias asumidas por las distintas Comunidades Autónomas» (STC 44/1984). Asimismo, dice la STC 38/2002, justamente en referencia a Andalucía, que el territorio «se configura como elemento definidor de las competencias de los poderes públicos territoriales [...] y, en concreto, como definidor de las de cada Comunidad Autónoma en relación con las demás Comunidades...». En consecuencia, sus ordenamientos están «vigentes tan sólo en una parte del territorio» y la legislación autonómica tiene el «carácter de normación limitada *rationi loci*» (STC 87/1985).

El EAA, de una parte, define su territorio (art. 2) y, de otra, establece esa limitación territorial de sus competencias: «El ejercicio de las competencias autonómicas desplegará su eficacia en el territorio de Andalucía...» (art. 43.1). Correlativamente dispone que, «las leyes y normas emanadas de las instituciones de autogobierno de Andalucía tendrán eficacia en su territorio...» (art. 7).

No obstante, como ya advertimos en la lección anterior, se admiten ciertos supuestos de extraterritorialidad de las competencias autonómicas.

3. Referencia a las más relevantes para el Derecho Administrativo

Para conocer la distribución de competencias legislativas entre el Estado y las Comunidades Autónomas respecto al Derecho Administrativo es fundamental el artículo 149.1.18.ª CE, que reserva al Estado lo siguiente:

> Las bases del régimen jurídico de las Administraciones públicas y del régimen estatutario de sus funcionarios que, en todo caso, garantizarán a los administrados un tratamiento común ante ellas; el procedimiento administrativo común, sin perjuicio de las especialidades derivadas de la organización propia de las Comunidades Autónomas; legislación sobre expropiación forzosa; legislación básica sobre contratos y concesiones administrativas y el sistema de responsabilidad de todas las Administraciones públicas.

Están ahí aludidas las más importantes regulaciones del Derecho Administrativo, de su parte general. Gracias a este artículo 149.1.18.ª el Derecho Administrativo conserva en España una cierta unidad, aunque menos que el Penal, el Mercantil, el Laboral... En su virtud, el Estado ha aprobado gran parte de las leyes que aquí serán estudiadas y que ya han sido aludidas (LPAC, LRJSP, LCSP, EBEP, etc.). Pese a ello, obsérvese que incluso respecto de las materias ahí referidas, ese artículo 149.1.18.ª no da todas las funciones a la competencia del Estado sino parte (sólo «las bases», sólo la «legislación básica», etc.). Por eso, también las Comunidades pueden asumir en sus Estatutos como competencia propia algunas funciones sobre esas mismas materias, como hace el artículo 47 EAA.

Además, para los distintos sectores de la parte especial del Derecho Administrativo hay que partir de otros apartados del artículo 149.1 CE y de lo que sobre ellos dispongan los Estatutos.

Así, el artículo 149.1.23.ª CE reserva al Estado: «La legislación básica sobre protección del medio ambiente, sin perjuicio de las facultades de las Comunidades Autónomas de establecer normas adicionales de protección. La legislación básica sobre montes, aprovechamientos forestales y vías pecuarias»; y correlativamente véase el artículo 57 EAA. Sobre seguridad pública véanse los artículos 149.1.29.ª CE y 65 EAA. Sobre aguas, los artículos 149.1.22.ª CE y 50 EAA. Sobre sanidad, artículos 149.1.16.ª CE y 55 EAA. Sobre energía y minas, artículos 149.1.25.ª CE y 49 EAA...

En esta visión general, merecen especial mención las reglas 1.ª y 13.ª del artículo 149.1 CE porque confieren al Estado competencias capaces de afectar a muchas materias propias del Derecho Administrativo, incluso a las que en principio son de exclusiva competencia autonómica.

El artículo 149.1.1.ª reserva al Estado «la regulación de las condiciones básicas que garanticen la igualdad de todos los españoles en el ejercicio de los derechos y en el cumplimiento de los deberes constitucionales». Y el artículo 149.1.13.ª le reserva las «bases y coordinación de la planificación general de la actividad económica». Ante estos dos preceptos se habla de competencias horizontales o transversales del Estado. Lo cierto es que permiten que el Estado dicte normas que condicionan incluso las competencias autonómicas sobre materias que parecen corresponderles en exclusiva. Por ejemplo, vivienda es una materia atribuida en su totalidad y desde el principio a todas las Comunidades porque lo permite el artículo 148.1.3.ª CE y porque efectivamente la asumieron en sus Estatutos. Pero el Estado puede dictar normas que condicionen la actuación autonómica en esa materia para garantizar la igualdad básica de los españoles al respecto y para, dada la importancia económica de la construcción, establecer unas bases comunes que le permitan la orientación general de la actividad económica.

A la postre, por el juego de las reglas 1.ª, 13.ª y 18.ª del artículo 149.1 CE, raro es el aspecto del Derecho Administrativo en el que no influya o pueda influir en alguna medida la legislación del Estado, incluso respecto a materias que son de la exclusiva competencia de todas las Comunidades Autónomas. Y gracias a ello el Derecho Administrativo español conserva cierta unidad pese a la diversidad a la que inevitablemente conduce el Estado autonómico.

Se tendrá oportunidad de comprobarlo al estudiar Derecho urbanístico: es materia de la exclusiva competencia de todas las Comunidades pero el Estado, ejerciendo sus competencias en otras materias (las del art. 149.1.1.ª, 8.ª, 13.ª, 14.ª, 23.ª) interfiere hasta el punto de haber aprobado una Ley de Suelo que ofrece el marco en el que las Comunidades pueden ejercer válidamente su competencia exclusiva sobre urbanismo.

En este contexto se comprende que la expresión «competencia exclusiva de la Comunidad», que profusamente utilizan los Estatutos y en particular el andaluz, hay que relativizarla.

Unas veces hay que entender esa exclusividad autonómica sin perjuicio de alguna otra competencia estatal sobre la misma materia; y en todos los casos sin perjuicio de las competencias estatales sobre otras materias pero que influyen mucho en la materia supuestamente exclusiva de la Comunidad. Ello se refleja en el artículo 42.2.1.º EAA al decir que las competencias exclusivas de Andalucía «comprenden la potestad legislativa, la potestad reglamentaria, la función ejecutiva, íntegramente y *sin perjuicio de las competencias atribuidas al Estado en la Constitución*».

4. Análisis de los sistemas de distribución de competencias más utilizados

Ya hemos advertido que en cada materia el bloque de la constitucionalidad distribuye las competencias con formas variadas. Pero hay dos formas de distribución de competencias que se repiten para diversas materias. Su análisis debe hacerse aquí por esa reiteración y porque es especialmente importante para comprender las relaciones entre el ordenamiento estatal y los autonómicos, máxime en cuanto al Derecho Administrativo.

A) *Competencia estatal de legislación y autonómica de ejecución sobre una materia*

En varias materias se atribuye al Estado toda la «legislación» y a las Comunidades la «ejecución» (así en materia laboral; pesas y medidas; productos farmacéuticos). Eso significa que es competencia estatal aprobar normas sobre esas materias y que es competencia autonómica la actuación administrativa: gestión de servicios públicos, otorgar autorizaciones o ayudas públicas, realizar inspecciones, imponer sanciones... para ejecutar la regulación estatal.

El problema es determinar si aprobar reglamentos es, desde este punto de vista, legislar o ejecutar. En general, se considera que es legislar y que, por tanto, compete al Estado aprobar los reglamentos en estas materias.

O sea, que la competencia estatal sobre legislación se ha interpretado en un sentido material y no formal. Así, lo ha declarado siempre el TC. El EA de Cataluña estableció otra cosa en su artículo 112: «Corresponde a la Generalidad en el ámbito de sus competencias ejecutivas la potestad reglamentaria...». Pero, confirmando la jurisprudencia anterior, fue declarado inconstitucional por STC 31/2010. Esa competencia estatal para aprobar reglamentos en tales materias la puede ejercer el Consejo de Ministros, los Ministros u otros órganos estatales como el Banco de España o la Comisión Nacional del Mercado de Valores (STC 133/1997).

No obstante, el TC admite algunos matices. Sobre todo acepta que las Comunidades Autónomas aprueben normas meramente organizativas.

Como son las Comunidades Autónomas las que han de tener una organización administrativa para la ejecución de la legislación estatal en tales materias, sí pueden aprobar normas que regulen esa organización propia para la ejecución de la legislación estatal; y esas normas pueden tener incluso rango de ley (SSTC 18/1982 y 51/2006). Así, podemos encontrar no ya un reglamento sino incluso una ley andaluza sobre aspectos laborales: será constitucional si se limita a regular la organización andaluza para ejecutar la legislación laboral estatal. Por otro lado, pudiera suceder —y parece que es admisible— que la legislación estatal permita a las Comunidades dictar alguna norma de desarrollo. Por ejemplo, la LOSU permite a las Comunidades aprobar algunas normas sobre los contratos laborales del personal docente e investigador (art. 77.3), aunque la legislación laboral es íntegramente estatal. A todo esto es a lo que hay que entender que alude, aunque lo haga confusamente, el artículo 42.2.3.º EAA. Por otra parte, las autoridades administrativas autonómicas podrán aprobar instrucciones de servicio sobre la materia, incluso sobre cómo deben interpretar sus inferiores la legislación estatal (STC 27/1983); pero ello no supone propiamente una competencia normativa, como se verá en la lección 8.

En sentido contrario, en algún caso excepcional se ha admitido que el Estado conserve la competencia para algunos actos administrativos en materias en las que sólo le corresponde la legislación (así, las autorizaciones de medicamentos).

B) *Competencia estatal sobre las bases y autonómica sobre el resto de una materia*

En numerosas materias, se reserva al Estado, no ya toda la legislación, sino sólo la «legislación básica» (o «normas básicas» o «bases», expresiones que pueden considerarse sinónimas).

Ejemplos de ello lo ofrecen materias tales como la ordenación del crédito, la banca y los seguros (art. 149.1.11.ª), la sanidad interior (art. 149.1.16.ª), el régimen jurídico de las Administraciones públicas (art. 149.1.18.ª), contratos y concesiones administrativas (art. 149.1.18.ª), el medio ambiente, los montes y los aprovechamientos forestales (art. 149.1.23.ª), el régimen minero y energético (art. 149.1.25.ª), etc.

Las Comunidades Autónomas pueden asumir —y, de hecho han asumido— en estas materias la legislación restante, o sea, la que no es básica, y, además, toda la ejecución.

En una primera aproximación, esta forma de distribuir la competencia sobre una materia significa que corresponde al Estado establecer un mínimo común normativo que asegure la unidad y uniformidad imprescindible y el interés general de la Nación española, pero no puede agotar toda la regulación de la materia y ha de dejar margen suficiente para que las Comunidades puedan desarrollar una política propia en esa materia; si el Estado se extralimita incurre en incompetencia y la norma estatal será nula. Y corresponde a las Comunidades Autónomas el resto de la competencia normativa y toda la ejecución. La competencia normativa autonómica es extensa: no se constriñe a pormenorizar la legislación básica, sino que puede innovar con el simple límite negativo de no vulnerar las bases de modo que, como ya se ha apuntado, al ejercerla puede configurar una política propia. La competencia autonómica de ejecución incluye tanto la ejecución de las normas estatales básicas como la de las autonómicas: así, por ejemplo, gestionar servicios públicos, hacer inspecciones, dar o denegar autorizaciones, concesiones o subvenciones, sancionar, etc.

Estas primeras ideas han sido completadas y matizadas por el TC. Al menos, conviene hacer las siguientes observaciones:

1.º Ni la extensión ni el contenido de las bases están predeterminados ni son estables sino variables dependiendo de lo que el Estado considere necesario en cada momento.

Ejemplo: en 1985 se aprobó la Ley Reguladora de las *Bases* del Régimen Local (LRBRL). Una ley, por tanto, que contenía la regulación que en 1985 se consideró básica. Pero después se ha modificado varias veces y podría en el futuro sustituirse por otra muy distinta. Así ha cambiado y puede seguir cambiando la extensión de lo básico en esa materia de modo que aspectos que en 1985 no se regularon y se dejaron por completo a la legislación autonómica de régimen local luego han sido regulados como básicos; y al revés. Pero es que, además, un aspecto puede ser regulado por las bases de una forma o de otra, hasta la contraria. Por eso hemos dicho que lo básico es mutable en su extensión y contenido.

2.º Aunque las bases no pueden agotar la materia, en algún aspecto de ella pueden ser detalladas, y hasta excluir para ese aspecto concreto todo desarrollo autonómico.

Por tanto, las normas básicas estatales no tienen que limitarse siempre a contener simples principios o directrices generales; pueden alcanzar, si se juzga necesario, mucho mayor grado de concreción.

Incluso, excepcionalmente, se ha admitido que la competencia del Estado sobre las bases comprenda algún aspecto de la ejecución y le permita reservarse el dictado de algunos actos administrativos si es imprescindible para asegurar el mínimo de uniformidad requerido por el interés nacional o si se trata de resoluciones que han de tener ámbito y repercusión en toda España (STC 222/2006). Así, v. gr., la autorización de nuevos bancos o intervenirlos o sancionarlos; o admitir valores en bolsa o suspender su negociación o autorizar la creación de sociedades y agencias de valores (SSTC 96/1996 y 133/1997).

3.º La competencia estatal sobre las bases se ejerce primera y preferentemente con la aprobación de normas con rango de ley que, además, deben declarar expresamente ese carácter básico. Pero, incluso así, ni son extraños los reglamentos básicos ni se excluye por completo que el carácter básico se deduzca aunque no se haya proclamado formalmente.

El TC ha establecido que, salvo excepciones, lo básico —o, más exactamente, la determinación del ámbito de lo básico— debe contenerse en normas con rango de ley, no en reglamentos. Así, cabe decir que ha establecido una preferencia de ley, no exactamente una reserva de ley, pues, como regla general, es el Poder Legislativo estatal el que debe señalar qué es lo que ha de ser uniforme para asegurar el interés general de España. Una vez que una ley estatal haya realizado esa delimitación de lo básico es posible que prevea reglamentos básicos en desarrollo de la ley.

Normalmente las normas básicas, conforme a lo exigido por el TC, declaran expresamente que lo son o que lo son en parte. Por ejemplo, artículo 2.1 de la Ley General de Sanidad: «Esta Ley tendrá la condición de norma básica en el sentido previsto en el artículo 149.1.16.ª de la Constitución, y será de aplicación en todo el territorio español, excepto los artículos 31 [...]». Si no existe esa declaración, se entenderá que la norma no es básica. Pero se admite —sobre todo para normas preconstitucionales que naturalmente no declararon su carácter básico— que pese a faltar tal declaración pueda deducirse su carácter básico de su estructura o contenido. Así, la STC 133/1997 consideró que se deducía el carácter básico de la Ley del Mercado de Valores de unas afirmaciones de la Exposición de Motivos sobre las finalidades de la ley.

4.º Se ha hecho habitual hablar de leyes básicas. Pero no son un tipo especial de ley ni por su contenido ni por su valor ni por su rango... Sólo por la competencia estatal en que se fundamentan y por su función para articular la relación entre ordenamientos. Lo mismo cabe decir de los reglamentos básicos.

Leyes y reglamentos básicos contienen artículos, como cualquier otra norma, y esos artículos establecen preceptos ordinarios directamente aplicables a casos concretos. Basta una lectura superficial de las normas básicas para comprobarlo; por ejemplo, de la LRBRL. Se comprende entonces que no se parecen en nada a las leyes de bases del artículo 82.2 CE, ni siquiera en su apariencia externa. Son normas corrientes y su peculiaridad consiste en que han sido dictadas por el Estado en virtud de una competencia que consiste precisamente en dictar las bases de una materia. Una vez que lo ha hecho, es una norma que se puede aplicar e interpretar como cualquier otra. Su carácter básico sólo nos dice que es de aplicación en toda España y que las Comunidades Autónomas pueden dictar otras normas sobre la misma materia pero sin contradecir las bases.

5.º Las Comunidades Autónomas ostentan su competencia normativa sobre esas materias en virtud de sus Estatutos o, en general, del bloque de la constitucionalidad, no en virtud de que se la confiera la legislación básica, y pueden ejercerla aprobando leyes y reglamentos.

Desde luego, sus Parlamentos pueden aprobar leyes en las que se plasmen todas las normas que la Comunidad quiere establecer en la materia. Pero también es posible que dicten primero una ley y, además, después, un reglamento; o que procedan directamente a completar la legislación básica con un reglamento autonómico. No hay reglas específicas a este respecto: habrá que estar a las reglas generales sobre los límites a la potestad reglamentaria para saber en qué medida los reglamentos autonómicos pueden contener esta legislación. Con carácter general, sólo puede afirmarse que la Comunidad tendrá mayores posibilidades de innovación cuando ejerza estas competencias normativas mediante ley que cuando lo haga sólo por reglamentos.

6.º Las relaciones entre las normas autonómicas (leyes o reglamentos) y las normas estatales básicas (leyes o reglamentos) se rigen por el principio de primacía del Derecho estatal.

Nótese que no nos referimos sólo a las normas autonómicas aprobadas en esa misma materia en la que al Estado le competen las bases. Si el Estado aprueba una norma básica de acuerdo con cualquiera de los apartados del artículo 149.1 CE que le otorgan tal género de competencia se impone del mismo modo a todas las normas autonómicas aunque sean de otra materia e incluso aunque en esa otra tenga la Comunidad una competencia exclusiva. Así que, por ejemplo, si de acuerdo con el artículo 149.1.18.ª CE el Estado aprueba una norma básica sobre el régimen jurídico de las Administraciones (p. ej., sobre autorizaciones administrativas en general) primaría no sólo sobre las normas que dicte una Comunidad sobre esa misma materia, sino sobre las de turismo si prevén alguna autorización concreta en ese ámbito; y si el Estado aprueba alguna norma básica de acuerdo con el artículo 149.1.13.ª CE prima no sólo sobre las que las Comunidades aprueben sobre la planificación general de la actividad económica, sino también sobre las que aprueben en materias como comercio, turismo, vivienda, agricultura, etc.

Obsérvese, además, que no hablamos aquí del principio de competencia: puede que la norma autonómica se produzca dentro de su competencia (p. ej., si es sobre horarios comerciales estará dentro de su competencia exclusiva sobre comercio interior, aunque pueda que contradiga a una norma estatal dictada de acuerdo con el art. 149.1.13.ª CE); no tendrá un vicio de incompetencia, sino de otro tipo; es una cuestión que ha de resolverse conforme a la primacía del Derecho estatal.

Aclarado esto, remitimos a lo antes dicho sobre las consecuencias del principio de primacía según la ley estatal sea anterior o posterior a la autonómica.

Conforme al concepto que antes dimos de bloque de la constitucionalidad, no debe decirse que las normas estatales básicas formen parte de él: no distribuyen las competencias entre el Estado y las Comunidades Autónomas; simplemente ejercen una competencia atribuida al Estado por el bloque de la constitucionalidad. El hecho de que se impongan a las Comunidades Autónomas o que hayan de ser manejadas por el TC para decidir si una norma autonómica es constitucional, no significa que formen parte del bloque de la constitucionalidad. La explicación es otra, la primacía del Derecho estatal, como hemos visto.

Se ha planteado si el Estado ha de respetar las leyes básicas cuando aprueba otras leyes o si, por el contrario, las leyes básicas no le vinculan a él sino sólo a las Comunidades Autónomas. Así, ¿puede el Estado al regular un sector concreto aprobar normas que contradigan lo dispuesto en la legislación básica sobre contratos o sobre bienes públicos? Algunos autores lo niegan: el Estado puede derogarla y aprobar otra norma básica; pero no puede contradecirla por medio de regulaciones más concretas no básicas. Sin embargo, el TC parece optar por la solución contraria (STC 240/2006, que considera que la LRBRL no es canon de constitucionalidad de las leyes estatales). La práctica también discurre por estos derroteros. Creo que, como toda vinculación a las normas básicas se funda en la primacía del Derecho estatal sobre el autonómico, no cabe sostener la vinculación del Estado a sus normas básicas. Cuando el Estado se aparta de su propia legislación básica, más que pensar que es inconstitucional esa segunda ley, habrá que reconsiderar si realmente el Estado ejerció bien su competencia básica al aprobar aquella: si las bases aspiran a establecer el mínimo común normativo que asegure la unidad y uniformidad imprescindible es un indicio de que fue más lejos de lo necesario el que él mismo rompa esa uniformidad.

BIBLIOGRAFÍA

AGUDO ZAMORA, M. (dir.): *El Estatuto de Autonomía de Andalucía de 2007*, Centro de Estudios Andaluces, 2007.

ALONSO MÁS, M. J.: «El principio de supletoriedad», en SANTAMARÍA PASTOR, J. A., *Los principios jurídicos del Derecho Administrativo*, La Ley, 2010.

— «De nuevo sobre la prevalencia del Derecho estatal y la inaplicación judicial del Derecho autonómico», *RAP*, 203 (2017).

ALONSO MÁS, M. J.: «El principio de supletoriedad», en SANTAMARÍA PASTOR, J. A., *Los principios jurídicos del Derecho Administrativo*, La Ley, 2010.

— «De nuevo sobre la prevalencia del Derecho estatal y la inaplicación judicial del Derecho autonómico», *RAP*, 203, 2017.

ÁLVAREZ GARCÍA, V.: «La primacía del Derecho comunitario sobre la jurisprudencia constitucional española y su efecto recentralizador...», en *Homenaje a Muñoz Machado*.

ARZOZ SANTIESTEBAN, X.: «¿Reforma o abandono de la legislación básica como técnica de delimitación competencial), en *Homenaje a Muñoz Machado*.

— «La autonomía institucional y procedimental de los Estados miembros en la Unión Europea: mito y realidad», *RAP*, n.º 191, 2013.

BALAGUER CALLEJÓN, F.: «La integración del Derecho autonómico y la aplicación supletoria del Derecho estatal», *RAP*, n.º 124, 1991.

BAÑO LEÓN, J. M.: «La vinculación del Estado a las normas básicas de contratación: la prohibición de derogación singular de las bases», en GÓMEZ-FERRER MORANT, R., *Comentarios a la Ley de Contratos de las Administraciones Públicas*, Civitas, 2.ª ed., 2004.

BARNÉS VÁZQUEZ, J.: «Una reflexión sobre la cláusula de supletoriedad del art. 149.3...», *REDA*, n.º 93, 1997.

BUENO ARMIJO, A.: «Una propuesta de concepción subjetiva del Derecho Administrativo comunitario», en *El Derecho público de la crisis económica. Transparencia y sector público. Hacia un nuevo Derecho Administrativo. Actas del VI Congreso de la Asociación Española de Profesores de Derecho Administrativo*, INAP, 2011.

CARBONELL PORRAS, E.: «La supletoriedad del Derecho estatal», en *Homenaje a Muñoz Machado*.

— «La supletoriedad del Derecho estatal en la reciente jurisprudencia constitucional», *RAP*, n.º 143, 1997.

COBREROS MENDAZONA, E.: «La aplicación del principio de primacía del Derecho de la Unión Europea por la Administración», en *Homenaje a Muñoz Machado*.

COSCULLUELA MONTANER, L.: «Las bases del régimen jurídico de las Administraciones públicas: evolución del concepto como criterio de atribución de competencias al Estado», en *Homenaje a Muñoz Machado*.

— «La determinación constitucional de las competencias de las Comunidades Autónomas», *RAP*, n.º 89, 1979.

— «El control de las leyes autonómicas reguladoras de las materias cuya legislación básica corresponde al Estado», en *Homenaje a González Pérez*.

CRUZ VILLALÓN, P. y MEDINA GUERRERO, M. (dirs.): *Comentarios al Estatutos de Autonomía para Andalucía*, Parlamento de Andalucía, 2012.

DE OTTO, I.: «La prevalencia del Derecho estatal sobre el Derecho regional», *Revista de Estudios de Derecho Constitucional*, n.º 2, 1981.

DÍAZ GONZÁLEZ, G. M.: «El problema del rango de la normativa estatal básica. Análisis del principio de ley formal en la jurisprudencia del TC», *RGDA*, n.º 36, 2014.

— «La "inconstitucionalidad" de la ley interna por vulneración del Derecho de la Unión Europea», *RAP*, n.º 202, 2017.

FERNÁNDEZ FARRERES, G.: *La contribución del Tribunal Constitucional al Estado de las autonomías*, Iustel, 2005.

— *¿Hacía una nueva doctrina constitucional del Estado Autonómico? (comentarios a la STC 247/2007, de 12 de diciembre, sobre el Estatuto de Autonomía de la Comunidad Valenciana)*, Civitas, 2008.

— «Derecho de la Unión Europea y Derecho nacional: problemas de articulación jurídica desde la consideración del principio de primacía del Derecho Comunitario y posibles soluciones», *JA*, n.º 50, 2010.
— «Inaplicación judicial de la ley por razón de la primacía del Derecho de la Unión Europea y derechos fundamentales a la tutela judicial efectiva y a un proceso con todas las garantías: estado de la cuestión en la jurisprudencia constitucional», en *Homenaje a Martínez López-Muñiz.*
— «¿Puede el juez inaplicar la ley autonómica por razón de la prevalencia del Derecho estatal "Estado actual de la cuestión"?», *RAP*, n.º 186, 2017.
Fernández Rodríguez, T. R.: *Las leyes orgánicas y el bloque de la constitucionalidad; en torno al artículo 20 de la Ley Orgánica del Tribunal Constitucional*, Civitas, 1981.
Galán Galán, A.: *Primacía europea y Administración pública. La obligación administrativa de inaplicación*, Aranzadi, 2021.
García de Enterría, E.: *Estudios sobre autonomías territoriales*, Civitas, 1985.
— «Una reflexión sobre la supletoriedad del Derecho estatal», *REDA*, n.º 95, 1997.
García Luengo, J.: «El desplazamiento de la normativa autonómica por la legislación básica estatal», en *Homenaje a Santamaría.*
Gómez Ferrer, R.: «Relaciones entre leyes: competencia, jerarquía y función constitucional», *RAP*, n.º 113.
González Navarro, F.: «Vías procesales para acabar con el incumplimiento en la ejecución autonómica de la legislación del Estado», en *Homenaje a González Pérez.*
González Sanfiel, A. M.: «Desplazamiento *versus* inconstitucionalidad sobrevenida (la lucha encubierta entre la jurisdicción ordinaria y el Tribunal Constitucional», en *Homenaje a Muñoz Machado.*
Izquierdo Carrasco, M.: «Marco general de las competencias de la Comunidad Autónoma de Andalucía en el nuevo Estatuto de Autonomía», en Agudo Zamora, M. (dir.), *El Estatuto de Autonomía de Andalucía de 2007*, Centro de Estudios Andaluces, 2007.
Jiménez Asensio, R.: *Las leyes autonómicas en el sistema constitucional de fuentes*, Marcial Pons, 2001.
Jiménez-Blanco, A.: «De nuevo en torno a las leyes orgánicas, las bases y las competencias legislativas de las Comunidades Autónomas», *REDA*, n.º 53, 1987.
Lasagabaster Herrarte, I.: *Los principios de supletoriedad y prevalencia del Derecho estatal respecto al autonómico*, Civitas, 1991.
— «Principios de primacía, *ius superveniens* y tribunales ordinarios», *Homenaje a De la Quadra.*
López Benítez, M.: «Las normas básicas y las competencias estatales del art. 149.1.18.ª de la Constitución», en *Homenaje a Cosculluela.*
— «¿Interdicción de las leges repitatae? (Comentarios a la sentencia del Tribunal Constitucional 62/1991, de 22 de marzo)», *RAAP*, n.º 6, 1991.
López Menudo, F.: «Clasificación, principios y consideraciones generales sobre las competencias», en Muñoz Machado, S. y Rebollo Puig, M. (dirs.): *Comentarios al Estatuto de Autonomía para Andalucía*, Civitas, 2008.
Martín-Retortillo Baquer, L.: *La interconexión de los ordenamientos jurídicos y el sistema de fuentes del Derecho*, Real Academia de Jurisprudencia y Legislación, 2004.
Martín Rebollo, L.: «De las casualidades de la vida. Apuntes sobre el origen, la potencialidad y la razón de ser del art. 149.1.18.ª CE», en *Homenaje a Cosculluela.*
Martínez López-Muñiz, J. L.: «Delimitación de las Administraciones públicas a los efectos del art. 149.1.18.ª CE», en *Homenaje a Cosculluela.*
Meilán Gil, J. L.: «La articulación de los ordenamientos estatal y autonómico», en *Homenaje a Villar Palasí.*
— «Las competencias exclusivas de las Comunidades Autónomas. Graduación y límites», en *Homenaje a Garrido Falla.*
Moreno Molina, A. M.: *La ejecución administrativa del Derecho comunitario*, Marcial Pons, 1998.
Morillo-Velarde Pérez, J. I.: «Competencias sobre régimen de las Administraciones públicas», en Muñoz Machado, S. y Rebollo Puig, M. (dirs.), *Comentarios al Estatuto de Autonomía para Andalucía*, Civitas, 2008.
Muñoz Machado, S.: «Competencia (Principio de)», en Muñoz Machado, S. (dir.), *Diccionario de Derecho Administrativo*, Iustel, 2005.

— «Leyes de armonización», en Muñoz Machado, S. (dir.), *Diccionario de Derecho Administrativo*, Iustel, 2005.
— «Prevalencia (Principio de)», en Muñoz Machado, S. (dir.), *Diccionario de Derecho Administrativo*, Iustel, 2005.
— «Supletoriedad (Principio de)», en Muñoz Machado, S. (dir.), *Diccionario de Derecho Administrativo*, Iustel, 2005.
— *Derecho público de las Comunidades Autónomas*, Iustel, 2.ª ed., 2007.
— *Informe sobre España. Repensar el Estado o destruirlo*, Crítica, 2012.
Parejo Alfonso, L.: *La prevalencia del Derecho estatal sobre el regional*, Centro de Estudios Constitucionales, 1981.
— «El principio de autonomía institucional y procedimental de los Estados miembros de la Unión Europea», en Beneyto Pérez, J. M. (dir.), *Tratado de Derecho y políticas de la Unión Europea*, Aranzadi, 2011.
Quadra-Salcedo, T.: «Ley marco», en Muñoz Machado, S. (dir.), *Diccionario de Derecho Administrativo*, Iustel, 2005.
— «Leyes de bases», en Muñoz Machado, S. (dir.), *Diccionario de Derecho Administrativo*, Iustel, 2005.
Quesada López, P. M.: *El principio de efectividad del Derecho de la Unión Europea en el Derecho Procesal nacional*, Iustel, 2019.
Rebollo Puig, M.: «En busca de la prevalencia perdida», en *Homenaje a Muñoz Machado* y, actualizado, en *RAAP*, n.º 93, 2016.
Rego Blanco, M. D.: «Reflexiones en torno a la cláusula de supletoriedad del art. 149.3 de la Constitución», *RAAP*, n.º 32, 1997.
Rodríguez Portugués, M.: «Sobre los efectos de la legislación básica sobrevenida en la normativa autonómica de desarrollo», en *Homenaje a Cosculluela*.
— «Transposición de Directivas europeas y cláusula de supletoriedad del Derecho estatal», en *Homenaje a Muñoz Machado*.
Rodríguez Zapata, J.: «Los Tratados internacionales y los controles de constitucionalidad», *REDA*, n.º 30, 1981.
Ruiz López, M. A.: «La cláusula de prevalencia del Derecho estatal y la colisión entre jurisdicciones», *RAP*, n.º 192, 2013.
Sarrión Esteve, J.: «Supremacía constitucional y primacía del Derecho de la Unión Europea tras el caso Melloni», en *Homenaje a Muñoz Machado*.
Setuaín Mendía, B.: «El ámbito de operatividad del principio de prevalencia: algunas certezas, riesgos inevitables y muchas dudas. (A propósito de la doctrina derivada de la serie jurisprudencial iniciada por la STC 102/2016, de 25 de mayo)», *RGDA*, n.º 47, 2018.
Tejedor Vielsa, J. C.: *La garantía constitucional de la unidad del ordenamiento en el Estado Autonómico: competencia, prevalencia y supletoriedad*, Civitas, 2000.
Ureña Salcelo, J. A.: «La vinculación del Estado a sus normas básicas y la ruptura de su uniformidad en los procedimientos administrativos de extranjería», *RGDA*, n.º 7, 2004.
Vecchio, F.: «Primacía del Derecho Europeo y contralímites como técnicas para la relación entre ordenamientos», *Revista de Derecho Constitucional Europeo*, n.º 17, 2012.

LECCIÓN 5

EL PRINCIPIO DE LEGALIDAD ADMINISTRATIVA*

I. CONSAGRACIÓN CONSTITUCIONAL. PLANTEAMIENTO

«La Constitución garantiza el principio de legalidad», dice el artículo 9.3 CE sin referirse concretamente a la Administración. Antes, el artículo 9.1 establece que «los ciudadanos y los poderes públicos están sujetos a la Constitución y al resto del ordenamiento jurídico», lo que también es una forma de expresar el principio de legalidad aplicable, desde luego, a la Administración, en tanto que es poder público, pero sin señalar nada específico para ella. El artículo 97 CE establece que el Gobierno «ejerce la función *ejecutiva* y la potestad reglamentaria *de acuerdo con la Constitución y las leyes*». Pero el precepto constitucional que específicamente consagra el principio de legalidad de la Administración es el artículo 103.1: la Administración pública actúa «con sometimiento pleno a la ley y al Derecho». Aun así, ninguna de estas expresiones es de por sí indicativa del significado del principio de legalidad administrativa. Lo que importa saber es cómo es la vinculación de la Administración a la ley y al Derecho ¿igual a la de los ciudadanos? ¿igual a la de los jueces? ¿es distinta a una y a otra? Para responder a estas preguntas es necesario un planteamiento más general que no se satisface con la simple exégesis de los preceptos constitucionales recordados.

Puede partirse de que el sometimiento de la Administración a la ley y al Derecho es como mínimo igual al de los ciudadanos, aunque con la notable singularidad, que ya nos consta, de que está sometida a un Derecho específico, el Derecho Administrativo. Así las cosas, la Administración no puede contradecir el ordenamiento jurídico. Para referirse a esto se habla de vinculación negativa. Pero puede que su vinculación al ordenamiento sea más intensa, que no sólo no pueda vulnerarlo, sino que, además, sólo pueda hacer lo que le permite el ordenamiento o, incluso, más concretamente, que sólo pueda hacer lo que le permitan las leyes. A esto se alude como vinculación positiva. Nos ocuparemos sucesivamente de la vinculación negativa al ordenamiento, de la vinculación positiva al ordenamiento y de la vinculación positiva a las leyes.

La distinción entre vinculación negativa y positiva es habitual en la doctrina española a partir de los estudios de García de Enterría inspirados en este aspecto en los de Winkler. Seguiremos esa terminología y planteamiento, aunque no exactamente las mismas conclusiones.

---

* Por Manuel Rebollo Puig (epígrafes I a VII) y Mariano López Benítez (epígrafes VIII a X). Grupo de investigación de la Junta de Andalucía SEJ-196. Proyecto de la Junta de Andalucía PROYEXCEL_00903.

Más allá de estas formulaciones y de todas las articulaciones técnicas que vamos a exponer, importa observar que no pueden ser comprendidas sin tener en cuenta su conexión con la división de Poderes y, más aún, que ni esta división ni el propio principio de legalidad son fines en sí mismos sino instrumentos que se crearon al servicio de las profundas aspiraciones del Estado de Derecho, de sus valores y fines esenciales (garantizar la libertad y la seguridad de los ciudadanos y de la sociedad frente al Estado; pero también frente a los demás individuos gracias al Estado) que son las que determinan, entre otras cosas, la posición atribuida a la Administración. También late la idea de Estado democrático pues se parte de que los Parlamentos tienen una legitimación democrática directa mientras que la Administración, por regla general y sobre todo en los sistemas parlamentarios como el nuestro, sólo la tiene indirecta. También los cambios que supuso la noción de Estado social deben ser tenidos en consideración.

II. LA VINCULACIÓN NEGATIVA A TODO EL ORDENAMIENTO

El principio de legalidad de la Administración supone como mínimo en un Estado de Derecho que merezca tal nombre que la Administración no puede vulnerar el ordenamiento jurídico como tampoco puede hacerlo ningún ciudadano.

Aunque acabamos de hablar y seguiremos hablando ahora del ordenamiento jurídico (en singular, como si sólo hubiera uno), según ya hemos explicado, hay en realidad una pluralidad de ordenamientos (el internacional, el de la Unión Europea, los estatales) y, en realidad, lo que nos ocupa es la vinculación de la Administración a todos esos ordenamientos en la medida en que regulan el comportamiento de las diversas Administraciones españolas. No obstante, cabría introducir algunas matizaciones en la medida en que, por ejemplo, la vinculación de las Administraciones españolas al Derecho de la Unión no depende sólo ni tanto de las normas internas constitucionales españolas (o sea, de nuestro principio de legalidad) como de las mismas normas europeas, sobre todo cuando actúan como Administración indirecta de la Unión.

Por tanto, el principio de legalidad en el Estado de Derecho entraña al menos que ninguna de las decisiones o actuaciones (u omisiones) concretas de la Administración pueden contradecir lo establecido en el ordenamiento jurídico mediante reglas abstractas aplicables a todos los casos singulares que encajen en su supuesto de hecho.

Esto, que hoy nos resulta obvio, es en realidad una conquista histórica. En las Monarquías Absolutas las autoridades procedían conforme a reglas jurídicas de Derecho público que les permitían actuar con gran libertad. Incluso cuando había normas de Derecho público con un contenido material más concreto se admitía normalmente que los órganos públicos (por lo menos, los superiores y concretamente el Rey) podían apartarse en el caso particular de lo establecido en esas normas. Si acaso, los límites al poder público derivaban del Derecho Natural y del Derecho Civil. Pero las reglas de Derecho público tenían un modesto valor y, más que otra cosa, expresaban mandatos de los órganos públicos superiores a sus inferiores y a sus súbditos, pero sin que estos pudieran asegurar por ningún medio jurídico que el poder se comportaría precisamente conforme a esas reglas y sin que para ellos surgieran de tales reglas verdaderos derechos subjetivos. A lo sumo, el súbdito podía quejarse ante los superiores de que los inferiores no habían respetado esas normas y tal vez obtener el amparo del superior; pero éste también podía confirmar la actuación del inferior que se había apartado de las reglas de Derecho público, igual que él mismo podía apartarse de ellas.

Frente a esta situación, lo que primero aporta el Estado de Derecho es que el Derecho, expresado de manera general, es vinculante para las actuaciones singulares de los poderes públicos y, especialmente, de la Administración: «El Estado de Derecho no existe sino cuando las prescripciones individuales [...] sólo pueden ser formuladas con los límites de una disposición general que es la regla de Derecho» (Duguit).

Esto, para la Administración, supone una vinculación negativa al Derecho (similar a la de cualquier ciudadano pero muy superior a la que tenía el Rey en las Monarquías Absolutas) que se puede formular así: sus actuaciones y decisiones no pueden ser contrarias a lo establecido en las normas generales, o sea, en el Derecho.

Y tal vinculación negativa a su vez se conecta con el reconocimiento de verdaderos derechos subjetivos de los ciudadanos frente a la Administración, derechos que ésta no puede vulnerar. Precisamente porque hay verdaderos derechos públicos subjetivos la Administración no puede actuar libremente; o a la inversa: precisamente porque la Administración ha de actuar conforme a las normas, pueden surgir de éstas auténticos derechos públicos subjetivos de los ciudadanos que se relacionan con ella. Volveremos sobre esto en la lección 7.

Concretando algo más, el principio de legalidad comporta que la Administración en ninguna de sus actividades (actos administrativos, contratos, actuación material, simple inactividad...) puede vulnerar el ordenamiento, esto es, ni la Constitución, ni las leyes (o normas equivalentes), ni los tratados internacionales, ni el Derecho europeo ni, en general, ninguna norma jurídica, como tampoco los principios generales del Derecho o la costumbre en la medida en que rijan la actuación de la Administración. En especial, importa añadir que entre las normas jurídicas que la Administración (al dictar actos administrativos, al contratar, al actuar de otra forma o al dejar de actuar) no puede vulnerar están las que ella misma aprueba, esto es los reglamentos (como ya se explicó al analizar las fuentes del Derecho, lección 3 y como se volverá a recordar al estudiar los reglamento en la lección 8).

Como se habrá comprendido, la «legalidad» de la que se habla al proclamar el principio de legalidad no es sólo el conjunto de leyes ni se trata de explicar un especial sometimiento de la Administración a las leyes. En este contexto, «legalidad» se identifica con el conjunto del Derecho, con todo el ordenamiento jurídico. Recuérdese que el artículo 103.1 CE proclama el «sometimiento pleno a la ley y al Derecho».

En cualquier caso, no se incluye en el principio de legalidad la vinculación de la Administración por las sentencias, por sus contratos o por sus propios actos pues ni las sentencias ni los contratos ni los actos administrativos se integran en el ordenamiento jurídico. Cosa distinta es que sí se incluyen en el ordenamiento las reglas en virtud de las cuales la Administración debe cumplir las sentencias, los contratos que realiza o sus propios actos administrativos.

El ordenamiento jurídico no sólo condiciona o predetermina el contenido de la actuación administrativa, sino el mismo deber de actuar, su finalidad de interés público, el procedimiento que ha de seguir en cada caso, el órgano competente, etc., de modo que la Administración actúa contra el ordenamiento cuando decide o hace una cosa si, de acuerdo con el ordenamiento, debía decidir o hacer otra; pero también cuando decide con una finalidad distinta de la prevista por el ordenamiento o sin seguir el procedimiento debido o por un órgano que no era el que tenía atribuida la competencia por las normas correspondientes, etc. Además el ordenamiento no sólo impone límites a la actuación de la Administración, sino que las normas también pueden contener mandatos positivos de actuar de manera que la simple inactividad administrativa resulte ilícita.

Con lo hasta ahora explicado, no se observa una posición de la Administración distinta de la de los ciudadanos. Tampoco estos pueden vulnerar el ordenamiento. A lo sumo puede decirse que las normas que disciplinan la actuación de la Administración son distintas de las que regulan a los ciudadanos y que, de ordinario, someten a la Administración a límites más estrictos al mismo tiempo que también le dan poderes que no tienen los sujetos privados. Si lo único que hubiera fuera esto, tendríamos que concluir que la Administración tiene respecto al ordenamiento jurídico la misma posición que los ciudadanos con la única diferencia de que se rige por normas distintas. Pero lo cierto es que frecuentemente se ha predicado de la Administración un sometimiento al Derecho diferente y más intenso del de los sujetos privados. O sea, no sólo es que tiene un Derecho específico, sino que su relación con ese Derecho también es diversa. De ello nos ocuparemos ahora.

III. VINCULACIÓN POSITIVA AL ORDENAMIENTO

1. La singular posición de la Administración frente al ordenamiento distinta de la de los jueces y la de los ciudadanos

De ningún modo puede decirse que la Administración, al igual que los jueces, exista para aplicar el Derecho, que ésa sea su misión. Por tanto, el principio de legalidad administrativa no significa que la Administración se limite a aplicar el Derecho.

La Administración, como dice García de Enterría, no hace carreteras para cumplir la Ley de Carreteras. Ni hace y gestiona hospitales o escuelas para cumplir la Ley de Sanidad o de Educación. Esa visión es absurda. La misión de la Administración es conseguir el interés general, como dice el artículo 103.1 CE, aunque deba hacerlo, según el mismo precepto, con sometimiento pleno a la ley y al Derecho. Si acaso, en alguna faceta de su actividad, la situación de la Administración sí se asemeja a la de los jueces: así, cuando impone sanciones o cuando resuelve recursos administrativos su sujeción al ordenamiento es similar —tampoco en estos casos idéntica— a la de los jueces.

Pero, de otro lado, el ordenamiento condiciona la actividad y vida administrativa de manera muy distinta a aquella en que condiciona la actividad y vida de los sujetos privados. En el caso de los sujetos privados el punto de partida de nuestro ordenamiento es su libertad genérica, el «libre desarrollo de la personalidad» (art. 10.1 CE) que, para sus relaciones jurídicas con otros sujetos privados, se refleja en la idea clave del Derecho privado que es la autonomía privada (autonomía de la voluntad y autonomía dominical). Nada de eso puede decirse de la Administración. Si algo significa el principio de legalidad de la Administración, además de la simple vinculación negativa, es el rechazo para ella de algo similar a la autonomía privada, la exclusión de una libertad administrativa similar a la de los ciudadanos. En su lugar, por el contrario, la Administración no configura libremente su actividad con sólo límites externos, no determina libremente sus finalidades u objetivos. Es el ordenamiento el que le autoriza a actuar y orienta esa actuación hacia ciertos fines.

Se apunta esta idea en el artículo 3.3 LRJSP cuando afirma que «la actuación de la Administración pública [...] se desarrolla para alcanzar los objetivos que establecen las leyes y el resto del ordenamiento jurídico». Nadie osaría decir nada semejante de los ciudadanos como nadie sensato dirá que la Administración actúa en o para el libre desarrollo de su personalidad.

Esto es clave en el Derecho Administrativo: la posición en que coloca a la Administración ante el Derecho es posición esencialmente distinta de la de los individuos ante el Derecho; la diferencia más importante no es que Administración y ciudadanos estén sometidos a normas diversas sino lo que esas normas significan para la Administración y para los ciudadanos.

La diferencia la expresó Merkl así: «El hombre jurídicamente puede hacer todo lo que no le sea prohibido expresamente por el Derecho; (la Administración) puede hacer solamente aquello que... el Derecho le permite». De manera que, como explica Santamaría, «el Derecho es un factor permanente, de obligada toma en cuenta, en todo proceso de toma de decisiones que tenga lugar en el seno de la Administración. No hay en la Administración, pues, espacios exentos de la acción del Derecho».

2. La atribución de potestades por el ordenamiento como condición necesaria de la actuación administrativa

Supone lo anterior que la Administración necesita una regla jurídica (no decimos por ahora de qué naturaleza ni rango) que le autorice a actuar. Y en ese sentido se dice que necesita una regla jurídica que le atribuya la potestad para actuar. La Administración, por tanto, actúa en el ejercicio de potestades, y las potestades las configura y atribuye el ordenamiento jurídico siempre con una finalidad de interés general, con una cierta limitación y condicionamiento.

Así, afirmamos, siguiendo a García de Enterría, que «el principio de legalidad de la Administración [...] se expresa en un mecanismo técnico preciso: la legalidad atribuye potestades a la Administración» y toda actividad administrativa se presenta así como ejercicio de una potestad.

En este contexto, el concepto de potestad administrativa no debe entenderse en un sentido estricto que lo identifique sólo con el ejercicio de autoridad. Es un concepto más amplio que expresa toda posibilidad y obligación jurídica de actuar. Lo desarrollaremos en el epígrafe VIII.

3. ¿En qué reglas han de estar atribuidas las potestades administrativas?

Con lo explicado se comprende que lo relevante, en primer lugar, es determinar en qué tipo de reglas pueden atribuirse potestades a la Administración. O sea, dónde pueden encontrarse los «apoderamientos» o «habilitaciones» a la Administración.

Las respuestas a esa cuestión pueden ser muy variadas y con un trasfondo de gran alcance. Cabe decir que sólo las leyes formales pueden atribuir potestades a la Administración. Sería esto lo que más fielmente refleja la idea primigenia de un Poder Ejecutivo cuya misión es precisamente la ejecución de las leyes y también lo que realiza más plenamente el imperio de la soberanía popular, representada en los Parlamentos, y, por tanto, el Estado democrático. O cabe entender, en el extremo opuesto, que del ordenamiento se desprende ya una atribución general a la Administración de todas las potestades necesarias para perseguir el interés general. La situación en nuestro ordenamiento, como en la mayoría, es intermedia. La esquematizamos en los siguientes puntos:

a) Desde luego, las potestades pueden ser conferidas a la Administración por las leyes.

Hablamos de leyes en sentido formal. Que éstas pueden atribuir potestades a la Administración es incuestionable y normal en un Estado de Derecho. Además, harán muy bien los Parlamentos en asumir esa misión de atribuir ellos mismos potestades a la Administración, concretar su extensión, sus límites... Si lo hacen las leyes, mejor: todo será más adecuado al Estado democrático de Derecho. Pero lo dudoso es si sólo las leyes pueden hacerlo, en cuyo caso la Administración dependería siempre y en su totalidad del Poder Legislativo, o si, por el contrario, puede encontrar apoderamientos en otras fuentes.

b) La misma Constitución puede atribuir ella misma a la Administración, sin necesidad del intermedio de una ley, determinadas funciones y, por tanto, potestades.

Siendo nuestra Constitución una verdadera norma jurídica directamente aplicable, no hay ninguna razón para negarle esa virtualidad. A partir de esa premisa, lo que hay que dilucidar es cuáles son los apoderamientos que ya contiene la Constitución y determinar su alcance. No procede aquí entrar detalladamente en ello. Baste afirmar que no hay un apoderamiento general para hacer todo cuanto considere conveniente para el interés general. De ningún modo puede interpretarse así el artículo 103.1 CE. Pero sí que hay algunos preceptos que le confieren posibilidades de actuación y, en el sentido expuesto, potestades. Ejemplo diáfano ofrece el artículo 128.2 CE: «Se reconoce la iniciativa pública en la actividad económica». Posibilidad, por tanto, de que la Administración emprenda cualquier actividad empresarial (sin monopolio). También muchos de los principio rectores de política social y económica (arts. 39 ss. CE) son suficientes, directamente y sin ley, para justificar ciertas actuaciones administrativas. Asimismo, hay algún apoderamiento directo en el artículo 97 CE que, entre otras cosas, atribuye la potestad reglamentaria al Gobierno y que tiene efectos directos. En suma, hay en la CE apoderamientos directos en favor de la Administración sin necesidad de ley que los reitere. Cosa distinta es que sea posible —y hasta muy conveniente— que las leyes también puedan regular todos esos aspectos y al hacerlo establezcan más concretamente el marco de esas actividades administrativas.

c) También los reglamentos pueden conferir a la Administración nuevas potestades.

Siendo los reglamentos normas que se integran en el ordenamiento, cabe que también ellos confieran a la Administración potestades para actuar. Como los reglamentos son obra de la Administración, se habla en tal caso de autoatribución de potestades. Aceptado esto, la cuestión estará en determinar cuándo, en qué medida y con qué límites podrán los reglamentos realizar esta autoatribución.

d) En otro plano, hay que añadir que las Administraciones españolas también pueden encontrar autorizaciones para actuar y, por tanto, potestades, en normas de Derecho Internacional y sobre todo, en las del Derecho de la Unión, máxime cuando aquellas Administraciones actúan como Administración indirecta de la Unión.

e) Afirmando que la Administración puede encontrar apoderamientos, no sólo en las leyes, estamos negando que la Administración dependa total y absolutamente del Poder Legislativo.

Como dice Muñoz Machado, «la independencia del poder de la Administración se subraya y no depende siempre e inevitablemente de decisiones legales previas». Estamos negando, dicho de otra forma, que la Administración tenga en todo caso y para cualquiera de sus actuaciones una vinculación positiva a la ley, precisamente a la ley. Podría hablarse, si acaso, como hace Cosculluela sirviéndose de un término de Hauriou, de vinculación positiva al «bloque de la legalidad»; o sea, de vinculación positiva al conjunto de normas escritas, pues cualquiera de éstas podría conferir potestades a la Administración. En la misma dirección, se habla de «principio de normatividad previa» (Fernández Farreres). Pero, aun así, es cuestionable que las habilitaciones a la Administración hayan de estar necesariamente en normas escritas y que los principios generales del Derecho no pueden dar nunca fundamento directo a la actuación administrativa (véase lo que se dice luego sobre las situaciones de necesidad).

Hasta ahora hemos visto una vinculación negativa al ordenamiento, no sólo a las leyes; y una vinculación positiva al ordenamiento, no sólo a las leyes. Por eso a veces, en vez de hablar de principio de legalidad, se prefiere denominar a esto principio de juridicidad.

f) Ahora bien, para ciertas actuaciones administrativas, la situación cambia y hay algo más: una vinculación positiva a la ley; es decir, la necesidad de que las potestades administrativas estén conferidas precisamente por ley. Veámoslo.

IV. VINCULACIÓN POSITIVA A LA LEY EN ALGUNOS ASPECTOS

Hay vinculación positiva de la Administración a la ley en dos ámbitos: el de la libertad de los sujetos privados y el de la autonomía de ciertos entes públicos. Ambos derivan de la Constitución: aquél de la proclamación de la libertad genérica de los ciudadanos; éste de la división de Poderes y del reconocimiento de la autonomía de ciertos entes públicos.

No obstante, incluso en esos ámbitos la vinculación positiva a la ley puede quedar matizada por la interferencia del Derecho Internacional y del Derecho de la Unión Europea. Sobre todo, cuando las Administraciones españolas actúen como Administración indirecta de la Unión pueden encontrar en normas europeas justificación suficiente para actuar incluso en esos ámbitos en que, por lo general, conforme al Derecho español, sería necesaria una ley.

1. Vinculación positiva a la ley para limitar o interferir la libertad de los ciudadanos

La Administración sólo tiene las potestades para limitar la libertad de los ciudadanos o para interferir en su autonomía privada que le den las leyes. A este respecto la Administración sólo puede actuar en ejecución de las leyes; o sea, con vinculación positiva precisamente a la ley.

El fundamento para afirmar tal vinculación positiva de la Administración es la ya aludida libertad genérica de los ciudadanos que consiste justamente en poder hacer todo lo no prohibido por la ley o en virtud de la ley. Conforme a los postulados inmanentes al Estado democrático de Derecho, sólo la ley, expresión de la voluntad popular encarnada en el Poder Legislativo, puede restringir esa libertad, aunque puede hacerlo directamente o confiárselo a la Administración. Encuentra reflejo en el artículo 1.1 CE, que proclama la libertad, sin adjetivarla ni reducirla a aspectos determinados («la libertad a secas»), como valor superior del ordenamiento jurídico; y en el artículo 10.1 CE que proclama como fundamento del orden político el «libre desarrollo de la personalidad». Para que esa libertad de los ciudadanos exista es necesario correlativamente que la Administración no pueda restringirla salvo que se lo autorice una ley, es decir, salvo que una ley le dé potestad para hacerlo. Así, la vinculación positiva de la Administración a la ley en este ámbito no es más que la consecuencia ineludible de esa misma libertad, la otra cara de la misma moneda. Esto ha sido puesto de relieve por el TC (así, SSTC 83/1984, 101/1988, 93/1992, 196/1997). Algunas SSTS también son muy expresivas. Vale la pena recordar la de 27 de marzo de 1985: «tanto [...] en cuanto concierne al libre desarrollo de la personalidad, en expresión del artículo 10.1 CE, como porque la garantía de la libertad en que esencialmente se traduce la legalidad veda terminantemente toda acción administrativa que fuerce a un ciudadano a soportar lo que la ley no autoriza o le impide lo que la ley permite...».

Aunque el fundamento está en esa libertad genérica de los ciudadanos, beneficia también a los entes privados que estos forman o en los que se integran en tanto que no son nada más que resultado de su libertad y proyección o concreción de ella. Por tanto, también las limitaciones a la actividad de asociaciones, fundaciones, sociedades… han de estar previstas en la ley o basarse en la ley.

Concretando algo más el significado de esta vinculación positiva, digamos que supone que la Administración no puede, salvo que una ley le dé potestad para ello, imponer a los sujetos privados deberes ni obligaciones ni prestaciones ni restringir ni interferir negativamente en su libertad genérica ni en su autonomía (autonomía de la voluntad y dominical), ello aunque haya un interés general que lo justifique y ya pretenda establecerlo en favor de la colectividad, del mismo sujeto limitado o de otro sujeto privado. En especial, no puede interferir las relaciones entre particulares nada más que cuando una ley se lo permita; y esto protege a las relaciones contractuales privadas: la Administración no puede restringir la autonomía de los particulares y los pactos que puedan acordar entre sí nada más que cuando una ley se lo permite.

Esta misma idea se expresa habitualmente diciendo que es la ley la que ha apoderar a la Administración para imponer esos límites, la que ha de contener tales «apoderamientos» o tales «habilitaciones» en favor de la Administración.

No hay en la Constitución ningún precepto que habilite directamente a la Administración para hacer nada de esto. No pueden atribuirse estas potestades por reglamento. Tampoco cabe justificarlas en apoderamientos deducidos de la costumbre o de los principios generales del Derecho. Sólo en la ley puede encontrar las potestades para ello.

La necesidad de apoderamiento legal de que hablamos sólo se da respecto a las actividades de los particulares puramente privadas que son las que realiza en virtud de su libertad y autonomía privada, no respecto a las que realice como colaborador de la Administración o como usuario de un servicio o de un bien público o como beneficiario de ayudas públicas…

Con esta aclaración se explican, de una parte, mucha de las matizaciones al principio de legalidad que se han pretendido justificar en las relaciones de sujeción especial (vid. *infra*) porque, más bien, cabe decir que no se trata de limitar la libertad de los ciudadanos para realizar puras actividades privadas, sino para desarrollar una actividad en el seno de la organización administrativa o gracias a la Administración

Además, esa necesidad de apoderamiento por ley sólo se da en cuanto a las potestades de la Administración que limitan esa libertad y autonomía, no respecto a las que, aunque afecten a los ciudadanos, no tienen ese carácter restrictivo.

Por ejemplo, si se trata de actuaciones administrativas dirigidas a hacer efectivo el «derecho a disfrutar de una vivienda digna y adecuada», el artículo 47 CE contiene ya un apoderamiento directo a la Administración y, desde luego, también los reglamentos pueden habilitar a la Administración para realizar las actividades necesarias. Pero ello sólo permite actuaciones administrativas de prestación o de fomento favorables para los ciudadanos (construcción de viviendas por la Administración, ayudas a los compradores o constructores, etc.); no que la Administración imponga deberes a los ciudadanos para que se realice ese derecho a la vivienda (p. ej., imponer el deber de vender o alquilar las viviendas que estén vacías). Naturalmente que ello será posible, pero sólo en la medida en que lo establezca una ley. Así puede decirse que la vinculación positiva a la ley que explicamos no afecta a los fines sino a los medios: la Administración, sin ley, puede realizar actuaciones para cualquier fin de interés general que encuentre fundamento en la Constitución siempre que no supongan restricción de la libertad de los ciudadanos. Como ejemplifica Beladíez, la Administración puede emprender una campaña contra el tabaco con anuncios sin necesidad de ley; y podría, añado, establecer un servicio público de desintoxicación o dar ayudas a los particulares que realicen tales prestaciones o se sometan a ellas; lo que no podrá, sin ley habilitante, es limitar la libertad de fumar o la de producir o vender tabaco. Para lo primero basta el artículo 43 CE; para lo segundo no. Así, puede decirse aproximativamente que esta vinculación positiva cubre los que antes, en la lección 2, llamamos actividad administrativa de limitación, no a las de servicio público o prestacional ni a las de fomento ni a las empresariales.

Cosa distinta es que, en la medida en que esas otras actuaciones comporten gasto público, necesitan que en los presupuestos haya una partida adecuada para cubrir eso gasto. Pero, además de que los presupuestos no siempre son aprobados por ley (no lo son nada más que los del Estado y las Comunidades Autónomas), no contienen más que previsiones genéricas de ingresos y gastos, no propiamente una habilitación de potestades.

2. Vinculación positiva a la ley para limitar la autonomía de entes públicos

Cada Administración sólo tiene potestades para limitar las posibilidades de actuación o para controlar a otra organización pública si una ley se las confiere. Por tanto, a este respecto no cabe la autoatribución de potestades.

Los supuestos más claros son los que suministran las proclamaciones constitucionales de la autonomía de los Municipios (arts. 137 y 140 CE) o de las Universidades públicas (art. 27.10 CE), de modo que sobre aquellos y éstas la Administración estatal y las regionales no tendrán más potestades de control o de interferencia que las que les atribuyan las leyes. Con algunos matices, lo mismo puede decirse de las Corporaciones sectoriales de Derecho público y de la necesidad de consagración legal de potestades administrativas que limiten o interfieran su actividad. Claro está que, con mayor razón y hasta más radicalmente, no cabe que la Administración se arrogue potestades para interferir en la actuación de órganos constitucionales no administrativos cuya independencia ha querido preservar la Constitución frente a cualquier otro poder y muy especialmente frente al Ejecutivo.

Cosa distinta es que, además, incluso las leyes tienen límites para atribuir potestades a una Administración para interferir en las actuaciones de otras Administraciones o en las de órganos constitucionales no administrativos. Lo que ahora afirmamos es que, incluso admitiendo que otorgar a una Administración una concreta potestad para interferir en la actividad de otra determinada organización pública fuese constitucional, esa atribución de potestad sólo la puede hacer una ley.

3. Vinculación positiva a la ley estatal o autonómica o a sus asimilados

Venimos hablando de vinculación positiva a la ley en ciertos ámbitos. Pero esa función la pueden cumplir por igual las leyes y las normas del Ejecutivo con rango de ley y pueden ser tanto estatales como autonómicas. Por tanto, esos apoderamientos pueden contenerse en leyes, Decretos legislativos y Decretos-ley estatales y autonómicos.

En los dos ámbitos de vinculación positiva a la ley, el ideal es que los apoderamientos se contengan precisamente en leyes, esto es, en normas aprobada por el Poder Legislativo que es el que ostenta la representación popular. Da igual que sean leyes estatales o autonómicas: eso dependerá de que la competencia material sea estatal o autonómica. Pero la misma misión de las leyes ordinarias pueden cumplir los Decretos legislativos y los Decretos-ley (estatales o autonómicos).

4. Diferenciación entre vinculación positiva a la ley y reservas constitucionales de ley

Conviene aclarar que la vinculación positiva a la ley de la que hablamos es distinta de las reservas constitucionales de ley: tienen ámbitos, funciones y significados diferentes.

Así, nos apartamos de las tesis, extendidas en la doctrina española, que tienden a identificar vinculación positiva a la ley y reserva de ley y que, en particular, entienden que hay vinculación positiva de la Administración a la ley en todos los ámbitos en los que la Constitución establece una reserva de ley y sólo en ellos. A las reservas de ley ya aludimos en la lección 3 y se analizarán en la lección 8. Allí, y no aquí, deben estudiarse puesto que son reglas sobre las fuentes, no en abstracto sobre la posición de la Administración respecto al ordenamiento, que es lo que nos ocupa ahora. Pero, dada esa tendencia a confundir vinculación positiva a la ley con las reservas de ley y la importancia de rechazarla, es conveniente hacer algunas aclaraciones sobre la reservas de ley sólo con la finalidad de diferenciarlas de la vinculación positiva a la ley que hemos expuesto.

No coinciden sus ámbitos: hay ámbitos cubiertos por esta vinculación positiva que no están reservados a la ley. En concreto, destaquemos que la vinculación positiva a la ley en lo que respecta a la limitación de la libertad genérica no coincide con la reserva de ley del artículo 53.1 CE para regular los derechos fundamentales del Capítulo II del Título I (arts. 14 a 38 CE).

Esos derechos fundamentales son concreciones parciales de la libertad genérica a las que, por diversas razones (por considerarlas las más valiosas o las que están en mayor peligro…), se les ha dado especial protección. Pero la libertad genérica de los ciudadanos es más amplia que la de ese catálogo de derechos fundamentales. Conviene ejemplificarlo: vestir de una forma o de otra (o disfrazarse) o de ninguna (nudismo) o llevar abalorios como zarcillos o *piercing*, o ponerse tatuajes... no parece que forme parte de ningún derecho fundamental (salvo que se dé a alguno de ellos un contenido desorbitado) pero sí que forma parte de la libertad genérica. Acaso lo mismo pueda decirse de llevar el velo islámico o el *burka* o ir vestido de nazareno o de monje o con un uniforme, aunque tal vez eso, o algo de eso, sí forme parte de la libertad religiosa o ideológica o de expresión. Practicar la mendicidad tampoco creo que forme parte de ningún derecho fundamental (ni siquiera de la libertad de profesión u oficio) pero sí de la libertad genérica. Comer mucho o poco, carne o pescado o ser vegetariano, o tomar mucho o poco el sol, o practicar uno u otros deportes o ninguno, o convivir o pasear con animales de compañía o peligrosos, fumar o no fumar... tampoco es parte de un derecho fundamental, pero sí de la libertad genérica. Seguramente asistir o no asistir a ciertos espectáculos, como los taurinos o a las peleas de animales... o los pornográficos no forme parte de un derecho fundamental, pero sí, desde luego, de la libertad genérica. Tal vez lo mismo pueda decirse de las decisiones sobre procreación o acaso de las relativas a la convivencia o incluso a la libertad sexual. El límite no siempre es claro porque a veces en esas actividades puede verse implicado algún derecho fundamental o puede verse implicado desde el punto de vista de otro sujeto; por ejemplo, en esa libertad para ponerse o no *piercing* o tatuajes o para fumar, podría considerarse implicada la libertad de empresa de quien ofrece los servicios o productos necesarios. La tendencia a entender muy ampliamente cada derecho fundamental también dificulta establecer la frontera. Pero, en todo caso, los ejemplos son suficientes para comprender que hay una libertad genérica más allá de los concretos derechos fundamentales del artículos 14 a 38 CE. Se ve incluso más claramente si se piensa en la imposición de deberes positivos: tener y portar el DNI, llevar casco o cinturón de seguridad para circular en vehículos, pasar la ITV, someterse a revisiones médicas o vacunarse obligatoriamente... Posiblemente ninguno de esos deberes afecte a un derecho fundamental pero es seguro que sí que restringen la libertad genérica. Lo mismo puede decirse de infinidad de limitaciones a la autonomía de la voluntad, desde las que imponen hacer ciertos contratos (seguros obligatorios) a las que prohíben otros o restringen lo que pueden pactar los sujetos privados: aunque no esté implicado un derecho fundamental lo estará, cuando menos, su libertad genérica. Además, algunos derechos fundamentales sólo benefician a las personas físicas mientras que esta libertad genérica es de todos los sujetos privados, incluyendo, por tanto, a las personas jurídicas privadas. En la medida en que todo esto sucede, hay ámbitos en los que rige la vinculación positiva de la Administración a la ley, aunque no la reserva de ley del artículo 53.1 CE.

Tampoco coinciden su significado y función porque la vinculación positiva a la ley y la reserva de ley suponen restricciones diferentes para la Administración. La vinculación positiva a la ley exige apoderamiento legal, no sólo para dictar reglamentos, sino para cualquier actuación administrativa en los dos ámbitos a los que afecta; y se satisface con ese apoderamiento legal sin exigir que le ley regule más concretamente la materia. Así que la vinculación positiva a la ley afecta a la misma posibilidad de dictar actos administrativos. Por el contrario las reservas de ley sólo restringen la potestad reglamentaria, no las demás actuaciones de la Administración. E imponen a la ley, no un mero apoderamiento, sino una regulación material que contenga todo lo importante, de modo que sólo remita al reglamento la pormenorización de los aspectos secundarios.

O sea, la reserva de ley no consiente «autorizaciones en blanco» al reglamento para que invente por completo la regulación. Pero sí consiente que las leyes atribuyan a la Administración un amplio margen para decidir en cada caso lo que considere conveniente para el interés general. Rechazamos así la tesis sostenida por algunos autores según la cual las reservas de ley son incompatibles con una extensa discrecionalidad administrativa; sólo es incompatible con una potestad reglamentaria discrecional sin límites. Es verdad que hay materias en las que la ley tiene límites a la hora de atribuir discrecionalidad a la Administración; y es verdad, incluso, que esas materias coinciden a veces con las reservadas a la ley. Pero esos límites no derivan de la reserva de ley, sino de otras reglas. Por ejemplo, en relación con las infracciones y sanciones administrativas, hay reserva de ley (con severas restricciones a la regulación reglamentaria) y prohibición de conferir amplia discrecionalidad a la Administración para, ante un supuesto concreto, sancionar o no, o sancionar muy severa o levemente (art. 25 CE). Pero esto último no deriva de la reserva de ley sino del juego simultáneo del principio de tipicidad de las infracciones y sanciones. Por el contrario, también hay reservas de ley —por ejemplo, para establecer el régimen de los bienes de dominio público (art. 132.1 CE)— que no están reñidas con que se dé amplia discrecionalidad a la Administración respecto a los actos de gestión de tales bienes. Así que, insistamos, las reservas de ley son reglas sobre fuentes del Derecho que limitan el juego de otras fuentes —sobre todo, del reglamento— pero no dicen nada sobre las demás actuaciones administrativas.

Y no sólo es que haya ámbitos en los que rige la vinculación positiva a la ley aunque no haya reserva de ley, sino que también se puede producir lo contrario; esto es, materias reservadas a la ley en las que no hay esa vinculación positiva a la ley porque cabe reconocer a la Administración ciertas potestades distintas de la reglamentaria sin necesidad de un apoderamiento legal sino derivadas directamente de la Constitución o potestades inherentes a su posición. Así, en las materias que son administrativas por su propia naturaleza. Por ejemplo, las reservas de ley establecidas en los artículos 103.3 y 132.3 CE no significan que todas las potestades de la Administración sobre sus funcionarios o sobre su patrimonio hayan de tener un fundamento legal. Además, la reserva de ley del artículo 53.1 CE cubre no sólo las limitaciones a los derechos de los artículos 14 a 38 CE, sino también otras regulaciones de esos derechos aunque sean favorables a esos derechos, no restrictivas, mientras que la vinculación positiva a la ley sólo afecta a las restricciones a la libertad genérica.

V. SOBRE LA FORMA DE ATRIBUCIÓN DE LAS POTESTADES ADMINISTRATIVAS

Analizado ya en qué normas pueden atribuirse potestades a la Administración, o sea, dónde pueden encontrarse sus apoderamientos, veamos ahora en qué condiciones pueden hacerse. Lo que mejor se ajusta a las aspiraciones del Estado de Derecho es que los apoderamientos a la Administración sean expresos y específicos. Pero estas aspiraciones no se realizan del todo: de un lado, frente al carácter expreso se aceptan potestades implícitas y las llamadas potestades inherentes; de otro, frente a su carácter específico, se admiten apoderamientos amplios.

La vinculación positiva al ordenamiento —o, donde rige, a la ley— no está reñida con la aceptación de potestades *implícitas*. Se trata sólo de deducir de las normas la atribución de una potestad que está sobreentendida. Si, por ejemplo, la ley confía a la Administración sancionar los fraudes en la cantidad, podrá inferirse que tiene también potestades de inspección para poder detectarlos.

Por otra parte, ciertas funciones y titularidades atribuidas por el ordenamiento a la Administración comportan ineludiblemente algunas potestades que cabe considerar *inherentes* a aquellas. Así, si la Administración es titular de un bien puede considerarse inherente la potestad de gestionarlo, de ordenar sus usos... Igualmente, si la Administración presta un servicio público pueden considerarse inherentes a ello ciertas potestades de organización, de dirección, etc.

También se aceptan *apoderamientos relativamente amplios*. Incluso se habla a veces de «cláusulas generales de apoderamiento». No son ni pueden ser realmente generales, es decir, conferir todo género de potestades o hacerlo sin mesura ni tasa. Una atribución de tal género arruinaría cualquier significado útil de la vinculación positiva y las aspiraciones mínimas del Estado de Derecho. Pero, sin llegar a tanto, sí que hay a veces apoderamientos amplios que pueden ser admisibles como, por ejemplo, las otorgadas a la Administración para proteger la salud pública (v. gr., art. 24 de la Ley General de Sanidad).

Por otra parte, las normas que atribuyen potestades a la Administración pueden concretar con cierta precisión las actuaciones que ésta habrá de acometer o pueden, por el contrario, dejar márgenes más o menos amplios para que la Administración actúe de uno u otro modo. El Estado de Derecho tiene alguna vaga aspiración a que las normas predeterminen con concreción lo que la Administración podrá decidir en cada caso y a que, por tanto, las actuaciones administrativas sean previsibles. Pero esto no lo impone el principio de legalidad y es solo una tendencia a la que se renuncia por muchos motivos. Se comprobará de inmediato al estudiar la discrecionalidad.

VI. LOS COMPLEMENTOS PARA LA EFECTIVIDAD DEL PRINCIPIO DE LEGALIDAD ADMINISTRATIVA

La efectividad del principio de legalidad requiere, primero, que haya un control de la observancia por la Administración del ordenamiento jurídico, de su vinculación negativa y positiva, control que, entre otros, debe incluir el jurisdiccional y que en España está confiado a los Tribunales (art. 106.1 CE). Esto remite a las relaciones entre la Administración y los Tribunales, que se analizará en la lección 6. Requiere, en segundo lugar, que los demás sujetos puedan defenderse de todas las ilegalidades administrativas. Esto se conecta con la existencia de derechos subjetivos de los ciudadanos o de otras titularidades (intereses legítimos) que permitan reaccionar frente a las ilegalidades administrativas, sobre todo poniendo en marcha los mecanismos de control, en particular los judiciales, como exige el artículo 24.1 CE cuando proclama el derecho a la tutela judicial efectiva de los derechos e intereses legítimos, tutela judicial frente a todos, incluida la Administración. De ello nos ocuparemos en la lección 7. Y requiere en tercer lugar que la vulneración administrativa de la legalidad tenga consecuencias que tiendan a restablecer la legalidad y a reparar la ilegalidad.

A este último respecto, las consecuencias que el ordenamiento prevé para las actuaciones de la Administración que vulneren el ordenamiento son muy variadas: invalidez (ya sea nulidad o anulabilidad), indemnización a quienes sufran la ilegalidad, restablecimiento de la situación alterada, responsabilidad disciplinaria o hasta penal de los autores de la ilegalidad, etc. No cabe una sistematización completa de todas las posibles consecuencias. Iremos dando cuenta de ellas en las lecciones correspondientes. Lo que ahora sí conviene poner de relieve es que a veces el ordenamiento acepta la validez o, al menos, algunos efectos de ciertas actuaciones administrativas contrarias al ordenamiento (hay ilegalidades no invalidantes y otras que, aunque normalmente invalidantes, no lo son si no se impugnan en ciertos plazos o no lo son en el caso concreto o no llevan a aniquilar todos sus efectos) y que nada de ello supone una quiebra del principio de legalidad. Éste no impone una consecuencia concreta para las actuaciones administrativas ilegales. Es cierto que nuestro ordenamiento establece la regla general de la invalidez de las actuaciones administrativas contrarias al ordenamiento. Pero esa regla general puede tener excepciones por la poca importancia de algunas ilegalidades, por la tendencia a conservar los actos administrativos o por atender a otros principios muy valiosos para el ordenamiento (la seguridad jurídica, la continuidad de los servicios públicos, la protección de la buena fe o de la confianza legítima, la prohibición de enriquecimiento injusto, etc.). Eso explica que a veces se excepcione la regla general de la invalidez de los actos administrativos ilegales pero sin que ello comporte una excepción al principio de legalidad; es el mismo ordenamiento —o sea, la legalidad— el que ha querido matizar esa consecuencia atendiendo a otros valores que considera dignos de protección.

VII. LAS REALES O SUPUESTAS EXCEPCIONES AL PRINCIPIO DE LEGALIDAD

En ocasiones se habla de excepciones al principio al principio de legalidad administrativa. Oportuno es referirse a las principales, aunque sea someramente.

1. Las situaciones de necesidad

No hay nada contrario al principio de legalidad en el hecho de que la Administración, en vez de aplicar las reglas establecidas en el ordenamiento para situaciones normales, aplique las específicas previstas en el mismo ordenamiento para situaciones extraordinarias, o sea, para situaciones de necesidad. Si sólo se trata de esto, no habría aquí ninguna excepción.

Con frecuencia, el mismo Derecho positivo contiene normas que establecen un régimen distinto para la actuación de los poderes públicos —sobre todo, de la Administración— cuando surgen situaciones de necesidad o urgencia: o les confieren potestades más extensas o permiten su desenvolvimiento con menos límites procedimentales o con menos garantías para los ciudadanos. Así hay, por ejemplo, expropiaciones de urgencia, procedimientos de urgencia o formas de contratación administrativa de urgencia, etc. Por otra parte, la misma Constitución se refiere a los estados de alarma, excepción y sitio (art. 116). Y, al margen de estas declaraciones formales, muchas leyes prevén normas especiales para situaciones de crisis sanitarias, incendios u otras catástrofes (v. gr., art. 58 del TRL de Aguas). O se permite al Gobierno ejercer la potestad legislativa cuando hay necesidad de ello (art. 86.1 CE) o a los Alcaldes tomar medidas más allá de sus competencias ordinarias «en caso de catástrofe o de infortunios públicos o grave riesgo de los mismos» [art. 21.1.*m*) LRBRL]. Si esto —u otras muchas habilitaciones extraordinarias a la Administración— está previsto en normas, no hay aquí una real confrontación con el principio de legalidad. Si acaso puede decirse que hay una legalidad para situaciones normales y otra para ciertas situaciones anormales.

Pero, más allá de lo anterior, la teoría de las situaciones de necesidad admite que, incluso sin previsiones normativas específicas, ante circunstancias de crisis general en que se ponga en peligro la subsistencia del Estado, así como, aunque no se esté en una situación tan extrema, cuando aparece un peligro más concreto y grave que afecta a la vida social (desórdenes públicos, imposibilidad de funcionamiento de los servicios públicos, falta del suministro de los bienes y servicios esenciales…), la Administración puede actuar sin que se le haya otorgado la potestad, imponer todo género de deberes y límites a los ciudadanos e incluso actuar *contra legem* en tanto que el peligro no se pueda conjurar por los medios previstos por las normas, ni siquiera por los establecidos para casos anormales. Si esta teoría se acepta en tales términos, forzoso es reconocer que supone una excepción al principio de legalidad tal y como lo hemos expuesto: permite a la Administración imponer deberes y limitaciones a los ciudadanos sin una habilitación legal (es decir, contra la vinculación positiva) y hasta realizar actuaciones con vulneración de las normas (o sea, contra la vinculación negativa).

Esta teoría enlaza con ideas clásicas que se reflejan en aforismos como el de *Necessitae non habet legem* o el de *Salus populi, suprema lex.* El fundamento de esta teoría, ha explicado Álvarez García, es éste: el Derecho no es un fin en sí mismo sino un medio para conseguir determinados fines sociales; por tanto, el Derecho nunca puede ser un obstáculo para conseguir hasta los fines vitales de la sociedad confiados a la Administración. Invoca a De Laubadère para quien la teoría de la necesidad «encuentra su fundamento en los deberes generales de las autoridades administrativas. Éstas, en efecto, tienen como primera obligación asegurar el orden público y el funcionamiento de los servicios públicos; cuando esta obligación se encuentre obstaculizada por la aplicación de la legalidad, la autoridad administrativa podrá suspender la aplicación de esta última». Las normas no pueden ser un impedimento para que las autoridades logren los fines para los que existen. Si las normas —sean de procedimiento, de competencia o de fondo— constituyen ese obstáculo para que los poderes públicos garanticen esos mínimos de la convivencia, los poderes públicos pueden actuar al margen de ellas e incluso en contra de ellas.

Álvarez García ha intentado compatibilizar esta teoría con el principio de legalidad: «La necesidad en tanto que principio general del Derecho no debería entenderse como una excepción al principio de legalidad positiva, sino como su auténtico complemento... En estos casos, la necesidad sirve como cláusula habilitante para la actuación de la Administración, que, según el artículo 103.1 CE, debe actuar con sometimiento pleno no únicamente a la Ley, sino a todo el Derecho en general, se encuentre o no positivizado». Habría, pues, según esta explicación, una habilitación en un principio general del Derecho, principio que precisamente consiste en afirmar que la Administración tiene todos los poderes necesarios —incluso contra ley— para salvar a la sociedad en las situaciones de crisis. La actuación será formalmente ilegal pero, en el fondo, conforme con el ordenamiento porque consigue los fines de éste. Pero aunque se acepte esto, se mire como se mire, no deja de ser contrario al mismo principio de legalidad en un Estado de Derecho y al contenido que a ese principio hemos dado. Así, o se niega esta teoría de las situaciones de necesidad o se admite resignadamente esta excepción al principio de legalidad.

La pandemia de la COVID-19 ha dado ocasión para que se muestren las singularidades que las situaciones de necesidad presentan y para poner a prueba las distintas explicaciones sobre las alteraciones que comporta respecto al principio de legalidad. En general, la jurisprudencia y la doctrina españolas solo han aceptado la aplicación de una legalidad especial para este tipo de situaciones y, aun así, en general, con muchas restricciones. Sobre todo, la lucha contra la pandemia se abordó declarando el estado de alarma por RD 463/2020, de 14 de marzo (prorrogado sucesivamente por otros seis RRDD). Pero la STC 148/2021, de 24 de abril, declaró inconstitucionales las restricciones más severas, en especial, las que limitaban la libertad de circulación, por entender que solo podían acordarse declarando el estado de excepción. Sea como fuere, lo que no se ha invocado es la teoría de las situaciones de necesidad propiamente dicha, esto es, la que está dispuesta a aceptar, al margen de previsiones constitucionales y legales específicas, poderes de la Administración e incluso la posibilidad de actuar *contra legem* para superar las situaciones de necesidad.

2. La policía

Tampoco ha sido raro afirmar ciertas excepciones al principio de legalidad en la actividad de policía, esto es, aquella parte de la actividad administrativa de limitación que tiene por fin preservar el orden público. Históricamente las excepciones al principio de legalidad que en esta materia se predicaron pudieron encontrar fundamento en algunas Constituciones decimonónicas que atribuyeron al Poder Ejecutivo, además de la ejecución de las leyes, el mantenimiento del orden público, de donde podía deducirse que apoderaban directamente para, al margen de las leyes, preservar ese orden. Después trataron de justificarse de otras formas, incluso en una costumbre constitucional o en principios generales del Derecho. Cuando analicemos la policía (tomo III) veremos si subsiste algo que permita detectar excepciones al principio de legalidad. Adelantemos que, más que excepciones, son sólo matizaciones parciales y relativas, incluso explicables en parte reconociendo que es un terreno propicio a las cláusulas amplias de apoderamiento y a las potestades implícitas e inherentes.

El principio de legalidad rige, pues, en materia de policía, aunque con ciertas adaptaciones.

3. Relaciones de sujeción especial

A muy distintas ideas responde la tercera de las supuestas excepciones que viene constituida por las llamadas relaciones de sujeción especial (o, desde la perspectiva contraria, relaciones de supremacía especial). Concepto acuñado por la doctrina alemana (Mayer) y extendido allí durante mucho tiempo, es ahora en gran parte abandonado y hasta denostado en su país de origen. Al menos, no se considera por muchos que sea la mejor forma de explicar la situación peculiar que sufren algunos individuos, como los funcionarios, los presos, los internados en un hospital público, etc. Pero, se crea o no en las relaciones de sujeción especial, haberlas, haylas; quiere decirse que, sean o no la explicación más conveniente y dudando incluso de que todas respondan a unos mismos fundamentos y naturaleza, hay personas que tienen un más intenso sometimiento a la Administración y a las que ésta puede imponer deberes, prohibiciones y restricciones no sólo más intensos que al resto, sino, por lo que ahora interesa, sin el apoderamiento en ley que se exige para el común de los ciudadanos. Por tanto, tales relaciones entrañan, entre otras cosas y por lo que importa ahora, una excepción al principio de legalidad como vinculación positiva a la ley para limitar la libertad. Además, lo cierto es que los tribunales españoles usan este concepto o, al menos, el término, que ha acabado por asentarse entre nosotros. Usan y acaso abusan porque, en comparación con su sentido originario, lo han desorbitado a veces tanto en su amplitud como en sus consecuencias. Frente a ello se impone, como mínimo, optar, de un lado, por un concepto restringido de tales relaciones y, de otro, por moderar sus consecuencias. En ambas tareas son capitales las aportaciones de López Benítez a quien seguimos.

Sólo hay relación de sujeción especial cuando se produce «la incorporación duradera y efectiva del administrado en la esfera organizativa de la Administración», sea voluntaria o forzosa.

No hay por tanto tales relaciones, aunque los tribunales y hasta la doctrina lo hayan entendido así a veces, por el mero hecho de utilizar el demanio o de ser usuario o concesionario de un servicio público ni por integrarse en Corporaciones de Derecho público o por ejercer ciertas actividades especialmente reguladas por la Administración (v. gr., las de un banco o las de detective privado). Puede que en todos esos casos y otros muchos se hayan conferido numerosas e intensas potestades limitativas a la Administración o que se acepten con facilidad potestades inherentes e implícitas. Pero nada de eso permite hablar de relaciones de sujeción especial y de la relajación del principio de legalidad que comportan. Sólo cuando hay esa inserción estable en el seno de la organización administrativa se dan tales relaciones especiales. Así, ejemplos prototípicos son los del funcionario o los internados en un hospital o una prisión. De hecho, como afirma López Benítez, la relación penitenciaria es paradigma de esta clase de relaciones.

Acotado así el concepto, la consecuencia es que quienes se incorporan de esa forma en la esfera organizativa de la Administración sufren «modulaciones importantes» en su libertad y hasta en sus derechos fundamentales de suerte que pueden ser limitados por la Administración sin una expresa base legal. La simple potestad de autoorganización, de la que gozan ampliamente las Administraciones, es suficiente para arrastrarles y afectarles en su situación personal aunque ello sólo en la medida en que esté justificado por las exigencias de organización y funcionamiento de la Administración. Más allá de eso, para cualquier otra limitación será necesaria la habilitación legal.

El TC se ha mostrado prudente en cuanto a las consecuencias de las relaciones de sujeción especial. Dice, por ejemplo, la STC 187/2015 (sintetizando a la anterior 81/2009): «[…] dentro de ellas tienen vigencia los derechos fundamentales y *tampoco respecto de ellas goza la Administración de un poder normativo carente de habilitación legal*, aunque ésta pueda otorgarse en términos que no serían aceptables sin el supuesto de esa especial sujeción».

En suma, las relaciones de sujeción especial acotan un campo reducido; y, además, no comportan una frontal excepción al principio de legalidad sino sólo una flexibilización de la exigencia de ley.

Incluso esa flexibilización se puede explicar en gran parte por dos vías: porque las potestades que sufren los sujetos a esas relaciones especiales son inherentes a la potestad de autoorganización; y porque esas potestades no inciden sobre la libertad genérica de los ciudadanos para realizar puras actividades privadas (que es para lo que rige la vinculación positiva a la ley) sino sobre actividades realizadas por ciertas personas por, para o en el seno de una Administración.

4. Ejercicio de derechos y de la autonomía de la voluntad por la Administración

Se mantiene a veces que la Administración no actúa siempre en el ejercicio de potestades sino en el de derechos subjetivos o como fruto de una capacidad de obrar o incluso de una autonomía como la de los sujetos privados. Se afirma así, por ejemplo, cuando la Administración tiene sólo «los derechos y poderes comunes a otros sujetos» (Sandulli) o cuando actúa como sujeto de Derecho común, no como autoridad (Giannini). En particular se ha afirmado cuando la Administración hace convenios o contrata; dice Cosculluela: «autonomía de la voluntad para celebrar contratos existe también en el contrato administrativo, que no es producto de una potestad». Así tendría la Administración, como lo sujetos privados, autonomía dominical (poder de la voluntad referido al uso, goce y disposición de bienes y derechos los subjetivos) y autonomía de la voluntad (poder atribuido a la voluntad para la creación, modificación o extinción de relaciones jurídicas). Esto supondría una excepción al principio de legalidad que, según hemos explicado, entraña la negación de autonomía de la voluntad de la Administración. Pero esa supuesta excepción es rechazable: incluso para gestionar sus bienes y para contratar lo que tiene la Administración son potestades conferidas por el ordenamiento —aunque sean potestades discrecionales— y cualquier similitud con la situación de los particulares y su autonomía es pura apariencia.

En gran medida ya hemos combatido estas ideas cuando afirmábamos en la lección 1 que la Administración nunca actúa como un sujeto de Derecho común, aunque no ejerza su autoridad. Y lo hemos vuelto a refutar aquí cuando hemos explicado la diferencia ineliminable entre la posición del ciudadano y de la Administración frente al ordenamiento. Pero aun conviene añadir algo para negar la autonomía de la voluntad de la Administración cuando contrata, incluso aunque se consagre la «libertad de pactos» (art. 25.1 LCSP). Pese a ello, debe afirmarse (como lo ha hecho parte de la doctrina) que la Administración jamás actúa con autonomía de la voluntad; la Administración nunca es libre. Los fines están predeterminados siempre, y cuando el ordenamiento le da varios medios debe realizar la elección conforme a los principios de eficacia y de buena administración; la Administración, incluso cuando le son de aplicación normas iguales a las que rigen a los sujetos privados, no actúa con autonomía de la voluntad porque ésta es una manifestación jurídica de la libertad personal. Lo que hay son potestades (aunque no sean potestades de mando, de autoridad) discrecionales, pero la discrecionalidad, como se verá de inmediato, no es autonomía de la voluntad.

5. La autonomía de las Administraciones; en especial, de los Municipios

No es impertinente aclarar que la proclamación de la autonomía de ciertas Administraciones (autonomía de los Municipios, autonomía de las Universidades, etc.) nada tiene que ver con la autonomía de la voluntad privada: esa autonomía de algunas Administraciones es autonomía respecto a otras Administraciones, no autonomía respecto a las leyes o el ordenamiento; es posibilidad de orientar su actividad con independencia de otras Administraciones, no con independencia de las leyes o del ordenamiento en su conjunto. Así que en nada contradice esa autonomía de algunas Administraciones nuestra rotunda negación de la autonomía de la voluntad administrativa como expresión mínima del principio de legalidad.

Ahora bien, hay ciertas posturas doctrinales (con algún reflejo en la jurisprudencia, más nominal que real) que sobre todo en relación con la autonomía de los Municipios sí afirman una cierta relajación del significado normal del principio de legalidad; ello para compatibilizar la autonomía que les garantiza la Constitución y el hecho de que no pueden aprobar leyes sino sólo reglamentos. Por ello permiten a esos reglamentos locales hacer lo que, en general, sólo permiten hacer a la ley. Entonces, por esa vía, sí que admiten una excepción al principio de legalidad como vinculación positiva a la ley. Pero rechazamos aquí esas doctrinas. Se desarrollará al estudiar los reglamentos locales en la lección 8.

VIII. POTESTADES ADMINISTRATIVAS: CONCEPTO Y CARACTERES

Hemos construido el principio de legalidad administrativa sobre el concepto de potestades que provienen siempre de una atribución del ordenamiento. Lo que caracteriza a las potestades, frente a otros tipos de poderes jurídicos (como los derechos subjetivos), es que mediante ellas no se sirven intereses propios del titular de la potestad, sino que se cuidan intereses de otras personas. El concepto también es conocido en el Derecho Civil (la patria potestad). Pero es especialmente adecuado para el Derecho Administrativo pues casa muy bien con el sentido de Administración pública, institución vicarial creada para *servir* los intereses generales (art. 103.1 CE). En el caso de las potestades administrativas, son los intereses generales, según ya nos consta, los que la Administración procura cuando ejercita una potestad; ése es el fin genérico al que apuntan todas las potestades administrativas, fin que, luego, se va especificando para cada potestad y cada materia.

Este cuidado de intereses ajenos imprime en la potestad unos caracteres que le diferencian de otros poderes jurídicos y que, además, en el caso de las potestades administrativas acentúan su rigor por venir referidos a esa persona tan singular que es la Administración. El artículo 8 LRJSP traza unos caracteres de la competencia que, en puridad, pueden referirse a la potestad, ya que, siendo la competencia la medida de potestad que corresponde a un órgano, los rasgos que se predican de la parte han de ser también los caracteres que adornen el género. Salvada esta sinécdoque, podemos afirmar con el artículo 8 LRJSP que las potestades son irrenunciables, de ejercicio obligado, imprescriptibles, intransmisibles e inalienables, y se atribuyen a favor de una Administración determinada. Cuando la Administración no ejercita las potestades que tiene atribuidas por el ordenamiento, no sólo está infringiendo éste, sino que además puede estar conculcando principios jurídicos importantes como el de igualdad, ya que, actuando o no ejerciendo la potestad ante casos concretos, estaría discriminando a unos administrados con respecto a otros. La particular adherencia que la potestad muestra con respecto a la norma determina, en fin, que la potestad sea susceptible de reiteradas aplicaciones. Normalmente, tales concreciones se efectuarán mediante el dictado de actos administrativos, que constituyen el instrumento o herramienta del que predominantemente se vale la Administración para cumplir sus tareas. Sin embargo, tales potestades pueden actuarse asimismo para aprobar reglamentos y planes; efectuar programaciones; concluir contratos y convenios; e, incluso, para lanzar directamente la fuerza, en los casos de coacción directa, contra quienes, por ejemplo, alteran o perturban el orden público.

La Teoría General del Derecho ha construido un concepto de potestad que, en palabras de Díez-Picazo, se define como «los poderes jurídicos que se atribuyen a la persona no para que ésta realice mediante ellos sus propios intereses, sino para la defensa de los intereses de otra persona, de suerte que su ejercicio y defensa no son libres y arbitrarios, sino que vienen impuestos en atención a los intereses en cuyo servicio se encuentran dados (potestad paterna, potestad administrativa)». En sus grandes rasgos, este concepto coincide con el que construyó Santi Romano para el Derecho Público en sus célebres *Fragmentos de un Diccionario Jurídico* y que tanta fortuna ha hecho en nuestra doctrina jurídico-administrativa. Las razones para ello se basan en que la noción de potestad es, en puridad, un supraconcepto (*Oberbegriff*) que, con las debidas adaptaciones para cada rama del Derecho, expresa, como advirtiera Sebastián Martín-Retortillo, un tronco común para todas ellas. Tal vez por la influencia que entre nosotros ha tenido, como decimos, el trabajo de Santi Romano, gran parte de los autores edifican el concepto de potestad contraponiéndolo al de derecho subjetivo. La contraposición resulta didáctica pero hay que notar que el origen de la potestad probablemente sea anterior al del propio derecho subjetivo y, en todo caso, al menos en el ámbito del Derecho Administrativo, el ejercicio de la potestad es el que da origen en muchos casos al nacimiento de un derecho subjetivo: por ejemplo, el acto administrativo que otorga a un particular una concesión sobre una determinada parcela del dominio público crea en el particular un verdadero y genuino derecho subjetivo de naturaleza real. Frente a ello, la potestad únicamente puede nacer de la norma: nunca del ejercicio de un derecho subjetivo emerge una potestad. Debemos reparar además en que hay rasgos de la potestad de los que participa o pueden participar también algunos derechos subjetivos: la falta de consunción de las potestades por su ejercicio es ciertamente una de sus notas más características, pero también existen derechos subjetivos —como el derecho de propiedad— con respecto a los cuales el acto de ejercicio, en lugar de agotar y consumir el derecho, lo consolida y prorroga (Díez-Picazo). Existen asimismo derechos subjetivos que pueden tener su nacimiento en la norma y, en última instancia, como sintetizara Federico de Castro, el derecho subjetivo es siempre una situación jurídica creada por el Derecho que hace surgir un deber de respeto hacia el mismo. También nuestra jurisprudencia se ha hecho eco de esta caracterización de la potestad [STS 1245/2021, de 19 de octubre, fdto. Derecho 3.º].

Además, algunos de los caracteres que se predican normalmente de la potestad, no pueden entenderse tampoco en términos absolutos. Así, aunque se hable del ejercicio obligado de las potestades, las hay que son de ejercicio discrecional, como luego se verá. E, incluso cuando no es así, a veces resulta imposible o casi su ejercicio en todos los casos pertinentes. Por ejemplo, no es posible —o precisaría de unos medios materiales, personales y técnicos que rebasan con creces las propias capacidades finitas de la Administración— que ejerza siempre sus potestades de inspección sobre todos los locales de ocio o todas las declaraciones de IRPF o cualquier conducta de tráfico en cualquier tramo de carretera.

Frente a la potestad de la Administración existe una correlativa sujeción de los administrados, que supone sólo, en palabras de García de Enterría, la eventualidad de soportar los efectos de una potestad de otro sobre el propio ámbito jurídico, pero que una vez ejercida la potestad dará lugar a otras figuras jurídicas subjetivas (derechos, deberes, obligaciones) distintas de la indicada sujeción.

IX. CLASES DE POTESTADES ADMINISTRATIVAS

1. Potestades regladas y discrecionales

Muchas son las clasificaciones de las potestades administrativas. Por su contenido, se distinguen la reglamentaria, organizatoria, tributaria, expropiatoria, sancionadora, etc. Por la incidencia que tienen en el ordenamiento jurídico, distinguen entre potestades innovativas, que crean, modifican o extinguen relaciones jurídicas (reglamentaria, expropiatoria), y conservativas, que se ordenan a conservar, tutelar y proteger situaciones jurídicas preexistentes (p. ej., las que se vinculan a la autotutela). Finalmente, por el grado de disponibilidad para incidir en la esfera jurídica de los ciudadanos, se distingue como ya se ha visto, entre potestades de supremacía general y de supremacía especial.

Nos centraremos en la clasificación que, atendiendo a la forma de atribución, distingue entre potestades regladas y discrecionales, que es la clasificación más importante. Como la potestad viene atribuida por una norma jurídica, la forma de atribución de la potestad remite en última instancia a un análisis de la estructura presentada por la propia norma atributiva de la potestad. Partiendo de que idealmente la norma jurídica responde al esquema de que a un supuesto de hecho se le anuda una consecuencia jurídica, hablamos de potestades regladas cuando la norma acota y cierra exhaustivamente ambos elementos, de modo que a la Administración no le queda margen o resquicio alguno de valoración o estimación subjetiva. Por el contrario, en las potestades discrecionales la norma confiere a la Administración un margen de valoración subjetiva en lo que concerniente a la elección de la consecuencia jurídica procedente. Por tanto, la norma permite a la Administración elegir entre varias soluciones todas ellas lícitas (discrecionalidad de elección) o, incluso, en su caso, entre actuar o no actuar (discrecionalidad de actuación).

Para algunos autores cabe discrecionalidad en lo relativo al supuesto de hecho —y no sólo en el de las consecuencias jurídicas— en los casos en que éste está descrito por la norma de manera incompleta o indeterminada y se permite a la Administración su integración. Aunque tal tesis tiene un cierto fundamento, localizaremos aquí la discrecionalidad sólo en lo relativo a las consecuencias jurídicas y dejaremos lo relativo al presupuesto de hecho a los conceptos jurídicos indeterminados.

A la vista de ello, en las potestades regladas la Administración se limita a constatar que se da el supuesto de hecho de la norma para aplicar la consecuencia jurídica —la única consecuencia jurídica— prevista por ésta. En lo atañedero a las potestades discrecionales, el papel de la Administración es, por así decirlo, más creativo en la medida en que puede elegir y decantarse por una de las varias consecuencias jurídicas posibles. Aplicar la única solución justa o elegir una de entre las posibles soluciones justas, sería en términos muy reduccionistas lo que, según la doctrina y la jurisprudencia, separaría y distinguiría a una potestad administrativa reglada de otra potestad discrecional.

Se comprende en cualquier caso que la discrecionalidad puede tener muy distintos grados o amplitud. A veces se trata sólo de permitir a la Administración elegir entre unas cuantas posibilidades previstas por la norma que incluso señala los criterios que deben presidir la elección; otras veces podrá optar entre una gama amplísima de posibilidades ni siquiera esbozadas por la norma; y en otras se tratará de una actividad administrativa sólo mínimamente enmarcada por las normas para que la Administración despliegue una actuación ni siquiera programada por el ordenamiento en las que son posibles incluso políticas diferentes y hasta opuestas. Esta diversidad de discrecionalidades afecta a todo cuanto se dirá sobre sus límites y control, aunque no profundicemos aquí en ello.

Claro está que la discrecionalidad no supone nada contrario al principio de legalidad. Tampoco es de ninguna forma sinónimo de arbitrariedad (siempre prohibida, art. 9.3 CE) ni confiere a la Administración algo realmente equiparable a la autonomía de la voluntad.

Si existe una potestad administrativa discrecional es porque es otorgada por el ordenamiento, porque es querida por la norma. Además, en su ejercicio, en su elección de una de las posibilidades permitidas por la norma, la Administración no está desligada del Derecho, del resto de normas y los principios generales. Por tanto, cuando una norma otorga discrecionalidad a la Administración no le está concediendo la arbitrariedad propia del antiguo Monarca absoluto —que podía dar fuerza jurídica a lo que le placiera—, ni tampoco algo que se asemeje a la autonomía de la voluntad de la que gozan los particulares, quienes, en ejercicio de su libertad, pueden elegir las opciones que quieran sin más límites que los que fijen la ley, la moral y el orden público (art. 1.255 CC). Cuando la norma le da a la Administración una potestad discrecional le está confiriendo algo mucho más limitado: la posibilidad de elegir, cuando existan varias soluciones, no sólo una solución legal sino también una solución que sirva a los intereses generales, fin vicarial del que la Administración no se desprende en momento alguno (art. 103.1 CE). Discrecionalidad no es, pues, arbitrariedad.

Por eso, hablar de potestad o actuación discrecional no tiene por qué revestir matiz peyorativo alguno: tan constitucional y legal es una potestad discrecional como una potestad reglada; la discrecionalidad existe porque es necesaria y en muchos casos demandada por la propia realidad social. Construir una Administración dotada únicamente de potestades regladas no representa sólo un imposible jurídico, sino que sería contradictorio con la función que la Constitución asigna a la Administración. Como en otras cosas de la vida, lo malo y nocivo de la discrecionalidad es la mala configuración normativa y el mal uso que se haga de ella. Pero para evitar eso, no sólo existen, como después veremos, límites y controles, sino que en muchísimos casos la norma orienta sobre cómo debe ejercerse específicamente la potestad discrecional otorgada.

Pero que aceptemos con normalidad y de buen grado la existencia de potestades discrecionales no quiere decir que el Derecho, ni siquiera las leyes, sean siempre libres para establecer cualesquiera potestades administrativas con amplia discrecionalidad. Recuérdese lo que antes se dijo de la aspiración y de la tendencia del Estado de Derecho a que las normas regulen la actuación administrativa de manera que resulte previsible. Y sobre todo téngase en cuenta que podría ser inconstitucional dar a la Administración ciertas potestades con amplia discrecionalidad. Por ejemplo, sería inconstitucional la norma que atribuyera a la Administración una potestad sancionadora discrecional o quizás la que le permitiera restringir ciertos derechos fundamentales según lo que en cada caso considere conveniente para el interés general o someter su ejercicio a autorización por completo discrecional.

¿Cuándo nos hallamos ante una potestad reglada o discrecional? A veces, la propia estructura de la norma atributiva de la potestad nos da indicios para resolverlo.

En ocasiones, el empleo por la norma de expresiones como la Administración «estará facultada», «podrá», «tendrá permitido» y otras análogas nos revelarán la existencia de una potestad discrecional; por el contrario, locuciones como «tendrá que», «deberá», etc., nos avisarán de la existencia de potestades regladas. Sin embargo, no debemos sacralizar tampoco el empleo de tales fórmulas por parte de la norma atributiva de la potestad, ya que sólo la comprensión del conjunto servirá para dilucidar la naturaleza de la potestad ante la que nos encontremos. Ciertamente, la utilización del verbo «podrá» en la estructura de una norma nos situará en muchas ocasiones ante una potestad discrecional, pero a veces tan sólo nos expresará que la Administración tiene permiso o capacidad para hacer algo que, en principio, le estaba vedado. De la misma forma, el uso del verbo «deberá», que en innumerables supuestos resulta revelador de la existencia de una potestad reglada, en otras ocasiones y en el contexto del conjunto de la norma puede ser la manera de expresar el otorgamiento a la Administración de una potestad discrecional pura o limitada a elegir entre una de las varias soluciones que ya ha predeterminado la norma atributiva de la potestad. Quiere decirse, en definitiva, que con los términos empleados por la norma atributiva de la potestad tendremos que hacer un análisis muy semejante *mutatis mutandis* al análisis sintáctico que los lingüistas hacen con respecto a las oraciones, pues a la postre las normas jurídicas también encierran, como sabemos, proposiciones.

Pero, además de que la redacción de las normas no siempre es concluyente, habrá que atender en más ocasiones a su relación con otras normas o principios, al sentido general del ordenamiento o al de la regulación de un sector, al fin de la actividad administrativa en ese ámbito determinado… o, incluso, en expresión en boga, a la «densidad normativa» para saber si se está ante una potestad reglada o discrecional.

2. Los conceptos jurídicos indeterminados

Diferentes de los casos en que se confiere a la Administración una potestad discrecional son aquellos en que una norma atribuye la potestad para ciertos supuestos de hecho descritos mediante conceptos jurídicos indeterminados. La norma acota el supuesto de hecho y predetermina la consecuencia jurídica que ha de declarar la Administración. Por tanto, no hay discrecionalidad sino potestad reglada. Lo que sucede es que la norma acota el supuesto de hecho con imprecisión, con vaguedad. o sea, con indeterminación. Pero «la indeterminación del enunciado no se traduce en una indeterminación de las aplicaciones del mismo, las cuales sólo permiten una unidad de solución justa en cada caso, a la que se llega mediante una actividad de cognición, objetivable por tanto, y no de volición» (García de Enterría).

Imaginemos, por ejemplo, una norma que atribuya al profesor la potestad de expulsar de la clase a los alumnos que alteren el orden e impidan el adecuado desarrollo de la docencia. No está dando al profesor una potestad discrecional para expulsar a los alumnos según su voluntad, ni siquiera según lo que considere más conveniente al interés general o al mantenimiento del orden. Está dando una potestad reglada aunque el supuesto de hecho no está delimitado de forma perfectamente nítida. Pero, en el caso concreto, llegado el momento de su aplicación, o bien el alumno estará realmente alterando el orden en la clase e impidiendo su desarrollo o no se estará ante tal supuesto.

El que las normas —todas las normas, no sólo las que atribuyen a la Administración potestades— utilicen conceptos jurídicos indeterminados no es ningún defecto. Por lo menos no lo es cuando quieren describir supuestos de hecho que no admiten una delimitación más exacta y terminante. Así, los conceptos jurídicos indeterminados son utilizados con frecuencia por las normas, puesto que en muchísimas ocasiones sólo mediante su empleo se puede aprehender toda la rica variedad y multiplicidad presente en la realidad y encerrarla en una proposición normativa. Y, los utilizan también, por lo que aquí nos ocupa, las normas que atribuyen potestades a la Administración. Desde luego, dan menos seguridad jurídica que las normas que emplean conceptos perfectamente determinados; pero se aceptan en cuanto que son inevitables o, al menos, convenientes para describir el supuesto de hecho.

Una norma jurídica podría, por ejemplo, afanarse en desentrañar y enumerar tanto las distintas formas y modos en que puede hacerse la recolección de la uva como todas las características que deben atesorar las uvas cosechadas de cara a que puedan ser calificadas favorablemente para la elaboración de vinos amparados por una denominación de origen. Las dudas acerca de la suficiencia de tales intentos aparecerían pronto, ya que enseguida se advertiría que no se habían descrito todas las vicisitudes y circunstancias que podrían suscitarse durante la recolección, ni tampoco se habrían descrito todas las características y cualidades que habrían de reunir las uvas para aquellos efectos. El resultado final sería que, ante estas situaciones y circunstancias no previstas, la Administración quedaría inerme, al menos hasta que recibiese una habilitación para hacer frente a tales aconteceres. Por ello, las normas vitivinícolas suelen resolver este problema de un modo más simple y, sin duda, más completo en lo que a la aprehensión de la realidad se refiere: «La vendimia —dicen— se realizará con el mayor esmero, dedicando exclusivamente a la elaboración de los vinos protegidos la uva sana con el grado de madurez necesario». Es verdad que en la práctica pueden ser muchas las formas en que se realice la vendimia y pueden ser asimismo muy variadas las razones para que abstractamente neguemos la condición de uva sana a la uva cosechada. Sin embargo, de lo que se trata aquí es de que en el caso concreto, valiéndonos de criterios de valor y de experiencia —esto es, de criterios cognitivos— se determine si la vendimia se ha hecho bien en el caso concreto y si la uva que así se ha recolectado está sana o no lo está.

La STS de 23 de marzo de 2015 (rec. cas. 1882/2013), permite algunas reflexiones sobre lo que aquí hablamos. Anula parcialmente una Ordenanza de Barcelona que sancionaba el nudismo y el uso del bañador o prendas similares en los espacios públicos en lo que se refiere a su utilización de términos como «casi desnudo», «bañador u otra prenda de ropa similar». Y ello porque según la STS «resultan difícilmente inteligibles y hubieran exigido [...] una mayor concreción para garantizar la seguridad jurídica y reducir al máximo las percepciones puramente subjetivas de los destinatarios de las normas prohibitivas y sancionadoras que se enjuician». Cierto es que se trataba de normas sancionadoras a las que se exige mayor precisión. Pero incluso así acaso pueda sostenerse que lo que pide el TS es un imposible jurídico, pues no cabe esa absoluta determinación de la realidad, entre otras cosas, por el propio carácter dinámico de la realidad contemplada por la norma, sujeta a continuas evoluciones de la moda y de las convicciones sociales.

A diferencia de lo que acontece en las potestades discrecionales, con los conceptos jurídicos indeterminados la norma no habilita a la Administración para que, en función de criterios económicos, políticos o de oportunidad, decida aquello que considere más conveniente. Aquí las cosas son, en principio, más simples.

Siguiendo con los ejemplos: o la vendimia se ha hecho bien y la uva está sana y puede servir para elaborar vinos amparados, o las cosas se han hecho mal y la uva debe ser destruida; o se va «casi desnudo» o no. Parecida situación se da cuando la norma preceptúa que los empresarios y demás agentes de la cadena alimentaria sólo podrán comercializar alimentos sanos y seguros, o cuando, en general, las normas se valen de nociones tales como urgencia, necesidad, especial gravedad, falta de probidad, buena fe, medidas adecuadas y proporcionales, diligencia del buen padre de familia, fuerza irresistible, decoro, etc., con cuyo empleo tratan de apresar y prever todos los ricos y variados supuestos de hecho que podrían verificarse en la realidad.

Por tanto, entre los conceptos jurídicos indeterminados y la discrecionalidad existen diferencias: la primera es que el concepto jurídico indeterminado aparece en la descripción del supuesto de hecho de la norma; en cambio, la discrecionalidad viene referida más propiamente a la consecuencia de la proposición normativa. En segundo lugar, despejar la incógnita de si un hecho de la realidad puede subsumirse o no en el concepto jurídico indeterminado empleado por la norma, remite a un juicio de conocimiento; por el contrario, aplicar ésta u otra consecuencia jurídica representa un querer de la Administración, una valoración realizada las más de las veces con criterios extrajurídicos.

Esas diferencias tienen consecuencias en cuanto al control de lo decidido por la Administración. Sobre todo en cuanto a su control judicial. No es que el ejercicio de las potestades discrecionales quede exento de todo control. No es así, como ya hemos apuntado y luego desarrollaremos. Pero en tanto que la discrecionalidad admite varias soluciones igualmente legales, el control ha de respetar ese margen de decisión conferido a la Administración. Por el contrario, como ante las normas que utilizan conceptos jurídicos indeterminados el supuesto de hecho se da o no se da en el caso concreto según un puro juicio cognitivo, el control judicial incluirá plenamente ese juicio y resolverá si en el caso concreto se estaba o no ante el supuesto de hecho previsto por la norma. Ese juicio de conocimiento sobre si la realidad encaja o no en el concepto indeterminado lo hará inicialmente la Administración puesto que de normas que atribuyen potestades administrativas hablamos. Pero precisamente porque se trata de un juicio de conocimiento, o sea, de decidir si el hecho producido en la realidad encaja o no en el supuesto descrito en la norma mediante tal concepto indeterminado, esa apreciación realizada por la Administración podrá ser revisada por los Tribunales.

Pero las cosas son en muchos casos más complicadas y las diferencias entre discrecionalidad y conceptos jurídicos indeterminados se presentan borrosamente. También ello hace que las diferencias en lo que concierne a su control judicial se atenúen. Las dificultades se plantean especialmente ante los conceptos jurídicos indeterminados que implican juicios valorativos acerca de los hechos presentados en la realidad; por ejemplo, interés público, bien común, utilidad pública, interés artístico, oferta económicamente más ventajosa, etc.

La consideración de algunos de estos conceptos como conceptos jurídicos indeterminados y no como manifestaciones de una potestad discrecional precisa alguna aclaración. El «interés público» es, ciertamente, un concepto jurídico indeterminado; pero también puede ser, en ocasiones, el elemento al que se anude el núcleo decisional de una potestad discrecional. Dependerá, según la tesis que se viene exponiendo, de que sirva para describir el supuesto de hecho o la consecuencia jurídica de la norma. Por ejemplo, una norma que permitiese al Gobierno decidir el destino de unos fondos públicos del modo que estime más conveniente para el interés general, entrañaría el otorgamiento de una potestad discrecional, puesto que cabrá aplicar los fondos en la dirección y con respecto a los sectores que estime más oportunos. En cambio, la norma que permitiese al Ministro de Defensa denegar por razones de interés público el pase a la situación de excedencia de un piloto militar, describiría un supuesto de concepto jurídico indeterminado: ante un caso concreto, el Ministro de Defensa tendría que explicitar la razón que le mueve a denegar el cambio de situación (p. ej., falta de pilotos en servicio activo en la Fuerza Aérea) para determinar si ésta encaja o no en el supuesto de hecho descrito por la norma.

Ante conceptos jurídicos indeterminados tan evanescentes se reconoce a la Administración un «margen de apreciación», margen que los Tribunales respetan en su control.

Ese margen de apreciación no cubre todo el concepto ni todos los supuestos. Se opera, por influencia de la doctrina alemana, una disección de la estructura del concepto jurídico indeterminado, que tiene sobre todo un valor pedagógico (Cosculluela). Y así se distingue entre una zona de certeza positiva (*Begriffkern*), una zona de certeza negativa y un «halo del concepto» (*Begriffhof*) o zona de incertidumbre. Sólo en esa zona de incertidumbre se reconoce a la Administración el «margen de apreciación». Algunos autores dicen que si hay un margen de apreciación es que la Administración puede elegir entre varias soluciones igualmente lícitas y que, por ende, a la postre, no se diferencia en sustancia de la situación que se produce ante la discrecionalidad. Pero al menos en teoría pueden seguir manteniéndose las diferencias pues este margen, en palabras de García de Enterría, «no da entrada, sin embargo, a la libre voluntad de la Administración (si tal fuese estaríamos en el campo de la discrecionalidad); expresa sólo un ámbito puramente cognoscitivo e interpretativo de la ley en su aplicación a los hechos y supone reconocer la dificultad de acercarse de forma totalmente exacta a la solución justa y, todo lo más, el otorgamiento a la Administración del beneficio de la duda». En la misma línea, resaltó desde temprano nuestra jurisprudencia (SSTS de 24 de octubre de 1959 y 28 de abril de 1964) que ese margen de apreciación no tiene carácter volitivo, sino cognitivo, y subsistirá únicamente en la medida en que la decisión adoptada por la Administración se presente como razonable en relación con todas las circunstancias del caso.

El problema que acabamos de analizar adopta unos ribetes propios y se plantea con toda su crudeza en relación con la llamada «discrecionalidad técnica» que, pese a esa denominación habitual, no entraña realmente discrecionalidad sino unos conceptos jurídicos indeterminados que han de apreciarse sobre la base de unos juicios o evaluaciones de naturaleza técnica y basadas en un saber profesional o científico (en este sentido, vid. STS 222/2016, de 2 de febrero). Por ello su aplicación suele estar confiada a órganos especializados y por ello también la dificultad de su control judicial sube de grado.

De hecho, los Tribunales, incluso el TC, han reconocido la dificultad y casi imposibilidad de un control jurídico y, por tanto, del control judicial de estas valoraciones técnicas. Los casos de este género que más frecuentemente han llegado a los Tribunales son los relativos a la selección del personal de la Administración mediante oposiciones o concursos y en la actuación de los órganos encargados de evaluar a los candidatos. Todo ello debe hacerse conforme a los principios de mérito y capacidad (art. 103.3 CE) y habrá además reglas específicas para valorar los méritos y las pruebas que se realicen. Pero, aun así, ¿cómo controlar el juicio que hagan cinco especialistas es Biología celular, en Física nuclear, en Bromatología… sobre cuál es el candidato con más méritos y capacidad? ¿Qué juez podrá tener mejor criterio y con más garantías que el de esos cinco especialistas nombrados incluso por sorteo? Como se ve, aunque se niegue que haya en tales casos verdadera discrecionalidad —porque realmente la norma no ha dado a la Administración la facultad para nombrar funcionario a quien considere más oportuno según lo que crea conveniente para el interés general sino al de más méritos y capacidad, lo que es un concepto indeterminado— el control jurídico es muy difícil y tendrá que ser muy limitado.

Aun así, se ha venido admitiendo el control siquiera sea para combatir las irregularidades o arbitrariedades más notables. E incluso cabe detectar en la jurisprudencia más reciente un notable esfuerzo por profundizar en ese control judicial de la discrecionalidad técnica.

Los avances más notables pueden detectarse en la jurisprudencia recaída en los supuestos que nos están sirviendo de ejemplo. Esto debe estudiarse cuando analicemos los procedimientos de selección de los empleados públicos (tomo IV). Pero ahora, sólo para ejemplificar el estado de la cuestión del control de la discrecionalidad técnica, traigamos aquí las SSTS de 31 de julio de 2014 (recs. cas.

2001 y 3779/2013), que siguen en este punto a otras como las SSTS de 27 de enero y 1 de febrero de 2010 (recs. cas. 4108/2006 y 88/2007), y que sintetizan así la situación actual: *a*) la discrecionalidad técnica de los tribunales calificadores no es óbice a que se revise su proceder cuando en el proceso se ponga de manifiesto que sus decisiones incurren en error o son arbitrarias; *b*) una cosa es que en sede judicial no se pueda sustituir el criterio técnico del tribunal calificador o valorar su mayor o menor acierto, siempre que no sea absurdo su juicio, y otra que no quepa revisar la forma en que ha sido aplicado; *c*) revisar la forma en que ha sido aplicado supone, entre otros extremos observar si se ha seguido el mismo criterio respecto de todos los aspirantes; si el tribunal calificador se ha apartado de las bases de la convocatoria. Incluso permite la comparación para comprobar si se da una identidad de contenidos y una discrepancia de calificaciones. Cabe añadir que en algún caso el TS no limita su fallo a anular la calificación dada al opositor en el ejercicio controvertido, sino que además anula la relación de aspirantes propuestos «exclusivamente en tanto no le incluye», y reconoce el derecho del recurrente a que se le tenga por superado el ejercicio controvertido de la oposición con la misma calificación que se le asignó al concursante titular del examen con el que se le comparó, «a que se siga respecto de él el proceso selectivo» y «a que, si tras la fase de concurso, la puntuación total que le correspondiera superase la del último aspirante que obtuvo plaza, se proceda a su nombramiento como funcionario».

Dando un paso más en el esclarecimiento de los términos en los que se traduce del control de la discrecionalidad técnica con respecto a los procesos de evaluación y calificación, la STS 324/2019, de 31 de enero, haciendo una encomiable labor de síntesis, resume las «líneas maestras e hitos evolutivos» que, según su jurisprudencia, jalonan el proceso de control de este tipo de potestades, y que se concreta en los siguientes momentos: 1.º Aplicación a los supuestos de la discrecionalidad técnica de las técnicas de control que significan los elementos reglados, los hechos determinantes y los principios generales del derecho; 2.º Distinción, dentro de la actuación de valoración técnica, entre el «núcleo material de la decisión» (entendido como el estricto dictamen o juicio de valor técnico) y sus «aledaños» (constituidos por todas aquellas actividades preparatorias o instrumentales encaminadas a delimitar la materia que vaya a ser objeto de ese juicio técnico, a fijar los criterios de calificación que vayan a ser utilizados y a aplicar individualizadamente dichos criterios a cada uno de los elementos materiales que constituyan el objeto de la valoración); 3.º Motivación del juicio técnico cuando así sea solicitado por algún aspirante o cuando sea objeto de impugnación; 4.º La fase final de esta evolución la representa la definición de cuál debe ser el contenido de la motivación para que, cuando sea exigible, pueda ser considerada válidamente realizada, a cuyos efectos han de cumplirse al menos tres exigencias: *a*) expresar el material o las fuentes de información sobre las que opera el juicio técnico; *b*) consignar los criterios de valoración cualitativa que se utilizarán para emitir el juicio técnico, y *c*) expresar por qué la aplicación de esos criterios conduce al resultado individualizado que otorga la preferencia a un candidato frente a los demás.

A caballo entre la discrecionalidad técnica y la pura discrecionalidad se enmarcan las potestades ejercidas por los organismos reguladores, estudiados en otras lecciones de este Manual, que disciplinan los mercados y los más importantes sectores económicos. En lo que aquí nos interesa, el ejercicio y el control de las potestades que ejercen implica, por un lado, la suficiente probanza del cumplimiento de las cuestiones fácticas y procedimentales que conforman el supuesto de hecho de las normas que aplican y que, aunque hayan podido ser emanadas por los propios organismos reguladores, deben encontrar un programa regulatorio básico o mínimo en las Leyes que los habilitan. Esta plena probanza de la exactitud de los hechos supone en lo que respecta, por ejemplo, a la noción de «mercado relevante» que, de cara a la valoración de si una empresa ejerce una posición de abuso dominante, «la determinación de mercado relevante pueda basarse en un amplio abanico de datos e informes (que, sin embargo) no dispensa al organismo regulador de realizar un análisis propio de dicho mercado, basado en todos los informes y datos disponibles y adecuados» (SSTS 1/2019, de 8 de enero, y 1857 y 1869/2018, de 20 y 21 de diciembre).

Por otro lado, en lo concerniente a los aspectos puramente técnicos o discrecionales, la jurisprudencia analiza el fondo de las decisiones apelando al respeto de los principios generales del Derecho (razonabilidad y racionalidad; proporcionalidad de las medidas acordadas; igualdad; confianza legítima, etc.) como límite infranqueable al ejercicio de las potestades discrecionales. Haciendo suyas las reflexiones de la jurisprudencia del Tribunal de Justicia (SSTJUE de 15 de febrero de 2005 —as. Tetra Laval—, 8 de diciembre de 2011 —as. Chalkor— y 10 de julio de 2014 —as. Telefónica—), el TS afirma que «el control judicial de las apreciaciones económicas complejas realizadas por el ente regulador puede extenderse no sólo a la exactitud material de los elementos probatorios invocados, su fiabilidad y su coherencia, sino también a la pertinencia de los datos y su adecuación para sostener las conclusiones alcanzadas. De modo que cuando el Tribunal entienda que las deducciones obtenidas no tienen una base suficiente y fiable o no existe una correspondencia lógica entre la decisión obtenida de los datos en los que se sustenta, puede anular la decisión del organismo regulador».

De todos modos, atendiendo a la prodigalidad con la que la jurisprudencia se vale del recurso al principio de razonabilidad, Ruiz Palazuelos ha llamado la atención sobre el juego un tanto ambivalente con el que se está usando este principio, puesto que está sirviendo no sólo para enjuiciar el núcleo de lo propiamente discrecional, sino también para enjuiciar los conceptos jurídicos indeterminados de índole técnica integrantes del supuesto de hecho de las normas atributivas de potestades.

En otro orden de ideas, la aplicación de la inteligencia artificial a la actividad administrativa plantea también problemas específicos en relación tanto con la identificación de la naturaleza de las potestades como con respecto a su control; problemas agravados, si cabe, por la carencia de un marco normativo de referencia, ya que las escasas previsiones existentes vienen referidas a la actuación administrativa automatizada (art. 41 LRJSP), cuyo ámbito objetivo no resulta necesariamente coincidente con el campo operativo de la inteligencia artificial. De todos modos, como ha estudiado Huergo, no siempre la aplicación de la inteligencia artificial a la actividad administrativa se traduce en el otorgamiento de mayores márgenes de apreciación a la Administración, produciéndose dicha aplicación la más de las veces en simples actos de trámite —y no resolutorios— o en actuaciones carentes de la condición de actos administrativos. Los supuestos más problemáticos suelen darse en relación con el empleo de lo que Huergo denomina «algoritmos predictivos», de los que la Administración se sirve para dar contenido concreto a un acto (para la determinación, por ejemplo, de las cláusulas de un pliego de contratación o de las bases de un baremo para la selección de beneficiarios de una ayuda). La formación del algoritmo se basa en la selección previa de unas «etiquetas» o criterios, de los que debe quedar constancia en el expediente administrativo en cuanto que la motivación del acto estará imbuida por la aplicación del algoritmo de que se trate. De esta guisa, el control efectuado por los jueces en estos casos no diferirá en exceso del que siguen respecto a otros ámbitos de la realidad social en que el acto objeto de control está impregnado de juicios técnicos, cuya bondad tiene que ser adverada por los Tribunales valiéndose, en su caso, de informes periciales.

Al margen de lo dicho, cuando la Administración se sirve del algoritmo únicamente como instrumento de apoyo para aplicar la norma (opciones de preferencia de los aprobados en las pruebas MIR o de los destinos preferidos por funcionarios participantes en un concurso), el control judicial se centrará en determinar si el algoritmo empleado ha funcionado correctamente, esto es, si se corresponde adecuadamente o no con el marco normativo existente.

X. CONTROL DE LAS POTESTADES

1. Control de los elementos reglados

El ejercicio de las potestades, tanto las regladas como las discrecionales, resulta controlable, al menos en lo que respecta a muchos de sus elementos o condiciones de ejercicio. Para empezar, hay una serie de elementos reglados que concurren en todas las potestades y que resultan plenamente controlables por el juez: la competencia del órgano, el procedimiento seguido para actuarla, la existencia misma de la potestad y la concurrencia, en fin, de los hechos, que conforman el presupuesto necesario para el despliegue de la potestad administrativa. Tales hechos, como realidad plenamente objetivable, y con independencia de que se expresen por la norma como conceptos jurídicos determinados o indeterminados, son fiscalizables, ya que, como nos recuerda la jurisprudencia, «los hechos son tal como la realidad los exterioriza; su existencia y caracterización escapan a toda discrecionalidad; y la Administración no puede inventarlos o desfigurarlos».

Además, incluso en la configuración de típicas potestades discrecionales, la norma puede limitar la decisión discrecional de la Administración, obligándola ya a elegir entre un *numerus clausus* de opciones delimitadas y enumeradas por la propia norma, ya a moverse entre unas horquillas de máximos y de mínimos trazados asimismo por la norma. Ni que decir tiene que aquellas opciones y estos márgenes conforman también límites que la Administración no puede traspasar y que, por ello mismo, resultan controlables por los Tribunales.

El control de los hechos es, en verdad, un control efectivo. Pensemos en la norma que habilita a la Administración para jubilar de oficio a los funcionarios cuando cumplan cierta edad: si ese hecho de la edad no se alcanza en un funcionario concreto, la jubilación que, en su caso, declare la Administración carecerá, como es obvio, del presupuesto fáctico imprescindible para que la potestad se haya podido ejercer, y el acto así dictado será inválido. Lo mismo acontece con respecto a las potestades discrecionales: si una norma habilita a la Administración para otorgar ayudas a aquellos proyectos de desarrollo agroalimentario que considere revisten un mayor interés para la región, la existencia misma de los proyectos y que éstos vengan además referidos al ámbito agroalimentario, representan, sin duda, elementos reglados de naturaleza fáctica que el juez puede constatar y controlar. Siguiendo con este ejemplo, si la norma en liza estableciese que las ayudas otorgables por la Administración podrían moverse entre los 3.000 y los 6.000 euros, o consistir en aportación de plantones, suministro de semillas o entrega de maquinaria, resultaría claro que la norma habría introducido importantes elementos reglados en la determinación de las condiciones de ejercicio de la discrecionalidad, que habrían limitado sensiblemente las capacidades de elección de la Administración. Igual sucedería si hubiera sujetado el ejercicio de la potestad discrecional a un período (p. ej., la Administración podría otorgar las ayudas pero sólo a los proyectos que se hubieren presentado entre el 1 de mayo y 15 de junio).

2. El control del fin. La desviación de poder

Ya se ha indicado que todas las potestades administrativas se orientan genéricamente al servicio del interés público. Mas, junto a este fin genérico que es propio de todas las potestades, cada potestad tiene también un fin específico y al que los actos administrativos que se dicten en su ejercicio deben adecuarse y resultar congruentes. Ese fin específico aparece, como todos los elementos de la potestad, en la norma que la atribuye. Aunque a veces no se explicite, siempre estará implícito y podrá deducirse de la norma o del conjunto normativo en que se inserte. Por tanto, el fin es siempre un elemento reglado incluso para las potestades más discrecionales. Y ello determina que, cuando la Administración en el uso de la potestad, se aparte de su fin típico y específico para perseguir otro fin distinto, nos hallemos ante un incumplimiento del fin de la potestad, que vicia los actos así dictados (art. 48 LPAC). La desviación de poder es, por tanto, como dice el artículo 70.2 LJCA, el ejercicio de potestades administrativas para fines distintos de los fijados por el ordenamiento.

Por ejemplo, a raíz del ingreso de España en la Comunidad Económica Europea, hubo una serie de protestas de los agricultores, temerosos de los ajustes que tal ingreso podría representarles en sus economías particulares. Algunas de dichas protestas cristalizaron en las famosas «tractoradas», actos de protesta consistentes en sacar sus vehículos agropecuarios a las carreteras y estacionarlos en ellas con la finalidad de obstaculizar el tráfico. Como la Ley de Orden Público, vigente a la sazón, no contemplaba una potestad administrativa específica que se orientase a reprimir aquellos actos, los Gobernadores Civiles echaron mano de las potestades que les brindaba el Código de Circulación. Con esa base, retiraron vehículos e impusieron sanciones; actuaciones que fueron todas anuladas por el Tribunal Supremo por estimar que estaban viciadas de desviación de poder, ya que se habían utilizado unas potestades administrativas que estaban atribuidas para la ordenación del tráfico, para otra finalidad muy distinta: atajar un problema de orden público.

En cuanto el fin es un elemento propio de todas las potestades, la desviación de poder constituye un vicio que puede afectar tanto a las regladas como a las discrecionales. El TS ha establecido al respecto una doctrina consolidada acerca de los requisitos que han de darse para apreciar la desviación de poder. No obstante, el principal problema deriva de que la jurisprudencia contencioso-administrativa termina exigiendo que, para poder apreciar la concurrencia del vicio de desviación de poder, el juez o tribunal ha de alcanzar la «certeza indubitada», la «convicción moral inequívoca» de que tal vicio se ha producido; exigencia que, en la práctica, determina que resulte muy difícil una probanza tan completa capaz de alcanzar aquellos resultados.

Siguiendo, entre otras, a las SSTS de 2 y 12 de abril de 1993 (recs. 860 y 1108/1991), 14 de octubre de 1994 (rec. 1268/1992) y 25 de septiembre de 1995 (rec. 1650/1992), la jurisprudencia sobre desviación de poder se puede sintetizar así: *a*) Se incurre en desviación de poder tanto si se persigue un fin privado, ajeno por completo a los intereses generales, como si la finalidad que se pretende obtener, aunque de naturaleza pública, es distinta de la prevista en la norma habilitante, por estimable que sea aquella; *b*) el ámbito más específico para su desarrollo es la actividad discrecional de la Administración, pero no existe obstáculo apriorístico para que se aplique a la actividad reglada; *c*) puede concurrir con otros vicios o ser el único vicio del acto, pero en el primer caso aquellos otros vicios deben analizarse previamente; *d*) la prueba de la desviación de poder corresponde a quien la alega pero dado que generalmente es muy difícil la prueba directa, cabe acudir a las presunciones.

3. El control por los principios generales del Derecho. En particular, la interdicción de la arbitrariedad

Como ya se vio en la lección 3, los principios generales del Derecho juegan un importante papel no sólo como fuente del ordenamiento, sino también como elemento informador e interpretativo. La función que los principios generales desempeñan en orden al control de las potestades, en general, y de las potestades discrecionales, en especial, es lo que ahora nos interesa.

De acuerdo con lo hasta ahora explicado, podemos afirmar que no hay actos pura y enteramente discrecionales. Siempre hay algunos aspectos reglados y, desde luego, controlables. Pero, tras ello, quedamos ante el *sancta sanctorum* que custodia el núcleo de la decisión discrecional. El control de ese reducto puede hacerse mediante los principios generales (proporcionalidad, seguridad, buena fe, *non venire* contra *factum propium*, etc.), y, en particular, mediante el que prohíbe la arbitrariedad (art. 9.3 CE). Decíamos antes que discrecionalidad no es arbitrariedad; ni significa espacio ausente de Derecho. Antes bien, los principios generales son, como se ha enfatizado en alguna ocasión, la atmósfera en la que se mueve el Derecho. Cuando la decisión discrecional conculca un principio general pierde el amparo del Derecho, se queda sin base sustentadora y debe ser extirpada y expulsada. En particular, el juego de la causa como elemento del acto administrativo permite efectuar un chequeo a éste para determinar si la decisión adoptada por la Administración es congruente y se muestra racional con respecto a los fines específicos de la potestad. Si la Administración adopta, en uso de su discrecionalidad, una decisión que es claramente irrazonable, ilógica, contraria a la propia naturaleza de las cosas, incoherente con respecto a los fines que pretende, dicha decisión debe ser, como decimos, anulada, puesto que no será una decisión discrecional, sino arbitraria y, por ello, contraria al Derecho.

Pensemos con un ejemplo. Una norma habilita a la Administración para que decida discrecionalmente los medios de transporte a través de los cuales debe trasladarse el material militar para tomar parte en las maniobras que se organicen en el seno de la OTAN. Ante unas maniobras previstas para dentro de quince días y que se celebrarán en un determinado puerto de las Islas Canarias, al Ministerio de Defensa se le abre la posibilidad de trasladar sus efectivos y medios terrestres de la península o por avión o por barco. Si, para el caso, el transporte marítimo fuese más barato, porque permitiese contar con los propios buques de la flota española y no tuviera necesidad de contratar aviones de compañías privadas por insuficiencia de los de la fuerza aérea; permitiese realizar la travesía en cinco días y disponer además de los restantes días para el asentamiento y el adiestramiento de la tropa, y trasladar además los efectivos por regimientos enteros y de puerto a puerto, sin necesidad de descomponer las unidades en diferentes aviones y con aterrizaje en distintos aeropuertos de las Islas..., resultaría claro que si el Ministerio eligiese el traslado aéreo, habría tomado, sin duda, una decisión irracional a todas luces: mala para el presupuesto de defensa; nefasta para la preparación y cohesión de las unidades; y pésima desde el punto de vista organizativo porque una vez aterrizados los aviones obligaría a montar nuevas operaciones traslado hacia el puerto canario en el que van a desarrollarse las maniobras.

4. La motivación de los actos discrecionales

Como se verá en su momento, muchos actos administrativos deben contener una motivación. Entre ellos están «los que se dicten en el ejercicio de las potestades discrecionales» [art. 35.1.*i*) LPAC]. Añadamos, por tanto, un nuevo requisito de los actos discrecionales y, por tanto, de la discrecionalidad misma. Pero, además de eso, destaquemos que con esa motivación, aunque pueda ser sucinta, se encuentra una vía para controlar efectivamente todos los demás elementos que hemos venido exponiendo: desde luego, la concurrencia o no del supuesto de hecho, de los hechos efectivamente tenidos en cuenta e invocados por la Administración como justificación de su decisión discrecional, del fin perseguido, de la congruencia, de la racionalidad...

5. Alcance del control judicial de la discrecionalidad

La Ley de la Jurisdicción Contencioso-Administrativa de 1888 excluyó del control judicial a las potestades discrecionales. La LJCA de 1956 ya abandonó tal idea y ni vestigios de ella, que además sería inconstitucional, quedan en la vigente LJCA. Por tanto, los actos discrecionales son susceptibles de control judicial. Claro está que tal control es jurídico y que deberá respetar la elección que, en función de lo que considere conveniente, haya hecho la Administración dentro de los márgenes de discrecionalidad que queden. Pero su control jurídico comprende el de todos los aspectos que hemos ido viendo (competencia, procedimiento, existencia del presupuesto de hecho y de los hechos concretamente invocado por la Administración, fin, respeto de los principios generales...) y los actos discrecionales serán anulados, como cualquier otro, cuando en cualquiera de esos elementos se detecten vicios.

La cuestión que ahora nos planteamos es si el Tribunal debe limitarse a anular la decisión administrativa o puede decidir él mismo sustituyendo a la Administración. Por regla el Tribunal debe limitarse a anular la decisión discrecional, de modo que sea la Administración quien adopte la solución que proceda. Así lo establece el artículo 71.2 LJCA: «Los órganos jurisdiccionales no podrán determinar la forma en que han de quedar redactados los preceptos de una disposición general en sustitución de los que anularen ni podrán determinar el contenido discrecional de los actos anulados». La solución tiene sentido. Repárese en que todos los elementos controlables que hemos ido exponiendo reducen, pero no eliminan, la discrecionalidad, discrecionalidad que el ordenamiento confirió a la Administración, no a los Tribunales. Así que, aunque el Tribunal anule la decisión que tomó la Administración, quedarán todavía otras muchas posibles elecciones entre las que debe poder volver a elegir la Administración. Avanzar más en los poderes de los órganos judiciales supondría invertir las posiciones y funciones que a Administración y Tribunales corresponden.

Sin embargo, se exceptúa el caso en que, tras anular la decisión discrecional, sólo queda una única solución justa y acorde con el interés público. En tal supuesto, que gráficamente se conoce como «reducción de la discrecionalidad a cero», se admite que Tribunal pueda determinar por sí mismo la solución, incorporándola al fallo de la sentencia en que ha declarado la invalidez de la decisión administrativa.

Esta solución, acogida por la jurisprudencia, se cimenta en aprovechar las propiedades y virtualidades dimanantes del derecho a la tutela judicial efectiva. No supone, en principio, que el juez asuma la potestad discrecional que la norma ha confiado a la Administración, ya que, subsistiendo una sola solución justa, la decisión que, al respecto, adoptase la Administración no podría diferir de la que el juez hubiese incorporado a su sentencia. Sin embargo, esta solución que, como decimos, mira sobre todo a tutelar la posición del administrado, evitándole la dilación que le supondría retornar la decisión a la Administración, no deja a veces de presentar inconvenientes.

Existen supuestos, como el de los transportes de tropas y materiales para las maniobras militares, en los que, eliminada una de las dos soluciones posibles sólo resta la otra, que sería, en principio, la que el juez establecería. Sin embargo, no siempre es tan fácil determinar cuándo la realidad ofrece únicamente una solución justa. En la STS de 15 de marzo de 1993 (rec. 9397/1990), que constituye entre nosotros una especie de *leading case* en la materia, el TS anuló la calificación que un plan de urbanismo había dado a un huerto como «verde privado de interés especial». Lo hizo por entender que la decisión había sido irracional puesto que el espacio en cuestión no reunía ninguno de los caracteres necesarios para aquella calificación. El TS, dando un paso más, aplicó al referido huerto la misma calificación urbanística que había otorgado al entorno del terreno discutido —«residencial en manzana cerrada»—, pues entendía que ésta era la única solución justa, razonable y coherente que la Administración podría lícitamente adoptar en la hipótesis de que se le retrotrajese el expediente. No obstante, al menos en abstracto, podría sostenerse que tal vez podrían caber, si no otra calificación diferente, sí, al menos, el establecimiento de ciertos condicionantes en el régimen jurídico aplicable al citado espacio.

Sin llegar a sustituir a la Administración en su decisión discrecional, cabe que la sentencia tampoco se limite a anular el acto impugnado. Teniendo en cuenta las pretensiones que se permite ejercer al recurrente (art. 31.2 LJCA) y los posibles contenidos de la sentencia (art. 71.1 LJCA), puede también que el Tribunal establezca al menos un marco relativamente preciso, o más preciso que el que en principio parecía tener, para que sólo dentro de él vuelva a hacer su opción discrecional.

BIBLIOGRAFÍA

Álvarez García, V.: *El concepto de necesidad en el Derecho público*, Civitas, 1996.

— *2020, el año de la pandemia de la COVID-19*, Iustel, 2021.

Álvarez García, V. y Arias Aparicio, F.: *Lecciones jurídicas para la lucha contra la pandemia*, Iustel, 2020.

Bacigalupo Saguese, M.: *La discrecionalidad administrativa (estructura normativa, control judicial y límites constitucionales de su atribución)*, Marcial Pons, 1997.

Beladíez Rojo, M.: «La vinculación de la Administración al Derecho», *RAP*, n.º 153, 2000.

Beltrán de Felipe, M.: *Discrecionalidad administrativa y Constitución*, Tecnos, 1995.

Biglinio Campos, P. y Durán Alba, F.: *Los efectos horizontales de la COVID sobre el sistema constitucional*, Fundación Giménez Abad, 2020.

Blanquer Criado, D. (coord.): *COVID-19 y Derecho público*, Tirant lo Blanch, 2020.

Bouazza Ariño, O.: «De nuevo sobre el control judicial de la discrecionalidad de la Administración. Al hilo de la infracción en el ejercicio de la jurisdicción como fundamento del recurso de casación», *RAP*, n.º 202 (2017).

Chinchilla Marín, C.: *La desviación de poder*, Civitas, 3.ª ed., 2004.

De la Cuétara, J. M.: *Las potestades administrativas*, Tecnos, 1986

De la Morena de la Morena, L.: «La potestad administrativa: concepto, trascendencia, análisis», en *Homenaje a Garrido Falla*.

Desdentado Daroca, E.: *Los problemas del control de la discrecionalidad técnica (Un estudio crítico de la jurisprudencia)*, Civitas, 1997.

— «El principio de interdicción de la arbitrariedad», en Santamaría Pastor, J. A., *Los principios jurídicos del Derecho Administrativo*, La Ley, 2010.

Domenech Pascual, G.: «Una teoría económica del control judicial de la discrecionalidad», *RAAP*, n.º 100, 2018.

Fernández Rodríguez, T. R.: *Arbitrariedad y discrecionalidad*, Civitas, 1991.

— *De la arbitrariedad de la Administración*, Civitas, 5.ª ed., 2008.

— «Sobre los límites constitucionales del poder discrecional», *RAP*, n.º 187, 2012.

— «La discrecionalidad técnica: un viejo fantasma que se desvanece», *RAP*, n.º 196, 2015.

Fernández Torres, J. R.: «Arbitrariedad y discrecionalidad, dos décadas después», en *Homenaje a T. R. Fernández.*

Font i Llovet, T. y Mir Puigpelat, O.: «Discrecionalidad administrativa y alcance del control judicial», en *Homenaje a Fernández Rodríguez.*

Gallego Anabitarte, A.: «Las relaciones especiales de sujeción y el principio de legalidad de la Administración», *RAP*, n.º 34, 1961.

GAMERO CASADO, E. (dir.): *La potestad administrativa. Concepto y alcance práctico de un criterio clave para la aplicación del Derecho Administrativo*, Tirant lo Blanch, 2021.

GARCÍA ÁLVAREZ, G.: «El declive de la inmunidad judicial de las decisiones de los tribunales de oposiciones (análisis de la evolución de la jurisprudencia del TS sobre discrecionalidad técnica», en *Homenaje a Fernández Rodríguez.*

GARCÍA DE ENTERRÍA, E.: «La lucha contra las inmunidades del poder en el Derecho Administrativo», *RAP*, n.º 38, 1962, que ha tenido ediciones como libro: *La lucha contra las inmunidades del poder (poderes discrecionales, poderes de gobierno, poderes normativos)*, Civitas, 3.ª ed., 1984.

— «Una nota sobre el interés general como concepto jurídico indeterminado», *REDA*, n.º 89 (1996).

— *Democracia, jueces y control de la Administración*, Civitas, 5.ª ed., 2000.

GARCÍA MACHO, R.: *Las relaciones especiales de sujeción en la Constitución Española*, Tecnos, 1992.

GARRIDO LÓPEZ, C. (coord.): *Excepcionalidad y Derecho: el estado de alarma en España, Fundación Giménez Abad*, 2021.

GONZÁLEZ ALONSO, A.: «La doctrina de la discrecionalidad técnica a la luz de la jurisprudencia del Tribunal Supremo», *JA*, n.º 58, 2012.

HINOJOSA, E. y GONZÁLEZ-DELEITO, N. (coords.): *Discrecionalidad administrativa y control judicial. I Jornadas de estudio del Gabinete Jurídico de Andalucía*, Civitas/Junta de Andalucía, 1996.

HUERGO LORA, A.: «Administraciones Públicas e inteligencia artificial: ¿más o menos discrecionalidad?», *El Cronista del Estado social y Democrático de Derecho*, n.º 96-97, 2021.

IGARTÚA SALAVERRÍA, I.: «Principio de legalidad, conceptos indeterminados y discrecionalidad administrativa», *REDA*, n.º 92, 1996.

— *Discrecionalidad técnica, motivación y control jurisdiccional*, IVAP/Civitas, 1998.

— «Control judicial de la discrecionalidad técnica: error manifiesto, inmediación y sana crítica», *RAP*, n.º 204, 2017.

LAGUNA DE PAZ, J. C.: «El control judicial de la discrecionalidad administrativa», *REDA*, n.º 186, 2017, y *Homenaje a Martínez López-Muñiz.*

LASAGABASTER HERRARTE, I.: *Las relaciones de sujeción especial*, IVAP/Civitas, 1994.

LÓPEZ BENÍTEZ, M.: *Naturaleza y presupuestos constitucionales de las relaciones de sujeción especial*, Universidad de Córdoba/Civitas, 1994.

— «Prisiones, presos y Derecho Administrativo», en *Homenaje a L. Martín-Retortillo.*

— «Desviación de poder y prevaricación administrativa: diferencias y entrecruzamientos», *Documentación administrativa*, nueva época n.º 5, 2018.

MARTÍN-RETORTILLO BAQUER, S.: «La desviación de poder en el Derecho español», *RAP*, n.º 22, 1957.

MENÉNDEZ, P.: «Discrecionalidad», en MUÑOZ MACHADO, S. (dir.), *Diccionario de Derecho Administrativo*, Iustel, 2005.

MOZO SEOANE, A.: *La discrecionalidad de la Administración pública en España. Análisis jurisprudencia, legislativo y doctrinal*, Montecorvo, 1985.

— *La atribución legal de discrecionalidad. En torno a la discrecionalidad valorativa*, Reus, 2018.

MUÑOZ MACHADO, S.: «Conceptos jurídicos indeterminados», en MUÑOZ MACHADO, S. (dir.), *Diccionario de Derecho Administrativo*, Iustel, 2005.

— «Principio de legalidad», en MUÑOZ MACHADO, S. (dir.), *Diccionario de Derecho Administrativo*, Iustel, 2005.

— *El poder y la peste*, Iustel, 2022.

PAREJO ALFONSO, L.: *Administrar y juzgar: dos funciones constitucionales distintas y complementarias. Un estudio del alcance y la intensidad del control judicial a la luz de la discrecionalidad administrativa*, Tecnos, 1993.

PÉREZ MORENO, A.: «El renacimiento de la desviación de poder», *RAAP*, n.º 86, 2013.

PONCE SOLÉ, J.: «La lucha por el buen gobierno y la buena administración como vocación del Derecho Administrativo del siglo XXI. La discrecionalidad no puede ser arbitrariedad y debe ser buena administración», *REDA*, n.º 146, 2010.

PRIETO ÁLVAREZ, T.: «La encrucijada actual de las relaciones especiales de sujeción», *RAP*, n.º 178, 2009.

REBOLLO PUIG, M.: «Juridicidad, legalidad y reserva de ley como límites a la potestad reglamentaria del Gobierno», *RAP*, n.º 125, 1991.

— «La peculiaridad de la policía administrativa y su singular adaptación al principio de legalidad», *Revista Vasca de Administración Pública*, n.º 54, 1999.
— «Principio de legalidad y autonomía de la voluntad en la contratación pública», en la obra *La contratación pública en el horizonte de la integración europea. V congreso luso-hispano de Profesores de Derecho Administrativo*, Ministerio de Administraciones Públicas-Instituto Nacional de Administración Pública, 2004.
RIVERO YSERN, E. y RIVERO ORTEGA, R.: «¿Acaso existe la discrecionalidad técnica?», en *Homenaje a Fernández Rodríguez.*
RODRÍGUEZ SANTIAGO, J. M.: *Metodología del Derecho Administrativo. Reglas de racionalidad para la adopción y el control de la decisión administrativa*, Marcial Pons, 2016.
RUÍZ PALAZUELOS, N.: «A vueltas con los conceptos jurídicos indeterminados», *REDA*, n.º 196, 2019.
— *El control jurisdiccional de la discrecionalidad de los organismos reguladores: un análisis de casos en los ámbitos de la energía y las telecomunicaciones*, Aranzadi, 2018.
SAINZ MORENO, F.: *Conceptos jurídicos, interpretación y discrecionalidad administrativa*, Civitas, 1996.
SÁNCHEZ MORÓN, M.: *Discrecionalidad administrativa y control judicial*, Tecnos, 1994.
— «Legalidad y sometimiento a la Ley y al Derecho», en SANTAMARÍA PASTOR, J. A., *Los principios jurídicos del Derecho Administrativo*, La Ley, 2010.
— «Sobre la discrecionalidad técnica y la sana crítica», *RAP*, n.º 197, 2015.
SUÑÉ LLINÁS, E.: «Sobre el concepto de potestad», en *Homenaje a Villar Palasí.*
TEJEDOR BIELSA, J., BOIX PALOP, A. y NOGUEIRA LÓPEZ, A. (coords.): *Derecho Administrativo para la excepción*, Iustel, 2023.
TRAYTER JIMÉNEZ, J. M.: «La desviación de poder como técnica de control del ejercicio de la potestad reglamentaria», *Poder Judicial*, n.º 34.
VV.AA.: «Coronavirus y otros problemas», *El Cronista del Estado social y Democrático de Derecho*, n.º 86-87.
— «Derecho Administrativo para la excepción», *RGDA*, n.º 62, 2022.
— «La discrecionalidad de los reguladores», *El Cronista del Estado social y Democrático de Derecho*, n.º 96-97, 2021.
ZAMORA ROSELLÓ, M. R.: «Administración de emergencia ante una pandemia: aplicación de los principios básicos del Derecho Administrativo», *RGDA*, n.º 55, 2020.

LECCIÓN 6

RELACIONES ENTRE LA ADMINISTRACIÓN Y LOS TRIBUNALES. LA AUTOTUTELA ADMINISTRATIVA*

I. EL CONTROL DE LA ADMINISTRACIÓN POR LOS TRIBUNALES

El artículo 106.1 CE establece que «los Tribunales controlan la potestad reglamentaria y la legalidad de la actuación administrativa...». Además, sobre ese control se proyecta el derecho fundamental de toda persona a la tutela efectiva de sus derechos e intereses legítimos por parte de los juzgados y tribunales que consagra el artículo 24 CE; o sea, que esa tutela judicial efectiva incluye, entre otras cosas, tutela judicial frente a la Administración. Así que indudablemente la Administración está sujeta a la potestad jurisdiccional que el artículo 117.3 CE atribuye a los Juzgados y Tribunales.

Los Tribunales controlan todas las formas de actividad de la Administración, lo que incluye tanto sus actividades jurídicas (reglamentos, actos administrativos y convenio) como sus actividades materiales. Controlan incluso la inactividad de la Administración cuando esta tiene la obligación de actuar.

Dicho control tiene por objeto, de conformidad con el artículo 103.1 CE, garantizar el pleno sometimiento de la Administración «a la Ley y al Derecho», es decir, al conjunto del ordenamiento jurídico. De esta forma, los Tribunales velarán porque la actividad de la Administración respete todas las fuentes del Derecho Administrativo que se expusieron en la lección 3: la Constitución, los Tratados Internacionales, el Derecho de la Unión Europea, la ley y las demás normas con rango de ley, los reglamentos, la costumbre y los principios generales del Derecho. Importa enfatizar lo que acabamos de decir sobre el control del cumplimiento por parte de la Administración de la Constitución y del Derecho de la Unión Europea.

No se piense en ningún caso que el control de la Administración cuando se trata de comprobar si ha actuado vulnerando la Constitución corresponde al TC. Lejos de ello, el control de constitucionalidad de la actividad administrativa corresponde a los Tribunales ordinarios, no, salvo excepciones, al TC. No se piense tampoco que cuando se trata de controlar si las Administraciones españolas han respetado el Derecho de la Unión Europea eso compete al Tribunal de Justicia de la Unión de Europea. No es así ni siquiera cuando las Administraciones españolas actúan como Administración indirecta

* Por Manuel Rebollo Puig. Grupo de investigación de la Junta de Andalucía SEJ-196. Proyecto de la Junta de Andalucía PROYEXCEL_00903.

de la Unión Europea. Por el contrario, son los Tribunales nacionales (los españoles en nuestro caso) los que tienen la competencia ordinaria para controlar el cumplimiento del Derecho de la Unión por las Administraciones nacionales. El TJUE, si acaso, puede llegar a intervenir para resolver las cuestiones prejudiciales de interpretación que le sometan los órganos nacionales (art. 267 TFUE) y para resolver los recursos de incumplimiento contra un Estado miembro que interponga la Comisión Europea y algún otro de los pocos órganos de la Unión que tienen legitimación para ello, recursos que a la larga pueden llevar a imponer multas coercitivas o la obligación de pago de sumas calculadas a tanto alzado a los Estados contumazmente incumplidores (arts. 258 a 260 TFUE). Con esa excepción, el control del cumplimiento del Derecho de la Unión por los Estados miembros compete a sus tribunales nacionales en virtud de las normas procesales nacionales. Así, los sujetos que se crean perjudicados por actuaciones de los Estados miembros que consideren contrarias al Derecho de la Unión, salvo excepciones en que se haya previsto un cauce específico, tienen que seguir las vías establecidas por los Derechos nacionales, pues, «a falta de normativa de la Unión en la materia, cada Estado miembro debe configurar, en virtud del principio de autonomía procesal de los Estados miembros, la regulación de los procedimientos administrativos y judiciales destinados a asegurar un nivel elevado de salvaguarda de los derechos que el Derecho de la Unión confiere a los justiciables» (STJUE de 12 de enero de 2023, *Nemzeti Adatvédelmi és Információszabadság Hatóság*, as. C-132/21, ap. 45). Ahora bien, los Derechos nacionales tienen que respetar dos condiciones a las que se alude como principio de equivalencia y principio de efectividad. En virtud del principio de equivalencia, las soluciones que ofrezca el Derecho nacional para quien invoque la violación del Derecho de la Unión han de ser similares a las que tendría el ciudadano si alegara violación del Derecho interno. En virtud del principio de efectividad quedan proscritas las vías que hagan imposible o excesivamente difícil el ejercicio de los derechos conferidos por la Unión [STJUE de 30 de marzo de 2023, *Staatssecretaris van Justitie en Veiligheid* (Suspension du délai de transfert en appel), as. C-556/21, ap. 31]. Con esas pequeñas matizaciones, todo el control judicial de las Administraciones españolas compete a los Tribunales del Poder Judicial español; concretamente, como habremos de ver, por lo general, a los del orden contencioso-administrativo. Lo que sí que compete a los órganos jurisdiccionales de la Unión es el control de la actuación de la Administración directa de la propia Unión.

Pero reconocido sin ambages el sometimiento de la Administración a la potestad jurisdiccional de los Tribunales, esto no significa que se sitúe ante ellos exactamente en el mismo modo que los sujetos privados. Su posición es distinta. Lo es sobre todo porque la Administración goza de autotutela (epígrafe II). Lo es, además, en segundo lugar, porque esa autotutela administrativa determina que la tutela judicial de los ciudadanos frente a la Administración presente peculiaridades (epígrafe III). Y lo es en tercer lugar, aunque ello sea hoy menos relevante en España, porque existe un específico orden jurisdiccional contencioso-administrativo (epígrafe IV). De estos tres elementos diferenciadores nos ocuparemos en los tres siguientes epígrafes.

II. LA AUTOTUTELA ADMINISTRATIVA

1. Explicación general

Se comprende mejor el significado de la autotutela administrativa poniendo de relieve que los sujetos privados carecen de esa autotutela.

Un sujeto privado frente a otro sujeto privado cualquiera que niega o vulnera su derecho no puede realizarlo ni imponerlo por sí —es decir, según suele decirse, no puede tomarse la justicia por su mano—, sino que, al contrario, por regla general con pocas excepciones ha de acudir a los Tribunales. Primero, acudir a ellos para, tras un proceso, conseguir una sentencia que declare con fuerza ejecutiva su derecho y condene al otro a respetarlo y, en su caso, a realizar la conducta necesaria para su efectividad. Y segundo, si este otro no cumple la sentencia, habrá de acudir nuevamente al Tribunal para que sea éste el que adopte lo necesario para la ejecución, incluyendo las medidas coactivas y de fuerza pertinentes.

Dicho de otra forma, el sujeto privado que ve o cree vulnerado su derecho tiene la carga de instar un proceso declarativo y, después, la carga de instar un proceso para la ejecución de la sentencia dictada en aquél.

Si no lo hace así, incluso suponiendo que realmente tenga el derecho que dice tener, y si por el contrario toma medidas él mismo para realizarlo frente al otro, puede incluso que cometa un delito. Así, es delito la llamada «realización arbitraria del propio derecho», esto es, la conducta de quien, «para realizar un derecho propio, actuando fuera de las vías legales, empleare violencia, intimidación o fuerza en las cosas» (art. 455 CPen).

Al margen de la represión penal, los interdictos (interdictos de recobrar e interdicto de retener la posesión, arts. 441, 446 y 460.4 CC y arts. 250.1.4, 439 y 447 LEC), protegen civilmente al que ve alterada la situación de hecho por un sujeto privado con independencia de que éste lo haga invocando un derecho y de que incluso lo tenga realmente. O sea, que la jurisdicción civil condenará a quien se tome la justicia por su mano a restablecer la situación anterior.

Aunque todo esto tiene excepciones (la más clara es la legítima defensa que admite el CPen, pero hay otros casos en el Derecho privado), es un principio cardinal de todo Estado que, frente a la situación de otras épocas en que los sujetos podían hacerse justicia por su mano, incluso justicia penal, supone el monopolio del uso legítimo de la fuerza. Cualquier otra solución que permitiera a los sujetos decidir por su cuenta lo que es su derecho frente a los otros que lo niegan e imponerlo por la fuerza sería considerado un caos y un retroceso en la organización mínimamente civilizada de la sociedad.

Todo lo anterior, puede explicarse afirmando que los sujetos privados, salvo excepciones, no tienen autotutela, sino heterotutela, la que le da el Estado mediante los Tribunales.

«Por el mismo hecho de prohibir la tutela privada, el Estado se obliga a proteger por sí los derechos de los particulares; viene obligado a asumir para sí la tutela jurídica» (Gómez Orbaneja). Y obligado a que esa tutela sea efectiva (art. 24.1 CE), compensación imprescindible por la prohibición de que aquellos particulares se hagan justicia a sí mismos.

Pues bien, la posición de la Administración, al menos conforme a nuestro Derecho Administrativo, es la contraria a la descrita para los sujetos privados. La Administración, cabe decir, sí hace justicia por su mano. Es un poder autosuficiente. Así que, a diferencia de los particulares, no tiene la carga del proceso declarativo ni del de ejecución.

Toda esta posición singular de la Administración puede sintetizarse afirmando que goza de autotutela. Así lo explicó García de Enterría, a quien seguimos en lo esencial: frente a la heterotutela de los sujetos privados, autotutela de la Administración; frente al derecho a la tutela judicial efectiva de los sujetos privados, autotutela de la Administración. Autotutela que singulariza radicalmente a la Administración y es su prerrogativa o exorbitancia más ostensible y significativa.

Así, puede que veamos a la Administración —a sus autoridades y funcionarios— realizar aparentemente el tipo del artículo 455 CPen o el de amenazas o coacciones. Pero no es así. Ya no sólo porque el artículo 455 CPen requiere para cometer ese delito que se esté «actuando fuera de las vías legales», mientras que la Administración lo hace por vía legal, sino porque en cualquier caso faltaría la antijuridicidad conforme a la eximente del artículo 20.7 CPen (obrar en ejercicio legítimo de oficio o cargo).

Y puede que aparentemente, con los actos y ejecuciones administrativas, se produzca la situación contra la que de ordinario protegen los interdictos. Pero, en realidad, no es así y, por ello se consagra una prohibición general de interdictos contra la Administración. Se recoge ahora en los artículos 105 LPAC y 43.1 LPAP.

Esta autotutela administrativa está consagrada por la ley. Pero no aparece formulada como tal autotutela. Lo que se proclaman son sus concretas manifestaciones. Se enuncian en los artículos 38, 39.1, 98.1 y 99 LPAC. De estos preceptos se desprenden tres reglas: la presunción de validez, la ejecutividad y la ejecución forzosa administrativa.

Se reiteran para las Administraciones locales territoriales en el artículo 4.1.*e*) y *f*) LRBRL que les confieren «la presunción de legitimidad y la ejecutividad de sus actos», así como la «potestad de ejecución forzosa».

La presunción de validez y la ejecutividad conforman lo que puede considerarse la autotutela declarativa, esto es, la que exime a la Administración de la carga de acudir a los Tribunales para conseguir una sentencia. La ejecución forzosa de los actos administrativos por parte de la Administración sustituye a la carga de los particulares de acudir a los Tribunales para conseguir la ejecución forzosa de la sentencia. Aunque la forma concreta en que ha de producirse todo esto se estudiará en el tomo II, ahora procede ofrecer una visión panorámica para comprender en su conjunto la peculiar posición de la Administración respecto a los Tribunales.

2. La presunción de validez

El punto de partida y soporte de todos los demás privilegios de autotutela es la presunción de validez de las decisiones administrativas: «Los actos de las Administraciones Públicas sujetos al Derecho Administrativo se presumirán válidos...» (art. 39.1 LPAC).

La presunción de validez es la cualidad de las decisiones administrativas en cuya virtud todos deben actuar partiendo de que son válidas mientras no se declare lo contrario; esto es, mientras no se declaren inválidas. Desmenucemos y completemos esta definición.

Por lo pronto, predicamos esta cualidad de las decisiones administrativas que contienen una declaración de voluntad en sentido amplio.

Tienen esta presunción de validez los actos administrativos que contienen una declaración de voluntad, una decisión. Pero también los reglamentos. Asimismo, puede predicarse de los contratos de la Administración en cuanto que su validez dependa de la declaración de voluntad administrativa que presta su consentimiento. Por el contrario, no puede atribuirse esta presunción a los actos de la Administración que no contienen una declaración de voluntad (un informe, un acta de inspección, etc.); de ellas podrá predicarse acaso una presunción de acierto, de veracidad, de legalidad..., no de validez. Tampoco cabe predicarla de las meras actuaciones materiales de la Administración ni de su pura inactividad puesto que respeto a ellas ni siquiera tiene sentido hablar de validez, sino sólo de legalidad. Así que respecto a éstas cabe, como máximo, hablar de presunción de legalidad, que no es lo mismo.

El deber o mandato que entraña esta presunción de validez afecta a todos los particulares (al concreto sujeto cuyo derecho o deber se declare y a todos los demás), a todas las Administraciones distintas de la autora de la decisión y a la misma Administración autora de la decisión (no a los Tribunales).

Que la presunción de validez afecta al resto de las Administraciones lo reflejan bien los importantes apartados 4 y 5 del artículo 39 LPAC. Se deduce de ellos que, en principio, todos los órganos administrativos deben actuar y decidir sobre la base de lo que hayan decidido los otros, aunque sean de una Administración diferente; y si no quieren hacerlo no tienen más remedio que impugnar la decisión de la otra Administración y esperar hasta que, en su caso, sea efectivamente anulada.

Como la presunción de validez no sólo afecta a los particulares, sino también a las Administraciones, incluida la autora de la decisión, se comprende que no es sólo un privilegio favorable a la Administración, sino también un deber para ella, una limitación. Por eso, también es una garantía para los particulares que los pone al abrigo de las veleidades administrativas, una garantía de que la Administración no podrá resolver en contra de lo previamente decidido basándose en su supuesta invalidez.

Para la Administración este mandato le obliga tanto al resolver sobre el mismo asunto decidido en el acto anterior como al decidir sobre otro en el que aquél juega como premisa para adoptar otra decisión: o sea, por ejemplo, no podrá inadmitir a unas oposiciones en las que se exija ser estomatólogo a quien tiene un título extranjero que la Administración española homologó con el título nacional de estomatología por el hecho de que ahora considere que aquella homologación fue ilegal e inválida; no podrá considerar a un edificio como ilegal a ningún efecto si ella misma le otorgó autorización... No mientras no destruya la presunción de validez de aquella homologación o de esta autorización. En este sentido la doctrina alemana habla de «la función de estabilización y clarificación del acto administrativo» y explica Maurer que así los actos «sirven al interés del ciudadano» y que «en el caso de los actos administrativos favorables, la eficacia del acto con independencia de su validez... beneficia principalmente al ciudadano».

En cambio, la presunción de validez no afecta a los Tribunales: estos, los de cualquier orden jurisdiccional, podrán entender a los efectos del proceso del que estén conociendo que un acto administrativo o un reglamento son inválidos, aunque no estén formalmente declarados como tales.

Ese deber o mandato nace desde que la decisión administrativa existe y sólo desaparece cuando una resolución declare su invalidez.

En consecuencia, existe aunque el acto no sea en ese momento eficaz (v. gr., porque está sometido a condición suspensiva que todavía no se ha producido o porque estaba sujeto a término que ya se ha producido) y subsiste indefinidamente salvo que se declare su invalidez, incluso aunque el acto ya no sea eficaz. Se ve aún más claramente con los reglamentos: incluso el que ya esté derogado se presume válido y ello seguirá teniendo consecuencias para el período en que estuvo vigente.

La declaración de invalidez que hace cesar o destruye la presunción puede ser judicial o administrativa; y podrá basarse en la existencia de vicios de nulidad o en la de vicios de mera anulabilidad. Esas distintas posibilidades y sus cauces se analizarán en su momento. No es lo que nos importa ahora. Aquí basta destacar que mientras no se produzca la declaración de invalidez (judicial o administrativa; por nulidad o por anulabilidad) los particulares y las Administraciones han de considerar válido a los actos administrativos y reglamentos.

Así, ya que se le llama «presunción», hay que decir que es una presunción *iuris tantum*. Pero una presunción *iuris tantum* que no se destruye por el simple hecho de que haya datos sólidos para sostener que el acto es ilegal —que tiene vicios de anulabilidad o incluso de nulidad—, sino sólo por una resolución que precisamente declare la nulidad o anule la decisión. Por tanto, que haya una decisión administrativa con su presunción de validez no significa que el asunto esté definitivamente resuelto sino sólo que, mientras no se produzca un pronunciamiento judicial o administrativo declarando la invalidez, hay que considerarla válida.

Como se habrá notado, reconocemos aquí la presunción de validez incluso a los actos administrativos y reglamentos nulos de pleno derecho.

Parte de la doctrina española niega la presunción de validez a los actos nulos de pleno derecho. Además, ésa es la solución que se acepta en otros ordenamientos; por ejemplo, en Alemania. Aun comprendiendo las razones que justifican esta tesis, no es la que refleja el ordenamiento español. Además, dada la amplitud que en nuestro Derecho tienen las causas de nulidad tanto de reglamentos (lección 8) como de actos (tomo II, lección 3), negar a los actos nulos de pleno derecho la presunción de validez no tiene verdadero fundamento y llevaría a arruinar toda utilidad a esta presunción. Acaso podría plantearse si hay algunos actos con vicios tan graves y evidentes que no se beneficien de la presunción de validez y de todo lo que ella arrastra. A tal efecto cabría acoger el concepto de «acto administrativo inexistente» para incluir en él a esos tan grosera y ostensiblemente ilegales que podrían equipararse a la inexistencia material del acto. Volveremos sobre ello cuando, ya en el tomo II, analicemos la invalidez de los actos. Dejemos por ahora sólo apuntada la cuestión e insistamos en que, aunque se admitiera esa categoría de invalidez extrema, no niega que el acto administrativo nulo de pleno derecho, tal y como es configurado en nuestro ordenamiento, sí tiene presunción de validez.

3. Ejecutividad de los actos administrativos

Sobre la base de la presunción de validez, se despliega el segundo gran privilegio en que se concreta la autotutela declarativa: la ejecutividad del acto administrativo. Es el resultado de añadir a la presunción de validez la eficacia del acto administrativo.

Por eso, la ejecutividad del acto sólo existe cuando el acto sea eficaz. Veremos en su momento cuándo comienza la eficacia de los actos administrativos y cuándo cesa (Tomo II, lección 4). Ahora baste decir que, a diferencia de la presunción de validez, la ejecutividad sólo nace cuando comienza la eficacia del acto y desaparece cuando termina o se suspende la eficacia del acto.

La ejecutividad entraña la fuerza de obligar del acto administrativo y, por tanto, el deber de obediencia, de comportarse conforme a lo establecido en él, para los sujetos a los que su declaración afecta.

Si la presunción de validez impone un deber para todos, la ejecutividad sólo afecta a los concretos sujetos a los que se refiera el acto. Naturalmente, el que obligue a un sujeto privado o a varios o a la Administración depende del contenido del acto: el que declara una obligación tributaria o una multa obliga a aquel al que se dirige; el que impone la obligación de fumigar determinados terrenos, afecta a todos los propietarios afectados; el que concede una pensión impone a la Administración pagar una cantidad al pensionista; etc.

Por tanto, el acto administrativo modifica la situación jurídica creando derechos y obligaciones por sí mismo. Lo que comporta la capacidad de la Administración para hacerlo por sí sola, sin el consentimiento de los otros sujetos afectados y sin la intervención de los Tribunales. El sujeto privado o la Administración, incluida la autora del acto, a quien afecte la declaración administrativa contenida en el acto resulta, desde el momento en que este es eficaz, titular del derecho o del deber declarado; y, en el caso de que imponga una conducta concreta, obliga a realizarla. Por tanto, no cumplir la conducta prescrita en el acto es ya ilícito.

Con vocabulario vacilante, está recogida en los artículos 38 y 98.1 LPAC.

Artículo 38. *Ejecutividad.* Los actos de las Administraciones Públicas sujetos al Derecho Administrativo serán ejecutivos con arreglo a lo dispuesto en esta Ley.

Artículo 98. *Ejecutoriedad.* 1. Los actos de las Administraciones Públicas sujetos al Derecho Administrativo serán inmediatamente ejecutivos, salvo [...]

En un caso se habla de ejecutividad y en otro, para referirse a lo mismo, de ejecutoriedad. Normalmente este segundo término se empleaba para referirse a la posibilidad de ejecución forzosa. Pero no vale la pena enzarzarse en esos problemas terminológicos. Para evitar confusiones esquivaremos el término ejecutoriedad.

En cualquier caso, lo que añade el segundo de los artículos transcritos es que, como regla general, la ejecutividad —esto es, su fuerza de obligar y el deber de cumplimiento— es inmediata.

Igualmente, el artículo 51 LRBRL dice: «Los actos de las entidades locales son inmediatamente ejecutivos, salvo [...]».

Lo que sobre todo significa esa inmediatez y lo que ahora importa retener es que el acto administrativo es ejecutivo (y, por tanto, obligatorio) sin esperar a que alcance firmeza.

Como se explicará en su momento, un acto administrativo gana o alcanza firmeza o deviene firme cuando han pasado los plazos para interponer contra él los recursos ordinarios o cuando, recurrido en plazo, tal recurso ordinario ha fracasado, o sea, no ha sido estimado y el acto ha sido confirmado.

Por tanto, lo que el artículo 98.1 LPAC establece es que los actos administrativos son ejecutivos —esto es, deben ser obedecidos, cumplidos— aunque todavía puedan ser recurridos o, incluso, aunque hayan sido recurridos, mientras ese recurso no termine con la declaración de nulidad o anulación del acto.

4. Ejecución forzosa administrativa de sus actos y coacción directa

En tercer lugar, la autotutela administrativa se manifiesta, aunque sólo para los actos ejecutivos que imponen a un concreto administrado un determinado comportamiento, en el llamado privilegio de ejecución forzosa; esto es, que si el acto ejecutivo no es cumplido por el administrado al que afecta en el plazo que se le concede a tal efecto, la Administración puede imponer coactivamente o realizar la ejecución por sus propios medios. Lo proclama con carácter general el artículo 99 LPAC que dispone que las Administraciones pueden «proceder [...] a la ejecución forzosa de los actos administrativos» salvo excepciones.

Así, por ejemplo, si la Administración impone a un ciudadano el pago de una cantidad y este no la satisface en determinado plazo aquella podrá cobrarse por sí misma sin acudir a los Tribunales; si ordena la demolición de un edificio y el particular obligado no lo hace en el plazo conferido, lo hará la misma Administración cobrándole después al incumplidor los costes que haya generado esa demolición; etc. Analizaremos en el tomo II (lección 4) los requisitos para pasar a la ejecución forzosa, los medios con los que cuenta la Administración para ello y sus límites. Por ahora basta con lo apuntado para comprender el alcance general de esta tercera faceta de la autotutela administrativa.

Al igual que lo que hemos dicho de la ejecutividad, debemos destacar aquí que la posibilidad de pasar a la ejecución forzosa de un acto no exige que el acto sea firme. Por tanto, la Administración puede pasar a la ejecución forzosa de un acto, aunque todavía pueda ser recurrido o, incluso, aunque haya sido recurrido, mientras ese recurso no termine con la declaración de nulidad o anulación del acto.

Debe completarse lo expuesto con una alusión a la posibilidad de coacción administrativa directa. La ejecución forzosa que acabamos de explicar permite a la Administración ejecutar sus actos administrativos que previamente han declarado una obligación o deber de un particular si el particular no cumple por sí mismo en el plazo que se le confiera. Pero sucede que en algunos casos excepcionales se permite a la Administración cambiar la realidad material, incluso usando la fuerza, sin que exista previamente un acto suyo declarativo ni un periodo de cumplimiento voluntario. Así, por ejemplo, cuando la grúa municipal retira de la vía pública un coche que la está obstaculizando. Sin perjuicio de su estudio posterior (tomo III, lección 2), lo que ahora nos importa de esta coacción administrativa directa es realzar que refleja también, y en grado extremo, una diferencia sobresaliente con la situación de los particulares y la autotutela administrativa sin necesidad de acudir a los Tribunales.

5. Extensión general de la autotutela administrativa

Las distintas manifestaciones de autotutela administrativa, con la actuación unilateral y autoritaria de la Administración que entrañan y la severa afectación a la situación para los ciudadanos que comportan, necesitan reconocimiento por ley. Pero lo cierto es que los preceptos de la LPAC analizados ofrecen ese fundamento legal de forma general sin que sea necesario que cada ley lo reitere para cada una de las decisiones administrativas.

Pese a ello, algunas leyes lo reiteran. Ejemplos, entre otros muchos, pueden verse en el artículo 38.4 LGSub: «Los procedimientos para la exigencia del reintegro de las subvenciones tendrán siempre carácter administrativo». Eso significa que si la Administración que dio una subvención entiende después que el beneficiario debe devolverla lo decidirá ella misma sin necesidad de acudir a los Tribunales; y que si el subvencionado no procede a devolver el dinero en plazo la Administración se cobrará por sí misma (embargando los bienes del particular) sin necesitar tampoco para ello pedirle a los Tribunales que lo hagan. Otro ejemplo ofrecen los artículos 55.1 y 56.*b*) LPAP: «las Administraciones públicas podrán recuperar por sí mismas la posesión indebidamente perdida sobre los bienes y derechos de su patrimonio» y «en caso de resistencia al desalojo, se adoptarán cuantas medidas sean conducentes a la recuperación de la posesión del bien o derecho [...]»; etc. Lo que quiere decir que la Administración decidirá por su cuenta que ha habido una usurpación de un bien suyo, que procede que se le reintegre en la posesión perdida y que si el particular no entrega el bien ella lo recuperará por la fuerza, todo sin necesidad de intervención de los Tribunales. Son sólo dos ejemplos de leyes que proclaman para determinados supuestos la autotutela administrativa. Pero lo que estamos explicando es que, aunque esas leyes no lo hubieran establecido, la situación sería igual porque así se desprende de los preceptos de la LPAC que hemos expuesto.

Por eso, de ordinario las leyes reguladoras de los distintos sectores de actuación administrativa no contienen declaraciones de este género: se ocupan sólo del contenido posible de los actos de la Administración, y la fuerza que hemos visto (la de la presunción de validez, la ejecutividad y posibilidad de ejecución forzosa) está ya reconocida con carácter general para todos esos actos por la LPAC. O sea, sus previsiones concretas sobre decisiones administrativas, en combinación con los preceptos de la LPAC analizados, significan la posibilidad de dictar actos administrativos con presunción de validez, ejecutividad y susceptibles de ejecución forzosa administrativa.

Así, en suma, como afirmó García de Enterría, la autotutela «marca el conjunto entero del Derecho Administrativo por encima de su contenido material».

6. Excepciones a la autotutela administrativa

Ahora bien, puede haber excepciones, esto es, supuestos en los que la Administración no tiene autotutela o no la tiene en toda su extensión. Ofrezcamos un panorama general que, para mayor claridad, expondremos en torno a tres géneros de excepciones o matizaciones.

A) El primer género de excepciones viene constituido por los casos en los que la Administración no puede dictar actos administrativos; casos en los que tendrá atribuida una misión por el ordenamiento para garantizar frente a los particulares el cumplimiento de las normas y el interés general, pero en los que no se le permite emanar decisiones con presunción de validez ni ejecutividad ni, menos aún, con posibilidad de ejecución forzosa administrativa, sino que deberá acudir a los Tribunales para que sean éstos los que decidan mediante sentencia y para que, finalmente, si el condenado no la cumple, sean estos Tribunales los que ejecuten la sentencia. O sea, se trata de casos en los que desaparece cualquier resquicio de la autotutela administrativa y la Administración queda en una posición respecto a los Tribunales igual a la de los particulares.

Veamos las excepciones más claras o más destacables.

a) Hay leyes que expresamente atribuyen a la Administración acción para conseguir de los tribunales civiles la cesación de una conducta privada ilegal [v. gr., arts. 32 y 33.*a*) Ley de Competencia Desleal, 53 y 54.*a*) TR de la Ley de Defensa de los Consumidores, 30.1 y 31.1.*e*) Ley de Servicios de la Sociedad de la Información y Comercio Electrónico]. De ello se deduce que la Administración no puede dictar actos administrativos ordenando esa cesación ni, por supuesto, ejecutarlos forzosamente. Así, por ejemplo, ante una publicidad comercial ilegal, incluso aunque sea vulneradora de los intereses generales, la Administración no puede dictar una orden prohibiendo su emisión, sino que tiene que ejercer antes los tribunales civiles una acción de cesación para que sean estos tribunales los que decidan y para que, después, en su caso, ejecuten forzosamente la sentencia.

b) Tradicional es considerar que para la protección de sus bienes patrimoniales (a diferencia de lo que sucede con sus bienes de dominio público) la Administración no cuenta con autotutela, sino que tiene que demandar antes los Tribunales civiles al particular que niega la propiedad administrativa o la usurpa o la daña... En nuestro Derecho positivo actual esto se ha relativizado y es notable la tendencia a extender también la autotutela para la protección frente a los particulares de los bienes patrimoniales. Aun así, quedan muchos vestigios de la clásica negación de autotutela administrativa para la protección de sus bienes patrimoniales. Por ejemplo, en principio, si la Administración entiende que un particular ha causado daños a uno de sus bienes patrimoniales, no podrá dictar un acto administrativo fijando el importe de la indemnización y ordenándole el pago, sino que tendrá que exigirlo ante un Tribunal. Se verá en el tomo III la diferencia entre bienes de dominio público y patrimoniales, así como su distinto régimen. Aquí basta con apuntar que respecto a estos últimos la Administración tiene reducida su posibilidad de dictar actos administrativos y, por ende, su autotutela.

c) Asimismo, cuando se está ante los llamados contratos privados de la Administración (que se contraponen a los contratos administrativos), ésta no puede imponer por sí misma el cumplimiento al contratista ni declarar las consecuencias del incumplimiento. Se le niega, pues, su autotutela (que sí tiene en el caso de los contratos administrativos). Se desarrollará esto en el tomo II.

d) Hay también alguna norma que impone a la Administración ejercer acciones ante la jurisdicción contencioso-administrativa (así, art. 107 LPAC y art. 27 quinquies LJCA) de donde se deduce una restricción de la posibilidad de dictar actos administrativos con presunción de validez y ejecutividad.

Con estos cuatro ejemplos no agotamos todos los casos. Aquí y ahora sólo cabe reiterar que la regla general es la posibilidad de ejecución administrativa de las leyes mediante actos administrativos (con presunción de validez, ejecutividad y ejecución forzosa por la misma Administración) y que la necesidad de acudir a los Tribunales es la excepción.

Por otra parte, cuando se trata de sujetos que, aunque sean de la Administración, han adoptado alguna de las formas del Derecho privado (fundaciones o sociedades mercantiles de titularidad administrativa), no tendrán tampoco la autotutela administrativa sino necesidad de tutela judicial en términos iguales a los de un particular.

B) Hay casos en los que la Administración puede dictar actos administrativos con presunción de validez y ejecutividad, pero se niega —o, al menos, se restringe— a la Administración la posibilidad de pasar a la ejecución forzosa. A ello alude el artículo 99, *in fine*, LPAC: «Las Administraciones (...) podrán proceder (...) a la ejecución forzosa de los actos administrativos *salvo (...) cuando la Constitución o la Ley exijan la intervención de un órgano judicial*». A este respecto cabe imaginar dos tipos de salvedades.

Primero, aquellas en que la Ley imponga que toda la ejecución forzosa de un acto administrativo sea judicial; es decir, que no permita que la Administración por sí misma pase a la ejecución forzosa y tenga que pedírsela a los jueces. Pero estas excepciones no existen en la actualidad.

Sí las hubo en otros momentos. Por ejemplo, para cobrar las multas de tráfico o las cuotas de la Seguridad Social, la Administración, si el particular no pagaba voluntariamente en el plazo establecido, tenía que acudir a los Tribunales para que fuesen éstos los que procedieran a los embargos y demás actuaciones pertinentes para hacer efectivos los créditos declarados por el acto administrativo. Y podría volver a haber tales excepciones. Pero, en la actualidad, según creo, no hay previsiones legales de este género. No obstante, sí que se produce una excepción en el caso de actos administrativos que impongan obligaciones pecuniarias a personas sometidas a concurso de acreedores, supuesto en el que normalmente la Administración tendrá que hacer efectivo su crédito en ese proceso judicial sin que pueda seguir el procedimiento administrativo de ejecución forzosa para el cobro de cantidad líquida (art. 55.1 Ley Concursal).

Segundo, aquellas en que, aunque la ejecución de los actos administrativos la hace la Administración, necesita para algunas actuaciones de ejecución una autorización judicial.

En estos casos, los jueces no estarán realizando su función prototípica que es, como dice el artículo 117.3 CE, la de juzgar y hacer ejecutar lo juzgado. Pero el artículo 117.4 CE permite que, además de esa función, la ley les atribuya otras «en garantía de cualquier derecho». De acuerdo con ello, las leyes pueden establecer que los actos administrativos requieran una autorización o ratificación judicial.

El supuesto más eminente viene recogido en el artículo 100.3 LPAC: si para la ejecución forzosa de un acto administrativo «fuese necesario entrar en el domicilio del afectado o en los restantes lugares que requieren la autorización de su titular, las Administraciones públicas deberán obtener el consentimiento del mismo o, en su defecto, la oportuna autorización judicial». Esta previsión responde a la necesidad de compatibilizar la potestad administrativa de ejecución forzosa con el derecho a la inviolabilidad del domicilio (art. 18.2 CE) y de hacerlo conforme a lo declarado por el TC desde su Sentencia 22/1984.

Supóngase, por ejemplo, que la Administración dicta un acto que ordena a un particular una obra de reparación o de limpieza de su domicilio, que este no cumple y que, por tanto, en ejecución forzosa, la hará la Administración, para lo cual tendrá que entrar en un domicilio. O piénsese simplemente en que el particular no ha cumplido la obligación de pago que le imponía un acto administrativo y que, en ejecución forzosa, es necesario entrar en su domicilio para embargarle bienes. Si el particular no da su consentimiento a la entrada en su domicilio, la Administración necesita la autorización de un juez para poder penetrar en él.

Hay otros supuestos en los que también la Administración necesita autorización judicial ya sea porque se desprende de la Constitución ya sea porque el legislador, por su cuenta, lo ha decidido así. Citemos dos casos claros: *a*) Del artículo 8.6.2.º LJCA se deduce que para la ejecución de las medidas adoptadas por las autoridades administrativas con la finalidad de proteger la salud pública que impliquen restricción de la libertad (v. gr., la hospitalización y aislamiento forzoso de enfermos contagiosos) es necesaria la «autorización o ratificación judicial». *b*) Para ejecutar las decisiones administrativas de cierre de sitios web adoptadas para proteger la propiedad intelectual frente a la piratería se ha exigido también autorización judicial (arts. 9.2 y 122 bis LJCA) como garantía de los derechos de intimidad, secreto de las comunicaciones, expresión e información.

En ninguno de estos casos, sin embargo, desaparece la ejecución forzosa administrativa; ninguno supone que la ejecución del acto administrativo pase a ser judicial: habrá ejecución forzosa administrativa, aunque con autorización judicial para algunas de las actuaciones administrativas de ejecución.

Así, siguiendo con los ejemplos expuestos, habrá ejecución forzosa administrativa de la orden de obras o de limpieza de un domicilio, del acto que impuso el pago de una cantidad, del internamiento del enfermo contagioso y del cierre de la página web que piratea la propiedad intelectual, aunque con una autorización judicial. Ésta no está reñida con reconocer que sigue habiendo ejecución forzosa administrativa. Así que no se trata de una excepción, sino sólo de una matización a la potestad administrativa de ejecución forzosa.

Además de los supuestos en que se desprende de la misma Constitución la necesidad de la autorización judicial (como es el caso claro de la entrada en domicilios de acuerdo con el art. 18.2 CE), el legislador tiene cierta libertad para instaurarla. Pero tiene límites y no puede instaurar la necesidad de intervención o ratificación judicial a su antojo. Así lo ha entendido el TC que en su sentencia 70/2022, de 2 de junio, ha declarado inconstitucional la exigencia de «autorización o ratificación judicial de las medidas adoptadas con arreglo a la legislación sanitaria [...] que impliquen la limitación o restricción de derechos fundamentales, cuando sus destinatarios no estén identificados individualmente». Según el TC esta exigencia (que incluían los arts. 10.8 y 11.1.*i*) LJCA en la redacción que se les dio en 2020, con ocasión de la lucha contra el COVID) era contraria a la división de poderes y al principio de eficacia administrativa.

C) Por último, hay casos en los que, aunque la Administración conserva su potestad de dictar actos administrativos con presunción de validez y ejecutividad y en los que es ella misma la que puede pasar a la ejecución forzosa, sucede que esa ejecutividad y esa posibilidad de ejecución forzosa se retrasa (ya no es inmediata) o se suspende transitoriamente. Es lo que establece el artículo 98.1 LPAC a cuyo tenor los actos administrativos «serán inmediatamente ejecutivos, salvo que: *a*) Se produzca la suspensión de la ejecución del acto. *b*) Se trate de una resolución de un procedimiento de naturaleza sancionadora...».

Estas excepciones a la inmediata ejecutividad de los actos administrativos se estudiarán oportunamente. Ahora basta adelantar que la mera interposición de un recurso contra un acto administrativo no suspende su ejecutividad ni la posibilidad de pasar a la ejecución forzosa: esa suspensión hasta que se resuelva el recurso sólo se producirá si la acuerda la Administración o el Tribunal que conozca del recurso. Unamos esto con lo que antes hemos dicho: que la ejecutividad de un acto administrativo es inmediata sin esperar a que sea firme; que la posibilidad de pasar a la ejecución forzosa de un acto administrativo tampoco tiene que esperar a su firmeza. Ahora añadimos que, aunque el acto administrativo sea recurrido sigue siendo ejecutivo y susceptible de ejecución forzosa salvo que se acuerde la suspensión. En cualquier caso, como se comprenderá este tercer grupo no entraña realmente una excepción a la autotutela administrativa sino una matización a su inmediatez.

7. Valoración del sistema español de autotutela administrativa

La autotutela administrativa no se conoce en muchos países en la misma medida que hemos descrito para España.

Sirvámonos de tres referencias comparadas para situar el sistema español.

Suele afirmarse que en Gran Bretaña y los países que, como EEUU, siguen su tradición jurídica la Administración quedó sometida a los Tribunales en la misma forma que los particulares de modo que, como éstos, han de acudir a los Tribunales, primero, para conseguir una sentencia declarativa y, después, su ejecución forzosa. O sea, que, con carácter general, no existe la autotutela administrativa. No obstante, se admiten excepciones en virtud de lo que para cada sector prevean las leyes, excepciones que han ido creciendo y que configuran en esos casos y ámbitos una situación similar a la de autotutela que hemos descrito.

En Francia, lo que sobre todo se atribuye a la Administración es lo que llaman el privilegio de la «decisión ejecutoria» que comporta, sobre la base de una presunción de validez similar a la vista, lo que aquí hemos llamado ejecutividad. Es más, se considera que ésta es por antonomasia la prerrogativa de la «puissance publique» de la Administración. Sin embargo, en Francia no es general que la Administración pueda proceder, ante el incumplimiento del particular, a la ejecución forzosa del acto por sus propios medios. La regla general es que la Administración ha de acudir a los Tribunales penales para conseguir la condena o sucesivas condenas del incumplidor hasta, en su caso, vencer su resistencia. No obstante, se admite, y es cada vez más frecuente, que las leyes reconozcan a la Administración potestades para la ejecución forzosa de determinados actos. E incluso se acepta por la jurisprudencia que sin esa expresa previsión legal cabe la ejecución forzosa administrativa en casos de necesidad y urgencia, así como, sin tal urgencia, cuando no hay ninguna norma que permita imponer al desobediente una pena.

En Alemania, si bien con vacilaciones y excepciones más amplias que las que aquí conocemos, parece aceptarse que la regla general es que la Administración puede, para la aplicación de las distintas leyes cuya ejecución tiene confiada, dictar actos administrativos con presunción de validez y ejecutividad. Además, también se conoce con amplitud la ejecución forzosa de los actos administrativos por la propia Administración. No obstante, hay diferencias con el sistema español. Por lo pronto se niega la presunción de validez a los actos administrativos nulos. Por otra parte, la interposición de recursos contra el acto suspende de ordinario su ejecutividad y la posibilidad de ejecución forzosa: ante un recurso, será más bien la Administración la que tendrá que convencer al tribunal de que la ejecución inmediata del acto impugnado es necesaria para la protección del interés público.

Así que la autotutela reconocida a la Administración española no sólo es general, frente a su carácter excepcional en los Derechos anglosajones, sino que es más amplia que en Francia y en Alemania. Explicado elementalmente cabe decir, por un lado, que, a diferencia de lo que sucede en Francia, aquí el privilegio de ejecución forzosa es general y, de otro, que, a diferencia de lo que sucede en Alemania, no se exige aquí como regla general para la ejecutividad y ejecución forzosa de los actos administrativos su firmeza; sólo puede frenarse si se acuerda caso por caso, para mientras se resuelve el recurso que se haya planteado, la suspensión del acto administrativo.

Además, esta autotutela administrativa no está consagrada en la CE, sino que es sólo obra del legislador. Así las cosas, cabe plantear —y se ha planteado— si es compatible con la CE y si está justificada. La respuesta debe ser positiva.

El TC consideró que esta amplia autotutela y, en especial, la general potestad administrativa de ejecución forzosa no vulnera la Constitución y que, incluso, puede sustentarse en el principio de eficacia administrativa que proclama el artículo 103.1 CE (STC 22/1984). Lo que sí ha hecho ha sido ponerle algunos límites, como el derivado del derecho a la inviolabilidad del domicilio, según ya hemos visto, o el ya apuntado respecto a los actos administrativos sancionadores.

Pese a ello, algunos autores la censuran. En realidad, no todos los aspectos de la autotutela suscitan los mismos reparos. Lo que hemos considerado la autotutela declarativa se acepta con menos resistencia. En especial, la presunción de validez de los actos administrativos, aunque no libre de críticas por algunos autores desorientados, ni siquiera es sólo un privilegio de la Administración sino, según hemos explicado, también una limitación para ella y una garantía para los ciudadanos que hasta resulta imprescindible para la seguridad jurídica que proclama el artículo 9.3 CE. Tampoco la ejecutividad de los actos administrativos, admitida en la mayoría de los países, es seriamente puesta en entredicho. Es la potestad administrativa general para ejecutar forzosamente sus actos lo que más dudas suscita e incluso lo que algún autor considera «incompatible con la Constitución», al menos su «utilización ordinaria, como una solución general» (Muñoz Machado). Incluso se ha considerado que entraña atribuir a la Administración funciones jurisdiccionales y que, por ello, es contraria a la división de Poderes (Parada Vázquez). En la misma línea, algo más moderadamente, se ha sostenido que hay excesos en la atribución a la Administración de la ejecución forzosa de sus actos que suponen una restricción desproporcionada al derecho fundamental a la tutela judicial efectiva, fruto sólo de una «tradición autoritaria» que no se ha adecuado a la Constitución (Baño León). No procede que aquí nos enzarcemos en esa discusión. Diré sólo que en mi opinión no sólo no hay razones para considerarla contraria a la Constitución (no es contraria al derecho a la tutela judicial efectiva ni supone dar a la Administración funciones jurisdiccionales ni, por tanto, afecta la división de Poderes), sino para afirmar que está justificada por muy diversas razones.

Lo que posiblemente sí pueda merecer críticas es que se haya establecido con carácter general que los actos administrativos sean susceptibles de ejecución forzosa sin esperar a su firmeza y, más todavía, que, en parte por la regulación legal y en parte por la aplicación de los Tribunales españoles, la suspensión de los actos administrativos recurridos se haya convertido casi en excepcional.

III. LA TUTELA JUDICIAL DE LOS CIUDADANOS FRENTE A LA AUTOTUTELA ADMINISTRATIVA

La autotutela administrativa no niega ni puede negar la tutela judicial de los ciudadanos frente a la Administración. El artículo 24.1 CE lo impide. Pero hace que esa tutela judicial se produzca de otra manera. Porque, conforme a todo lo dicho, el particular no se encontrará con un sujeto que le demandará en los Tribunales y ante los que podrá defenderse para que la sentencia le absuelva y rechace las pretensiones del actor. Lejos de ello se encontrará con una decisión administrativa que ya declara con presunción de validez y obligatoriamente lo que es el Derecho en el caso concreto; decisión que, en su caso, le impone un comportamiento y que la misma Administración puede pasar a ejecutar forzosamente. Con ese punto de partida, el particular no podrá permanecer pasivo frente a las pretensiones de la Administración hasta que ésta le demande —como sí puede hacer frente a las pretensiones de otro particular—, sino que deberá él demandar a la Administración para conseguir, al menos, que se anule esa decisión administrativa.

Así, el particular tendrá la carga de combatir ante los Tribunales la actuación administrativa, la carga de impugnarla, de recurrirla ante los Tribunales. La presunción de validez de los actos administrativos desplaza sobre quien esté disconforme con ellos la carga de su impugnación.

Por eso, en vez de hablar asépticamente de proceso contencioso-administrativo se habla más concretamente de *recurso* contencioso-administrativo (al igual que se habla de recursos frente a las sentencias) puesto que lo que se hace es combatir una previa decisión o actuación administrativa; y por eso, en vez de hablar simplemente del sometimiento de la Administración a los Tribunales, se habla del *control* judicial de la Administración, porque se trata de que los Tribunales controlan *a posteriori* lo decidido o lo hecho por la Administración.

Por las mismas razones, la Administración tendrá normalmente en los juicios contencioso-administrativos la posición de demandada, no la de demandante: a ella no le hace falta, salvo excepciones, demandar a nadie —se basta por sí sola con su autotutela— pero será demandada por quienes quieran discutir y batallar contra su actuación previa.

Hay, no obstante, algunos casos en que es la Administración (la misma autora del acto impugnado o, con más frecuencia, otra) la demandante en el contencioso-administrativo. Los analizaremos en su momento. Pero no es eso lo que ahora nos importa.

A toda esta situación peculiar de la Administración se aludía tradicionalmente hablando del «privilegio del acto previo» y del «carácter revisor de la jurisdicción contencioso-administrativa».

En virtud del primero, la Administración sólo podía ser demanda tras la existencia de un acto administrativo de manera que, si no existía, había que provocarlo o fingirlo (silencio administrativo). En virtud del segundo, el Tribunal no podía pronunciarse sin más sobre la solución jurídica a un conflicto entre la Administración y un particular, sino que tenía que hacerlo examinando y reconsiderando aquello sobre lo que la Administración ya se hubiera pronunciado.

Ambas ideas se han dulcificado en nuestro Derecho. Precisamente el derecho a la tutela judicial efectiva (art. 24.1 CE) ha impulsado esa dulcificación.

Por un lado, ya no sólo cabe el recurso contencioso-administrativo contra actos, sino también contra actuaciones materiales o inactividades administrativas. Por otro lado, el carácter revisor de la jurisdicción contencioso-administrativa ya no entraña una limitación para discutir todas las pretensiones que se quieran ejercer contra la Administración ni menos aún significa que los Tribunales sólo puedan anular actos y no establecer cualquier condena a la Administración. Además, de ninguna forma puede aceptarse que la presunción de validez de los actos administrativos signifique que, recurridos ante los Tribunales, éstos deban propender a mantener su validez o que, en caso de duda, deban confirmarla. Nada de eso. Tal y como antes explicamos, la presunción de validez sólo juega como un mandato para los particulares y para la Administración en tanto que la decisión administrativa no sea anulada. También justifica que sobre el particular recaiga la carga de recurrir, como ahora hemos añadido. Pero en absoluto afecta al juicio de los Tribunales sobre la actuación administrativa.

Pero, aun con todo esto y siendo muy importante, sí que puede seguir reconociéndose que por lo general, para acudir ante la jurisdicción contencioso-administrativa, tiene que haber un acto administrativo previo y que esa jurisdicción, aunque sin limitaciones a su enjuiciamiento y a los posibles contenidos de sus sentencias, se pronuncia sobre actuaciones y decisiones administrativas previas.

IV. LA JURISDICCIÓN CONTENCIOSO-ADMINISTRATIVA Y SU INCIDENCIA EN LAS RELACIONES ENTRE ADMINISTRACIÓN Y TRIBUNALES

El panorama expuesto quedaría incompleto si no se aludiera a la existencia de una específica jurisdicción contencioso-administrativa, a la que reiteradamente hemos aludido ¿Por qué existe? ¿En qué cambia lo hasta ahora explicado? Las respuestas son hoy en España relativamente simples: aunque tenga razones históricas determinantes, subsiste sólo con la justificación formal de la conveniencia de una especialización judicial en Derecho Administrativo; y cambia poco lo hasta ahora explicado, pues no supone ninguna alteración sustancial de las relaciones entre la Administración y los Tribunales. Pero aun siendo cierto esto hoy y aquí, no lo ha sido antes ni lo es en otros países. E importa explicarlo para comprender el conjunto.

1. La jurisdicción contencioso-administrativa no judicial; el sistema francés

La Revolución Francesa estableció la división de Poderes. Pero, más en concreto, en cuanto a las relaciones entre el Poder Ejecutivo y el Judicial, acogió una versión radical de tal división, una «separación» de ambos Poderes que fundamentalmente significó —y sigue significando en Francia— la imposibilidad de que los órganos judiciales enjuiciaran a la Administración. La Administración, según esta visión extrema de la separación de Poderes, tenía que verse libre de la injerencia judicial. Y así, en definitiva, se consagró la regla de que la Administración —que por su autotutela no necesita la intervención previa de los Tribunales— no quedaba sometida ni siquiera al posterior control judicial ante los recursos de los particulares. Una ley de 1790 lo expresaba en términos rotundos y célebres: «Las funciones judiciales son y han de permanecer siempre separadas de las funciones administrativas. Los jueces no podrán, bajo pena de prevaricación, perturbar de ninguna manera las actuaciones de los cuerpos administrativos ni citar ante ellos a los administradores por razón de sus funciones». No significaba ello —ni podía significar salvo que se convirtiera en ilusorio el principio de legalidad administrativa y los derechos de los ciudadanos frente a la Administración— que la Administración quedara libre de cualquier control jurídico. Pero ese control no se atribuía a los órganos judiciales, sino a los propios órganos administrativos. Se trataba, pues, de una especie de autocontrol de la propia Administración. Así, en suma, las controversias o conflictos o «contenciosos» —que contencioso no es más que el derivado de contienda y sinónimo de conflicto jurídico— entre la Administración y cualquier otro sujeto habían de resolverse ante órganos administrativos, no judiciales. Ante esos órganos administrativos había de acudir el particular que se considerase lesionado en sus derechos por la Administración. Así se formó una específica jurisdicción contencioso-administrativa: jurisdicción, porque ejerce una función propiamente jurisdiccional, esto es de juzgar conforme a Derecho de un concreto contencioso; pero jurisdicción no judicial, porque no es impartida ni está integrada por verdaderos jueces; y administrativa, no ya porque se ocupa de asuntos administrativos, sino porque está integrada en la misma Administración y constituida por funcionarios administrativos.

Lo de menos a nuestros efectos es determinar por qué los revolucionarios franceses hicieron esta opción que a nosotros hoy nos resulta tan chocante. La fundamentación teórica que se arguyó se sintetiza en la afirmación de que «juzgar a la Administración también es administrar» («*Juger l'Administration c'est encore administrer*») y que, por tanto, debe atribuirse a la Administración para que así sea verdad que a cada Poder corresponde una función. Pero puede que, más que ello, se tratara de una estratagema política para que los jueces, de los que se desconfiaba, no frenaran la labor revolucionaria que se quería acometer; o que lo decisivo fuese que, pese a la ruptura radical con el pasado que la Revolución supuso, no consiguiera desembarazarse de una secular tradición ni del precedente inmediato del Antiguo Régimen, en el que ya se afirmaba que los Tribunales estaban para la aplicación del Derecho Civil y Penal, pero no para la de las «leyes políticas» que son las que regirían a la Administración y las que ésta aplicaría. Prescindiendo de las posibles explicaciones de tal opción histórica, lo importante aquí es el hecho mismo de esta separación total entre Administración y Justicia que impedía a ésta interferir en aquella.

Esa jurisdicción contencioso-administrativa francesa está integrada por el Consejo de Estado (*Conseil d'État*) y por otros órganos administrativos de inferior jerarquía y ámbito territorial, y actúa con imparcialidad e independencia de los demás órganos administrativos. Pero, hoy como en su origen, no forma parte del Poder Judicial ni está sometida al Tribunal Supremo (*Cour de Cassation*).

No nos importa aquí cómo evolucionó en Francia esa jurisdicción contencioso-administrativa. Primero estuvo atribuida a los órganos administrativos ordinarios (los Ministros o los Prefectos, delegados del Gobierno en los Departamentos). Después a éstos pero informados por el Consejo de Estado o los Consejos de Prefectura, aunque en la práctica siempre se resolvía de acuerdo con estos informes. Y finalmente, tras varias vicisitudes, al propio Consejo de Estado y a otros órganos administrativos de inferior ámbito y jerarquía, que ya resuelven por sí mismos. Tampoco es momento de analizar que esta jurisdicción, contra pronóstico, y gracias a estar integrada por verdaderos especialistas, logró un razonable control jurídico de la Administración y un gran prestigio. Acaso por todo esto, este sistema subsiste en Francia incólume. Es más, el Consejo Constitucional francés consideró ya en 1987 que esta peculiar jurisdicción contencioso-administrativa tiene rango constitucional.

Pero, en realidad, en Francia no todos los litigios en que sea parte la Administración competen a la jurisdicción contencioso-administrativa; algunos competen a la jurisdicción judicial. El sistema se completa con un Tribunal de Conflictos que dirime los supuestos en que ambas jurisdicciones mantienen criterios discrepantes sobre sus respectivas competencias.

Salvo en el Reino Unido y en los Estados que siguen su tradición, donde no existe propiamente una jurisdicción contencioso-administrativa, la evolución descrita para Francia tiene puntos en común con la de otros países (como Alemania, Bélgica, Italia...) en los que también existe una jurisdicción contencioso-administrativa no judicial que se reparte, aunque con criterios variables de un país a otro, la competencia para enjuiciar los litigios en que es parte la Administración. Ni siquiera es cierto que ello obedeciera en todo caso a la influencia francesa. La tradición propia de cada país orientó en la misma dirección. Así, Otto Mayer explicó: «En la época en que entre nosotros se efectuó el distingo entre Justicia y Administración, no había Tribunales sino para la observancia de los Derechos Civil y Penal. La palabra "justicia" ha conservado este cuño: la Justicia es actualmente la actividad del poder público, destinada al mantenimiento del orden jurídico, que pertenece a los Tribunales encargados de la aplicación del Derecho Civil y del Derecho Penal. La Justicia se opone a la Administración por la concurrencia de estos elementos». No es necesario que nos adentremos en ello. Son suficientes las referencias sobre el sistema francés para exponer el nuestro.

2. La judicialización de la jurisdicción contencioso-administrativa en España

En España hoy también existe una jurisdicción contencioso-administrativa y un Tribunal de Conflictos. Todo, pues, suena parecido a lo visto para Francia. Pero todo es muy distinto porque en España la jurisdicción contencioso-administrativa es judicial; y eso lo cambia todo.

En España, aunque con titubeos iniciales, se impuso un control de la Administración que respondía en lo esencial al modelo francés y que, en realidad, engarzaba también con nuestros propios precedentes del Antiguo Régimen. En suma, un control jurídico de la Administración confiado a órganos administrativos especializados (destacadamente al Consejo Real o de Estado) que se plasmó ya en leyes de 1845 y que se completaba con un sistema de resolución de conflictos entre esa jurisdicción y la judicial que respondía a las mismas necesidades y cánones vistos en Francia. Pero, manteniendo los términos y algunas herencias, el sistema evolucionó hacia su plena judicialización. Primero, en la Ley de la Jurisdicción Contencioso-Administrativa de 1888 (la llamada Ley Santamaría de Paredes, por el jurista que la inspiró) se consagró un sistema ecléctico, el llamado «sistema armónico», en el que se confiaba la jurisdicción contencioso-administrativa a órganos mixtos compuestos por jueces y miembros de la Administración. Y después, ya definitivamente con la Ley de la Jurisdicción Contencioso-Administrativa de 1956, se estableció un sistema judicial puro que llega hasta nuestros días.

Ese carácter judicial de nuestra jurisdicción contencioso-administrativa está plasmado en la LOPJ y en la LJCA.

Más aún, así lo impone la Constitución. En España hoy no cabe un sistema como el francés que no es conciliable con los artículos 24.1, 106.1 y 117.3 CE. Pues nótese que estos preceptos exigen una tutela *judicial*, no cualquier otra tutela; que atribuyen a los Tribunales el control de la actividad administrativa y es seguro que la CE cuando habla de Tribunales se refiere a los judiciales; y que establecen que la potestad jurisdiccional en todo tipo de procesos —incluyendo los que se entablen con la Administración— corresponde en exclusiva a los Tribunales. No es posible, pues, en España que el control jurídico de la Administración quede confiado a órganos administrativos con exclusión de los judiciales. Así, incluso en el caso de que el legislador establezca recursos contra los actos de la Administración para que sean resueltos por órganos administrativos y por muchas garantías de las que rodee a esos recursos y a esos órganos administrativos (como a veces ha hecho), siempre es necesario un final control judicial.

Eso sí, se estableció y sigue existiendo un sistema judicial puro en el que, no obstante, hay unos Tribunales específicamente dedicados a resolver los litigios de la Administración que, además, lo hacen conforme a unas reglas procesales propias (las que se contienen en la LJCA). Esos Tribunales forman, no una jurisdicción especial, sino meramente un orden jurisdiccional, el contencioso-administrativo, al igual que existe el orden jurisdiccional civil o penal. Pero ello dentro del «principio de unidad jurisdiccional» que, como «base de la organización y funcionamiento de los Tribunales», impone enérgicamente la Constitución (art. 117.5).

Un orden jurisdiccional que, por tanto, como los demás, tiene su cúspide en el Tribunal Supremo (art. 123.1 CE); que está integrado por Jueces y Magistrados que forman un cuerpo único (art. 122.1

CE), tienen un estatuto común (el esbozado en el art. 117.2 CE) y que, a lo largo de su carrera, pasan de una jurisdicción a otra como un simple cambio de destino; y que está sometido, como los restantes, al gobierno del Consejo General del Poder Judicial (art. 122.3 CE).

La Constitución no impone la existencia de esos específicos Tribunales contencioso-administrativos ni tal orden jurisdiccional. El artículo 106.1 CE, como hemos visto, sólo impone el control por los Tribunales de la actuación administrativa, pero no dice que hayan de ser unos específicos Tribunales contencioso-administrativos. Sólo en el artículo 153.*c*) CE hay una alusión tangencial e insustancial a esta jurisdicción que, desde luego, no la garantiza.

Así las cosas, siendo en España la jurisdicción contencioso-administrativa judicial y un simple orden jurisdiccional, esto es, un mero conjunto estructurado de órganos judiciales, su único significado es el de una cierta especialización que es, al mismo tiempo, su justificación.

Con todo, aclaremos que hablamos de especialización sólo en el sentido de que se trata de órganos que se dedican especialmente a ello, no en el de que estén compuestos en todo caso por especialistas en Derecho Administrativo, pues lo componen Jueces y Magistrados seleccionados como todos los demás y con la formación general y sólo algunos de ellos han acreditado cierta formación especializada.

Con lo expuesto, se comprende que en España la existencia de la jurisdicción contencioso-administrativa no tiene el significado que en Francia ni altera en nada esencial las relaciones entre la Administración y la Justicia. También se deduce fácilmente de lo anterior que entre nosotros la delimitación de las competencias de esta jurisdicción frente a las de las demás jurisdicciones (civil, penal, social y militar) no tiene el trasfondo y el calado que tuvo antaño y que conserva en Francia y en otros países.

En su momento, se estudiará el ámbito de la jurisdicción contencioso-administrativa. Ahora se trata de explicar que, precisamente por tratarse sólo de un orden jurisdiccional dentro de la unidad de todo el Poder Judicial, la delimitación de sus competencias respecto a la de otros órdenes jurisdiccionales puede hacerse por la ley con libertad y sin atenerse a criterios superiores. La ley, al establecer el reparto de competencias entre este orden jurisdiccional y los restantes, ni siquiera está condicionada por el concepto de Administración y de Derecho Administrativo de modo que: *a*) puede atribuir al contencioso-administrativo litigios en que no es parte la Administración o en la que, siéndolo, no está sometida a las reglas originales del Derecho Administrativo; y *b*) en sentido contrario, puede atribuir a otras jurisdicciones litigios de la Administración en la que está sometida a las reglas originales del Derecho Administrativo. Y no sólo es que sea posible, sino que lo hace en gran medida. Así que en España actualmente ni siquiera cabe identificar el ámbito del Derecho Administrativo (o el de sus normas originales) con el de las competencias de la jurisdicción contencioso-administrativa. Sigue partiéndose como regla general de que a esta jurisdicción le corresponden los pleitos en que es parte la Administración y se refieran a su actividad sometida a Derecho Administrativo (esto es, a sus reglas originales). Es lo que refleja primeramente el artículo 9.4 LOPJ y el artículo 1 LJCA. Pero, ese punto de partida está después profundamente alterado por otras reglas que atribuyen a esta jurisdicción litigios en que ni siquiera es parte la Administración (sino, p. ej., otros poderes públicos) o, a la inversa, reglas que atribuyen a otras jurisdicciones (no sólo la civil, sino también la militar o la social) asuntos en que es parte la Administración sometida a normas originales del Derecho Administrativo (incluso contra actos administrativos con presunción de validez, ejecutividad y ejecución forzosa administrativa). Por lo mismo, también las posibilidades de la jurisdicción penal para enjuiciar actuaciones de autoridades y funcionarios de la Administración pueden ser —y son de hecho— amplias. El deslinde de las competencias entre la jurisdicción contencioso-administrativa y los restantes órdenes jurisdiccionales puede ser criticable si se considera que lleva a la jurisdicción menos preparada —o menos especializada— para el estudio del asunto (según se apliquen o no muchas normas originales de Derecho Administrativo) o si se entiende que complican innecesariamente la distribución de competencias judiciales o si se cree que llevarán a dividir artificiosamente un mismo asunto o que conducirán a jurisprudencias contradictorias, etc. Pero se tratará de críticas sobre el acierto y oportunidad de la solución, no sobre su constitucionalidad o su adecuación a la naturaleza de esta jurisdicción.

Por lo demás, subsiste en España el Tribunal de Conflictos (al que más concretamente se denomina Tribunal de Conflictos de Jurisdicción) con la función de dirimir las controversias que se susciten entre la Administración y los Tribunales sobre sus respectivas atribuciones, pero su significado es muy distinto y menos relevante que el de su homónimo francés.

Ese Tribunal está previsto en el artículo 38 LOPJ; y las formas de suscitar y resolver esas controversias están reguladas en la LO 2/1987, de Conflictos Jurisdiccionales. Digamos sólo que el Tribunal de Conflictos está compuesto por el Presidente del TS (que lo preside y tiene voto de calidad en caso de empate), dos Magistrados de la Sala de lo Contencioso-Administrativo del TS y tres Consejeros de Estado. Por tanto, a partes iguales por miembros del Poder Judicial y de la Administración, aunque el voto dirimente del Presidente del TS da cierta preponderancia a aquéllos. Como regla general, basta que un órgano requiera al otro de inhibición para que deba suspender la tramitación hasta que resuelva el Tribunal de Conflictos. No obstante, esto tiene excepciones, sobre todo la relativa a los Tribunales penales que pueden continuar su actuación, aunque sin llegar a dictar sentencia. Este deber de suspensión encuentra respaldo en el artículo 509 CPen: «El Juez o Magistrado, la autoridad o el funcionario que, legalmente requerido de inhibición, continuare procediendo sin esperar a que se decida el correspondiente conflicto jurisdiccional, salvo en los casos permitidos por la Ley, será castigado con la pena de [...]».

Aunque externamente se parece al Tribunal de Conflictos francés su función es diferente porque en Francia resuelve sobre todo conflictos entre dos jurisdicciones (la administrativa y la judicial) y aquí no. Incluso el nombre de Tribunal de Conflictos *de Jurisdicción* es sólo fruto de su origen y hoy resulta equívoco. Lo que este Tribunal resuelve no son controversias entre una jurisdicción judicial y otra administrativa sino entre cualquier jurisdicción (todas ellas judiciales, incluida la contencioso-administrativa) y los órganos activos de la Administración (un Ministro o un Consejero o un Alcalde...) en el ejercicio de sus actividades administrativas ordinarias, no jurisdiccionales. Y estas controversias son raras y tienen caracteres distintos de las que resuelve su tocayo francés. Puede decirse que, como en Francia, trata de preservar a la Administración de indebidas intromisiones de los Tribunales. Pero en España, a la postre, todas las actuaciones administrativas están sometidas al control de algún Tribunal, así que, como explica Muñoz Machado, nuestro sistema de conflictos sólo sirve para preservar a la Administración de intromisiones judiciales realizadas por un Tribunal incompetente —no por cualquier Tribunal— o en un momento o por un cauce improcedente.

Las controversias competenciales que se planteen entre los órganos de la jurisdicción contencioso-administrativa y los de cualquier otra jurisdicción son resueltos en España por otra vía, la de los llamados conflictos de competencias.

Se dan estos conflictos de competencias siempre que dos órdenes jurisdiccionales cualquiera (por tanto, no sólo cuando esté implicado el contencioso-administrativo) disputan sobre el conocimiento de un asunto. Y su resolución está confiada a una Sala especial del TS compuesta por su Presidente y por dos Magistrados, uno por cada uno de los órdenes jurisdiccionales en conflicto (art. 42 LOPJ). Así, si se ha suscitado entre un Juzgado civil y otro contencioso-administrativo, esa Sala especial estará compuesta, además de por el Presidente, por un Magistrado de lo Civil y otro de lo Contencioso-Administrativo. Por tanto, sin ninguna intervención de la Administración. Todo por completo distinto del tradicional modelo del Tribunal de Conflictos. Pero, como se ve, en el fondo es este otro cauce el que canaliza lo que en Francia —y en España en otra época— asume el Tribunal de Conflictos con la diferencia —radical diferencia— de que aquí es sólo un conflicto entre dos órganos judiciales.

En resumen, el control jurisdiccional de la Administración corresponde generalmente (aunque no en su totalidad) a la jurisdicción contencioso-administrativa pero, siendo ésta plenamente judicial, ello no comporta en España ninguna exención de la sumisión a los órganos del Poder Judicial ni altera en nada esencial las relaciones entre Administración y Justicia.

BIBLIOGRAFÍA

Agirreazkuenaga Zigorraga, I.: *La coacción administrativa directa*, Civitas, 1990.

Baño León, J. M.: «Los excesos de la llamada autotutela administrativa», *REDA*, n.º 181, 2016; y *Homenaje a Martínez López-Muñiz.*

Barcelona Llop, J.: *Ejecutividad, ejecutoriedad y ejecución forzosa de los actos administrativos*, Servicio de Publicaciones de la Universidad de Cantabria, 1995.

— «Cuestiones sobre la ejecutividad de los actos administrativos en la doctrina del Tribunal Constitucional», en *Homenaje a Cosculluela.*

Bauzá Martorell, F. J.: *La coacción directa y el uso de la fuerza por los poderes públicos*, Iustel, 2019.

Beltrán de Felipe, M.: *El poder de sustitución en la ejecución de sentencias condenatorias de la Administración*, Civitas, 1995.

Betancor Rodríguez, A.: *El acto ejecutivo*, Centro de Estudios Constitucionales, 1992.

Bocanegra Sierra, R. y García Luengo, J.: «La potestad de dictar actos administrativos como una intromisión en la libertad», en *Homenaje a L. Martín-Retortillo.*

Borrajo Iniesta, I.: «La autotutela administrativa en el bicentenario de la Revolución Francesa», en la obra colectiva *El Poder Judicial en el bicentenario de la Revolución Francesa*, Ministerio de Justicia, 1990.

Cano Campos, T.: «¿Por qué se presume la validez de los actos administrativos?», *Homenaje a Carro.*

— «La presunción de validez de los actos administrativos», *REALA*, n.º 14, 2020.

Carro Fernández-Valmayor, J. L.: «Sobre los orígenes de la formación europea del contencioso-administrativo. Una visión general», *Homenaje a De la Quadra-Salcedo.*

Cierco Seira, C.: «Derecho a la libertad personal y protección de la salud pública: el internamiento forzoso por razón de enfermedad contagiosa», en *Homenaje a L. Martín-Retortillo.*

Cobreros Mendazona, E.: «La garantía del domicilio por parte de la jurisdicción contencioso-administrativa», *Homenaje a Carro.*

Del Saz Cordero, S.: «La crisis de la autotuela en los actos administrativos y su auge en los actos privados», *RAP*, n.º 115, 1992.

Doménech Pascual, G.: «El principio de presunción de validez», en Santamaría Pastor, J. A., *Los principios jurídicos del Derecho Administrativo*, La Ley, 2010.

Escuín Palop, V.: «Presunción de validez y eficacia de los actos administrativos inválidos. Principios y técnicas de conservación», *Homenaje a Menéndez Rexach.*

Fernández García, J. F.: «Autotutela ejecutiva y control judicial de la entrada en domicilios», *RAP*, n.º 198, 2015.

Fernández Torres, J. R.: *La formación histórica de la jurisdicción contencioso-administrativa (1845-1868)*, Civitas, 1998.

— *Jurisdicción administrativa revisora y tutela judicial efectiva*, Civitas, 1998.

García-Andrade Gómez, J.: *Las actuaciones administrativas sin procedimiento. Relaciones jurídicas en el Estado de Derecho*, Marcial Pons, 2021.

García de Enterría, E.: «La formación histórica del principio de autotutela de la Administración», *Moneda y Crédito*, n.º 128.

— *Democracia, jueces y control de la Administración*, Civitas, 5.ª ed., 2000.

García Macho, R. y Blasco Díaz, J. L.: «Autotutela administrativa», en Muñoz Machado, S. (dir.), *Diccionario de Derecho Administrativo*, Iustel, 2005.
— «Conflictos entre la Administración y la Justicia», en Muñoz Machado, S. (dir.), *Diccionario de Derecho Administrativo*, Iustel, 2005.
López Menudo, F.: «La intervención del juez para la defensa del domicilio ¿y también de la propiedad?», *JA*, n.º 43, 2009.
López Ramón, F.: «Una visión crítica de las prerrogativas comunes a los bienes públicos», en *Homenaje a Santamaría.*
Lozano Cutanda, B.: «Los conflictos entre la Administración y los Tribunales; perspectiva histórica y nueva configuración», *RAP*, n.º 118, 1989.
Marín-Barnuevo Fabo, D.: «Presunciones legales, disposiciones supletorias y verdades interinas. La presunción de validez de los actos administrativos», *Homenaje a Parejo*.
Márquez Diéguez, J. L.: «Competencia funcional, alcance y procedimiento de las autorizaciones judiciales de entrada para la ejecución forzosa de actos administrativos y en las autorizaciones judiciales para la protección de la propiedad intelectual vulnerada desde servicios de la sociedad de información», *RAAP*, n.º 85, 2013.
Martín-Retortillo Baquer, L.: «En torno al sistema español de conflictos jurisdiccionales», *REDA*, n.º 9, 1976.
— «La Ley de Conflictos Jurisdiccionales tras la entrada en vigor de la Constitución», *RAP*, n.º 98, 1992.
Mestre Delgado, J. F.: «El régimen de la autotutela ejecutiva en el ordenamiento constitucional», *RGDA*, n.º 11, 2006.
Miguez Macho, L.: «Autotutela administrativa y tutela judicial efectiva: nuevas perspectivas para el proceso contencioso-administrativo», *RGDA*, n.º 38, 2015.
Muñoz Machado, S.: «Las mutaciones del viejo sistema de conflictos jurisdiccionales», *REAL*, n.º 291, 2003.
Nieto García, A.: «Sobre la tesis de Parada en relación con los orígenes de los contencioso-administrativo», *RAP*, n.º 57, 1968.
Parada Vázquez, R.: «Privilegio de decisión ejecutoria y proceso contencioso-administrativo», *RAP*, n.º 55, 1968.
— «Réplica a Nieto sobre el privilegio de decisión ejecutoria y el sistema contencioso-administrativo», *RAP*, n.º 59, 1969.
— «Los conflictos entre la Administración y los Tribunales ante la nueva Constitución», *RAP*, n.º 84, 1977.
Rebollo Puig, M.: «La presunción de validez», *REDA*, n.º 128, 2005.
Recuerda Girella, M. A.: «La ejecución forzosa del acto administrativo recurrido tras la desestimación presunta del recurso», *RAAP*, n.º 109, 2021.
Rodríguez Portugués, M.: *La tutela administrativa de la propiedad intelectual en la sociedad de la información*, Iustel, 2013.
Salamero Teixidó, L.: *La autorización judicial de entrada en el marco de la actividad administrativa*, Marcial Pons, 2014.
Sánchez Blanco, A.: «Ejecutoriedad de los actos administrativos», en Muñoz Machado, S. (dir.), *Diccionario de Derecho Administrativo*, Iustel, 2005.
Tejedor Bielsa, J.: «Autorización o ratificación judicial, tutela cautelar y emergencias», en Tejedor Bielsa, J., Boix Palop, A., y Nogueira López, A. (coords.), *Derecho Administrativo para la excepción*, Iustel, 2023.

LECCIÓN 7

LA POSICIÓN JURÍDICA DEL CIUDADANO ANTE LA ADMINISTRACIÓN PÚBLICA*

I. EL CIUDADANO COMO SUJETO DEL DERECHO ADMINISTRATIVO

1. Planteamiento

En la lección 1 afirmábamos que todas las relaciones jurídicas en las que interviene la Administración pública son propias del Derecho Administrativo y que lo son muy especialmente aquellas que entabla con los sujetos privados. De los rasgos genéricos de la relación de los sujetos privados con la Administración pública nos ocuparemos ahora.

Al hacerlo vamos a completar el panorama de las lecciones anteriores: si en ellas hemos visto el sometimiento de la Administración al Derecho (lección 5) y el control judicial de tal sometimiento (lección 6), ahora veremos qué posición ocupan en ese esquema los sujetos privados que se relacionan con la Administración pública, en qué medida surgen para ellos ventajas, sujeciones, deberes... y en qué medida pueden exigir, ante ella misma y ante los tribunales, que la Administración cumpla el Derecho. Así, podrá comprobarse, en suma, que la gran garantía de los sujetos privados frente a las Administraciones públicas es el sometimiento de éstas al Derecho y al control judicial: es esto lo que asegurará que no vulneren el ordenamiento en su perjuicio.

2. Administrados, ciudadanos, particulares

Habitual era referirse a ese otro sujeto de las relaciones administrativas con la denominación de «administrado». Sin embargo, este término suscita reparos en tanto que, como participio pasivo, sugiere una postura meramente paciente de la Administración, que parece presentarse así como *potentior persona* irresistible, lo que desde luego es inadmisible y no se corresponde con la realidad.

Podría decirse, incluso, que se ve en el vocablo «administrado» una especie de paralelo jurídico-administrativo del término «súbdito».

Conste, empero, que es la misma CE la que en algún caso habla de los «administrados» (así, art. 149.1.18.ª CE: «[...] garantizarán a los administrados un tratamiento común [...]») y que desprovisto de ese rasgo puramente pasivo, como si no tuviese derechos, es una expresión aceptable e incluso elocuente y gráfica para referirse a quien se relaciona con la Administración pública.

---

* Por Diego J. Vera Jurado y Manuel Rebollo Puig.

En su lugar, prefiere hablarse de «ciudadano», expresión esta otra que, por el contrario, evoca la posición de un sujeto protagonista en su comunidad política, con libertad y derechos. Pero tampoco esta denominación está exenta de problemas porque resulta demasiado limitada para referirse a todos los sujetos que mantienen relaciones jurídicas con la Administración pública.

Propiamente ciudadanos son sólo las personas físicas e incluso sólo las nacionales que tienen los plenos derechos políticos. Sin embargo, la Administración pública, claro está, mantiene relaciones similares con las personas jurídicas de todo género (que claro está que no son ciudadanas) y con extranjeros, que no son titulares de todos los derechos políticos. No es una cuestión huera; de hecho, en algunos casos se han planteado problemas para saber exactamente a qué sujetos se refieren las leyes cuando hablan de ciudadanos.

La LPAC parece haberse hecho eco de estos problemas: aunque utiliza ocasionalmente el término «ciudadano», lo ha rehuido en otros casos y, donde la ley precedente hablaba de tales, lo ha sustituido por otras expresiones, a veces, circunloquios; y en su Exposición de Motivos habla reiteradamente de «ciudadanos y empresas» lo que tampoco es suficientemente amplio.

Con todo, podemos usar y usaremos aquí el término ciudadano, aunque en sentido amplio e impropio, para referirnos a todos los sujetos o entes que pueden entablar relaciones jurídicas con la Administración pública, aunque no sean personas físicas nacionales.

Asimismo simplemente puede hablarse —y se habla de ordinario— de particulares o de sujetos privados para referirse a estos otros sujetos de las relaciones jurídico-administrativas distintos de la Administración.

Incluso tras todo ello, una puntualización resulta pertinente. Quedan fuera de nuestra consideración en este momento otras relaciones jurídico-administrativas: las que se producen entre diferentes Administraciones públicas. La existencia de diversas Administraciones implica que puedan surgir relaciones interadministrativas (p. ej., entre la Administración del Estado y un Municipio), que pueden entablar relaciones en posición de igualdad (de coordinación, de cooperación) o en posición de subordinación (de tutela administrativa). Esto se analizará al estudiar la organización administrativa en la lección 9. Pero debe notarse que en algunos casos se producen relaciones entre Administraciones en las que una de ellas actúa más bien como un administrado; por ejemplo, cuando una de ellas está obligada a pagar tributos a otra, o cuando sufre la sanción que le impone otra Administración. En tales hipótesis se entablan relaciones que se asemejan a las relaciones entre Administración y ciudadanos, aunque tienen un trasfondo distinto que exige extraordinaria prudencia para no trasladar simplistamente conceptos que sólo tienen verdadero sentido para los sujetos privados.

3. Alusión al concepto de interesado y a la acción popular

Concepto próximo pero distinto es el de interesado. Interesado es ya aquel ciudadano (o, si se prefiere, administrado o particular) que tiene una concreta conexión con un determinado asunto que haya abordado o deba abordar una Administración pública. Implica, no ya una potencial y abstracta capacidad de entrar en contacto con la Administración, sino mantener con ella una específica y cierta relación jurídica. Así, hay que resolver quién o quiénes sean interesados ante concretas actuaciones administrativas (una concreta expropiación, una determinada autorización, cierto contrato, una específica sanción administrativa, una reclamación de cantidad...). De la condición de interesado depende, sobre todo, la posibilidad de solicitar algo a la Administración, de intervenir en un procedimiento administrativo... y, a la postre, de impugnar ante los tribunales una u otra actuación de la Administración pública.

Las dos regulaciones fundamentales sobre los interesados son las que se contienen en la LPAC y en la LJCA.

La LPAC se ocupa en su artículo 4, bajo el rubro «concepto de interesado», de quienes se consideran «interesados en el procedimiento administrativo». Son los interesados en un determinado procedimiento administrativo los que tienen derecho a intervenir en él y a los que la ley confiere una serie de derechos procedimentales. Sobre todo los que ahora enumera el artículo 53 LPAC que precisamente dice enumerar los «derechos del interesado en el procedimiento administrativo».

La LJCA, aunque utilizando otro término (sujetos legitimados), lo aborda en sus artículos 19 y 21 que señalan, respecto a los procesos contencioso-administrativos, quiénes pueden ser demandantes (es decir, quiénes pueden defender su posición frente a la Administración) y demandados (es decir, quiénes pueden defender lo que haya decidido la Administración).

Nos ocuparemos de todo ello en el tomo II (lecciones 1 y 12).

Aquí sólo hay que avanzar que si, como hemos dicho, la condición de interesado depende de que el sujeto tenga cierta conexión con un asunto concreto, nuestro Derecho articula esa conexión en torno a un par de conceptos clave; el de derecho subjetivo y el de interés legítimo. Serán los sujetos que tengan afectado o presuntamente afectado un derecho subjetivo o un interés legítimo en un asunto administrativo concreto los que podrán considerarse interesados.

Hay, no obstante, una notable excepción en aquellos casos en que se reconoce la llamada acción popular. Esta acción popular está contemplada en la misma CE en su artículo 125, aunque seguramente pensando sobre todo en la jurisdicción penal. Lo cierto es que también se reconoce en algunos ámbitos del Derecho Administrativo. A ello se refiere el artículo 19.1.*h*) LJCA al decir que está legitimado en el orden jurisdiccional contencioso-administrativo «cualquier ciudadano, en el ejercicio de la acción popular, en los casos expresamente previstos en las Leyes». Los sectores más importantes en que se reconoce esta acción popular dentro del Derecho Administrativo son los del urbanismo, protección del patrimonio histórico y costas (con matizaciones, medio ambiente). En esos ámbitos y algunos otros cualquier ciudadano, sin necesidad de acreditar un derecho subjetivo ni un interés legítimo, puede impugnar las actuaciones administrativas.

4. Personalidad y capacidad

Como regla general, para mantener relaciones jurídicas con la Administración hay que tener personalidad y capacidad jurídica. Por tanto, ser persona física o jurídica. En principio, ello es suficiente para tener capacidad de obrar ante las Administraciones, tal y como lo expresa el artículo 3 LPAC: «[…] tendrán capacidad de obrar ante las Administraciones Públicas: *a*) Las personas físicas y jurídicas que ostenten capacidad de obrar con arreglo a las normas civiles». Hay, por tanto, una remisión general a las normas civiles sobre capacidad.

A este respecto, hay que tener en cuenta que, frente al régimen tradicional que preveía la incapacitación de quienes padecieren «enfermedades o deficiencias persistentes de carácter físico o psíquico que impidan a la persona gobernarse por sí misma» y el nombramiento de un tutor, a partir de la Ley 8/2021 de reforma de la legislación civil y procesal para el apoyo a las personas con discapacidad, la situación es distinta: esas personas ya no sufren una incapacitación, sino que se les reconoce capacidad aunque estableciendo medidas de apoyo para que puedan ejercerla. Entre esas medidas es posible a veces el nombramiento de un curador que en algunos casos tendrá funciones representativas. Todo esto se estudia en Derecho Civil y aquí solo procede apuntar que esa nueva regulación de las personas con discapacidad tiene proyección también para su actuación ante las Administraciones públicas.

Pese a esa remisión general a las normas civiles, por lo que se refiere a los menores de edad, el Derecho Administrativo acepta una capacidad ante la Administración más amplia que la que se le reconoce en general. Se expresa así en el artículo 3.*b*) LPAC: «… tendrán capacidad de obrar ante las Administraciones públicas (…) los menores de edad para el ejercicio y defensa de aquellos de sus derechos e intereses cuya actuación esté permitida por el ordenamiento jurídico sin la asistencia de la persona que ejerza la patria potestad, tutela o curatela».

Lo más destacable es que el artículo 3.*c*) LPAC admite que puedan tener capacidad de obrar ante la Administración entes sin personalidad jurídica si así lo establece una norma con rango de Ley: «Cuando la Ley así lo declare expresamente, los grupos de afectados, las uniones y entidades sin personalidad jurídica y los patrimonios independientes o autónomos». En realidad, no es sólo que tengan capacidad de obrar, sino que, antes que ello, se admite que pueden ser titulares de derechos y de deberes respecto a la Administración, es decir, que tengan capacidad jurídica.

Ejemplo eminente de ello, aunque muy anterior a la propia LPAC, está en la LGT: «Tendrán la consideración de obligados tributarios, en las leyes en que así se establezca, las herencias yacentes, comunidades de bienes y demás entidades que, *carentes de personalidad jurídica*, constituyan una unidad económica o un patrimonio separado susceptibles de imposición» (art. 35.4).

Igualmente, dice el TR de la Ley General de la Seguridad Social que «son responsables del cumplimiento de la obligación de cotizar y del pago de los demás recursos de la Seguridad Social las personas físicas o jurídicas o *entidades sin personalidad* a las que las normas reguladoras de cada régimen y recurso impongan directamente la obligación de su ingreso […]» (art. 15.3).

La LGSub suministra otro ejemplo: «Cuando se prevea expresamente en las bases reguladoras, podrán acceder a la condición de beneficiario las agrupaciones de personas físicas o jurídicas, públicas o privadas, las comunidades de bienes o cualquier otro tipo de unidad económica o patrimonio separado que, aun *careciendo de personalidad jurídica*, puedan llevar a cabo los proyectos, actividades o comportamientos o se encuentren en la situación que motiva la concesión de la subvención» (art. 11.3).

Su consideración como obligados tributarios o como obligados a cotizar a la seguridad social o como beneficiarios de subvenciones significa obviamente que estos entes sin personalidad son partes de relaciones jurídicas, titulares de derechos y deberes, posibles partes de procedimientos administrativos y de procesos. Esto último está incluso reconocido en el artículo 18.2 LJCA. Y de conformidad con ello el artículo 28.1 LRJSP acepta que esas «uniones y entidades sin personalidad jurídica y los patrimonios independientes o autónomos» puedan ser responsables de infracciones administrativas y sufrir las correspondientes sanciones.

Puede decirse que esto supone aceptar para estas uniones personales o patrimoniales una ficción similar a la de la personalidad jurídica aunque sólo en ciertos sectores del ordenamiento o incluso sólo a ciertos efectos.

Finalmente, y aunque de esto no haya reflejo en la LPAC, debe tenerse en cuenta que, al igual que en el Derecho Civil la capacidad plena no permite realizar absolutamente todos los actos jurídicos (p. ej., se requieren más requisitos para adoptar), también hay en Derecho Administrativo muchos casos previstos por muy diversas normas que modifican las reglas generales sobre capacidad.

Así, constituyen circunstancias modificativas de la capacidad de obrar: la nacionalidad (para ejercer el derecho al sufragio o acceder a la función pública); la edad (para ingresar o jubilarse en la función pública); la enfermedad (que puede impedir el ingreso en la función pública o eximir del cumplimiento de ciertos deberes, o permitir obtener el derecho a determinadas prestaciones); los antecedentes penales (para ingreso y continuidad en la función pública, para contratar con la Administración), etc. Una de las circunstancias modificativas de la capacidad de obrar en el Derecho Administrativo es la vecindad administrativa que viene determinada por la residencia en un municipio. En concreto, la condición de vecino determina la titularidad frente a la Administración municipal de una serie de derechos subjetivos, que dependerá, además, de la inscripción el padrón municipal de habitantes (art. 18 LRBRL). Asimismo, de esa vecindad depende también la condición política de andaluz o de miembro de cualquier otra Comunidad. Dice, por ejemplo, el artículo 5 EAA que «gozan de la condición política de andaluces [...] los ciudadanos españoles que [...] tengan vecindad administrativa en cualquiera de los municipios de Andalucía»; y que también «gozan de los derechos políticos definidos en este Estatuto los ciudadanos españoles residentes en el extranjero que hayan tenido la última vecindad administrativa en Andalucía [...]».

5. Relaciones generales y especiales de sujeción

Es tradicional en Derecho Administrativo la distinción entre dos tipos de administrados (ciudadanos). Por un lado aquellos que se encuentran en una *relación de sujeción general* con la Administración, y por otro, aquellos que tienen una *especial sujeción* con la Administración. En el primer caso, la vinculación del ciudadano con la Administración es genérica, sin que exista ninguna integración en la organización administrativa. En el segundo supuesto, relaciones de especial sujeción, el ciudadano está integrado o vinculado a la estructura administrativa de una manera más o menos intensa y estable.

La consecuencia es la posibilidad que tiene la Administración pública de configurar y modular la situaciones de quienes se encuentran en una relación de sujeción especial, lo que se traduce en una relajación de las exigencias del principio de legalidad (como vimos en la lección 5) e incluso en una restricción de determinados derechos constitucionales, con influencia en la reserva de ley. Así, a la postre, los sometidos a relaciones de sujeción especial pueden tener un estatuto distinto con mayores límites a sus derechos y con deberes superiores, aunque también, normalmente, con derechos específicos.

No obstante, se tiende a relativizar la distinción (muestra de ello son las SSTC 132/2001, 81/2009 y 187/2015) e incluso en los últimos años se cuestiona ya no sólo la mayor o menor amplitud del concepto y de las consecuencias de las relaciones de sujeción especial, sino su misma utilidad, como ya apuntamos en la lección 5.

II. SITUACIONES ACTIVAS: DERECHOS PÚBLICOS SUBJETIVOS E INTERESES LEGÍTIMOS

Dos son las situaciones jurídicas activas que los ciudadanos pueden esgrimir ante las Administraciones públicas: derechos públicos subjetivos e intereses legítimos.

Ambas situaciones son el resultado de una larga evolución histórica vinculada a la consolidación de los límites de la actuación administrativa, por una parte, y a la tutela judicial de los ciudadanos frente a los poderes públicos, por otra.

Se ha dicho que el concepto de interés legítimo nació como una especie de sucedáneo del genuino derecho público subjetivo cuya existencia se negaba. Había derechos subjetivos en las relaciones entre particulares. Pero a los ciudadanos se les negaban auténticos derechos subjetivos frente a la Administración y en su lugar solo se les reconocían unos derechos secundarios e imperfectos con una protección menor, seudoderechos que cristalizaron en los llamados intereses legítimos. Pero, aunque esto fuese así en sus orígenes, en la actualidad su significado es distinto: reconocidos ya frente a la Administración verdaderos y plenos derechos subjetivos de los ciudadanos, los intereses legítimos subsisten como un instrumento para ampliar la protección efectiva de aquellos y para cubrir situaciones a las que no llega el concepto estricto de derecho subjetivo. Esto es cierto para los intereses legítimos individuales, pero es todavía más patente para los intereses legítimos colectivos.

El Derecho Administrativo español parte de esa distinción entre derechos e intereses legítimos. Lo reflejan los artículos 4 LPAC y 19 y 21 LJCA. Más todavía, la misma Constitución asume esa distinción al establecer en su artículo 24.1 que el derecho de toda persona a la tutela judicial efectiva lo es precisamente para proteger «sus derechos e intereses legítimos». A esa dualidad hemos de atenernos y son ese par de conceptos los que debemos explicar.

Pero no es ocioso aclarar que tal distinción no es conocida en todos los ordenamientos (p. ej., en algunos, como el alemán, no se utiliza el concepto de interés legítimo y en su lugar tiende a acogerse un concepto amplio de derecho, aunque sea hablando de un derecho reflejo, de un derecho a ser tratado según ley o incluso de un derecho al uso correcto de la discrecionalidad) y que en aquellos que la conocen no tienen exactamente el mismo significado ni las mismas funciones (así, hay diferencias notables entre el Derecho francés y el italiano en su entendimiento y tratamiento del interés legítimo). La situación en Derecho español está en alguna medida condicionada por la influencia de esas distintas concepciones.

1. Los derechos públicos subjetivos

El derecho público subjetivo comporta estas características: *a*) constituye una facultad o conjunto unitario de facultades otorgadas a su titular (que puede ser una persona física o jurídica); *b*) está concebido por el ordenamiento en favor de los intereses personales de su titular; *c*) comporta como consecuencia inmediata que nazca en otro sujeto (la Administración en nuestro caso) la obligación de respetar y satisfacer su contenido en favor del titular; y *d*) confiere a su titular medios de defensa y un poder de exigir a otro sujeto (la Administración en nuestro caso) un comportamiento, lo que incluye facultad de acudir a los órganos jurisdiccionales para que, si no lo hace voluntariamente, se lo impongan.

El concepto parte de la dogmática y la estructura configurada por el Derecho privado sobre el derecho subjetivo. Pero su traslación y recepción por el Derecho público no se hizo sin dificultades.

Al estudiar el principio de legalidad en la lección 5 vimos que antes del Estado de Derecho, aunque hubiera ciertas reglas sobre el comportamiento de la Administración, frecuentemente de ellas no nacían verdaderos derechos subjetivos para el súbdito pues ni estaban establecidas en su interés ni tenía siempre instrumentos para asegurar su observancia. La idea de derecho público subjetivo está ligada al Estado de Derecho y al principio de legalidad administrativa: sólo cuando el Derecho es vinculante para los poderes públicos y cuando la Administración está sometida al ordenamiento pueden surgir derechos públicos subjetivos.

Pero lo anterior, aunque necesario, no es suficiente. Cabría pensar que los poderes públicos y en especial la Administración están sometidos al ordenamiento como una exigencia objetiva de las que los ciudadanos son sólo meros beneficiarios indirectos. Entonces no habría verdaderos derechos públicos subjetivos. El concepto de Derecho público subjetivo, sobre la base de los elementos que aporta el Estado de Derecho y su principio de legalidad administrativa, necesita algo más.

Por un lado necesitaba que la otra parte de la relación sea una persona jurídica (sólo así el derecho público subjetivo tiene un obligado), lo que en nuestro ordenamiento se resuelve, como sabemos, atribuyendo personalidad jurídica a las diferentes Administraciones.

Por otro lado necesita que la regla que se impone a la Administración esté concebida, no para el buen funcionamiento administrativo, no para la protección del interés general o no sólo para la protección del interés general, sino para la protección del interés de determinados sujetos. Eso no sucede siempre: infinidad de normas que regulan el comportamiento de la Administración están sólo establecidas en beneficio del interés general y de ellas no nacen derechos públicos subjetivos (si acaso, nacerán intereses legítimos, como veremos de inmediato). Pero también nuestro ordenamiento, empezando por la Constitución, tiene muchas normas que imponen comportamientos a la Administración precisamente en beneficio de ciudadanos o, al menos, en beneficio del interés general y también de ciudadanos.

Es así porque en nuestro ordenamiento las personas están colocadas en el centro del sistema. Su dignidad y el libre desarrollo de su personalidad son, como dice el artículo 10.1 CE, el fundamento de todo el orden político.

Es esta concepción, que pone el Estado de Derecho al servicio de la persona, la que da fundamento a los derechos públicos subjetivos, la que permite que nazca y ocupe un papel central el concepto de derecho público subjetivo. Y es también la que explica que inherente a la idea de derecho público subjetivo sea la posibilidad de que su titular tenga instrumentos para su defensa y para combatir las actuaciones administrativas que supongan vulneración del ordenamiento y, al mismo tiempo, violación de sus derechos, instrumentos que le permitan a asegurar la restitución de la legalidad que será, a la vez, el restablecimiento de su derecho. Instrumentos que en nuestro ordenamiento, pero no en otros, son fundamentalmente judiciales, como hemos visto en la lección anterior.

Destaquemos una de las consecuencias del concepto de derecho público subjetivo: la legitimación de su titular para exigir de la Administración pública el cumplimiento de una obligación y, en el caso de que ésta no se cumpla, reclamar ante los tribunales de justicia.

En concreto, podrá pedir a los tribunales la anulación de la decisión adoptada por la Administración pública que vulnera el derecho y, en su caso, la adopción de las medidas necesarias para el restablecimiento de su derecho, incluida la condena a la Administración a que realice las actuaciones correspondientes (art. 31 LJCA). Lo veremos en su momento.

2. Intereses legítimos

A) *Intereses legítimos individuales*

Conviene partir del problema que el Derecho Administrativo afronta con el concepto de interés legítimo. La Administración pública está sometida a muchas normas establecidas para garantizar su buen funcionamiento y el interés general, no para proteger los intereses de sujetos concretos; normas, por tanto, de las que no nacen derechos subjetivos para los ciudadanos en el sentido hasta ahora visto. Si la Administración transgrede esas normas incumple la legalidad pero no vulnera ningún derecho subjetivo. Y si sólo tuvieran legitimación ante la Administración pública y ante los tribunales los titulares de los derechos subjetivos ocurriría que muchas ilegalidades administrativas quedarían sin posibilidad de impugnación y control. Eso sería, sin duda, malo para la efectividad del principio de legalidad y para los intereses generales. Y también sería para malo para determinados sujetos que, aunque no ostentan un derecho subjetivo derivado de la norma en cuestión, sí que obtienen una especial ventaja o utilidad personal con la aplicación de esa norma y, por tanto, sufren también especialmente un perjuicio si la Administración conculca esa norma. Pues bien, lo que se pretende con el concepto de interés legítimo es resolver ese problema y se hace por la vía de reconocer que esos sujetos tienen un interés legítimo que les permite su defensa ante la Administración y ante la jurisdicción contencioso-administrativa.

Nuestro Derecho positivo no define qué sean los intereses legítimos pero sí señala claramente cuál es su función: quien tiene interés legítimo puede intervenir como interesado en los procedimientos administrativos (art. 4 LPAC) y puede ser parte en los contencioso-administrativos (arts. 19 y 21 LJCA) en que se aborden los asuntos que afecten a tal interés. Ello conforme al artículo 24.1 CE que garantiza la tutela judicial efectiva, no sólo de los derechos, sino de los intereses legítimos.

Como se ve, la solución por la que se opta con el concepto de interés legítimo no es la de dar a todos los ciudadanos la posibilidad de defender el cumplimiento administrativo de la legalidad y la de combatir cualesquiera de sus ilegalidades. Eso sólo sucede en los casos excepcionales en los que se establece la llamada acción popular. Tampoco se da legitimación a cualquiera que sólo invoque que, como ciudadano, le conviene que la Administración cumpla con la legalidad. Por eso los Tribunales insisten en que carece de legitimación quien sólo tiene un abstracto y genérico interés en la legalidad, lo que no comporta un verdadero interés legítimo. La solución es más restrictiva e individualista: sólo tienen interés legítimo un círculo de sujetos que, aunque no son titulares de un auténtico derecho subjetivo, sí que obtienen con la actuación legal de la Administración un provecho o beneficio específico e individual y que, por tanto, si actúa ilegalmente, sufren también un perjuicio concreto y personal.

Saber si hay un interés legítimo exige un examen casuístico e individualizado.

El interés legítimo carece de una conformación previa; surge eventualmente para un sujeto ante una actuación administrativa concreta. A diferencia de los derechos públicos subjetivos en sentido estricto, los intereses legítimos no están recogidos como tales en ninguna norma, sino que son el resultado de situaciones concretas. Así, es necesario analizar en cada caso si el particular tiene un interés legítimo en la situación concreta suscitada.

En ese análisis casuístico e individualizado de cada situación, tanto el TC (SSTC 214/1991 y 24/2001) como el TS asumen un entendimiento amplio del interés legítimo, lo que sirve para potenciar el derecho fundamental a la tutela judicial efectiva (art. 24 CE).

Así, los Tribunales reconocen que tienen tal interés legítimo y que, por tanto, pueden recurrir ante la jurisdicción contencioso-administrativa las actuaciones de la Administración, aquellos sujetos que, caso de prosperar su recurso, obtendrán algún efecto positivo en su esfera jurídica, o sea, un beneficio, utilidad o ventaja con un contenido concreto, cierto y efectivo, sea patrimonial o de otro género (moral, profesional, competitivo...). Naturalmente, entre ese posible beneficio está la evitación de un perjuicio.

Admitido en el caso concreto que un sujeto tiene un interés legítimo, nuestro Derecho actual le da un tratamiento similar al de titular de un derecho subjetivo.

No era así antes y sigue sin serlo en otros Derechos, como el francés o el italiano. Hoy, por el contrario, las leyes españolas confieren a los intereses legítimos un régimen semejante al de los derechos subjetivos. Sobre todo, en la vigente LJCA ambos permiten por igual, no sólo pedir la anulación de los actos administrativos, sino también la adopción de las medidas necesarias para el restablecimiento de la situación jurídica lesionada y, por ende, la imposición de obligaciones a la Administración (art. 31 LJCA), como se verá en el tomo II.

A partir de estos datos, surgen más dudas en cuanto a otros aspectos del interés legítimo, empezando por su misma naturaleza y, por tanto, por su definición.

En algunos casos, se les considera un simple requisito procesal de legitimación: quien tiene interés legítimo puede personarse en procedimientos administrativos y contencioso-administrativos en los que se tratará de la legalidad de una actuación administrativa como algo puramente objetivo; pero el interés legítimo no será una verdadera situación jurídica activa y material que haya que proteger. Esta concepción puede que sea adecuada para otros Derechos, como el francés, pero no se ajusta bien al Derecho español vigente.

En España, parece más correcto considerar que el interés legítimo es una situación jurídica activa material que, entre otras cosas, tiene consecuencias procesales, pero es mucho más que un mero requisito procesal; es una situación jurídica activa material, como el derecho subjetivo aunque con una estructura distinta y una consistencia menor. Y, como el derecho subjetivo, protege un interés propio del titular, aunque la norma en que se ampara no esté concebida para proteger ese interés.

Dando un paso más, García de Enterría defendió que el interés legítimo es también un derecho subjetivo, aunque distinto de los derechos subjetivos típicos y clásicos, un «derecho reaccional» puesto que, en suma, lo que permite a su titular es reaccionar frente a todo perjuicio ilegal que le cause la Administración. Con esta tesis, muy extendida en la doctrina española, se aproxima nuestro sistema al alemán en el que, como decíamos antes, no se utiliza el concepto de interés legítimo sino un amplio concepto de derecho subjetivo. En similar dirección, se ha defendido que siempre que la Administración vulnera obligaciones que le impone el ordenamiento vulnera un derecho subjetivo de quien sufre singularmente ese incumplimiento: se construye así un concepto amplio de derecho subjetivo que absorbería y haría innecesario el concepto de interés legítimo (Medida Alcoz).

B) *Intereses legítimos colectivos*

Como consecuencia de la evolución que ha sufrido el concepto de interés legítimo se ha producido la consolidación del concepto de interés legítimo colectivo, de tal manera que el interés legítimo incluye intereses individuales y supraindividuales. En Derecho Administrativo se alude a los intereses colectivos precisando que para su defensa se reconocerá la legitimación de las corporaciones, asociaciones y grupos que resulten afectados o que estén legalmente habilitados para su defensa y promoción [arts. 7.3 LOPJ y 19.1.*b*) LJCA]. En el mismo sentido el artículo 4.2 LPAC para el caso de los procedimientos administrativos:

> Las asociaciones y organizaciones representativas de intereses económicos y sociales serán titulares de intereses legítimos colectivos en los términos que la Ley reconozca.

Tales entidades (p. ej., un sindicato, una asociación de consumidores o de alumnos) no sufren individualmente y como personas jurídicas las consecuencias de la ilegalidad administrativa (las sufre el conjunto de trabajadores o de consumidores o de alumnos, el interés colectivo de todos ellos) ni obtendrán personalmente ninguna ventaja propia con el restablecimiento de la legalidad (lo obtendrá ese interés supraindividual de los trabajadores, de los consumidores o de los alumnos). Pero se les confiere la representación y defensa de esos intereses supraindividuales ante la Administración y ante la jurisdicción contencioso-administrativa.

La LEC distingue en su artículo 11 entre intereses colectivos e intereses difusos. Aunque tal distinción no luce en las normas administrativas citadas que hablan sin más distinciones de intereses legítimos colectivos, puede entenderse que están incluyendo tanto a los que así llama el artículo 11.2 LEC como a los que el apartado 3 del mismo artículo 11 LEC llama intereses difusos. O sea, a todos los intereses legítimos supraindividuales que no sean los intereses públicos. Dicho de otra forma, comprende los intereses legítimos de un grupo de personas determinadas o fácilmente determinables y los intereses legítimos de una pluralidad de personas indeterminada o de difícil determinación.

Ni la LPAC ni la LJCA son demasiado claras en lo que concierne a estos intereses colectivos y a su representación tanto que remiten a una Ley que, salvo para algunas entidades y casos, no existe. Tampoco la jurisprudencia arroja mucha luz respecto a los requisitos que se exigen a las entidades para su representación y defensa ante o frente a la Administración.

Sea como fuere, debe quedar claro que admitir esta legitimación de entidades en representación de intereses colectivos es distinto de admitir la acción popular lo que, según ya hemos dicho, sólo se da en nuestro ordenamiento en algunos sectores (como urbanismo, costas, patrimonio histórico) y que permite actuar a cualquier persona para defender la legalidad sin necesidad de acreditar ningún género de interés legítimo.

III. SITUACIONES PASIVAS: DEBERES, OBLIGACIONES Y CARGAS

Entre las situaciones jurídicas pasivas de los ciudadanos se suelen distinguir la sujeción, el deber, la obligación y la carga.

La *sujeción* es una situación jurídica abstracta que implica la mera posibilidad de soportar el ejercicio de las potestades de la Administración. Se trata, en expresión de Giannini, de una *situación pasiva de inercia*. Así, si el ordenamiento reconoce a la Administración la potestad expropiatoria o la de inspección o cualquier otra, los ciudadanos están sujetos a la eventualidad de su ejercicio. Pero mientras ello no suceda no llega a entablarse una relación jurídica. En cualquier caso, será el efectivo ejercicio de la potestad en algún caso el que hará nacer concretas situaciones jurídicas activas y pasivas.

A diferencia de la sujeción —posición abstracta del administrado para soportar el ejercicio sobre su situación jurídica de una potestad administrativa— *el deber* y *la obligación* implican ya comportamientos concretos del administrado, sean positivos o negativos. Frecuentemente los términos de deber y de obligación se emplean como sinónimos y, en efecto, pueden considerarse dos especies de un mismo género común, los deberes en sentido amplio Pero conviene distinguirlos, sobre todo en Derecho público.

Se habla más precisamente de obligaciones cuando están establecidas en favor de otro u otros sujetos que, según las explicaciones dominantes, tendrán un correlativo derecho subjetivo.

Así, si el comprador tiene la obligación de pagar el precio, el vendedor tendrá un derecho subjetivo a cobrarlo. También el Derecho Administrativo conoce esta categoría. Sobre todo, con especial claridad, conoce obligaciones de la Administración. Así, si expropia, tendrá la obligación de pagar el justiprecio frente a lo que el expropiado tendrá un derecho subjetivo a cobrarlo; si causa daños a un particular, nacerá para la Administración una obligación de indemnizarlo y para el perjudicado un derecho a esa indemnización; etc. Hay infinidad de ejemplos de obligaciones de la Administración —nacidas directamente del ordenamiento o de actos o de contratos— con correlativos derechos subjetivos de los ciudadanos.

Pero, en sentido contrario, es más comprometido hablar de verdaderas obligaciones de los ciudadanos respecto a la Administración en tanto que, como ahora veremos, los comportamientos a los que estos vienen compelidos por el Derecho Administrativo encajan mejor en el concepto estricto de deber y, sobre todo, en tanto que frente a ellos, la Administración no tiene exactamente un derecho subjetivo con todo lo que ello comporta. El dato mismo de que la Administración es una organización al servicio de los intereses generales hace pensar que todas sus posiciones jurídicas activas también están al servicio de los intereses generales y, por tanto, no son nunca verdaderos derechos subjetivos —que están siempre al servicio de los intereses propios de su titular—, sino potestades.

Hablamos aquí de deberes en sentido estricto para referirnos a los comportamientos establecidos, no en beneficio de uno o unos sujetos concretos, sino de la sociedad o, dicho de otra forma, del interés general o, si se prefiere, de la colectividad política. Frente a esos deberes de los ciudadanos la Administración no tiene un derecho subjetivo y ni siquiera un interés propio. Lo que sí puede tener —y tiene frecuentemente— son potestades (potestades para vigilar su cumplimiento, potestades para concretar el deber, potestades para reaccionar ante su inobservancia; incluso, a veces, potestad para imponer ella un deber *ex novo*) en pro de los intereses generales a los que sirve y para los que existe, no para protegerse a sí misma como persona jurídica.

Si los ciudadanos no deben contaminar la atmósfera o hacer ruidos excesivos o adoptar comportamientos que pongan en peligro la seguridad o la salubridad públicas, etc.; si, más concretamente, deben conducir los vehículos a cierta velocidad, usando los intermitentes, sin tocar el claxon innecesariamente, con cinturón de seguridad o casco… estamos ante deberes, no propiamente ante obligaciones. Lo mismo si tienen que denunciar ciertos hechos que conozcan o formar parte de las mesas electorales o pagar tributos o colaborar en la extinción de incendios o, antes, realizar el servicio militar.

Algunos deberes tienen un reconocimiento constitucional (arts. 30, 31, 45). El EAA hace también un intento de enumerar los principales deberes (art. 36). Pero son las leyes las que, además de regular el significado y alcance de esos deberes, crean otros muchos o permiten a la Administración establecerlos. Como vimos al estudiar el principio de legalidad, la Administración, que necesita habilitación legal para interferir la libertad genérica de los ciudadanos, no puede establecer deberes nada más que si así se lo permite una ley. Ahora bien, con esa base legal puede hacerlo mediante actos o mediante reglamentos.

El incumplimiento de obligaciones y deberes de los ciudadanos, además de posible responsabilidad patrimonial (deber de indemnizar por los daños causados por la transgresión del deber) o incluso penal (si el hecho es constitutivo de delito), puede que arrastre específicas consecuencias administrativas. Por una parte, cabe que la Administración pueda ejercer sus potestades de ejecución forzosa conforme a los artículos 97 y siguientes LPAC. Por otra parte, puede que ese incumplimiento esté tipificado como infracción administrativa y que, por tanto, comporte que la Administración sancione tal conducta.

Finalmente, *la carga*, es una situación pasiva que de alguna manera está vinculada al ejercicio de derechos. Dicho de otra manera, es la condición impuesta por el ordenamiento jurídico para que los ciudadanos pueden ejercitar sus derechos (cargas urbanísticas, obtención de permisos y licencias…). La carga, por tanto, queda establecida en interés de quien la soporta y no en interés de la Administración.

IV. PANORAMA GENERAL DE LOS DIVERSOS DERECHOS PÚBLICOS SUBJETIVOS

Los derechos públicos subjetivos pueden nacer de una norma jurídica (la Constitución, una ley, un reglamento…), así como de un acto administrativo específico, contrato o convenio. Y es importante identificar el origen que tiene el derecho subjetivo, ya que su régimen jurídico dependerá de ello, así como la posibilidad y forma de ser exigido ante los Tribunales y la propia Administración.

Justamente por el diferente origen que puede tener los derechos subjetivos y por su contenido, éstos presentan una tipología y una estructura diversa. Veámoslo:

1. Derechos fundamentales

En este caso se encuentran los derechos proclamados en el Capítulo II del Título I de la Constitución (arts. 14 a 38), que se configuran técnicamente como derechos subjetivos. Estos constituyen un elemento clave de nuestro sistema jurídico, siendo fundamento del orden político y la paz social (art. 10.1 CE).

No todos los derechos fundamentales tienen la misma estructura respecto del comportamiento que se exige a la Administración. En algunos casos nos encontramos ante derechos que reclaman la no intromisión de la Administración (inviolabilidad del domicilio, intimidad, libertad ideológica, etc.); otros exigen una actuación prestacional por parte de la Administración pública (así, el derecho a la educación del art. 27); en otros casos, se trata principios básicos que deben de regir toda la actuación pública (art. 14 CE).

Justamente por su relevancia, el ordenamiento les otorga un especial sistema de protección que presenta diferentes manifestaciones. Todos los derechos fundamentales vinculan directamente a todos los poderes públicos y están reservados a la ley que en todo caso debe respetar su contenido esencial (art. 53.1 CE). Y concretamente los derechos de los artículos 14 a 29 CE tienen una protección reforzada: su desarrollo está reservado a la Ley Orgánica (art. 81.1 CE), se tutelan ante los tribunales ordinarios mediante procesos especiales preferentes y sumarios, y ante el TC mediante el recurso de amparo (art. 53.2 CE). Además, los actos de la Administración pública que los lesionen son nulos de pleno derecho [art. 47.1.*a*) LPAC].

2. Derechos de contenido patrimonial

En este apartado nos encontramos con varias modalidades de derechos subjetivos. Así, por una parte, se encuentran los *derechos que tienen una naturaleza obligacional de contenido patrimonial* nacidos a veces directamente de la ley (en realidad, de leyes o de reglamentos) o de un contrato o convenio, o de un acto administrativo o de hechos (responsabilidad extracontractual). Estos derechos facultan a su titular a exigir una conducta activa de la Administración pública, principalmente el pago de una cantidad. Aquí, como en otros supuestos, nos encontramos ante una reproducción de las modalidades obligacionales generadas tradicionalmente en el Derecho privado (contratos, convenios, responsabilidad extracontractual por daños), aunque con los matices propios de las relaciones entre la Administración y los particulares.

Aludimos bajo este título, por otra parte, a los *derechos reales administrativos* en sus diferentes formas y contenidos (derechos de aprovechamiento o uso de los bienes públicos, derecho de reversión de los bienes expropiados...). Una primera manifestación se encuentra en los derechos de aprovechamiento o uso de los bienes público (dominio público, bienes patrimoniales y bienes comunales) que nace en virtud de actos administrativos o de la propia norma, para el caso de los bienes de dominio público (concesiones o autorizaciones administrativas sobre bienes demaniales, como son las vías públicas, aguas, costas, minas, puertos, aeropuertos...), y de fórmulas de contratación propias del Derecho civil para el caso del aprovechamiento y utilización del patrimonio privado de la Administración pública (bienes patrimoniales).

3. Derechos de prestación; derecho a los servicios públicos

También estos derechos pueden nacer de actos administrativos o de las normas, y pueden consistir en el acceso a los servicios públicos o en la obtención de ayudas públicas. En algunos casos, es la propia Constitución la que da base a estos derechos, bajo la denominación de *principios rectores de la política económica y social* (art. 53.3), pero su reivindicación ante la jurisdicción necesitará, en cada caso de desarrollo normativo concreto.

Particular mención merecen los derechos de los ciudadanos en relación con los servicios públicos. Se trata, en primer lugar, de determinar si los ciudadanos tienen derecho a la creación y mantenimiento de los servicios públicos. En segundo lugar, se plantea la existencia de un derecho de los ciudadanos al uso o disfrute de los servicios ya existentes. Y, por último, cabe suscitar si los ciudadanos pueden llegar a tener un derecho a un determinado nivel de calidad de las prestaciones. De estas cuestiones nos ocuparemos en el tomo III al abordar específicamente los servicios públicos.

4. Derechos instrumentales. Referencia al «derecho a una buena administración»

Incluimos en esta categoría de los derechos instrumentales una serie de derechos formales de los que gozan los sujetos privados en general en todas sus relaciones con la Administración sea cual sea su contenido material y que sobre todo les garantizan una posición formal con la que defender sus otros derechos, sus derechos, digamos, materiales. Están recogidos en la LPAC en dos preceptos distintos.

El artículo 13 LPAC enumera lo que denomina «derechos de las personas en sus relaciones con las Administraciones públicas». Son los siguientes:

a) A comunicarse con las Administraciones públicas a través de un Punto de Acceso General electrónico de la Administración.

b) A ser asistidos en el uso de medios electrónicos en sus relaciones con las Administraciones públicas.

Pero curiosamente el artículo 12.2 sólo prevé esta asistencia para quienes no estén obligados a relacionarse electrónicamente con la Administración. Porque en realidad, no sólo se tiene el derecho a relacionarse electrónicamente con la Administración, sino que la propia Ley lo convierte en un deber para muchas personas que señala el artículo 14.2 LPAC: *a*) las personas jurídicas; *b*) las entidades sin personalidad jurídica; *c*) quienes ejerzan una actividad profesional para la que se requiera colegiación obligatoria para las actuaciones que realicen en ejercicio de tal profesión; quienes representen a los anteriores; y los empleados públicos para los trámites que realicen en tal condición. Además, se permite a la Administración por reglamento extender este deber a otros sujetos (art. 14.3).

c) A utilizar las lenguas oficiales en el territorio de su Comunidad Autónoma, de acuerdo con lo previsto en esta Ley y en el resto del ordenamiento jurídico.

d) Al acceso a la información pública, archivos y registros, de acuerdo con lo previsto en la Ley 19/2013, de 9 de diciembre, de transparencia, acceso a la información pública y buen gobierno y el resto del Ordenamiento Jurídico.

e) A ser tratados con respeto y deferencia por las autoridades y empleados públicos, que habrán de facilitarles el ejercicio de sus derechos y el cumplimiento de sus obligaciones.

f) A exigir las responsabilidades de las Administraciones públicas y autoridades, cuando así corresponda legalmente.

g) A la obtención y utilización de los medios de identificación y firma electrónica contemplados en esta Ley.

h) A la protección de datos de carácter personal, y en particular a la seguridad y confidencialidad de los datos que figuren en los ficheros, sistemas y aplicaciones de las Administraciones públicas.

Por otra parte, la propia LPAC dedica su artículo 53.1 a enumerar los derechos de los interesados en un determinado procedimiento administrativo. Se aludirá a ellos en el tomo II cuando abordemos el procedimiento administrativo, momento en que se podrá comprende mejor su significado. Digamos ahora sólo que entran de lleno en el concepto de derechos instrumentales los siguientes: conocer el estado de tramitación de los procedimientos; identificar a las personas que los tramitan; formular alegaciones; ser asistidos de asesor; etc. Pero entre los derechos que enumera este artículo 53.1 hay uno, el de su letra *f*), que realmente no se refiere al procedimiento administrativo: el derecho «a obtener información y orientación acerca de los requisitos jurídicos o técnicos que las disposiciones vigentes impongan a los proyectos, actuaciones o solicitudes que se propongan realizar».

En algunos sectores este derecho ha encontrado plasmaciones que lo hacen efectivo. Por ejemplo, el artículo 5.*d*) del Texto Refundido de la Ley de Suelo proclama el derecho a ser informados por la

Administración competente de forma completa, por escrito y en un plazo razonable, del régimen y las condiciones urbanísticas aplicables a una finca determinada, en los términos dispuestos por la legislación reguladora. Y, en efecto, las leyes urbanísticas autonómicas concretan este derecho. Especialmente destacable es el deber de información y asistencia a los obligados tributarios (art. 85 LGT). Pero cuando no existe tal regulación sectorial este derecho del artículo 53.1.*f*) LPAC tiene poca efectividad práctica y queda desvaído.

Como se ha visto, nuestro ordenamiento reconoce uno por uno estos derechos instrumentales sin configurarlos como un derecho unitario y, menos aún, como un derecho fundamental. Sin embargo, el Derecho de la Unión Europea opta por otra vía y proclama en la Carta de los Derechos Fundamentales de la Unión:

> Artículo 41. *Derecho a una buena administración.*
>
> 1. Toda persona tiene derecho a que las instituciones, órganos y organismos de la Unión traten sus asuntos imparcial y equitativamente y dentro de un plazo razonable.
>
> 2. Este derecho incluye en particular:
>
> *a*) el derecho de toda persona a ser oída antes de que se tome en contra suya una medida individual que le afecte desfavorablemente;
>
> *b*) el derecho de toda persona a acceder al expediente que le concierna, dentro del respeto de los intereses legítimos de la confidencialidad y del secreto profesional y comercial;
>
> *c*) la obligación que incumbe a la administración de motivar sus decisiones.
>
> 3. Toda persona tiene derecho a la reparación por la Unión de los daños causados [...]
>
> 4. Toda persona podrá dirigirse a las instituciones de la Unión en una de las lenguas de los Tratados y deberá recibir una contestación en esa misma lengua.

Lo que en este artículo 41 se incluyen son algunas de las reglas clásicas del procedimiento administrativo; reglas ya consolidadas en la mayoría de los Estados miembros de la Unión y, desde luego, en el Derecho español. Y lo que hace el precepto europeo es darles un sentido unitario y convertirlos conjuntamente en un derecho subjetivo fundamental de todos frente a las instituciones de la Unión. Un derecho subjetivo que también rige para las Administraciones españolas en cuanto actúen como Administración de la Unión.

Aun así, podía considerarse que este derecho a la buena administración era un concepto extraño a nuestro ordenamiento nacional: su contenido sí era conocido pero no su configuración como un específico derecho unitario. Sin embargo, recientemente el Derecho español ha incorporado el concepto mismo de derecho a la buena administración. En concreto, se recogió de un modo explícito en los Estatutos de Autonomía más modernos. Así, en el EAA aparece en su artículo 31:

> Se garantiza el derecho a una buena administración, en los términos que establezca la ley, que comprende el derecho de todos frente a las Administraciones Públicas, cuya actuación será proporcional a sus fines, a que éstas traten los asuntos que le conciernen de manera imparcial y objetiva, a participar plenamente en los asuntos que les afecten,

obteniendo de ellas una información veraz, y a que sus asuntos se traten de una manera equitativa e imparcial y sean resueltos en un plazo razonable, así como a acceder a la documentación e información de las instituciones, corporaciones, órganos y organismos públicos en Andalucía, cualquiera que sea su soporte, con las excepciones que la Ley establezca.

La primera concreción normativa del derecho estatutario a la buena administración se contiene en la LAJA: «Artículo 5. Principio de buena administración. 1. En su relación con la ciudadanía, la Administración de la Junta de Andalucía actúa de acuerdo con el principio de buena administración, que comprende el derecho de la ciudadanía a: *a*) que los actos de la Administración sean proporcionados a sus fines; *b*) que se traten sus asuntos de manera equitativa, imparcial y objetiva; *c*) participar en las decisiones que le afecten, de acuerdo con el procedimiento establecido; *d*) que sus asuntos sean resueltos en un plazo razonable, siguiendo el principio de proximidad a la ciudadanía; *e*) participar en los asuntos públicos; *f*) acceder a la documentación e información de la Administración de la Junta de Andalucía en los términos establecidos en esta Ley y en la normativa que le sea de aplicación; *g*) obtener información veraz; *h*) acceder a los archivos y registros de la Administración de la Junta de Andalucía, cualquiera que sea su soporte, con las excepciones que la ley establezca».

Así, reglas tradicionales de la actuación de la Administración y del procedimiento administrativo, se convierten en un unitario derecho subjetivo. Pero es difícil determinar qué añade en nuestro ordenamiento esta incorporación formal del derecho a la buena administración y qué consecuencias prácticas tiene para el reforzamiento de la posición del ciudadano. Además, en el Derecho estatal sigue sin haber ninguna alusión a este derecho configurado como tal ni siquiera en los ya aludidos artículos 13 y 53 LPAC cuyo contenido coincide en parte con el derecho a la buena administración. Pese a ello, el TS ha hecho algunas aplicaciones del derecho a la buena administración innovadoras y relevantes. Un muy sugerente ejemplo de ello es su sentencia 1312/2021, de 4 de noviembre.

Nos ocuparemos ahora específicamente de algunos de estos derechos instrumentales de carácter especialmente amplio que contribuyen a ofrecer una visión general del estatuto del ciudadano en sus relaciones con la Administración y para las que no encontramos lugar sistemático más oportuno.

V. DERECHO A UTILIZAR LAS LENGUAS OFICIALES EN LAS RELACIONES ADMINISTRATIVAS

Como ya hemos visto, el artículo 13.*c*) LPAC reconoce «el derecho a utilizar las lenguas oficiales en el territorio de su Comunidad Autónoma». El artículo 15 de la misma Ley lo desarrolla.

Además del castellano, que es la «lengua española oficial del Estado», que todos los españoles tienen el deber de conocer y el derecho a usar (art. 3.1 CE), «las demás lenguas españolas serán también oficiales en las respectivas Comunidades Autónomas de acuerdo con sus Estatutos» (art. 3.2 CE).

Son, pues, los Estatutos de Autonomía los que pueden hacer ese reconocimiento de lenguas cooficiales españolas. Y así lo hacen los del País Vasco, Cataluña, Galicia, Comunidad Valenciana, Navarra (aunque sólo respecto de las zonas vascoparlantes de la Comunidad Foral) e Islas Baleares.

Además, el Estatuto catalán reconoce como oficial «la lengua occitana, denominada aranés en Arán». Y no se limitaba a reconocer la cooficialidad del catalán sino también lo declaraba «preferente de las Administraciones públicas [...] de Cataluña». Pero esto fue anulado por STC 31/2010.

Naturalmente no es el caso del EAA que, sin embargo, contiene alusiones a «la defensa, promoción, estudio y prestigio de la modalidad lingüística andaluza en todas sus variedades» (art. 10) y a «su reconocimiento y uso» por los medios audiovisuales públicos (art. 213). El Estatuto de Asturias se refiere a la protección del bable y el de Extremadura a la protección de sus modalidades lingüísticas propias. Incluso el Estatuto de Castilla y León prevé la especial protección del leonés y hasta del gallego «en los lugares en que habitualmente se utilice» (art. 5). Nada de esto, acaso pintoresco, supone el reconocimiento de una lengua cooficial. Más oscuro es el significado del Estatuto aragonés puesto que prevé para las «zonas de uso predominante de las lenguas y modalidades propias de Aragón» que se favorezca su uso «en las relaciones de los ciudadanos con las Administraciones públicas aragonesas» (art. 7.2).

No hace falta decir que lo relativo al uso de las lenguas cooficiales presenta aspectos muy diversos y problemáticos desde el punto de vista jurídico y político. Pero aquí sólo procede abordar la regulación de su uso en las relaciones administrativas. Conste, no obstante, que cuestiones similares se plantean en los procesos judiciales y son abordadas por la LOPJ.

Afirmar que una lengua es oficial significa sobre todo que es vehículo normal de comunicación de los poderes públicos y de sus relaciones con los ciudadanos. Por tanto, es inherente al reconocimiento de una lengua oficial el derecho de los ciudadanos a relacionarse con las Administraciones mediante esa lengua con plenos efectos jurídicos.

En España el derecho de los ciudadanos a usar la lengua cooficial de una Comunidad Autónoma no se reconoce sólo respecto a los poderes públicos de la propia Comunidad o sus entes locales o dependientes de ambos sino respecto de todos los entes y órganos públicos radicados en el territorio de la Comunidad Autónoma (STC 82/1986). Por tanto, también tienen el derecho a elegir entre el castellano y la lengua cooficial para relacionarse con los órganos periféricos de la Administración del Estado radicados en el territorio autonómico (p. ej., con la Subdelegación del Gobierno en Tarragona o con la Delegación de la Agencia Tributaria en Pontevedra).

Esto es lo que refleja el artículo 15.1 LPAC. En principio, los procedimientos que tramite la Administración del Estado serán en castellano. Pero los interesados pueden dirigirse a los órganos periféricos de la Administración del Estado radicados en la Comunidad con lengua cooficial en esta lengua y, en tal caso, el órgano estatal debe seguirlo en la misma. Si hay varios interesados y hay discrepancias en cuanto a la lengua elegida, el procedimiento debe tramitarse en castellano sin perjuicio de que los documentos que requieran los interesados se les expidan en la lengua que ellos elijan.

Esta regulación, en principio, no puede ser modificada por las normas autonómicas a las que no se permite imponer a la Administración del Estado nuevos deberes lingüísticos. Por eso, la STS de 18 de mayo de 2010 (casación 1342/2007) anuló el Decreto balear que imponía al Estado remitir simultáneamente en castellano y catalán los documentos para su publicación en el *Boletín Oficial de la Comunidad*.

En cuanto a los procedimientos que tramiten las Administraciones autonómicas y locales en las Comunidades con lengua cooficial, el artículo 15.2 LPAC simplemente se remite a «lo previsto en la legislación autonómica correspondiente». Pero evidentemente esa legislación tiene que respetar el derecho de todos los españoles (incluidos los de la Comunidad con lengua cooficial) a usar el castellano (art. 3.2 CE) en cualquiera de sus relaciones administrativas, sea cual sea la Administración interlocutora. Así que parece que, al igual que se dispone en el artículo 15.1, pero a la inversa, el interesado puede dirigirse a esas Administraciones en castellano y ellas deben contestarle igualmente en castellano. Incluso si hay varios interesados, el que lo desee podrá exigirlo pues, en general, no tiene el deber de conocer las lenguas cooficiales autonómicas. Pero es dudoso el alcance de este derecho y si, por ejemplo, debe obligar a que las Administraciones autonómicas publiquen sus normas y actos en las dos lenguas cooficiales, lo que algunas no hacen.

Se completa esta regulación imponiendo que la Administración instructora debe traducir al castellano los documentos redactados en la legua autonómica que deban surtir efectos fuera del territorio de la Comunidad, así como los dirigidos a los interesados que lo soliciten (art. 15.3 LPAC).

Se planteó si también debía ser así en los casos en que dos Comunidades Autónomas compartieran la misma lengua cooficial (p. ej., Baleares y Cataluña). La STC 50/1999 entendió que exigir la traducción en tal supuesto era inconstitucional. Por eso el artículo 15.3 LPAC termina diciendo: «Si debieran surtir efectos en el territorio de una Comunidad Autónoma donde sea cooficial la misma lengua distinta del castellano, no será precisa su traducción».

Implícito está en todo lo anterior que los ciudadanos no tienen derecho a usar en sus relaciones con la Administración lenguas extranjeras, sin perjuicio de que se puedan establecer algunas excepciones.

VI. DERECHO A LA INFORMACIÓN PÚBLICA

1. Transparencia administrativa. Regulación y aspectos generales

La transparencia y el acceso a la información pública constituyen elementos básicos en la relación entre los poderes públicos y los ciudadanos. Las instituciones europeas han insistido durante años en esta línea, y es suficiente ejemplo la Recomendación del Consejo de Europa de 1981 sobre el Acceso a la Información en manos de las Autoridades Públicas y el Convenio del Consejo de Europa sobre Acceso a los Documentos Públicos de 18 de junio de 2009.

Nuestra Constitución lo refleja en su artículo 105.*b*) al establecer que la «Ley regulará el acceso de los ciudadanos a los archivos y registros administrativos».

Igualmente, la transparencia encuentra fundamento en diversos preceptos del EAA. Sobre todo, aparece en su artículo 31 como parte del contenido del derecho a la buena administración. Asimismo, el artículo 133.1 EAA cita al de transparencia entre los principios de actuación de la Junta de Andalucía; y el artículo 134.*b*) establece que la ley regulará «el acceso de los ciudadanos a la Administración de la Junta de Andalucía, que comprenderá en todo caso sus archivos y registros, sin menoscabo de las garantías constitucionales y estatutarias, poniendo a disposición de los mismos los medios tecnológicos necesarios para ello».

La regulación estatal se contiene en la Ley 19/2013, de 9 de diciembre, de Transparencia, Acceso a la Información Pública y Buen Gobierno (aludiremos a ella simplemente como Ley de Transparencia).

Esta Ley de Transparencia es básica. Pero cabe que las Comunidades Autónomas, respetando esta Ley estatal básica, aprueben leyes propias sobre la transparencia de sus Administraciones. Así lo ha hecho, por lo que aquí más interesa, Andalucía: Ley 1/2014, de 24 de junio, de Transparencia Pública de Andalucía.

La Ley 19/2013 se aplica a todas las Administraciones públicas, incluidos entes institucionales de Derecho público y Universidades públicas. Pero su ámbito subjetivo de aplicación, al menos parcialmente, es más amplio.

Así, incluye, de una parte, a las Corporaciones sectoriales de Derecho público «en lo relativo a sus actividades sujetas a Derecho Administrativo», a las sociedades mercantiles en las que la participación pública supere el 50 por 100 del capital y a las fundaciones del sector público, así como a las asociaciones constituidas por todos estos entes. Y de otra parte es aplicable parcialmente a diversos órganos constitucionales que de ninguna forma son Administraciones ni dependen nada de ellas como son la Casa del Rey, el CGPJ, el TC, el Congreso de los Diputados, el Senado, el Defensor del Pueblo, el Tribunal de Cuentas y las instituciones autonómicas análogas «en relación con las actividades sujetas a Derecho Administrativo» (art. 2).

Incluso algunos de sus preceptos son aplicables a ciertos sujetos privados: partidos políticos, sindicatos y organizaciones empresariales, más los que se financien con ayudas públicas a partir de ciertas cantidades (art. 3).

También afecta a los sujetos privados «que presten servicios públicos o ejerzan potestades administrativas». No obstante, la obligación de prestar información de estos sujetos se establece, previo requerimiento, respecto de la Administración a la que se encuentren vinculados y para que sean éstas las que den información a los ciudadanos. Incluso cabe que, en virtud de contrato, se extienda a quienes son meros adjudicatarios de cualquier contrato del sector público (art. 4).

La Ley estatal creó el Consejo de Transparencia y Buen Gobierno al que se atribuye, entre otras funciones, la de velar por el cumplimiento de las obligaciones de transparencia. Tiene personalidad propia y «actúa con autonomía y plena independencia» (art. 33). Sus resoluciones se publican en su página web y resultan muy ilustrativas. La Ley andaluza 1/2014 creó con similar función y naturaleza el Consejo de Transparencia y Protección de Datos.

La transparencia de la actuación de los poderes públicos se articula a través de dos vías: la publicidad activa y el derecho de acceso a la información pública.

2. Publicidad activa

La publicidad activa implica una obligación para los poderes públicos sujetos a la Ley de difundir determinada información por propia iniciativa, o sea, sin ninguna petición de nadie. Debe ofrecerse en las correspondientes sedes electrónicas o páginas web «de manera clara, estructurada y entendible» y ser periódicamente actualizada.

Respecto a su contenido, dice el artículo 5 de la Ley de Transparencia, que debe incluir «la información cuyo conocimiento sea relevante para garantizar la transparencia de su actividad relacionada con el funcionamiento y control de la actuación pública».

Más concretamente, la Ley impone tres tipos de informaciones:

— Información institucional, organizativa y de planificación: funciones que desarrollan, normativa aplicable, planes y programas, así como estructura orgánica incluyendo los responsables de cada órgano y su perfil y trayectoria profesional (art. 6).

— Información de relevancia jurídica: instrucciones, respuestas a consultas planteadas, proyectos de normas, memorias, informes, etc. (art. 7).

— Información económica, presupuestaria y estadística: contratos, convenios, subvenciones, presupuestos, cuentas anuales, retribuciones de altos cargos, etc. (art. 8).

Véase, por ejemplo, el Portal de Transparencia de la Administración General del Estado o el de la Junta de Andalucía.

Si los entes obligados no realizan correctamente la publicidad activa, los Consejos de Transparencia pueden dirigirles requerimientos de subsanación, y si tampoco los cumplen cabe sancionar a sus autoridades o directivos. Así se establece al menos en la Ley andaluza [art. 52.1.*a*)].

3. Derecho de acceso a la información pública

Este derecho se reconoce a «todas las personas» (art. 12) sin que sea necesaria una relación con el asunto a que se refiera la información ni un interés concreto.

Distinto, por tanto, es el derecho de los interesados en un concreto procedimiento en curso a conocer el contenido del expediente. Respecto a esto otro, la disposición adicional primera de la misma Ley de transparencia dice que se regulará por la normativa específica del correspondiente procedimiento. Esto se regula con carácter general en la LPAC para todos los procedimientos y se analizará en el tomo II, lección 1.

La información pública a la que se puede acceder es la de «los contenidos y documentos, cualquiera que sea su formato o soporte, que obren en poder de cualquiera de los sujetos» sometidos a esta Ley «y que hayan sido elaborados o adquiridos en el ejercicio de sus funciones» (art. 13).

Ya no se habla concretamente de los archivos y registros administrativos, como hace el artículo 105.*b*) CE.

No obstante, quedan fuera del derecho de acceso la información que «esté en curso de elaboración o publicación general»; la que «tenga carácter auxiliar o de apoyo, como la contenida en notas, borradores, opiniones, resúmenes, comunicaciones e informes internos...»; y aquella «para cuya divulgación sea necesaria una acción previa de reelaboración» (art. 18).

El derecho de acceso a la información pública tiene límites derivados de su contraposición con otros intereses públicos y privados, con los que hay que ponderarlo. El mismo artículo 105.*b*) CE se refiere a «la seguridad y defensa del Estado, la averiguación de los delitos y la intimidad de las personas» como límites al derecho de acceso. La Ley de Transparencia señala más ampliamente en su artículo 14 los intereses que pueden justificar la denegación del acceso. Además, da un tratamiento singular en su artículo 15 a los casos en que se pueda afectar a la protección de datos de carácter personal.

Según el artículo 14, el derecho de acceso podrá ser limitado cuando suponga un perjuicio para: *a*) la seguridad nacional; *b*) la defensa; *c*) las relaciones exteriores; *d*) la seguridad pública; *e*) la prevención, investigación y sanción de los ilícitos penales, administrativos o disciplinarios; *f*) la igualdad de las partes en los procesos judiciales y la tutela judicial efectiva; *g*) las funciones administrativas de vigilancia, inspección y control; *h*) los intereses económicos y comerciales; *i*) la política económica y monetaria; *j*) el secreto profesional y la propiedad intelectual e industrial; *k*) la garantía de la confidencialidad o el secreto requerido en procesos de toma de decisión; *l*) la protección del medio ambiente. No obstante, no basta la concurrencia de alguna de estas causas para excluir siempre y por completo la información sino que hay que tener en cuenta las circunstancias de cada caso y sopesar los intereses en conflicto (art. 14.2), así como permitir al menos el acceso parcial (art. 16).

De los casos en los que el acceso a la información pública choque con la protección de datos personales, se ocupa el artículo 15 de la Ley de Transparencia. Salvo que la información se dé de modo que no se pueda identificar a las personas afectadas (art. 15.4), con carácter general prevé una ponderación circunstanciada de los intereses en conflicto (art. 15.3) que llevará a permitir o denegar la información solicitada según las circunstancias de cada caso. No obstante, para ciertos datos personales especialmente protegidos (religión, ideología, afiliación política, raza, vida sexual, etc.) se requiere el consentimiento expreso del afectado (art. 15.1 y 2).

El derecho se ejerce mediante una simple solicitud que ni siquiera hay que motivar (art. 17). Presentada la solicitud se tramita un procedimiento en el que, si la información solicitada afecta a terceros, hay que darles audiencia. El plazo para notificar la resolución es de un mes, pasado el cual la solicitud se entiende desestimada. Ha de resolverse motivadamente tanto si es denegatoria como si es estimatoria con la oposición de un tercero (art. 20.2). Si es estimatoria, por regla general el acceso a la información se hará gratuitamente y por vía electrónica (art. 22).

La Ley de Transparencia establece en sus artículos 23 y 24 un específico régimen de impugnación frente a las resoluciones de acceso a la información: en concreto, se prevé un recurso potestativo y previo al contencioso-administrativo ante el Consejo de Transparencia y Buen Gobierno. Igual función corresponde en Andalucía a su Consejo de Transparencia y Protección de Datos.

Además, se ha establecido una suspensión automática en caso de recurso contencioso-administrativo interpuesto por el tercero que se haya opuesto (art. 22.2).

La Ley estatal de Transparencia admite que haya regulaciones específicas sobre el acceso a la información, en cuyo caso ella será sólo supletoria (disp. adic. 1.ª, apartados 2 y 3).

Supuestos relevantes de regulación específica son:

a) El de la información ambiental, donde los avances en materia de transparencia son muchos y anteriores, derivados de obligaciones impuestas por Tratados internacionales (Convenio de Aarhus) y Derecho Europeo (Directiva 2003/4/CE de 28 de enero de 2003). Se plasma en la Ley estatal 27/2006, de 18 de julio, por la que se regulan los derechos de acceso a la información, de participación pública y de acceso a la justicia en materia de medio ambiente. En Andalucía se reflejó en la Ley 7/2007 de Gestión Integrada de la Calidad Ambiental de Andalucía.

b) El acceso a la historia clínica (art. 18 de la Ley 41/2002).

c) El de la información de los concejales y diputados provinciales para el desarrollo de su función (art. 77 LRBRL).

Pero incluso en estos supuestos con regulación específica, los interesados pueden usar la vía especial de impugnación prevista en los artículos 23 y 24 de la Ley de Transparencia (STS 312/2022, de 10 de marzo).

VII. DERECHO A LA PARTICIPACIÓN CIUDADANA EN LA ADMINISTRACIÓN

Tradicionalmente se entendía que para garantizar la soberanía del Parlamento y el principio de legalidad administrativa, la Administración debía de ser fundamentalmente profesional, burocrática y técnica: así, la Administración procedería más estricta, imparcial y eficazmente a la aplicación de las leyes. Eso, además, no se entendía contrario a la democracia en tanto que aseguraba la ejecución de la voluntad del Parlamento, que es el que encarna la soberanía popular y el que tiene la legitimación democrática directa.

Más recientemente (ya avanzada la segunda mitad del siglo XX) se consideró que ello no estaba reñido con introducir la participación ciudadana en la actividad administrativa de ejecución de las leyes, que serviría para que esa aplicación conociera y atendiera más concretamente las aspiraciones reales de la ciudadanía y para impedir que el aparato administrativo fuera dominado por los intereses de sus dirigentes, burócratas y técnicos. A estas nuevas ideas responde nuestro ordenamiento actual, empezando por la Constitución.

La Constitución se refiere a la participación reiteradamente (arts. 9.2, 23.1, 27.5, 48, 51.2, 105 y 129) de suerte que puede considerarse un principio de nuestro sistema político-jurídico. Merece la pena realzar que el mencionado artículo 9.2 CE ordena a los poderes públicos «facilitar la participación de todos los ciudadanos en la vida política» y que, más en concreto, el artículo 129 CE dispone que «la ley establecerá las formas de participación de los interesados en la actividad de los organismos públicos cuya función afecte directamente a la calidad de la vida o al bienestar social».

Por su parte, el EAA también alude varias veces a la participación. Así, su artículo 10.3.19.º establece que la Comunidad Autónoma «ejercerá sus poderes con los siguientes objetivos básicos: [...] La participación ciudadana en la elaboración, prestación y evaluación de las políticas públicas, así como la participación individual y asociada en los ámbitos cívico, social, cultural, económico y político, en aras de una democracia social avanzada y participativa». El art. 26.2 se refiere a la participación institucional de las organizaciones sindicales y empresariales. También es relevante su artículo 30 dedicado a la «participación política», aunque no se refiere sólo a la participación en la Administración. Asimismo debe tenerse en cuenta su artículo 134.*a*) que remite a la Ley la regulación de «la participación de los ciudadanos, directamente o a través de las asociaciones y organizaciones en que se integren, en los procedimientos administrativos o de elaboración de disposiciones que les puedan afectar».

En el ámbito de la Administración local el legislador ha impuesto intensamente la participación ciudadana. Así, el artículo 18.1.*b*) enumera entre los derechos de los vecinos «participar en la gestión municipal de acuerdo con lo dispuesto en las leyes...». Y el artículo 69 LRBRL enuncia un mandato, aunque con un relevante límite:

1. Las Corporaciones locales *facilitarán* la más amplia información sobre su actividad y *la participación de todos los ciudadanos* en la vida local.

2. Las formas, medios y procedimientos de participación que las Corporaciones establezcan en ejercicio de su potestad de autoorganización *no podrán en ningún caso menoscabar las facultades de decisión que corresponden a los órganos representativos* regulados por la Ley.

En la misma línea de impedir que la participación ciudadana restrinja las facultades de los órganos políticos, son ilustrativos los artículos 16 y 39 de la Ley de Participación Ciudadana de Andalucía que establecen que los resultados de los procesos participativos no son vinculantes y solo obligan a motivar las razones por las que el órgano decisor se aparta de ese resultado. Más sorprendente es que el artículo 16.4 establece que ni siquiera la omisión o infracción de lo previsto en la misma Ley sobre participación afecta a la validez de la decisión que se adopte.

En suma, pues, sin merma de la democracia representativa, que sigue siendo el pilar básico, y sin detrimento tampoco de que las Administraciones respondan a un modelo funcionarial y burocrático basado en empleados públicos elegidos conforme a los principios de mérito y capacidad (como quiere la Constitución, art. 103.3), se introduce la participación ciudadana que, en efecto, puede ser un complemento y un contrapunto beneficioso siempre que se introduzca en las dosis y ámbitos adecuados y se canalice correctamente.

Para ello es necesario que los cauces de participación efectivamente permitan conocer y valorar la opinión real de los ciudadanos y no sólo de los que más ruido hagan o mejor se organicen; que no comprometa la eficacia administrativa ni sobre todo su sometimiento a la legalidad de modo que debe cubrir más el ámbito de la discrecionalidad y no suponer que las Administraciones pretendan suplantar a los Parlamentos ni ignorar las opciones realizadas por las leyes; que no sea una vía que dé rienda suelta a la demagogia y a la adopción de medidas de las que nadie se siente responsable...

A la legislación estatal corresponde regular los aspectos básicos de la participación ciudadana y todo lo referente a la participación en sus propias instituciones. Pero las Comunidades Autónomas tienen competencias para regular la participación en sus propias instituciones y, en particular, en su Administración y en las Administraciones locales de su territorio.

Reconoce esa competencia el artículo 78 EAA. En concreto, Andalucía ha dictado tres leyes sobre participación. La más importante es la Ley 7/2017 de Participación Ciudadana de Andalucía. La Ley 5/1988 reguló la iniciativa legislativa popular; y la Ley 2/2001 se ocupó de las consultas populares locales.

Y los entes locales tienen competencia para completar la regulación de la participación ciudadana ante ellas mismas.

Es más, deben hacerlo, pues el artículo 70 bis.1 LRBRL dispone: «Los ayuntamientos deberán establecer y regular en normas de carácter orgánico procedimientos y órganos adecuados para la efectiva participación de los vecinos en los asuntos de la vida pública local...».

Lo que aquí nos interesa es la participación ciudadana en la actividad administrativa (no en la legislativa o judicial) por la mera y genérica condición ciudadana —o de usuario o destinatario de ciertos servicios públicos— y por su simple interés en la buena marcha de los asuntos públicos. Dejamos, por tanto, al margen los supuestos de ejercicio privado de funciones públicas (que responden a otros motivos y se analizaron en la lección 2) y también la intervención de determinados sujetos como interesados en concretos procedimientos administrativos en los que defenderán sus derechos subjetivos o sus interés legítimos, no el interés general. Lo que nos ocupa es la participación de los ciudadanos para que expresen su opinión sobre lo que consideran en cada caso que es el interés general o sobre cuál es la medida concreta, de entre las permitidas por la legalidad, más apropiada para alcanzarlo.

Aunque hay otras formas de participación ciudadana, aludiremos a algunas modalidades significativas: la participación funcional, la participación orgánica y las fórmulas de democracia directa.

A) La participación funcional supone la intervención de los ciudadanos en los procedimientos de toma de decisiones administrativas. Es el caso del trámite de información pública (art. 83 LPAC) en el cual los ciudadanos —directamente o a través de sus organizaciones— pueden intervenir expresando su parecer y alegando todo aquello que consideren oportuno en relación con el asunto de que se trate.

La Ley de Participación Ciudadana de Andalucía contempla otros cauces de participación que pueden incluirse es este género; así, los procesos de deliberación participativa (especialmente en la elaboración de los presupuestos), las encuestas, las audiencias públicas, los foros de participación, los paneles ciudadanos y los jurados ciudadanos.

B) La participación orgánica supone la integración de ciudadanos o de representantes de organizaciones ciudadanas (asociaciones de consumidores, de vecinos, etc.) en órganos administrativos colegiados. Normalmente se trata de órganos sólo consultivos. Pero también hay casos de integración en órganos con competencias resolutorias. Piénsese en la inmensa mayoría de los órganos universitarios en los que, entre otros, se integran representantes de los alumnos.

El artículo 15.2 LRJSP alude, dentro de los tipos de órganos colegiados, a aquéllos «en que participen organizaciones representativas de intereses sociales» (de ello nos ocuparemos en la lección 9).

C) Finalmente, es necesario hacer referencia a los instrumentos de democracia directa, tales como el referéndum, otras consultas populares no referendarias, la iniciativa popular y el concejo abierto.

a) El referéndum está previsto en la CE en varios preceptos y para diversos supuestos, lo que se completa con la Ley Orgánica 2/1980 sobre las distintas modalidades de referéndums. Sólo el artículo 92 CE, sobre referéndums consultivos para «decisiones políticas de especial trascendencia» puede relacionarse con la actividad del Ejecutivo. Además caben referéndums autonómicos y locales aunque siempre sometidos a la necesaria autorización del Estado (art. 149.1.32.ª CE). El referéndum local está previsto en el artículo 71 LRBRL. Lo pueden convocar los Alcaldes, previa aprobación del Pleno del Ayuntamiento por mayoría absoluta y autorización del Gobierno de la Nación» respecto a los «asuntos de la competencia propia municipal y de carácter local que sean de especial relevancia para los intereses de los vecinos, con excepción de los relativos a la Hacienda local».

En Andalucía esto hay que completarlo con lo dispuesto en la Ley autonómica 2/2001, de 3 de mayo.

Son pocos los casos en que los Ayuntamientos han pedido autorización para celebrar referéndums y muchos menos los que han sido autorizados. Entre otras razones porque se ha interpretado estrictamente el requisito de que el referéndum verse sobre competencia municipal. Son ilustrativas las SSTS 219 y 297/2019 que confirmaron los acuerdos del Consejo de Ministros denegatorios de la autorización de referéndums municipales en que se pretendía preguntar si se estaba de acuerdo con que el Ayuntamiento destinase fondos e instalaciones a los festejos taurinos.

b) Pero junto con el referéndum se acepta que existen otras modalidades de consultas populares que, aunque suponen una votación, no necesitan la autorización del Estado.

Estas consultas populares no referendarias se regulan en la Ley de Participación Ciudadana de Andalucía, con el nombre de consultas participativas. Dice su artículo 34 que consisten en «un sistema de votación de contenido no referendario» (art. 34).

Se plantea el problema de diferenciar el referéndum (necesitado de autorización estatal) de las otras formas de consultas populares no referendarias (que no necesitan esa autorización). El TC lo ha abordado en varias ocasiones (Sentencias 119/1995, 103/2008, 31/2010, y 31, 137 y 138/2015) y ha establecido, conforme a la explicación de Bueno Armijo, unos criterios de diferenciación orgánicos y procedimentales de manera que hay propiamente referéndum, y no otro género de consultas populares, cuando se llama al cuerpo electoral y para que se exprese mediante sufragio universal de manera que hay ejercicio del derecho del artículo 23.1 CE. La Ley de Participación Ciudadana de Andalucía ha tratado de solventar el problema estableciendo que las consultas no referendarias tienen por fin «el conocimiento de la opinión de un determinado sector o colectivo de la población», no de la población en su conjunto. Además, permite votar a los mayores de 16 años e incluso a menores de esa edad si se trata de asuntos que «afecten directamente a la infancia». Así que no se llama al cuerpo electoral. Pese a todo, estas consultas populares con votación pueden ser una peligrosa vía para burlar la necesidad de autorización estatal con riesgos graves.

c) A la iniciativa popular legislativa se refiere el artículo 87.3 CE. También la prevén los Estatutos de Autonomía (así, art. 111.2 EAA). Pero circunscritos al ámbito administrativo, la regulación relevante es la del artículo 70 bis.2 LRBRL: se establece que los vecinos que gocen de sufragio activo en las elecciones municipales pueden presentar propuestas de acuerdos, actuaciones o reglamentos en materia de competencia municipal; si están suscritas por un determinado número de vecinos (entre el 10 y el 20 por 100 según el tamaño del municipio) deben ser sometidas a debate y votación del Pleno.

La Ley de Participación Ciudadana de Andalucía también prevé la iniciativa ciudadana para la aprobación de reglamentos autonómicos (art. 29).

d) El sistema de concejo abierto, previsto para pequeños municipios (art. 29 LRBRL), comporta la inexistencia de concejales y la sustitución del Pleno del Ayuntamiento por una asamblea formada por todos los vecinos. Se verá con más detalle en la lección 12.

VIII. DERECHO DE PETICIÓN

La Constitución establece en su artículo 29.1 que «todos los españoles tendrán el derecho de petición individual o colectivo en la forma y con los efectos que determine la Ley». Este derecho se encuentra desarrollado por Ley Orgánica 4/2001, de 12 de noviembre.

Aunque esta norma no ofrece una clara definición del derecho de petición, su articulado y la jurisprudencia constitucional (SSTC 161/1988, 242/1993 y 108/2011) permiten conceptuar el derecho como un cauce para la participación directa de los ciudadanos en los asuntos públicos, que comprende aquellas peticiones discrecionales o graciables, no fundadas en un derecho subjetivo o un interés legítimo, que se dirigen al órgano de la Administración que tenga atribuida la competencia relativa al asunto de que se trate.

Dice el artículo 3.2.º de la LO 4/2001 que «no son objeto de este derecho aquellas solicitudes, quejas o sugerencias para cuya satisfacción el ordenamiento jurídico establezca un procedimiento específico distinto al regulado en la presente Ley».

Sirve para delimitar el objeto de las peticiones proceder a su diferenciación de otras figuras:

a) La diferencia entre petición y solicitud de iniciación de un procedimiento (art. 68 LPAC) viene dada por la presencia de dos factores en ésta que no se dan en aquella: de un lado, la ostentación de un derecho subjetivo o interés legítimo y, de otro, la previsión de un procedimiento específico por el ordenamiento jurídico. Por tanto, cuando el ciudadano se dirige a la Administración pidiendo o solicitando algo por ser titular de un derecho subjetivo o un interés legítimo no se está ejercitando el derecho de petición, sino que se está iniciando un procedimiento administrativo (STS de 17 de febrero de 2003).

b) También quedan fuera del objeto del derecho de petición aquellas quejas, reclamaciones, iniciativas o sugerencias relativas al funcionamiento de las unidades administrativas de la Administración, que, cuando se refieren a la Administración del Estado se rigen por el Real Decreto 208/1996, regulador de los Servicios de Información Administrativa y de Atención al Ciudadano.

c) Por último, también es diferente la petición del recurso administrativo. Mediante este se impugna una decisión administrativa por considerarla contraria al ordenamiento. Nada de ello es propio del derecho de petición que tampoco puede convertirse en un cauce para impugnar actos firmes y consentidos por no haber sido recurrido en tiempo y forma. Es decir, la decisión graciable peticionada no puede ser la anulación de un acto desfavorable o de gravamen (STS de 21 de febrero de 2000).

Puede concluirse que el objeto y utilidad de las simples peticiones es plantear a un órgano público todo aquello que no se puede hacer llegar por vía de solicitud, queja, reclamación o recurso, y que no sea objeto de un procedimiento predeterminado. Con arreglo a ello, la petición podrá versar sobre cualquier asunto que sea competencia del órgano destinatario, ya afecte exclusivamente al peticionario, ya se trate de una cuestión de interés colectivo o general (mejora de un servicio público, la adopción de decisiones discrecionales o graciables en materias que la legalidad lo permita o a la promulgación de una disposición de carácter general).

Este derecho ha de ejercerse necesariamente por escrito, como exige ya el propio precepto constitucional.

El escrito de petición debe contener la identidad del peticionario, el lugar o medio para la práctica de notificaciones, el objeto de la petición y el órgano destinatario.

Respecto del órgano destinatario ha de tener atribuida la competencia que permita dar cumplimiento a la petición; de lo contrario, deberá remitir la petición a la institución, Administración u organismo que considere competente en el plazo de diez días, debiendo comunicarlo al peticionario. El órgano receptor tiene la obligación de acusar recibo de la petición al peticionario dentro los diez días siguientes.

El órgano destinatario, salvo que proceda declarar la inadmisión de la petición, deberá contestarla motivadamente en el plazo de tres meses.

El órgano destinatario declarará la inadmisibilidad de la petición cuando su objeto sea ajeno a las atribuciones de los poderes públicos, cuando deba tramitarse por un procedimiento específico o cuando sobre su objeto exista un procedimiento parlamentario, administrativo o judicial pendiente. La inadmisión debe notificarse al peticionario dentro de los cuarenta y cinco días hábiles siguientes a la presentación del escrito de petición. Excedido dicho plazo la petición se entenderá admitida a trámite.

La admisión a trámite de la petición implica el deber para el órgano destinatario de proceder a dar contestación y notificarla en un plazo no superior a tres meses contados desde la fecha de presentación. La ausencia de contestación en plazo producirá el efecto de silencio negativo (art. 24.1.2.º LPAC). «La contestación recogerá, al menos, los términos en los que la petición ha sido tomada en consideración por parte de la autoridad u órgano competente e incorporará las razones y motivos por los que se acuerda acceder a la petición o no hacerlo. En caso de que, como resultado de la petición, se haya adoptado cualquier acuerdo, medida o resolución específica, se agregará a la contestación» (art. 11.3 LO 4/2001).

El artículo 12 de la LO 4/2001 se refiere a la protección jurisdiccional del derecho de petición. Los cauces para tal protección son los generales de los derechos fundamentales. Pero lo que mediante ellos puede pretenderse no es realmente lo pedido, puesto que se parte de que no se tiene derecho a ello. Por ello ese artículo 12 dice que lo que puede ser objeto de recurso es la declaración de inadmisibilidad, la omisión del deber de contestar o la contestación sin los requisitos mínimos. Y, claro está, si se estima el recurso, sólo se condenará a dar una contestación con los requisitos formales, no a obtener lo pedido.

BIBLIOGRAFÍA

Ballesteros Moffa, L. A.: «La ausencia de respuesta a las solicitudes y reclamaciones de acceso a la información pública, ¿el caballo de Troya de la transparencia?», *REDA*, n.º 161, 2014.

Baño León, J. M.: «Las garantías de los particulares en la Ley 39/2015», *Homenaje a De la Quadra.*

Barrero Rodríguez, C.: «De nuevo sobre la "crisis de la participación administrativa"», en *Homenaje a Pérez Moreno.*

— «La Ley de Transparencia pública de Andalucía: sus aportaciones al régimen establecido en el ordenamiento del Estado», *RAAP*, n.º 89, 2014.
— «Las causas de inadmisión de las solicitudes de acceso a la información: en particular, la doctrina de las autoridades independientes de transparencia», *RGDA*, n.º 46, 2017.
— «El ámbito subjetivo de la Ley de transparencia, acceso a la información y buen gobierno: algunas cuestiones abiertas», en *Homenaje a Parejo*.
— «La transparencia pública en Andalucía: consideraciones generales sobre su ordenación y algunas propuestas para su mejora», en la obra colectiva *Retos jurídicos actuales de la Administración andaluza*, Instituto Andaluz de Administración Pública/Instituto Clavero Arévalo, 2022.
Bermejo Vera, J.: «La participación de los administrados en los órganos de las Administraciones públicas», en *Homenaje a González Pérez*.
Betancor Rodríguez, A.: «Transparencia y buen gobierno», en López Benítez, M.; Fuentetaja Pastor, J. A. y Rodríguez-Campos González, S. (dirs.), *Las reformas administrativas de la crisis*, Aranzadi, 2017.
Bueno Armijo, A.: «Consultas populares y referéndum consultivo: una propuesta de delimitación conceptual y de distribución competencial», *RAP*, n.º 177, 2008.
Cano Campos, T.: «Derechos y deberes de las personas en sus relaciones con las Administraciones públicas: la vuelta del "administrado"», en López Menudo, F. (dir.), *Innovaciones en el procedimiento administrativo común y el régimen jurídico del sector público*, IGO, 2016.
— «La vuelta del "administrado"», en *Homenaje a Martínez López-Muñiz*.
Carbonell Porras, E.: «Los intereses legítimos colectivos en el proceso contencioso-administrativo: aproximación a una noción confusa», en *Homenaje a L. Martín-Retortillo*.
— (dir.): *Intereses colectivos y legitimación activa*, Aranzadi/Universidad de Jaén, 2014.
— «Aproximación a los conceptos de interés colectivo y difuso en Derecho Administrativo español», *REDA*, n.º 158 (2013); y en *Homenaje a Santamaría*.
Carrillo Donaire, J. A.: «Buena administración, ¿un principio, un mandato o un derecho subjetivo?, en Santamaría Pastor, J. A. (dir.): *Los principios jurídicos del Derecho Administrativo*, La Ley, 2010.
Castillo Blanco, F.: *La interpretación y aplicación del ordenamiento jurídico público. Especial referencia al abuso del derecho*, INAP, 2007.
— «Garantías del derecho ciudadano al buen gobierno y a la buena Administración», *REDA*, n.º 172, 2015.
Castillo Blanco, F., Fernández Ramos, S. y Pérez Monguió, J. M.: *Las políticas de buen gobierno en Andalucía*, IAAP, 2022.
Cobreros Mendazona, E.: voz «Derechos subjetivos del administrado», en Muñoz Machado, S. (dir.), *Diccionario de Derecho Administrativo*, Iustel, 2005.
De la Torre Martínez, L.: «La legitimación activa del interés difuso: ¿una nueva categoría para proteger la igualdad», *RGDA*, n.º 40, 2015.
Embid Irujo, A.: *El ciudadano y la Administración*, INAP, 1994.
— «Aproximación al Convenio del Consejo de Europa sobre el acceso a los documentos», *Homenaje a Rivero Ysern*.
Fernández Ramos, S.: *La información y participación ciudadana en la Administración local*, Bosch, 2005.
— «Acceso a la información pública versus protección de datos personales», *REDA*, n.º 184, 2017.
— «La reclamación ante los órganos de garantía del derecho al acceso a la información pública», *RGDA*, n.º 45, 2017.
— «La transparencia pública: pasado, presente y futuro», *Revista Aragonesa de Administración Pública*, n.º 51 (2018).
— *Estudios sobre la Ley de Transparencia de Andalucía*, Instituto Andaluz de Administración Pública, 2015.
— «Las consultas populares no referendarias mediante votación: ¿Un artificio del Derecho público español?», *RGDA*, n.º 52, 2019.
— «La participación ciudadana en Andalucía: balance legislativo y prospectiva», en la obra colectiva *Retos jurídicos actuales de la Administración andaluza*, IAAP/ICA, 2022.

Fernández Ramos, S. y Pérez Monguió, J. M.: *Transparencia, Acceso a la Información Pública y Buen Gobierno*, Aranzadi, 2014.
— *El derecho de acceso a la información pública en España*, Aranzadi, 2017.
— *Vox populi. Consultas populares y procesos participativos*, Aranzadi, 2019.
Fernández Salmerón, M., y Sierra Rodríguez, J.: «Inadmisión y necesidad de reelaboración ante el derecho de acceso a la información pública», *REALA*, n.º 11, 2019.
Gallardo Castillo, M. J.: «Transparencia, poder público y Derecho Administrativo», en *Homenaje a Rivero Ysern*.
— *El derecho de acceso a la información pública en España*, Aranzadi, 2017.
García de Enterría, E.: «Sobre los derechos públicos subjetivos», *REDA*, n.º 6, 1976.
— «La lucha contra las inmunidades del poder en el Derecho Administrativo», *RAP*, n.º 38, 1962, que ha tenido ediciones como libro: *La lucha contra las inmunidades del poder (poderes discrecionales, poderes de gobierno, poderes normativos)*, Civitas, 3.ª ed., 1984.
— «Contencioso-administrativo objetivo y contencioso-administrativo subjetivo a finales del siglo xx. Una visión histórica y comparatista», *RAP*, n.º 152, 2000.
— «Principios y modalidades de participación ciudadana en la vida administrativa», en *Homenaje a Villar Palasí*.
García Macho, R.: *Las relaciones especiales de sujeción en la Constitución Española*, Tecnos, 1992.
García Manzano, P.: «El derecho de petición», *JA*, n.º 46, 2010.
Gómez Días, A. B.: *La legitimación en el proceso contencioso-administrativo*, Iustel, 2014.
González Botija, F.: *Las respuestas de la Administración a las consultas de los ciudadanos*, Aranzadi, 2019.
González Pérez, J.: *Los derechos reales administrativos*, Civitas, 1984.
Guichot Reina, E.: *Publicidad y privacidad de la información administrativa*, Civitas, 2009.
— «La aplicación de la Ley andaluza de transparencia en las entidades locales», *RAAP*, n.º 90, 2014.
— *Transparencia, acceso a la información pública y buen gobierno. Estudio de la Ley 19/2013, de 9 de diciembre*, Tecnos, 2014.
— «La supletoriedad de la normativa general sobre transparencia respecto a las regulaciones especiales de acceso a la información», *REDA*, n.º 221, 2022.
— «El nuevo derecho europeo de acceso a la información pública», *RAP*, n.º 160, 2003.
— «El nuevo mantra de la transparencia: un balance de su regulación y de su realidad en España», en *Homenaje a Parejo*.
Guichot Reina, E. y Barrero Rodríguez, C.: *El derecho de acceso a la información pública*, Tirant lo Blanch, 2020.
— *El derecho de acceso a la información pública en Andalucía*, Instituto Andaluz de Administración Pública, 2022.
Hernández-Diez, E.: *La administración española ante la participación juvenil*, Iustel, 2022.
Junceda Moreno, J.: «Transparencia y confidencialidad», en *Homenaje a Martínez López-Muñiz*.
Lafuente Benaches, M. M.: «Publicidad activa y medios propios de la Administración pública», *RGDA*, n.º 45, 2017.
Lasagabaster Herrarte, I.: *Las relaciones de sujeción especial*, IVAP/Civitas, 1994.
López Benítez, M.: *Naturaleza y presupuestos constitucionales de las relaciones de sujeción especial*, Universidad de Córdoba/Civitas, 1994.
López Menudo, F.: «Del administrado al ciudadano: 40 años de evolución», *RAAP*, n.º 104, 2019.
Lora-Tamayo Vallvé, M.: *Retos y nuevas perspectivas de la participación pública*, Tirant lo Blanch, 2018.
Medina Alcoz, L.: *Libertad y autoridad en el Derecho Administrativo. Derecho subjetivo e interés legítimo: una revisión*, Marcial Pons, 2016.
Medina Guerrero, M.: «La transparencia pública en la Comunidad Autónoma de Andalucía», en obra colectiva *Las políticas de buen gobierno en Andalucía*, IAAP, 2022.
Mestre Delgado, J. F.: *El derecho de acceso a archivos y registros administrativos. Análisis del artículo 105.b) de la Constitución*, Civitas, 1998.
Mir Puigpelat, O.: *Transparencia y procedimiento administrativo. El derecho de acceso al expediente y su conexión con el derecho de acceso a la información pública*, Civitas, 2019.
Muñoz Machado, S.: «Las concepciones del Derecho Administrativo y la idea de participación en la Administración», *RAP*, n.º 84, 1977.

NAVARRO ATIENZA, M. A.: « La Ley de Transparencia, Acceso a la Información y Buen Gobierno y el Convenio del Consejo de Europa sobre el acceso a los documentos públicos: tres apuntes y un problema», *RAAP*, n.º 87, 2013.

ORDUÑA PRADA, E.: «Democracia local y participación ciudadana: nuevas perspectivas sobre consultas populares municipales», *Anuario del Gobierno Local*, 2017.

PALOMARES HERRERA, M.: «A vueltas con los límites al acceso a la información pública en España: mención especial a la protección de datos», *RGDA*, n.º 46, 2017.

PEÑALVER I CABRÉ, A.: *La defensa de los intereses colectivos en el contencioso-administrativo*, Aranzadi, 2016.

PÉREZ MORENO, A.: «Crisis de la participación administrativa», en *Homenaje a Garrido Falla*.

PONCE SOLÉ, J.: *Deber de buena administración y derecho al procedimiento debido. Las bases constitucionales del procedimiento administrativo y del ejercicio de la discrecionalidad*, Lex Nova, 2001.

— «La jurisprudencia europea y española sobre el derecho a una buena administración», en *Homenaje a Carro*.

— *La lucha por el buen gobierno y el derecho a una buena administración mediante el estándar jurídico de la diligencia debida*, Universidad de Alcalá de Henares, 2019.

PRIETO ÁLVAREZ, T.: «La encrucijada actual de las relaciones especiales de sujeción», *RAP*, n.º 178, 2009.

RAMOS RAMOS, L.: *El derecho de acceso a archivos y registros administrativos*, Reus, 2008.

— «La transformación del derecho de acceso en España: de derecho de configuración legal a derecho fundamental», *REDA*, n.º 160, 2013, y en *Homenaje a Santamaría*.

— «El procedimiento de ejercicio del derecho de acceso a la información pública», *RGDA*, n.º 41, 2016.

RAZQUIN LIZARRAGA, M. M.: *El derecho de acceso a la información pública. Teoría y práctica, en especial para las entidades locales*, IVAP, 2015.

RODRÍGUEZ-ARANA MUÑOZ, X.: «El derecho fundamental a la buena Administración y la centralidad del ciudadano en el Derecho Administrativo», en *Homenaje a Rivero Ysern*.

RODRÍGUEZ PORTUGUÉS, M.: «Derechos fundamentales y organización de la transparencia», en LÓPEZ BENÍTEZ, M.; FUENTETAJA PASTOR, J. A. y RODRÍGUEZ-CAMPOS GONZÁLEZ, S. (dirs.), *Las reformas administrativas de la crisis*, Aranzadi, 2017.

ROMANO, S.: «"Deberes" y "Obligaciones"», en *Fragmentos de un diccionario jurídico*, Depalma, 1964.

RUIZ MAGAÑA, I.: «Consultas populares y entidades locales: a propósito de la Ley 7/2017, de 27 de diciembre, de Participación Ciudadana de Andalucía», *REALA*, n.º 13, 2020.

SAINZ MORENO, F.: «Secreto y transparencia», en *Estudios para la reforma de la Administración Pública*, INAP, 2004.

SÁNCHEZ BLANCO, A.: «El derecho a una buena administración», en *Homenaje a Pérez Moreno*.

SÁNCHEZ MORÓN, M.: *La participación del ciudadano en la Administración Pública*, CEC, 1980.

SORO MATEO, B.: «Hitos en el Derecho de acceso a la información administrativa en España», *Homenaje a Menéndez Rexach*.

SUÁREZ OJEDA, M.: «Derecho Administrativo de la documentación, transparencia y buen gobierno», en *Homenaje a Santamaría*.

TOLÍVAR ALAS, L.: «Principio de participación», en SANTAMARÍA PASTOR, J. A., *Los principios jurídicos del Derecho Administrativo*, La Ley, 2010.

TOMÁS MALLÉN, B.: *El derecho fundamental a una buena administración*, INAP, 2004.

TORNOS MAS, J.: «El principio de buena administración o el intento de dotar de alma a la Administración pública», en *Homenaje a L. Martín-Retortillo*.

TOSCANO GIL, F.: «La regulación de la transparencia local», *Anuario de Derecho Municipal*, 2014.

VALERO TORRIJOS, J., y SALMERÓN FERNÁNDEZ, M. (coord.): *Régimen jurídico de la transparencia en el sector público. Del derecho de acceso a la reutilización de la información*, Aranzadi, 2014.

VELASCO CABALLERO, F.: *La información administrativa al público*, Montecorvo, 1998.

ZAMBONINO PULITO, M.: «La conveniencia de regular el procedimiento de reclamación que garantice el derecho de acceso a la información pública», *REDA*, n.º 214, 2021.

LECCIÓN 8

LA POTESTAD REGLAMENTARIA*

I. CONCEPTO DE REGLAMENTO Y DIFERENCIACIÓN DE OTRAS NOCIONES

1. Definición y precisiones terminológicas

Ya aludimos en la lección 3 a los reglamentos y dijimos que, además de ser fuente ordinaria del Derecho Administrativo, son ellos mismos obra de la Administración, un tipo de actividad administrativa, como lo son los actos. Es eso lo que justifica, como también adelantábamos, su especial consideración por el Derecho Administrativo. Súmese a ello su abundancia y su importancia jurídica y política. Alguna vez se ha dicho que más del 90 por 100 de las normas son reglamentos. Además, los reglamentos, aunque en el escalón más bajo del ordenamiento, son los que contienen normas más concretas por lo que, a la postre, acaban por tener importancia decisiva en muchos sectores.

Recordemos que llamamos reglamentos a las normas del ordenamiento jurídico general aprobadas por la Administración (o por otros órganos y entes estatales distintos del Poder Legislativo) con rango inferior a la ley. Al poder de aprobar estas normas se denomina potestad reglamentaria.

Conste que la misma expresión de reglamento se utiliza para aludir a otras normas que ya no entran en el concepto dado: *a*) los Reglamentos de cada una de las Cámaras legislativas (arts. 72 CE y 102 EAA) no encajan en la definición dada y son por completo distintos por su origen y por su régimen, que se aproxima a las leyes en sentido formal; *b*) también se llama Reglamentos a uno de los tipos de normas de la Unión Europea que ni remotamente se asemejan a los que aquí nos ocupan; *c*) se habla a veces de reglamento para referirse a normas aprobadas por sujetos privados en el ejercicio de su autonomía de la voluntad (p. ej., reglamento de uso de la piscina aprobado por una comunidad de propietarios o de un club).

En sentido contrario, aclaremos que a lo que aquí llamamos reglamentos son a veces aludidos por las leyes, no con ese nombre, sino como disposiciones administrativas (así, arts. 47.2, 106.2, 112.3 y 128.3 LPAP) o disposiciones de carácter general aprobadas por la Administración (v. gr., arts. 25 y 26 LJCA).

Tras estas aclaraciones terminológicas, desgranemos la definición dada.

---

* Por Manuel Rebollo Puig. Grupo de investigación de la Junta de Andalucía SEJ-196. Proyecto de la Junta de Andalucía PROYEXCEL_00903.

2. Los reglamentos son aprobados normalmente por la Administración. Alusión a los reglamentos aprobados por órganos no administrativos

Lo normal es que los reglamentos sean aprobados por la Administración (incluyendo aquí a estos efectos al Gobierno y a los Consejos de Gobierno autonómicos). Tanto que, en realidad, no es inusual definirlos sin más como normas aprobadas por la Administración. Además son esos reglamentos los que aquí nos interesan y lo que vamos a estudiar es la potestad reglamentaria de las Administraciones. No obstante, también hay reglamentos aprobados por órganos no administrativos.

Así, se ha atribuido a ciertos órganos del Estado no incluidos en la Administración la posibilidad de aprobar algunos reglamentos con la finalidad de reforzar su independencia. Dispone, por ejemplo, el artículo 2.2 LOTC: «El Tribunal Constitucional podrá dictar reglamentos sobre su propio funcionamiento y organización, así como sobre el régimen de su personal y servicios…». Asimismo el artículo 560 LOPJ atribuye al CGPJ la aprobación de reglamentos sobre su funcionamiento, organización y personal, sobre la publicidad de las actuaciones judiciales, reparto de asuntos y ponencias, régimen de guardias de órgano jurisdiccionales y materias similares. Por otra parte, también las Corporaciones sectoriales de Derecho Público, que no son propiamente Administraciones, pueden aprobar algunos reglamentos. Por ejemplo, según el artículo 6 LCP, los Colegios Profesionales aprueban sus Estatutos (aunque algunos necesitan la posterior aprobación del Gobierno) y reglamentos de régimen interior. También estas normas, aunque no aprobadas por la Administración, son propiamente reglamentos y tienen, como los aprobados por la Administración, rango infralegal y buena parte de su régimen y límites. Pese a todo, con estas modestas salvedades, los reglamentos son normalmente de origen administrativo.

Centrados en los reglamentos aprobados por las Administraciones, digamos que este origen administrativo no es un dato menor sino que impregna su sentido y régimen.

Las enormes diferencias entre ley en sentido formal y reglamento vienen de las enormes e insalvables diferencias entre Parlamento y Administración: en los reglamentos, a diferencia de las leyes, de ninguna forma hay expresión de la voluntad popular sino de la de unos entes serviciales como son las Administraciones. Y por eso no tienen ni la fuerza ni el valor ni el rango de las leyes sino uno inferior. Así puede decirse que la potestad reglamentaria es muy distinta a la legislativa, y mucho más limitada.

En cuanto proceden de la Administración, se aproximan a los actos administrativos; son actos administrativos en sentido formal. De hecho, no sin razón, parte de la doctrina (sobre todo francesa), construye una categoría general de los actos administrativos en la que incluye, junto con los actos administrativos en sentido estricto, los normativos (o sea, los reglamentos). Sin llegar a tanto, que no es habitual en la doctrina española, sí hemos querido hacer aquí a los reglamentos un lugar específico al margen de las fuentes e inmediatamente anterior al estudio de los actos, un lugar en el que, además, habiendo ya estudiado la posición fundamental de la Administración (principio de legalidad y relación con los tribunales), podamos aplicar esas ideas cardinales a los reglamentos.

3. Los reglamentos son normas. Diferenciación de los actos administrativos

Al ser normas y contener, por tanto, preceptos generales y abstractos, son fuente del Derecho y, como suele decirse, leyes en sentido material, aunque no en sentido formal (ya lo explicamos en la lección 3). Por su carácter de norma, los reglamentos se diferencian de los actos administrativos.

La diferenciación con los actos administrativos no sólo tiene justificación teórica, sino muchas consecuencias prácticas: el procedimiento para elaborar reglamentos es distinto del procedimiento para los actos; los reglamentos deben publicarse, los actos normalmente no; los órganos competentes para aprobar reglamentos son menos que los que pueden dictar actos; todos los actos deben respetar a todos los reglamentos; tienen distinto régimen de invalidez y de impugnación; etc. En consecuencia, es importante diferenciarlos, ¿cómo?

Claro está que no sirven los criterios basados en lo que la Administración diga ni en la forma que le dé. Un reglamento será tal aunque la Administración lo apruebe como acto, y al revés. Por tanto, no es un criterio el que la Administración lo publique en el boletín oficial entre las «disposiciones generales» (que es donde se deben incluir, junto con las leyes, los reglamentos) o en otros apartados. A lo sumo, todo eso sirve de indicio de lo que la Administración cree haber aprobado, no de criterio definitivo sobre su verdadera naturaleza. En la misma dirección, tampoco sirve el envoltorio con el que la Administración lo presente. De hecho, a este respecto puede no haber diferencias. Por ejemplo, las declaraciones del Consejo de Ministros adoptan normalmente la forma de Reales Decretos, ya contengan un reglamento o un acto; y las de los Ministros son órdenes ministeriales, sean reglamentos o actos (art. 25 LG). Hay que acudir, por tanto, a criterios materiales.

La distinción entre reglamentos y actos administrativos está en que los primeros, pero no los segundos, son abstractos y generales, de modo que se integran en el ordenamiento jurídico.

El reglamento lo es por ser norma y, por tanto, por las notas de abstracción (porque abstracto es su supuesto de hecho, que es una situación hipotética, de manera que el reglamento será de aplicación a lo largo del tiempo a un número indefinido de casos, sin que se agote con su aplicación en uno o varios supuestos) y generalidad (es impersonal, esto es, no se refiere a personas concretas, sino a todos los que se encuentren en el supuesto de hecho). Normalmente esos dos caracteres se dan en los reglamentos y ninguno de ellos se da en los actos administrativos que suelen ser declaraciones para un supuesto concreto y para uno o varios sujetos determinados o determinables. Pero hay actos administrativos generales, esto es, que tienen una pluralidad indeterminada de destinatarios (p. ej., la convocatoria de unas oposiciones o una orden de vacunación ante una epidemia) y que, pese a ello, son considerados con acierto actos administrativos. Y hay también reglamentos en los que no aparece clara la nota de la generalidad (p. ej., el que cree y organice un concreto Ministerio) pese a lo cual son considerados con acierto reglamentos. Por tanto, el criterio distintivo es el de la abstracción, o sea, el de la aplicación repetida ante una cantidad indefinida de supuestos que encajen en el presupuesto de hecho. Es este criterio de la abstracción el que en el fondo se aplica cuando se dice que el reglamento se diferencia del acto administrativo en que aquél se integra en el ordenamiento jurídico y este no, que es el invocado frecuentemente por los Tribunales españoles. Volviendo a los ejemplos, la convocatoria de oposiciones y la orden de vacunación son actos pese a tener una pluralidad indeterminada de destinatarios porque sólo sirven para un supuesto concreto de modo que habrá que emitir un nuevo acto para las siguientes oposiciones o para otra epidemia; no se integran en el ordenamiento. Por el contrario, la decisión sobre la creación y organización de un concreto Ministerio le atribuye unas competencias que servirán para muchos supuestos y para entablar indefinidas relaciones jurídicas sin que se agote con una o varias aplicaciones, de modo que se integra en el ordenamiento.

Con todo, se presentan casos dudosos. Porque el criterio de la abstracción a veces parece más cuantitativo que cualitativo. Y el complemento de la integración en el ordenamiento no aporta siempre una solución porque precisamente lo que se trata de saber es si la decisión se incorpora al ordenamiento. Por eso, a veces la división se establece de manera convencional (p. ej., se acepta que la atribución de competencias a un órgano es un reglamento pero que la delegación de tal competencia por ese órgano en otro inferior es un acto) y los tribunales vacilan muchas veces sobre la naturaleza reglamentaria o no de ciertas decisiones administrativas que están en la zona fronteriza (planes de urbanismo, relaciones de puestos de trabajo, etc.) y han cambiado de opinión respecto a algunas.

4. Los reglamentos son normas obligatorias del ordenamiento general, no meramente internas. Diferencias con las instrucciones de servicio

Por ser normas —por tanto, leyes en sentido material, fuentes del Derecho— del ordenamiento jurídico general se imponen a todos, son obligatorios y vinculantes para todos: para los sujetos privados y públicos y para las propias Administraciones. Por tanto, se pueden invocar ante los jueces y éstos deben tenerlos en cuenta como fundamentos de Derecho en sus resoluciones.

Aunque ya lo pusimos de relieve al estudiar el principio de legalidad, nos interesa recordar que los reglamentos, como normas del ordenamiento general que son, resultan vinculantes para las propias Administraciones y que, al mismo tiempo, éstas pueden encontrar atribución de potestades en los reglamentos. Y, en cuanto a aquella vinculación, importa enfatizar aquí que queda vinculada incluso la misma Administración que aprobó el reglamento y todos y cada uno de sus órganos, incluso los que sean superiores a aquel que lo aprobó. Es lo que, con un nombre algo complicado, se ha dado en llamar la «inderogabilidad singular de los reglamentos», que proclama el artículo 37 LPAC.

Así que, por ejemplo, si hay un reglamento aprobado por un Ministro, ni siquiera el Consejo de Ministros puede dictar un acto vulnerando a aquél. Claro está que la Administración, por decisión de una autoridad igual o superior a la que aprobó aquel reglamento, podrá aprobar otro modificando y derogando al anterior. Lo que no puede hacer es incumplirlo en un caso concreto, o sea, dictar un acto contrario al reglamento. Si lo hace, tal acto será inválido y, si se impugna ante los jueces, estos lo anularán. Es el resultado obvio del principio de legalidad sumado al hecho de que los reglamentos son normas del ordenamiento general. La misma regla la reitera el artículo 44.5 LGA.

Su integración en el ordenamiento jurídico general y, por tanto, su eficacia externa y obligatoriedad para todos, diferencia al reglamento de las llamadas instrucciones de servicio. Éstas no se dictan en virtud de un poder de creación del Derecho —la potestad reglamentaria—, sino del poder jerárquico que rige en el interior de una Administración y que estructura la relación entre sus órganos. Por eso, a diferencia de los reglamentos, sólo vinculan a los órganos de la propia Administración sometidos jerárquicamente a aquél que la dictó.

A las instrucciones y órdenes de servicio se refiere el artículo 6 LRJSP. Tanto las instrucciones de servicio como las órdenes de servicio contienen mandatos de una autoridad administrativa a los titulares y empleados públicos de órganos que le están subordinados. La instrucción tiene carácter abstracto, en tanto que la orden de servicio da un mandato concreto para un supuesto determinado.

Ha sido frecuente hablar de instrucciones de servicio y de circulares para referirse a estas normas internas. Y esas dos expresiones aparecen en el artículo 98 LAJA. Sin embargo, hay ahora algunos reglamentos a los que se denomina circulares. Así que, para evitar confusiones, es preferible, como hace el artículo 6 LRJSP, designar a esta figura sólo con el nombre de instrucción de servicio y reservar el de circular para ciertos verdaderos reglamentos.

Las instrucciones de servicio, además de ocuparse de la organización del trabajo (reparto de tareas, horarios...), pueden imponer a los inferiores cómo han de proceder ante determinados casos no contemplados por la ley ni el reglamento (es decir, ante una laguna) o en los que no dan una única solución (es decir, ante una norma que confiere discrecionalidad) o no dan una solución clara (es decir, ante una norma con problemas de interpretación).

Obligan a los titulares de los órganos sometidos jerárquicamente al que la aprobó (art. 54.3 EBEP) con la consecuencia de que su incumplimiento puede dar origen a que se sancione al empleado desobediente [arts. 6.2 LRJSP y 95.2.*i*) EBEP]. Por aquel carácter abstracto y por esta obligatoriedad acaso puedan ser consideradas normas jurídicas. Pero, a diferencia de los reglamentos, no obligan ni vinculan de ninguna forma a los sujetos que no están integrados en la Administración ni a los que, aunque integrados en ella, no dependen jerárquicamente del que las dictó. Menos aún vinculan a los Tribunales. Además, la decisión tomada por el inferior en contra de la instrucción del superior, a diferencia de lo que ocurre si la toma en contra de un reglamento, no será necesariamente ilegal e inválida (art. 6.2 LRJSP: «El incumplimiento de las instrucciones [...] no afecta por sí solo a la validez de los actos [...]»).

Ante todo esto, incluso si se las quiere considerar normas jurídicas, hay que decir que no son normas que se integren el ordenamiento jurídico general, sino, como máximo, el interno de la Administración. Así que, en suma, no son verdaderas fuentes del Derecho en el sentido aquí analizado, como sí lo son los reglamentos. Por eso, ni siquiera las reservas constitucionales de ley excluyen la posibilidad de dictar instrucciones de servicio.

Naturalmente, el que no sean fuentes del Derecho ni vinculen nada más que a los sometidos jerárquicamente no quiere decir que sean irrelevantes: puede que afecten indirectamente a los sujetos privados en cuanto sufran el comportamiento de los subordinados de conformidad con ellas; puede que su vulneración sea considerada indicio de discriminación o de arbitrariedad o de vulneración de la confianza legítima; etc. Pero nada de ello las convierte en fuentes del Derecho del ordenamiento general ni reduce un ápice su diferenciación de los reglamentos.

Siendo por definición los reglamentos normas del ordenamiento general, hay que desechar la clasificación, quizás en otros tiempos útil, entre reglamentos normativos (o jurídicos) y reglamentos administrativos (u organizativos). Aunque algún autor conserve todavía esa clasificación, es hoy improcedente y origen de confusión: todos los reglamentos son normativos (o jurídicos) y, si no lo son, es que no son reglamentos. Acaso lo que se podía esconder con el nombre de reglamentos administrativos u organizativos eran las instrucciones de servicio.

5. Los reglamentos son normas de rango inferior a la ley: sometimiento a la ley; excepciones

Los reglamentos no sólo carecen de la fuerza de las leyes, sino que, además, son de rango jerárquico inferior a ellas. Este rango infralegal los diferencia sin dificultad de los Decretos Legislativos y de los Decretos-ley. Comporta que un reglamento no puede ir contra lo dispuesto en una norma anterior con rango de ley (art. 128.2 LPAC) y que, por el contrario, una norma posterior con rango de ley puede modificarlo o derogarlo por completo.

No obstante, la regla de que un reglamento no puede ir contra una ley anterior tiene dos excepciones muy distintas entre sí.

La primera se produce cuando una norma con rango de ley permite expresamente que ella u otra norma con rango de ley sea modificada o derogada por reglamento. A esto se llama deslegalización.

Es una manifestación de la fuerza de ley que, entre otras cosas, puede, si quiere, admitir esta posibilidad. Ejemplos: «Quedan degradadas al rango reglamentario cualesquiera disposiciones que, a la entrada en vigor de la presente Ley, regulan la estructura y funcionamiento de instituciones y organismos sanitarios, a efectos de proceder a su reorganización y adaptación a las disposiciones de esta Ley» (Ley General de Sanidad de 1986); «Cuando razones técnicas o de oportunidad así lo aconsejen, mediante Real Decreto se pondrán actualizar o modificar las excepciones al precio fijo previstas en el artículo 11» (Ley de la Lectura, el Libro y las Bibliotecas de 2007).

Esto es a lo que propiamente puede llamarse deslegalización. Pero la doctrina y la jurisprudencia, incluso la del TC, habla a veces de deslegalización para referirse a las autorizaciones de las leyes a dictar reglamentos con gran libertad y sin haber establecido la ley una regulación a la que el reglamento desarrolle. Se habla entonces de «deslegalización de materias». La expresión es desafortunada y origen de gran confusión. Sería conveniente desterrarla por completo y en tales casos hablar de habilitaciones o autorizaciones al reglamento muy amplias o «en blanco» o como se quiera, pero no de deslegalizaciones.

La segunda excepción es la de los llamados reglamentos de necesidad.

Se trata sólo, en realidad, de una aplicación de la teoría general de las situaciones de necesidad (estudiada en la lección 5) y de aceptar, en consecuencia, que en situaciones de crisis grave y cuando los medios ordinarios previstos por el Derecho no sean suficientes para solventarlas cabe la posibilidad de aprobar reglamentos que no respeten lo establecido en las leyes. Pero ahora, con la admisión de los Decretos-ley tanto estatales como autonómicos, queda muy reducido margen a estos reglamentos de necesidad. Se suele citar como ejemplo de posible reducto de estos reglamentos de necesidad el artículo 21.1.*m*) LRBRL que permite al Alcalde adoptar «en caso de catástrofe o de infortunios públicos o grave peligros de los mismos, las medidas necesarias», entre las cuales estarían los reglamentos de necesidad.

II. JUSTIFICACIÓN Y FUNDAMENTO DE LA POTESTAD REGLAMENTARIA

La posibilidad de que la Administración apruebe normas choca, en principio, con la división de Poderes que propugna que la creación del Derecho esté confiada al Poder Legislativo. De hecho, en los primeros momentos de las revoluciones liberales se aspiró a la supresión de la potestad reglamentaria. Pero, frente a ello, se impuso esta realidad que es hoy común y prácticamente universal. Muchos fueron los intentos de justificación de esta potestad. Algunos basados en la pervivencia en ciertos Estados y momentos del «principio monárquico» que le ofrecía fundamento suficiente. Pero, al margen de ello, otras veces trató de justificarse en el hecho de que el reglamento era norma para la ejecución de las leyes y, por tanto, propia del Ejecutivo; otras se sostuvo que si las leyes confiaban a la Administración la posibilidad de dictar muchos actos discrecionales, implícitamente le reconocía la de dictar normas que ordenaran y vincularan esa discrecionalidad; o se apuntó que los reglamentos no contenían verdadero Derecho con relevancia externa; etc. Ninguna de esas justificaciones es válida; no, al menos, para lo que hoy es la potestad reglamentaria. Lo que sí había y sigue habiendo es una razón práctica evidente: la imposibilidad de que el Poder Legislativo apruebe todas las normas.

Incluso se apuntaba la innecesariedad y hasta inconveniencia de que los Parlamentos entraran en todos los aspectos, con la lentitud y rigidez que ello entraña. Algún autor clásico arguyó que los

Parlamentos no están para regular cómo ha de ser la botonadura de los uniformes militares. Ahora podrían ponerse muchos más ejemplos y más convincentes al ver infinidad de reglamentos: algunos abordan aspectos de ínfima importancia y otros tienen una altísima e inevitable complejidad técnica... En todos esos casos, parecen impropios de las decisiones parlamentarias. Y, sin embargo, es preferible que existan normas porque el Estado de Derecho prefiere que el Derecho se exprese mediante normas generales y abstractas; así que es mejor admitir esta potestad reglamentaria que dejar que el poder decida con libertad caso por caso.

Pero, desde el punto de vista estrictamente jurídico y formal, el fundamento está en que las mismas Constituciones o las leyes otorgan a la Administración potestad reglamentaria.

Y siendo así se comprende que el régimen de la potestad reglamentaria es el que, ante todo, se derive de tales atribuciones y de su significado.

III. ATRIBUCIONES GENÉRICAS DE POTESTAD REGLAMENTARIA Y HABILITACIONES LEGALES ESPECÍFICAS A LOS REGLAMENTOS

1. Atribuciones genéricas de potestad reglamentaria

El artículo 97 CE dice que el Gobierno «*ejerce* la función ejecutiva y *la potestad reglametaria* de acuerdo con la Constitución y las leyes». Hay una directa atribución constitucional de la potestad: es, por tanto, un poder propio, no delegado o conferido por las leyes, sino atribuido por la Constitución y tan originario como el que tienen las Cortes para aprobar leyes.

No hay en la CE una atribución igual para las Comunidades Autónomas, aunque se desprende de toda su regulación y hay en su artículo 153.*c*) una alusión tangencial. Es el ordenamiento de cada Comunidad el que decide sobre la existencia y extensión de la potestad reglamentaria de su Administración. Los mismos Estatutos de Autonomía hacen ya determinaciones importantes a este respecto. En general, atribuyen a los respectivos Gobiernos autonómicos una potestad reglamentaria en los mismos términos amplios del artículo 97 CE.

Por ejemplo, el EAA lo hace en dos artículos:

Art. 112. Potestad reglamentaria. Corresponde al Consejo de Gobierno de Andalucía la elaboración de reglamentos generales de las leyes de la Comunidad Autónoma.

Art. 119.3. En el ámbito de las competencias de la Comunidad Autónoma corresponde al Consejo de Gobierno y a cada uno de sus miembros el ejercicio de la potestad reglamentaria.

De estos dos preceptos del EAA se deduce una situación similar a la del Estado: también en Andalucía hay una directa atribución de potestad reglamentaria como poder propio y originario que no depende siempre de que la otorgue en cada caso el Parlamento Andaluz.

También tienen potestad reglamentaria las Ciudades Autónomas de Ceuta y Melilla como establecen sus Estatutos de Autonomía.

En cuanto a los entes locales, la CE no hace un reconocimiento explícito de su potestad reglamentaria, aunque puede deducirse de la proclamación de su autonomía (arts. 137, 140 y 141). Pero la atribución genérica se contiene explícitamente en el artículo 4.1 LRBRL: «En su carácter de Administraciones públicas de carácter territorial, y dentro de la esfera de sus competencias, corresponde en todo caso a los municipios, las provincias y las islas: *a*) las potestades reglamentarias...». Esto es suficiente para admitir que esos entes locales puedan aprobar reglamentos con esta sola base legal sin necesidad de que otra ley más específica les confiera la posibilidad de desarrollarla o de aprobar una regulación concreta.

En suma, los tres niveles de Administraciones territoriales cuentan con una atribución genérica de potestad reglamentaria. El artículo 128.1 LPAC lo refleja:

«El ejercicio de la potestad reglamentaria corresponde al Gobierno de la Nación, a los órganos de Gobierno de las Comunidades Autónomas, de conformidad con lo establecido en sus respectivos Estatutos, y a los órganos de gobierno locales, de acuerdo con lo previsto en la Constitución, los Estatutos de Autonomía y la Ley 7/1985, de 2 de abril, reguladora de las Bases de Régimen Local».

Además de a cada uno de los tres niveles de Administración territorial, conviene hacer una alusión a la potestad reglamentaria de las universidades públicas. La Constitución les reconoce autonomía (art. 27.10) y es inherente a ello la posibilidad de aprobar reglamentos para regular algunos aspectos de su organización y funcionamiento. La LOSU dice que «la autonomía de las universidades comprende [...] la elaboración de sus Estatutos, en el caso de las universidades públicas [...] así como las demás normas de régimen interno» [art. 3.2.*b*)]. Formalmente los Estatutos son aprobados por la Comunidad Autónoma, pero solo puede denegar tal aprobación por razones de legalidad (art. 38). Dentro de cada universidad pública la competencia reglamentaria corresponde, en principio, al respectivo claustro [art. 45.2.*a*) y *b*)].

2. Autorizaciones legales específicas para aprobar concretos reglamentos

Además de esas atribuciones genéricas de potestad reglamentaria, en numerosísimas leyes (y Decretos legislativos y Decretos-ley) hay más concretas autorizaciones para aprobar determinados reglamentos.

Unas veces, se presentan precisamente como tales autorizaciones o habilitaciones para dictar reglamentos.

Por ejemplo, la disposición final 3.ª de la Ley de Seguridad Privada: «El Gobierno, a propuesta del Ministro del Interior, dictará las disposiciones reglamentarias que sean precisas para el desarrollo y ejecución de lo dispuesto en esta Ley...».

En otros muchos casos se presentan como remisiones al reglamento; es decir, la ley, al abordar un determinado aspecto, reenvía su regulación a los reglamentos.

Ejemplifiquémoslo con el Texto Refundido de la Ley de Tráfico. Dice así, su artículo 13.4: «Los conductores y ocupantes de los vehículos están obligados a utilizar el cinturón... en las condiciones y con las excepciones que, en su caso, *se determinen reglamentariamente* (...). Por razones de seguridad vial, se podrá prohibir la ocupación de los asientos delanteros o traseros del vehículo por los menores... en los términos que *se establezcan reglamentariamente*». Su artículo 14 dice: «No puede circular por las vías (...) el conductor de cualquier vehículo con tasas de alcohol superiores a *las que reglamentariamente se establezcan* (...) El procedimiento, las condiciones y los términos en que se realizarán las pruebas para la detección de alcohol y de drogas *se determinarán reglamentariamente*». Así podríamos seguir a lo largo de toda esa Ley plagada de similares remisiones. Y lo mismo sucede en otras muchas leyes.

Tanto aquellas habilitaciones específicas para aprobar reglamentos como estas remisiones pueden producirse en favor de la Administración del Estado, de la autonómica o de la local.

Los ejemplos antes citados habilitan a la Administración del Estado. En las leyes andaluzas los hay en favor de órganos de la Administración autonómica. Así, en la Ley de Carreteras de Andalucía, «se autoriza al Consejo de Gobierno para dictar los Reglamentos necesarios para el desarrollo y la ejecución de la presente Ley» (disposición final 2.ª). Y responde al modelo de la remisión su artículo 57.3 sobre acceso a las carreteras: «El acceso... se establecerá obligatoriamente por la Administración... en la forma que reglamentariamente se determine». Como ejemplos en favor de las Administraciones locales, citemos, entre las leyes estatales, el artículo 7.*b*) del TR de la Ley de Tráfico que atribuye a los municipios «la regulación mediante ordenanza municipal de circulación de los usos de las vías urbanas...» . Y entre las leyes andaluzas, la Ley de Gestión Integrada de la Calidad Ambiental; así, su artículo 69.2 dispone que «corresponde a la Administración local la aprobación de ordenanzas municipales de protección del medio ambiente contra ruidos...»; y su artículo 98.2 dice que corresponde a los municipios «la prestación de los servicios públicos de recogida... en la forma que se establezca en sus respectivas ordenanzas».

Por otra parte, es posible que las leyes autoricen a dictar reglamentos, no ya a algunas de estas Administraciones territoriales, sino a sus entes institucionales. Es el caso, dentro del Estado, del Banco de España y de otros que se verán después.

Ya adopten la forma de habilitación o la de remisión, la ley está autorizando o apoderando a dictar reglamentos sobre determinadas materias. Evidentemente no son delegaciones, esto es, no se trata de que se delegue el poder de dictar normas como las leyes; esto, si acaso, puede decirse de las que permiten dictar Decretos legislativos, no de estas otras que se refieren a la posibilidad de aprobar reglamentos.

La existencia de atribuciones genéricas de potestad reglamentaria lleva a plantear qué necesidad hay de estas otras autorizaciones específicas. ¿Son sólo una aclaración o recordatorio? ¿O son necesarias para que se pueda dictar el reglamento? Depende, como se verá en el epígrafe V.

IV. CLASES DE REGLAMENTOS POR SU RELACIÓN CON LA LEY

Es usual clasificar los reglamentos por su relación con la ley. Lo clásico es distinguir entre reglamentos ejecutivos de la ley e independientes de la ley. Ejecutivos serían, según esta clasificación bipartita, los que ejecutan, desarrollan o se basan en una ley previa (*secundum legem*, como se ha dicho en ocasiones). Independientes serían los que se producen al margen de toda regulación y previsión legal (*praeter legem*).

A veces, los autores añaden una tercera categoría, la de los reglamentos de necesidad, que podrían ir contra lo establecido en las leyes (*contra legem*). Pero dejemos ahora al margen esta categoría sólo admisible, si acaso, en situaciones extremas y con la que se alude a otro género de cuestiones.

Bien está conocer esa clasificación y esa terminología que utilizan a veces las leyes [p. ej., a efectos de exigir el dictamen del Consejo de Estado, arts. 5.1.*h*) LG y 22.3 LOCE, como se verá luego] y la jurisprudencia. Pero se trata de una clasificación que sólo refleja toscamente las distintas variantes de relaciones entre leyes y reglamentos y sobre la que no puede construirse nada sólido.

Sobre todo, no sirve, aunque se intente muchas veces, para dar una idea cabal de las posibilidades y ámbitos de la potestad reglamentaria. Así, se ha planteado si caben o no los reglamentos independientes o si caben o no según la materia de que se trate; si son admisibles en todo caso los ejecutivos; etc. Pero con esa clasificación y esos conceptos no se puede afrontar el problema de las posibilidades y ámbito de la potestad reglamentaria.

Como mínimo, para dar una idea más aproximada de la realidad, hay que distinguir los reglamentos en función de dos criterios diferentes.

Por una parte hay que distinguir según los reglamentos cuenten con una autorización, habilitación o remisión legal concreta o, por el contrario, carezcan de ella y se basen sólo en una de las atribuciones genéricas de potestad reglamentaria [la del art. 97 CE o las de los equivalentes de los Estatutos de Autonomía o la del art. 4.1.*a*) LRBRL]. A los primeros les llamaremos reglamentos habilitados y a los segundos reglamentos espontáneos.

Y por otra parte hay que distinguir según el reglamento tenga un contenido regulatorio material que sea complemento o desarrollo de la regulación ya contenida en una ley o, por el contrario, aborde una materia que la ley no ha regulado materialmente. A los primeros llamaremos reglamentos complementarios y a los segundos reglamentos materialmente independientes.

Combinando estas dos clasificaciones resultan posibles cuatro categorías:

— Reglamento habilitado y complementario. Es decir, aprobado con una específica habilitación legal y con un contenido que desarrolla lo ya regulado en una ley.

— Reglamento espontáneo y complementario. O sea, aprobado sin contar con una específica habilitación legal (basado, por tanto, sólo en una de las atribuciones genéricas de potestad reglamentaria) y con un contenido que desarrolla lo ya regulado en una ley.

— Reglamento habilitado y materialmente independiente. Esto es, aprobado con una específica habilitación legal y con un contenido que regula una materia que la ley no ha abordado (salvo para remitirla íntegramente al reglamento). En estos casos suele decirse que la ley contiene una «autorización en blanco».

— Reglamento espontáneo y materialmente independiente. Por tanto, dictado sin habilitación legal específica (sin más base que alguna de las atribuciones genéricas de potestad reglamentaria) y para regular una materia no abordada por la ley.

Incluso esta clasificación más rica que la tradicional es sólo aproximativa porque, en realidad, la distinción entre reglamentos complementarios y materialmente independientes no refleja bien las muy diferentes situaciones que se producen en las que hay diferentes grados. Así, dentro de los reglamentos complementarios los hay que sólo pormenorizan en aspectos secundarios una previa regulación legal ya muy completa y otros que añaden mucho a una regulación legal mínima. Y unos y otros no pueden admitirse en todas las materias en la misma medida. Así que, en suma, estas clasificaciones de los reglamentos son sólo simplificaciones aproximativas con un valor orientativo limitado.

V. SOBRE LA AMPLITUD DE LA POTESTAD REGLAMENTARIA

1. Planteamiento y punto de partida

Debemos abordar una cuestión capital: ¿qué pueden regular los reglamentos? Y esa pregunta se diversifica en varias: ¿qué pueden regular con la única base de las atribuciones genéricas de potestad reglamentaria?; ¿qué pueden regular en virtud de autorizaciones legales específicas?; ¿tienen que ser el complemento de una regulación legal previa?

En cierto modo es lo mismo que preguntarse sobre las posibilidades de las distintas clases de reglamentos de las que hemos hablado. Compréndase que en las respuestas a todo esto laten aspectos de fondo y no meramente técnicos y organizativos. Porque la mayor o menor amplitud de la potestad reglamentaria y su mayor o menor dependencia de las leyes se relaciona con la exigencia o no de intervención de los Parlamentos con lo que ello supone de protagonismo directo de la representación popular y de debate público de las distintas fuerzas políticas.

Las respuestas en España deben partir del hecho de que el artículo 97 CE (lo mismo que las similares atribuciones generales de los Estatutos en favor de los Gobiernos autonómicos y la del artículo 4 LRBRL en favor de las Administraciones locales), confiere ampliamente potestad para aprobar reglamentos, potestad que ni siquiera aparece constreñida a la ejecución de las leyes.

En consecuencia, el punto de partida es que con el único fundamento de sus atribuciones genéricas de potestad reglamentaria las Administraciones territoriales pueden aprobar tanto reglamentos complementarios de las leyes como reglamentos sobre materias no abordadas por las leyes; o sea, pueden regular cualquier aspecto dentro de las materias de su competencia con la sola condición de no vulnerar las leyes.

Este punto de partida es distinto del que se da en otros ordenamientos. En algunos (Alemania o Reino Unido) no existen habilitaciones genéricas de potestad reglamentaria, por lo que los reglamentos necesitan habilitaciones específicas. En otros, sólo se admiten con carácter general reglamentos para la ejecución de las leyes. En España, por el contrario, existen atribuciones genéricas de potestad reglamentaria y no se dice que existan sólo para la ejecución de las leyes (decir, como el art. 97 CE, que la potestad reglamentaria se debe ejercer «de acuerdo con las Constitución y las leyes» no es decir que deba ejercerse para ejecutar las leyes). Tampoco del concepto de reglamento se deduce que haya de ser una norma de ejecución o complemento de una ley. El reglamento no es por definición una norma de detalle ni una norma complementaria de una ley. Acaso eso sea lo que evoca el vocablo *reglamento* en el lenguaje común. De hecho el DRAE define el *reglamento* como conjunto de «reglas o preceptos que por autoridad competente se da *para la ejecución de una ley...*». Pero no es ese el sentido técnico de reglamento. Y por eso a nada de ello hemos aludido al abordar su concepto. Lejos de ello, al clasificar los reglamentos hemos aceptado que, en principio, cabe imaginar reglamentos que de ninguna forma ejecuten, desarrollen o completen una ley previa (reglamentos materialmente independientes).

Ahora bien, ese punto de partida queda profundamente alterado por una serie de límites que pasamos a exponer y que entrañan, más o menos ampliamente, la exigencia de ley y la restricción de la potestad reglamentaria.

Antes es conveniente una aclaración: las cuestiones que aquí nos planteamos han de resolverse conforme al Derecho español sin que a este respecto influya el Derecho de la Unión Europea. Así, debemos decir que en España será necesaria una ley y no bastará un reglamento cuando eso se desprenda del Derecho español; y será posible un reglamento, sin necesidad de ley, cuando eso se desprenda del Derecho español. El Derecho de la Unión no tiene a este respecto nada que decir. Así, si se trata de transponer al ordenamiento español una Directiva, habrá de hacerse por ley o se podrá hacer por reglamento según las reglas internas de cada Estado miembro, no conforme al Derecho de la Unión que en lo que a esto concierne respeta la autonomía de cada Estado. Esto es expresión del llamado principio de autonomía institucional y procedimental del que ya hablamos en la lección 4: si entonces nos sirvió para explicar que el Derecho de la Unión no altera la distribución de competencias entre el Estado y las Comunidades Autónomas, ahora nos sirve para afirmar que tampoco altera el ámbito de las leyes y reglamentos.

Sólo en rarísimas excepciones el Derecho de la Unión ha interferido en estas cuestiones. Así, cuando ha impuesto a los Estados miembros que creen autoridades administrativas independientes y les atribuyan la regulación de cierta materia que, por tanto, deberá hacerse por reglamentos aprobados por esa autoridad (STJUE de 3 de diciembre de 2009, as. C-424/07, Comisión c. República Federal de Alemania). En ese caso se deduce que el Derecho de la Unión impone a los legisladores nacionales un deber de inhibición que incluso puede comportar la inaplicación de una reserva constitucional de ley y hasta, por el contrario, la consagración de una reserva reglamentaria figura en principio tan extraña a nuestra Constitución.

2. Reglamentos y materias administrativas

Por lo pronto, las atribuciones genéricas permiten a las Administraciones territoriales aprobar reglamentos sólo en las materias de su competencia. Ello no sólo ciñe la potestad reglamentaria de cada Administración en razón de la distribución de competencias entre ellas sino que, antes que eso, la circunscribe a las materias administrativas; es decir, a las materias en que la Administración tiene algunas funciones. Así, quedan fuera del alcance de los reglamentos dictados con la única base del artículo 97 CE y las demás atribuciones genéricas de potestad reglamentaria las materias no administrativas: las de Derecho privado (Civil, Mercantil, Laboral) y las de Derecho público no administrativo, o sea, no confiadas a la ejecución de las Administraciones sino de otros poderes públicos (Derecho Procesal, Parlamentario, Penal...).

Por ejemplo, el Gobierno no puede con la sola invocación del artículo 97 CE regular ningún aspecto de Derecho Civil ni para abordar algo no regulado por las leyes ni para desarrollar o completar lo que ya está en el CC u otra ley civil. Y lo mismo podemos decir del Derecho Procesal o Penal. Ello, incluso aunque no hubiera reservas constitucionales de ley.

Esto no significa que no puedan existir de ningún modo reglamentos fuera del ámbito de las materias propias de cada Administración. Sólo significa que para aprobarlos no bastan las atribuciones genéricas de potestad reglamentarias. Será necesaria, caso por caso, una específica autorización legal para dictarlos.

Si tal autorización existe, podrá aprobarse el reglamento, incluso para abordar algún aspecto no regulado por la ley. Ello, salvo las reservas constitucionales de ley. Pero, prescindiendo por ahora de tales reservas, en las materias no administrativas cabrá el reglamento habilitado específicamente por ley, ya sea complementario de la ley ya sea materialmente independiente.

En sentido contrario, en las materias administrativas propias de cada una de las Administraciones territoriales caben los reglamentos basados únicamente en la atribución genérica de potestad reglamentaria.

Así, de una parte, en tanto que de ordinario una materia es administrativa porque así lo ha establecido una ley (p. ej., una ley regula los medicamentos o la electricidad o la asistencia sanitaria o los animales peligrosos y confiere funciones a una Administración), la atribución general de potestad reglamentaria permitirá aprobar reglamentos que desarrollen esa ley en cuanto a la parte cuya ejecución corresponde a la Administración. O sea, que con las atribuciones generales de potestad reglamentaria cabe que una Administración territorial desarrolle las leyes cuya ejecución le compete. Por tanto, es posible el reglamento complementario espontáneo.

Y, de otra parte, en tanto que también hay materias administrativas al margen de que así lo decida una ley (lo son por decisión de la Constitución o por su propia naturaleza) cabrán reglamentos sin más base que el artículo 97 CE o atribución similar para regular la correspondiente actividad administrativa sin ninguna ley previa. O sea, es posible el reglamento espontáneo y materialmente independiente. Así, basta la atribución genérica de potestad reglamentaria para que cada Administración territorial regule su organización (incluyendo la situación de los insertos en ella: relaciones de sujeción especial), la gestión de su personal, de sus bienes y de sus servicios, su actividad empresarial, su actividad de fomento... Harina de otro costal es que en la práctica casi todo cuente con alguna regulación legal de manera que a la postre son raros los reglamentos que no se conecten de alguna forma con una ley previa. Pero, en principio, no es necesaria esa ley ni para habilitar al reglamento ni para regular esa materia administrativa por naturaleza o por Constitución.

3. Reglamentos y vinculación positiva a la ley

Incluso para los casos en que admitimos reglamentos basados directa y exclusivamente en las atribuciones genéricas, hay que añadir que éstas por sí solas no permiten que el reglamento invente nuevos límites a la libertad genérica de los ciudadanos ni que atribuya a la Administración potestades para imponerlos. Tampoco permiten que el reglamento establezca nuevos límites a la actuación de entes u órganos autónomos respecto de la Administración que aprueba el reglamento ni que este atribuya potestades para imponerlos.

Esto se deriva del principio de legalidad como vinculación positiva a la ley (lección 5.IV). Allí explicamos que esas potestades limitativas sólo pueden estar atribuidas por ley y que sin ello la Administración no puede establecer tales límites. Y las atribuciones genéricas de potestad reglamentaria no permiten hacerlo. Ahora bien, si la ley confiere esas potestades limitativas, aunque no prevea reglamentos, aquello, unido a la atribución genérica de potestad reglamentaria, permitirá que se establezcan los límites por reglamento.

4. Reglamentos y reservas constitucionales de ley

Además, la potestad reglamentaria encuentra un límite en los preceptos constitucionales que reservan determinadas materias a la ley; o sea, preceptos que establecen que determinadas materias han de regularse por ley.

El más importante y claro de esos preceptos es el artículo 53.1 CE: «sólo por ley... podrá regularse el ejercicio de los derechos» consagrados en los artículos 15 a 38 CE.

Incluso algunos de esos mismos artículos 15 a 38 insisten en la necesidad de ley (así, arts. 17.4, 20, 35.2, 36). Sobre todo, es relevante el artículo 31.3 CE: «Sólo podrán establecerse prestaciones personales y patrimoniales de carácter público con arreglo a la ley». En algunos casos, además, ha de ser una ley orgánica; así, si se trata de regular el «desarrollo» de los derechos de los artículos 15 a 29 CE (donde «desarrollo» significa, según el TC, su regulación directa, no cualquier afectación indirecta). Por otra parte, hay numerosos preceptos constitucionales dispersos y asistemáticos que, ya fuera de esos derechos, indican, de una u otra forma, que determinada materia debe ser objeto de una regulación por ley (arts. 43.2, 51.3, 52, 54, 55.2, 57.5, 98.4, 103.2 y 3, 104.2, 105, 128.2, 131, 132, etc.).

Dos aclaraciones complementarias son oportunas: 1.ª Que aunque la CE exija ley y se hable de reservas de ley, también son posibles en esas materias reservadas a la ley los Decretos legislativos y los Decretos-ley si se dan los requisitos para ser aprobados. Sólo cuando se trata de una materia reservada precisamente a ley orgánica quedan excluidos. Y 2.ª Que las reservas de ley pueden ser cubiertas por leyes estatales o autonómicas según la competencia para regular la materia sea estatal o autonómica. Sólo de las reservas de ley orgánica (art. 81 CE) se deduce, además de la necesidad de ley, la necesidad de que sea estatal. Uniendo esta precisión con la anterior se deduce que, en principio, las reservas de ley las pueden cubrir las leyes, los Decretos legislativos y los Decretos-ley estatales y autonómicos.

Estas reservas de ley restringen la regulación por reglamentos. Pero ¿los excluyen por completo o sólo reducen sus posibilidades?

Debe observarse que no todos esos preceptos constitucionales se expresan con la misma radicalidad. Una cosa es decir que «sólo por ley» se puede regular una materia (art. 53.1 CE), otra decir que «la ley regulará» (v. gr., arts. 103.3 y 105) y otra, aun más modesta, que tal actuación se hará «de acuerdo con la ley» (v. gr. arts. 103.2 y 133.4 CE). Por ello, es habitual distinguir entre reservas de ley absolutas y relativas. En realidad, pueden diferenciarse muchos grados y cada reserva de ley merece un análisis particularizado sobre su alcance.

De algunas de ellas, nos ocuparemos en las lecciones correspondientes: p. ej., la del artículo 25.1 CE, que es una de las más drásticas, se estudiará en la lección sobre Derecho Administrativo sancionador; y de la del artículo 103.2 CE, que es de las más suaves, al estudiar la organización. Y otras, verdaderamente capitales, serán estudiadas en diversas asignaturas: la reserva de ley en materia penal se estudia en Derecho Penal; la reserva de ley en materia tributaria se estudia en Derecho Financiero; etc. Ahora observemos sólo que algunas se formulan como exclusión de otras fuentes («sólo por ley») mientras que otras sólo dan un mandato de que haya una ley («la ley regulará») pero sin excluir expresamente otras fuentes del Derecho. Hasta el extremo de que es dudoso que algunas merezcan realmente ser consideradas reservas de ley. Por ejemplo, dice el artículo 105.*c*) CE que «la ley regulará... el procedimiento a través del cual deban producirse los actos administrativos» y, desde luego, es cierto que debe haber una ley que regule el procedimiento administrativo; pero también lo es que hay infinidad de normas reglamentarias regulando concretos procedimientos sin que ese precepto constitucional se oponga a ello. En el fondo, muchas de esas alusiones constitucionales a la ley no son realmente reservas de ley ni tienen todas sus consecuencias. Los aludidos artículos 103.2 y 133.4 CE son buenos ejemplos.

Con carácter general, puede decirse que las reservas constitucionales de ley (ni siquiera las más terminantes como la del art. 53.1 CE) impiden por completo la existencia de reglamentos sino que sólo reducen sus posibilidades. A este respecto, da igual que se trate de una reserva de ley orgánica u ordinaria. Las condiciones en que en estas materias reservadas por la Constitución a la ley es posible la aprobación de reglamentos pueden esquematizarse así:

a) Es necesario que la ley (u otra norma con rango de ley) contenga por sí misma el núcleo de la regulación, núcleo más o menos extenso según la materia de que se trate y según se haya configurado la reserva de forma más o menos radical. En algunos casos, la reserva impide o casi la existencia de reglamentos (p. ej., la reserva en materia penal). Pero por lo general, basta con que la ley aborde ella misma la regulación esencial de la materia.

b) La ley (o norma con rango de ley) habrá de contener una habilitación o remisión específica al reglamento. O sea, no basta para dictar reglamentos en materias reservadas a la ley una atribución genérica de potestad reglamentaria. Por tanto, en materias reservadas a la ley la existencia de reglamentos depende de la voluntad de la ley.

c) El reglamento sólo podrá desarrollar o pormenorizar la previa regulación legal y completarla en aspectos secundarios.

Por tanto, en materias reservadas por la Constitución a la ley sólo cabe, de los cuatro tipos de reglamentos de que hablábamos antes, el habilitado y complementario. Los otros tres están proscritos. De modo que en estas materias las atribuciones genéricas de potestad reglamentaria no son de por sí suficientes para dictar reglamentos ni siquiera para desarrollar a una ley previa. Los preceptos reglamentarios que no respeten estas condiciones son nulos: «... serán nulas de pleno derecho las disposiciones administrativas (...) que regulen materias reservadas a la Ley...» (art. 47.2 LPAC). Además, como las reservas de ley se imponen al mismo legislador, también será nula por inconstitucional la ley que permita dictar reglamentos sin cumplir estas condiciones porque les confiara la materia sin haber abordado ella lo que debe ser objeto de su regulación. Sobre todo sería nula la que contuviese una de esas «autorizaciones en blanco» a las que hemos aludido.

La restricción a los reglamentos que comportan las reservas constitucionales de ley afectan en principio y por igual a los reglamentos estatales, a los autonómicos y a los locales. Pero, como veremos después, se han flexibilizado las consecuencias de algunas de las reservas respecto a los reglamentos municipales.

El ámbito de las materias reservadas por la Constitución a la ley no coincide con el de los otros dos límites a la potestad reglamentaria expuestos antes. Pero en parte se solapa con el de ellos. Por ejemplo, hay reservas de ley que se refieren a materias administrativas (p. ej., arts. 8.2, 103.3, 105 y 107 CE) y a materias no administrativas (p. ej., la de Derecho Penal del art. 25.1 o las de art. 122 CE). Y hay reservas de ley (sobre todo, la del art. 53.1 CE) que cubren en parte las mismas materias en las que rige la vinculación positiva a la ley. Pero, como señalamos en la lección 5.IV.4, tienen distinta función y se proyectan sobre la potestad reglamentaria de forma diversa. Así, el mero hecho de que se trate de materia no administrativa impone que para dictar un reglamento haga falta una habilitación legal específica pero no requiere que la ley contenga una regulación de todo lo importante de la materia. La reserva constitucional de ley sí exige esto. Y algo similar sucede con la vinculación positiva a la ley y la reserva de ley: aquella se satisface con una habilitación legal para imponer las limitaciones y ello, sumado a las atribuciones genéricas de potestad reglamentaria, permitirá aprobar el reglamento que contenga las limitaciones; mientras que la reserva constitucional de ley requiere, para dictar un reglamento, que la ley que contenga la regulación de todo lo esencial y además una específica habilitación al reglamento.

5. Exclusión de los reglamentos por ley

Las leyes pueden excluir la posibilidad de reglamentos para materias y contenidos que en principio podrían ser objeto de reglamentos (esto es, en materias administrativas no afectadas por la vinculación positiva a la ley ni por las reservas constitucionales de ley). Naturalmente, si así lo hacen —aunque rara vez lo hacen—, no cabrán reglamentos y de nada servirá invocar las atribuciones genéricas de potestad reglamentaria.

A veces, las leyes lo hacen expresamente [p. ej., arts. 1.2, 3.*c*) y 21.2.2.º LPAC]. Otras veces, lo hacen implícitamente; es decir, que se deduce de algunas leyes, aunque no lo digan expresamente, la exclusión de su desarrollo reglamentario. Y esto puede adoptar diversas formas: remiten algún aspecto precisamente a una ley posterior; contienen una regulación casuística y agotadora que no deja espacio al reglamento; confieren una discrecionalidad para su aplicación caso por caso sin consentir que se reduzca mediante reglamentos; etc. En todos estos casos, las leyes establecen, pues, reservas de ley; autorreservas de ley, podemos decir. Vinculan a la Administración que, mientras la autorreserva no sea derogada, no podrá dictar reglamentos ni siquiera aunque conforme a las demás reglas pudiera hacerlo.

Nada cabe objetar a estas autorreservas de ley. Recuérdese que, como se vio en la lección 3.III, en nuestro sistema no hay materias reservadas al reglamento y que, por el contrario, las leyes pueden regular cualquier materia y contener cualquier mandato obligatorio para cualquiera. Así que, si lo quieren, pueden excluir los reglamentos en materias determinadas.

Estas autorreservas de ley las puede contener cualquier ley ordinaria, aunque, claro está, podrá suprimirlas una ley posterior. Pero pueden venir establecidas en leyes que no se pueden modificar por cualquier ley posterior o incluso por los Estatutos de Autonomía en cuyo caso vinculan a las leyes y reglamentos autonómicos (vid. *infra*).

Pero aceptar la posibilidad de estas autorreservas de ley no significa que la aprobación de cualquier ley sobre cualquier materia suponga por sí sola la exclusión de reglamentos para regular la misma materia. Así lo afirma un sector de la doctrina que sostiene que esa mera aprobación de una ley sobre una materia produce una «congelación del rango» de toda la materia y una «reserva formal de ley», que excluye la posibilidad de reglamentos complementarios de esa ley aprobados con la sola base de la atribución genérica de potestad reglamentaria. Sólo cabría, según esta tesis, el reglamento complementario con específica habilitación. Por el contrario, sostenemos aquí que, en principio y salvo que jueguen otros límites a la potestad reglamentaria (reserva de ley, vinculación positiva a la ley...), la aprobación de una ley sobre una materia administrativa no cierra esa materia a la potestad reglamentaria ejercida en virtud de su atribución genérica. O sea, que, por lo general son posibles los reglamentos espontáneos y complementarios respecto a las leyes de ejecución administrativa con el único límite negativo de no vulnerar la ley.

VI. LA POTESTAD REGLAMENTARIA COMO POTESTAD DISCRECIONAL. LÍMITES A ESTA DISCRECIONALIDAD

La potestad reglamentaria es arquetipo de potestad discrecional.

Los reglamentos, en los ámbitos en que son posibles, tendrán límites negativos: no podrán vulnerar ninguna norma de rango superior o de un ordenamiento que tenga primacía o prevalencia. Pero, incluso así, siempre que es posible aprobar un reglamento cabe optar entre distintas soluciones entre las que la Administración elige discrecionalmente. Incluso hay discrecionalidad en la decisión de aprobar o no un reglamento.

Ahora bien, la discrecionalidad tiene límites, como ya sabemos (lección 5.X), y esos límites también constriñen la potestad reglamentaria. Límites en cuanto a la competencia para aprobarlos y en cuanto al procedimiento para su aprobación, como ahora veremos. Pero límites también en cuanto a su contenido, límites que derivan ya no sólo de lo que establezca cada ley sino del ordenamiento en su conjunto. Recuérdese lo que dijimos sobre el fin reglado de todas las potestades o sobre la prohibición de la arbitrariedad. Todo ello hay que trasladarlo a la potestad reglamentaria (por tanto, habrá reglamentos ilegales por desviación de poder o por arbitrariedad). Recuérdese sobre todo el sometimiento de toda discrecionalidad a los principios generales del Derecho y, por tanto, conclúyase que también los reglamentos deben respetar los principios generales del Derecho.

Así se acepta hoy pacíficamente sin que sea óbice que el artículo 1.4 CC parezca colocar a los reglamentos (como a cualquier otra norma) por encima de los principios generales. Pese a ello, hay que entender que la colaboración normativa que se permite a la potestad reglamentaria no incluye la de subvertir y vulnerar principios generales del ordenamiento. Así, por ejemplo, una norma reglamentaria que consagrara una solución contraria al principio general de proporcionalidad o al prohibitivo del enriquecimiento injusto sin ninguna base legal habría de considerarse inválida.

Los límites de este género a la potestad reglamentaria se han visto últimamente reforzados con la consagración de la noción de «buena regulación» que ahora plasma el artículo 129 LPAC.

Este artículo 129 LPAC, que precisamente aparece bajo el rubro «Principios de buena regulación», no se refiere sólo a los reglamentos sino también a los proyectos de Ley (al «ejercicio de la iniciativa legislativa» por las Administraciones). Pero, además de que aquí sólo nos interesan los reglamentos, la fuerza de este artículo afectará más intensamente a los reglamentos.

Dice el artículo 129.1 LPAC que «en el ejercicio de (...) la potestad reglamentaria, las Administraciones Públicas actuarán de acuerdo con los principios de necesidad, eficacia, proporcionalidad, seguridad jurídica, transparencia y eficiencia». Después pasa a concretar cada uno de esos seis principios.

En síntesis, de lo que se trata es de que sólo se aprueben las normas realmente necesarias y que sólo impongan los deberes, cargas y costes imprescindibles para los ciudadanos y empresas; que creen un marco normativo claro, coherente con las demás normas, estable y predecible que facilite la toma de decisiones de las personas y empresas; y que sean de acceso y conocimiento sencillo para facilitar su comprensión. Recojamos, al menos, lo que dice su apartado 3: «En virtud del principio de proporcionalidad (el reglamento) deberá contener la *regulación imprescindible* para atender la necesidad a cubrir con la norma, tras constatar que *no existen otras medidas menos restrictivas* de derechos, o que impongan menos obligaciones a los destinatarios».

Es seguro que estos «principios de buena regulación» reducen la discrecionalidad de la potestad reglamentaria y que, en su caso, permitirán profundizar en su control judicial.

Los principios de buena regulación no sólo han de ser tenidos en cuenta al aprobar los reglamentos (y al controlar judicialmente los que se aprueben) sino también con posterioridad para decidir, a la vista de sus resultados, si deben se modificados o incluso simplemente derogados. Por eso, el artículo 130 LPAC impone una evaluación periódica en la que se analice si «las normas en vigor han conseguido los objetivos previstos y si estaba justificado y correctamente cuantificado el coste y las cargas impuestas en ellas». La idea es buena pero casi irrealizable. Además, es difícil encontrar consecuencias a su inobservancia.

Hemos aludido antes a la discrecionalidad en la misma decisión de aprobar o no un nuevo reglamento sobre determinada materia. Añadamos sólo que a este respecto tal discrecionalidad puede quedar excluida, de modo que sea obligatorio dictar determinado reglamento y que incluso se señale un plazo máximo para hacerlo. En tal caso la inactividad reglamentaria será ilícita; y los tribunales pueden condenar a la Administración a dictar el reglamento.

Ejemplo de ley que impone aprobar reglamento en un plazo ofrece la disposición final 19.ª de la Ley 4/2023 para la igualdad de las personas trans y LGTBI: «Se faculta al Gobierno para dictar cuantas disposiciones resulten necesarias para el desarrollo y ejecución de esta ley, lo que habrá de realizar en el plazo de un año…». Ejemplos de condena judicial a dictar reglamentos ofrecen las SSTS 553/2018, 384/2019 y 291/2022. Pero, como es lógico, el hecho de que un reglamento se dicte pasado el plazo que marcó la ley no lo hace inválido.

VII. ASPECTOS FORMALES

1. Procedimiento

La actividad administrativa está procedimentalizada y, salvo excepciones, las resoluciones administrativas deben producirse tras seguir el procedimiento correspondiente, como se verá (tomo II). Con mayor razón, los reglamentos, que tienen más trascendencia que los actos, están sometidos a procedimientos con los que se trata de garantizar no sólo su legalidad, sino, dentro del margen discrecional en que se mueve la potestad reglamentaria, su acierto y oportunidad. La misma CE se refiere a este procedimiento de elaboración de reglamentos, aunque se limita a ordenar que la ley regule «la audiencia de los ciudadanos, directamente o a través de las organizaciones y asociaciones reconocidas por la ley» [art. 105.*a*)].

Pero los procedimientos de elaboración de reglamentos son distintos según se trate de los estatales, los autonómicos o los locales. Luego aludiremos a cada uno de ellos.

La LPAC pretendió en sus artículos 132 y 133 establecer con carácter básico unas pocas reglas comunes sobre la elaboración de reglamentos por las Administraciones estatal, autonómicas y locales. Pero el intento resultó frustrado por la STC 55/2018 que consideró que esa regulación era contraria al orden constitucional de distribución de competencias, de modo que en parte ahora no es aplicable a las Comunidades Autónomas. De lo poco que queda en pie como básico y, por tanto, común para la elaboración de reglamentos por cualquier Administración, es esto del artículo 133.1: «Con carácter previo a la elaboración de un proyecto de (…) reglamento, se sustanciará una consulta pública». La consulta de la que aquí se habla se hace antes de que exista un texto concreto y versa sobre la oportunidad o no de elaborar una norma, sobre los problemas que podría afrontar y las posibles soluciones. Después, ya en virtud de las normas específicas para cada Administración, habrá otros trámites que también serán cauce de participación ciudadana.

2. Motivación

Como veremos en su momento, muchos actos administrativos deben ser motivados; entre ellos los discrecionales (art. 35 LPAC). Lo lógico sería que se hubiera impuesto un requisito similar para los reglamentos. Pero no existía una norma que lo estableciera y sólo alguna vez los tribunales lo han impuesto (SSTS de 27 de octubre y 3 de noviembre de 2010, casaciones n.º 100 y 480/2009). Es lo normal que contengan un preámbulo —igual que las leyes suelen contener una Exposición de Motivos— en el que se den algunas explicaciones. Generalmente, se limitan a dar una idea de la ley que desarrollan (o de la norma europea que trasponen) y del procedimiento que se ha seguido para su aprobación. Ahora el artículo 129 LPAC apunta un deber de motivación, sobre todo cuando su apartado 1 establece que «en el preámbulo [...] de proyectos de reglamento quedará suficientemente justificada su adecuación» a los principios de buena regulación. Si efectivamente se exige que los preámbulos de los reglamentos justifiquen su adecuación a los principios de necesidad, eficacia, proporcionalidad, seguridad jurídica, transparencia y eficiencia, y no en general sino para sus normas concretas, al menos para las más relevantes, podrá decirse que se ha impuesto realmente su motivación.

3. Publicación

El artículo 9.3 CE garantiza la publicidad de las normas, lo que, claro está, incluye a los reglamentos. Como señala el artículo 131 LPAC esa publicación de los reglamentos ha de producirse «en el diario oficial correspondiente para que entren en vigor y produzcan efectos jurídicos», con independencia de que los diarios oficiales se publiquen sólo en sedes electrónicas, como sucede con el *BOE*.

Veremos ahora la concreta forma de publicación de los reglamentos estatales, autonómicos y locales en sus respectivos diarios oficiales. Pero añadamos que hay reglamentos de Corporaciones sectoriales o de ciertos organismos públicos que se publican por métodos más toscos e inseguros, a veces por simple difusión entre los directamente afectados, cuando pertenecen a colectivos determinados, sin que se haya considerado insuficiente. El caso de las normas de las Universidades públicas era ejemplo de ello, aunque recientemente muchas (como las de Córdoba, Jaén o Málaga) han creado sus propios boletines oficiales No obstante, la multiplicación de diarios oficiales y las numerosas modificaciones de las normas (en especial, de los reglamentos) no facilita su conocimeinto ni la seguridad jurídica. Para paliarlo, el mismo artículo 131 LPAC prevé de manera facultativa otras formas de difusión complementarias y en la práctica es de gran importancia y utilidad que las Administraciones publiquen por medios informáticos textos actualizados de las principales normas.

VIII. REGLAMENTOS ESTATALES

1. Los reglamentos estatales han de producirse dentro del ámbito de las competencias normativas del Estado

Además de todos los límites generales a la potestad reglamentaria, los reglamentos estatales sólo pueden aprobarse dentro del ámbito en que el Estado tenga competencias normativas sin invadir aquellos otros que, conforme al bloque de la constitucionalidad, son de la competencia normativa de las Comunidades Autónomas.

Conforme a lo que explicamos en la lección 4 y lo que ahora sabemos, expongamos algunas consecuencias concretas:

Si una materia es de la competencia exclusiva de todas las Comunidades Autónomas, no cabrán reglamentos estatales.

Si en una materia corresponde al Estado toda la legislación y a las Comunidades toda la ejecución, los reglamentos habrán de ser estatales (con las matizaciones que hicimos en el epígrafe III.4 de la lección 4). Pero sólo podrán aprobarse con específica habilitación legal: aunque no entren en materias reservadas a la ley ni afecten a la libertad genérica de los ciudadanos, por el simple hecho de tratarse de una materia con esa distribución de competencias, sólo podrán dictarse con específica habilitación legal puesto que, por hipótesis, se trataría de entrar en una materia que, aunque administrativa, sería de otra Administración autónoma respecto a la estatal.

Y si en una materia corresponde al Estado sólo la legislación básica, el Estado únicamente podrá aprobar reglamentos si, por su contenido, son materialmente básicos y si, además, cuenta con una específica habilitación contenida en una ley básica.

2. Órganos estatales con competencia para aprobar reglamentos

El artículo 97 CE habla de la potestad reglamentaria del Gobierno. Y el artículo 5.1.*h*) LG disponque que «al Consejo de Ministros, como órgano colegiado del Gobierno, corresponde: [...] aprobar los reglamentos para el desarrollo y la ejecución de las leyes [...] así como las demás disposiciones reglamentarias que procedan». Esto supone que el Consejo de Ministros tiene la competencia reglamentaria general y ordinaria. Pero en menor medida también la tienen sus miembros individualmente.

Así, el artículo 2.*j*) LG da al Presidente del Gobierno la competencia para «crear, modificar y suprimir [...] los Departamentos Ministeriales, así como las Secretarías de Estado» y «la estructura orgánica de la Presidencia del Gobierno».

El artículo 4.1.*b*) LG confiere a los Ministros «ejercer las potestad reglamentaria en las materias propias de su Departamento». Esta expresión, aunque ambigüa, se interpreta en este sentido: sólo permite a los Ministros aprobar reglamentos sobre la organización de los servicios de su propio Ministerio sin afectar a la situación jurídica de los ciudadanos; si acaso, sólo a los que estén integrados en esa organización o a los ciudadanos como beneficiarios o usuarios de esos mismos servicios.

Junto a ello, se ha aceptado que las leyes concretas y hasta los reglamentos pueden atribuir otras competencias reglamentarias específicas a los Ministros o incluso a órganos inferiores.

Ejemplo de atribución a un Ministro de competencia reglamentaria por ley específica ofrece el artículo 5.*p*) del TR de la Ley de Tráfico: confía al Ministerio del Interior regular los cursos de reeducación vial para quienes han perdido los puntos y ello, en efecto, está regulado por una Orden Ministerial. De atribución a un Ministro por otro reglamento: en virtud de la habilitación genérica que contiene la Ley de Tráfico se aprobó el Reglamento sobre Vehículos Históricos (RD 1.247/1995) que, a su vez, «faculta a los Ministros de [...] Interior y de Industria [...] para dictar [...] las disposiciones oportunas para la aplicación de lo establecido en el presente Real Decreto [...]». La Ley 5/2023, de Pesca Sostenible, ofrece también ejemplos de habilitaciones al Ministro de Agricultura, Pesca y Alimentación para regular determinadas materias (arts. 10.7.2.º, 16, 18.1...).

Ejemplo de atribuciones a órganos inferiores: es el artículo 8 de la Ley de Seguridad Aérea: «El Director General de Aviación Civil podrá aprobar, en el ámbito de la aviación civil, disposiciones de carácter secundario y de contenido técnico, que completen, precisen y aseguren la más eficaz aplicación de las normas dirigidas a preservar la seguridad y el orden del tránsito y del transporte aéreos civiles [...] Se denominarán "Circulares aeronáuticas"...». Además, directamente por reglamento, se ha otorgado competencia a los Directores de los Centros de Internamiento de Extranjeros (que son funcionarios del Cuerpo Nacional de Policía) para «aprobar las normas de régimen interior» por el Reglamento que regula estos Centros (RD 162/2014), dictado en virtud de la Ley Orgánica de Derechos y Libertades de los Extranjeros.

Mención aparte merece el hecho de que, en ocasiones, las leyes confieren competencia reglamentaria, no ya a órganos de la Administración General del Estado propiamente dicha, sino a sus entes institucionales (art. 89.2.2.º LRJSP), sobre todo a los que son considerados «autoridades independientes». Lo prevé el artículo 129.4 *in fine* LPAC: «Las leyes podrán habilitar directamente a Autoridades Independientes u otros organismos (...) para aprobar normas en desarrollo o aplicación de las mismas...».

Por ejemplo, el artículo 22 de la Ley 6/2023 de los Mercados de Valores dice: «[...] la Comisión Nacional de los Mercados de Valores podrá dictar cuantas disposiciones exija el desarrollo y ejecución de los preceptos contenidos en la presente ley, los reales decretos aprobados por el Gobierno o en las órdenes [...] del Ministerio [...], siempre que le habiliten expresamente a ello [...]. Tales disposiciones recibirán la denominación de circulares...». Otro ejemplo notable es el del Banco de España, que también aprueba reglamentos con el nombre de circulares.

Pero todas estas atribuciones de competencia reglamentaria a órganos distintos del Consejo de Ministros deben ser excepcionales, tal y como se desprende del artículo 129.4.3.º LPAC.

3. Forma de los reglamentos estatales

Conforme al artículo 24.1 LG, los reglamentos acordados por el Consejo de Ministros se aprueban por Real Decreto. Cuando son adaptados por la Presidencia del Gobierno se habla de Reales Decretos de la Presidencia del Gobierno. En el caso de los reglamentos aprobados por Ministros o Ministras revisten la forma de Órdenes Ministeriales.

Algunas aclaraciones complementarias son pertinentes: 1.º la forma de Real Decreto o de Orden Ministerial no es indicativa de que lo aprobado sea un reglamento pues igualmente muchos de los actos administrativos del Consejo de Ministros, del Presidente del Gobierno o de los Ministros adoptan esas formas como se desprende del mismo artículo 24.1 LG; 2.º la indicación de «Real» proviene de que, conforme a los artículos 62 y 64 CE, tienen la firma del Rey, junto con la Ministro que propuso el reglamento al Consejo de Ministros, mientras que las Ordenes Ministeriales sólo son firmadas por el Ministro correspondiente; 3.º a veces, se hace constar expresamente que lo aprobado es un Reglamento (p. ej., Real Decreto por el que se aprueba el Reglamento sobre...) pero frecuentemente no son tan explícitos (así, p. ej., Real Decreto por el que se establecen las cualificaciones profesionales de... o por el que se fijan las subvenciones máximas para...; 4.ª a veces se distingue entre el Real Decreto aprobatorio y el reglamento aprobado. Entonces el primero suele tener algunos pocos artículos sobre la aprobación, la entrada en vigor, las derogaciones... y, tras ello, aparte, el texto de reglamento propiamente dicho; 5.º los Reales Decretos y las Órdenes Ministeriales tienen una denominación oficial que los identifica plenamente por el órgano de aprobación, su número y su fecha de aprobación (p.ej., Real Decreto 186/2023, de 21 de marzo, por el que se aprueba el Reglamento de Navegación Marítima; u Orden DEF/264/2023, de 16 de marzo, por la que se desarrolla la organización del Ejército del Aire y del Espacio); 6.º los reglamentos aprobados por órganos inferiores a los Ministros suelen adoptar la forma de Resolución, pero en otros casos se les llama Circulares, denominación que, como hemos visto, se da también a los reglamentos aprobados por las autoridades independientes.

4. Procedimiento de elaboración, aprobación y publicación

Para los reglamentos estatales el procedimiento de elaboración está regulado en el artículo 26 LG.

En realidad, ese precepto se ocupa también de la elaboración de proyectos de ley y de Decretos legislativos; incluso alguno de los trámites también son de aplicación para los Decretos-ley. Pero aquí sólo nos interesa su aplicación a la elaboración de reglamentos.

Destaquemos solo algunos trámites relevantes:

a) Elaboración de una «Memoria del Análisis del Impacto Normativo».

Allí debe hecerse una valoración de la oportunidad de aprobar la nueva norma «frente a la alternativa de no aprobar ninguna regulación»; un análisis jurídico, incluyendo un listado de las normas que quedarán derogadas; un análisis económico y presupuestario; un estudio sobre el impacto por razón de género; impacto en la infancia, la adolescencia y las familias; etc. El contenido de estas memorias ha sido concretado por RD 931/2017, de 27 de octubre, que, no obstante, admite la posibilidad de memorias abreviadas.

b) Informe de la Secretaría General Técnica del Ministerio proponente.

c) Audiencia e información pública.

Es un trámite para canalizar la participación ciudadana que se suma al antes referido de la consulta pública antes de la existencia de un texto (arts. 133.1 LPAC y 26.2 LG). Ahora, cuando ya hay un borrador de reglamento, se publica en la página web y se abre un periodo en el que los ciudadanos y entidades pueden formular aportaciones. Además, puede recabarse directamente la opinión de organizaciones que representen a las personas afectadas por la futura norma (art. 26.6 LG).

d) Dictamen del Consejo de Estado.

Este dictamen, que se pide cuando el proyecto se considera casi definitivo, procede con carácter preceptivo en el caso de que se trate de reglamentos para la ejecución de las leyes [arts. 5.1.*h*) LG y 22.3 LOCE].

Aunque con muchos matices, puede decirse que se entiende que entran en el concepto de reglamentos ejecutivos —y, por tanto, necesitados de este dictamen— tanto los que son complementarios de una previa regulación legal como cualquier otro basado en una específica habilitación legal; o sea, de los cuatro tipos de reglamentos en función de su relación con la ley de las que antes hablamos, todos menos los que se dictan sin ninguna habilitación legal y son materialmente independientes.

Una vez aprobado el reglamento, procede su publicación íntegra en el *BOE* lo que es requisito para su entrada en vigor. Pero, respecto a esto, el artículo 23 LG contiene ahora una regla peculiar según la cual, por lo general, las normas que impongan nuevas obligaciones a quienes desempeñen actividades económicas o profesionales deberán entrar en vigor el 2 de enero o el 1 de julio siguientes a su aprobación.

5. Relaciones entre los diversos reglamentos estatales

El artículo 24.2 LG dice que los reglamentos estatales «se ajustarán según la siguiente jerarquía: 1.º Disposiciones aprobadas por Real Decreto del Presidente del Gobierno o del Consejo de Ministros. 2.º Disposiciones aprobadas por orden ministerial». Y si órganos inferiores a los Ministros pueden aprobar algún reglamento, su rango será inferior al de las órdenes ministeriales.

Nótese que el precepto no establece jerarquía entre los reglamentos aprobados por RD del Presidente y los aprobados por el Consejo de Ministros. Entre ambos rige el principio de competencia: algunas materias, muy pocas, corresponden al Presidente y las demás al Consejo de Ministros. Tampoco se establece jerarquía entre los reglamentos aprobados por órdenes de los diversos ministros (del Ministro del Interior y del de Asuntos Exteriores, p. ej.): entre ellos se trata de una cuestión de competencia. En cuanto a los reglamentos que excepcionalmente pueden aprobar algunos entes institucionales del Estado (en especial, los que tienen la condición de autoridades independientes), habrá que analizar en cada caso si sus relaciones con los Reales Decretos y con las Órdenes Ministeriales obedecen al principio de jerarquía o al de competencia. Pero sí es seguro que las relaciones entre estos reglamentos de la Administración del Estado y los que pueden aprobar ciertos órganos constitucionales, como el TC o el CGPJ, se rigen por el principio de competencia.

Naturalmente, el reglamento inferior no puede modificar ni ir en contra de lo establecido en el que es superior jerárquico. No obstante, a veces, es el mismo reglamento superior el que permite al inferior su modificación. En concreto, no es inusual que los aprobados por Real Decreto permitan que algunas de sus determinaciones (las de carácter más técnico, las que más adaptaciones a circunstancias cambiantes requieren...) sean modificadas por Orden Ministerial. Por ejemplo, disposición final 2.ª del RD 933/2021 sobre deberes de registro de quienes ejercen actividades de hospedaje y alquiler de vehículos: «[...] se habilita al Ministro del Interior para modificar por orden ministerial los anexos de este real decreto». Salvando las distancias, este fenómeno se asemeja al de las deslegalizaciones.

IX. REGLAMENTOS DE LAS COMUNIDADES AUTÓNOMAS

1. Los reglamentos autonómicos han de producirse dentro del ámbito de las competencias normativas de la respectiva Comunidad

Además de los límites generales a la potestad reglamentaria, los reglamentos de cada Comunidad sólo caben dentro del ámbito en que esa Comunidad tenga competencias normativas sin invadir aquellos que el bloque de la constitucionalidad atribuye al Estado.

De nuevo procede remitirse a la lección 4. Pero concretemos algunas consecuencias:

— Si en una materia corresponde al Estado toda la legislación y a la Comunidad toda la ejecución, ésta no podrá dictar reglamentos salvo las matizaciones que hicimos ya en el epígrafe III.4 de aquella lección, de modo que sólo podrá aprobar reglamentos organizativos y muy poco más.

— Y si en una materia corresponde al Estado la legislación básica, como regla general la Comunidad Autónoma podrá aprobar reglamentos. Lo más frecuente es que haya legislación estatal básica, ley autonómica que se ocupe de la materia y, después, reglamentos autonómicos. Pero es admisible que se aprueben reglamentos autonómicos sin el intermedio de una ley autonómica.

2. La amplitud de la potestad reglamentaria en cada Comunidad Autónoma depende de lo previsto en su ordenamiento. Reservas estatutarias de ley

Dentro de los ámbitos en que la respectiva Comunidad tenga competencia normativa, las mayores o menores posibilidades de la potestad reglamentaria de su respectiva Administración dependen de lo que establezca el correspondiente ordenamiento autonómico, empezando por su Estatuto de Autonomía.

Ya vimos que, en concreto, en Andalucía, los artículos 112 y 119.3 EAA reconocen una amplia potestad reglamentaria del Consejo de Gobierno en términos similares a los del artículo 97 CE en favor del Gobierno. Y soluciones similares consagran otros Estatutos.

Pero, a cambio, esa potestad reglamentaria autonómica, además de los límites generales de la potestad reglamentaria y, más en concreto, del que se desprende de las reservas constitucionales de ley, encuentra uno adicional en las reservas de ley que puede establecer el propio Estatuto de Autonomía.

A ello alude el artículo 128.2 LPAC: «Los reglamentos (...) no podrán (...) regular aquellas materias que (...) los Estatutos de Autonomía reconocen de la competencia (...) de las Asambleas legislativas...». O sea, que puede haber reservas estatutarias de ley (p. ej., arts. 121 y 129.2 EAA). Y hay que afirmar de ellas lo mismo que ante las reservas constitucionales de ley. Es decir, que hay que analizar cada una para determinar su concreto alcance pero que, en general, puede decirse que, si bien no excluyen por completo la posibilidad del reglamento autonómico, la restringen: sólo es posible la aprobación de reglamentos autonómicos sobre tales materias si la ley contiene por sí misma el núcleo de la regulación, así como una específica habilitación o remisión al reglamento, y ello sólo para que este pormenorice la previa regulación legal en aspectos secundarios. Por tanto, en las materias que el Estatuto haya reservado a la ley autonómica no cabe nada más que el reglamento autonómico habilitado y complementario, no ninguna otra de las modalidades de que antes hablamos. Pero fuera de esos ámbitos reservados a la ley por la CE o por el Estatuto sí pueden caber las otras tres modalidades de reglamentos en los ámbitos y condiciones que hemos visto con carácter general. De hecho, en el artículo 27.6 LGA se habla de «reglamentos para el desarrollo y ejecución de las leyes» y de «las demás disposiciones reglamentarias que procedan».

3. Órganos autonómicos con competencia para aprobar los reglamentos

A qué órganos y en qué medida corresponda aprobar reglamentos en las distintas Comunidades Autónomas es algo que deciden los ordenamientos de cada una de ellas.

Normalmente, lo abordan en su Estatuto de Autonomía y completan esas previsiones en otras leyes. A este respecto, poco pueden decir las leyes estatales (STC 55/2018).

Veamos la situación en Andalucía. En el EAA se atribuye la competencia para aprobar reglamentos tanto al Consejo de Gobierno como a cada uno de sus miembros (arts. 112 y 119.3). Pero, ¿qué corresponde a aquél y qué a éstos? Por lo pronto, ya el artículo 112 EAA atribuye al Consejo de Gobierno los «reglamentos generales de las leyes de la Comunidad Autónoma». Para concretar algo más hay que acudir a la LGA que acoge un sistema casi idéntico al previsto para el Estado. Allí se comprueba que el Consejo de Gobierno tiene la competencia reglamentaria general y que puede aprobar cualquier reglamento que corresponda a Andalucía (art. 27.8 LGA), incluyendo la mayoría de los meramente organizativos. La Presidencia de la Junta tiene una competencia reglamentaria muy limitada —igual a la que vimos en el Estado para la Presidencia del Gobierno— relativa a la modificación de las Consejerías y Vicepresidencias [art. 10.*h*) y 19.1 LGA]. Por su parte, el artículo 44.2 LGA dice: «Las personas titulares de las Consejerías tienen potestad reglamentaria en lo relativo a la organización y materias internas de las mismas. Fuera de estos supuestos, sólo podrán dictar reglamentos cuando sean específicamente habilitadas para ello por una ley o por un reglamento del Consejo de Gobierno». Se plasma así, aunque en términos más explícitos que los de la LG estatal, la misma solución acogida para los Ministros. No hay previsión general de ningún otro órgano andaluz con competencia reglamentaria pero no cabe descartar que una ley andaluza —o, incluso, un reglamento— se la confiriese para materia determinada.

4. Forma de los reglamentos autonómicos

También esto lo establece con libertad cada uno de los ordenamientos autonómicos.

En Andalucía, conforme al artículo 46 LGA, los reglamentos acordados por el Consejo de Gobierno se aprueban por Decreto. Cuando son tomados por el Presidente se habla de Decretos de la Presidencia de la Junta de Andalucía. Los reglamentos aprobados por Consejeros revisten la forma de Órdenes. En el caso de órganos inferiores son aprobados por Resolución.

5. Procedimiento de elaboración, aprobación y publicación de los reglamentos autonómicos

Cada Comunidad Autónoma puede regular el procedimiento de elaboración de sus reglamentos con bastante libertad. Ya se ha explicado que la LPAC intentó establecer algunos trámites obligatorios para la elaboración de reglamentos por todas las Administraciones públicas, pero que la STC 55/2018 solo salvó una alusión genérica a la consulta pública previa contenida en el artículo 133.1.

El procedimiento de elaboración de los reglamentos andaluces está regulado principalmente en el artículo 45 LGA y es parecido al establecido para los reglamentos estatales.

Comienza por un acuerdo del centro directivo competente con la redacción de un proyecto acompañado de informe sobre su necesidad, de una memoria económica y de una memoria sobre el impacto por razón de género (esta última, exigida ya por el art. 114 EAA).

El proyecto se somete a informe de diversos órganos administrativos. Entre ellos, la LGA impone necesariamente el de la Secretaría General Técnica de la respectiva Consejería y el del Gabinete Jurídico de la Junta de Andalucía. Pero distintas leyes sectoriales exigen informes de otros concretos órganos para los reglamentos que afecten a determinadas materias, además de que es posible recabar cuantos se estimen convenientes.

Se regulan asimismo trámites obligatorios de participación ciudadana: por un lado, la consulta pública previa cuando todavía no hay un texto del reglamento a que se refiere, como ya se ha dicho, el artículo 133.1 LPAC y que aquí hay que completar con el artículo 28 de la Ley de Participación Ciudadana de Andalucía; por otro lado, el trámite de audiencia e información pública [art. 45.1.*d*) LGA] similar al previsto para los reglamentos estatales.

Tras todo ello, si se trata de reglamentos ejecutivos de leyes (sean leyes andaluzas o estatales), hay que solicitar el dictamen del Consejo Consultivo de Andalucía (arts. 45.2 LGA y 17.3 LCCA).

Una vez aprobado por el órgano competente, procede su íntegra publicación en el *Boletín Oficial de la Junta de Andalucía* que es necesaria para su entrada en vigor.

6. Relaciones entre los distintos reglamentos de una misma Comunidad Autónoma: jerarquía y competencia

Cada Comunidad Autónoma puede establecer cómo se articulan entre sí sus distintos reglamentos, lo que hacen, sobre todo, conforme a los principios de jerarquía y de competencia.

Así, en términos similares a los vistos para las relaciones entre los reglamentos estatales, dice el artículo 44.3 LGA: «Los reglamentos se ajustarán a las siguientes normas de competencia y jerarquía normativa: 1.º Disposiciones aprobadas por la Presidencia de la Junta de Andalucía o por el Consejo de Gobierno. 2.º Disposiciones aprobadas por las personas titulares de las Consejerías». De todos ellos explicita el artículo 44.4 LGA lo que ya sabemos: «Ningún reglamento podrá vulnerar la Constitución, el EAA, las leyes u otras disposiciones administrativas de rango o jerarquía superiores…».

X. REGLAMENTOS LOCALES

1. Planteamiento. Las habilitaciones genéricas

Partamos de recordar que el artículo 4.1.*a*) LRBRL atribuye a los entes locales territoriales la potestad reglamentaria sin más precisión que la de circunscribirla dentro de la esfera de sus competencias. Por su parte, el artículo 84.1 LRBRL dice que «las Entidades locales podrán intervenir la actividad de los ciudadanos a través de los siguientes medios: *a*) Ordenanzas…». Y el artículo 55 TRRL dice: «En la esfera de su competencia, las Entidades locales podrán aprobar Ordenanzas y Reglamentos […] En ningún caso contendrán preceptos contrarios a las leyes».

2. Los reglamentos locales han de producirse dentro del ámbito de competencias locales

Como se ve, por lo pronto, se ciñe la potestad reglamentaria de las Administraciones locales a la esfera de sus competencias. De las competencias locales nos ocuparemos en la lección 12. Pero adelantemos que las establecen las leyes (art. 7.2 LRBRL). Por tanto, las leyes, al delimitar las competencias propias de los entes locales, estarán haciendo una primera delimitación del ámbito posible de los reglamentos locales.

En consecuencia, si las leyes no confieren competencia alguna a las Administraciones locales en una materia (medicamentos, armas, rebajas, telecomunicaciones, publicidad, etc.) no podrán aprobar reglamentos sobre ella.

Ahora bien, aunque un ente local no tenga competencia en una materia puede que su competencia sobre otra le permita dictar reglamentos que afecten tangencialmente a aquella; por ejemplo, aunque no tenga ninguna competencia en telecomunicaciones, sus competencias sobre urbanismo o sobre vías públicas o sobre «policía local, protección civil, prevención y extinción de incendios», quizá le permitan aprobar una regulación que afecte a las instalaciones de telecomunicaciones.

Si una ley confiere competencias sobre una materia a las Administraciones locales, se cumple el primer requisito para que aprueben reglamentos sobre ella.

Obsérvese que no se trata de exigir que las leyes le den competencia para dictar reglamentos sobre esa materia (o sea, que no se requiere una habilitación legal específica para aprobar reglamentos) sino de que le den competencias ejecutivas sobre ella. Bastará esto para que, unido a su potestad reglamentaria atribuida por las habilitaciones generales [la de los arts. 4.1.*a*) y 84.1 LRBRL], pueda aprobar reglamentos. Al menos, con ello se cumple el primer requisito de que hablamos. Por tanto, si no se da ningún otro límite, caben reglamentos locales que ni se basen en una concreta habilitación legal para aprobarlos ni desarrollen una previa regulación legal.

3. Los reglamentos locales no pueden vulnerar las leyes ni los reglamentos estatales o autonómicos específicamente habilitados

Los reglamentos locales no pueden vulnerar las leyes.

Aunque no haya exactamente jerarquía entre leyes estatales o autonómicas y los reglamentos locales —puesto que no la hay entre normas de distintos ordenamientos—, hay una supremacía de las leyes (estatales o autonómicas) de la que indubitadamente se desprende que los reglamentos locales no pueden contener regulaciones contrarias a ellas, como expresamente dice el citado artículo 55 TRRL. Este es un límite meramente negativo. Por tanto, si no hay ley sobre la materia y ésta es de competencia local, podrá aprobarse un reglamento local; y si ya hay una ley, el reglamento local podrá seguir aprobándose con el límite de no vulnerarla.

Ahora bien, las leyes pueden regularlo todo y hacerlo con tanto detalle como quieran sin que hayan de respetar un ámbito normativo de los entes locales ni siquiera en aquellas materias en que sí les confieran otras competencias.

Es así porque la CE no garantiza ninguna concreta competencia normativa a los entes locales ni veda ninguna materia a la regulación por ley. Además, lo contrario supondría admitir una reserva reglamentaria (en favor de los reglamentos locales) lo que, según tenemos dicho, no existe en nuestra Constitución.

Esa amplitud ilimitada de la ley le permite correlativamente restringir las posibilidades del reglamento local. Lo que resulta de esto es que la competencia normativa de los entes locales que hemos reconocido en el anterior apartado es, en realidad, concurrente con la legislativa del Estado o de la Comunidad Autónoma. Concurrencia que se articula así: si no hay ley, la materia queda libre para la regulación local; si hay ley, la norma local podrá regular la materia con el límite negativo de no vulnerarla pero sin estar constreñida a desarrollarla.

Además, cabe que esas leyes, aunque atribuyan competencias de ejecución a los entes locales, habiliten expresamente a los reglamentos estatales o autonómicos para establecer la regulación de desarrollo. Y en tal caso los reglamentos locales habrán de respetar también estos reglamentos estatales o autonómicos.

Recuérdese que, los reglamentos estatales y autonómicos en principio no pueden referirse nada más que al ámbito de sus respectivas Administraciones y sus actuaciones, no al de otros entes públicos y, menos aún, al de otras Administraciones con autonomía, como son las locales. En esto sólo pueden entrar si la ley se lo permite; esto es, si hay una habilitación legal específica para aprobar un reglamento estatal o autonómico en materia cuya ejecución se confía a los entes locales. Pero si hay tal habilitación y si, por tanto, se ha podido dictar válidamente un reglamento estatal o autonómico sobre las actividades locales o sobre los bienes locales o sobre su actividad de fomento o empresarial..., entonces los reglamentos locales habrán de respetarlo.

Así que a la postre puede ocurrir que, a voluntad de la ley, quede un ámbito ínfimo para el reglamento local incluso en materias de ejecución predominantemente local.

Si acaso, alguna vez podrá sostenerse que el hecho de que una ley regule minuciosamente ciertas materias o de que confíe esa regulación detallada a reglamentos estatales o autonómicos deja tan poco espacio a los reglamentos locales que vulnera la autonomía municipal. Pero con la sola base de la CE será difícil sostenerlo. De hecho, es un fenómeno normal que materias tradicionalmente confiadas a los entes locales y reguladas antes en exclusividad por sus reglamentos (ruido, urbanismo, animales peligrosos, medio ambiente, «botellón»...) han sido poco a poco reguladas con prolijidad por leyes (y por reglamentos de desarrollo específicamente habilitados para ello) sin que se haya podido oponer ningún valladar constitucional. Es más, normalmente en ese fenómeno se ven aspectos positivos que aumentan la seguridad jurídica, la igualdad... y, desde luego, la calidad de las normas.

Conforme a lo dicho, el reglamento local que contraríe la regulación legal previa (o la de los reglamentos estatales o autonómicos preexistentes y dictados con habilitación legal bastante) estará viciado y será inválido. Y si, aunque se aprobase sin tal vulneración, se produce posteriormente esa regulación legal (o de un reglamento habilitado) con la que es incompatible, devendrá inaplicable. Pero dicho esto, sigue siendo cierto que el reglamento local podrá aprobarse y seguir aplicándose sin estar circunscrito a la pormenorización de la ley, siempre que no la vulnere (ni a ella ni al reglamento estatal o autonómico de desarrollo).

4. Los reglamentos locales frente a las reservas de ley y la vinculación positiva a la ley

Pero, además de circunscribir esta potestad reglamentaria al ámbito de las competencias de cada uno de esos entes locales territoriales y de su imposibilidad de contener preceptos contrarios a las leyes (y, en su caso, a los reglamentos estatales y autonómicos habilitados por las leyes), hay que entenderla sometida a los otros límites que hemos venido exponiendo como propios de toda potestad reglamentaria; sobre todo, los derivados de las reservas de ley y de la vinculación positiva a la ley en lo que suponga interferencia en la libertad genérica y autonomía de los sujetos privados.

Sin embargo, el límite derivado de las reservas de ley ha sido parcialmente flexibilizado por el TC en cuanto a algunas materias. En concreto, ha moderado la reserva de ley propia del Derecho Administrativo sancionador y la del Derecho Tributario.

De aquella nos ocuparemos en el tomo II. Y al estudiar Derecho Financiero se analizará esta otra. Aquí nos basta con decir que esa flexibilización, aceptada para reforzar la autonomía local, no ha supuesto pura y simplemente que la reserva de ley no rija respecto a las sanciones o los tributos que traten de prever los entes locales mediante reglamentos. Como siempre que hay reserva de ley, se exige que la ley regule lo esencial, que la ley habilite a dictar reglamentos locales y que los reglamentos locales sólo completen la regulación legal. Lo único que cambia es que lo considerado aquí esencial es más reducido y que, correlativamente, se permite al reglamento local un desarrollo algo más amplio que el que se consentiría a los reglamentos estatales y autonómicos en materias reservadas a la ley. Pero en cualquier caso nada permite decir, aunque se ha dicho, que incluso en materias reservadas por la CE a la ley el reglamento local sólo encuentra en las leyes un límite negativo. En cualquier caso, esa flexibilización de la reserva de ley sólo se ha producido en esas dos materias, no en todas las demás. No, por ejemplo, en la reserva de ley que proclama el artículo 53.1 CE.

Por lo demás, queda incólume el limite derivado del principio de legalidad como vinculación positiva a la ley de suerte que para todo lo que suponga interferir en la libertad genérica de los ciudadanos será necesario que sea una ley la que permita a la Administración local imponer nuevos deberes, prohibiciones o restricciones de cualquier género, aunque bastará ello para que, unido a la genérica atribución de los artículos 4.1.*a*) y 84 LRBRL, se pueda hacer por reglamento.

Por tanto, hay que rechazar la idea (acogida por parte de la doctrina y aparentemente por alguna jurisprudencia) de que en todo caso los reglamentos locales sólo tienen una vinculación negativa a la ley. Los argumentos que se invocan (sobre todo, el carácter democrático de los plenos municipales que pretenden asimilarse a parlamentos) son insostenibles y producen grave daño para elementos esenciales del Estado de Derecho y de la libertad de los ciudadanos. Frente a ello hay que afirmar que en estos ámbitos (los reservados a la ley y todos los que entrañen límites para los particulares), los reglamentos locales tienen vinculación positiva a la ley. Si acaso, caben las mismas matizaciones que pueden aceptarse en general para el principio de legalidad (situaciones de necesidad y policía, como vimos en la lección 5).

5. Panorama general resultante sobre la amplitud de los reglamentos locales

En conjunto, lo que resulta de todo lo que se ha venido explicando, y máxime tras esa relativa flexibilización de las reservas de ley, es una potestad reglamentaria local extensa, aunque razonable y que no pone en cuestión pilares del Estado de Derecho ni en peligro las libertades de los ciudadanos.

Una potestad, para empezar, que, con la sola base de su atribución genérica, unida a su potestad de autoorganización, permite a las Administraciones locales establecer su propia estructura orgánica y el funcionamiento de sus órganos.

A este respecto hay que tener en cuenta que el mismo artículo 4.1.*a*) LRBRL confiere a los entes locales potestad de autoorganización. Se volverá sobre esto al estudiar la organización de las Administraciones locales y se analizarán entonces los artículos 20, 32.3 y 123.1.*c*) LRBRL. Pero afirmemos ya que los reglamentos locales pueden establecer y regular órganos complementarios de los previstos en la propia LRBRL y en las leyes autonómicas.

Lo mismo puede aceptarse respecto a la regulación de los servicios locales.

Por tanto, los entes locales pueden regular sin más base que su genérica potestad reglamentaria los servicios deportivos, educativos, de transportes, etc., que presten. No sólo lo relativo a su organización interna para la prestación del servicio, sino también los derechos y deberes de los ciudadanos en tanto que usuarios de tales servicios. Así, si un Municipio puede crear un servicio de bicicletas o de guardería para hijos de emigrantes temporeros, podrá también regular quiénes pueden acceder a esos servicios, en qué condiciones, cómo se gestionará, qué concretas prestaciones comprende, etc. Y lo pueden hacer por reglamento, insistamos, sin necesidad de una ley que les habilite para ello y sin tener que reducirse a su desarrollo. Se desprende esto de la suma de, por un lado, sus potestades de creación, organización y dirección de servicios y, de otro, de su potestad reglamentaria.

Igualmente la atribución de potestad reglamentaria permite a las Administraciones locales y, sobre todo, a la municipal, la regulación del uso de sus bienes (calles, parques, etc.).

Por tanto, sin más base que el artículo 4 LRBRL, podrán ordenar las actuaciones de los ciudadanos en relación con esos bienes públicos, las formas en que pueden disfrutar del bien y aquellas que les están prohibidas; el alcance y modos del uso permitido; etc. Por ejemplo, podrá prohibir allí hacer fogatas o acampadas o montar a caballo o pasear con un perro o practicar ciertos juegos o instalar publicidad o terrazas de bares...

Lo mismo en sustancia puede decirse de la actividad de fomento que realicen o, en su caso, de la puramente empresarial que decidan afrontar.

Por ejemplo, si un Municipio decide fomentar los patios típicos de la localidad y para ello prevé premios o subvenciones, podrá regular esa actividad y las condiciones a las que queden sometidos quienes disfruten de tales ayudas sin más límite que el de no vulnerar las leyes. O si una Diputación decide asumir una actividad empresarial para la comercialización de los productos artesanales de su Provincia, podrá regularla con el único fundamento del artículo 4.1.*a*) LRBRL ni más límite que no vulnerar las leyes.

Por el contrario, cuando se trate de regular la actividad puramente privada de los particulares en ejercicio de su libertad genérica, pese a la literalidad del artículo 84.1 LRBRL, sus posibilidades son reducidas por el juego simultáneo de la reserva de ley del artículo 53.1 CE y del principio de legalidad que precisamente entraña, como sabemos, vinculación positiva a la ley para esas limitaciones a la libertad genérica.

Con todo, la peculiaridad de la actividad de policía (tomo III), unida a la amplitud de las competencias municipales justamente en ese ámbito [art. 25.2.*f*) LRBRL], hace que tampoco sean escasas las posibilidades de los reglamentos locales para imponer conductas con la finalidad de no perturbar el orden público.

6. Órganos competentes para aprobar reglamentos locales

En los Municipios de régimen común, así como en las Provincias, sólo tiene competencia para aprobar reglamentos el Pleno [arts. 22.2.*d*) y 33.2.*a*) y *b*) LRBRL].

En los mini municipios que funcionan en régimen de concejo abierto no hay Pleno sino una asamblea de vecinos. En tales casos es esa asamblea la competente para aprobar los reglamentos.

No tiene competencia reglamentaria el Alcalde, salvo en situaciones de necesidad conforme al antes citado artículo 21.1.*m*) LRBRL. Sí puede dictar los denominados bandos [art. 21.1.*e*) LRBRL] pero, aunque no es cuestión pacífica, en general se entiende que los bandos no pueden contener normas, sino actos administrativos generales, recordatorios de normas... También puede dictar el Alcalde instrucciones de servicios que, recuérdese, no son reglamentos. Ahora bien, aunque en principio el Alcalde no tiene competencia reglamentaria, no cabe descartar que un reglamento aprobado por el Pleno le atribuya competencia para aprobar algún reglamento de desarrollo sobre algún aspecto secundario.

En los Municipios de gran población, aunque sigue partiéndose de que la competencia reglamentaria es esencialmente del Pleno [art. 123.*c*) y *d*) LRBRL], se reconoce alguna a la Alcaldía para ciertos aspectos organizativos [art. 124.4.*k*) LRBRL] e incluso a la Junta de Gobierno Local [art. 127.1.*d*) y *h*) LRBRL]. El fenómeno es más claro en algunos Municipios de régimen especial como Madrid y Barcelona en los que sus específicas leyes reguladoras no concentran la competencia reglamentaria en el Pleno.

7. Forma de los reglamentos locales

Lo habitual es que los reglamentos locales se aprueben con el nombre de Ordenanzas. No obstante, se suele utilizar el simple de reglamentos para los que son organizativos del ente local y sus servicios sin tener una relevancia directa para los ciudadanos en general. El prototipo es el llamado reglamento orgánico municipal.

8. Procedimiento de elaboración, aprobación y publicación de los reglamentos locales

La regulación del procedimiento para la aprobación de los reglamentos locales se contiene en la LRBRL.

La LRBRL no entra en la fase de redacción material de los reglamentos ni en los estudios previos que hayan de realizarse. Y teniendo en cuenta que hay en España más de 8.000 municipios, muchos de ellos diminutos, es casi ilusorio tratar de imponerles estudios técnicos o económicos similares a los previstos para los reglamentos estatales o autonómicos. Hasta tal punto es así que muchas veces existen «ordenanzas tipo» sobre diversas materias para que los municipios puedan copiarlas haciendo, si acaso, pequeñas adaptaciones. Unas veces las hacen las asociaciones de entes locales, como la Federación Española de Municipios y Provincias o la Federación Andaluza de Municipios y Provincias.

Por ejemplo, la primera tiene una ordenanza tipo sobre actividades comerciales, otra sobre transparencia y acceso a la información...; y la segunda tiene una sobre taxis, otra sobre comercio ambulante, otra sobre autocaravanas... A veces son las Diputaciones o las Administraciones autonómicas las que ofrecen estas ordenanzas tipo; por ejemplo, Castilla-La Mancha y Aragón aprobaron modelos tipo de ordenanza municipal sobre protección acústica.

Se limita la LRBRL a la fase última del procedimiento de aprobación y partiendo siempre de que la competencia es del Pleno. Dispone su artículo 49 que «la aprobación de las ordenanzas locales se ajustará al siguiente procedimiento: *a*) Aprobación inicial por el Pleno. *b*) Información pública y audiencia a los interesados por el plazo mínimo de treinta días para la presentación de reclamaciones y sugerencias. *c*) Resolución de todas las reclamaciones y sugerencias presentadas dentro de plazo y aprobación definitiva por el Pleno. En el caso de que no se hubiera presentado ninguna reclamación o sugerencia, se entenderá definitivamente adoptado el acuerdo hasta entonces provisional».

Este esquema tiene especificidades para la aprobación de algunos reglamentos locales. Por ejemplo, el procedimiento para las ordenanzas fiscales está regulado en el artículo 17 LHL, aunque no se aparta en nada relevante del previsto con carácter general; si el reglamento supone que la entidad local realice una actividad económica es necesario constituir una comisión de estudios, la redacción de una memoria, etc. (art. 97 TRRL); los planes de urbanismo están sometidos a un específico procedimiento; etc.

Para la aprobación por el Pleno basta, por lo general, la mayoría simple. Pero el artículo 47.2 LRBRL exige mayoría absoluta para la adopción de ciertos acuerdos, alguno de los cuales tienen naturaleza reglamentaria. En concreto, requiere mayoría absoluta el reglamento orgánico.

Los reglamentos locales han de publicarse íntegramente en el correspondiente *Boletín Oficial de la Provincia* o, si se trata de una Comunidad Autónoma uniprovincial, en el de esa Comunidad. Ello es necesario para su entrada en vigor (art. 70.2 LRBRL).

No obstante, para que entren en vigor es necesario, además, que transcurran quince días desde que el ente local haya comunicado el acuerdo de aprobación a la Administración estatal y autonómica con lo que se permite garantizar la posibilidad de control previo e impugnación.

9. Relaciones entre los distintos reglamentos locales

Como por lo general sólo el Pleno tiene competencia para aprobar reglamentos, no puede establecerse la relación entre los distintos reglamentos de un mismo ente local en virtud del principio de competencia ni del de jerarquía: sencillamente hay que decir que el reglamento local posterior deroga al anterior. Ahora bien, en tanto que algunos reglamentos locales requieren un procedimiento singular y, sobre todo, en tanto que los reglamentos orgánicos necesitan de mayoría absoluta, sí que algunas relaciones entre reglamentos locales se articulan en virtud del principio de procedimiento de modo que ciertos reglamentos sólo podrán modificarse con la misma tramitación que se siguió para su aprobación.

En los casos, como en los de los Municipios de gran población y más claramente en los de Madrid y Barcelona, en que hay varios órganos con competencia reglamentaria, sí que puede hablarse de relaciones basadas en los principios de competencia o de jerarquía. Cuándo rige uno y cuándo el otro es cuestión que exige un análisis pormenorizado y casuístico que aquí no procede abordar.

XI. INVALIDEZ Y CONTROL DE LOS REGLAMENTOS ILEGALES

Los reglamentos deben respetar los límites y condiciones que hemos ido exponiendo. No sólo en su contenido (que ni puede invadir materias reservadas a la ley, ni vulnerar las leyes o los principios generales del derecho...) sino también en los aspectos formales: competencia para aprobarlos, procedimiento de aprobación, etc. Cuando no sea así, el reglamento tendrá vicios, será ilegal. El ordenamiento establece distintas consecuencias ante los reglamentos viciados o ilegales. Así, puede que la Administración deba indemnizar a quienes hayan sufrido daños por el reglamento ilegal; o puede que dé lugar a responsabilidad penal (p. ej., el art. 506 CP tipifica como delito la conducta de «la autoridad o funcionario público que, careciendo de atribuciones para ello, dictare una disposición general...»). Pero, entre otras cosas, y es lo que nos interesa ahora, prevé su invalidez.

1. Régimen de invalidez

En el Derecho español lo normal es distinguir dos tipos de invalidez: la nulidad de pleno derecho y la anulabilidad. También son esos dos géneros los que se conocen para los actos y los contratos de la Administración. Además, se admite que puede haber algunos vicios menores que no den origen ni a nulidad ni a anulabilidad; son las llamadas irregularidades no invalidantes. Todo ello se estudiará en el tomo II. Veamos ahora lo que se establece para los reglamentos ilegales.

Dice el artículo 47.2 LPAC: «[...] serán nulas de pleno derecho las disposiciones administrativas que vulneren la Constitución, las leyes u otras disposiciones administrativas de rango superior, las que regulen materias reservadas a la Ley, y las que establezcan la retroactividad de las disposiciones sancionadoras no favorables o restrictivas de derechos individuales».

Y, a diferencia de lo que hace con los actos administrativos, ningún precepto de la LPAC prevé causas de anulabilidad de los reglamentos. Tampoco se alude a la posible existencia de vicios no invalidantes. Pero nótese que el artículo 47.2 LPAC no enumera todos los posibles vicios de los reglamentos. Por ejemplo, no alude a los vicios de competencia o a la desviación de poder o a la vulneración de principios generales del Derecho o a los defectos de procedimiento o a los meros retrasos, como sí hacen los artículos 47.1 y 48 LPAC para los actos. Ante ello, caben dos soluciones: o se piensa que, en realidad, todos los vicios invalidantes de los reglamentos son determinantes de su nulidad de pleno derecho y que hay que interpretar ampliamente los enumerados en el artículo 47.2 LPAC (así se diría, p. ej., que no respetar las reglas de competencia o de procedimiento también es una forma de vulnerar las leyes); o, alternativamente, se mantiene que los vicios no expresamente enumerados en el artículo 47.2 LPAC son de mera anulabilidad o, incluso, en algún caso, irregularidades no invalidantes.

La jurisprudencia mantiene que, salvo algunas irregularidades menores que no suponen ningún grado de invalidez (p. ej., meros retrasos en la realización de algún trámite), todos los reglamentos viciados, sea cual sea el vicio que les afecte, son nulos de pleno derecho; o sea, que no hay reglamentos anulables: o son válidos o son nulos de pleno derecho; y serán nulos tanto si vulneran materialmente la CE o una ley o un reglamento superior como ante cualquier otro vicio, incluidos los de procedimiento.

Pero parte de la doctrina entiende con argumentos sólidos que los vicios de procedimiento (p. ej., falta de la audiencia a los interesados o falta del dictamen del Consejo de Estado para los reglamentos ejecutivos) son sólo determinantes de anulabilidad.

Naturalmente, según el vicio de que se trate, puede que el reglamento sea inválido en su totalidad o que, como es más frecuente, sólo lo sea alguno o algunos de sus preceptos (así, cuando sólo algunos vulneran lo dispuesto en una ley).

Pero, ¿quién declara esa nulidad? Es la misma CE la que afirma que «los Tribunales controlan la potestad reglamentaria» (art. 106.1). Además, como sabemos, el control judicial de la Administración corresponde predominantemente a los de la jurisdicción contencioso-administrativa. Es por tanto a ellos a los que sobre todo compete declarar la invalidez de los reglamentos y las demás consecuencias de su ilegalidad. Pero hay otros cauces para combatir los reglamentos ilegales. Y, aun dentro de los contencioso-administrativos, existen diversas posibilidades. Veamos esto con algún mayor detenimiento.

2. Impugnación directa e indirecta de reglamentos; en vía administrativa y contencioso-administrativa

Se habla de impugnación directa cuando se ejerce una pretensión de nulidad contra el reglamento (o contra alguno de sus preceptos). Hay por el contrario impugnación indirecta de un reglamento cuando lo que se ejerce es una pretensión de nulidad contra un acto administrativo dictado en aplicación de ese reglamento y la pretensión de nulidad se basa precisamente en la ilegalidad del reglamento aplicado. La impugnación directa dará lugar a un control abstracto del reglamento; la indirecta entraña un control concreto de un específico acto de aplicación.

Imaginemos que se trata de un reglamento que impone que los taxis deben ser vehículos de al menos seis plazas. La impugnación directa se dirigiría sin más contra ese precepto y pretendería simplemente que se declare su nulidad. La impugnación indirecta se daría si se atacara el acto administrativo por el que un Ayuntamiento deniega licencia de taxi al Sr. X porque el concreto vehículo para el que la pide es de cinco plazas: lo que esencialmente se pediría es que se anulase tal acto denegatorio de la licencia.

Como los plazos de impugnación son breves (dos meses), la impugnación directa sólo cabrá durante un corto tiempo desde que el reglamento se publica. Pero la impugnación indirecta será posible cada vez que se dicte un acto en aplicación del reglamento supuestamente ilegal, lo cual es capital porque deja permanentemente abierta la posibilidad de que los ciudadanos ataquen los reglamentos cuando realmente sufren en carne propia su ilegalidad.

El TS (así, en su Sentencia de 16 de junio de 2011, casación 6207/2007) ha aceptado que también es posible la impugnación indirecta de un reglamento cuando se ejerce una pretensión de nulidad frente a otro reglamento dictado en aplicación de aquél y por causa de su nulidad; por ejemplo, se impugna un reglamento aprobado por un Ministro que desarrolla otro reglamento aprobado por el Consejo de Ministros basando la nulidad de la Orden Ministerial en la nulidad del Real Decreto que desarrolla.

La impugnación indirecta cabe hacerla ante la propia Administración que aprobó el reglamento (impugnación en vía administrativa) y ante la jurisdicción contencioso-administrativa (impugnación en vía judicial). Por el contrario, la impugnación directa cabe ante la jurisdicción contencioso-administrativa pero no ante la Administración. Así se desprende de los artículos 26.1 LJCA y 112.3 LPAC. Prescindamos ahora de esas distinciones y centrémonos en la impugnación directa e indirecta ante la jurisdicción contencioso-administrativa.

Si el recurso directo contra el reglamento se estima, la sentencia declarará su nulidad. Y esa sentencia, cuyo fallo anulatorio se publicará en el boletín oficial en que se hubiese publicado el reglamento, tendrá efectos jurídicos para todos (art. 72.2 LJCA).

Si el recurso indirecto contra el reglamento se estima declarará la nulidad del acto de aplicación del reglamento. Pero con frecuencia no declarará la nulidad del reglamento (sólo en algunos casos la misma sentencia hace esta otra declaración). Para paliar la situación de inseguridad que esto genera, se seguirá después otro proceso (la llamada «cuestión de ilegalidad») que sí que terminará con sentencia que declarará la nulidad del reglamento (si es que efectivamente allí se confirma que el reglamento es nulo) y que se publicará. Por tanto, a la postre, por uno u otro cauce, más simple o más complicado, también el recurso indirecto puede conducir a la declaración de nulidad del reglamento.

Completemos lo dicho con algunas ideas, aunque se desarrollarán en el tomo II:

a) Cabe interponer el recurso indirecto con independencia de lo que haya sucedido con el directo; o sea, aunque no se interpusiera en su momento el recurso directo e incluso aunque sí se hubiera interpuesto y hubiera sido desestimado (art. 26.2 LJCA).

b) Los efectos de las declaraciones de nulidad de los reglamentos no son tan radicales como para aniquilar todas las aplicaciones anteriores del reglamento. Del artículo 73 LJCA (concordante con el art. 106.4, *in fine*, LPAC) se desprende que esas declaraciones de nulidad por regla general no afectan a los actos administrativos ni a las sentencias firmes que hubiesen aplicado con anterioridad ese reglamento. O sea, se restringen los efectos retroactivos de la declaración de nulidad del reglamento.

c) La sentencia que declare la nulidad no puede establecer la redacción que haya de sustituir a la de los preceptos anulados (art. 71.2 LJCA).

Como la potestad reglamentaria es discrecional, esta regla es una concreción de la que contiene este mismo precepto y que ya estudiamos (lección 5), según la cual las sentencias no pueden determinar el contenido discrecional de los actos anulados.

d) Según jurisprudencia, los vicios de procedimiento de los reglamentos se pueden invocar con éxito en los recursos directos, pero no en los indirectos.

O, dicho de otra forma, los vicios de procedimiento sólo se pueden invocar en el breve plazo de dos meses (el que hay para interponer el recurso directo). Y ello permite pensar, tal vez, que se trata de vicios de mera anulabilidad.

3. Inaplicación judicial de los reglamentos nulos

Dice el artículo 6 LOPJ: «Los Jueces y Tribunales no aplicarán los reglamentos [...] contrarios a la Constitución, a la ley o al principio de jerarquía normativa». No se refiere en concreto a los Tribunales contencioso-administrativos, sino a todos (civiles, penales...). No se trata de que estos otros órganos jurisdiccionales pueden declarar en abstracto la nulidad de un reglamento ni de que los ciudadanos puedan acudir a ellos para que lo hagan. Eso es propio de la jurisdicción contencioso-administrativa. Pero puede suceder que en un proceso civil o laboral o penal haya que aplicar, como una norma más, un reglamento y que, al ir a hacerlo, el Tribunal civil, laboral o penal observe que el reglamento es ilegal. En esa hipótesis, aunque no proceda a declarar tal nulidad, la razonará en los fundamentos jurídicos de su sentencia, y procederá a resolver el asunto concreto que se le haya sometido sin aplicar tal reglamento. Todo ello sin tener que plantear la cuestión ante la jurisdicción contencioso-administrativa.

Imaginemos, por ejemplo, que en un pleito civil sobre la indemnización que una compañía eléctrica debe pagar a los usuarios por incumplimiento de contrato el Tribunal civil se encuentre con un reglamento que limita tales indemnizaciones. Si el Tribunal civil llega a la conclusión de que el reglamento es ilegal, lo inaplicará conforme al artículo 6 LOPJ y condenará a pagar las indemnizaciones que entienda que proceden conforme a la ley. Pensemos, ahora, en un proceso penal en que se acuse por el delito de «despachar al consumo público las carnes y productos de animales de abastos sin respetar los periodos de espera en su caso reglamentariamente previstos» y supongamos que el Tribunal penal entiende que es ilegal el reglamento que ha fijado ese periodo: le bastará razonarlo así y, de acuerdo con el artículo 6 LOPJ, inaplicarlo y absolver del delito. Naturalmente, si eso lo puede hacer el Tribunal es que las partes pueden alegarlo en esos procesos civiles o penales o de otro tipo.

Obsérvese que el artículo 6 LOPJ sólo se refiere a los reglamentos «contrarios a la Constitución, a la ley o al principio de jerarquía normativa», no a los aquejados de cualquier vicio. Cabría de nuevo pensar que hay vicios de nulidad y de anulabilidad y que los únicos que pueden ser inaplicados por cualquier Tribunal son los nulos.

El artículo 6 LOPJ pone de relieve que, como ya explicamos en la lección 6, la presunción de validez no afecta a los Tribunales, sino sólo a los particulares y a las Administraciones. Los Tribunales, como se ve, no tienen el deber de partir de la validez de los reglamentos mientras no sean declarados nulos. Nada de eso: si piensan que son nulos, aunque nadie los haya declarado así formalmente, pueden y deben razonar esa nulidad e inaplicarlos.

Pero no cabe deducir del artículo 6 LOPJ que también la Administración pueda sencillamente inaplicar los reglamentos que por su cuenta considere nulos. Aunque esa idea es defendida por un sector de la doctrina, no tiene fundamento y conduciría a resultados perturbadores. Insistamos en que, como ya se explicó en la lección 6, la Administración sí debe partir de la presunción de validez de los reglamentos; y si considera que son nulos deberá conseguir que se declare tal nulidad (sea por la vía del art. 106.2 LPAC respecto a sus propios reglamentos, sea por la del art. 44 LJCA respeto a los de las demás).

4. Control por el Tribunal Constitucional

No es función ordinaria del TC el control de los reglamentos, ni siquiera aunque el vicio que se les impute sea el de su inconstitucionalidad.

No obstante, el TC puede eventualmente controlar reglamentos por tres vías: la del recurso de amparo (si se entiende que el reglamento vulnera derechos fundamentales); la del conflicto de competencias (si se considera que un reglamento estatal ha invadido competencias autonómicas o, al revés, si se entiende que el autonómico ha invadido las estatales); y, si se trata de reglamentos autonómicos, por el singular recurso previsto en el artículo 161.2 CE. Pero incluso en esos casos, los mismos vicios de inconstitucionalidad pueden ser declarados por la jurisdicción contenciosos-administrativa.

BIBLIOGRAFÍA

Agoués Mendizábal, C.: «Los efectos de las sentencias que declaran la nulidad de las disposiciones administrativas de carácter general», *Revista Vasca de Administración Pública*, n.º 99/100, 2014.

Agudo González, J.: «Inderogabilidad singular de reglamentos y nulidad de pleno derecho», *Homenaje a Menéndez Rexach*.

Alegre Ávila, J. M. y Sánchez Lamela, A.: «Reglamento/acto administrativo: una dualidad necesitada de una cierta reconsideración…», *REDA*, n.º 184, 2017, y *Homenaje a Carro*.

Alonso García, R.: *Consejo de Estado y elaboración de reglamentos estatales y autonómicos*, Civitas, 1992.

Alonso Mas, M. J.: «La legitimación para impugnar disposiciones generales por vicios de procedimiento: una injustificada restricción jurisprudencial», *RAP*, n.º 157, 2002.

Araguàs Galcerà, I.: *La transparencia en el ejercicio de la potestad reglamentaria*, Atelier, 2016.

— «Potestad reglamentaria y situaciones excepcionales. Normas de necesidad», *RGDA*, n.º 61, 2022.

Bacigalupo Saguesse, M.: «La potestad reglamentaria del Consejo General del Poder Judicial», *Derecho Privado y Constitución*, n.º 17, 2003.

Baño León, J. M.: *Los límites constitucionales de la potestad reglamentaria*, Civitas, 1991.

— «Reserva de administración y Derecho comunitario», en *Nuevas fronteras del Derecho de la Unión Europea. Liber amicorum José Luis Iglesias Buhigues*, Tirant lo Blanch, 2012.

Bassols Coma, M.: «Las diversas manifestaciones de la potestad reglamentaria en la Constitución», *RAP*, n.º 88, 1979.

Bello Paredes, S.: *Las ordenanzas locales en el vigente Derecho español. Alcance y articulación con la normativa estatal y autonómica*, INAP, 2002.

Blanquer Criado, D.: *El control de los reglamentos arbitrarios*, Civitas, 1998.

— «Discrecionalidad y responsabilidad en el ejercicio de la potestad reglamentaria», en *Homenaje a Fernández Rodríguez*.

Blasco Díaz, J. L.: *Ordenanza municipal y ley*, Marcial Pons, 2001.

Boquera Oliver, J. M.: «La impugnación e inaplicación contencioso-administrativa de los reglamentos», *RAP*, n.º 149, 1999.

Caamaño, F.: *El control de constitucionalidad de disposiciones reglamentarias*, CEC, 1994.

Cano Campos, T.: «El poder normativo local y la crisis de la ley», *Documentación Administrativa*, n.º 6, 2019.

Carbonell Porras, E.: «La potestad reglamentaria de los Consejeros de la Junta de Andalucía», *RAAP*, n.º 2, 1990.

Carlón Ruiz, M.: *La cuestión de ilegalidad en el contencioso-administrativo contra reglamentos*, Civitas, 2.ª ed., 2005.

Carro Fernández-Valmayor, J. L. y Gómez-Ferrer Morant, R.: «La potestad reglamentaria del Gobierno y la Constitución», *RAP*, n.º 87, 1978.

Casado Casado, L.: «La incidencia de la Ley de Procedimiento Administrativo de las Administraciones Públicas sobre la potestad normativa local», *Revista Vasca de Administración Pública*, n.º 107, 2017.

— «La consulta previa en el procedimiento de elaboración de normas locales: algunas incertidumbres», *Homenaje a Menéndez Rexach*.

— «Los efectos jurídicos de la omisión del trámite de consulta pública previa de las disposiciones administrativas de carácter general ¿Nulidad de pleno derecho?», *REALA*, n.º 14, 2020.

CASINO RUBIO, M.: «Ordenanzas de convivencia, orden público y competencia municipal», *JA*, n.º 56, 2012.

CIERCO SEIRA, C. y ROPERO VILARÓ, A.: «La consulta pública previa en la elaboración de normas reglamentarias», *Anuario del Gobierno Local*, 2017.

DE LA CRUZ FERRER, J.: «Nulidad de reglamento por violación de los principios generales del Derecho y omisión de la audiencia de los interesados», *REDA*, n.º 52, 1986.

— «Sobre el control de la discrecionalidad en la potestad reglamentaria», *RAP*, n.º 116, 1988.

DEL GUAYO CASTIELLA, I.: «*Better and smart regulation.* Los principios de buena regulación de la Unión Europea en las recientes leyes españolas de procedimiento administrativo común y de régimen jurídico del sector público», *Homenaje a Martínez López-Muñiz.*

DÍAZ GONZÁLEZ, G. M.: «Las limitaciones jurisprudenciales del recurso indirecto contra reglamentos», *Revista Vasca de Administración Pública*, n.º 99-100, 2014.

— *La reserva de ley en la transposición de las Directivas europeas*, Iustel, 2016.

— «Las competencias exclusivas del Estado *ex* artículo 149.1.18.ª de la Constitución y la disciplina de la producción normativa. Sobre la inconstitucionalidad parcial de la Ley 39/2015... (STC 55/2018, de 24 de mayo)», *REALA*, n.º 10, 2018.

DIOS VIÉTEZ, M. V.: «El dictamen del Consejo de Estado en los reglamentos ejecutivos ¿Control de legalidad o coparticipación en la potestad reglamentaria?», *REDA*, n.º 60, 1988.

DOMÉNECH PASCUAL, G.: «La inaplicación administrativa de reglamentos ilegales y leyes inconstitucionales», *RAP*, n.º 155, 2001.

— *La invalidez de los reglamentos*, Tirant lo Blanch, 2002.

— «Sobre el procedimiento de elaboración de los reglamentos, sus vicios y su control judicial», *Revista de Derecho Público: Teoría y Método*, n.º 5, 2022.

EMBID IRUJO, A.: *La potestad reglamentaria de las entidades locales*, Iustel, 2010.

ESTEPA MONTERO, M.: «El trámite de audiencia al ciudadano y a las organizaciones y asociaciones reconocidas por la ley que le representan en el procedimiento de elaboración de los Reales Decretos reglamentarios», en *Homenaje a Santamaría.*

FERNÁNDEZ-MIRANDA, J.: «El principio de legalidad, la vinculación negativa y el ejercicio de la potestad reglamentaria local», *RAP*, n.º 196, 2015.

FERNÁNDEZ RAMOS, S.: «Estudio preliminar a nota bibliográfica sobre la potestad reglamentaria», *RAAP*, n.º 17, 1994.

FERNÁNDEZ RODRÍGUEZ, T. R.: «La remisión normativa y el control de reglamentos en dos sentencias recientes», *RAP*, n.º 63, 1970.

FERNÁNDEZ SALMERÓN, M.: *El control jurisdiccional de los reglamentos. Procedimiento administrativo, proceso judicial y potestad reglamentaria*, Atelier, 2002.

FUERTES LÓPEZ, M.: «Tutela cautelar e impugnación de reglamentos», *RAP*, n.º 157, 2002.

GALÁN GALÁN, A.: *La potestad normativa autónoma local*, Atelier, 2002.

— *El reglamento orgánico local*, INAP, 2004.

GALLARDO CASTILLO, M. J.: «Las ordenanzas municipales y su deficiente cobertura tras el pacto local», *REDA*, n.º 144, 2009.

GARCÍA DE ENTERRÍA, E.: «La interdicción de la arbitrariedad en la potestad reglamentaria», *RAP*, n.º 30, 1959.

— «La eliminación general de las normas reglamentarias con ocasión de recursos contra sus actos de aplicación», *REDA*, n.º 66, 1990.

— *Legislación delegada, potestad reglamentaria y control judicial*, Civitas, 3.ª ed., 1998, reimpresión, 2006.

GARCÍA GARCÍA, J. A.: *Reserva de ley y Derecho Civil*, Civitas, 2006.

GARCÍA LUENGO, J.: «La declaración de nulidad en vía administrativa de disposiciones generales (a propósito de la STS de 22 de diciembre de 1999), *RAP*, n.º 154, 2001.

GARCÍA MACHO, R.: *Reserva de ley y potestad reglamentaria*, Ariel, 1998.

GARCÍA-MANZANO JIMÉNEZ DE ANDRADE, P.: *Los reglamentos de las Administraciones independientes*, Civitas, 2013.

GARCÍA RUBIO, F.: «La potestad reglamentaria tras la nueva Ley de Procedimiento Administrativo Común. Especial referencia a sus efectos sobre las entidades locales y la participación ciudadana», *Homenaje a Martínez López-Muñiz.*

GARRIDO FALLA, F.: «La impugnación de resoluciones administrativas de carácter general y la jurisprudencia del TS», *RAP*, n.º 6, 1951.

GÓMEZ-FERRER MORANT, R.: «Nulidad de reglamentos y actos dictados durante su vigencia», *REDA*, n.º 14, 1977.

GONZÁLEZ PÉREZ, J.: «Una exclusión del recurso contencioso-administrativo por vía jurisprudencial: el control de vicios de procedimiento de elaboración de disposiciones generales», *REDA*, n.º 9, 1976.

GONZÁLEZ SALINAS, P.: «El dictamen del Consejo de Estado en los procedimientos de elaboración de disposiciones generales», *REDA*, n.º 67, 1990.

GUILLÉN NAVARRO, N. A.: «Los bandos de alcaldía en el ordenamiento jurídico español», *REDA*, n.º 210, 2021.

JOVER, J. M.: «La potestad normativa de la Comisión Nacional del Mercado de Valores», *RAP*, n.º 211, 2020.

LAVILLA RUBIRA, J. J.: «El procedimiento de elaboración de los reglamentos en la Ley del Gobierno», *JA*, n.º 1, 1998.

LÓPEZ RAMÓN, F.: «La calificación de los vicios de los reglamentos», *Documentación Administrativa*, n.º 5 (2018); y *RAP*, n.º 205, 2018.

— «La invalidez de reglamentos y planes entre la interpretación y la reforma», *RAP*, n.º 214, 2021.

MARINA JALVO, B.: «Algunas precisiones sobre los presupuestos y el alcance del control judicial de la inactividad reglamentaria al hilo de la STS de 5 de abril de 2018», *RAP*, n.º 208, 2019.

MARTÍN-RETORTILLO BAQUER, L.: «Actos administrativos generales y reglamentos», *RAP*, n.º 40, 1963.

MARTÍNEZ LÓPEZ-MUÑIZ, J. L.: «La elaboración de los reglamentos», en LÓPEZ MENUDO, F. (dir.): *Innovaciones en el procedimiento administrativo común y el régimen jurídico del sector público*, IGO, 2016.

MARTÍNEZ-VARES GARCÍA, S.: «El procedimiento de elaboración de reglamentos en la Ley 50/1997 del Gobierno. Aspectos relevantes de la jurisprudencia del Tribunal Supremos», en *Homenaje a Fernández Rodríguez.*

MEILÁN GIL, J. L.: *La distinción entre norma y acto administrativo*, ENAP, 1967.

— «Nueva aproximación a norma y acto», *Homenaje a Carro.*

MELERO ALONSO, E.: *Reglamentos y disposiciones administrativas: análisis teórico y práctico*, Lex Nova, 2005.

MORCILLO MORENO, J.: «El reto de la accesibilidad y su incumplimiento por los poderes públicos: consecuencias de la inactividad reglamentaria», *RAP*, n.º 210, 2019.

MORENO REBATO, M.: «Circulares, instrucciones y órdenes de servicio: naturaleza y régimen jurídico», *RAP*, n.º 147, 1998.

MOROTE SARRIÓN, J. V.: *Las circulares normativas de la Administración pública*, Tirant lo Blanch, 2002.

MUÑOZ MACHADO, S.: «Sobre el concepto de reglamento ejecutivo en el Derecho español», *RAP*, n.º 77, 1975.

NÚÑEZ LOZANO, M. C.: «La inderogabilidad singular de los reglamentos en la Ley del Gobierno», en *Homenaje a Martín Mateo.*

— «El Decreto-ley como alternativa a la potestad reglamentaria en situaciones de extraordinaria y urgente necesidad», *RAP*, n.º 162, 2003.

ORTEGA BERNARDO, J.: *Derechos fundamentales y ordenanzas locales*, Marcial Pons, 2014.

PEMÁN GAVIN, J. M.ª: «Ordenanzas municipales y convivencia ciudadana», en *Homenaje a L. Martín-Retortillo.*

PONCE SOLÉ, J.: «La calidad en el desarrollo de la discrecionalidad reglamentaria: teorías sobre la regulación y adopción de buenas decisiones normativas por los Gobiernos y Administraciones», *RAP*, n.º 162, 2003.

REBOLLO PUIG, M.: «La participación de las entidades representativas de intereses en el procedimiento de elaboración de disposiciones administrativas generales», *RAP*, n.º 115, 1988.

— «Juridicidad, legalidad y reserva de ley como límites a la potestad reglamentaria del Gobierno», *RAP*, n.º 125, 1991.
— «El ejercicio de potestades administrativas y el Consejo de Estado», *DA*, n.ºs 244-245, 1996.
— «Recursos contra reglamentos y cuestión de ilegalidad», *JA*, n.º extraordinario de 1999.
— «La potestad reglamentaria en el Estatuto de Autonomía», *RAAP*, n.º extraordinario 2/2003.
— «El Derecho propio de Andalucía y sus fuentes», en Muñoz Machado, S. y Rebollo Puig, M. (dirs.), *Comentarios al Estatuto de Autonomía para Andalucía*, Civitas, 2008.
— «Efectos de las sentencias anulatorias de reglamentos. En especial, su retroactividad», *RAAP*, n.º 100, 2018.
Rebollo Puig, M. e Izquierdo Carrasco, M.: «Comentario al artículo 84», en Rebollo Puig., M. (dir.) e Izquierdo Carrasco, M. (coord.), *Comentarios a la Ley Reguladora de las Bases del Régimen Local*, Tirant lo Blanch, 2007.
Revuelta Pérez, I.: «Análisis de impacto normativo y control judicial de la discrecionalidad reglamentaria», *RAP*, n.º 193, 2014.
Roig, A.: *La deslegalización. Orígenes y límites constitucionales en Francia, Italia y España*, Dykinson, 2004.
Sainz Moreno, F.: «Reglamentos ejecutivos y reglamentos independientes», *REDA*, n.º 20, 1979.
Sala Atienza, P.: «El trámite de audiencia en la elaboración de los reglamentos según la jurisprudencia del Tribunal Supremo», *RAP*, n.º 177, 2008.
Santamaría Pastor, J. A.: «La Administración como poder regulador», en Sainz Moreno, F. (dir.), *Estudios para la reforma de la Administración pública*, INAP, 2004.
— «De nuevo sobre la potestad reglamentaria de los Ministros y Consejeros», *REDA*, n.º 168, 2015.
— «Un nuevo modelo de ejercicio de las potestades normativas», *REDA*, n.º 175, 2016.
Santos Vijalde, J. M.: *El recurso indirecto contra reglamentos*, EDERSA, 1999.
Sierra Rodríguez, J.: *La participación en la elaboración de normas de la Administración General del Estado*, Centro de Estudios Políticos y Constitucionales, 2019.
Tornos Mas, J.: «La relación entre ley y reglamento: reserva legal y remisión normativa. Algunos aspectos conflictivos a la luz de la jurisprudencia constitucional», *RAP*, n.ºs 100-102, 1983.
Torre de Silva, V.: «El impacto de las normas reglamentarias estatales en la familia: análisis crítico», *REDA*, n.º 203, 2020.
Trayter Jiménez, J. M.: «La desviación de poder como técnica de control del ejercicio de la potestad reglamentaria», *Poder Judicial*, n.º 34.
— ¿Son nulos los reglamentos elaborados sin respetar el trámite de audiencia?, Tecnos, 1992.
Vaquer Caballerçia, M.: «Un apunte sobre las disposiciones administrativas y el "*soft law*" tras la LPAC», *Homenaje a Menéndez Rexach*.
Velasco Caballero, F.: *Derecho local. Sistema de fuentes*, Marcial Pons, 2009.
— «Elaboración de Ordenanzas y Ley de Procedimiento Administrativo Común». *Revista Vasca de Administración pública*, n.º 113, 2019.
Vida Fernández, J.: «La evaluación de impacto normativo como instrumento para la mejora de la regulación», *Homenaje a De la Quadra*.
Yáñez Andrés, C.: «La problemática elaboración de los reglamentos: el contenido de las memorias», *Revista Española de la Función Consultiva*, n.º 21, 2014.

LECCIÓN 9

LA ORGANIZACIÓN ADMINISTRATIVA. CONCEPTOS, PRINCIPIOS Y REGLAS GENERALES*

I. LA ORGANIZACIÓN ADMINISTRATIVA

1. Concepto

En toda organización (personificada o no), con independencia de cuál sea su naturaleza o las actividades que ejerza (una sociedad anónima que realiza actividades económicas, una comunidad de propietarios, una asociación de estudiantes universitarios...) pueden identificarse unos sujetos que actúan por y para ella, que cuentan con unos determinados medios materiales y recursos económicos, así como una serie de reglas que disciplinan su actuación y sus relaciones entre sí. También sucede así en el complejo entramado de personas jurídicas que conocemos como Administraciones públicas.

Existe una teoría general de la organización que analiza los criterios comunes y técnicos de cómo deben articularse los diferentes elementos personales y materiales para una eficaz y eficiente consecución de los objetivos. Incluso hay una disciplina que estudia esa perspectiva técnica respecto de las Administraciones. No es esto lo que nos interesa pues para el Derecho Administrativo lo relevante obviamente es la dimensión jurídica de la organización administrativa. Recordemos ahora que la organización constituye un elemento clave para comprender la teoría del ordenamiento jurídico y permite identificar una pluralidad de ordenamientos jurídicos diferenciados, aunque interrelacionados (lección 3). Son las normas que reconocen los distintos ordenamientos las que establecen los presupuestos políticos generales que condicionan la estructura del Estado y de las organizaciones administrativas que lo integran. Lo hace, por ejemplo, la CE cuando reconoce una pluralidad de Administraciones territoriales y fija unas pautas generales para la instauración de un modelo territorialmente descentralizado. Sin perjuicio de esa previa perspectiva política, la organización de las Administraciones públicas está sujeta a unos principios y normas jurídicas que se integran en el Derecho Administrativo y constituyen el objeto en esta lección.

---

* Por Eloísa Carbonell Porras. Grupo de investigación de la Junta de Andalucía SEJ-317. Grupo de Excelencia de la Universidad Rey Juan Carlos (GEDPE) y Grupo de Investigación de la Universidad Complutense de Madrid 931089. Proyecto I+D de la Universidad Rey Juan Carlos V-1157.

2. La potestad organizatoria de las Administraciones públicas y la materia organizativa

Genéricamente se habla de la potestad organizatoria para referirse a las facultades, funciones o reglas más o menos vinculadas con la organización administrativa, comprendiendo tanto las relativas a la propia estructura como a las relaciones entre distintas organizaciones. Más concretamente, la potestad de autoorganización es aquella que se reconoce a las Administraciones para dotarse de su propia estructura, incluso creando nuevos sujetos de derecho (entes institucionales). El reconocimiento de esta potestad se considera además parte del contenido necesario para asegurar la autonomía al margen de injerencias externas. De todo esto nos ocuparemos seguidamente. Ahora lo importante es destacar que se trata de una potestad más de la Administración, que se ejerce conforme a los mismos límites y condiciones que cualquier otra potestad; por tanto, su ejercicio está plenamente sujeto al principio de legalidad y al ulterior control judicial (lecciones 5 y 6).

No obstante, no siempre ha sido así pues diversos factores confluyeron históricamente para negar el carácter jurídico de lo organizativo y su control judicial. El Derecho, en la concepción más clásica heredada del Derecho Romano, se ocupaba de las relaciones entre personas, pero no cuando no existen tales relaciones como sucede si se actúa en el seno de una organización. Se afirmó que la potestad de organización pertenecía al Poder Ejecutivo que la ejercía discrecionalmente, lo que inicialmente supuso la exclusión de control judicial. Las teorías de la no juridicidad de lo organizativo y de la exclusión del control judicial en el ejercicio de potestades discrecionales pueden considerarse superadas. Basta ahora recordar de nuevo la teoría del ordenamiento jurídico o la ausencia de reductos excluidos del control judicial que caracteriza un Estado de Derecho como el nuestro.

Por lo tanto, cuando las Administraciones Públicas actúan en materia organizativa se aplica el mismo régimen jurídico que a cualquier otra actuación administrativa. Y, en consecuencia, una vulneración de lo organizativo constituye una violación del ordenamiento jurídico alegable ante los Tribunales que ejercen el mismo control que en cualquier otro ámbito. La potestad organizatoria se manifiesta mediante el empleo de la potestad reglamentaria, esto es, la aprobación por la Administración de normas jurídicas que regulan, ordenan y disciplinan la organización. En todo caso, el régimen jurídico de la potestad reglamentaria es común a todos los reglamentos, luego también los reglamentos organizativos están limitados por la reserva de ley y la jerarquía normativa. Al margen de la reserva a la ley orgánica respecto de ciertas organizaciones como las autonómicas, el ejército o las fuerzas de seguridad nacional, y de concretas remisiones a la ley en relación con el Gobierno de la Nación o la Administración del Estado, no existe en la CE una reserva material de ley que afecte globalmente a lo organizativo.

El EAA reserva a la ley determinadas cuestiones organizativas, en particular relativas a su estructura fundamental. Su artículo 108 establece que las leyes que afectan a la «organización territorial [...] o a la organización de las instituciones básicas, requerirán el voto favorable de la mayoría absoluta del Pleno del Parlamento en un votación final sobre el conjunto del texto». También se reserva a la ley, aprobada en algún caso con mayoría absoluta, determinadas cuestiones organizativas como la creación y regulación de las distintas Entidades locales, de las relaciones entre la Junta de Andalucía y las Entidades locales, o las denominadas instituciones de autogobierno (Defensor del Pueblo, Consejo Consultivo, Cámara de Cuentas, Consejo Audiovisual y Consejo Económico y Social).

Como no existe una reserva de ley general en materia organizativa caben las deslegalizaciones y la aprobación de reglamentos materialmente independientes. Del mismo modo, en la organización, son usuales los reglamentos que establecen una regulación concreta y los actos administrativos de carácter general. Por otra parte, la potestad organizatoria es una potestad discrecional pero sujeta al principio de legalidad y a las técnicas que permiten controlar la discrecionalidad. Así que, en conclusión, la materia organizativa no es distinta de cualquier otra materia de Derecho Administrativo.

3. Presupuestos constitucionales de la organización administrativa

La CE consagra un determinado modelo jurídico-político del Estado-Nación que comprende unas estructuras organizativas no administrativas (Cortes Generales, Tribunal Constitucional...) y otras administrativas como son la de carácter territorial, es decir, la Administración del Estado, la de las Comunidades y Ciudades Autónomas y la de las Entidades locales; proclama una serie de principios de organización administrativa en su artículo 103.1 (jerarquía, descentralización, desconcentración y coordinación); establece un modelo basado en funcionarios públicos elegidos conforme a los principios de mérito y capacidad (art. 103.3); contiene reglas sobre concretos órganos (sobre el Gobierno, arts. 98 ss.; sobre el Consejo de Estado, art. 107; sobre los órganos municipales, art. 140; sobre los Consejos de Gobierno autonómicos, art. 152.1; sobre los Delegados del Gobierno, art. 154; etc.). Además, confiere al Estado competencia para establecer las bases de la organización de todas las Administraciones. Lo hace el artículo 149.1.18.ª CE, que ya conocemos (lección 4), cuando le atribuye «las bases del régimen jurídico de las Administraciones públicas» lo que, entre otras cosas, le permite entrar limitadamente en la organización de todas las Administraciones. Así lo hace la LRJSP que, además de regular la Administración general del Estado, establece la regulación básica en lo organizativo (art. 1). Tienen naturaleza básica el Título Preliminar, dedicado a los órganos administrativos y sus competencias en general y el Título III, relativo a las relaciones entre Administraciones públicas, que son objeto de estudio en esta lección. En las siguientes se estudiarán cada una de las Administraciones.

4. Relaciones interadministrativas e interorgánicas

Para el Derecho, como sabemos, las Administraciones públicas son formalmente personas jurídicas y así lo proclama expresamente el Derecho positivo al reconocer que cada una de ellas actúa con su propia personalidad jurídica (lección 1). Por ejemplo, el artículo 3.4 LRJSP. El dato de la personificación resulta decisivo pues determina el reconocimiento de un sujeto de derecho, titular de derechos y obligaciones. Así, las relaciones entre dos Administraciones son relaciones jurídicas entre dos personas, igual que las relaciones entre una Administración y un sujeto privado. Pero las relaciones entre Administraciones son materia propia del Derecho de la organización y por eso serán estudiadas aquí.

Por otra parte, internamente cada persona jurídico-pública se dota de una estructura más o menos compleja. Cuando se analiza esa organización interna de cada persona jurídica no se están relacionando dos sujetos de derecho como cuando se relacionan las Administraciones. Por eso se habla de relaciones interorgánicas, expresión que hace referencia a la noción de órgano administrativo que después veremos.

La distinción entre relaciones interadministrativas y relaciones interorgánicas queda diluida cuando nos referimos a las que se entablan entre una Administración matriz y su ente instrumental: existirán formalmente dos sujetos de derecho, pero la relación que vincula a este con aquella es de dependencia. Por eso, esa relación se denomina de instrumentalidad y se proyecta sobre diversos aspectos: la traslación de competencias de una Administración a sus entes instrumentales responde a un régimen similar al que se aplica entre los órganos de una misma Administración; o, al igual que un órgano administrativo no puede recurrir ante los Tribunales lo actuado por otro órgano de la misma Administración, tampoco podrá hacerlo un ente instrumental respecto de las decisiones de su Administración matriz. Se verá con más detenimiento en la lección 13.

5. Los principios de organización y de funcionamiento

El artículo 103 CE es de gran relevancia para la organización administrativa, pues se refiere a algunos de sus principios clave. Dispone que «la Administración pública sirve con objetividad los intereses generales y actúa de acuerdo con los principios de eficacia, jerarquía, descentralización, desconcentración y coordinación, con sometimiento pleno a la ley y al Derecho». Se trata de un precepto complejo por su diverso alcance y significado que resulta de obligado respeto para todas las Administraciones públicas (STC 85/1983). Se refiere a principios de organización en general, a reglas de funcionamiento y actuación, a criterios de relación entre sujetos de derecho público e incluso a mecanismos de control y supervisión. El artículo 3 LRJSP reproduce el artículo 103 CE y añade una heterogénea relación de principios y reglas que las Administraciones públicas deben respetar en su organización, en sus relaciones con otras Administraciones y con los ciudadanos, o en su forma de proceder y actuar, pues no siempre se diferencian con claridad.

Concretamente el artículo 3 LRJSP se refiere a los principios y reglas de: *a*) servicio efectivo a los ciudadanos; *b*) simplicidad, claridad y proximidad a los ciudadanos; *c*) participación, objetividad y transparencia de la actuación administrativa; *d*) racionalización y agilidad de los procedimientos administrativos y de las actividades materiales de gestión; *e*) buena fe, confianza legítima y lealtad institucional; *f*) responsabilidad por la gestión pública; *g*) planificación y dirección por objetivos y control de la gestión y evaluación de los resultados de las políticas públicas; *h*) eficacia en el cumplimiento de los objetivos fijados; *i*) economía, suficiencia y adecuación estricta de los medios a los fines institucionales; *j*) eficiencia en la asignación y utilización de los recursos públicos; y, *k*) cooperación, colaboración y coordinación entre las Administraciones públicas.

En realidad, aunque el Derecho positivo, la jurisprudencia y la doctrina se refieren generalmente a los principio de la organización, debe advertirse que técnicamente no son todos principios generales del Derecho, sino reglas o criterios tendenciales de la organización, y esta idea debe tenerse presente para comprender su significado y aplicabilidad. Con esta intención puede invocarse ahora la eficacia y eficiencia que deben perseguir las Administraciones públicas en el ejercicio de la potestad organizatoria, y dotarse de una estructura racional, de servicio efectivo a los ciudadanos con idóneo aprovechamiento de los recursos disponibles y el mínimo coste para alcanzarlo.

II. LOS ÓRGANOS ADMINISTRATIVOS: CONCEPTO Y CLASES

1. Los órganos (y las unidades) administrativos

Cada persona jurídico-pública está integrada por un conjunto, más o menos complejo, de estructuras internas compuestas por los medios personales y materiales precisos para el ejercicio de sus funciones, que genéricamente se conocen como los órganos administrativos. En una primera aproximación al concepto de órgano administrativo podemos definirlo como el elemento o la unidad que integra el aparato organizativo de la Administración pública que cuenta con un elemento personal (la persona física que ocupa su titularidad) y los recursos materiales precisos para el ejercicio de las funciones que le corresponden.

La idea del órgano administrativo (que formuló Gierke) explica la relación entre esos elementos organizativos internos y la persona jurídica que es la Administración y, con ello, la imputación de lo actuado por el órgano y por quien actúa para y dentro de la propia Administración a la persona jurídica en la que se integra, imputación no explicada bien por la teoría clásica de la representación propia del Derecho privado. La imputación atribuye a la Administración la decisión adoptada por el órgano, que será la que se proyecte fuera de la propia organización. Pero esta capacidad para imputar a la Administración la decisión no se reconoce por igual a todos los elementos de la organización; a ello responde la distinción entre órgano y unidad administrativa: órganos son los que tienen capacidad para imputar sus decisiones a la Administración mientras que las meras unidades administrativas carecen de esta capacidad. Sin embargo, el Derecho positivo no acoge este criterio con claridad como refleja el concepto general de órgano administrativo del artículo 5.1 LRJSP: «tendrán la consideración de órganos administrativos las unidades administrativas a las que se atribuyan funciones que tengan efectos jurídicos frente a terceros, o cuya actuación tenga carácter preceptivo».

No existe una noción básica de unidad administrativa. El artículo 5.2 LRJSP sólo precisa que corresponde a cada Administración pública delimitar «las unidades administrativas que configuran los órganos administrativos propios de las especialidades derivadas de su organización». En la Administración General del Estado, son los elementos organizativos básicos de las estructuras orgánicas, que comprenden puestos de trabajo o dotaciones de plantilla vinculados funcionalmente por razón de sus cometidos y orgánicamente por una jefatura común (art. 56 LRJSP). Las mismas ideas lucen en la LAJA (arts. 13 y 14) que precisa que las unidades administrativas son estructuras «básicas de preparación y gestión de los procedimientos en el ámbito funcional propio de las Consejerías...».

La distinción entre órgano y unidad administrativa —que recuerda a las categorías italianas de órgano y oficio— resulta difícil de concretar en la práctica. Sin duda, se tratará de un órgano si se le ha atribuido la competencia para resolver un procedimiento y su decisión tiene efectos externos a la propia organización. El criterio del carácter preceptivo o no de la actuación para calificar a otras unidades como órganos no resulta sencillo si lo proyectamos con carácter general, y no sólo referido a quién debe emitir informes preceptivos (que es el supuesto en el que la Ley utiliza la misma expresión). En la instrucción de cualquier procedimiento administrativo intervienen diversas unidades administrativas (la que registra la solicitud, la que la remite al competente, la que comunica que se ha recibido, la que comprueba si faltan algunos requisitos, la que informa con carácter preceptivo o potestativo...) cuya participación resulta generalmente imprescindible para la instrucción del procedimiento hasta la resolución. Por eso, en realidad, con frecuencia no se diferencia con exactitud entre los órganos y las unidades administrativas, y es habitual denominar órgano administrativo a todas las unidades diferenciadas, simples y complejas, de la organización administrativa, prescindiendo de sus concretas atribuciones. La LPAC es un buen reflejo de la confusión al respecto del propio legislador que se refiere a órganos administrativos que no dictan resoluciones como el «órgano competente para la tramitación» (art. 5.5), al «órgano instructor» (arts. 21, 23 o 75), al órgano competente para iniciar el procedimiento (arts. 55, 56 o 58); otras veces, se emplea indistintamente ambas expresiones como respecto del encargado de la gestión del registro (art. 16), e incluso se dice el titular de la unidad administrativa que tuviera a su cargo la resolución (art. 20).

Los órganos administrativos presentan una estructura más o menos compleja. Se habla así de órganos complejos que están integrados por varios órganos o unidades administrativas: se dice que un Ministerio o una Consejería son órganos complejos pues son órganos en sí mismos que, a su vez, están compuestos por diversos órganos o unidades administrativas diferenciadas (la Subsecretaría, las Direcciones Generales, etc.).

2. La creación de órganos administrativos

Con carácter general, cada Administración tiene potestad para dotarse de su propia organización, definiendo los órganos que la integran y determinando qué funciones corresponden a cada uno. Como se ha indicado la potestad organizativa conlleva una amplísima discrecionalidad y con tal naturaleza se contempla en las normas de cabecera de cada Administración. No obstante, el legislador estatal básico ha establecido en el artículo 5.3 LRJSP que la creación de órganos administrativos debe, al menos, determinar cómo se integra en la Administración y su dependencia jerárquica, sus funciones y competencias y los créditos necesarios para su puesta en marcha. Además se prohíbe la creación de órganos que supongan duplicación de otros existentes si al mismo tiempo no se suprime o restringe debidamente a los preexistentes (art. 5.4 LRJSP).

Para la Administración del Estado, el artículo 103.2 CE dispone que sus órganos «son creados, regidos y coordinados de acuerdo con la ley».

En realidad son dos leyes las que los han regulado: la LG reconoce la potestad de organización al Presidente del Gobierno y al Consejo de Ministros respecto de los órganos unipersonales y colegiados del Gobierno de la Nación, mientras que el Título II de la LRJSP se refiere a los distintos órganos que integran la Administración General del Estado. Ya hemos aludido a ello en la lección 8 en tanto que el reconocimiento de estas competencias para crear y suprimir órganos comporta potestad reglamentaria pues será en reglamentos donde los creen o supriman. Además, se analizará la organización de la Administración del Estado en la lección 10.

La creación de los órganos administrativos en las Administraciones autonómicas se rige por lo previstos en sus Estatutos de Autonomía y en sus respectivas leyes de organización.

En Andalucía, además de los órganos ya directamente contemplados en el EAA y de la reserva de ley para la creación y regulación de las denominadas instituciones de autogobierno (art. 108 EAA), debe estarse a lo dispuesto en la LGA y en la LAJA. La LAJA establece unas reglas generales para la creación de los órganos administrativos. Por un lado, los órganos administrativos son creados, modificados y suprimidos por Decreto del Consejo de Gobierno (art. 21). Por otro lado, el artículo 22 precisa que la norma de creación de un órgano administrativo, distinto de las Consejerías, debe establecer su denominación y las competencias que asume, indicando cuáles correspondían a órganos preexistentes y cuáles son de nueva atribución. En esta línea insiste el apartado 2 que prohíbe la creación de órganos y unidades administrativas si en el expediente no ha quedado acreditado que las funciones que le corresponden no coinciden con las de otros órganos o unidades existentes. Si se produce esta coincidencia, se deberá prever expresamente la supresión o disminución competencial del órgano o unidad afectados. Por último, la aprobación de la norma irá precedida de la valoración de la repercusión económico-financiera de su ejecución (art. 22.1). También de esto se habló en la lección 8 en cuanto se relaciona con la potestad reglamentaria y la concreta organización de la Administración andaluza se abordará en la lección 11.

En las Administraciones locales, es la LRBRL la que establece la organización básica y necesaria de las Entidades locales (Alcalde o Presidente, Pleno, etc.) teniendo en cuenta sus clases, su diferente posicionamiento constitucional o incluso, como ocurre en el caso de los Municipios, su tamaño. Se estudiará en la lección 12. El resto de la organización local se regulará por las normas autonómicas de desarrollo y por los propios Entes locales al amparo de su potestad reglamentaria (lección 8) y de autoorganización que, respetando ese marco, es extensa (lección 12).

El conjunto de entes institucionales es muy amplio y no es posible establecer ahora una relación de las normas que rigen la creación de los órganos o unidades de cada uno de ellos.

Se verá en la lección 13. Son las leyes estatales y autonómicas las que regulan las clases de entes institucionales que reconocen y determinan una estructura organizativa general común a cada tipología, sin perjuicio de la ulterior concreción que debe realizar cada ley creadora de un concreto ente institucional y sus estatutos. Respecto de los entes instrumentales de las Entidades locales, el artículo 85 bis LRBRL dispone que la creación de los organismos autónomos y entidades públicas empresariales locales corresponde a los Plenos locales, y prevé unos órganos mínimos, un consejo rector en los primeros, y un consejo de administración en las segundas. Pero, respetando esas normas, se suele reconocer a los entes institucionales una cierta posibilidad de autoorganización.

En el caso de las Universidades públicas su potestad de autoorganización es extensa.

De acuerdo con la LOSU, la creación, modificación y supresión de las facultades y escuelas corresponde a la CA a iniciativa de la universidad: y la de los departamentos, institutos, escuelas de doctorado y otros centros o estructuras a la propia universidad. También se regula la existencia de unidades básicas de igualdad y de diversidad y de los órganos necesarios tanto colegiados (Claustro Universitario, Consejo de Gobierno, Consejo de Estudiantes y Consejo Social) como unipersonales (Rector o Rectora, Vicerrectores o Vicerrectoras, Secretario o Secretaria General, Gerente), así como otros que podrá acordar cada Universidad (Consejos de Escuela y de Facultad, Consejos de Departamento, Decanos o Decanas de Facultades, Directores o Directoras de Escuelas, de Departamentos...). Corresponde a cada Universidad, en el ejercicio de la autonomía que la Constitución les reconoce, aprobar los estatutos que establecen su organización y normas de funcionamiento en los términos previstos en la propia LOSU.

3. Clasificaciones de los órganos administrativos

Los órganos administrativos pueden ser objeto de variadas clasificaciones.

Ya hemos aludido a la distinción entre órganos y unidades administrativas. También es habitual la distinción entre órganos administrativos constitucionales y no constitucionales, o estatutarios o no estatutarios. Esta clasificación diferencia los órganos de las distintas Administraciones según estén previstos en la CE o en los Estatutos de Autonomía o no estén previstos en tales normas. En el primer caso su existencia está garantizada frente al propio legislador lo que no ocurre con los órganos creados por las leyes o los reglamentos en los que el poder de disposición del legislador y de la Administración es más amplio. Asimismo pueden diferenciarse según el criterio de elección de las personas físicas titulares del órgano: órganos electivos (si son elegidos por los ciudadanos), burocráticos, los representativos (integrado por representantes de organizaciones sociales), de expertos (designados en función de su profesión y experiencia)... En realidad esta clasificación cobra su pleno sentido respecto de un determinado tipo de órgano, el colegiado, como después se verá.

Pero los criterios más frecuentes y relevantes son los siguientes:

a) Órganos centrales (o generales) y órganos periféricos (o territoriales). Son órganos centrales aquellos que extienden su competencia sobre todo el territorio de la Administración en la que se integran mientras que son órganos periféricos los que sólo pueden ejercer sus funciones sobre una parte del conjunto del territorio de competencia de la Administración.

Un Ministro, un Consejero o un Pleno municipal son órganos centrales de las Administración estatal, autonómica o local; mientras que una Subdelegación del Gobierno en la provincia, una Delegación territorial de una Consejería o una Junta municipal de Distrito son órganos periféricos de las Administración estatal, autonómica o local respectivamente. Con frecuencia se alude a todos los órganos centrales de una Administración como Administración central y a todos los órganos periféricos de esa misma Administración como Administración periférica. Así se habla de Administración central del Estado y de Administración periférica del Estado; de Administración central de la Junta de Andalucía y de Administración periférica de la Junta de Andalucía. Estas expresiones son correctas, pero debe comprenderse que no se trata propiamente de nuevas y distintas Administraciones, sino de una forma de aludir a partes de esas Administraciones. Lo que sí es erróneo, aunque habitual, es utilizar como sinónimos Administración del Estado y Administración central.

b) Órganos activos, consultivos o de control. Esta distinción se fija en las funciones atribuidas al órgano. Son activos los que resuelven los procedimientos; los consultivos carecen de tal facultad y se limitan a informar o asesorar a los órganos activos; y los de control asumen las tareas de fiscalización de otros órganos. Esta clasificación es, no obstante, equívoca. Aunque hay concretos órganos que sólo realizan un determinado tipo de funciones (p. ej., el Consejo de Estado y el Consejo Consultivo de Andalucía), no es extraño que un mismo órgano ejerza funciones de todo tipo. Así ocurre, por ejemplo, con algunos de los más relevantes como los Plenos locales que ejercen, según el caso, funciones resolutivas, consultivas y de control.

c) Órganos superiores, directivos y ordinarios. Los superiores son aquellos que asumen la planificación y la alta dirección y coordinación de la organización y las materias colocadas bajo su responsabilidad. A los órganos directivos les corresponde la ejecución, puesta en práctica y la dirección inmediata del resto de los órganos y unidades que integran la estructura organizativa compleja común. Las leyes de las distintas Administraciones precisan cuáles son los órganos superiores y directivos (arts. 55.3 LRJSP, 16 LAJA y 130 LRBRL para los Municipios de gran población). Por debajo de ambos quedan otros muchos órganos o simples unidades administrativas.

d) Órganos unipersonales y colegiados. Un órgano es unipersonal cundo la titularidad del órgano corresponde a una única persona física mientras que es colegiado si la titularidad la comparten varias personas físicas. De este dato deriva un peculiar régimen jurídico, pues mientras que en los unipersonales la voluntad administrativa es la manifestada por su único titular, en los colegiados debe seguirse un procedimiento cuyo objeto es determinar su voluntad integrando las opiniones individuales de sus componentes, procedimiento cuya inobservancia puede afectar a la validez de la decisión colegiada.

III. EN PARTICULAR, LOS ÓRGANOS COLEGIADOS

1. Concepto y creación

Los órganos colegiados son aquellos cuya titularidad está compartida por varias personas físicas, que deben seguir un procedimiento determinado para integrar las voluntades individuales y formar la voluntad del órgano. Según las funciones atribuidas a la competencia del órgano, el ordenamiento jurídico establece unas reglas para su creación y su funcionamiento.

No toda unidad administrativa compuesta por varias personas pueda considerarse un órgano colegiado, ni toda reunión de varias personas físicas sea una unidad u órgano administrativo colegiado.

En la Administración del Estado, son órganos colegiados los integrados por tres o más personas, a los que se atribuyan funciones administrativas de decisión, propuesta, asesoramiento, seguimiento o control (art. 20.1 LRJSP). Para otro tipo de funciones, se crearán comisiones o grupos de trabajo cuyos acuerdos «no podrán tener efectos directos frente a terceros» (art. 22.3 LRJSP). Por su parte, en la Administración de la Junta de Andalucía son órganos colegiados los compuestos por tres o más miembros que, «reunidos en sesión convocada al efecto, deliberan y acuerdan colegiadamente sobre el ejercicio de las funciones que les están encomendadas». En los demás casos, constituirán unidades administrativas especiales bajo la denominación de comités o similares (arts. 19 y 88 LAJA). Tampoco hay órgano colegiado en sentido propio cuando simplemente dos o más sujetos actúan conjuntamente sin la existencia de una unidad organizativa reconocida (p. ej., cuando presidente y secretario de un órgano colegiado se reúnen para decidir cuándo y para qué convocarlo).

En cuanto a la forma de creación, en la Administración del Estado la creación de los órganos colegiados se hace, según los casos, por Real Decreto o por Orden Ministerial y, como se trata de reglamentos, deben publicarse en el *BOE* (art. 22.1 y 2 LRJSP). Al igual que con cualquier órgano, el reglamento de creación debe especificar sus fines y objetivos, su integración administrativa o dependencia jerárquica, la composición y los criterios de designación de sus miembros, las funciones de decisión, propuesta, informe, seguimiento, control o cualquier otra que se le atribuya, y la dotación de los créditos que su puesta en funcionamiento requiera. Los grupos y comisiones de trabajo podrán crearse por simple acuerdo del Consejo de Ministros o por los Ministerios afectados (art. 22.3 LRJSP). En la Junta de Andalucía el artículo 89 LAJA responde a criterios similares. En realidad, crear meros grupos de trabajo con la denominación que sea está al alcance de casi cualquier órgano y sin formalidades especiales. Por ejemplo, una Junta de Facultad puede crear sin más requisitos una comisión para estudiar la posibilidad de modificar los planes docentes o para hacer una propuesta de calendarios, etc.

Por lo que concierne a su régimen de funcionamiento, los grupos de trabajo, los comités o, en general, las unidades colegiadas (cuya labor es interna y sólo a la propia organización interesa) actúan informalmente, sin sujetarse a un procedimiento colegial riguroso y, en coherencia con esto, ningún vicio podrá imputarse por el incumplimiento de unas formalidades inexistentes. Dicho de otro modo, no resultará aplicable el vicio de nulidad de pleno derecho del artículo 47.1.*e*), *in fine*, LPAC. Todo eso es sólo propio de los verdaderos órganos colegiados, como veremos finalmente.

2. Clases de órganos colegiados y variedad de regímenes jurídicos

La LRJSP parte de la siguiente tipología:

a) Órganos colegiados del Gobierno de la Nación y de las Comunidades Autónomas. Un primer tipo son los que la disposición adicional 21.ª LRJSP denomina «órganos colegiados de gobierno», que, además, están excluidos del ámbito de aplicación de la regulación general sobre órganos colegiados. Los órganos colegiados de gobierno de la Nación (Consejo de Ministros y Comisiones Delegadas del Gobierno según el art. 1.3 LG) y similares autonómicos se rigen por sus propias reglas que tienen en cuenta su peculiar naturaleza jurídica, política y administrativa.

La regulación legal y reglamentaria sobre el funcionamiento de los órganos colegiados de Gobierno de la Nación es escueta, pues no tiene mucho sentido un riguroso procedimiento para formar la voluntad colegiada. Ni siquiera se ha previsto cómo se forma esa voluntad ni si se celebra una votación. En todo caso, la libertad del Presidente del Gobierno para nombrar y destituir a los miembros del Gobierno, o el secreto de las deliberaciones condicionan la exteriorización de cualquier tipo de discrepancia que se produzca en el Consejo de Ministros o en las Comisiones Delegadas del Gobierno, o que deban seguirse unas reglas predeterminadas para celebrar una sesión. Lo mismo puede predicarse de los órganos de gobierno autonómicos. Sin embargo, la LGA ha previsto unos requisitos de quórum, la celebración de una votación e incluso el carácter dirimente del voto de la Presidencia (art. 30), lo que no parece muy lógico teniendo en cuenta que el Presidente puede destituir a cualquier miembro que discrepe que, además, está obligado a respetar el secreto de lo sucedido en todo momento.

b) Pleno de las Entidades locales y Junta de Gobierno local. La regulación general que establece la LRJSP tampoco se aplica a estos órganos colegiados de las entidades locales (disp. adic. 21.ª LRJSP), pues se rigen por una normativa básica especifica que establece la LRBRL (lección 12.ª).

c) Órganos interadministrativos y representativos. Son interadministrativos los compuestos por autoridades y empleados públicos de distintas Administraciones públicas. Son representativos aquellos en los que participan organizaciones representativas de intereses sociales. No se trata de criterios incompatibles, pues son frecuentes los órganos interadministrativos y representativos. La legislación estatal básica diferencia estos órganos colegiados para, por un lado, reconocer que podrán establecer o completar sus propias normas de funcionamiento; y, por otro lado, declarar que se integran en la organización administrativa pero no en su estructura jerárquica (art. 15.2 LRJSP).

Este reconocimiento expreso de la potestad normativa interna a ciertos órganos colegiados tiene como finalidad garantizar un margen de actuación para adaptar su funcionamiento interno a las características propias de cada órgano respetando naturalmente los límites prefijados en su norma de creación. Respecto de la ordenación jerárquica de los órganos colegiados, debe tenerse presente que la voluntad colegiada se forma siguiendo el procedimiento colegial, y no tiene sentido que pueda resultar predeterminada por la intervención de un órgano superior jerárquico. Distinto es que ese superior jerárquico pueda revisar el acto colegial en virtud de un recurso de alzada. Con esta intención los órganos colegiados «se consideraran dependientes del órgano al que estén adscritos o, en su defecto, del que haya nombrado al presidente» (art. 121.1 LPAC).

d) Órganos burocráticos. Esta categoría constituye un cajón de sastre que comprende, a efectos de la clasificación prevista en la LRJSP, todos los órganos colegiados no incluidos en las anteriores categorías. Generalmente se consideran burocráticos aquellos compuestos por autoridades o empleados públicos en general de una misma Administración pública y que no representan intereses distintos del interés público. Por eso se incluyen en esta categoría los órganos de expertos, en los que la condición de miembro se reconoce a quienes por el conocimiento, experiencia, profesionalidad o similares contribuyen a una adecuada apreciación del interés público.

Esos expertos pueden ser empleados públicos elegidos de forma diversa (por sorteo, nominalmente por otro órgano administrativo), designados por ocupar un determinado cargo, nombrados por las organizaciones que aglutinan a los respectivos colectivos de profesionales, pero en todo caso lo que el ordenamiento jurídico persigue es que participen conjuntamente aportando sus conocimientos, saberes, experiencias... para formar la voluntad colegiada. No se trata de representar intereses sociales, colectivos o profesionales sino las diversas perspectivas que una correcta y adecuada materialización de los intereses públicos requiere. Así ocurre con los tribunales y comisiones de selección de personal, y con numerosos órganos consultivos y de asesoramiento (Comisión Nacional de Reproducción Humana Asistida).

En la Administración de la Junta de Andalucía los órganos colegiados se clasifican atendiendo a los siguientes criterios: *a*) por su composición, en interdepartamentales o pertenecientes a una sola Consejería; *b*) por su ámbito funcional, en asesores, decisorios y de control; *c*) por su régimen de adscripción, según estén bajo la dependencia de otro órgano jerárquicamente superior o dispongan de autonomía funcional; y, *d*) por las características de sus miembros, en órganos de participación administrativa o social (art. 88 LAJA.).

Sin perjuicio de las anteriores clasificaciones, tanto en la Administración del Estado como en la Junta de Andalucía debe respetarse el equilibrio en la presencia de mujeres y hombres que, respecto de ésta última, se concreta en, al menos, un cuarenta por ciento (arts. 135 EAA y 18 y 19.2 LAJA).

3. Estructura del órgano colegiado

La naturaleza colegiada de un órgano requiere que, al menos, sean tres las personas que deben participar en la formación de su voluntad, aunque generalmente son más.

No recoge la LRJSP el aforismo latino que exige un mínimo de tres sujetos para reconocer un órgano colegiado (*très fàciunt collègium*), como hacen otras normas, en particular el artículo 19.1 LAJA o el artículo 46 LRBRL. En todo caso resulta obvio que la colegialidad presupone al menos tres voluntades individuales en todo momento, es decir, tanto en las normas de creación como en las que rigen su funcionamiento. No obstante, se ha considerado válida la sesión celebrada por un órgano colegiado con solo dos de sus miembros, al estar la tercera plaza vacante desde el cese del anterior vocal (SSTS 1997 y 1998/2017, de 18 diciembre).

El régimen jurídico básico de los órganos colegiados en la LRJSP no refiere una mínima estructura interna como inicialmente hacía la Ley 30/1992 y, en consecuencia, no hay referencia alguna a quiénes son —o pueden ser— Presidente y miembros del órgano, ni cuáles son sus funciones (aunque algunas están implícitamente reconocidas al regular el régimen de las sesiones).

Esto es consecuencia de la STC 50/1999, que consideró que la regulación de las funciones del Presidente y los miembros que establecían los artículos 23 y 24 de la Ley 30/1992 excedían de lo básico. No obstante, lo cierto es que cualquier órgano colegiado requiere para su adecuado funcionamiento que se repartan las funciones en términos más o menos similares. Por eso, las regulaciones, estatal no básica que ahora se establece en el artículo 19 LRJSP, y autonómicas no difieren sustancialmente.

El Presidente del órgano colegiado se determina según lo dispuesto en la norma de creación que puede contemplar también la designación de uno o varios vicepresidentes que asumirán la suplencia en caso de vacante, ausencia o enfermedad. Sus principales funciones son la representación del órgano, acordar la convocatoria de las sesiones, determinar el orden del día, presidir las sesiones, moderar los debates, dirimir con su voto los empates y visar las actas y certificaciones de los acuerdos del órgano (arts. 23 LRJSP y 93 LAJA).

Corresponde a los miembros de los órganos colegiados: recibir con una antelación mínima de 48 horas la convocatoria de la sesión que incluirá el orden del día y consultar la información al respecto que estará a su disposición en igual plazo; participar en los debates y en las votaciones, pudiendo expresar voto particular; formular ruegos y preguntas y proponer a la presidencia la inclusión de asuntos en el orden del día (arts. 24 LRJSP y 94 LAJA).

La regulación básica de los órganos colegiados sí presta atención al Secretario, que puede ser miembro del propio órgano o una persona al servicio de la Administración pública correspondiente. El Secretario existe en todos los órganos colegiados y le corresponde «velar por la legalidad formal y material de las actuaciones del órgano colegiado, certificar las actuaciones del mismo y garantizar que los procedimientos y reglas de constitución y adopción de acuerdos son respetadas» (art. 16 LRJSP).

El titular de la secretaría del órgano colegiado ejerce las siguientes funciones: prepara el despacho de los asuntos de competencia del órgano y recepciona los escritos y documentos que se generen o remitan los miembros, organizando y gestionando en su caso el registro del órgano; efectúa la convocatoria de las sesiones por orden del presidente y las citaciones a los miembros; redacta y autoriza las actas de las sesiones y expide las certificaciones de las actuaciones y acuerdos. Si es miembro del órgano colegiado también participa en los debates y votaciones, pero si no ostenta tal condición asistirá a las sesiones con voz pero sin voto (art. 95 LAJA).

Se admiten diversas formas de designación del Secretario, pero teniendo en cuenta sus funciones, debería ser funcionario para acomodarse al artículo 9.2 EBEP. Ese artículo 9.2 reserva a los funcionarios públicos el ejercicio de las funciones que impliquen la participación directa o indirecta en el ejercicio de las potestades públicas y las que corresponden a los Secretarios tienen tal carácter. No obstante, el artículo 25.1 LRJSP introduce confusión al contraponer la condición de miembro del órgano con la de personal al servicio de la Administración pública correspondiente cuando se trata de dos cuestiones distintas.

4. Sesiones y acuerdos de los órganos colegiados

La formación de la voluntad colegiada requiere que se celebre la sesión debidamente convocada (es decir, previa citación de los miembros acompañada del orden del día) con la asistencia de los miembros para que manifiesten sus opiniones individuales en la oportuna votación. Todos los órganos colegiados, salvo que expresamente se prohíba, se podrán constituir, convocar, celebrar sesiones, adoptar acuerdos y remitir actas tanto de forma presencial como a distancia (art. 17.1 LRJSP).

En las sesiones a distancia, los medios electrónicos deben asegurar la identidad de los miembros, el contenido de sus manifestaciones, el momento en que éstas se producen, así como la interactividad e intercomunicación entre ellos en tiempo real. El artículo 17.1 LRJSP se refiere a los medios telefónicos, audiovisuales, el correo electrónico, las audioconferencias y las videoconferencias. En esta línea, el artículo 91.3 LAJA también admite que las sesiones de los órganos colegiados se celebren utilizando las redes de comunicación a distancia. El empleo de estos medios no ocasiona problemas, siempre que los miembros del órgano colegiado debatan y voten simultánea y no sucesivamente. La razón de ser del órgano colegiado es que, sobre la base de ese intercambio de pareceres, se forme la voluntad colegiada que es el resultado de la integración de las voluntades individuales, y no su simple suma. Por eso, el acuerdo colegial requiere la simultaneidad.

La celebración de las sesiones de los órganos colegiados requiere la previa convocatoria de los miembros que deberá enviarse con el orden del día de la sesión con la antelación que en cada caso se establezca.

Las normas de funcionamiento de cada órgano colegiado determinarán el régimen de convocatoria, que se remitirá por medios electrónicos, incluyendo el orden del día junto con la documentación necesaria para su deliberación cuando sea posible, las condiciones en las que se va a celebrar la sesión, el sistema de conexión y, en su caso, los lugares en que estén disponibles los medios técnicos necesarios para asistir y participar en la reunión (art. 17.3 LRJSP). En los órganos colegiados de la Administración del Estado, los miembros la recibirán con una antelación mínima de dos días [art. 19.3.*a*) LRJSP]; y en los de la Junta de Andalucía de cuarenta y ocho horas [art. 94.1.*a*) LAJA].

Para que el órgano celebre válidamente la sesión es necesaria la presencia del Presidente y Secretario (o quienes legalmente asuman sus funciones) y la mitad al menos de sus miembros. En los órganos interadministrativos y representativos, el Presidente podrá considerar válida la sesión si están presentes los representantes de las Administraciones públicas y de las organizaciones representativas de intereses sociales a los que se haya atribuido la condición de portavoces. Cuando estuvieran reunidos, todos los miembros del órgano (y el Secretario), podrá constituirse válidamente como órgano colegiado para la celebración de sesiones, deliberaciones y adopción de acuerdos sin necesidad de convocatoria previa si así lo deciden todos sus miembros (art. 17.2 LRJSP).

Es la llamada sesión universal que permite resolver asuntos de la competencia del órgano si así lo acuerdan por unanimidad todos los miembros. Por eso, tiene un alcance limitado pues basta que algún miembro no haya asistido o que aun asistiendo rechace entrar a conocer del asunto para que no pueda celebrarse. Pero en ciertos órganos, como los poco numerosos y de expertos, las sesiones universales constituyen un medio muy efectivo para resolver con inmediatez.

El desarrollo de la sesión se realiza siguiendo el orden del día. El orden del día es la relación de asuntos que serán objeto de atención en la sesión convocada que debe conocerse anticipadamente por los miembros. Con esta exigencia se persigue un triple fin: que los miembros decidan su asistencia si no es obligatoria, que obtengan los datos e informaciones necesarios para formar adecuadamente su voluntad individual y, en consecuencia, predetermina cuáles son los acuerdos que el órgano adopta válidamente. Por eso no podrá adoptarse acuerdo alguno sobre asuntos que no figuren en el orden del día, salvo que estén presentes todos los miembros del órgano colegiado y el asunto sea declarado urgente por el voto favorable de la mayoría (art. 17.4 LRJSP).

La LRJSP exige dos requisitos para la declaración de urgencia: la asistencia a la sesión de todos los miembros y el acuerdo de la mayoría. Basta que algún miembro no haya asistido a la sesión o incluso decidiera abandonarla para que ya no proceda la declaración de urgencia. Además será precisa una votación previa que sólo tiene como finalidad que el órgano aprecie que efectivamente el asunto debe tratarse sin demora. En todo caso, debe exigirse que el asunto sea realmente urgente y así deberán controlarlo los tribunales, pues lo contrario, permitiría una violación sistemática de los derechos de los miembros a conocer con la antelación precisa para documentarse cuáles son los asuntos sobre los que tienen que pronunciarse.

Los acuerdos se adoptan por mayoría de votos según el artículo 17.5 LRJSP, que no precisa cuál es el número de referencia o el sistema de votación. Sin perjuicio de las reglas propias de cada órgano colegiado, con carácter general se entiende que un acuerdo se adopta si los votos a favor de la propuesta superan los votos en contra. Se trata de la mayoría simple o relativa, que generalmente tiene en cuenta el número de votantes o asistentes en el momento de la votación.

Dentro de las diversas mayorías cualificadas o reforzadas, que comprenderían todas aquellas más rigurosas que la simple, la más frecuente es la mayoría absoluta del número legal de miembros del órgano colegiado, que exige el voto a favor de la mitad más uno de los miembros del órgano colegiado, y no sólo de los presentes en el momento de la votación. En todo caso, las posibles fracciones se completan por exceso. Por ejemplo, un órgano integrado por veinticinco miembros, necesita trece votos favorables si se exige la mayoría absoluta y diecisiete votos si se impone la mayoría de dos tercios. Los sistemas para manifestar el voto pueden ser muy variados, pero lo importante es diferenciar los secretos, que no permiten conocer el sentido del voto de cada miembro, de los sistemas abiertos que sí lo permiten.

Con carácter general cada miembro decide libremente su voto, y podrá formular voto en contrario y explicar el sentido de su voto.

En la Administración del Estado no podrán abstenerse en las votaciones quienes, por su cualidad de autoridades o personal al servicio de las Administraciones públicas, tengan la condición de miembros natos de órganos colegiados en virtud del cargo que desempeñan [art. 19.3.*c*) LRJSP]. En la Junta de Andalucía, la prohibición de abstención comprende a quienes por su cualidad de autoridades o personal al servicio de la Administración de la Junta de Andalucía tengan la condición de personas miembros de órganos colegiados. Esta era la regla que establecía la Ley 30/1992 y que el Tribunal Supremo (sentencia de 15 de julio de 2003) ha considerado exigible solamente a «quienes están integrados en la organización administrativa, y por ello gozan del deber de decidir, de aportar sus propios criterios o los criterios de la Administración o del órgano de quien dependen en el órgano al que concurren para garantizar la adecuada formación de la voluntad administrativa».

Si se produce un empate entre los votos a favor y en contra, se reconoce un voto de calidad o dirimente a favor del Presidente que deshace la igualdad inicial a favor del sentido del voto manifestado por el Presidente.

Este voto dirimente se reconoce expresamente en los órganos colegiados de la Administración del Estado [art. 19.2.*d*) LRJSP] y de la Junta de Andalucía [art. 93.1.*d*) LAJA], si bien en los de carácter interadministrativo y de participación deberán establecerlo así las normas propias de cada órgano.

La responsabilidad por los actos colegiales recae sobre los miembros que han votado a favor: los que votan en contra o se abstienen quedan exentos de responsabilidad (art. 17.5 LRJSP).

Se trata de la responsabilidad del miembro que pueda derivarse, en su caso, del acuerdo colegial, sin perjuicio, por tanto, de la responsabilidad directa de la Administración por los daños que ese acuerdo haya podido ocasionar (lección 9, tomo II).

Si el órgano colegiado adopta acuerdos sin respetar las reglas expuestas, tales acuerdos podrán ser declarados nulos. Como se verá en su momento (Tomo II, lección 3), el artículo 47 LPAC enumera las causas de nulidad de los actos administrativos. Nos interesa ahora que entre ellas aparece ésta: los dictados prescindidos «de las normas que contienen las reglas esenciales para la formación de la voluntad de los órganos colegiados».

¿Cuáles son esas «reglas esenciales»? La jurisprudencia ha destacado el carácter esencial de las reglas que regulan la convocatoria de los componentes del órgano; las que determinan la composición del órgano colegiado; las relativas a la elaboración del orden del día de la sesión; las que exigen la presencia de un determinado número de miembros (quórum asistencial); y las que se refieren a la votación (STS de 23 de febrero de 2012; rec. cas. 5412/2007). Incluso cuando se haya vulnerado alguna de esas reglas esenciales no siempre se declara la nulidad, pues la jurisprudencia acepta el denominado principio de resistencia de los actos colegiados que permite salvar aquellos producidos con alguna irregularidad pero cuyo contenido habría sido el mismo aunque se hubieran respetado escrupulosamente las normas. Este principio debe aplicarse con prudencia, pues lo contrario llevaría a prescindir de la participación del miembro disidente en clara minoría, ya que nunca tendría posibilidad de influir en el resultado final de la votación. Esta causa de nulidad la pueden invocar los administrados interesados, pero también en algunos casos el miembro del órgano colegiado al que se haya impedido participar.

5. Documentación de la sesión y los acuerdos: acta y certificaciones

El acta es la reseña escrita de las circunstancias objetivas de la sesión celebrada, los aspectos fundamentales de lo sucedido en su desarrollo y los actos colegiales adoptados. El acta, el orden del día y otros documentos incorporados al expediente de la sesión permiten acreditar cuáles fueron los datos objetivos de lo que efectivamente ocurrió. Esta documentación es elemento de prueba de la regularidad del procedimiento colegial pues permite comprobar la legalidad de la sesión y del acuerdo adoptado y, a tal fin, debe reflejar las incidencias jurídicamente relevantes.

El Secretario levanta acta de cada sesión que especificará «los asistentes, el orden del día de la reunión, las circunstancias del lugar y tiempo en que se ha celebrado, los puntos principales de las deliberaciones, así como el contenido de los acuerdos adoptados» (art. 18.1 LRJSP). Además de este contenido del acta que tiene carácter básico, la legislación andaluza impone que consten: *a*) los votos particulares que formulen por escrito los miembros del órgano colegiado en el plazo que fije la norma correspondiente y, en su defecto, en el de cinco días; *b*) el sentido y motivación del voto emitido o de la abstención que se presenten por escrito en la misma sesión; *c*) la transcripción de las intervenciones presentadas durante la sesión o en el mismo día, previa comprobación por el Secretario de su fiel correspondencia con las realizadas y, si se produjera discrepancia, decidirá el Presidente; *d*) las resoluciones adoptadas por el Presidente durante la sesión, relativas al orden y moderación de los debates, que susciten oposición por alguno de los miembros y no sean objeto de acuerdo por el órgano colegiado.

El artículo 18 LRJSP prevé la grabación de las sesiones de los órganos colegiados.

Corresponde al propio órgano colegiado la aprobación del acta y lo hará en la misma o en la siguiente sesión (art. 18.2 LRJSP).

La aprobación del acta es una declaración de conocimiento, que no contiene valoraciones ni declaraciones de juicio; sólo confirma que lo que ha recogido el Secretario en el borrador se corresponde con lo sucedido. El acto colegial es oral y su constancia en el acta es un elemento de prueba. El acto existe desde que se adoptó. La aprobación por los miembros no es una ratificación de los acuerdos adoptados ni convalida posibles irregularidades de la sesión o del acto colegial; ni la validez y eficacia del acto colegial depende de la aprobación del acta. Con ocasión de la ratificación del acta no cabe plantear discusión alguna sobre el fondo ni cuestionar el acuerdo alcanzado. Las únicas intervenciones de los miembros admisibles son las que tengan por objeto analizar la fidelidad entre lo sucedido y lo incluido en el acta y a este fin responden las posibles rectificaciones del borrador.

En los órganos colegiados corresponde a los Secretarios expedir (y al Presidente visar) las certificaciones de lo acordado. El artículo 17.7 LRJSP dispone que «quienes acrediten la titularidad de un interés legítimo podrán dirigirse al Secretario de un órgano colegiado para que les sea expedida certificación de sus acuerdos». Las certificaciones de acuerdos adoptados que se emitan antes de la aprobación del acta harán constar expresamente estas circunstancias (art. 19.4 LRJSP, respecto de los órganos estatales y art. 96.2 LAJA, para los andaluces).

IV. RÉGIMEN GENERAL DE LAS RELACIONES INTERORGÁNICAS

1. La estructura jerárquica. El principio de jerarquía organizativa

Las Administraciones que cuentan con estructuras complejas se organizan jerárquicamente, es decir, sus órganos y unidades se ordenan escalonadamente como si fuera una pirámide: uno ocupa la cúspide, una pluralidad los inferiores, graduándose sucesivamente los intermedios. Esta forma de ordenar internamente la Administración tiene varias consecuencias, pero la fundamental es asegurar que la voluntad de la persona jurídica sea la misma en todo caso. Por eso, la jerarquía organizativa es un modo de ordenar internamente la Administración pero su finalidad es externa: asegurar la racionalidad y coherencia de la actuación administrativa, la igualdad en la aplicación de las normas y en el ejercicio de las competencias (López Benítez). Con esta finalidad, los órganos superiores dirigen la actividad de los jerárquicamente dependientes. Y a tal efecto, pueden, entre otras cosas, dictar instrucciones y órdenes de servicio de obligada observancia para los inferiores (art. 6 LRJSP).

Ya nos referimos a las instrucciones (lección 8) para distinguirlas de los reglamentos. Las órdenes de servicio imponen específicas actuaciones a un órgano inferior para un supuesto determinado. Esto mismo se reconoce en la LAJA que, además de esas dos figuras, habla de circulares (art. 98), como hacía antes la legislación estatal. Pero la diferencia entre instrucciones y esas circulares es de poco interés y en la actualidad, cuando es habitual el uso del término «circular» para referirse a auténticos reglamentos, introduce confusión.

Además de otras manifestaciones, la ordenación jerárquica tiene variadas consecuencias. Por ejemplo, el órgano superior podrá ordenar la abstención del inferior y resolverá sobre su recusación (arts. 23 y 24 LRJSP); corresponde al inferior dejar constancia escrita de los actos adoptados oralmente por el superior (art. 36 LPAC); el superior jerárquico puede revisar lo actuado por el inferior al resolver el recurso de alzada (art. 121 LPAC) mientras que las resoluciones de los órganos que carecen de superior jerárquico ponen fin a la vía administrativa (art. 114 LPAC); los superiores tienen potestad de inspección de los inferiores; pueden delegarles o avocarles competencias; etc.

De jerarquía propiamente sólo se puede hablar entre órganos de una misma Administración.

Por tanto, en las relaciones interadministrativas no hay jerarquía, aunque cuando se trata de entes instrumentales los poderes de dirección y control que sobre ellos ejerce la Administración matriz son similares a los jerárquicos.

Dentro de una misma Administración, la jerarquía estructura el conjunto y a los concretos órganos con una misma competencia material.

Así, en la Administración andaluza, como se verá en la lección 11, en cada Consejería los Consejeros son los órganos superiores directos de los Viceconsejeros, y de estos órganos dependen los demás directivos, ordenados jerárquicamente entre sí: la Secretaria General, la Secretaría General Técnica y la Dirección General (art. 25 LAJA). Y lo mismo sucede en la Administración estatal dentro de cada Ministerio (lección 10).

Pero eso no significa que haya jerarquía entre todos y cada uno de los órganos de una Administración.

Así, no hay jerarquía entre los distintos órganos fundamentales de las Administraciones locales, como son el Alcalde-Presidente, el Pleno y la Junta de Gobierno Local.

Dentro de la Administración estatal y andaluza no existe relación de jerarquía entre órganos que ocupan la misma posición ni entre los que tienen diferente competencia material; por ejemplo, no hay jerarquía entre dos Ministros ni entre un Ministro y el Subsecretario de otro Ministerio.

Además, quedan al margen de la jerarquía, como antes se ha indicado, los órganos colegiados (aunque sí pueda existir dependencia jerárquica de alguno de sus miembros). Asimismo, los órganos más puramente consultivos o de asesoramiento y los de fiscalización, que deben ejercer su actuación con independencia de criterio respecto de los asesorados o fiscalizados, no están sometidos a la jerarquía general o lo están con matices. Así lo prevé el artículo 7 LRJSP respecto de los servicios administrativos que prestan asistencia jurídica, que no estarán sujetos a dependencia jerárquica ni recibirán instrucciones, directrices o cualquier clase de indicación de los órganos que hayan elaborado las disposiciones o producido los actos objeto de consulta. También, por distintas razones, existen órganos que escapan, al menos en parte, a la jerarquía. El artículo 112.2 LPAC permite atribuir la resolución de recursos administrativos a órganos «no sometidos a instrucciones jerárquicas»; asimismo la Ley 3/2015, reguladora del ejercicio del alto cargo de la Administración del Estado, crea la Oficina de Conflictos de Intereses a la que corresponde controlar que los altos cargos cumplen sus deberes y, como no podría ser de otra forma, dice que tal Oficina «actuará con plena autonomía funcional en el ejercicio de sus funciones».

2. La competencia de los órganos administrativos

A) *Concepto y determinación*

La competencia es el conjunto de funciones, atribuciones o potestades que corresponden a los órganos administrativos y a las Administraciones públicas. Se trata, por tanto, de una noción que se emplea indistintamente para el reparto de funciones dentro de una Administración pública y para delimitar qué es lo que puede hacer cada una de las Administraciones.

Respecto de lo primero, hay que insistir en que el régimen jurídico de las competencias encomendadas a los órganos administrativos y las que corresponden a la Administración en su conjunto es sustancialmente distinto, en particular en cuanto a su forma de determinación. Para diferenciar este régimen, se ha pretendido reservar el término «competencia»» para delimitar las materias que corresponden a las distintas Administraciones públicas y emplear el de «atribución» para identificar el reparto de funciones entre los órganos de una misma Administración. Sin embargo, usualmente se denomina competencia a las atribuciones de los órganos y de las Administraciones, salvo en relación con los conflictos que sí suele diferenciarse el de atribuciones (entre órganos) y el de competencias (entre Administraciones). Incluso se habla de competencias para referirse en general a las del Estado y a las de las Comunidades Autónomas, aunque ahí se están incluyendo no sólo las de sus respectivas Administraciones, sino también la de sus órganos legislativos.

Ahora sólo nos interesa la competencia que delimita las distintas tareas entre los órganos de una misma Administración, y constituye el presupuesto previo y necesario para que actúen. Por eso se dice que la competencia es la medida de la potestad del órgano administrativo. Para concretar qué le corresponde hacer a cada órgano administrativo es preciso combinar diversos criterios: el material, que atiende a los distintos sectores o ámbitos de la acción pública como la sanidad, los transportes o la educación; el territorial, que tiene cuenta el territorio en el que el órgano puede actuar según la distinción que ya conocemos entre órganos centrales y periféricos; y, el jerárquico, que implica la atribución diferenciada de competencias según la posición en la estructura jerarquizada de la Administración.

En la determinación del órgano competente hay que tener presente que los órganos periféricos actúan en sus respectivos territorios, luego se trata de un reparto horizontal, mientras que en el criterio jerárquico el reparto es vertical. También cabe referirse al criterio procedimental, que supone la intervención de los distintos órganos administrativos en diversas fases y trámites del procedimiento administrativo. Generalmente este último criterio está precondicionado por el ordenamiento jurídico al concretar la competencia que corresponde a cada órgano con la misma competencia material pero distinto ámbito territorial y posición jerárquica. No obstante, las normas no siempre identifican el concreto órgano al que corresponde cada una de las competencias y, en tal, caso, resulta de aplicación el criterio de la desconcentración del artículo 8.3 LRJSP.

Corresponde al órgano administrativo que en cada caso resulte competente dictar los actos que procedan (art. 34 LRJSP) y, si actúa el que carece de competencia, se produce un vicio de incompetencia que podrá determinar la invalidez del acto administrativo.

El acto viciado de incompetencia será nulo de pleno derecho si se ha dictado por «órgano manifiestamente incompetente por razón de la materia o del territorio» [art. 47.1.*b*) LPAC], y será anulable en los demás supuestos, como se estudia en la lección 3 del tomo II. Así, el vicio de incompetencia podrá ser alegado por cualquier particular interesado en que se anule el acto. Y, además de eso, los mismos órganos que ven menoscabada su competencia por otro tienen vías para tratar de preservarla (conflictos de atribuciones y conflictos de competencias, que veremos luego).

En todo caso, debe notarse que el órgano es el instrumento que permite a la Administración ejercer sus funciones y, por tanto, no puede hacer dejación de sus competencias. Con esta intención, el artículo 8 LRJSP proclama que la competencia es irrenunciable, y se ejercerá precisamente por el órgano que la tenga atribuida como propia. Esta vinculación entre titularidad de la competencia y órgano que la ejerce puede disociarse mediante la delegación y la avocación. Y también puede alterarse alguno de los elementos que definen el ejercicio de la competencia.

El artículo 8.1 LRJSP se refiere primero a la delegación y a la avocación y, en el párrafo segundo, a la encomienda de gestión, la delegación de firma y la suplencia, si bien precisa que «no supone alteración de la titularidad de la competencia aunque sí de los elementos determinantes de su ejercicio que en cada caso se prevén». La redacción del precepto puede originar equívocos que merecen una aclaración previa antes del análisis de estas técnicas. Por un lado, pudiera llevar al error de creer que en la delegación y la avocación sí se altera la titularidad, lo que no es cierto, pues sólo resulta afectado el órgano que la ejerce, manteniéndose en todo caso la titularidad en aquel al que la norma la atribuye (otra cosa será la concentración o desconcentración que sí implica un cambio en la titularidad de la competencia). Por otro lado, también resulta equívoco considerar que la delegación de firma o la suplencia altera un elemento determinante del ejercicio de su competencia pues, como seguidamente veremos, no altera el órgano que ejerce la competencia. Es más clara la redacción del artículo 99.1 LAJA «el principio de irrenunciabilidad de la competencia se entenderá sin perjuicio de los supuestos de alteración del ejercicio o de colaboración de otros órganos en los términos previstos en la ley».

B) *Técnicas de alteración del ejercicio de la competencia o de alguno de sus elementos*

a) La delegación interorgánica

La delegación es la técnica que permite que el titular de una competencia ceda su ejercicio a otro órgano administrativo, alterándose, en consecuencia, quién ejerce la competencia, aunque la titularidad la conserva aquel al que se la ha atribuido el ordenamiento. Externamente no se altera la Administración, sino el concreto órgano administrativo que ha ejercido una competencia.

El concepto genérico de delegación comprende también las interadministrativas, es decir, aquellas que se producen entre dos Administraciones. Pero su significado político es de más calado y su régimen jurídico muy diferente. Por eso las dejamos ahora al margen. En otro orden de consideraciones, la delegación de competencias no debe confundirse con la denominación que por razones históricas reciben algunos órganos administrativos generalmente territoriales (Delegaciones de Hacienda, Delegación del Gobierno...) y que ejercen las competencias que les atribuye el ordenamiento jurídico sin que necesariamente hayan sido objeto de delegación.

El artículo 9 LRJSP establece el régimen jurídico básico de la delegación de competencias entre órganos de la misma Administración. Notemos, por lo pronto, que se refiere no a un asunto concreto sino a todos los relativos a esa competencia y, de otro lado, que la Ley la admite no sólo en órganos inferiores, sino también en otros que no sean jerárquicamente dependientes, así como en las entidades de derecho público vinculadas.

También la LAJA admite estas posibilidades (art. 101). Todo esto —que supone el abandono de la idea tradicional de que sólo cabía delegar en los órganos inferiores jerárquicos— permite que los órganos centrales deleguen sus competencias en órganos periféricos que dependen jerárquicamente de diferente órgano central, así como la delegación interorgánica en estructuras organizativas no jerarquizadas.

Por otra parte, debe notarse que tanto la LRJSP como la LAJA incluyen un supuesto que en puridad es de delegación interadministrativa, como sucede cuando el órgano delegado pertenece a ente institucional. Se deja aquí sentir el carácter estrictamente instrumental de muchos de estos entes. De hecho, cuando la Administración matriz delega el ejercicio de sus competencias en un ente instrumental, aunque se trate de una delegación interadministrativa, su régimen es parecido al de la delegación interorgánica.

La delegación sólo afecta, por tanto, al ejercicio de la competencia, pues el órgano delegante conserva la titularidad y, con ello, la plena disponibilidad sobre lo que delega; es decir, el órgano delegante puede modular el alcance exacto de la delegación, reservarse concretas facultades, limitarla temporalmente y revocarla en cualquier momento (art. 9.6 LRJSP). La delegación —y su revocación— deben publicarse en el *Boletín Oficial* correspondiente (art. 9.3 LRJSP).

En la Administración General del Estado, la delegación de competencias debe ser previamente aprobada por el órgano ministerial de quien dependa el órgano delegante; cuando no se trata de órganos relacionados jerárquicamente, la aprobación previa corresponde al superior común si ambos pertenecen al mismo Ministerio y, si pertenecen a distinto Ministerio, al superior del órgano delegante. Si la delegación se efectúa a favor de un ente instrumental, también deberá aprobarse por el superior del órgano delegado o deberá aceptarse por el órgano máximo de dirección del ente instrumental (art. 9.2 LRJSP). La exigencia de aceptación por el ente instrumental contradice la consideración anterior de este tipo de delegaciones interadministrativas como equiparables a las interorgánicas.

Las resoluciones que se adoptan por delegación deben indicarlo expresamente y se entenderán dictadas por el órgano delegante (art. 9.4 LRJSP).

La naturaleza básica de esta regla ha sido expresamente reconocida por el TC en la sentencia 50/1999, de 6 de abril, y tiene especial trascendencia respecto del régimen de impugnación del acto administrativo adoptado por delegación.

La legislación estatal básica (art. 9.2 LRJSP) establece una prohibición de delegación en los asuntos que se refieran a las relaciones con la Jefatura del Estado, Presidencia del Gobierno de la Nación, Cortes Generales, Presidencias de los Consejos de Gobierno de las CCAA y Asambleas Legislativas autonómicas, la adopción de disposiciones de carácter general, la resolución de los recursos en los órganos administrativos que hayan dictado los actos objeto de recurso y otras materias en las que así lo determine una norma con rango de ley.

A pesar de lo previsto en este artículo 9.2 LRJSP, en la legislación de régimen local, además de especificarse qué competencias pueden o no ser delegadas entre los órganos locales, está prevista la delegación de la potestad reglamentaria por el Pleno de un municipio de gran población a favor de las Comisiones de Pleno. Por otra parte, el artículo 102.5 LAJA dispone que el recurso de reposición que, en su caso, se interponga contra los actos dictados por delegación, salvo que en la propia delegación disponga otra cosa, será resuelto por el órgano delegado. De este modo se impide que el órgano titular de la competencia, al que se imputa el acto dictado por delegación, conozca de dicho acto con ocasión de la interposición del recurso de reposición.

Además, el artículo 9.5 LRJSP incorpora una prohibición relativa respecto de las competencias que se ejerzan por delegación, que no podrán subdelegarse salvo que la Ley lo autorice expresamente, y se impide la delegación de la resolución de asuntos concretos después de evacuado el dictamen o informe que se exija con carácter preceptivo en la norma reguladora del oportuno procedimiento. Por último, se condiciona la delegación de competencias de los órganos colegiados, pues, cuando en su ejercicio se requiera una mayoría determinada para la válida adopción del acuerdo, la delegación deberá adoptarse respetando la misma mayoría (art. 9.7 LRJSP).

b) La avocación

La avocación es la decisión del órgano superior por la que reclama para sí en un asunto concreto la competencia que corresponde a un órgano inferior (art. 10 LRJSP). Sólo afecta al ejercicio de la competencia, no a la titularidad, y sólo a un procedimiento, no a los demás del mismo género. A partir de la avocación el superior ejercerá en ese asunto la competencia que en otro caso ejercería el inferior. Se admite tanto para competencias propias del inferior como para las que ejerce por delegación y se permite con pocas condiciones y límites.

O sea que este artículo 10 LRJSP (igual en sustancia al art. 103 LAJA) acepta que todo lo que corresponde a un inferior puede ser avocado por su superior. La única excepción es que, si se trata de una competencia que el inferior ejerce por delegación, sólo la puede avocar el delegante. Por lo demás, cabe por cualquier circunstancia «de índole técnica, económica, social, jurídica o territorial», libremente apreciada por el superior. Los únicos requisitos son el de su motivación y notificación a los concretos interesados, con anterioridad o simultáneamente con la resolución final que se dicte. Ni siquiera cabe recurso contra ella, aunque sus vicios podrían invocarse al impugnar la resolución dictada en virtud de la avocación.

Solía y suele considerarse la técnica inversa a la delegación. Pero con la LRJSP ello necesita matizaciones. Para empezar, la avocación sí tiene que partir de una relación jerárquica lo que, como hemos visto, no es hoy imprescindible para la delegación. Segundo, mientras que la delegación afecta a un número indefinido de asuntos, la avocación se refiere a uno determinado. Tercero, ni siquiera cuando la avocación se refiere a competencias previamente delegadas por el avocante puede identificarse con la revocación de la delegación: si se revoca la delegación todos los asuntos pasarán a ser resueltos por el delegante en tanto que si se produce una avocación de la competencia delegada únicamente resolverá el específico asunto afectado, pero todos los demás seguirán siendo resueltos por el delegado, pues la delegación sigue desplegando efectos con esa sola excepción. Por ejemplo, mediante resolución de 14 de mayo de 2020, la Secretaría de Estado de Cooperación Internacional avoca la competencia previamente delegada para firmar un Convenio con la Conferencia de Rectores de las Universidades Españolas por la trascendencia social del acto.

c) La encomienda de gestión

Mediante la encomienda de gestión, el titular de una competencia encarga la realización de actividades de carácter material, técnico o de servicios cuando no posea los medios idóneos para su desempeño o por razones de eficacia. No supone cesión de la titularidad de la competencia ni de los elementos sustantivos de su ejercicio pues el titular de la competencia es responsable de dictar cuantos actos o resoluciones de carácter jurídico precise la realización de la concreta actividad material objeto de la encomienda. Aunque esta consideración de la encomienda de gestión que realiza el artículo 11 LRJSP es general, su régimen jurídico es diverso según se refiera a las relaciones entre órganos de la misma Administración o de sus entes instrumentales o, por el contrario, se trate de encomiendas a distintas Administraciones públicas territoriales.

La encomienda de gestión a distintas Administraciones públicas territoriales (o a una entidad instrumental que depende de otra Administración territorial) se formaliza mediante convenio, que es el instrumento usual de colaboración como se verá. No obstante, las reglas generales que establece la LRJSP para los convenios interadministrativos no se aplican a los de encomienda de gestión según dispone el artículo 48.9. Un régimen peculiar es el previsto para que las Diputaciones asuman la gestión ordinaria de los servicios de las CCAA (lección 12). La encomienda de gestión entre órganos administrativos de una misma Administración y a sus entes instrumentales se formaliza en los términos previstos en la normativa propia y, en su defecto, por acuerdo expreso entre los órganos o entidades intervinientes, y será publicado en el boletín oficial correspondiente.

En las encomiendas de gestión entre órganos de la Administración de la Junta de Andalucía servirá de instrumento de formalización la resolución que autorice la encomienda. La encomienda de gestión a agencias dependientes de una Consejería se autoriza por el titular mientras que si se realiza a órganos o agencias pertenecientes o dependientes de diferente Consejería serán autorizadas por el Consejo de Gobierno. El instrumento que formalice la encomienda de gestión, con el contenido que señala el artículo 105 LAJA, se publicará en el *BOJA*. Las encomiendas que otras Administraciones efectúen en favor de los órganos o agencias dependientes de la Administración de la Junta requieren la aceptación del Consejo de Gobierno y se formaliza mediante el convenio publicado (art. 107 LAJA).

Las encomiendas no podrán tener por objeto prestaciones propias de contratos regulados en la legislación de contratos del sector público pues, en tal caso, su naturaleza y régimen jurídico se ajustará a lo previsto en dicha legislación (art. 11.1 LRJSP). El problema principal que plantean las encomiendas de gestión de una Administración a sus entes instrumentales deriva del posible incumplimiento de la normativa europea sobre contratación del sector público cuya aplicación sólo puede excluirse si el ente instrumental se considera un medio propio y servicio técnico del poder adjudicador y, para ello, el poder adjudicador debe ejercer un control análogo al que ejerce sobre sus propios servicios y el ente instrumental realizar la parte esencial de su actividad para el poder adjudicador (lección 10 del tomo II).

d) La delegación de firma

La delegación de firma supone que un órgano, en materia de su competencia propia o delegada, habilita a los órganos que de él dependen a firmar sus resoluciones y actos administrativos, haciéndose constar expresamente la autoridad de procedencia (arts. 12 LRJSP y 108 LAJA). La delegación de firma no altera la competencia del órgano ni su ejercicio, no requiere publicación, aunque está sujeta a los límites previstos con carácter general para la delegación.

La delegación de firma tiene pleno sentido cuando los órganos ejercen su competencia de forma verbal para dejar constancia escrita del acto según prevé el artículo 36.2 LPAC (Izquierdo Carrasco).

e) La suplencia

La suplencia permite cambiar temporalmente la persona que ocupa la titularidad de un órgano. Por tanto, no implica una alteración de competencia, pues no resulta modificado el órgano que la ejerce. En caso de ausencia, vacante o enfermedad, o si concurre una causa de abstención en el titular de un órgano, se producirá la suplencia en la forma que disponga cada Administración pública. Si no se designa un suplente, la competencia del órgano administrativo se ejercerá por quién designe el órgano inmediato quien dependa (arts. 13.1 y 2 LRJSP y 109 LAJA).

La STC 50/1999 consideró que, atribuir la determinación del suplente al órgano competente para el nombramiento del titular suplido, era una regla interna que no podía considerarse básica. No obstante, resulta de aplicación en la Administración de la Junta de Andalucía por haberse incorporado a la legislación propia.

En la Administración General del Estado, la designación del suplente podrá realizarse en los reales decretos de estructura orgánica básica de los Ministerios o por el órgano competente para el nombramiento del titular, bien en el propio acto de nombramiento o en otro posterior cuando se produzca el supuesto que dé lugar a la suplencia (art. 13.3 LRJSP).

Los actos que se dicten mediante suplencia harán constar esta circunstancia, especificando el titular del órgano en cuya suplencia se adoptan y quien está efectivamente ejerciendo la suplencia (art. 13.4 LRJSP).

Distinto de la suplencia es la sustitución, que implica un cambio permanente, aunque con frecuencia se confunden ambas figuras, sobre todo respecto de los miembros de los órganos colegiados. En ciertos órganos colegiados se designan miembros titulares y suplentes que pueden actuar indistintamente en las diferentes sesiones pues lo relevante es que asista y participe en la formación de la voluntad colegiada uno de ellos; en otros órganos colegiados la imposibilidad de participar de miembro titular determina la pérdida de la condición de miembro, que se asume por otra persona, que le sustituye en toda la actuación del órgano.

C) *Los conflictos de atribuciones entre órganos administrativos*

Los conflictos de atribuciones se suscitan cuando dos órganos pertenecientes a la misma Administración cuestionan quién debe ejercer una competencia. Son positivos si ambos la reclaman para sí, y negativos si ninguno se considera competente. A este respecto sí suele emplearse la expresión atribución (art. 14.3 LRJSP). El sistema de resolución de esos conflictos constituye una pieza complementaria del régimen de asignación normativa de competencias. Como precisa el artículo 14 LRJSP, puede suscitarse el conflicto respecto de asuntos sobre los que no haya finalizado el procedimiento.

El órgano administrativo que se considere incompetente lo remitirá al órgano que presume competente. No obstante, los interesados en el procedimiento podrán solicitar del órgano que entienden incompetente que decline su competencia a favor del que consideran competente o dirigirse a este último para que requiera de inhibición al que este conociendo del asunto, aunque también los interesados podrán solicitarle que decline su competencia y remita las actuaciones al competente. El conflicto positivo se plantea cuando el órgano requerido de inhibición no lo acepta por considerarse competente y el conflicto negativo cuando el órgano llamado a conocer del asunto por otro órgano se considera asimismo incompetente.

Corresponde a las normas reguladoras de cada Administración pública determinar quién debe resolver los conflictos.

En la Administración del Estado, si se suscitan entre dos Ministerios los resuelve el Presidente del Gobierno [art. 2.2.*l*) LG] previo dictamen del Consejo de Estado (art. 22.7 LOCE) y si surge entre dos órganos del mismo Ministerio, los resuelve el superior jerárquico común de ambos (disp. adic. 11.ª LRJSP). El sistema es similar en la Administración andaluza [arts. 10.1.*i*) LGA, 26.2.*e*) y 110 LAJA y 17.6 Ley del Consejo Consultivo de Andalucía]. En las Administraciones locales los conflictos entre los órganos se resuelven por el Pleno si el conflicto afecta a los órganos colegiados o sus miembros; y por el Alcalde-Presidente en los demás casos (art. 50 LRBRL).

3. La coordinación interorgánica

La coordinación hace referencia a la necesidad de conjuntar las funciones y actividades para la consecución del interés público, evitando las duplicidades o las contradicciones tanto entre varias Administraciones públicas como, en el interior de cada una de ellas entre varios órganos. La coordinación interorgánica es más fácil de conseguir que la intersubjetiva pues la estructura jerarquizada de la organización la asegura. De hecho, la coordinación interorgánica constituye una de las competencias que corresponden a los órganos superiores de cada organización tanto unipersonales como colegiados.

Además de la coordinación que garantiza la jerarquía, también caben técnicas funcionales como la programación de la actividad y la fijación de objetivos.

Con esta finalidad, el artículo 4 LAJA dispone que la actuación coordinada de los órganos se articulará mediante la planificación de la actividad dentro de cada Consejería, estableciendo objetivos comunes a los que deben ajustarse los distintos centros directivos, órganos, entidades y delegaciones territoriales; así como mediante la planificación de la actividad interdepartamental a través de las orientaciones o criterios de actuación que se fijen por los correspondientes acuerdos del Consejo de Gobierno.

4. La desconcentración

La desconcentración implica un cambio en la titularidad de las competencias de los órganos superiores para transferirlas a los inferiores, que la asumen como propia, no como delegada. La concentración es el fenómeno inverso, la atribución normativa al órgano superior de la competencia que hasta ahora era de titularidad del inferior. Tanto la concentración como la desconcentración requieren un cambio en la norma atributiva de la competencia, y, por ello, son diferentes de la delegación y de la avocación. Este es el sentido del artículo 8.2 LRJSP. Por otro lado, la desconcentración no implica la creación de una nueva persona jurídica ni atribuir la competencia a otra persona jurídica, y en eso se diferencia de la descentralización.

En la Administración andaluza la desconcentración de las competencias de los Consejeros y órganos directivos centrales se realizará a favor de otros órganos jerárquicamente dependientes «cuando circunstancias de carácter organizativo, funcional o territorial lo hagan necesario y no se contradiga la legislación vigente». La desconcentración se aprobará mediante Decreto del Consejo de Gobierno, a propuesta del Consejero correspondiente (art. 100 LAJA).

Cuando el ordenamiento no precisa qué concreto órgano resulta competente, se aplica un criterio favorable a la desconcentración: se entenderá que la facultad de instruir y resolver los expedientes corresponde a los órganos inferiores competentes por razón de la materia y del territorio, y, de existir varios de éstos, al superior jerárquico común (art. 8.3 LRJSP).

En general, se considera que la desconcentración tiene escasa relevancia política y que su finalidad es descongestionar el trabajo de los órganos superiores (que se dedicarían a la coordinación y dirección de los inferiores). Pero nótese que a veces supone que pase la competencia de órganos centrales a órganos periféricos (o sea, que en vez de decidir un Director General con sede en Madrid o Sevilla, decida el delegado en Córdoba, Jaén, Málaga...), lo que sí tiene mayor calado político y supone una mayor proximidad a las cuestiones que se suscitan y a los ciudadanos. En las Administraciones no jerarquizadas como las locales la desconcentración está especialmente relacionada con la creación de órganos con competencia territorial limitada como los Distritos (arts. 24, 24 bis y 128 LRBRL).

V. LA PLURALIDAD DE ADMINISTRACIONES PÚBLICAS. EN PARTICULAR LAS RELACIONES ENTRE LAS ADMINISTRACIONES TERRITORIALES

1. La descentralización: concepto y clases

La existencia de una pluralidad de Administraciones se explica por la descentralización, que hace referencia al reconocimiento de diversos entes públicos con competencias y con capacidad para ejercerlas bajo su propia responsabilidad. Por el contrario, la centralización en su grado extremo supondría la atribución de todas las competencias a un solo ente público.

Ni la centralización ni la descentralización se dan en términos absolutos, pues son principios o criterios tendenciales de organización. Los Estados centralistas generalmente reconocen también otras subjetividades distintas del Estado y les dan ciertas competencias y responsabilidad, aunque escasas; y del mismo modo los Estados descentralizados mantienen al propio Estado y le atribuyen ciertas competencias, aunque relativamente reducidas.

Entre esas dos opciones, la CE acogió la descentralización. No sólo luce en su artículo 103.1, sino que impregna sobre todo, su Título VIII relativo a la organización territorial del Estado.

Si la descentralización se predica del sistema en su conjunto, la autonomía se predica de los concretos entes descentralizados.

Así puede decirse que la CE estableció un sistema descentralizado y que las Regiones y Nacionalidades tienen autonomía. O que antes de 1978 regía en España un sistema centralizado («centralista») en el que las regiones no tenían autonomía (ni siquiera existían como entes públicos) y los Municipios tenían poca autonomía. Pero también suele y puede decirse que la CE consagró el «Estado de las autonomías» con lo que se quiere significar que consagró un Estado descentralizado en el que los entes infraestatales tienen alto grado de autonomía.

Fundamentalmente se hablaba y se habla de la centralización o la descentralización del Estado. Pero, a su vez, también puede hablarse de centralización o descentralización de cada Comunidad Autónoma. Así podrá decirse que el Estado español es descentralizado y que la Comunidad Autónoma A es centralizada (o «centralista») y la B es descentralizada según otorguen más o menos competencias y autonomía a sus entes locales.

Toda descentralización implica la existencia de al menos dos entes públicos con personalidad diferenciada: ése es el dato clave para identificar los fenómenos descentralizadores; incluso puede decirse que es el único común a todas ellas y lo que la diferencia de la mera desconcentración que sólo presupone distintos órganos dentro de una misma persona jurídica. También exige la descentralización que todos esos entes tengan algunas potestades y competencias (muchas o pocas) y cierta posibilidad de ejercerlas bajo su propia responsabilidad (esto es, sin interferencias de otro ente o con pocas interferencias). A partir de esos datos comunes, hay que diferenciar diversas descentralizaciones.

Se distingue en primer lugar entre descentralización legislativa y descentralización administrativa. En aquella se reconoce al ente público infraestatal potestad legislativa. En la segunda, no: el ente descentralizado tendrá sólo potestades administrativas. No se pueden contraponer por completo: la legislativa lleva aparejada, además, la descentralización administrativa; pero no al revés.

Esta clasificación es importante porque dada la fuerza y valor de las leyes, permitir dictarlas da un significado y alcance a la descentralización superior; supone no ya diferencias cuantitativas sino cualitativas porque el ente con potestad legislativa y, por tanto, con un Poder Legislativo, no es que tenga más autonomía sino una autonomía de significado más profundo.

En España la descentralización legislativa se produce sólo en favor de las Comunidades Autónomas (de las diecisiete, aunque la CE no hizo directamente esa opción que se acogió posteriormente en sus Estatutos de Autonomía), no en favor de ningún otro ente, ni siquiera de las Ciudades Autónomas de Ceuta y Melilla.

Convienen estas precisiones: 1.ª La descentralización legislativa ya no supone sólo la existencia de diversas Administraciones sino de diversos entes públicos que son más que Administraciones (así, recuérdese que las Comunidades Autónomas, aunque tienen sus Administraciones, son más que su respectiva Administración). 2.ª Lo que nos interesa ahora es la descentralización administrativa, aunque incluida la que va acompañada de descentralización legislativa. Por tanto, aquí nos ocupará también la descentralización en favor de las Administraciones de las Comunidades Autónomas. 3.ª Que la mera descentralización administrativa no permita al ente descentralizado aprobar leyes no significa que no le permita aprobar normas, pero se tratará sólo de reglamentos que, como sabemos, además de rango inferior, no tienen tampoco la fuerza y valor de las leyes.

Dado el calado político de la descentralización legislativa se tiende a calificarla de descentralización política y, por tanto, a contraponer descentralización política y administrativa. Pero esto conduce a equívocos y a pensar que cuando hay sólo descentralización administrativa no tiene un significado político. Eso es falso. Así, la descentralización administrativa en favor de las entidades locales tiene también una gran relevancia política.

Cabría también hablar de descentralización judicial que, de hecho, existe en algunos Estados. Pero en España no hay tal: el Poder Judicial sigue siendo único y estatal, sin perjuicio, claro está, de que haya muchos órganos judiciales.

Se distingue, en segundo lugar, entre descentralización territorial, funcional y corporativa, según se realice respectivamente en favor de entes territoriales (Administraciones locales, Comunidades Autónomas), institucionales o corporativos sectoriales.

En realidad, toda descentralización legislativa es territorial; así que la clasificación sólo cobra su pleno sentido para la descentralización administrativa.

Estos tres tipos de descentralización no sólo son de carácter y régimen jurídico diversos sino también de significado político por completo distinto.

Basta recordar lo que se dijo en la lección 1 sobre las diferencias entre entes territoriales y no territoriales (que incluyen tanto a los institucionales como a los corporativos sectoriales). Así se comprende que la descentralización territorial supone una real distribución del poder entre colectividades con verdadera sustancia (una región, una ciudad...); que la descentralización funcional o institucional, también llamada descentralización por servicios, se realiza en favor de entes artificiosos de modo que tal descentralización es casi sólo una mera técnica de organización de la Administración matriz; y que la descentralización corporativa, aunque ha tenido distintas connotaciones a lo largo de la historia y aun hoy responde a distintas finalidades según el tipo de Corporación de que se trate, es, en general, una forma de autoadministración por los más afectados y una alternativa a la pura gestión burocrática. Sobre estos dos últimos géneros de descentralización se volverá en las lecciones 13 y 14.

Ahora lo que hay que realzar es que la descentralización territorial, que es, por así decir, la genuina, no sólo es que tenga consecuencias jurídicas de más importancia, sino que además responde a razones políticas más profundas.

Razones que van desde la aspiración de encontrar una expresión jurídica y política de la identidad histórica y cultural (caso de algunas regiones o de las llamadas por la misma CE nacionalidades; y, más aun de las que pretenden ser una nación; pero caso también, aunque más modesto, de muchas Provincias, como Jaén o Córdoba) hasta la de encontrar un cauce adecuado para que las colectividades territoriales puedan gestionar los asuntos que predominantemente les incumben a ellas (caso de las ciudades). También se suele conectar la descentralización territorial con la profundización en la democracia y con la aproximación del poder a los ciudadanos, de lo que no hay ni atisbos en la funcional.

Bastan estos apuntes superficiales para comprender: 1) Que la opción por la descentralización territorial que hizo la CE, como las de otros Estados, no puede valorarse exclusivamente desde la perspectiva de su racionalidad, eficacia y eficiencia; o sea que, aunque se creyera que sería más racional y más eficaz y hasta barata otra forma de organización, no por ello perdería justificación esta descentralización que obedece a otro género de anhelos. 2) Que centralización y descentralización territorial son opciones entre diferentes concepciones políticas. No son objetivamente buenas o malas. Además de que depende de las dosis en que se combinen (y de cómo se practiquen en la realidad, con mayor o menor lealtad y respeto), dependen de las circunstancias sociales e históricas. Hoy se tiende simplistamente a ver como bueno todo avance en descentralización. Pero al menos hay que ser consciente de que también comporta inconvenientes: por ejemplo, hace más difícil garantizar la igualdad y la solidaridad de los ciudadanos de los diversos territorios o la unidad de mercado... También conviene saber y reparar en el hecho de que durante mucho tiempo lo que se consideró un avance trascendental (sobre todo para garantizar la libertad y la igualdad) fue precisamente la centralización. Todo esto debe ser suficiente para evitar visiones simplonas y maniqueas de estas cuestiones. Ello por no entrar en los graves problemas que las experiencias altamente descentralizadoras han generado históricamente en España y que hoy vuelven a reproducirse.

En cualquier caso, toda la CE, incluida la descentralización que proclama, «se fundamenta en la indisoluble unidad de la Nación española, patria común e indivisible de todos los españoles y garantiza», junto con la autonomía de ciertos entes infraestatales, «la solidaridad entre todas ellas» (art. 2 CE). Y esa unidad tiene muchas consecuencias jurídicas, como ha de tenerlas la solidaridad; entre otras, la búsqueda del establecimiento de un equilibrio económico, adecuado y justo, y la prohibición de privilegios económicos o sociales (art. 138). Asimismo, la CE garantiza la igualdad de todos los españoles en cualquier parte del territorio del Estado y la prohibición de cualquier medida que directa o indirectamente obstaculicen la libertad de circulación y de establecimiento de personas o la libre circulación de mercancías (art. 139).

2. La autonomía y sus límites. La tutela y otras figuras similares

La autonomía supone reconocer capacidad de gestión en una esfera de asuntos e intereses propios pero, a diferencia de la soberanía, la autonomía implica siempre un poder limitado.

Es el ente soberano el que reconoce la autonomía como refleja el artículo 2 CE y señaló la STC 4/1981: «ante todo resulta claro que la autonomía hace referencia a un poder limitado. En efecto la autonomía no es la soberanía... y dado que cada organización territorial dotada de autonomía es una parte del todo, en ningún caso el principio de autonomía puede oponerse al de unidad, sino que precisamente dentro de este alcanza su verdadero sentido». En cualquier caso, como es obvio, no supone actuación desligada del Derecho: las Administraciones, por muy autónomas que sean, siguen sujetas al principio de legalidad (lección 5) y a los Tribunales con todo lo que ello comporta.

Reconocer a un ente público autonomía comporta atribuirle ciertas competencias para que pueda abordar los asuntos de su incumbencia y perseguir la parte de intereses generales que le son más propios; conferirles las potestades superiores y, en especial, la de aprobar normas; permitirle que esas competencias y potestades las ejerza mediante órganos propios nombrados y destituidos por su propia voluntad y que actúen bajo su propia responsabilidad sin interferencias o con pocas interferencias de otros entes. También requiere la suficiencia financiera, esto es, contar con los medios económicos para poder afrontar las actividades que le corresponden. Ahora bien, en la autonomía hay grados, de modo que esos elementos que comporta la autonomía se presentan con mayor o menor extensión o intensidad según el tipo de ente público de que se trate. El alcance de la autonomía de quienes son fruto de una descentralización legislativa (caso de las Comunidades Autónomas) no es equiparable con la que resulta de una descentralización administrativa territorial, como en el caso de las Entidades locales, y este a su vez es superior al de la mera descentralización funcional. En realidad, también dentro de la descentralización funcional hay diversos niveles: no es lo mismo la autonomía mínima de la mayoría de los entes institucionales (puro instrumento de su Administración matriz), que la de algunos de ellos considerados «independientes» (caso del Banco de España) o la de las Universidades cuya autonomía consagra la Constitución (art. 27.10).

En cualquier caso, la autonomía, aunque es inconciliable con existencia de jerarquía, tiene, por así decir, otros contrapesos. Lo son, en cierto modo, la coordinación y la cooperación a las que luego nos referiremos. Pero, además de ello, también se ha considerado tradicionalmente que la autonomía de un ente, aunque supone la actuación bajo la propia responsabilidad, no es por completo incompatible con ciertas injerencias de otro supraordenado. En concreto, se considera compatible con una inspección de la Administración autónoma por otra a la que, además, se le dan ciertos poderes para influir o corregir sus actuaciones. A esto se le llamaba tutela.

La tutela es muy distinta de la jerarquía: ésta entraña facultades mucho más amplias entre órganos inferiores y superiores de una misma Administración, facultades extensas y, a su vez, de interpretación extensiva que dejan la actuación del inferior casi a la completa disposición del superior; la tutela, por el contrario, comporta un poder tasado, que comprende sólo las facultades atribuidas por ley y de interpretación restrictiva, que pone en relación dos Administraciones y que, desde luego, nunca permite a una dar instrucciones u órdenes a la otra.

Sobre todo, el concepto de tutela se acuñó para expresar las relaciones de control entre la Administración del Estado y las locales. Pero, con adaptaciones, también se usó para expresar las relaciones de control de una Administración matriz sobre sus entes institucionales o entre la Administración del Estado y las Corporaciones sectoriales.

Las potestades de tutela pueden ser variadas. Se solía distinguir potestades sobre los órganos del ente tutelado y potestades sobre su actuación. Entre las primeras pueden estar la de nombrar y cesar a los titulares de los órganos superiores, la de sancionarlos... Entre las segundas pueden estar las de anular los actos del ente tutelado o las de suspenderlos, las de imponerles la necesidad de una autorización *a priori* o de una ratificación *a posteriori*, la de subrogarse a la entidad tutelada cuando no actúa o lo hace indebidamente…

¿Qué queda en nuestro actual sistema de la tutela? Veámoslo someramente respecto a Comunidades Autónomas, entes locales y entes instrumentales.

A) En general se considera que la CE no consiente tutela propiamente dicha del Estado sobre las Comunidades Autónomas ni de la Administración del Estado sobre las Administraciones de las Comunidades Autónomas.

En ese panorama es importante destacar que cuando el Gobierno recurre ante el TC una norma o acto de una Comunidad Autónoma esa «impugnación producirá la suspensión de la disposición o resolución recurrida», aunque el TC «deberá ratificarla o levantarla en un plazo no superior a cinco meses» (art. 161.2 CE). Es este el remedio ordinario más efectivo con que cuenta el Gobierno frente a las conductas ilícitas de las Comunidades Autónomas.

Pero hay que tener en cuenta también el artículo 155 CE que, con muchos requisitos y en las circunstancias más graves, permite al Estado limitar severamente la autonomía.

Del artículo 155 CE se hizo uso por Acuerdo del Pleno del Senado de 27 de octubre de 2017, que aprobó las medidas requeridas por el Gobierno ante «la extraordinaria gravedad en el incumplimiento de las obligaciones constitucionales y la realización de actuaciones gravemente contrarias al interés general por parte de las Instituciones de la Generalitat de Cataluña». Contra tal Acuerdo se planteó recurso de inconstitucionalidad que ha sido íntegramente desestimado por STC de 2 de julio de 2019.

Junto a ello, se admite que el Estado, sin necesidad de una expresa consagración, puede hacer un «seguimiento», una «vigilancia» de la actividad autonómica en todas aquellas materias en las que esté en juego la efectividad de la legislación estatal.

Esto le permite recabar información y hacer requerimientos no vinculantes para que la Comunidad rectifique. Pero si no lo hace voluntariamente, al Estado sólo le cabrá interponer ante los Tribunales los recursos que procedan. A ello se añade que los Estatutos de Autonomía han venido reconociendo al Estado la «alta inspección» en algunas materias concretas: sanidad, educación. En concreto, el artículo 84 EAA la reconoce expresamente al referirse a la asunción de las competencias asumidas sobre educación, sanidad y servicios sociales «sin perjuicio de la alta inspección del Estado». Pero esta alta inspección no añade mucho a la vigilancia general. Según las SSTC 6/1982 y 32/1983, la alta inspección constituye una competencia estatal de vigilancia, un instrumento de verificación o fiscalización, pero no un control genérico e indeterminado. Si acaso, refuerza las posibilidades de vigilancia, más allá del seguimiento general, en tanto que permite que el Estado tenga funcionarios específicamente dedicados a conseguir por sí mismos información. Pero, una vez conseguida la información, el Estado no tendrá más medios de reacción frente a la actuación autonómica ilegal que los generales antes expuestos.

Ante tan exiguos poderes del Estado, incluso en los contados casos en que tiene la alta inspección, no cabe hablar de tutela sobre las Comunidades Autónomas.

B) Las Administraciones locales sí podrían estar sometidas a la tutela de la Administración del Estado y de la respectiva Administración autonómica.

La STC 4/1981 declaró compatible con la autonomía local un control de legalidad (no de oportunidad) y concreto (no genérico e indeterminado que las sitúe en situación de dependencia cuasi jerárquica), cuando el ejercicio de las competencias de la Entidad local incidieran en intereses generales concurrentes con los propios de otra Administración. Esto permitía que el legislador hubiera establecido potestades de tutela relativamente amplias.

Pero la LRBRL optó por una tutela muy suave. Por ello y por lo mucho que ensalza la autonomía local, ha dejado de hablarse de tutela sobre los Municipios y Provincias. Lo veremos en el último epígrafe de la lección 12.

C) En cuanto a las relaciones entre una Administración matriz y sus entes instrumentales, sus posibilidades de inspección y de intromisión son tan amplias que prefiere hablarse de relación de instrumentalidad (lección 13), aunque bien podría pensarse en una tutela extrema. Por lo demás, cuando se trata de entes institucionales independientes y de las Universidades públicas, las potestades de inspección y de interferencia vuelven a ser más concretas y reducidas de modo que tiene sentido hablar otra vez, si acaso, de simple tutela.

Finalmente, sí que puede y suele seguir hablándose de tutela sobre las Corporaciones sectoriales, de las que nos ocuparemos en la lección 14.

En suma, en parte porque la CE garantiza niveles de autonomía muy diferentes a los distintos entes públicos y en parte por la libertad del legislador para configurar concretamente algunas de esas autonomías, hay abismales diferencias entre unas y otras, como las hay en cuanto a la tutela.

3. Competencias de las Administraciones: propias y delegadas. La delegación interadministrativa

Cada Administración tiene atribuida unas competencias. Es más, como vimos, el concepto de competencia en su sentido estricto se refiere a las de los distintos entes, no a las de sus órganos.

La concreta asignación de competencias depende de reglas muy distintas. Ya vimos en la lección 4 cómo se distribuyen entre el Estado y las Comunidades Autónomas. En la lección 12 veremos el sistema de atribución de competencias a las Administraciones locales. Y en las sucesivas lo relativo a las competencias de los entes institucionales y corporativos. Suficiente es ahora decir que el grado de descentralización depende también y primordialmente de que se asignen muchas o pocas competencias a esos entes descentralizados y que, en igual medida, su grado de autonomía estará en función de la extensión de las competencias otorgadas.

Pero a este respeto hay que distinguir entre las competencias propias de esos entes autónomos y las que sólo ejercen por delegación. Igual que antes vimos la delegación interorgánica hay también posibilidad de delegación interadministrativa, o sea, de delegaciones de competencias entre Administraciones.

También a este respecto hay que diferenciar. Caben, en primer lugar, delegaciones del Estado en favor de las Comunidades Autónomas. Las permite el artículo 150.1 y 2 CE, que vimos en la lección 4 y que pueden ser no sólo delegaciones de competencias administrativas, sino legislativas. Caben también delegaciones de la Administración estatal y autonómica en las Administraciones locales. Se refieren a ellas los artículos 7, 27 y 37 LRBRL, así como el artículo 93 EAA y los artículos 16 a 23 LAULA. Asimismo son posibles delegaciones de competencias en favor de los entes institucionales (aunque ya hemos visto que el art. 9 LRJSP les da el tratamiento de las interorgánicas) y de los corporativos sectoriales.

Lo que al menos hay que destacar es que el ejercicio de las competencias delegadas tiene un régimen distinto del ejercicio de las competencias propias: si éstas se deben ejercer con autonomía (sólo limitada por los específicos y tasados poderes de control o de tutela), en el ejercicio de las competencias delegadas la autonomía es muy reducida o nula y, correlativamente, las posibilidades de control del delegante mucho mayores.

Basta ver, en cuanto a las competencias que reciban por estas vías las Comunidades Autónomas, que el artículo 150.1 CE permite específicas «modalidades de control» y el artículo 150.2 habla de «formas de control que se reserve el Estado», lo que se completa en el artículo 153.*b*) CE. Y por lo que se refiere a las competencias delegadas en las Administraciones locales son elocuentes los artículos 27.4 y 37.3, *in fine*, LRBRL: allí aparecen los más intensos poderes de las Administraciones delegantes que dejan a la Administración local delegada en una situación que se asemeja a la inferioridad jerárquica.

4. Conflictos de competencia

Los conflictos de competencias entre las distintas Administraciones presentan múltiples variedades y muy diversos cauces de solución.

Los conflictos de competencias entre el Estado y las Comunidades Autónomas o de éstas entre sí corresponden fundamentalmente al TC (arts. 60 ss. LOTC) aunque eventualmente podrían canalizarse mediante un recurso contencioso-administrativo [art. 19.1.*c*) y *d*) LJCA]. Los que se produzcan entre el Estado o las Comunidades Autónomas y un ente local deben encauzarse normalmente por medio de un contencioso-administrativo [art. 19.1.*c*), *d*) y *e*) LJCA].

Los que se produzcan entre distintas Administraciones locales son resueltos por la Administración autonómica o estatal según las entidades enfrentadas pertenezcan o no a la misma Comunidad; pero si se trata de las entidades inframunicipales los resolverá el Pleno del Ayuntamiento (art. 50 LRBRL).

A su vez, están regulados los conflictos de competencias que impliquen a entes institucionales, aunque hay que distinguir muy diversos supuestos que no procede analizar.

Sí convine notar que si antes, cuando hablábamos de los conflictos de atribuciones entre los diversos órganos de una misma Administración, señalábamos que se deben plantear cuando no ha finalizado el procedimiento (art. 14.3 LRJSP) y que, por tanto, resuelven el problema antes de que alguno de los órganos haya decidido definitivamente sobre el asunto disputado, en la mayoría de los mecanismos que ahora analizamos los conflictos de competencias se canalizan como impugnación de una actuación ya decidida; o sea, en vez de como un sistema para evitar que la disputa competencial se consume, como un sistema para atacar actuaciones supuestamente incursas en incompetencia ya acabadas.

5. La coordinación entre Administraciones

La coordinación persigue la integración de la diversidad de las partes o subsistemas en el conjunto o sistema, evitando contradicciones y reduciendo disfunciones que, de subsistir, impedirían o dificultarían la realidad misma del sistema y la efectiva realización de los intereses generales. Este fin de la coordinación puede conseguirse de diversas formas: unas basadas en la voluntariedad, o sea, en el acuerdo de los distintos entes coordinados; otras, atribuyendo a un ente una específica competencia de coordinación. En ningún caso la coordinación supone la pérdida de la competencia de los entes coordinados. Pero, en la segunda modalidad, la coordinación se traduce en un cierto poder de dirección u orientación que incide sobre las competencias de quién resulta coordinado y, por tanto, en cierta posición de superioridad del que coordina respecto de los coordinados. En este caso se habla de coordinación obligatoria o imperativa. Naturalmente, esta competencia de coordinación necesita de consagración legal o, si es el caso, incluso constitucional.

Así, se reconoce al Estado la competencia de coordinación de la planificación general de la actividad económica, de la investigación científica y técnica, o de la sanidad (art. 149.1.13.ª, 15.ª y 16.ª CE). Igualmente se confiere a la Administración estatal o la de las CCAA, según la materia, competencia de coordinación de las Entidades locales cuando su actividad trascienda el interés propio, afectando a los intereses de otras Administraciones públicas (art. 10 LRBRL).

La LRJSP incluye la coordinación entre los principios que presiden las relaciones interadministrativas, e implica que una Administración pública y, singularmente, la Administración General del Estado, «tiene la obligación de garantizar la coherencia de las actuaciones de las diferentes Administraciones públicas afectadas por una misma materia para la consecución de un resultado común cuando así lo prevé la Constitución y el resto del ordenamiento jurídico» [art. 140.1.*e*)].

Respecto de la competencia estatal de coordinación general, el TC ha realizado las siguientes precisiones: *a*) la competencia de coordinación general presupone lógicamente que hay algo que debe ser coordinado, esto es, presupone la existencia de competencias de las Comunidades Autónomas, competencias que el Estado, al coordinarlas, debe respetar, pues nunca la coordinación debe llegar a tal grado que deje vacías de contenido las correspondientes competencias autonómicas; y *b*) la coordinación general debe ser entendida como la fijación de medios de relación que hagan posible la información recíproca, la homogeneidad técnica en determinados aspectos y la acción conjunta de las autoridades estatales y autonómicas en el ejercicio de sus respectivas competencias de tal modo que se logre la integración de actos parciales en la globalidad del sistema (SSTC 32/1983 y 42/1983).

6. LOS PRINCIPIOS DE LEALTAD, COLABORACIÓN Y COOPERACIÓN

A) *Consideraciones generales*

El TC desde sus primeras sentencias se refirió a unos principios de relación entre Administraciones que emanan directamente del modelo constitucional, aunque no tengan una explícita consagración en la CE. Más concretamente proclamó el principio de lealtad constitucional o institucional y el de colaboración.

El Tribunal Constitucional (SSTC 152/1988, 201/1988, 209/1990, entre otras) acogió así el principio de lealtad federal de la RFA que implica confianza mutua del Estado y los *länders* y de todos ellos en el sistema federal lo que presupone el intercambio de información, la cooperación y cualquier forma de atención recíproca. El TC también proclamó el principio general de colaboración que ha de presidir las relaciones entre el Estado y las CCAA (SSTC 76/1983 y 227/1988) y que comporta un deber de colaboración (STC 11/1986).

Ahora esto encuentra plasmación en la LRJSP que dedica su Título III a las relaciones interadministrativas. Comienza por señalar en su artículo 140 los principios a los que deben adecuarse las relaciones entre las distintas Administraciones. Y entre tales principios enumera estos:

— de «lealtad institucional». Es difícil de concretar. Podría decirse que es una especie de versión de la buena fe de modo que los entes públicos se comporten aspirando no sólo a lograr efectivamente los intereses generales que les corresponden sino también valorando los confiados a otras Administraciones y el buen funcionamiento del sistema administrativo en su conjunto, como expresión de su fidelidad a la Constitución y a los valores que encarna;

— de «colaboración, entendido como el deber de actuar con el resto de Administraciones públicas para el logro de fines comunes»; y

— de «cooperación, cuando dos o más Administraciones públicas, de manera voluntaria y en ejercicio de sus competencias, asumen compromisos específicos en aras de una acción común».

Una idea cardinal se desprende de todo esto: las distintas Administraciones no rivalizan entre sí como pueden y hasta deben hacer las empresas privadas en competencia unas contra otras; lejos de ello, todas deben tender al logro de los intereses generales y, aunque cada una tenga atribuida una parcela de esos intereses generales, puede y hasta debe ayudar y ayudarse de las demás para que el conjunto de las Administraciones funcione armoniosamente. Las diferencias partidistas que eventualmente existan entre quienes las dirijan en cada momento han de quedar orilladas y no entorpecer su trabajo conjunto para que todas contribuyan al mejor servicio a la ciudadanía.

«Colaboración» y «cooperación» en el lenguaje ordinario son términos sinónimos que evocan la misma idea: laborar u operar varias personas o varias organizaciones en una misma actuación. Pero la LRJSP utiliza esas expresiones con un significado diferente que tampoco coincide con el que les ha atribuido la doctrina. Para la LRJSP la nota diferencial está en el carácter obligado o voluntario: la colaboración la identifica con un deber; la cooperación con una actuación voluntaria.

B) *Deber de colaboración de cada Administración con las restantes*

Como la colaboración de cada Administración con las restantes la considera obligada, la LRJSP proclama de inmediato un «deber de colaboración» (art. 141). Ese deber de toda Administración de colaborar con las demás les impone variados comportamientos entre los que, sin carácter exhaustivo, destaca la Ley estos cuatro:

— Respetar el ejercicio legítimo por las otras Administraciones de sus competencias.

Este deber de respetar el ejercicio legítimo de las competencias de las demás Administraciones tiene muchas consecuencias. Entre ellas la más elemental es la que plasma el artículo 39.4 LPAC en cuya virtud toda Administración debe observar las normas y actos dictados por las demás; si le parecen ilegales, lo que podrá hacer es recurrirlos, pero mientras no sean anulados, ha de cumplirlos. Esto es también una manifestación de la presunción de validez, como vimos en la lección 6.

— Ponderar, en el ejercicio de las competencias propias, la totalidad de los intereses públicos implicados y, en concreto, aquellos cuya gestión esté encomendada a las otras Administraciones.

Así, por poner un ejemplo claro, ni a las Administraciones autonómicas ni a las locales les corresponde la defensa nacional que es exclusiva del Estado. Pero cuando aquellas ejerzan sus competencias (v. gr., las que tienen sobre medio ambiente) no pueden ignorar los intereses de la defensa nacional, sino que deben «ponderarlos», o sea, tomarlos en consideración y sopesarlos a la hora de tomar ciertas decisiones que puedan afectarlo.

— Facilitar a las otras Administraciones la información que precisen sobre la actividad que desarrollen en el ejercicio de sus propias competencias o que sea necesaria para que los ciudadanos puedan acceder de forma integral a la información relativa a una materia.

A este respecto el artículo 142 LRJSP concreta que cada Administración debe suministrar a las otras que se lo soliciten por necesitarlos los datos, documentos o medios probatorios que tenga a su disposición. También prevé la existencia de sistemas integrados de información a disposición de todas las Administraciones.

— Prestar la asistencia que las otras Administraciones pudieran solicitar para el eficaz ejercicio de sus competencias.

En cuanto a esto, la LRJSP destaca esa asistencia cuando una Administración ejerza competencias que «se extiendan fuera de su ámbito territorial». Más concretamente, cuando la ejecución de un acto de una Administración exija diligencias fuera de su territorio. Piénsese en el acto acordado por un Ayuntamiento que exige practicar embargo de bienes situados fuera de su término municipal y en el auxilio que le debe prestar, según los casos, la Administración del Estado (normalmente la Agencia Tributaria) o la correspondiente Administración autonómica o local.

Como facilitar la información y asistencia requerida por otra Administración es un auténtico deber, actuará ilegalmente la Administración que no atienda esos requerimientos. No obstante, el artículo 141.2 LRJSP admite ciertas excepciones tasadas que en cualquier caso obligan como mínimo a que la Administración requerida comunique a la requirente la negativa y sus motivos.

C) *Cooperación entre Administraciones*

La cooperación, por el contrario, se caracteriza en la LRJSP, por ser voluntaria. Por eso exige la «aceptación expresa de las partes» (art. 143.2). Además, también depende de la voluntad de las partes la técnica concreta que utilicen para cooperar (art. 144.1). Y esa voluntad concurrente de dos o más Administraciones se formalizará en «convenios y acuerdos» donde «se preverán las condiciones y compromisos que asumen las partes que los suscriben» (art. 144.2).

Dentro del conjunto de convenios que pueden firmar las Administraciones (que también pueden hacerlos con sujetos privados o con organismos públicos de otros Estados) se trata aquí de los llamados «convenios interadministrativos» a los que se refiere la propia LRJSP en otra parte [art. 47.2.*a*)]. El régimen general de los convenios está en los artículos 47 a 53 LRJSP que desde luego es aplicable a los interadministrativos.

No obstante, hay técnicas de cooperación (sobre todo, las llamadas orgánicas) que pueden estar establecidas por normas, no por convenios.

La LRJSP no enumera taxativamente las técnicas de cooperación. Al contrario, dice que podrán ser las que en cada caso «las Administraciones interesadas estimen más adecuadas». Pero sí que se refiere a algunas a titulo meramente ejemplificativo. De entre ellas nos interesa aquí destacar dos grupos: las que consisten en la prestación de medios económicos, personales o materiales, incluyendo la cesión de la titularidad o del uso de bienes; y las organizativas que suponen la integración en un mismo órgano o hasta en un mismo ente de varias Administraciones. Detengámonos algo más en estas últimas.

Como se acaba de decir, puede que para cooperar varias Administraciones creen incluso un ente nuevo, una nueva persona jurídica. En concreto, pueden crear mancomunidades, consorcios y ciertas sociedades mercantiles participadas por varias Administraciones. Se volverá sobre estas figuras en las lecciones 12 y 13.

Pero más frecuentemente pueden preverse simples órganos de cooperación con participación de dos o más Administraciones. De ellos en general se ocupa el artículo 145 LRJSP: son órganos de composición multilateral o bilateral, de ámbito general (o sea, relativos a todo género de asuntos) o especial (por ejemplo, sanidad), constituidos por representantes de al menos dos Administraciones territoriales para acordar voluntariamente actuaciones que mejoren el ejercicio de las competencias de cada una de ellas. La propia LRJSP se refiere a algunos de estos. Antes de pasar sumaria revista a los ahí contemplados deben hacerse dos observaciones: primera, que en la LRJSP sólo se contemplan los órganos de cooperación entre el Estado y las Comunidades Autónomas (otros, como los de cooperación con las Administraciones locales, están en otras leyes y aludiremos a ellos en la lección 12); segunda, aunque la LRJSP los presenta como «órganos de cooperación» también son en buena medida órganos para la colaboración y hasta para lograr la coordinación. Veamos los órganos previstos expresamente en la LRJSP.

— La Conferencia de Presidentes, integrada por el Presidente del Gobierno y los de las Comunidades Autónomas y las Ciudades de Ceuta y Melilla, que se centra en asuntos de interés para el Estado y las Comunidades Autónomas (art. 146).

— Las Conferencias Sectoriales. Son las más importantes y con razón la LRJSP les dedica mayor atención (arts. 147 a 151): Son multilaterales y de ámbito sectorial determinado, integradas por miembros del Gobierno de la Nación y de todos los Gobiernos autonómicos. Se ve en ellas con nitidez que son más que cauce de cooperación: también lo son de colaboración (de hecho, son una vía capital de intercambio de información) y de coordinación. Por eso dice la Ley que ejercen funciones consultivas, decisorias o de coordinación. Sus decisiones revisten la forma de acuerdos, si suponen un compromiso de actuación en el ejercicio de las respectivas competencias, o de recomendación, si se limitan a expresar la opinión sobre un asunto que se somete a su consulta (art. 151).

Los acuerdos son de obligado cumplimiento y directamente exigibles, pero —y ahí se ve la voluntariedad— no para los que hayan votado en contra: esos no quedan obligados. El contenido de los acuerdos es variado, pero la LRJSP específica que, entre otras cosas, pueden contener planes conjuntos de actuación (p. ej., un plan de vacunaciones).

Las recomendaciones, pese a ese nombre, también generan cierto compromiso: salvo quienes hayan votado en contra, los demás «se comprometen a orientar su actuación de conformidad con lo previsto en la recomendación».

Ahora bien, en algunos casos, los acuerdos pueden ser obligatorios incluso para los que hayan votado en contra. Eso está previsto para las materias en las que la Constitución atribuya al Estado la coordinación en una materia (p. ej., sanidad, art. 149.1.16.ª CE): entonces el acuerdo adoptado en la Conferencia «será de obligado cumplimiento para todas las Administraciones (...) con independencia del sentido de su voto». Aquí ya no hay voluntariedad porque se trata del ejercicio de una competencia estatal de coordinación, aunque el Estado haya decidido hacerlo por este cauce en el que da participación a todas las Comunidades Autónomas.

Actualmente hay más de 40 Conferencias Sectoriales (de Educación, Transporte, Medio Ambiente, Infraestructuras, Pesca, Empleo, etc.), normalmente previstas por leyes. Por ejemplo, la Conferencia Sectorial de Educación está prevista en el artículo 28 de la Ley Orgánica del Derecho a la Educación.

— Las Comisiones Bilaterales de Cooperación, integradas por igual número de representantes de la Administración del Estado y de una concreta Administración autonómica, que se centran en los asuntos que afecten de forma singular a la Comunidad o a la Ciudad autónoma (art. 153).

La Comisión Bilateral de Cooperación de la Junta de Andalucía con el Estado (art. 220 EAA) constituye el marco general y permanente de relación entre los respectivos Gobiernos para canalizar la participación, información, colaboración y coordinación en el ejercicio de sus respectivas competencias y los asuntos de interés común. Las funciones de la Comisión son deliberar, hacer propuestas y, si procede, adoptar acuerdos en diferentes ámbitos, entre los que destaca su intervención previa a la interposición de los recursos de inconstitucionalidad y conflictos de competencia entre ambas, o en el proceso de formación de la posición del Estado ante la Unión Europea.

— Y las Comisiones Territoriales de Coordinación, que tienen por objeto mejorar la coordinación de la prestación de servicios, mejorando su eficiencia y calidad y prevenir duplicidades cuando lo requiera la proximidad territorial o la concurrencia de funciones administrativas, en las que participarán también representantes de las Entidades locales (art. 154).

BIBLIOGRAFÍA

Amoedo Souto, C.: «El nuevo régimen jurídico de la encomienda de ejecución y su repercusión sobre la configuración de los entes instrumentales de las Administraciones públicas», *RAP*, n.º 170, 2006.

Arce Janáriz, A.: «Jurisdicción constitucional y jurisdicción contencioso-administrativa en la jurisprudencia de conflictos de competencia», *REDA*, n.º 70, 1991.

— «A vueltas con la asignación jurisdiccional de los conflictos positivos de competencias», *REDA*, n.º 79, 1993.

Ariño Ortiz, G.: «Sobre la jerarquía y la tutela como vías de reintegración a la unidad del Estado», en la obra recopilatoria del autor *Lecciones de Administración (y políticas públicas)*, Iustel, 2011.

Bouza Ariño, O.: «Principio de coordinación», en Santamaría Pastor, J. A., *Los principios jurídicos del Derecho Administrativo*, La Ley, 2010.

Bustillo Bolado, R. O.: «Los acuerdos de los órganos administrativos colegiados», *REDA*, n.º 200, 2019.

Carbonell Porras, E.: *Los órganos colegiados (organización, funcionamiento, procedimiento y régimen jurídico de sus actos*, Centro de Estudios Políticos y Constitucionales, 1999.

— «Delegación», «Descentralización», «Órgano administrativo», en Muñoz Machado, S. (dir.), *Diccionario de Derecho Administrativo*, Iustel, 2005.

— «Órganos colegiados (artículos 22 a 27)», en M. Sánchez Morón y N. Maurandi Guillen (dir.), en *Comentarios a la Ley 30/1992*, Lex Nova-Thomson Reuters, 2013.

— «Regulación de los órganos colegiados», en Lopéz Menudo, F. (dir.), *Innovaciones en el procedimiento administrativo común y en el régimen jurídico del sector público*, Ed. Universidad de Sevilla, 2016.

Carretero Espinosa de los Monteros, C. (coord.): *Desarrollo del principio de colaboración en el Estado de las Autonomías. VI Jornadas de estudio del Gabinete Jurídico de Andalucía*, Junta de Andalucía, 2004.

Carro Fernández Valmayor, J. L.: «Articulación organizativa y Estado compuesto», *DA*, 3.ª época, n.º 3, 2016.

Castillo Blanco, F.: «La incidencia de la nueva Ley de Régimen Jurídico del Sector Público en los instrumentos de cooperación del Estado autonómico: especial referencia a los consorcios públicos», *Homenaje a De la Quadra.*

Cerrillo i Martínez, A.: *Órganos colegiados electrónicos: el uso de las TIC en el funcionamiento de los órganos colegiados de la administración*, Thomson-Aranzadi, 2006.

Cosculluela Montaner, L.: «Los órganos administrativos: particular referencia a los óranos colegiados», en *Comentario sistemático a la Ley de Régimen Jurídico de las Administraciones Públicas y del Procedimiento Administrativo Común*, Carperi, 1993.

— «La jurisprudencia del TC sobre la competencia de organización de las Comunidades Autónomas», en *Homenaje a Fernández Rodríguez.*

De la Quadra-Salcedo Fernández del Castillo, T.: «Reflexiones sobre el artículo 155 de la Constitución y la protección del interés general de España», *REDA*, n.º 191, 2018.

De la Vallina Velarde, J. J.: «La desconcentración administrativa», *RAP*, n.º 35, 1961.

— *Transferencia de funciones administrativas*, IEAL, 1964.

De los Mozos Touya, I.: «La avocación: de la Ley de 1958 a la Ley 30/1992», en *RAAP*, n.º 22, 1995.

Díez Sánchez, J. J.: «Los órganos colegiados en la Ley 30/1992», *REALA*, n.º 266, 1995.

— «La prohibición legal de abstenerse en las votaciones de autoridades y personal al servicio de las Administraciones Públicas en los órganos colegiados y su interpretación judicial», en *Homenaje a Luis Cosculluela.*

EMBID IRUJO, A.: «Las delegaciones competenciales del Estado y las Comunidades Autónomas en los entes locales. Planteamientos estatutarios y realidad normativa», en *Homenaje a Boquera.*

FERNÁNDEZ FARRERES, G.: «Las relaciones organizativas de la Ley de Régimen Jurídico de las Administraciones Públicas tras las modificaciones introducidas por la Ley 4/1999, de 13 de enero», en *Homenaje a Boquera.*

FONT I LLOVET, T.: «Órganos consultivos», *RAP*, n.º 108, 1985.

GALLEGO ANABITARTE, A.: «Transferencia y delegación, mandato y gestión o encomienda. Teoría jurídica y Derecho positivo», en *Homenaje a Garrido Falla.*

GARCÍA DE ENTERRÍA, E.: *La Administración española. Estudios de ciencia administrativa*, Civitas, 7.ª ed., 2007.

GARCÍA-TREVIJANO FOS, J. A.: *Principios jurídicos de la organización administrativa*, 1957.

GONZÁLEZ NAVARRO, F.: «Vías procesales para acabar con el incumplimiento en la ejecución autonómica de la legislación del Estado», en *Homenaje a González Pérez.*

— «Avocación», «Jerarquía interorgánica», en MUÑOZ MACHADO, S. (dir.), *Diccionario de Derecho Administrativo*, Iustel, 2005.

GONZÁLEZ RÍOS, I.: «Fundamentos normativos de la descentralización administrativa postconstitucional y del reciente repliegue de la Administración pública», en *Homenaje a Muñoz Machado.*

GOSÁLBEZ PEQUEÑO, H. (dir.): *El nuevo régimen jurídico del sector público*, Wolters Kluwer/El Consultor de los Ayuntamientos, 2016.

— «Los convenios administrativos», en LÓPEZ MENUDO, F. (dir.), *Innovaciones en el procedimiento administrativo común y el régimen jurídico del sector público*, IGO, 2016.

— «Principios de la actividad administrativa conveniada de las Administraciones locales», en GOSÁLBEZ PEQUEÑO, H. (dir.), *La Ley 40/2015, de 1 de octubre, de Régimen Jurídico del Sector Público y las Administraciones locales*, CEMCI, 2016.

HUERGO LORA, A.: «Los convenios interadministrativos y la legislación de contratos públicos», *REALA*, n.º 8, 2017.

IZQUIERDO CARRASCO, M.: «Las competencias de los órganos administrativos y sus alteraciones», en GAMERO CASADO, E. (dir.), *Tratado de procedimiento administrativo común y régimen jurídico básico del sector público*, Tirant lo Blanch, 2017.

LÓPEZ BENÍTEZ, M.: «Las relaciones institucionales de la Comunidad Autónoma andaluza con el Estado», en MUÑOZ MACHADO, S. y REBOLLO PUIG, M. (dirs.), *Comentarios al Estatuto de Autonomía para Andalucía*, Civitas, 2008.

— «El principio constitucional de jerarquía en materia organizativa», en SANTAMARÍA PASTOR, J. A., *Los principios jurídicos del Derecho Administrativo*, La Ley, 2010.

MARTÍN VALDIVIA, S.: «Relaciones con otras Comunidades y Ciudades Autónomas», en MUÑOZ MACHADO, S. y REBOLLO PUIG, M. (dirs.), *Comentarios al Estatuto de Autonomía para Andalucía*, Civitas, 2008.

MENÉNDEZ, P.: *Las potestades administrativas de dirección y coordinación territorial*, Civitas, 1993.

— «Dirección y coordinación territorial», en MUÑOZ MACHADO, S. (dir.), *Diccionario de Derecho Administrativo*, Iustel, 2005.

MENÉNDEZ REXACH, A.: «La recepción del concepto de órgano en la legislación española», *Homenaje a Parejo.*

— «La regulación de los convenios en la Ley de Régimen Jurídico del Sector Público», en *Homenaje a Martínez López-Muñiz.*

MENÉNDEZ, P. y BUSTILLO BOLADO, R. O.: «Convenios interadministrativos», en MUÑOZ MACHADO, S. (dir.), *Diccionario de Derecho Administrativo*, Iustel, 2005.

MESEGUER YEBRA, J.: *La competencia administrativa y sus modulaciones*, Bosch, 2001.

MORENO REBATO, M.: «Circulares, instrucciones y órdenes de servicio: naturaleza y régimen jurídico», *RAP*, n.º 147, 1998.

NAVARRO CABALLERO, T. M.: «La encomienda de gestión como técnica de colaboración administrativa en pos de la eficacia en la gestión pública», *REDA*, n.º 191, 2018.

Pérez de los Cobos, E.: «El nuevo marco legal de los convenios a la luz de la reforma de la Administración pública», *RAAP*, n.º 97, 2017.

Pizarro Nevado, R.: «Disposiciones generales, principios de actuación y funcionamiento del sector público», en Gosálbez Pequeño, H. (dir.), *El nuevo régimen jurídico del sector público*, Wolters Kluwer, 2016.

Rebollo Puig, M.: «La alta inspección», en Parejo Alfonso y otros, *La reforma del Sistema Nacional de Salud*, Marcial Pons, 2004.

Rebollo Puig, M.: «Autonomía local y tutela. Un equilibrio inestable», *Documentación Administrativa*, n.º 6, 2019.

Rodríguez Santiago, J. M.: *Los convenios entre Administraciones públicas*, Marcial Pons, 1997.

Sánchez Morón, M.: *Las Administraciones españolas*, Tecnos, 2018.

Sánchez Sáez, A. J.: «Las relaciones interadministrativas», en Gosálbez Pequeño, H. (dir.), *El nuevo régimen jurídico del sector público*, Wolters Kluwer/El Consultor de los Ayuntamientos, 2016.

— «La encomienda de gestión como ejercicio racionalizador del ejercicio de las competencias administrativas», *RAAP*, n.º 53, 2004.

Santamaría Pastor, J. A.: «La teoría del órgano en el Derecho Administrativo», *REDA*, n.os 40-41, 1984.

Santolaya Macheti, P.: *Descentralización y cooperación*, Instituto de Estudios de Administración Local, 1984.

Sanz Rubiales, I.: «Marco general de las relaciones interadministrativas», en Gamero Casado, E. (dir.), *Tratado de procedimiento administrativo común y régimen jurídico básico del sector público*, Tirant lo Blanch, 2017.

Sarmiento Acosta, M. J.: «Conferencias Sectoriales», «Delegación interorgánica», en Muñoz Machado, S. (dir.), *Diccionario de Derecho Administrativo*, Iustel, 2005.

Sosa Wagner, F.: «El principio de lealtad institucional», en Santamaría Pastor, J. A., *Los principios jurídicos del Derecho Administrativo*, La Ley, 2010.

Toscano Gil, F.: «La nueva regulación de los convenios administrativos en la Ley 40/2015, de Régimen Jurídico del Sector Público», *RGDA*, n.º 45, 2017.

Trayter Jiménez, J. M.: «Los órganos colegiados en el momento presente», *REDA*, n.º 150, 2011.

Valero Torrijos, J.: *Los órganos colegiados*, INAP, 2001.

— «Las bases del régimen jurídico de los órganos administrativos colegiados en la Ley 30/1992, de 26 de noviembre», en *RAP*, n.º 154, 2001.

— «Los órganos administrativos», en Gamero Casado, E. (dir.), *Tratado de procedimiento administrativo común y régimen jurídico básico del sector público*, Tirant lo Blanch, 2017.

Vila Miranda, C.: «Concreciones sobre la función de alta inspección como supervisión», *Revista de Derecho Político*, n.º 21, 1984.

Villalta Reixach, M.: *La encomienda de gestión. Entre la eficacia administrativa y la contratación pública*, Aranzadi, 2012.

LECCIÓN 10

LA ADMINISTRACIÓN GENERAL DEL ESTADO*

I. EL GOBIERNO

Establece el artículo 97 CE que «el Gobierno dirige la política interior y exterior, la Administración civil y militar y la defensa del Estado». Además, dice, «ejerce la función ejecutiva y la potestad reglamentaria». De ahí que, como ya se adelantó en la lección 1, el Gobierno no sea pura y simplemente Administración: por un lado es el máximo órgano de la Administración General del Estado, para lo que lleva a cabo actividades estrictamente administrativas; pero, por otro lado, se configura como el órgano constitucional en el que radica el Poder Ejecutivo, desempeñando en este ámbito funciones de naturaleza política y constitucional, así como otras de representación de España en las relaciones internacionales. Estas otras vertientes son particularmente importantes; pero aquí es la primera, la de órgano máximo de la Administración del Estado, la que sobre todo nos interesa.

Además de la propia CE, la principal norma que lo regula es la Ley 50/1997, de 27 de noviembre, del Gobierno (LG). Junto con esta Ley, meros reglamentos (en especial, Reales Decretos del Presidente del Gobierno) establecen la concreta composición y organización del Gobierno, así como de sus órganos de colaboración y apoyo.

El Gobierno, se compone del Presidente, del Vicepresidente o Vicepresidentes, en su caso, y de los Ministros, según dispone el artículo 1.2 LG. La Constitución (art. 98.1) permite que otros miembros formen parte del Gobierno, si así lo establece la Ley; sin embargo, la LG no ha acogido esa posibilidad. Nombrado el Presidente del Gobierno en la forma prevista en la CE (arts. 99 y 114.2), los demás miembros del Gobierno son nombrados y separados por el Rey, a propuesta del Presidente (art. 100 CE). El cese del Gobierno se produce tras la celebración de elecciones generales, en los casos de pérdida de la confianza parlamentaria previstos en la Constitución, o por dimisión o fallecimiento de su Presidente (art. 101.1 CE). El Gobierno cesante continúa en funciones hasta la toma de posesión del nuevo Gobierno, situación en la que queda limitado al «despacho ordinario de los asuntos públicos» en los términos previstos en el artículo 21 LG.

La CE establece un radical régimen de incompatibilidades para los miembros del Gobierno (art. 98.3) que, junto con su estatuto, debe completar la Ley. Este régimen se establece en la LG (arts. 11

* Por M.ª Remedios ZAMORA ROSELLÓ.

y 14), y en la Ley 3/2015 reguladora del ejercicio del alto cargo de la Administración del Estado, aunque tiene un ámbito de aplicación algo más amplio, como se verá más adelante.

El funcionamiento del Gobierno está presidido, como explica la Exposición de Motivos de la LG, por tres principios: el de dirección presidencial (art. 98.1 CE), que sitúa al Presidente del Gobierno en una posición privilegiada, otorgándole la competencia para determinar las directrices políticas del Gobierno y sus Departamentos (o sea, Ministerios); el de colegialidad que comporta la responsabilidad solidaria de sus miembros; y el departamental, que confiere al titular de cada Departamento (Ministros) una amplia capacidad de gestión y responsabilidad en el ámbito de las materias que le competen.

Los miembros del Gobierno se reúnen en dos tipos de órganos colegiados: sobre todo en el Consejo de Ministros del que forman parte todos ellos; y, con menor importancia y con sólo parte de sus miembros, en las Comisiones Delegadas del Gobierno (art. 1.3 LG).

1. El Consejo de Ministros

Lo integran el Presidente, los Vicepresidentes y los Ministros, pero excepcionalmente pueden ser convocados los Secretarios de Estado y otros altos cargos (art. 5.2 LG).

Al Presidente del Gobierno corresponde convocar y presidir las reuniones del Consejo de Ministros, así como de fijar el orden del día. Las deliberaciones son secretas; no obstante, de las sesiones se levanta acta en la que figurarán las circunstancias relativas al tiempo y lugar de su celebración, la relación de asistentes, los acuerdos adoptados y los informes presentados, actuando como Secretario el titular del Ministerio de la Presidencia.

El artículo 5 LG ofrece un listado de las principales funciones del Consejo de Ministros. Podemos destacar la aprobación de los proyectos de ley, así como el acuerdo para la negociación y firma de los Tratados internacionales, su aplicación provisional y remisión a las Cortes. También la adopción de programas, planes y directrices vinculantes para los órganos de la Administración General del Estado. Además, como sabemos, le corresponde la aprobación de Decretos Legislativos y Decretos-ley, así como la competencia reglamentaria general dentro de la Administración del Estado.

Las decisiones adoptadas revisten la forma de Reales Decretos, cuando comprendan normas reglamentarias y resoluciones que deban adoptar dicha forma jurídica. Mientras que las restantes decisiones adoptarán la forma de Acuerdos del Consejo de Ministros.

Como órgano preparatorio de las sesiones del Consejo de Ministros existe la Comisión General de Secretarios de Estado y Subsecretarios (art. 8 LG).

Esta Comisión, en la que se integran todos los titulares de las Secretarías de Estado y de las Subsecretarías de todos y cada uno de los Ministerios, está presidida, según la LG, por un Vicepresidente del Gobierno o, en su defecto, por el Ministro de la Presidencia. No tiene competencias decisorias propias ni puede ejercerlas por delegación. Pero, salvo excepciones reducidas, debe examinar previamente todos los asuntos cuya aprobación vaya a someterse posteriormente al Consejo de Ministros. En la práctica, tiene gran importancia y peso pues sirve para la coordinación entre los distintos Ministerios y para pulir las diferencias y tensiones entre ellos.

2. La Presidencia del Gobierno

El Presidente dirige la acción del Gobierno y coordina las funciones de sus miembros, sin perjuicio de la competencia y responsabilidad directa de éstos en su gestión (art. 98 CE). Entre sus funciones se encuentra la representación del Gobierno, la propuesta al Rey del nombramiento y separación de los Vicepresidentes y Ministros, así como la creación, modificación y supresión de los Departamentos Ministeriales y las Secretarías de Estado (art. 2.2 LG).

El nombramiento del Presidente se realiza conforme a lo dispuesto en el artículo 99 CE.

3. La Vicepresidencia del Gobierno

El Vicepresidente o los Vicepresidentes ejercen las funciones que le encomiende el Presidente. Es un órgano de naturaleza facultativa de modo que el Presidente puede nombrar uno, varios o ninguno. Además, puede corresponderles la titularidad de un Ministerio, en cuyo caso ostentarán, además, la condición de Ministro (art. 3 LG).

Le corresponde la suplencia del Presidente en los casos de vacante, ausencia o enfermedad de este (art. 13.1 LG) y las competencias que este le delegue.

4. Las Comisiones Delegadas del Gobierno

Se configuran como órganos colegiados del Gobierno cuya principal misión es favorecer la coordinación de varios Ministerios; de ahí que sean competentes para examinar las cuestiones que afecten a varios Departamentos Ministeriales o que requieran una propuesta conjunta, así como la resolución de asuntos interministeriales que no necesiten ser elevados al Consejo de Ministros.

Su existencia no se encuentra prevista en el texto constitucional, sino sólo en la LG. El Consejo de Ministros, a propuesta del Presidente del Gobierno, es el competente para su creación, modificación y supresión; y la norma de creación adoptará la forma de Real Decreto en el que se determinarán sus funciones (art. 6 LG).

Las Comisiones Delegadas se encuentran integradas por los miembros del Gobierno implicados en la materia transversal que haya de ser abordada, además de los Secretarios de Estado que se estime oportunos. Asimismo, pueden ser convocados a las reuniones los titulares de otros órganos superiores y directivos de la Administración General del Estado.

Ejemplos de Comisiones Delegadas del Gobierno son la de Asuntos Económicos, la de Seguridad Nacional, la de Asuntos de Inteligencia o la de Política de Igualdad (Reales Decretos 1886/2011 y 1396/2018).

Como órgano de apoyo común al Consejo de Ministros, a las Comisiones Delegadas del Gobierno y a la Comisión General de Secretarios de Estado y Subsecretarios, existe el Secretariado del Gobierno (art. 9 LG).

II. ESTRUCTURA CENTRAL DE LA ADMINISTRACIÓN GENERAL DEL ESTADO

La Administración General del Estado se regula en el Título I de la LRJSP. Se entiende allí por tal Administración General del Estado la que, bajo la dirección del Gobierno, está constituida por órganos jerárquicamente ordenados dentro de una personalidad jurídica única. Se excluye así a los entes institucionales dependientes de ella: éstos, puede decirse, son también Administración del Estado, pero no se integran propiamente en la Administración General del Estado, y cada uno de ellos tiene personalidad jurídica propia (arts. 89, 98, 103, 108 bis LRJSP). De estos nos ocuparemos específicamente en la lección 13.

Dispone el artículo 55.2 LRJSP que «la Administración General del Estado comprende:

a) La Organización Central, que integra a los Ministerios y los servicios comunes.

b) La Organización Territorial (o sea, la periférica).

c) La Administración General del Estado en el exterior».

Analicemos primeramente la organización central.

La estructura central de la Administración General del Estado está conformada por un conjunto de órganos que ejercen su competencia en todo el territorio nacional. Se organiza en virtud del principio de división funcional en Departamentos ministeriales a cada uno de los cuales corresponde uno o varios sectores homogéneos de la actividad administrativa (Asuntos Exteriores, Interior, Justicia, Defensa, Hacienda, Educación, etc.) según lo que se establezca por Real Decreto del Presidente del Gobierno (art. 57 LRJSP). Dentro de cada Ministerio, que es un órgano complejo en el sentido visto en la lección anterior, hay distintos órganos ordenados jerárquicamente entre sí (art. 60 LRJSP).

En la LRJSP (art. 55.2) se divide la organización central en órganos superiores, que son los Ministros y los Secretarios de Estado; y órganos directivos entre los que se incluyen los Subsecretarios, los Secretarios Generales, los Secretarios Generales Técnicos, los Directores Generales, y los Subdirectores Generales.

Los órganos superiores son los responsables de establecer los planes de actuación de la organización situada bajo su responsabilidad, mientras que a los órganos directivos corresponde su desarrollo y ejecución. Los órganos superiores y directivos tienen además la condición de alto cargo, excepto los Subdirectores generales y asimilados.

Esta consideración de alto cargo arrastra una serie de consecuencias establecidas en la Ley 3/2015, reguladora de los altos cargos de la Administración del Estado.

Destaquemos al menos que esta Ley 3/2015 establece que «el nombramiento de los altos cargos se hará entre personas idóneas» con «honorabilidad y la debida formación y experiencia en la materia, en función del cargo que vayan a desempeñar». La honorabilidad se pierde por ciertas condenas judiciales o por la imposición de algunas sanciones administrativas (art. 2.2). En cuanto a la formación «se tendrán en cuenta los conocimientos académicos adquiridos» y por lo que se refiere a la experiencia «se prestará especial atención a la naturaleza, complejidad y nivel de responsabilidad de los puestos desempeñados que guarden relación con el contenido y funciones del puesto para el que se le nombra» (art. 2.4). En la E. de M. de esta Ley se explica que se toman «como referencia los criterios de mérito y capacidad». En la misma dirección, el artículo 55.11 LRJSP insiste en que los titulares de los órganos superiores y directivos deben nombrarse «atendiendo a criterios de competencia profesional y experiencia». Todo esto resulta algo sorprendente pues si bien los principios de mérito y capacidad deben presidir el acceso a la función pública profesional (art. 103 CE) parece que el nombramiento de Ministros y otros muy altos cargos estará presidido sólo por criterios políticos. La realidad demuestra que esa exigencia de formación y experiencia, al menos respecto a los más altos cargos a los que corresponde la dirección política y no técnica, no es relevante.

Los restantes órganos o simples unidades administrativas de carácter burocrático y composición funcionarial (con diversas denominaciones como servicios, secciones y negociados) se encuentran bajo la dependencia de un órgano superior o directivo. Y respecto al nombramiento de sus titulares sí que deben regir efectivamente los criterios de mérito y capacidad.

El esquema elemental y clásico de la organización central de un Ministerio es este: un Ministro, un Subsecretario y varias Direcciones Generales cada una de las cuales con varias Subdirecciones Generales. Junto a ellos, una Secretaría General Técnica. Pero este esquema elemental se ha ido complicando con la aparición de otros órganos, aunque no se dan en todos los Ministerios: uno o varios Secretarios de Estado; y uno o varios Secretarios Generales. Veámoslo con algo más de detenimiento.

1. Órganos superiores

A) *Ministros*

Los Ministros, nombrados y separados por el Presidente del Gobierno, son los jefes del Departamento y superiores jerárquicos directos de los Secretarios de Estado y de los Subsecretarios (art. 60.1 LRJSP).

Por tanto, los Ministros son a la vez titulares de sus Departamentos o Ministerios y miembros del Gobierno; por esta dualidad su regulación se encuentra repartida entre la LG y la LRJSP.

No obstante, cabe la posibilidad de Ministros sin cartera (art. 4.2 LG) que, aunque miembros del Gobierno y del Consejo de Ministros y con la responsabilidad de determinadas funciones gubernamentales, no son titulares de un Departamento o Ministerio.

A los Ministros les corresponde desarrollar la acción del Gobierno en el ámbito de su Departamento de conformidad con los acuerdos adoptados en el Consejo de Ministros y con las directrices del Presidente (art. 4 LG). Concreta sus competencias el artículo 61 LRJSP entre las que cabe destacar aquí las siguientes: ejercer la potestad reglamentaria (con los límites que ya se explicaron en la lección 8); fijar los objetivos del Ministerio y aprobar sus planes de actuación; determinar o proponer la organización interna de su Departamento; nombrar y separar a los titulares de órganos directivos de su departamento y organismos adscritos (salvo cuando compete al Consejo de Ministros), así como dirigir su actuación; y mantener las relaciones con las Comunidades Autónomas, convocando las Conferencias sectoriales y los órganos de cooperación.

B) *Secretarios de Estado*

Los Secretarios de Estado, nombrados y separados por el Consejo de Ministros a propuesta del Ministro correspondiente (art. 15.1 LG), son responsables de la ejecución de la acción del Gobierno en un sector de actividad específica dentro de un Ministerio (art. 7.1 LG), y actúan bajo la dirección del titular del Departamento al que pertenezcan. No son un órgano necesario en todos los Ministerios (art. 58.1 LRJSP).

Por tanto, puede haber Ministerios sin Secretarías de Estado; y también es posible que un Ministerio tenga varías Secretarias de Estado. Además, y como excepción, caben Secretarías de Estado no integradas en un Ministerio ni dependientes de un Ministro sino adscritas directamente a la Presidencia del Gobierno y dependientes del Presidente (arts. 7 y 15.3 LG).

Al igual que en el caso de los Ministerios, mediante Real Decreto del Presidente del Gobierno se determina el número, la denominación y el ámbito material de competencia de las Secretarías de Estado.

La LRJSP (art. 62) enumera sus principales competencias, entre las que podemos destacar la dirección y coordinación de los órganos directivos adscritos, el nombramiento y separación de los Subdirectores Generales de su Secretaría, el desarrollo de las relaciones con los órganos autonómicos y el ejercicio de competencias en materia de ejecución presupuestaria. Además de estas competencias propias pueden ejercer otras que les delegue el Ministro.

2. Órganos directivos

Los órganos directivos que integran los Ministerios dependen de los Ministros o de los Secretarios de Estado, y se ordenan jerárquicamente entre sí de la siguiente forma: Subsecretario, Director General y Subdirector General. De otro lado, los Secretarios Generales tienen categoría de Subsecretarios y los Secretarios Generales Técnicos la de Director General (art. 60 LRJSP).

Las Subsecretarías, las Secretarías Generales, las Secretarías Generales Técnicas, las Direcciones Generales y las Subdirecciones Generales, se crean, modifican y suprimen mediante Real Decreto del Consejo de Ministros, a iniciativa del Ministro correspondiente y a propuesta del Ministro de Hacienda (art. 59.1 LRJSP).

A) *Subsecretarios*

En cada Ministerio debe haber un Subsecretario y sólo uno (art. 58.1 LRJSP). Además del apoyo directo al Ministro, ostentan la representación ordinaria del Ministerio y dirigen sus servicios comunes (art. 63 LRJSP) que agrupan las funciones de asesoramiento, apoyo técnico, planificación, programación y presupuestación, acción en el exterior, organización y recursos humanos, sistemas de información y comunicación, producción normativa, gestión financiera, gestión de medios materiales y seguimiento, control e inspección de servicios.

Los Subsecretarios realizan una importante labor en el ámbito de personal, ya que se configuran como jefes superiores de todo el personal del Departamento, y asisten a los órganos superiores en materia de relaciones de puestos de trabajo, planes de empleo y políticas de directivos. Igualmente, les corresponde el asesoramiento jurídico al Ministro, en especial en la producción de los actos administrativos y en el ejercicio de su potestad reglamentaria.

Son nombrados y separados por el Consejo de Ministros a propuesta del Ministro correspondiente. Además de la exigencia general de su idoneidad, a la que antes nos referimos, el artículo 63.3 LRJSP impone, sin excepción, que han de ser funcionarios de carrera del Subgrupo A1 (esto es, los de la máxima clasificación profesional).

B) *Directores Generales*

Los Directores Generales son responsables de la gestión de una o varias áreas funcionalmente homogéneas del Ministerio. A tal fin son competentes para proponer los proyectos que permitan la consecución de los objetivos del Departamento, así como para fomentar las actividades relativas a la gestión ordinaria y el buen funcionamiento de los órganos y unidades integrados en su área (art. 66.1 LRJSP).

Al igual que los Subsecretarios, son nombrados y separados por el Consejo de Ministros a propuesta del Ministro correspondiente. Y, también como ellos, deben ser funcionarios de carrera del Subgrupo A1, aunque en este caso se admiten excepciones motivadamente (art. 66.2 LRJSP).

De esa posibilidad de excepción se ha hecho amplio uso, aunque el TS (recientemente en su sentencia 1471/2021, de 14 de diciembre) ha puesto algunos límites.

C) *Subdirectores Generales*

Son los responsables inmediatos, bajo la supervisión del Director General, de la gestión de los proyectos, objetivos o actividades que se les asignen, así como de la gestión ordinaria de una parte de los asuntos de una Dirección General (art. 67.1 LRJSP).

Son nombrados respetando los principios de igualdad, mérito y capacidad siempre y sin excepción entre funcionarios de carrera del Subgrupo A1 (art. 67.2 LRJSP).

D) *Secretarios Generales*

Las Secretarías Generales son órganos directivos de existencia facultativa; es decir, que puede haber Ministerios sin tales órganos y sólo existen en aquellos Ministerios cuya normas organizativas las prevean (art. 58.1 LRJSP).

Sus funciones, respecto a los ámbitos materiales de un Ministerio que se les atribuyan, son semejantes a las de los Secretarios de Estado; en concreto, el ejercicio de las competencias inherentes a su responsabilidad de dirección, en especial el impulso en la consecución de los objetivos y proyectos, y el control de su cumplimiento. Pero tienen rango de Subsecretario (art. 64.3 LRJSP) y, por tanto, la condición de órgano directivo, no de órgano superior.

El nombramiento de los Secretarios Generales se lleva a cabo mediante Real Decreto del Consejo de Ministros a propuesta del Ministro correspondiente, y la única exigencia es que se seleccionen personas con cualificación y experiencia en el desempeño de puestos de responsabilidad en la gestión pública o privada, por lo que no se exige que ostenten la condición de funcionario de carrera ni un nivel determinado.

E) *Secretarios Generales Técnicos*

Los Secretarios Generales Técnicos, con categoría de Director General y bajo la inmediata dependencia del Subsecretario, ostentan las competencias sobre servicios comunes del Ministerio que se les atribuyan y, en todo caso, las relativas a producción normativa, asistencia jurídica y publicaciones (art. 65.1 y 2 LRJSP).

Su nombramiento y separación se lleva a cabo por Real Decreto del Consejo de Ministros, a propuesta del correspondiente Ministro. Deben ser funcionarios de carrera del Subgrupo A1 (art. 65.3 LRJSP).

III. ESTRUCTURA PERIFÉRICA DE LA ADMINISTRACIÓN GENERAL DEL ESTADO

1. Evolución y configuración general en la actualidad

Los órganos territoriales de la Administración General del Estado, es decir, el conjunto de órganos que integran la estructura periférica estatal, se distinguen de los centrales en que su ámbito de actuación no se corresponde con todo el territorio nacional, sino que ejercen sus competencias en una parte de este territorio, ya sea el de una Comunidad Autónoma o el de una Provincia (o el de Ceuta o Melilla o el de una isla).

La evolución histórica de esta estructura periférica se encuentra determinada por la división territorial de España en cincuenta provincias (1833, obra de Javier de Burgos; en 1927 se dividió Canarias en dos provincias). Como veremos en la lección 12, la provincia es en la actualidad más que una división territorial para la organización periférica de la Administración del Estado. Pero es esa sola función, que además es la primera que tuvo, la que nos interesa aquí. A estos efectos, antes toda España estaba dividida en provincias; en la actualidad constituyen una excepción Ceuta y Melilla (antes pertenecientes a Cádiz y Málaga).

Al frente de la Administración del Estado en cada provincia se situó inicialmente al denominado Subdelegado de Fomento. Después pasó a llamarse Jefe Político y posteriormente Gobernador Civil, reforzándose paulatinamente su carácter político frente al predominantemente profesional y administrativo con el que inicialmente fue concebido y al que siguió respondiendo en otros países (así, en Francia, donde la figura equivalente es la del Prefecto).

Paralelamente fue desarrollándose una amplia organización periférica departamental, de modo que cada Ministerio tenía una Delegación provincial. Aunque se trató de atribuir al Gobernador Civil una función coordinadora de todas estas Delegaciones provinciales ministeriales, la dependencia de éstas de cada uno de los Ministros lo dificultó.

En suma, la organización periférica de la Administración del Estado que existía cuando se aprobó la Constitución era extensa y predominantemente de ámbito provincial y carácter departamental.

La aprobación de la Constitución y el desarrollo posterior del Estado autonómico impusieron cambios, de modo que ahora la organización periférica de la Administración del Estado es en gran medida de ámbito autonómico (no provincial) y general (no departamental o ministerial). Por un lado, la misma Constitución (art. 154), prevé la existencia de un Delegado nombrado por el Gobierno para dirigir la Administración periférica del Estado en el territorio de cada Comunidad Autónoma, aunque al mismo tiempo dispone en su artículo 141.1 que la provincia es, entre otras cosas, «división territorial para el cumplimiento de las actividades del Estado». Por otro lado, la aparición de las Comunidades Autónomas supuso que muchas de las competencias de la Administración periférica del Estado pasaran a ser de las respectivas Administraciones autonómicas, con lo que perdía justificación la existencia de una extensa Administración periférica estatal.

Con esa situación, ya en 1997 se procedió a una profunda reorganización de la Administración periférica del Estado que desde entonces pivota sobre los Delegados del Gobierno en cada Comunidad Autónoma y, en menor medida, sobre los Subdelegados del Gobierno en cada provincia. Simultáneamente desaparecieron prácticamente todas las Delegaciones ministeriales que pasaron a integrarse como unidades administrativas muy modestas en las Delegaciones o en las Subdelegaciones del

Gobierno. Sólo excepcionalmente subsistieron los llamados «servicios no integrados» que, a su vez, podían ser de ámbito autonómico o provincial.

Estas mismas ideas son las que ahora se recogen en la LRJSP que dedica sus artículos 69 a 79 a los órganos territoriales (o sea, periféricos) de la Administración General del Estado.

En la organización territorial de la Administración General del Estado no existen órganos superiores, pero sí tienen la condición de órganos directivos los Delegados del Gobierno en las Comunidades Autónomas y los Subdelegados del Gobierno en las Provincias (art. 55.4 LRJSP). Existe relación jerárquica entre ambos órganos, dependiendo los Subdelegados del Gobierno, que ostentan el rango de Subdirector General, de los Delegados, con rango de Subsecretario y condición de alto cargo.

También existen Delegados del Gobierno en Ceuta y Melilla con régimen y funciones iguales a los Delegados en las Comunidades Autónomas (disp. adic. 2.ª LRJSP). Y con rango inferior a todos los referidos, en las islas de los archipiélagos balear y canario, Directores Insulares de la Administración General del Estado (art. 70 LRJSP). Súmese a ello que las Delegaciones de Defensa tienen una estructura y régimen peculiar (disp. adic. 14.ª LRJSP y LO 5/2005).

Como regla general, todos los servicios territoriales de la Administración del Estado se integran en las Delegaciones del Gobierno en las Comunidades Autónomas o en las Subdelegaciones del Gobierno en las provincias. Son los llamados «servicios integrados». Pero pueden existir «servicios territoriales no integrados» que dependerán directamente de algún órgano central, si así se establece por Real Decreto (art. 71 LRJSP). La estructura de las Delegaciones y Subdelegaciones, con la indicación de los servicios integrados, se establece por Real Decreto. En todo caso, tanto las Delegaciones como las Subdelegaciones cuentan con una Secretaría General como órgano de gestión de los servicios comunes y de la que dependen los servicios integrados (art. 76 LRJSP).

Por otra parte, están previstos órganos colegiados de la Administración periférica del Estado (arts. 78 y 79), especialmente para asistir a los Delegados y Subdelegados. Reseñemos al menos la Comisión territorial de asistencia al Delegado del Gobierno que, presidida por este, se compone por todos los Subdelegados de las provincias; y la Comisión de asistencia al Subdelegado de la que forman parte, además del propio Subdelegado, que la preside, el Secretario General y los titulares de los servicios provinciales integrados y no integrados.

2. Delegados del Gobierno en las Comunidades Autónomas

El artículo 154 CE establece que el Delegado del Gobierno es el responsable de dirigir la Administración del Estado en el territorio de la Comunidad Autónoma y que la coordinará, cuando proceda, con la Administración propia de la Comunidad.

Son nombrados y separados por Real Decreto del Consejo de Ministros, a propuesta del Presidente del Gobierno.

Según el artículo 72.4 LRJSP, además de reunir los requisitos generales de idoneidad, su nombramiento debe atender a criterios de competencia profesional y experiencia. Pero, como hemos dicho para otros órganos, lo que acaba sopesándose predominantemente son factores políticos.

Como regla general, tienen su sede en la localidad donde radique el Consejo de Gobierno de la Comunidad Autónoma (art. 69.2 LRJSP).

Los Delegados del Gobierno dependen orgánicamente del Presidente del Gobierno; pero funcionalmente dependen de los distintos Ministerios según la materia en la que actúen (art. 72.3 LRJSP). Como tienen relevantes funciones en cuanto a la seguridad ciudadana y Fuerzas y Cuerpos de Seguridad del Estado, la LRJSP destaca a ese respecto su dependencia del Ministerio del Interior (art. 73.3).

Sus competencias son prolijamente enumeradas en el artículo 73 LRJSP. En ellas se pueden detectar cuatro grandes vertientes.

a) Dirigir y coordinar la Administración periférica del Estado en la Comunidad Autónoma para lo cual entre otras cosas le corresponde nombrar a los Subdelegados del Gobierno en las Provincias de su Comunidad, el control de los órganos de la Administración General del Estado y sus organismos públicos en la Comunidad Autónoma e informar las propuestas de nombramiento de los titulares de los órganos territoriales no integrados en la Delegación.

b) Colaborar con las otras Administraciones —la autonómica y las locales— y coordinar con ellas la actuación de la del Estado. Así, entre otras cosas, propone la celebración de convenios y participa en las Comisiones bilaterales de cooperación y órganos similares.

c) Ser cauce de información tanto a los ciudadanos sobre las actuaciones de la propia Administración estatal como, a la inversa, elevando al Gobierno informes sobre los servicios de su dependencia y formulando propuestas sobre actuaciones estatales en su territorio.

d) Garantizar la seguridad ciudadana, a través de los Subdelegados y de las Fuerzas y Cuerpos de Seguridad del Estado, cuya jefatura ostenta.

3. Subdelegados del Gobierno en las provincias

En cada una de las provincias de las Comunidades pluriprovinciales hay un Subdelegado del Gobierno bajo la inmediata dependencia del Delegado del Gobierno en la Comunidad, que lo nombra entre funcionarios de carrera del Subgrupo A1 por el procedimiento de libre designación. En las Comunidades uniprovinciales sólo excepcionalmente pueden establecerse, asumiendo de ordinario sus funciones el Delegado (arts. 69.4 y 74 LRJSP).

Los Subdelegados del Gobierno desempeñan funciones de comunicación y colaboración con la Administración periférica de la respectiva Comunidad Autónoma y las Entidades Locales de la provincia. Asimismo, dirigen los servicios integrados en su Subdelegación según las instrucciones del Delegado y de los Ministerios correspondientes, e impulsan, supervisan e inspeccionan los servicios provinciales no integrados. En las provincias en las que no radique la sede de las Delegaciones, también llevan a cabo las competencias sobre la protección del libre ejercicio de los derechos y libertades, dirigiendo las Fuerzas y Cuerpos de Seguridad del Estado en la provincia; a la vez que les compete dirigir y coordinar la protección civil en su provincia (art. 75 LRJSP).

Tienen tan solo «nivel de Subdirector General» (art. 74 LRJSP).

IV. LA ADMINISTRACIÓN GENERAL DEL ESTADO EN EL EXTERIOR

Salvo algunas referencias mínimas que se contienen en la LRJSP, ésta dispone que el «Servicio Exterior del Estado se rige en todo lo concerniente a su composición, organización, funciones, integración y personal por lo dispuesto en la Ley 2/2014, de 25 de marzo, de la Acción y del Servicio Exterior del Estado y en su normativa de desarrollo y, supletoriamente, por lo dispuesto en esta Ley» (art. 80).

El Servicio Exterior del Estado aglutina a los órganos, unidades administrativas e instituciones de la Administración General del Estado en el exterior. Se organiza en una estructura jerarquizada bajo la figura del Embajador, y depende orgánica y funcionalmente de los respectivos Ministerios. La función de este Servicio es ejecutar y desarrollar la política exterior y la acción exterior del Gobierno, sin perjuicio de las competencias de los distintos departamentos ministeriales.

Se estructura en los siguientes órganos:

a) Misiones Diplomáticas Permanentes. Son las encargadas de representar a España ante uno o varios Estados con los que haya relaciones diplomáticas. Entre sus competencias específicas ante el Estado receptor se encuentra la protección de los intereses de España y de sus nacionales, las negociaciones con el Gobierno receptor, el fomento de las relaciones amistosas y el desarrollo en todos los ámbitos de la Acción Exterior. También les corresponde mantener informado al Gobierno español de las condiciones y la evolución de los acontecimientos en ese Estado, así como la cooperación con las instancias de representación exterior de la Unión Europea en la identificación, defensa y promoción de los intereses y objetivos de su Acción Exterior. Como regla general, la jefatura de la Misión Diplomática Permanente será ejercida por un Embajador Extraordinario y Plenipotenciario, que ostentará la representación y máxima autoridad de España ante el Estado receptor.

No obstante, también podrá ser desarrollada por un Encargado de Negocios con cartas de gabinete. El Rey acreditará, mediante las correspondientes cartas credenciales, a los Jefes de Misión Diplomática y Representación Permanente; mientras que a los Encargados de Negocios se les acreditará mediante cartas de gabinete firmadas por el Ministro de Asuntos Exteriores y de Cooperación. El Jefe de Misión depende orgánica y funcionalmente del Ministerio de Asuntos Exteriores, Unión Europea y Cooperación; su principal función es la representación del conjunto de la Administración del Estado y el ejercicio de la jefatura superior de todo el personal de la Misión.

Las Misiones Diplomáticas al igual que las Representaciones Permanentes, que veremos a continuación, se encuentran integradas por los siguientes órganos: *a*) la Jefatura de la Misión Diplomática o de la Representación Permanente; *b*) la Cancillería Diplomática; *c*) las Consejerías, Agregadurías, Oficinas Sectoriales, Oficinas Económicas y Comerciales, Oficinas Técnicas de Cooperación, Centros Culturales, Centros de Formación de la Cooperación Española, así como el Instituto Cervantes; *d*) en su caso, la Sección de Servicios Comunes.

b) Representaciones Permanentes. Son las responsables de representar a España ante la Unión Europea o una organización internacional. En aquellos supuestos en los que España no fuera parte de la organización ante la que se acreditan tendrán la consideración de Representaciones de Observación.

La jefatura de las Representaciones Permanentes será ejercida por un Embajador Representante Permanente, acreditado por el Rey mediante las correspondientes cartas credenciales; ostenta idénticas funciones de representación que los Jefes de Misión y la misma dependencia del Ministerio de Asuntos Exteriores y de Cooperación.

c) Misiones Diplomáticas Especiales. Representan temporalmente a nuestro país ante uno o varios Estados, con su consentimiento y para un cometido concreto, o bien ante uno o varios Estados donde no existe Misión Diplomática permanente o ante un conjunto de Estados para un cometido de carácter especial.

d) Delegaciones. Su función es la representación de nuestro país ante una organización internacional, una Conferencia de Estados convocada por una organización internacional o bajo sus auspicios, o un acto concreto organizado por un tercer Estado.

e) Oficinas Consulares. Son responsables del ejercicio de las funciones consulares, con especial atención a la asistencia y protección de los españoles en el exterior.

Existen dos tipos de Oficinas Consulares, las de carrera y las honorarias. Mientras que las primeras se encuentran dirigidas por funcionarios de la carrera diplomática y podrán ostentar la categoría de Consulado General o de Consulado; las honorarias se encontrarán a cargo de cónsules honorarios y podrán ser Consulados Honorarios o Viceconsulados Honorarios.

V. ÓRGANOS CONSULTIVOS

Entre los numerosos y variados órganos consultivos de la Administración del Estado (v. gr., Junta Consultiva de Contratación, Consejo Escolar del Estado, Consejo Nacional del Agua, etc.), debe ser destacado aquí el Consejo de Estado.

El Consejo de Estado es un órgano constitucional que se configura como el supremo órgano consultivo del Gobierno (art. 107 CE). La Constitución establece una reserva de ley orgánica para regular su composición y competencia. De acuerdo con ello se aprobó la Ley Orgánica 3/1980, de 22 de abril (LOCE), que ha sufrido diversas modificaciones.

Este supremo órgano consultivo de la Administración General del Estado está formado por Consejeros permanentes, natos y electivos, además del Presidente y el

Secretario General. El nombramiento del Presidente se hace por Real Decreto del Consejo de Ministros, según dice el artículo 6 LOCE, entre juristas de reconocido prestigio y experiencia en asuntos de Estado. Pero, por lo que se ve, lo de ser jurista de reconocido prestigio se entiende muy laxamente.

El Secretario General es nombrado por Real Decreto entre los Letrados Mayores y a propuesta de la Comisión Permanente del Consejo de Estado y aprobación de su Pleno.

La elección de los Consejeros permanentes se lleva a cabo entre personas que hayan desempeñado determinados altos cargos en el Gobierno estatal o los Consejos autonómicos, órganos consultivos autonómicos, académicos de las Reales Academias, ex Gobernadores del Banco de España o profesores universitarios de disciplinas jurídicas, económicas o sociales y funcionarios del Estado con exigencia de titulación universitaria y quince años de ejercicio. Su nombramiento se lleva a cabo por Real Decreto y sin límite de tiempo.

Los Consejeros natos son los ex Presidentes del Gobierno, quienes ostentan determinados altos cargos de la Administración General del Estado y en las Reales Academias, así como el Presidente del Consejo General de la Abogacía.

Los Consejeros electivos, cuyo mandato tendrá una duración de cuatro años, son nombrados por Real Decreto de entre quienes hayan desempeñado determinados altos cargos en la Administración General del Estado, Administraciones autonómicas y locales, y Universidades.

Por otra parte, están los letrados del Consejo de Estado, funcionarios que se seleccionan por oposición entre licenciados o graduados en Derecho y a los que corresponde el estudio, preparación y redacción de los proyectos de dictamen (arts. 14 y 15 LOCE).

Entre las principales competencias del Consejo de Estado se encuentra la emisión de dictámenes preceptivos para asuntos de gran transcendencia, como los anteproyectos de reforma constitucional, algunos anteproyectos de leyes, proyectos de Decretos legislativos y reglamentos ejecutivos, así como asuntos de Estado a los que el Gobierno reconozca especial repercusión. El carácter preceptivo de los informes debe estar determinado por ley; en el resto de los casos son facultativos.

Como regla general, los dictámenes no tienen carácter vinculante para el órgano que los solicita, salvo que la ley establezca lo contrario. Si bien corresponderá al Consejo de Ministros resolver en aquellos asuntos en que el informe preceptivo haya sido solicitado por un Ministro y este no esté conforme con el parecer del Consejo de Estado.

Además de dictámenes, el Consejo también elabora estudios, informes y memorias, ya sea a solicitud del Gobierno o por iniciativa propia; además, el Consejo de Estado debe elaborar las propuestas legislativas o de reforma constitucional encomendadas por el Gobierno.

En otro orden, conviene siquiera apuntar la labor de asesoramiento jurídico y en cierto modo consultiva de los Abogados del Estado que se integran en la Dirección del Servicio Jurídico del Estado.

Les corresponde la representación y defensa de la Administración del Estado (y eventualmente de otros entes públicos) en juicio. Pero lo que aquí interesa es esa otra labor de asesoramiento. Dice la Ley 52/1997 de Asistencia Jurídica del Estado que «la Dirección del Servicio Jurídico del Estado es el centro superior consultivo de la Administración del Estado, Organismos autónomos y entidades públicas dependientes [...] sin perjuicio de las competencias atribuidas por la legislación a los Subsecretarios y Secretarios generales técnicos, así como de las especiales funciones atribuidas al Consejo de Estado como supremo órgano consultivo del Gobierno [...] En la Administración periférica las Abogacías del Estado, por la singularidad de sus funciones, tendrán la consideración de servicios no integrados [...] Las Abogacías del Estado tendrán en los distintos Ministerios el carácter de servicios comunes y, por tanto, bajo las competencias de dirección, organización y funcionamiento que respecto a estos servicios otorga la legislación a los Subsecretarios».

Un tipo de asesoramiento peculiar es el de los Gabinetes previstos en el artículo 10 LG como «órganos de apoyo político y técnico del Presidente del Gobierno, de los Vicepresidentes, de los Ministros y de los Secretarios de Estado».

Sus miembros, nombrados y cesados por criterios de pura confianza (art. 16 LG), realizan un asesoramiento permanente e informal muy distinto del de los órganos consultivos clásicos volcado en la labor política de las autoridades a las que sirven. Se integran allí las oficinas o gabinetes de prensa o de comunicación, de escasa relevancia jurídica pero de gran importancia política.

VI. ÓRGANOS DE CONTROL

Aunque tienen una naturaleza muy distinta entre sí, conviene aludir a tres: el Defensor del Pueblo, el Tribunal de Cuentas y la Intervención General de la Administración del Estado. Aunque los dos primeros no son órganos administrativos, los traemos aquí porque su misión fundamental es controlar a la Administración.

1. El Defensor del Pueblo

La Constitución define al Defensor del Pueblo como el Alto Comisionado de las Cortes Generales para la defensa de los derechos fundamentales y las libertades públicas a través de la supervisión de la actividad de la Administración (art. 54).

En esa función no se circunscribe a la Administración del Estado sino que incluye también a las autonómicas y locales, así como a las demás dependientes de aquellas, aunque, al existir también figuras similares autonómicas, se prevén especificas relaciones de colaboración con éstas (así, art. 128.3 EAA).

La norma reguladora de esta institución es la Ley Orgánica 3/1981, de 6 de abril, que ha sufrido varias modificaciones desde su aprobación.

El Defensor del Pueblo es nombrado por las Cortes Generales y necesita de una mayoría de tres quintas partes de los miembros de ambas Cámaras.

El Defensor del Pueblo actúa con independencia: no se encuentra sujeto a mandato imperativo ni recibe instrucciones de ninguna autoridad. Para garantizar su imparcialidad, su Ley Orgánica establece un régimen de incompatibilidades que se extiende al ejercicio de todo mandato representativo, cargo político, servicio activo en cualquier Administración pública, vinculación de afiliación, dirección o empleo en un partido político, sindicato, asociación o fundación, ejercicio de las carreras judicial y fiscal, y con cualquier actividad profesional, liberal, mercantil o laboral.

El Defensor del Pueblo se apoya en su labor en dos Adjuntos, que nombra y separa previa conformidad de las Cortes. Estos colaboradores sustituirán al titular en sus funciones en los supuestos de imposibilidad temporal o cese, y podrán ejercer por delegación las competencias del Defensor.

La misión del Defensor del Pueblo se canaliza mediante la realización de investigaciones sobre la actuación de la Administración pública o sus agentes ante una presunta irregularidad. El inicio de estas investigaciones puede llevarse a cabo de oficio o a instancia de cualquier persona física o jurídica que invoque un interés legítimo. Asimismo, también se encuentran expresamente facultados para solicitar su intervención los Diputados y Senadores individualmente, las comisiones de investigación o relacionadas con la defensa de los derechos y libertades públicas y la Comisión Mixta Congreso-Senado de relaciones con el Defensor.

Las quejas presentadas por los interesados no necesitan de abogado ni de procurador; basta un sencillo escrito, presentado en el plazo máximo de un año desde el momento de los hechos, con las circunstancias y los datos identificativos del interesado. De todas las quejas debe acusarse recibo, pudiendo tramitarse o rechazarse de forma motivada.

El Defensor del Pueblo debe elaborar un informe anual sobre su gestión que habrá de presentar ante las Cortes y ser publicado. Asimismo, puede elaborar informes extraordinarios para asuntos de especial relevancia.

2. El Tribunal de Cuentas

Es un órgano de carácter constitucional cuya misión es fiscalizar las cuentas y la gestión económica del Estado y del sector público (art. 136 CE). Le corresponde el llamado control externo de las cuentas y de la gestión económica del Estado y del sector público (frente al control interno, propio de la Intervención). A fin de garantizar su independencia, responde directamente ante las Cortes Generales y ejerce sus funciones por delegación de las Cámaras; asimismo, los miembros del Tribunal gozan de la misma independencia, inamovilidad y régimen de incompatibilidades de los jueces.

El texto constitucional remite a una ley orgánica la regulación de su composición, organización y funciones. De acuerdo con ello, se aprobó la Ley Orgánica 2/1982, de 12 de mayo, del Tribunal de Cuentas. Se completa su regulación con la Ley 7/1988, de 5 de abril, de Funcionamiento del Tribunal de Cuentas.

Otras leyes completan sus atribuciones y actuación. Así, la Ley Orgánica 8/2007, de 4 de julio, sobre financiación de los partidos políticos; la Ley Orgánica 5/1985, de 19 de junio, del Régimen Electoral General; etc.

En el artículo primero de la Ley Orgánica 2/1982, se enuncia de nuevo la función de fiscalización que ya establece la Constitución, y a la que hemos aludido con anterioridad, y también se añade que corresponderá al Tribunal el control y la supervisión de la actividad económico-financiera de los partidos políticos, así como la de las fundaciones y demás entidades vinculadas o dependientes de ellos. De esta forma nos encontramos con la mención específica a la fiscalización de los partidos, que en la actualidad se ha convertido en una de sus misiones más controvertidas.

Además de esta fiscalización del sector público, el Tribunal es competente para el enjuiciamiento de la responsabilidad contable en que incurran quienes tengan a su cargo el manejo de caudales o efectos públicos; así como la fiscalización de subvenciones, créditos, avales u otras ayudas del sector público percibidas por personas físicas o jurídicas (arts. 3 y 4 de la LO 2/1982).

Por Ley 15/2014, de 16 de septiembre, de Racionalización del Sector Público y otras medidas de reforma administrativa, también se incluyó entre las competencias del Tribunal una labor consultiva de los anteproyectos de ley o proyectos de normas reglamentarias que afecten a su régimen jurídico o al ejercicio de sus funciones.

Anualmente, el Tribunal debe remitir a las Cortes un Informe sobre el análisis de la cuenta general del Estado y de las demás del sector público; así como un informe a las Asambleas Legislativas de las Comunidades Autónomas para el control económico y presupuestario de su actividad financiera (art. 13 de la LO 2/1982).

El Tribunal en Pleno está integrado por doce Consejeros de Cuentas designados por las Cortes Generales, seis por cada una de las Cámaras, por mayoría de tres quintos y para un período de nueve años. La selección de los Consejeros se lleva a cabo entre Censores del Tribunal de Cuentas, Censores Jurados de Cuentas, Magistrados y Fiscales, Profesores de Universidad y funcionarios públicos pertenecientes a Cuerpos para cuyo ingreso se exija titulación académica superior, Abogados, Economistas y Profesores Mercantiles, de reconocida competencia y con más de quince años de ejercicio profesional. El Fiscal del Tribunal de Cuentas, que ha de pertenecer a la Carrera Fiscal, se nombra por el Gobierno; y el Presidente es nombrado de entre sus miembros por el Rey, a propuesta del mismo Tribunal en Pleno y por un período de tres años.

3. La Intervención General de la Administración del Estado

A la Intervención General de la Administración del Estado (IGAE) le corresponde el control interno de la actividad económico-financiera de todo el sector público estatal, que debe ejercer con autonomía respecto a las autoridades controladas. Se integra en el Ministerio de Hacienda pero cuenta con Intervenciones Delegadas en los distintos Ministerios y organismos públicos.

Ese control tiene, según el artículo 142.1 LGP, los siguientes objetivos: verificar el cumplimiento de la normativa y el adecuado registro y contabilización de las operaciones; el cumplimiento de los principios de buena administración financiera y de estabilidad presupuestaria; y comprobar el cumplimiento de los objetivos asignados a cada centro gestor del gasto en los Presupuestos Generales del Estado.

Realiza su control mediante tres actividades: la función interventora, el control financiero permanente y la auditoría pública (art. 142.2 LGP).

La función interventora —que es obligatoria salvo excepciones— controla, antes de que sean aprobados, los actos que den lugar al reconocimiento de derechos o a la realización de gastos, así como los ingresos y pagos que de ellos se deriven, y la inversión o aplicación en general de los fondos públicos. En su modalidad formal examina los documentos que preceptivamente deban estar incorporados al expediente. En su modalidad material, comprobará la real y efectiva aplicación de los fondos. Si la Intervención formula reparos escritos se suspenderá la tramitación del expediente hasta que se subsane el defecto o se resuelva la discrepancia en su caso por el Consejo de Ministros.

El control financiero permanente tiene por objeto la verificación de forma continua de la situación y el funcionamiento del aspecto económico-financiero para comprobar el cumplimiento de la normativa y directrices que rijan. Da lugar a diversos informes que pueden incluir críticas, recomendaciones y propuestas y elevarse incluso al Consejo de Ministros para que adopte las decisiones pertinentes.

La auditoría pública consiste en la verificación, realizada con posterioridad y efectuada de forma sistemática, de la actividad económico-financiera mediante procedimientos de revisión selectivos contenidos en las normas de auditoría e instrucciones que dicte la IGAE. Adopta las modalidades de auditoría de regularidad contable (en particular aplicable a las cuentas anuales), de cumplimiento y operativa (art. 164 LGP), y sus resultados se reflejan en informes que, además de antes los órganos gestores y eventualmente ante el Consejo de Ministros, se presentan ante el Tribunal de Cuentas.

La IGAE también es el centro directivo y gestor de la contabilidad pública.

Los Interventores son funcionarios del Subgrupo A1 (Cuerpo Superior de Interventores y Auditores del Estado).

BIBLIOGRAFÍA

Barrio Andrés, M.: «El Consejo de Estado: institución de tradición y progreso», en *Homenaje a Muñoz Machado.*

Bassols Coma, M.: «Buen gobierno, ética pública y altos cargos», *REDA*, n.º 172, 2015, y *Homenaje a Muñoz Machado.*

Calero Amor, A. M.: *La división provincial de 1833. Bases y antecedentes*, Centro de Estudios Constitucionales, 1987.

Carbonell Porras, E.: «La división del territorio en provincias y su evolución», en *Sobre un hito jurídico. La Constitución de 1812*, Universidad de Jaén, 2012.

Cerrillo i Martínez, A.: «La oportunidad perdida en la prevención de los conflictos de intereses en la Administración General del Estado. Un breve análisis de la Ley 3/2015, de 30 de marzo», *Eunomía: Revista en Cultura de la Legalidad*, n.º 12, 2017.

Cuesta Revilla, J.: «Algunas consideraciones sobre la Ley de la Acción y del Servicio Exterior del Estado», en *Homenaje a Cosculluela.*

Galán Vioque, R.: «La Administración General del Estado», en Gosálbez Requeño, H. (dir.), *El nuevo régimen jurídico del sector público*, Wolters Kluwer/El Consultor de los Ayuntamientos, 2016.

— «La Administración General del Estado tras la Ley de Régimen jurídico del sector público: ¿cambios para una administración del siglo xxi?», en *Homenaje a Parejo Alfonso.*

García Álvarez, G.: *La función constitucional del Consejo de Estado*, Cedecs, 1996.

Guaita Martorell, A.: «Secretarios de Estado y Subsecretarios», *REDA*, n.º 18, 1978.

Lazo Vitoria, X.: *El control interno del gasto público estatal. Un estudio desde el Derecho Administrativo*, Tecnos, 2008.

López Benítez, M.: «Reestructuración de la Administración estatal y de las Administraciones autonómicas», en López Benítez, M.; Fuentetaja Pastor, J. A. y Rodríguez-Campos González, S. (dirs.), *Las reformas administrativas de la crisis*, Aranzadi, 2017.

Martín Rebollo, L.: «Ante la reforma administrativa: los Ministros y otros miembros del Gobierno», *RAP*, n.º 89, 1979.

MENÉNDEZ, P. y GARCÍA ÁLVAREZ, G.: «Administración consultiva», en MUÑOZ MACHADO, S. (dir.), *Diccionario de Derecho Administrativo*, Iustel, 2005.
— «Consejo de Estado», en MUÑOZ MACHADO, S. (dir.), *Diccionario de Derecho Administrativo*, Iustel, 2005.
MESA SEGURA, A.: *La labor administrativa de Javier de Burgos*, 1946.
MORELL OCAÑA, L.: «Dirección de la Administración pública por el Gobierno y garantías de imparcialidad administrativa», *RAP*, n.º 156, 2001.
MUÑOZ MACHADO, S.: «División territorial (Provincias)», en MUÑOZ MACHADO, S. (dir.), *Diccionario de Derecho Administrativo*, Iustel, 2005.
— «Jefes políticos», en MUÑOZ MACHADO, S. (dir.), *Diccionario de Derecho Administrativo*, Iustel, 2005.
— «Subdelegados de Fomento», en MUÑOZ MACHADO, S. (dir.), *Diccionario de Derecho Administrativo*, Iustel, 2005.
ORDUÑA REBOLLO, E.: *Historia del Estado español*, Marcial Pons/Fundación Alfonso Martín Escudero, 2015.
ORTEGA ÁLVAREZ, L.: «Consejo de Ministros», en MUÑOZ MACHADO, S. (dir.), *Diccionario de Derecho Administrativo*, Iustel, 2005.
— «Comisiones Delegadas del Gobierno», en MUÑOZ MACHADO, S. (dir.), *Diccionario de Derecho Administrativo*, Iustel, 2005.
— «Gabinetes», en MUÑOZ MACHADO, S. (dir.), *Diccionario de Derecho Administrativo*, Iustel, 2005.
— «Presidente del Gobierno», en MUÑOZ MACHADO, S. (dir.), *Diccionario de Derecho Administrativo*, Iustel, 2005.
— «Secretariado del Gobierno», en MUÑOZ MACHADO, S. (dir.), *Diccionario de Derecho Administrativo*, Iustel, 2005.
— «Secretarios de Estado», en MUÑOZ MACHADO, S. (dir.), *Diccionario de Derecho Administrativo*, Iustel, 2005.
— «Vicepresidente del Gobierno», en MUÑOZ MACHADO, S. (dir.), *Diccionario de Derecho Administrativo*, Iustel, 2005.
PARADA VÁZQUEZ, R.: «Reforma del Estado y reformas administrativas», en LÓPEZ BENÍTEZ, M.; FUENTETAJA PASTOR, J. A. y RODRÍGUEZ-CAMPOS GONZÁLEZ, S. (dirs.), *Las reformas administrativas de la crisis*, Aranzadi, 2017.
PAREJO ALFONSO, L. (ed.): *Estudios sobre la Administración general del Estado. Seminario sobre el Proyecto de Ley de la Organización y Funcionamiento de la Administración General del Estado*, Universidad Carlos III, 1996.
SÁNCHEZ BLANCO, A.: «Administración General del Estado. Estructuras centrales», SUAY RINCÓN, J., «Gobierno (de la Nación)», en MUÑOZ MACHADO, S. (dir.), *Diccionario de Derecho Administrativo*, Iustel, 2005.
SÁNCHEZ MORÓN, M.: *Las administraciones españolas*, Tecnos, 2018.
SARMIENTO ACOSTA, M. J.: *La organización de la Administración periférica*, MAP/BOE, 1997.
— «Delegados del Gobierno», en MUÑOZ MACHADO, S. (dir.), *Diccionario de Derecho Administrativo*, Iustel, 2005.
— «Directores insulares», en MUÑOZ MACHADO, S. (dir.), *Diccionario de Derecho Administrativo*, Iustel, 2005.
— «Administración periférica del Estado», en MUÑOZ MACHADO, S. (dir.), *Diccionario de Derecho Administrativo*, Iustel, 2005.
— «Subdelegación del Gobierno», en MUÑOZ MACHADO, S. (dir.), *Diccionario de Derecho Administrativo*, Iustel, 2005.
SARMIENTO LARRAURI, J. I.: «Los Delegados del Gobierno», en *Homenaje a Muñoz Machado.*
SUAY RINCÓN, J.: «Gobierno (de la Nación)», en MUÑOZ MACHADO, S. (dir.), *Diccionario de Derecho Administrativo*, Iustel, 2005.
— «Administración (General del Estado)», en MUÑOZ MACHADO, S. (dir.), *Diccionario de Derecho Administrativo*, Iustel, 2005.
VV.AA.: *DA*, n.os 244-245, monográfico sobre el Consejo de Estado, 1996.
— *DA*, n.os 246-247, monográfico sobre el Gobierno y la Administración, 1997.

LECCIÓN 11

LA ADMINISTRACIÓN DE LAS COMUNIDADES AUTÓNOMAS. ESPECIAL REFERENCIA A ANDALUCÍA*

I. LA ADMINISTRACIÓN DE LAS COMUNIDADES AUTÓNOMAS

1. PREVISIONES CONSTITUCIONALES Y AMPLIA POTESTAD AUTOORGANIZATORIA

Se expuso ya en la lección 1 que el segundo nivel de Administraciones territoriales viene constituido por el de las diecisiete Administraciones de cada una de las Comunidades Autónomas. Lo que ahora nos ocupará es la organización de esas Administraciones.

A este respecto, muy poco dispuso la CE. El precepto de referencia es el artículo 152.1 CE que establece un mínimo diseño de la organización de las Comunidades Autónomas en el que no se alude propiamente a su Administración.

Ese artículo 152.1 CE prevé «una Asamblea Legislativa, elegida por sufragio universal con arreglo a un sistema de representación proporcional que asegure, además, la representación de diversas zonas del territorio; un Consejo de Gobierno con funciones ejecutivas y administrativas y un Presidente, elegido por la Asamblea, de entre sus miembros, y nombrado por el Rey, al que corresponde la dirección del Consejo de Gobierno, la suprema representación de la respectiva Comunidad y la ordinaria del Estado en aquella. El Presidente y los miembros del Consejo de Gobierno serán políticamente responsables ante la Asamblea». El mismo artículo 152.1 CE prevé la existencia de un Tribunal Superior de Justicia en esas Comunidades Autónomas en el que culmina la organización judicial en su ámbito territorial, sin perjuicio de la jurisdicción que corresponde al Tribunal Supremo. Además, permite que los Estatutos de Autonomía establezcan formas de participación de la respectiva Comunidad en la organización de las demarcaciones judiciales de su territorio.

Algunas observaciones son necesarias:

1.ª Esa parca previsión constitucional sobre la organización de las Comunidades Autónomas no se refiere, en realidad, a todas ellas sino sólo a las que siguieron para su creación la vía prevista en el artículo 151 CE o asimiladas (conocida como «vía rápida»), entre ellas Andalucía. Para las otras (las que siguieron la vía del art. 143 CE, conocida como «vía lenta», como Extremadura, Murcia, Castilla-La Mancha, etc.) no se imponía ni siquiera esa mínima estructura. Para estas otras la CE no establece ninguna previsión organizativa. Es más, habría sido perfectamente posible conforme a la CE la existencia de Comunidades Autónomas sin Asamblea legislativa. Finalmente, sin embargo, como

* Por Elsa Marina ÁLVAREZ GONZÁLEZ.

resultado de acuerdos políticos (los Pactos Autonómicos de 1981 suscritos por el Gobierno de la UCD y el PSOE), se decidió que éstas tuviesen el mismo esquema organizativo y así se plasmó en sus respectivos Estatutos.

2.ª Pese a que el artículo 152.1 CE prevé que en cada una de las Comunidades Autónomas haya un Tribunal Superior de Justicia y una participación autonómica en la organización de las demarcaciones judiciales, ninguno de los Tribunales de Justicia forman parte de la organización de ninguna Comunidad Autónoma pues el Poder Judicial en España es único y no está descentralizado.

3.ª Como se habrá observado, el precepto, además de referirse a la Asamblea legislativa autonómica, que claro está que no es de ninguna forma parte de su Administración, sólo alude a su Presidente, a su Consejo de Gobierno y a los miembros de este. Aunque estos son los órganos superiores de la Administración autonómicas, son también algo más que Administración, como se explicó en la lección 1. Y, en cualquier caso, salvo esa alusión a estos órganos superiores, no hay ninguna otra regla constitucional sobre la organización administrativa autonómica propiamente dicha. Sólo hay una alusión tangencial en el artículo 153.*c*) a la Administración autonómica. Por tanto, en suma, la CE deja amplísimo margen para establecer la organización de las diversas Administraciones autonómicas.

4.ª Al margen de estas previsiones quedan Ceuta y Melilla en las que no hay Asamblea Legislativa ni en sus territorios radica un Tribunal Superior de Justicia. Como el TC declaró que no son verdaderas Comunidades Autónomas, sino entes municipales con autonomía singular, remitimos a la lección 12 su organización.

En parte, la CE remite a los respectivos Estatutos de Autonomía esa organización administrativa cuando en su artículo 147.2 establece que deberán contener «la denominación, organización y sede de las instituciones autonómicas propias». La remisión no se circunscribe, desde luego, a la Administración, pero la incluye, de modo que los Estatutos pueden hacer previsiones sobre la organización administrativa regional. De hecho, todos las contienen en mayor o menor medida.

Pero sobre todo es en las normas de cada una de las Comunidades Autónomas en las que se establece la organización de su respectiva Administración. Téngase en cuenta que el artículo 148.1.1.ª CE permite que todas las Comunidades Autónomas se atribuyan la competencia sobre «organización de sus instituciones de autogobierno», como así lo hace, por ejemplo, el artículo 46 EAA, organización que incluye la administrativa.

El que el artículo 148.1.1.ª CE incluya la competencia para regular su propia Administración fue matizado por la STC 76/1983. Por otra parte, como se vio en la lección 9, el artículo 149.1.18.ª CE ha permitido al Estado dictar algunos preceptos básicos sobre organización administrativa general (reglas mínimas sobre creación de órganos, sobre órganos colegiados, sobre alteraciones en el ejercicio de competencias, etc.) que condicionan la legislación autonómica. Pero, aun con aquella matización de la STC 76/1983 y con esa mínima salvedad derivada del artículo 149.1.18.ª CE, no cabe duda de que, con una u otra base, todas las Comunidades Autónomas tienen una competencia exclusiva para establecer la organización de su Administración.

Por tanto, la organización de la Administración de las Comunidades Autónomas queda a disposición de ellas mismas, de su potestad de organización que es expresión de su autonomía y que implica, ya no sólo crear órganos, sino entes institucionales, tal y como ha reconocido el Tribunal Constitucional (SSTC 227/1988, 50/1999, entre otras).

De esta forma, las Comunidades Autónomas, amparadas en su potestad organizatoria, han diseñado en sus respectivos Estatutos de Autonomía y en sus leyes, la estructura y organización de sus Administraciones.

Así, pueden adaptarla a sus características y necesidades. Basta pensar que hay Comunidades Autónomas con extenso territorio y que incluyen muchas Provincias (hasta nueve como en el caso de Castilla y León) o con elevada población (más de ocho millones de habitantes en el caso de Andalucía, que es la más poblada) y otras siete uniprovinciales, algunas con pocos habitantes (La Rioja, además de ser uniprovincial, tiene poco más de 300.000 habitantes).

No obstante, a pesar de la autonomía organizativa que se les ha reconocido y a las muy notables diferencias en sus características, las Comunidades Autónomas, con carácter general, no han sido muy innovadoras al diseñar sus propias Administraciones, pues la tónica común ha sido la de construir su Administración a imagen y semejanza de la del Estado. Así, aunque el sistema permitía una gran diversidad organizativa, domina más bien la uniformidad.

2. Rasgos generales de la Administración central de las Comunidades Autónomas

Como órgano máximo de la Administración de las Comunidades Autónomas, en todas ellas nos encontramos con el Presidente y el Consejo de Gobierno, cualquiera que sea la denominación adoptada. Y como estructura organizativa superior de la Administración autonómica, también existen en todas las Comunidades las Consejerías. Tanto el Presidente como el Consejo de Gobierno y las Consejerías constituyen lo que se denomina la Administración central de las Comunidades Autónomas.

Conviene en este punto recordar la idea recogida en la lección 1 de que la Administración de cada Comunidad Autónoma se integra en el Poder Ejecutivo de la Comunidad. Y los Gobiernos autonómicos, aunque siempre integran el Poder Ejecutivo de la Comunidad, son, por una parte, el órgano máximo de su Administración y, por otra, órgano político de la Comunidad, no sólo de su Administración, en su conjunto.

El Presidente, elegido por la Asamblea Legislativa, dirige el Gobierno, ejerce la función representativa de la Comunidad Autónoma y designa a los Consejeros que forman el Gobierno. Además, ejerce la representación ordinaria del Estado en la Comunidad Autónoma, en cuanto que las Comunidades Autónomas forman parte del Estado.

El Consejo de Gobierno ocupa la misma posición que el Gobierno de la Nación en su nivel propio. Ejerce la potestad reglamentaria y ejecutiva, dirige la Administración autonómica y aprueba los Decretos legislativos por delegación de la Asamblea legislativa. Además, desde las reformas estatutarias operadas desde 2006, también se le confiere la potestad de dictar Decretos-leyes. Tiene atribuidas también funciones organizativas tales como aprobar la estructura de las Consejerías y la creación, modificación o supresión de los órganos superiores, nombrar y separar los altos cargos de la Administración, etc. Es posible que el Gobierno cuente con uno o varios Vicepresidentes, pero la composición y funciones del Gobierno autonómico se regula por la legislación de cada Comunidad Autónoma, por lo que a ella debemos acudir para ver las particularidades en cada caso.

En cuanto a la Administración autonómica, su esquema es similar al del Estado, siendo la estructura básica las Consejerías dirigidas por un Consejero que forma parte del Gobierno autonómico. Serían el equivalente a los Ministerios de la Administración estatal. Dentro de cada Consejería puede haber un Viceconsejero, Directores Generales y, en algunos casos, Secretarios Generales y Secretarios Generales Técnicos. El número de Consejerías así como sus ámbitos de competencias varían de una Comunidad a otra. Es más, la organización interna de las Consejerías dentro de una misma Comunidad Autónoma tampoco tiene siempre un esquema idéntico, pues responden a criterios de organización distintos en función de las competencias que tengan atribuidas.

Los Consejeros reúnen la doble condición de miembros del Consejo de Gobierno y de órganos superiores de las Consejerías. De ahí que ejerzan funciones como miembros del Consejo de Gobierno (deliberaciones y acuerdos en asuntos de que conozca el Consejo de Gobierno; proponer reglamentos o proyectos de ley en las materias que afecten a su Consejería; etc.), y funciones como titulares de las Consejerías, pues como tales son los jefe de la organización de la Consejería y los responsables directos de la gestión del área de actividad de su departamento.

3. Rasgos generales de la Administración periférica de las Comunidades Autónomas

A este respecto la situación es bastante diferente según se trate de Comunidades Autónomas pluriprovinciales o uniprovinciales. En las primeras la Administración periférica de las Comunidades Autónomas viene constituida, por lo general, por la delegación territorial de la Comunidad Autónoma en cada provincia y, en su caso, las delegaciones de cada Consejería. Así, en cada provincia existirá una Delegación del Gobierno autonómico respectivo que ejerce la representación del Gobierno autonómico en la provincia y, a veces, una Delegación de cada una de las Consejerías, encargadas de gestionar en la provincia las competencias atribuidas a las diferentes Consejerías. Por tanto, al menos en el caso de las Comunidades pluriprovinciales, lo que se ha extendido es un modelo parecido al de la tradicional Administración periférica del Estado. Es, desde luego, el caso de Andalucía.

En su momento, sin embargo, se pretendió otra solución que propuso la Comisión de Expertos sobre Autonomías, constituida en 1981 bajo la Presidencia de García de Enterría y formada por otros seis profesores de Derecho Administrativo. Esa Comisión desaconsejó que las Comunidades Autónomas establecieran su propia Administración periférica. Son ilustrativos y sugerentes algunos de sus pasajes: «Instauradas las Comunidades Autónomas en todo el territorio del Estado, resultaría gravemente inconveniente para la salud del sistema que aquellas decidieran reproducir en su propio espacio los esquemas organizativos de la Administración del Estado [...] Por lo que respecta a la Administración periférica de la Comunidad Autónoma, su creación misma no debe llegar a producirse en ningún caso». Frente a ello proponía la utilización «de las Corporaciones locales y destacadamente de las Diputaciones provinciales para que ejerzan ordinariamente las competencias administrativas que pertenecen a las Comunidades Autónomas. Las Diputaciones deben quedar convertidas en el escalón administrativo intrarregional básico: es preciso... integrar en su organización los servicios periféricos... para que puedan asumir el ejercicio de competencias por trasferencia o delegación de las Comunidades Autónomas» y, a la postre, atribuir a las Diputaciones la gestión ordinaria, en el territorio de la provincia, de los servicios propios de la Administración autonómica. Lo que esta Comisión pretendía, como expresamente señalaba, era generalizar para todas las Comunidades pluriprovinciales el modelo organizativo que ya se había instaurado en el País Vasco en el que la Comunidad Autónoma, en vez de crear órganos periféricos propios, se sirve de las Diputaciones. A tal efecto, se incluyeron algunas previsiones en la Ley 12/1983, del Proceso Autonómico y luego en la LRBRL. Además, esta solución se plasmó en diversos Estatuto de Autonomía, como el andaluz de 1981, que también la contempló en alguna ley.

Pero, salvo en el País Vasco, esta propuesta nunca se hizo realmente efectiva y desde el principio las Comunidades Autónomas crearon una Administración periférica propia. Finalmente ha sido abandonada. Quedan vestigios de ella en algunas leyes, pero no luce en el nuevo Estatuto andaluz ni parece que se considere ya una posibilidad viable.

4. Administración consultiva de las Comunidades Autónomas

Además de órganos consultivos ordinarios, las Comunidades Autónomas también pueden contar con órganos de funciones semejantes al Consejo de Estado que, con un distanciamiento de los órganos consultantes y mediante un procedimiento formal de petición y emisión de la consulta o dictamen, asesoran a los órganos activos.

En principio, las Administraciones autonómicas debían pedir dictamen al Consejo de Estado en los mismos casos en los que la LOCE se lo imponía a la Administración estatal. Pero, según la STC 204/1992, si las Comunidades Autónomas creaban sus propios consejos consultivos y los dotaban de «independencia, objetividad y rigurosa cualificación técnica», su intervención hacía innecesaria la del Consejo de Estado. Con esa base, las diversas Comunidades Autónomas, con la excepción de Cantabria, optaron por crear estos órganos consultivos (ya sea con el nombre de Consejos Consultivos o el de Comisiones Jurídicas Asesoras). Sólo Cantabria seguía solicitando dictámenes al Consejo de Estado.

Inicialmente, los Consejos Consultivos autonómicos, aun con algunas variantes entre sí, respondían a una misma pauta que, *mutatis mutandis*, los asemejaba al Consejo de Estado. Poco a poco, sin embargo, como ha explicado López Menudo, se fueron diversificando y muchos de ellos, deteriorando, hasta el punto de ser discutible que cumplan aquellos requisitos de «independencia, objetividad y rigurosa cualificación técnica» de que habló el TC. La evolución que sufrieron en el País Vasco y después en Madrid o Extremadura es especialmente reveladora: supresión de los genuinos consejos consultivos y sustitución por unas comisiones jurídicas de composición exclusivamente funcionarial como simples órganos dentro de los servicios jurídicos ordinarios de la respectiva Comunidad, aunque dotados de cierta autonomía funcional. En toda esta evolución ha tenido mucho que ver la crisis económica y la necesidad de ahorrar gasto público, unido a ciertos abusos en los nombramientos de los consejeros y en sus retribuciones.

La LRJSP se hace eco de esta tendencia en su artículo 7 cuando establece que «la Administración consultiva podrá articularse mediante órganos específicos dotados de autonomía orgánica y funcional con respecto a la Administración activa (lo que parece aludir al modelo del Consejo de Estado), o a través de los servicios de esta última que prestan asistencia jurídica» (lo que responde al modelo extemeño o madrileño) con la condición de que actúen de «forma colegiada» y no estén «sujetos a dependencia jerárquica». Es discutible si estos cambios no merman el significado y utilidad de la función consultiva o si, puestos a ahorrar, no es preferible el sistema de Cantabria.

En general, estos órganos consultivos autonómicos, sea cual sea el modelo estructural al que respondan, emiten dictámenes no sólo para la misma Administración regional y sus entes institucionales, sino para también las Administraciones locales y Universidades públicas, que pueden y en ciertos casos deben pedirlos.

II. LA ADMINISTRACIÓN DE LA JUNTA DE ANDALUCÍA

1. Regulación

El vigente EAA se ocupa en de la organización de la Comunidad Autónomas en su Título IV, artículos 99 y siguientes. Así, el artículo 99.1 establece que «la Junta de Andalucía es la institución en que se organiza políticamente el autogobierno de la Comunidad Autónoma. La Junta de Andalucía está integrada por el Parlamento de Andalucía, la Presidencia de la Junta y el Consejo de Gobierno». Además, el artículo 99.2 dice que «forman parte también de la organización de la Junta de Andalucía las instituciones y órganos regulados en el Capítulo VI», como son el Defensor del Pueblo, el Consejo Consultivo y la Cámara de Cuentas, entre otros.

En el Capítulo III de este Título IV se regula el Presidente de la Junta. En el Capítulo IV el Consejo de Gobierno. Y se dedica el Capítulo VII de ese Título IV a la Administración de la Junta de Andalucía. Nos interesa sobre todo su artículo 133.2 a cuyo tenor la Administración de la Junta de Andalucía «*desarrollará la gestión ordinaria de sus actividades a través de sus servicios centrales y periféricos*», afirmación que va derechamente dirigida a excluir la solución del anterior Estatuto andaluz de 1981 y antes aludida de, en vez de crear una Administración periférica propia, servirse de las Diputaciones.

Estas previsiones estatutarias se completan en dos leyes autonómicas: la Ley 6/2006, de 24 de octubre, del Gobierno de la Comunidad Autónoma de Andalucía (LGA) y la Ley 9/2007, de 22 de octubre, de la Administración de la Junta de Andalucía (LAJA). Esta regulación legal es desarrollada por diversas y muy cambiantes normas reglamentarias.

La Administración de la Junta de Andalucía, al igual que el resto de Comunidades Autónomas, cuenta en su estructura central con la Presidencia de la Junta y el Consejo de Gobierno como órganos máximos de la Administración, y con las Consejerías como órganos superiores. Cuenta, además, con órganos periféricos.

Al margen, y para su exposición en la lección 13, dejamos por ahora los entes institucionales de la Administración andaluza, aunque también son regulados en la LAJA.

Con esta salvedad, recuérdese que, aunque con muy diversos órganos, todos ellos forman parte de una única persona jurídica. Lo declara así el artículo 2.2 LAJA: «La Administración de la Junta de Andalucía, constituida por órganos jerárquicamente ordenados, actúa para el cumplimiento de sus fines con personalidad jurídica única, sin perjuicio de la que tengan atribuida las entidades instrumentales de ella dependientes».

2. La Presidencia de la Junta de Andalucía

El EAA se ocupa de su forma de designación (art. 118), de la cuestión de confianza (art. 125), de la moción de censura (art. 126) y de otros aspectos que configuran un régimen parlamentario similar al del Estado y que no procede estudiar aquí. Más nos importa ahora el artículo 117.1 EAA que establece que «el Presidente o Presidenta de la Junta dirige y coordina la actividad del Consejo de Gobierno, coordina la Administración de la Comunidad Autónoma, designa y separa a los Consejeros y ostenta la suprema representación de la Comunidad Autónoma y la ordinaria del Estado en Andalucía». Todo esto es regulado más concretamente en los artículos 4 y siguientes LGA. Sobre todo se concretan sus atribuciones en cada una de sus vertientes.

Nos importan aquí prioritariamente sus atribuciones en su condición de titular de la Presidencia del Consejo de Gobierno. De entre las que enumera el artículo 10 LGA destaquemos éstas:

a) Fijar las directrices de la acción de gobierno y asegurar su continuidad.

b) Coordinar el programa legislativo del Consejo de Gobierno y la elaboración de disposiciones generales.

c) Nombrar y separar a los Vicepresidentes y Consejeros.

d) Convocar, fijar el orden del día, presidir y dirigir las reuniones del Consejo de Gobierno y de sus Comisiones Delegadas.

e) Dictar decretos que supongan la creación de Consejerías, la modificación en la denominación de las existentes, en su distribución de competencias, así como su supresión.

f) Asegurar la coordinación y resolver los conflictos de atribuciones entre Consejerías.

g) Firmar los decretos acordados por el Consejo de Gobierno y ordenar su publicación.

3. El Consejo de Gobierno

El Consejo de Gobierno se regula en los artículos 119 a 123 EAA y en los artículos 18 y siguientes LGA. Es el órgano superior colegiado que ostenta y ejerce las funciones ejecutivas y administrativas de la Junta de Andalucía. A tal fin, le corresponde la iniciativa legislativa y la potestad reglamentaria de acuerdo con el Estatuto de Autonomía y con la ley. Por tanto, es el órgano que ejerce la dirección política de la Comunidad Autónoma y que dirige la Administración de la Junta.

Está compuesto por los titulares de la Presidencia, de la Vicepresidencia o Vicepresidencias, en su caso, y de las Consejerías. Igualmente, serán miembros del Consejo de Gobierno los Consejeros sin cartera. Todos ellos son nombrados y cesados libremente por el titular de la Presidencia sin más limitación que la de que cada sexo esté representado en, al menos, un 40 por 100.

El Presidente o la Presidenta de la Junta de Andalucía puede crear una o varias Vicepresidencias. En la actualidad, no hay ninguna vicepresidencia.

Los Consejeros sin cartera, igual que los Ministros sin cartera, son miembros del Gobierno pero, a diferencia de los Consejeros ordinarios, no dirigen un Departamento. Se les puede atribuir la responsabilidad de determinadas funciones y su cese llevará aparejada la supresión del órgano.

Las funciones del Consejo de Gobierno están enumeradas en el artículo 27 LGA. Reseñemos éstas:

a) Desarrollar el Programa de Gobierno, de acuerdo con las directrices fijadas por la Presidencia de la Junta de Andalucía.

b) Aprobar los proyectos de ley, autorizar su remisión al Parlamento de Andalucía y acordar, en su caso, su retirada.

c) Aprobar los Decretos-ley y los Decretos legislativos.

d) Elaborar los Presupuestos de la Comunidad y remitirlos al Parlamento para su aprobación, así como manifestar la conformidad o disconformidad con la tramitación en el Parlamento de proposiciones de ley o enmiendas que impliquen aumento de los créditos o disminución de los ingresos.

e) Aprobar los reglamentos para el desarrollo y ejecución de las leyes, así como las demás disposiciones reglamentarias que procedan.

f) Aprobar la estructura orgánica de las Consejerías y sus agencias administrativas.

g) Acordar la creación de Comisiones Delegadas del Gobierno.

Estas Comisiones son creadas para coordinar la elaboración de directrices y disposiciones, programar la política sectorial y examinar asuntos de interés común a varias Consejerías (art. 35). Será en el Decreto de creación de cada una de estas Comisiones Delegadas donde se concretará su composición y competencias. En la actualidad hay cuatro (Decretos 484/2019 y 287/2021).

Para preparar los asuntos que vayan a ser debatidos por el Consejo de Gobierno existe la Comisión General de Viceconsejeros (art. 36 LGA).

4. Los Consejeros

Los Consejeros tienen una doble condición. Por un lado, son miembros del Consejo de Gobierno y en cuanto tales son regulados por la LGA y tienen las atribuciones que enuncia el artículo 21 LGA. Por otro lado, salvo en el caso de los Consejeros sin cartera, son titulares de las Consejerías. Esta otra condición es regulada, no ya por la LGA, sino por la LAJA. De ello nos ocuparemos ahora.

5. Las Consejerías y sus órganos centrales

La Administración de la Junta de Andalucía se estructura, como la del Estado, en Departamentos que aquí, en vez del nombre de Ministerios, reciben la denominación de Consejerías. A cada Consejería corresponde la gestión de uno o varios sectores de actividad. Son, por tanto, órganos desde los que se ejerce, con carácter general, la función administrativa de la Comunidad Autónoma; por ello, su regulación se contiene en la LAJA.

Como ya sabemos, su número, denominación y competencias se establece por Decreto de la Presidencia y sucede, al igual que con los Ministerios, que cambian con frecuencia según criterios políticos poco sólidos.

La última restructuración se ha hecho por Decreto del Presidente 10/2022, de 25 de julio, que establece trece Consejerías.

Las Consejerías son órganos complejos en el sentido que vimos en la lección 9, esto es, que están integrados, a su vez, por diversos órganos o unidades administrativas. En realidad, ni siquiera todos sus órganos han de ser centrales (las Consejerías pueden tener Delegaciones provinciales).

En cuanto a su organización interna, las Consejerías cuentan, además de con su titular, con los siguientes órganos centrales directivos: Viceconsejería, Secretaría General Técnica y Direcciones Generales. Podrán crearse, además, Secretarías Generales. La concreta estructura orgánica de cada Consejería se aprueba por Decreto acordado en Consejo de Gobierno. Los titulares de las Consejerías desempeñan la jefatura superior de la Consejería y son superiores jerárquicos directos de las personas titulares de las Viceconsejerías. Los demás órganos directivos dependen de alguno de los otros órganos directivos que componen la Consejería y se ordenan jerárquicamente entre sí de la siguiente forma: Secretaría General, Secretaría General Técnica y Direcciones Generales.

La LAJA clasifica los órganos de las Consejerías en superiores y directivos. Dice el artículo 16.2 LAJA: «Es órgano superior la Consejería». En realidad, quiere decir que lo es el Consejero o Consejera. Y son órganos directivos centrales dentro de cada Consejería la Viceconsejería, las Secretarías Generales, la Secretaría General Técnica y las Direcciones Generales (art. 16.3 LAJA). Por debajo de estos, hay órganos centrales y unidades administrativas burocráticos y técnicos (servicios, secciones, negociados).

El nombramiento de los órganos directivos se realiza por el Consejo de Gobierno a propuesta del titular de la Consejería y conforme a criterios políticos sin que la legislación andaluza, a diferencia de lo que sucede en la estatal, imponga ningún requisito de titulación o condición funcionarial. Sólo, otra vez, una representación equilibrada de mujeres y hombres en al menos un 40 por 100.

El titular de la Consejería —o sea, el Consejero o Consejera— ostenta su representación y ejerce la superior dirección, iniciativa, coordinación, inspección, evaluación y potestad reglamentaria en su ámbito funcional, correspondiéndole la responsabilidad inherente a tales funciones.

Además de sus atribuciones como miembros del Consejo de Gobierno (art. 21 LGA), podemos destacar, entre otras, las siguientes funciones de los titulares de las Consejerías (art. 26.2 LAJA):

a) Ejercer la potestad reglamentaria en los términos previstos en la Ley del Gobierno de la Comunidad Autónoma de Andalucía y que ya se analizaron en la lección 8.

b) Nombrar y separar a los cargos de libre designación de su Consejería.

c) Aprobar los planes de actuación de la Consejería, asignando los recursos necesarios para su ejecución de acuerdo con las dotaciones presupuestarias.

d) Dirigir las actuaciones de las personas titulares de los órganos directivos de la Consejería e impartirles instrucciones.

e) Resolver los conflictos de atribuciones entre los órganos situados bajo su dependencia que les correspondan y plantear los que procedan con otras Consejerías.

f) Evaluar la realización de los planes y programas de actuación de la Consejería por parte de los órganos directivos y ejercer el control de eficacia respecto de la actuación de dichos órganos, así como de las entidades públicas dependientes.

A las Viceconsejerías, como órganos superiores directivos, sin perjuicio de las funciones de las personas titulares de las Consejerías, les corresponde la representación ordinaria de la Consejería después de su titular y la delegación general de este; la suplencia del titular de la Consejería; formar parte de la Comisión General de Viceconsejeros; y la dirección, coordinación y control de los servicios comunes y los órganos que les sean dependientes (art. 27.1 LAJA).

Y en el ámbito concreto e interno de la Consejería, los Viceconsejeros tienen atribuidas, entre otras, las siguientes funciones (art. 27.2 LAJA):

a) El asesoramiento al Consejero en el desarrollo de las funciones que a esta le corresponden y, en particular, en el ejercicio de su potestad normativa y en la producción de los actos administrativos, así como a los demás órganos de la Consejería.

b) Supervisar el funcionamiento coordinado de todos los órganos de la Consejería.

c) Establecer los programas de inspección y evaluación de los servicios de la Consejería.

d) Proponer medidas de organización de la Consejería, así como en materia de relaciones de puestos de trabajo y planes de empleo, y dirigir el funcionamiento de los servicios comunes a través de las correspondientes instrucciones y órdenes de servicio.

e) La coordinación de la actividad económico-financiera de la Consejería.

f) Desempeñar la jefatura superior de todo el personal de la Consejería.

g) Ejercer las facultades de dirección, coordinación y control de la Secretaría General Técnica y de los demás órganos y centros directivos que dependan directamente de ellas.

Las Secretarías Generales, por su parte, ejercen la dirección, coordinación y control de un sector homogéneo de actividad de la Consejería, susceptible de ser dirigido y gestionado diferenciadamente.

Como ya se explicó antes, no todas las Consejerías cuentan con estas Secretarías Generales. Depende de la amplitud o diversidad de competencias de cada una de ellas y de la mayor o menor complejidad de su estructura. Las Secretarías Generales tienen asignadas las siguientes funciones:

a) Ejercer las competencias sobre el sector de actividad administrativa asignado que les atribuya la norma de creación del órgano o que les delegue el Consejero.

b) Impulsar la consecución de los objetivos y la ejecución de los proyectos de su organización, controlando su cumplimiento, supervisando la actividad de los órganos directivos adscritos e impartiendo instrucciones a sus titulares.

c) Ejercer la dirección, supervisión y control de los órganos que les sean adscritos.

Por lo que respecta a los titulares de las Secretarías Generales Técnicas, bajo la dependencia directa de la titular de la Viceconsejería, tendrán las competencias que sobre los servicios comunes de la Consejería les atribuya el Decreto de estructura orgánica, específicamente en relación con la producción normativa, asistencia jurídica, recursos humanos, gestión financiera y patrimonial y gestión de medios materiales, servicios auxiliares y publicaciones. Las personas titulares de las Secretarías Generales Técnicas tienen rango de Director General.

Y en cuanto a las Direcciones Generales, asumen la gestión directa de una o varias áreas funcionales homogéneas bajo la dirección y control inmediatos de la persona titular de la Consejería, de la Viceconsejería o de una Secretaría General.

Les corresponden las siguientes funciones:

a) Elaborar los planes, programas, estudios y propuestas relativos al ámbito de competencia de la Dirección General, con arreglo a los objetivos fijados para la misma, así como dirigir su ejecución y controlar su cumplimiento.

b) Ejercer las competencias atribuidas a la Dirección General y las que le sean desconcentradas o delegadas.

c) Impulsar, coordinar y supervisar el buen funcionamiento de los órganos y unidades administrativas de la Dirección General, así como del personal integrado en ellas.

6. Organización periférica

La estructura periférica de la Administración de la Junta de Andalucía es predominantemente provincial. Es decir, se trata de órganos cuya competencia territorial se extiende al ámbito de cada una de las ocho provincias andaluzas; y su sede radica en las respectivas capitales de provincia.

Ello, no obstante, con la excepción relativa al Campo de Gibraltar a la que luego nos referiremos.

Abandonada la solución de servirse de las Diputaciones provinciales como Administración periférica de la Junta, ésta implantó, al modo en que antes lo hacía la Administración del Estado, dos tipos de órganos periféricos provinciales: uno de carácter general, la Delegación del Gobierno de la Junta de Andalucía en cada Provincia; otros sectoriales, las Delegaciones Provinciales de cada Consejería en cada Provincia (no obstante, algunas Consejerías no tenían Delegaciones Provinciales). Esto es lo que inicialmente se plasmó en los artículos 35 a 40 LAJA.

Pero la situación cambió parcialmente con el Decreto-ley 2/2012, de 19 de junio, dictado con la finalidad de disminuir el gasto público mediante la reducción de cargos públicos y que modificó aquellos artículos 35 a 40. Esa reforma no afecta en nada esencial a los Delegados del Gobierno sino a las Delegaciones Provinciales de las Consejerías. Y consiste en prever, junto a las tradiciones Delegaciones Provinciales de cada Consejería, la existencia de las llamadas Delegaciones Territoriales que, en realidad, son sólo Delegaciones Provinciales conjuntas de varias Consejerías. Por tanto, algunas Consejerías siguen teniendo sus específicas Delegaciones Provinciales y otras, en vez de eso, tienen, junto con otras Consejerías, una común Delegación Territorial.

Es ya por Decreto del Consejo de Gobierno que se decide qué Consejerías tendrán sus Delegaciones Provinciales específicas y cuáles, por el contrario, integrarán sus servicios periféricos junto con los de otras en las Delegaciones Territoriales. Por tanto, se establece un modelo de organización administrativa periférica de carácter dual que queda a elección del Gobierno andaluz. En la actualidad, está plasmado en los Decretos 226/2020 y 300/2022.

Por tanto ahora, la Administración periférica está compuesta por las Delegaciones del Gobierno de la Junta de Andalucía en cada una de las ocho provincias; y por Delegaciones de las Consejerías igualmente provinciales que en unos casos lo son de una sola Consejería y en otros de varias conjuntamente.

La Delegación del Gobierno es, como su nombre indica, representante de todo el Gobierno andaluz en la Provincia respectiva en la que constituye la primera autoridad de la Administración autonómica andaluza y coordina y supervisa a todas las Delegaciones de Consejerías de su Provincia.

Sus titulares son nombrados por el Consejo de Gobierno a propuesta del Consejero al que están adscritos.

El artículo 37 LAJA enumera sus atribuciones. Entre ellas, podemos destacar las siguientes:

a) Ostentar la representación ordinaria de la Administración de la Junta de Andalucía en la provincia y presidir los actos que se celebren en la misma, cuando proceda.

b) Coordinar la actividad de las Delegaciones Provinciales de las Consejerías y, en su caso, de las Delegaciones Territoriales.

c) Actuar como órgano de comunicación, a nivel provincial, entre la Administración de la Junta de Andalucía, la Administración del Estado y las entidades locales, sin perjuicio de las actuaciones específicas que correspondan a cada Delegación Provincial en las materias de la competencia propia de su Consejería y, en su caso, a cada Delegación Territorial.

En las Delegaciones de las Consejerías en cada Provincia se integran los órganos y unidades administrativas de la Consejería o Consejerías correspondientes y a su frente se sitúa el Delegado nombrado por el Consejo de Gobierno. El artículo 39 LAJA enumera sus competencias.

Por otra parte, existe como máximo órgano técnico sectorial de cada Consejería en la provincia la Secretaría General Provincial, órgano desempeñado por personal funcionario. Su titular, bajo la superior dirección del Delegado, ejerce la jefatura de los servicios de la Consejería en la provincia. Asimismo tendrá en su ámbito territorial la asistencia técnico-jurídica y la gestión de los asuntos económicos sobre las materias de la competencia de los servicios periféricos, así como la tramitación de los recursos.

Como se ha visto, todos estos órganos periféricos son provinciales. Pero la LAJA (art. 35.3) permite la creación de órganos de ámbito territorial inferior a la provincia. De esta posibilidad se ha hecho uso al crear la Subdelegación del Gobierno de la Junta de Andalucía en el Campo de Gibraltar con sede en Algeciras.

7. Órganos consultivos

El Consejo Consultivo de Andalucía está expresamente previsto en el artículo 129 EAA. Se regula por la Ley 4/2005, de 8 de abril, y desarrollada por el Reglamento Orgánico de 13 de diciembre de 2005. No ha sufrido este Consejo la tendencia a la simplificación de este género de órganos consultivos que antes hemos visto en otras Comunidades Autónomas y sigue respondiendo, salvando las distancias, al modelo del Consejo de Estado. Tiene su sede en Granada.

El Consejo Consultivo de Andalucía es el superior órgano consultivo del Consejo de Gobierno y de la Administración de la Junta de Andalucía; de las Entidades Locales; de las Universidades Públicas andaluzas y de las demás entidades y corporaciones de Derecho Público no integradas en la Administración de la Junta de Andalucía, cuando las leyes sectoriales así lo recojan.

En cuanto a su composición está integrado por el Presidente, los Consejeros Permanentes y los Consejeros de carácter electivo y nato, con nombramiento de conformidad con lo previsto en la Ley del Consejo. Su composición y posterior renovación responden a criterios de participación paritaria de hombres y mujeres, excluyéndose de esta regla quienes fueren designados en función del cargo específico que desempeñan o hubieren desempeñado.

El Consejo Consultivo funciona en Pleno (integrado por el Presidente, los Consejeros permanentes, seis Consejeros electivos con dedicación exclusiva y a tiempo completo, hasta seis Consejeros sin exclusividad, los Consejeros natos y la Secretaría General), en Comisión Permanente (formada por el Presidente y seis Consejeros electivos con dedicación exclusiva y a tiempo completo y la Secretaría General), y en Secciones (constituidas por el Presidente y un número de Consejeras y Consejeros electivos con dedicación exclusiva y a tiempo completo, a designar por la Presidencia y la Secretaría General).

Sus competencias, y por tanto, los asuntos sobre los que debe ser consultado preceptivamente, están recogidos en el artículo 17 de la Ley 4/2005, aunque, también debe ser consultado en aquellas cuestiones que por su especial trascendencia o repercusión así lo requieran.

Desde luego, como en la Administración del Estado, hay en la Administración andaluza otros muchos órganos consultivos, la mayoría de carácter sectorial. Conviene al menos hacer mención del Gabinete Jurídico de la Junta de Andalucía, en el que se integran los Letrados de la Junta de Andalucía, porque, además de la representación y defensa en juicio, le corresponde «el asesoramiento en Derecho del Consejo de Gobierno, de la Administración pública y de las Agencias Administrativas de la Junta» (art. 41 LAJA).

8. Órganos de control de la Administración andaluza

Entre los órganos de control, y de forma paralela a lo que expusimos en relación a la Administración del Estado, debemos destacar al menos al Defensor del Pueblo, a la Cámara de Cuentas y a la Intervención General de la Junta de Andalucía, los tres con características y funciones muy similares a sus equivalentes en el Estado.

Varias Comunidades Autónomas, con la finalidad de reducir el gasto público, han suprimido sus equivalentes a Defensor del Pueblo o al Tribunal de Cuentas. Así, por ejemplo, Castilla-La Mancha, Asturias y Murcia han suprimido sus órganos con funciones de defensoría del pueblo. Esta tendencia no ha tenido eco en Andalucía conde estas instituciones tienen consagración estatutaria.

BIBLIOGRAFÍA

Álvarez Rico, M.: «La potestad organizatoria de las Comunidades Autónomas», *RAP*, n.º 105, 1984.

Argullol i Murgadas, E.: «La Administración de las Comunidades Autónomas», en *Homenaje a García de Enterría*, Civitas, 1991; y *REDA*, n.º 15, 1985.

— «Las Comunidades Autónomas y sus funciones como Administraciones públicas», en *Homenaje a Garrido Falla*.

Ávila Rodríguez, C. M.: «Un cambio de tendencia en torno a la institución de las defensorías del pueblo en las Comunidades Autónomas: de su creación a su supresión», en *Homenaje a Muñoz Machado.*

Baño León, J. M.: *Las Comunidades Autónomas en la Comunidad Europea*, Valencia, 1987.

Carbonell Porras, E.: «La naturaleza jurídica de Ceuta y Melilla y su encuadramiento en la estructura territorial del Estado», *REDA*, n.º 110, 2001.

Carro Fernández-Valmayor, J. L.: «Sobre la potestad autonómica de autoorganización», *REDA*, n.º 71, 1991.

Cosculluela Montaner, L.: «La jurisprudencia del TC sobre la competencia de organización de las Comunidades Autónomas», en *Homenaje a Fernández Rodríguez.*

Escribano Collado, P.: «La Administración de la Junta de Andalucía», en Muñoz Machado, S. y Rebollo Puig, M. (dirs.): *Comentarios al Estatuto de Autonomía para Andalucía*, Civitas, 2008.

Font i Llovet, T.: «Tendencias organizativas en la Administración de las Comunidades Autónomas», en *Organización territorial del Estado*, vol. II, Instituto de Estudios Fiscales, Madrid, 1984.

— «Los órganos consultivos de las Comunidades Autónomas y la Administración local», en *Homenaje a Martín Mateo.*

Gamero Casado, E.: «Otras instituciones de autogobieno», en Muñoz Machado, S., y Rebollo Puig, M. (dirs.), *Comentarios al Estatuto de Autonomía para Andalucía*, Civitas, 2008.

López Guerra, L. M.: «La organización de las Comunidades Autónomas», en *Derecho Constitucional.* Vol. 2, *Los Poderes del Estado: la organización territorial del Estado*, Tirant lo Blanch, 2016.

López Menudo, F.: «Consejos consultivos de las Comunidades Autónomas: composición y organización», *RAAP*, n.º 6, 1991.

— «El Consejo de Estado como presunto modelo de los Consejos Consultivos», *Documentación Administrativa*, n.º 244-245, 1996.

— «El Consejo Consultivo y el sistema jurídico de Andalucía», *RAAP*, n.º 45, 2002.

— *La Administración consultiva y su desconfiguración como sistema*, Real Academia Sevillana de Legislación y Jurisprudencia, 2019.

López Mira, A. X.: «Ceuta y Melilla ¿Comunidades Autónomas o peculiares entes locales?, *Revista de Derecho Político*, n.º 43, 1997.

Montilla Martos, J. A.: «La asimetría de las Ciudades Autónomas», *Revista Española de Derecho Constitucional*, n.º 57, 1999.

Muñoz Machado, S.: *Derecho público de las Comunidades Autónomas*, Madrid, 2.ª ed., 2007.

Navas Vázquez, R. (dir.): *Estudios sobre el control externo autonómico*, Civitas, 2002.

Parejo Alfonso, L.: «La Administración autonómica: organización y burocracia», en Martín Rebollo, *El futuro de las autonomías territoriales*, Santander, 1984.

Porras Nadales, A. J.: «La forma de Gobierno en Andalucía», en Muñoz Machado, S. y Rebollo Puig, M. (dirs.), *Comentarios al Estatuto de Autonomía para Andalucía*, Civitas, 2008.

Razquin Lizarraga, M. M.: «La organización territorial interna de los territorios forales», *DA*, 3.ª época, n.º 3, 2016.

Rebollo Puig, M., y Carbonell Porras, E.: «La Administración Local en la legislación andaluza», en Muñoz Machado, S., *Tratado de Derecho Municipal*, Civitas, Madrid, 2.ª ed.

Requejo Rodríguez, P.: «Ceuta y Melilla ¿Ciudades con Estatuto de Autonomía o con Estatutos de heteroorganización», *REALA*, n.º 277, 1988.

LECCIÓN 12

LAS ADMINISTRACIONES LOCALES*

I. AUTONOMÍA LOCAL Y LEGISLACIÓN DE RÉGIMEN LOCAL

1. La autonomía local y la garantía institucional de la Provincia, el Municipio y la Isla

La organización territorial del Estado que deriva de la Constitución comprende, además de las CCAA, a los Municipios, las Provincias y las Islas (arts. 140 y 141). Son Administraciones públicas territoriales de naturaleza corporativa (por eso también se denominan Corporaciones Locales) con autonomía constitucionalmente garantizada.

Como Administraciones públicas territoriales cuentan con las principales potestades administrativas (art. 4 LRBRL), y en su ejercicio están sujetas a las mismas leyes generales y comunes (básicas o plenas) que las Administraciones estatal y autonómica: LPAC, LRJSP, LEF, LCSP, EBEL, etc.

Además, el TC se ha referido a la garantía institucional de los entes locales y de su autonomía para limitar al legislador que, en todo caso, debe respetar unas características mínimas que identifiquen la institución.

En realidad, la garantía institucional ha tenido especial trascendencia respecto de la Provincia pues la creación de las CCAA cuestiona su posición en el conjunto de la organización territorial desde la perspectiva competencial y organizativa. Particularmente significativa es la ya clásica polémica suscitada en Cataluña y su aspiración a organizarse en comarcas y/o veguerías. En todo caso, el TC ha sido claro al respecto desde la STC 32/1981 hasta la más reciente 31/2010, afirmando que «la garantía institucional no asegura un contenido concreto o un ámbito competencial determinado y fijado de una vez por todas, sino la preservación de una institución en términos recognoscibles para la imagen que de la misma tiene la conciencia social en cada tiempo y lugar».

Podrán existir otras Entidades locales pero carecen de la protección constitucional lo que tiene, como es obvio, significativas consecuencias. Por eso, aunque con frecuencia el legislador, la jurisprudencia y la doctrina se refiere genéricamente a las

---

* Por Eloísa Carbonell Porras. Proyecto I+D de la Universidad Rey Juan Carlos V-1157. Grupo de investigación de la Junta de Andalucía SEJ-317. Grupo de Excelencia de la Universidad Rey Juan Carlos (GEDPE), y Grupo de Investigación de la Universidad Complutense de Madrid 931089.

Entidades o a las Corporaciones locales, debe tenerse siempre en cuenta que el régimen jurídico predicable del Municipio, la Provincia y la Isla como entidades locales constitucionalmente garantizadas es diferente de esas otras entidades locales.

Esta diferente posición constitucional se reconoce en el artículo 3 LRBRL que, primero, se refiere a las entidades locales territoriales constitucionalmente garantizadas (el Municipio, la Provincia y la Isla en los archipiélagos balear y canario), y después a otras entidades locales como son la comarca (u otras agrupaciones de municipios), las áreas metropolitanas y las mancomunidades de municipios cuya existencia y regulación dependen en gran medida de la voluntad de cada CA en los términos que veremos. También existen entidades territorialmente descentralizadas en los Municipios, aunque este tipo de entidad local ya no está previsto en la legislación estatal básica.

Para defender la autonomía local frente a las leyes o normas con rango de ley, estatales y autonómicas, los Municipios, las Provincias y las Islas podrán plantear el conflicto en defensa de la autonomía local ante el TC, que declarará si se ha vulnerado la autonomía constitucionalmente garantizada.

El conflicto puede plantearlo el ente local que sea destinatario único de la ley o un porcentaje de entidades que representen una población significativa (art. 75 bis LOTC) con acuerdo por mayoría absoluta de los respectivos Plenos y previo dictamen del Consejo de Estado si se trata de leyes estatales o del órgano consultivo autonómico. Una vez resuelto el conflicto y si el TC estima que procede declarar la inconstitucionalidad de la ley que lo originó deberá dictarse una nueva sentencia. La regulación de este conflicto se introdujo por LO 7/1999 que articulaba esta compleja vía para que los Municipios y las Provincias (y los Cabildos y Consejos Insulares) pudieran acceder directamente ante el TC, superando el acceso indirecto que contempla el artículo 119 LRBRL. La STC 240/2006 permite a Ceuta y Melilla plantear estos conflictos, asimilándolas, a este fin, a las Entidades locales.

2. El reparto de competencias y el carácter bifronte del régimen local

Corresponde al Estado el establecimiento del régimen jurídico básico de las Administraciones locales (art. 149.1.18.ª CE), y a las CCAA la legislación de desarrollo y la ejecución. Concretamente, corresponde a la CA de Andalucía el desarrollo normativo y la ejecución en relación con la organización territorial de Andalucía y el régimen local, dentro de los límites que derivan del reconocimiento constitucional de la autonomía local y del respeto a la legislación estatal del artículo 149.1.18.ª CE.

Como recuerda la STC 41/2016, «las bases del régimen local responden esencialmente a dos cometidos. El primero es concretar la autonomía local constitucionalmente garantizada para establecer el marco definitorio del autogobierno de los entes locales directamente regulados por la Constitución…; El segundo… es concretar los restantes aspectos del régimen jurídico básico de todos los entes locales que son, en definitiva, Administraciones públicas.» Según el artículo 89 EAA, Andalucía se organiza territorialmente en Municipios, Provincias y otras entidades que puedan crearse. Como sabemos, el margen de disponibilidad autonómica es sustancialmente diferente cuando se trata de las entidades locales constitucionalmente garantizadas como son los Municipios y las Provincias que cuando se regulan otras entidades locales. Este elemental criterio debe tenerse presente al interpretar los artículos 59 y 60 EAA dedicados, respectivamente, a las competencias sobre organización territorial y sobre régimen local.

Por lo tanto, lo local no es una materia de exclusivo interés autonómico o en la que poco tenga que intervenir el Estado. Por el contrario, el Estado no sólo es competente para establecer la legislación estatal básica, que debe entenderse orientada esencialmente a proteger a las Entidades locales necesarias y su autonomía, sino también para entablar relaciones jurídicas con ellas. Esto es lo que se conoce como el «carácter bifronte» del régimen local, resultado de la actividad concurrente del Estado y de las CCAA (STC 84/1982), y, como las Entidades locales forman también parte de la organización territorial del Estado, cabe que ambos puedan relacionase directamente sin que sea imprescindible la mediación de la correspondiente CA y sin perjuicio del respeto al orden constitucional de competencias (SSTC 214/1989 y 225/2012).

En la elaboración de los nuevos EEAA, incluido el andaluz, ha tenido gran importancia la regulación de lo local que ha sido significativamente ampliada como se verá. En ese sentido se ha hablado de la «estatutorización» de lo local. Pero, además, se pretendía una asunción generalizada por la CA de todo lo relativo a las Entidades locales, incluidas las constitucionalmente garantizadas. Y a este respecto se ha hablado de la «interiorización» de lo local. Sin embargo este intento de excluir la competencia estatal en la materia, eliminando el «carácter bifronte» del régimen local ha sido atajado con contundencia en la STC 31/2010, que subraya que «difícilmente puede afirmarse el fin del carácter bifronte del régimen local» que «ineludiblemente pervive en cuanto el ejercicio de las competencias autonómicas en materia de régimen local ha de ajustarse, necesariamente, a la competencia que sobre las bases de la misma corresponde al Estado ex artículo 149.1.18.ª CE, por lo que la regulación estatutaria ha de entenderse, en principio, sin perjuicio de las relaciones que el Estado puede legítimamente establecer con todos los entes locales».

Sin perjuicio de lo anterior, las Entidades locales son Administraciones públicas territoriales que actúan en materias muy diversas lo que determina la aplicación de las normas sectoriales (urbanismo, medio ambiente, tráfico, etc.) estatales y autonómicas que procedan según los criterios constitucionales y estatuarios de reparto de competencias.

El régimen local suele referirse a la organización y funcionamiento de las Entidades locales y su posicionamiento en el conjunto de la estructura territorial del Estado. No obstante, debe tenerse presente que, como Administraciones públicas, ejercen sus potestades administrativas con sujeción a la legislación estatal o autonómica que en cada caso resulte de aplicación, sea la normativa común a todas las Administraciones públicas o la que regula los distintos sectores de la acción pública. Ahora nos interesa precisamente determinar cuál es la legislación de régimen local vigente en la actualidad, que no comprende la normativa que rige la actividad de las Entidades locales.

3. La legislación de régimen local

A) *Normativa supranacional. En particular, la Carta Europea de Autonomía Local*

El Consejo de Europa ha mostrado interés en las Entidades locales con la aprobación de diversos documentos entre los que destaca la Carta Europea de Autonomía Local, que define la autonomía local y sus principales manifestaciones.

La Carta se adoptó en 1985, aunque España la ratificó en 1988. En lo esencial, su contenido no difiere de lo que establecía nuestra legislación, salvo en la elección directa de todos los cargos locales cuya aplicación fue excluida para salvar la elección indirecta de los diputados provinciales. El Consejo de Europea ha aprobado otros documentos de interés como el Código Europeo de Conducta para la integridad política de los representantes locales y regionales electos o la recomendación sobre la participación de los ciudadanos en la vida local.

También es relevante la acción del Consejo de Europa en relación con la colaboración entre Entidades locales de diferentes países que se inició con el Convenio Marco transfronterizo de 21 de mayo de 1980. Con posterioridad, la Unión Europea ha potenciado esta cooperación transfronteriza, en particular con la aprobación del Reglamento (CE) número 1082/2006, relativo a la Agrupación Europea de Cooperación Territorial (AECT). En el marco de esta regulación general, el artículo 246 EAA prevé el fomento por la Junta de Andalucía de la formalización de convenios y acuerdos interregionales y transfronterizos con regiones y comunidades vecinas.

B) *La legislación estatal básica, plena o supletoria*

La legislación estatal básica sobre régimen local se contiene fundamentalmente en la Ley 7/1985, de 2 de abril, de Bases de Régimen Local (LRBRL), aunque también tiene tal carácter parte del Texto Refundido de Régimen Local de 1986 (TRRL).

La LRBRL es la legislación básica que el Estado aprueba al amparo del artículo 149.1.18.ª CE y autorizaba la refundición de la legislación anterior que es lo que hizo el RDLeg 781/1986, que aprobó el TRRL. Por otro lado, debe tenerse en cuenta que la LRBRL ha sido objeto de diversas modificaciones entre las que hay que destacar las realizadas por la Ley 57/2003, de Modernización del Gobierno Local, que, entre otras cosas, introdujo un régimen de organización para los Municipios de gran población; y la Ley 27/2013, de 27 de diciembre, de Racionalización y Sostenibilidad de la Administración Local (LRSAL), que, en lo esencial, reforma las competencias locales y suprime las entidades inframunicipales. Para una correcta comprensión de la LRBRL, en particular tras la reforma de 2013, es fundamental la jurisprudencia del TC, que realiza la interpretación conforme a la Constitución de muchos de sus preceptos.

Pero, además de la legislación básica, también se regulan por el legislador estatal el régimen electoral local y las haciendas locales.

La STC 38/1983 afirma que el régimen electoral general a que hace referencia el artículo 81 CE comprende las elecciones locales. Por eso, la LOREG regula el régimen de elecciones de los miembros de las Entidades locales constitucionalmente garantizadas, aunque también incluye algunas cuestiones de discutible encaje en el régimen electoral como la moción de censura o la cuestión de confianza local. En materia de haciendas locales, debe estarse al Texto Refundido de la Ley de las Haciendas Locales de 2004.

La legislación estatal comprende también las normas reglamentarias dictadas en desarrollo de la LRBRL que se aplican con el alcance y naturaleza, básica o supletoria, que en cada caso proceda según la materia de que se trate.

Los reglamentos estatales de régimen local, concretamente el de Población y Demarcación Territorial de 1986, de Organización, Funcionamiento y Régimen Jurídico de 1986 y el de Servicios de las Corporaciones Locales de 1955, a veces desarrollan legislación estatal básica participando de esa misma naturaleza. Por ejemplo, la STS 925/2021 ha reconocido carácter básico al artículo 85.2 del ROF, que dispone: «en lugar preferente del salón de sesiones estará colocada la efigie de S. M. El Rey»; en otras ocasiones se refiere a la organización y competencias estatales: y en otras muchas tienen naturaleza supletoria de la legislación autonómica de desarrollo y de la normativa propia de cada entidad local.

C) *La legislación andaluza de régimen local*

La norma fundamental de la legislación local andaluza es la Ley 5/2010, de 11 de junio, de Autonomía Local de Andalucía (LAULA), que regula las competencias de Municipios y Provincias, los servicios locales y la iniciativa económica local; las relaciones de la Comunidad Autónoma con las Entidades locales; los mecanismos de cooperación territorial (mancomunidades de municipios y consorcios, fundamentalmente); el término municipal y los procedimientos para su alteración; la organización territorial del Municipio (órganos de gestión desconcentrada y entidades de gestión descentralizada), así como el patrimonio local.

La LAULA se aprueba por mayoría absoluta del Pleno del Parlamento en aplicación del artículo 108 EAA, que exige esa mayoría para la ley que regule la organización territorial de Andalucía. No obstante, su contenido es mucho más amplio, que el de la ley de régimen local que prevé el artículo 98 EAA. Al margen de los problemas que esta norma suscita, lo cierto es que su aprobación, que deroga las anteriores leyes de organización territorial, de relaciones con las Diputaciones y de demarcación municipal, supone una relativa superación de la anterior dispersión normativa, aproximando la legislación andaluza a la de otras CCAA como Cataluña, Aragón o Galicia, que desde un primer momento aprobaron una ley de régimen local.

En todo caso, la legislación local andaluza no se agota con la LAULA pues deben tenerse en cuenta otras leyes, en particular la Ley 5/2014, del Consejo Andaluz de Concertación Local, y la Ley 2/2008, del acceso al régimen de organización de los Municipios de gran población, así como el Decreto-ley 7/2014, de 20 de mayo, sobre la aplicación de la Ley de Sostenibilidad y Racionalización de la Administración Local. Además, es relevante la Ley 6/2010, reguladora de la participación de las entidades locales en los tributos de la Comunidad Autónoma de Andalucía tal y como prevé el artículo 192.1 EAA. Continúan vigentes la Ley 7/1999, de Bienes de las Entidades Locales, y su reglamento de 2006; la Ley 2/2001, de las Consultas Populares Locales, completada por el reglamento del Registro de Consultas Populares de 2002; y la Ley 6/2003, de 9 de octubre, de símbolos, tratamientos y registro de las Entidades Locales. También son relevantes el Decreto 185/2005, que aprueba el Reglamento de Demarcación Municipal de Andalucía y del Registro Andaluz de Entidades Locales; y el de los Presidentes de las Entidades locales andaluzas y sobre el registro de entradas y salidas de documentos, que presta especial atención al soporte electrónico en línea con la LPAC. Además, en relación con las entidades locales autónomas, hay que tener en cuenta la Ley 8/2021, de financiación incondicionada para las entidades locales autónomas, y el Decreto 156/2021, que las regula.

D) *Normativa propia de cada Entidad local*

El reconocimiento constitucional de la autonomía local implica necesariamente la atribución de potestad reglamentaria a las Entidades locales que, en consecuencia, pueden aprobar normas, tal y como ya se ha explicado en la lección 8. Ahora sólo nos interesa recordar que entre esas normas están las que se refieren a la organización de la propia entidad local y destacadamente los llamados Reglamentos orgánicos.

II. EL MUNICIPIO

1. Concepto

Los Municipios son las entidades básicas de la organización territorial del Estado y de la CA. Son las Administraciones públicas territoriales más próximas a los ciudadanos y cauce inmediato de su participación en los asuntos públicos. Sus elementos son el territorio, la población y la organización.

La idea de entidad local básica de la organización territorial que acoge el legislador actual (arts. 1 y 11 LRBRL y 91 EAA y 3 LAULA) conecta con el debate clásico sobre la configuración natural o legal del Municipio que puede considerarse en la actualidad superado. Aunque las primeras estructuras organizativas tuvieran alcance local, ahora su existencia se debe a que el ordenamiento jurídico estatal las reconoce.

Todos los Municipios existentes están inscritos en el Registro estatal de Entidades locales en el que se anotaran sus datos fundamentales, en particular su denominación y capitalidad, extensión y límites, Provincia a la que pertenece y régimen de organización.

El Registro Estatal de Entidades Locales se establece en el artículo 14 LRBRL, relativo al nombre de los Municipios, y no excluye la inscripción en el respectivo Registro autonómico. El Registro Andaluz de Entidades Locales se crea y regula en la Ley 6/2003, de símbolos, tratamientos y registro de las Entidades Locales, como el instrumento oficial y público de constancia de la existencia de las Entidades Locales radicadas en Andalucía y de los datos más relevantes de su conformación física y jurídica.

2. El territorio

El territorio del Municipio es el término municipal y delimita el ámbito espacial en el que cada Municipio actúa válidamente como Administración pública y ejerce sus competencias.

El territorio municipal puede modificarse. Algunas de esas modificaciones no tienen gran relevancia: simplemente suponen alterar los límites de dos Municipios que ya existían y que pervivirán tras la modificación. Pero en otros casos suponen la supresión o la creación de Municipios. Así, pueden modificarse los términos municipales para convertir en uno solo lo que antes eran varios (ya sea porque uno de ellos absorbe al otro u otros, ya sea porque varios pasan a formar uno solo nuevo) o para convertir en varios lo que antes era uno solo. Estas alteraciones de los términos municipales aumentan o disminuyen el número de municipios y tienen mucha importancia, no sólo porque dan origen a complejas subrogaciones en las relaciones jurídicas de los Municipios preexistentes, sino por su relevancia política para el conjunto del sistema local.

Para comprender esto último, téngase en cuenta que en España hay algo más de 8.000 municipios, lo que generalmente se considera excesivo e ineficiente. Sobre todo, porque abundan los minimunicipios (hay casi un millar de menos de 100 habitantes, aunque en Andalucía solo son dos, que son considerados incapaces de ejercer realmente sus competencias y de prestar adecuadamente los servicios públicos que les corresponden); también porque en ocasiones Municipios que antes estaban separados han llegado a formar un único núcleo de población. De hecho, en otros países se ha procedido a una drástica reducción de Municipios y está extendida la opinión (que ha arreciado durante la crisis) de que en España debería hacerse algo similar. Se explica así que se considere de interés la fusión de Municipios y que, por el contrario, se observe con recelo la creación de nuevos Municipios.

Además, se considera que la posibilidad de suprimir Municipios, incluso en contra de la voluntad de los afectados, no vulnera la autonomía garantizada (STC 214/1989).

Corresponde al legislador autonómico regular los procedimientos de alteración de los términos municipales (art. 148.1.2.ª CE). Por tanto, es a él a quien compete regular la creación o supresión de Municipios, siempre que no afecte a los límites provinciales, lo que requiere Ley Orgánica.

Pero el TC admite que el Estado introduzca unas reglas básicas sobre ello y que fomente la fusión de Municipios (SSTC 214/1989 y 41/2016), reglas básicas que establece el artículo 13 LRBRL. Por tanto, la regulación sobre alteración de términos municipales se contiene en ese artículo 13 LRBRL, que fue modificado por la LRSAL, y, sobre todo, en las legislaciones autonómicas. En Andalucía, concretamente está en los artículos 91 y siguientes LAULA.

El artículo 13 LRBRL impone, de un lado, unas mínimas reglas procedimentales: audiencia a todos los Municipios afectados, dictamen del consejo consultivo e informe de la Administración que ejerce la tutela financiera; y, de otro, desde la reforma de 2013, establece también algunas reglas materiales. La más destacable es que, si se trata de crear nuevos Municipios, es necesario que haya núcleos de población territorialmente diferenciados de al menos 5.000 habitantes y que los Municipios resultantes cuenten con recursos suficientes para ejercer las competencias municipales y mantener el nivel de calidad en la prestación de servicios. Además, el artículo 13.4 LRBRL establece medidas de fomento de la fusión voluntaria de Municipios colindantes de la misma Provincia. Pero es poco probable que el mero fomento de la fusión voluntaria dé resultados significativos.

En Andalucía, no obstante, se han creado varios Municipios con población inferior a los indicados 5.000 habitantes al considerar que este límite no era aplicable a los procedimientos de alteración de términos municipales iniciados antes de la LRSAL.

3. La población municipal

La población del Municipio es el conjunto de personas inscritas en el Padrón municipal, que es el registro administrativo en el que constan los vecinos, y todas las personas que viven en España están obligadas a inscribirse. Sobre la base del Padrón se elaboran los censos de población y el Censo Electoral. Por eso es necesaria una estrecha colaboración entre los Ayuntamientos, encargados de su formación y mantenimiento, y la Administración del Estado, a través del Consejo de Empadronamiento.

Los datos del Padrón constituyen prueba de la residencia en el Municipio y las certificaciones de dichos datos que expida el Secretario de la Corporación tienen el carácter de documento público y fehaciente para todos los efectos administrativos. Los extranjeros no comunitarios sin autorización de residencia permanente tendrán que renovar la inscripción cada dos años (art. 17.1 LRBRL). Para el ejercicio de las competencias sobre control y permanencia de los extranjeros en España, la Dirección General de la Policía podrá acceder a los datos de inscripción padronal de los extranjeros (disp. adic. 7.ª LRBRL).

La población municipal tiene importantes consecuencias para el Municipio pues determina su forma de organización, de financiación, los servicios que debe prestar obligatoriamente, sus competencias. Además, son los vecinos los titulares de los derechos y deberes que reconoce la legislación local.

El artículo 18 LRBRL se refiere a los derechos y deberes de los vecinos, aunque debe ser entendido rectamente; a veces, relaciona derechos de los ciudadanos en general aunque no sean vecinos del Municipio (como el acceso a los servicios públicos municipales); otras, se refiere a derechos de una parte de los vecinos como el sufragio activo y pasivo.

4. La organización municipal

A) *La población como criterio determinante. Municipios de régimen común y de gran población*

Según el artículo 140.1 CE, el gobierno y la administración de los Municipios corresponde a sus respectivos Ayuntamientos, integrados por los Alcaldes y los Concejales. Pero no en todos los Municipios la organización de los Ayuntamientos es idéntica. Incluso hay algunos Municipios que no tienen propiamente Ayuntamiento, sino que funcionan régimen de concejo abierto.

La población del Municipio es el criterio que condiciona la organización de los Ayuntamientos en dos grandes grupos: los llamados Municipios de gran población y el resto que serían los Municipios de régimen común. De acuerdo con el artículo 121 LRBRL son Municipios de gran población aquellos que superen los 250.000 habitantes, y las capitales de Provincia con más de 175.000 habitantes. Ese régimen podrá ampliarse previa solicitud de los Municipios y decisión de las Asambleas legislativas autonómicas a los Municipios que sean capitales de Provincia, capitales autonómicas o sedes de las instituciones autonómicas y a aquellos con más de 75.000 habitantes, que presenten circunstancias económicas; sociales, históricas o culturales especiales.

En Andalucía, son Municipios de gran población por aplicación directa de la LRBRL los de Almería, Córdoba, Granada, Málaga y Sevilla. Por otra parte, se ha aprobado una ley, la Ley 2/2008, que establece una regulación general sobre la posible extensión de este régimen a otros Municipios que cumplan los requisitos previstos en la legislación básica y así lo soliciten, y que ha permitido la inclusión en el régimen de Municipios de gran población a los de Jerez de la Frontera, Marbella, Vélez-Málaga, Mijas, Dos Hermanas y Fuengirola.

Todos los Ayuntamientos cuentan con el Pleno, integrado por los concejales, elegidos por sufragio universal, igual, libre, directo y secreto, y por el Alcalde, elegido por los concejales o los vecinos (art. 140 CE).

Los vecinos eligen un número de concejales determinado en función de su población: desde tres en los Municipios de menos de 100 residentes hasta veinticinco para los de entre 50.001 a 100.000 residentes; de 100.001 residentes en adelante se añade un concejal más por cada 100.000 residentes o fracción, sumándose otro más cuando el resultado sea un número par. Los puestos de concejal se distribuyen con el mismo sistema proporcional corregido que rige la atribución de escaños para el Congreso de los Diputados (método D'Hont), salvo que se elijan a 3 o 5 concejales en que se aplica el sistema mayoritario. Constituidos los Plenos Municipales, será Alcalde el concejal que obtenga la mayoría absoluta de los votos de los concejales electos y, en su defecto, es proclamado Alcalde el cabeza de la lista que mayor número de votos populares haya obtenido. En los Municipios que funcionan en Concejo Abierto los vecinos sólo eligen Alcalde (arts. 179 ss. LOREG). La LOREG también regula la destitución del Alcalde mediante la moción de censura y la cuestión de confianza (arts. 195 a 197 bis).

En todo caso, la LRBRL establece unos órganos básicos y necesarios para los diferentes Municipios teniendo en cuenta la población pero, de acuerdo con los criterios constitucionales y estatutarios de reparto de competencias en la materia, el legislador autonómico fijará la organización complementaria, sin perjuicio de la potestad de autoorganización de cada Municipio que es objeto de especial protección constitucional.

Corresponde a la CA de Andalucía «el régimen de los órganos complementarios de la organización de los entes locales» y a los Municipios «la plena capacidad de autoorganización dentro del marco de las disposiciones generales establecidas por la Ley en materia de organización y funcionamiento municipal» (arts. 60 y 91 EAA). Sin embargo, en la LAULA no se han previsto órganos complementarios obligatorios, lo que se traduce en una amplísima potestad de organización municipal incluso para su descentralización territorial creando entes inframunicipales (arts. 5 y 109 LAULA).

B) *Organización de los Municipios de régimen común*

Además del Pleno y el Alcalde, en todos los Ayuntamientos existen los Tenientes de Alcalde, designados libremente por el Alcalde al que sustituyen, y asumen las funciones que pueda delegarles, y la Comisión Especial de Cuentas, que se constituye en el Pleno para informar sobre las cuentas municipales (art. 116 LRBRL).

En los Municipios con más de 5.000 habitantes (y en los de menos sí así lo decide el Pleno) existen también la Junta de Gobierno local, que es el órgano colegiado que asiste al Alcalde en el ejercicio de sus funciones y está integrado por los concejales que él designe; y las Comisiones de Pleno que, con una composición proporcional a la del Pleno, ejercen funciones de estudio, informe o consulta de los asuntos que debe aprobar el Pleno así como de seguimiento de la gestión municipal. Otros órganos municipales se establecerán por las leyes autonómicas de régimen local y los Reglamentos Orgánicos Municipales.

En el ejercicio de la potestad de autoorganización los Municipios pueden crear órganos de gestión desconcentrada como los tradicionales distritos o los nuevos entes sin personalidad (arts. 24 y 24 bis LRBRL).

El reparto de atribuciones entre el Alcalde y el Pleno se establece en los artículos 21 y 22 LRBRL (la Junta de Gobierno Local carece de competencias propias en la LRBRL) que han sido modificados en diversas ocasiones para reforzar la posición del Alcalde, al que le corresponden las principales atribuciones de representación y dirección política y administrativa del Municipio. Por su parte, el Pleno asume las funciones de fiscalización y control, la potestad reglamentaria y las decisiones en aquellos asuntos de especial relevancia para la organización y estructura del Ayuntamiento.

C) *Organización de los Municipios de gran población*

Los Municipios de gran población cuentan con la misma organización básica que los de régimen común (Alcalde, Pleno, Junta de Gobierno Local y Tenientes de Alcalde), pero se altera la posición institucional de cada órgano, así como el reparto de atribuciones con la incuestionable intención de reducir el papel del Pleno a las funciones de control y fiscalización, de configurar a la Junta como el órgano de gobierno local y al Alcalde como el responsable de la coordinación y dirección política del gobierno y la Administración municipal.

La reforma de 2013 se enmarca en un proceso que se ha dado en llamar de «parlamentarización» de lo local, expresión que sólo puede aceptarse con prudencia, como la de «Gobiernos locales», pues, aunque hay Municipios con más peso político que algunas Comunidades Autónomas, se trata de organizaciones que son «ante todo Administraciones Públicas», como recuerda la STC 132/2012, de 19 de junio.

Como singularidades más significativas hay que destacar, primero, que las Comisiones del Pleno pueden ejercer las funciones resolutivas que les delegue el Pleno, delegación que podría comprender la aprobación y modificación de las ordenanzas y reglamentos municipales que no tengan el carácter de orgánicos; segundo, que el Alcalde puede delegar la presidencia del Pleno en un concejal; tercero, que se atribuyen a la Junta de Gobierno Local importantes funciones resolutorias, correspondiendo al Alcalde las de representación y dirección política; y, cuarto, que a los órganos municipales superiores se añaden unos órganos directivos entre los que destacan los coordinadores generales de cada área y los directores generales (arts. 122 ss. LRBRL).

Inicialmente la reforma admitía que el Alcalde designara miembros de la Junta de Gobierno Local a personas que no reunían la condición de concejales. Sin embargo, la STC 103/2013 declaró inconstitucional ese punto por violación del artículo 140 CE, que atribuye el gobierno municipal al Alcalde y los concejales.

Además de otras particularidades en relación con los funcionarios con habilitación de carácter general, el Título X de la LRBRL hace referencia a otros órganos municipales de creación, en principio, obligatoria para estos Ayuntamientos. Así se establece que se «deberán crear distritos» (art. 128), que «existirá un Consejo Social de la Ciudad» (art. 131), que se «creará una Comisión Especial de Sugerencias y Reclamaciones» (art. 132), o que «existirá un órgano especializado» en el conocimiento y resolución de las reclamaciones económico-administrativas (art. 137).

La paradoja de esta organización de los Municipios de gran población es doble. Por un lado y sin perjuicio de la legislación autonómica de desarrollo, la potestad de autoorganización resulta de entrada más ampliamente reconocida a los Municipios de menos de 5.000 habitantes que a los de gran población pues los primeros podrán decidir su propia organización complementaria. Por otro lado, los dos Municipios con más población (Madrid y Barcelona) no se rigen por este régimen sino por otro especial como seguidamente vemos.

D) *Municipios que funcionan en Concejo Abierto*

El Concejo Abierto es una forma de organización municipal de democracia directa previsto en el artículo 140 CE que se aplica a los Municipios que tradicional y voluntariamente cuentan con este régimen singular y a aquellos otros en los que resulte aconsejable por su localización geográfica, la mejor gestión de los intereses municipales u otras circunstancias.

La constitución del Concejo Abierto se acuerda por la Comunidad Autónoma, previa petición de la mayoría de los vecinos y mayoría de dos tercios del Ayuntamiento. Así lo establece el artículo 29 LRBRL, que fue modificado por Ley 2/2011 para suprimir la obligatoriedad de aplicar este régimen especial en todos los Municipios de menos de 100 habitantes.

El gobierno y administración del Municipio en Concejo Abierto corresponde al Alcalde y a la Asamblea vecinal integrada por todos los electores, y ajustan su funcionamiento a los usos, costumbres y tradiciones locales.

E) *Regímenes organizativos especiales*

En 1985, la LRBRL reconoce la vigencia de los regímenes especiales de Barcelona (1960) y Madrid (1963) que han sido objeto de actualización por leyes estatales y autonómicas.

En la actualidad, Barcelona se rige por dos leyes, una autonómica, que es la que regula la organización y que se conoce como la Carta Municipal de Barcelona (Ley 22/1998); y otra estatal, que establece las especialidades en materia competencial (Ley 1/2006). Madrid se rige por la Ley estatal 22/2006, de 4 de julio, de Capitalidad y de Régimen Especial de Madrid que regula tanto las cuestiones competenciales como las organizativas.

Además, los legisladores autonómicos podrán establecer regímenes organizativos peculiares o especiales para Municipios pequeños o de carácter rural y para aquellos que reúnan otras características que lo hagan aconsejable, como su carácter histórico-artístico o el predominio en su término de las actividades turísticas, industriales, mineras u otras semejantes (art. 30 LRBRL).

Las Comunidades Autónomas han previsto especialidades para los Municipios capital autonómica o sede de sus instituciones, los Municipios pequeños, con menor capacidad económica o con especiales dificultades para la prestación de los servicios municipales, monumentales, turísticos, industriales, de montaña, rurales, pesqueros... La LAULA no establece ningún régimen municipal especial y, en la legislación sectorial, destaca el Municipio turístico regulado en la Ley 13/2011, de Turismo, que se reconoce por el Consejo de Gobierno y tiene como finalidad promover la calidad en la prestación de los servicios municipales al conjunto de la población turística, que es aquella con estancia temporal en el municipio aunque no tengan la condición de vecinos.

Particularmente especial es el régimen organizativo de Ceuta y Melilla que establecen sus Estatutos de Autonomía (aprobados por Leyes Orgánicas 1 y 2/1995).

En realidad, cabía dudar si se trata de Comunidades Autónomas aunque *sui generis* y con menos competencias y autonomía que las demás o si son Municipios con un régimen singular y más competencias y autonomía que los demás. La disposición transitoria 5.ª CE permitía que se constituyeran como Comunidades Autónomas. Pero según el TC no fue ésa la opción que se acogió en las Leyes Orgánicas 1 y 2/1995. Así, la STC 240/2006 y los AATC 320/1995 y 201 y 202/2000, con acierto discutible, negaron a Ceuta y Melilla la condición de Comunidades Autónomas y afirmaron que son entes municipales con régimen de autonomía local singular. Su organización se basa en un Presidente, un Consejo de Gobierno y una Asamblea formada por 25 miembros elegidos por sufragio universal. Aparentemente es similar a las de las Comunidades Autónomas pero hay diferencias trascendentales. Sobre todo porque sus Asambleas no son legislativas y sólo tienen competencia reglamentaria. Es revelador que según sus Estatutos los miembros de esas Asambleas se elijan conforme a las normas sobre elecciones locales y que en varios aspectos remitan a lo previsto en la legislación de régimen local. Además, dicen los Estatutos que «los miembros de la Asamblea... ostentan también la condición de concejales» (art. 7.2), aunque su régimen retributivo no se rige por lo previsto en el artículo 75 bis LRBRL según la STS 1349/2021, y que el Presidente «ostenta también la condición de Alcalde» (art. 15). Todos estos fueron elementos tomados en cuenta por el TC para asimilarlos a los Municipios. Aunque aceptemos esa solución del TC, y por ello nos referimos a Ceuta y Melilla aquí, conste en cualquier caso que sus especialidades respecto a los demás municipios no se detienen en su organización: sus Estatutos de Autonomía tienen el contenido propio de los de las Comunidades Autónomas (lección 3); sus competencias son más que las municipales e incluyen muchas de las autonómicas (lección 4); y tienen un régimen económico y financiero específico. De hecho, se relacionan con el Estado conjuntamente con las CCAA.

5. Las competencias de los Municipios

Corresponde al legislador sectorial según los criterios constitucionales y estatutarios de reparto de competencias concretar cuáles son las atribuciones de los Municipios. Así lo precisa el artículo 2 LRBRL que se refiere a su derecho a intervenir en cuantos asuntos afecten directamente al círculo de los intereses locales y a los principios de descentralización, proximidad, eficacia y eficiencia y sostenibilidad financiera.

También se invoca el principio de subsidiariedad que, de origen europeo, defiende la atribución de las competencias a las autoridades más próximas a los ciudadanos como indica el artículo 4.3 de la Carta Europea de Autonomía Local, que añade que también debe valorarse la amplitud, la naturaleza de la tarea o las necesidades de eficacia o economía. En esta línea, el artículo 2 LRBRL dispone que la atribución de las competencias tendrá en cuenta las características de la actividad y la capacidad de gestión de la entidad local.

Las competencias de los Municipios pueden ser propias o delegadas lo que determina un régimen jurídico general sustancialmente diferente. Sólo cuando se ejercen competencias propias se actúa con plena autonomía y exclusión de cualquier control administrativo, pues la LRBRL ha optado por reservarlo a los tribunales contencioso-administrativos. Por el contrario, las competencias delegadas se ejercerán de acuerdo con la delegación que puede contemplar amplísimas medidas de control, como ya se apuntó en la lección 9.

Corresponde a la Ley determinar las competencias municipales propias y la LRBRL garantiza un mínimo enumerando una serie de materias en las que necesariamente se ejercerán competencias propias.

El listado del artículo 25 comprende las materias de incuestionable interés municipal (como el urbanismo, el transporte urbano o la policía local) lo que queda reforzado con el establecimiento de los servicios obligatorios según la población del Municipio (art. 26) y la reserva de los servicios locales esenciales (art. 86). En ámbitos no incluidos en este artículo 25.2 LRBRL corresponderá a las CCAA decidir si los municipios deben tener competencias propias (STC 41/2016). En Andalucía, el núcleo competencial propio de los Municipios está garantizado, además, por el listado de materias que enumera el artículo 92 EAA y la concreción de las atribuciones que realiza la LAULA, que, al ser aprobada por mayoría absoluta, blinda las competencias municipales frente a las leyes sectoriales autonómicas.

Para mejorar la eficiencia de la gestión pública y eliminar duplicidades, el Estado y la Comunidad Autónoma pueden delegar en los Municipios materias de su competencia (el art. 27 LRBRL enumera algunas) y, en tal caso, el Municipio actúa plenamente sujeto a las directrices e instrucciones de la Administración delegante, que establecerá los mecanismos de control que considere oportunos, incluido el recurso de alzada impropio.

El ejercicio por los Municipios de competencias distintas de las propias y de las delegadas (y por eso mal llamadas impropias) está condicionado doblemente: por un lado, al efectivo cumplimiento de la legislación sobre estabilidad presupuestaria y sostenibilidad financiera; y, por otro, a la inexistencia de ejecución simultánea del mismo servicio por otra Administración pública. A tal fin, se exigen dos informes preceptivos y vinculantes de la Administración competente por razón de la materia, que generalmente es la autonómica y de la que ejerza la tutela financiera.

La limitación en el ejercicio de estas competencias que no son propias ni delegadas trae causa de la reforma de la LRBRL llevada a cabo por la LRSAL. La STC 41/2016 ha señalado que, si las competencias municipales reconocidas en el artículo 25 LRBRL son competencias propias determinadas por ley sectorial, las previstas en el artículo 7.4 LRBRL están directamente habilitadas por el legislador básico, quedando su ejercicio sujeto a las condiciones indicadas. En Andalucía, el Decreto-ley 7/2014, de 20 de mayo, mantiene el régimen de competencias de los Municipios existente antes de la aprobación de la reforma; y, además, regula los dos informes exigidos por el artículo 7.4 LRBRL.

III. LA PROVINCIA

1. Posición institucional de la Provincia en la Constitución

El artículo 141.1 CE se refiere a dos vertientes de la Provincia: como una entidad local con personalidad jurídica propia y como división territorial para el cumplimiento de las actividades del Estado. Además, según los artículos 68.2 y 69.2 CE, es circunscripción electoral para el Congreso y el Senado. También es la titular de la iniciativa para la constitución de Comunidades Autónomas (art. 143.2 CE).

Por otra parte, en la mayoría de las Comunidades Autónomas (entre ellas, la andaluza), la Provincia es circunscripción para la elección de su Parlamento y división territorial conforme a la que predominantemente se estructura su organización administrativa periférica. Además, la Provincia es también relevante a efectos de la organización judicial (Audiencias Provinciales). Y, en otro orden de cosas, suelen coincidir con su ámbito muchas de las Corporaciones sectoriales, Universidades públicas, etc. De su papel para la estructuración de la Administración periférica estatal y andaluza ya nos hemos ocupado en las lecciones 10 y 11.

Ahora, lo único que nos ocupará es su carácter de entidad local. Pero incluso como entidad local su peso ha tendido a debilitarse por el hecho de la aparición de las Comunidades Autónomas. Además, aunque la Provincia como entidad local está garantizada por la CE y aunque la LRBRL le da una configuración relativamente uniforme, su situación varía mucho de unas Comunidades a otras.

Así, su papel y peso como entidad local es muy reducido en Canarias y, en el extremo opuesto, es muy relevante en el País Vasco, aunque en este caso, sus tres Provincias, los llamados «Territorios Históricos», son algo más y algo distinto de entidades locales. Particularmente, en Cataluña la Provincia ha sido y es cuestionada en todas sus vertientes, incluida la de ente local, y alternativamente se han potenciado o se pretenden potenciar las Comarcas y las Veguerías. De hecho, hubo ya un intento de práctico vaciamiento de las entidades locales provinciales que fue abortado por el TC; precisamente con esa ocasión formuló su doctrina de la garantía institucional a la que antes aludimos. Súmese a ello la situación peculiar de las siete Comunidades Autónomas uniprovinciales.

Sin perjuicio de lo anterior, tras la reforma de 2013, y aunque formalmente se afirma pretender un reforzamiento de la posición institucional de la provincia, diversos preceptos de la LRBRL (arts. 13, 26, 27, 36...) se refieren a las Diputaciones Provinciales «o entidades equivalentes». Si tenemos en cuenta que la LRSAL establece que las referencias a las Diputaciones se entenderán efectuadas a los entes locales supramunicipales previstos en los Estatutos de Autonomía de las Comunidades Autónomas con un sistema institucional propio (disp. adic. 2.ª) y que la reforma se aplicará respetando la organización comarcal (disp. adic. 6.ª), podría originarse un cambio en la interpretación de la posición constitucional de la Provincia que hasta ahora ha defendido el Tribunal Constitucional (Carbonell Porras).

En Andalucía, la tendencia general en la práctica, con independencia de lo que dijera su Estatuto de Autonomía, fue la de reducir el peso de las Provincias como entidades locales. La LAULA (de 2010) parecía emprender una línea diferente de potenciación por la vía original y algo confusa de sostener que Municipios y Provincias integran, en su relación con la Comunidad Autónoma, un único nivel de gobierno (art. 3.1), de modo que la autonomía local comprende a ambas entidades, que integran una sola comunidad política local, y forman un sistema que el legislador ha de tomar como referencia unitaria al delimitar sus competencias. No obstante, las expectativas iniciales que despertó la LAULA respecto de la potenciación de las Diputaciones Provinciales no se han visto confirmadas con posterioridad.

2. Territorio y población

La Provincia es una Entidad local determinada por la agrupación de Municipios. En consecuencia, la población provincial es la suma de las poblaciones de los Municipios que la integran y su territorio es el total de los correspondientes términos municipales.

El artículo 25 TRRL, que tiene naturaleza básica según su disposición final 7.ª, reconoce la tradicional división del territorio nacional en cincuenta provincias, garantizando los límites, denominación y capitalidad que, en lo esencial, coinciden con la que estableció Javier de Burgos en 1833 (salvo la división de Canarias en dos Provincias en 1927). La división provincial no incluyó a Ceuta y Melilla, aunque se les reconocía un régimen municipal especial.

La Constitución garantiza especialmente el territorio provincial exigiendo que cualquier alteración se apruebe por las Cortes Generales mediante Ley Orgánica (art. 141.1 CE).

Cada Municipio pertenecerá a una sola Provincia y la alteración de términos municipales no puede suponer en ningún caso alteración de los límites provinciales (arts. 12 y 13 LRBRL). Si la alteración del territorio provincial afecta al territorio autonómico, deberá estarse, además, a lo previsto en los respectivos Estatutos de Autonomía.

3. La organización Provincial: las Diputaciones de régimen común y regímenes especiales

El artículo 141.2 CE dispone que el gobierno y la administración de la Provincia estarán encomendados a Diputaciones u otras Corporaciones de carácter representativo. La Diputación Provincial es la forma organizativa común u ordinaria de la Provincia como Entidad local, aunque de las cincuenta provincias existentes, sólo treinta y ocho (entre ellas, las ocho andaluzas) se organizan en Diputaciones Provinciales.

La constitución de las siete Comunidades Autónomas uniprovinciales supuso la integración de las Diputaciones Provinciales en la Administración autonómica, que asume todas las competencias y recursos que en el régimen común corresponden a la Diputaciones. Tampoco se organizan en Diputaciones Provinciales los tres Territorios Históricos del País Vasco, que responden a un peculiar régimen jurídico que se reconoce en la Constitución, en el Estatuto de Autonomía y en la LRBRL, que sólo les resulta aplicable supletoriamente. Los órganos forales de los Territorios Históricos son las Juntas Generales, compuestas por cincuenta y un miembros elegidos en los términos previstos en una Ley autonómica y las Diputaciones Forales. Por último, también es especial el régimen de las dos Provincias canarias, Las Palmas y Tenerife, en las que subsisten las Mancomunidades Provinciales interinsulares, integradas por los Presidentes de los Cabildos insulares de las Islas correspondientes a cada Provincia, sólo como órganos de representación y expresión de intereses provinciales (art. 41 LRBRL).

La organización de las Diputaciones Provinciales en la legislación básica estatal se regula con un marcado paralelismo a lo previsto para los Ayuntamientos tanto en los órganos que lo integran como en sus diferentes atribuciones. Son órganos básicos y necesarios en todas las Diputaciones Provinciales, el Presidente, los Vicepresidentes, la Junta de Gobierno, el Pleno y las Comisiones de Pleno, incluida la Comisión especial de Cuentas (arts. 32 a 35 LRBRL).

En cada Provincia deben elegirse un número de diputados provinciales entre veinticinco y cincuenta y uno según la población. La elección de los diputados responde a un sistema indirecto sobre la base de los resultados obtenidos en las elecciones municipales. Constituidos todos los Ayuntamientos, la Junta Electoral de Zona ordena de forma decreciente los votos obtenidos por aquellas candidaturas que hayan logrado al menos un concejal y procede a asignar a cada fuerza política el número de diputados que le corresponde en atención al número de votos siguiendo el método D'Hont. Realizada la asignación de puestos, los concejales de las candidaturas que han obtenido puestos de diputados eligen a dichos diputados de entre los concejales incluidos en listas avaladas al menos por un tercio de concejales (arts. 204 a 206 LOREG).

La legislación autonómica de desarrollo puede establecer la organización complementaria correspondiente. Sin embargo, las leyes autonómicas sobre régimen local no han incorporado previsiones al respecto. Por tanto, son las propias Diputaciones las que han ejercido su potestad de organización. La misma corresponde al Pleno de la Diputación mediante la aprobación del reglamento orgánico de la Corporación que exige mayoría absoluta del número legal de miembros [arts. 33.2.*a*) y 47.2.*f*) LRBRL].

4. Fines y competencias de la Provincia

Aunque el artículo 137 CE también se refiere a los respectivos intereses provinciales no resulta sencillo identificarlos pues la concreción de las competencias provinciales por el legislador autonómico, competente en gran parte de los ámbitos materiales de acción pública, está mediatizada por la posición de esta Entidad local en la estructura territorial propia de cada Comunidad Autónoma. Con carácter general, los fines propios y específicos de la Provincia son garantizar los principios de solidaridad y equilibrio intermunicipales, en el marco de la política económica y social, lo que comprende asegurar la prestación integral y adecuada en la totalidad del territorio provincial de los servicios de competencia municipal y participar en la coordinación de la Administración local con la de la Comunidad Autónoma y la del Estado (arts. 31 LRBRL y 96 EAA). Por su parte, el artículo 36 LRBRL precisa que las Diputaciones Provinciales son competentes para la coordinación de los servicios municipales entre sí, para la garantía de su prestación integral y adecuada; la asistencia y la cooperación jurídica, económica y técnica a los Municipios, especialmente los de menor capacidad económica y de gestión; la prestación de servicios públicos de carácter supramunicipal y, en su caso, supracomarcal; y, la cooperación en el fomento del desarrollo económico y social y en la planificación en el territorio provincial.

El propio artículo 36 LRBRL concreta alguna de estas atribuciones. Por ejemplo, en la letra *g*), respecto de la prestación de servicios de Administración electrónica y la contratación centralizada en municipios con población inferior a 20.000 habitantes, que hay que entender como un recordatorio para que «la diputación provincial cumpla sus función institucional más característica prestando su apoyo a los municipios» según el fundamento interpretativo 11 de la STC 111/2016.

Para la efectividad de la cooperación y asistencia a los Municipios, corresponde a las Diputaciones la formación de un plan provincial de cooperación a las obras y servicios de competencia municipal. El plan se elabora con participación de los Municipios de la Provincia y se aprueba anualmente por el Pleno de la Diputación (art. 36.2 LRBRL).

Cuando la diputación detecte que los costes efectivos de los servicios prestados por los municipios son superiores a los de los servicios coordinados o prestados por ella, incluirá en el plan provincial fórmulas de prestación unificada o supramunicipal para reducir dichos costes. No sería conforme a la CE entender que este precepto atribuye por sí facultades de coordinación a la diputación, y hay que interpretar que la previsión legal «precisa de complementos normativos que, en todo caso, deben dejar márgenes de participación a los municipios» [FJ 12 interpretativo STC 111/2016 y FJ 3.*d*) STC 180/2016].

La LAULA (arts. 11 a 14) concreta el alcance y sentido de la competencia provincial de asistencia técnica, económica y material en la prestación de los servicios municipales. También se refiere a las competencias provinciales en materia de carreteras, archivos y museos e instituciones culturales.

IV. LAS ISLAS

En el Archipiélago canario, el gobierno, administración y representación de las siete Islas corresponde a sus respectivos Cabildos Insulares, que también son instituciones de la Comunidad Autónoma. La organización de los Cabildos se parece a la de los Municipios de gran población (disp. adic. 14.ª LRBRL) y ejercen las competencias que con carácter general corresponden a las Diputaciones Provinciales, así como las que asumen como instituciones autonómicas.

La Comunidad Autónoma de las Islas Baleares es uniprovincial pero sus cuatro Islas están gobernadas por los Consejos Insulares que se asemejan en organización y competencias a las Provincias (art. 41 LRBRL).

V. OTRAS ENTIDADES LOCALES

1. Clases y regulación

Junto a las Entidades locales constitucionalmente garantizadas, el artículo 3 LRBRL reconoce la condición de Entidades locales a las Comarcas, las Áreas Metropolitanas y las Mancomunidades de Municipios. Todas tienen dos notas comunes: por un lado, un sustrato municipal pues se constituyen sobre la base de la agrupación de Municipios; y, por otro lado, la remisión a la legislación autonómica de los criterios y requisitos de constitución y organización dentro de unos criterios básicos fijados por el legislador estatal básico.

También existen entidades territoriales de ámbito inferior al Municipio que tendrán las potestades que determine la legislación autonómica (art. 4.2 LRBRL).

La reforma local de 2013 ha suprimido la referencia a las Entidades locales menores del artículo 3 y ha dejado sin contenido el anterior artículo 45 que las contemplaba. La STC 41/2016 ha señalado que esta reducción de la regulación básica «ha aumentado correlativamente el espacio que puede ocupar la normativa municipal sobre organización interna y la autonómica sobre régimen local». Así lo hace la LAULA, que contempla la descentralización territorial inframunicipal como una manifestación más de la potestad de organización de los municipios. Concretamente, en los núcleos de población separados con características que hagan conveniente una gestión diferenciada de las competencias, los Municipios podrán crean entidades vecinales o entidades locales autónomas. Las entidades vecinales «son entidades locales para la gestión descentralizada de servicios locales de interés general y ejecución de obras de la competencia municipal que asumen por delegación del Ayuntamiento» (art. 113) mientras que las entidades locales autónomas son «entidades locales creadas para el gobierno y administración de sus propios intereses diferenciados de los generales del Municipio, a cuyo efecto ostentan la titularidad de competencias propias y las que puedan serle transferidas por el Ayuntamiento». El procedimiento para la creación de unas y otras es el mismo, aunque el mayor grado de descentralización que caracteriza a las entidades locales autónomas explica que la LAULA se refiera a sus actividades con más detalle.

2. Las Comarcas

Corresponde a las Comunidades Autónomas, de acuerdo con los propios estatutos, crear Comarcas u otras entidades que agrupen varios Municipios, cuyas características determinen intereses comunes precisados de una gestión propia o demanden la prestación de servicios en dicho ámbito. Las leyes autonómicas determinaran el ámbito territorial, la composición y funcionamiento de los órganos de gobierno, las competencias y los recursos económicos. En todo caso, la creación de las Comarcas no podrá suponer que los Municipios pierdan sus competencias en la gestión de los servicios municipales obligatorios ni privarles de intervención en las materias de competencia propia según el listado del artículo 25 LRBRL.

Para garantizar la posición institucional de los Municipios, se prohíbe la creación de una Comarca si se oponen las dos quintas partes de los Municipios que representen al menos la mitad del censo electoral del territorio correspondiente. Esta regla del artículo 42 LRBRL no se aplica a Cataluña por haber contado en el pasado con una organización comarcal en todo su territorio (disp. adic. 4.ª LRBRL); y se matiza en Andalucía pues aquí la comarca, no existente ni previsible, se configura como la agrupación voluntaria de Municipios limítrofes de modo que su creación requerirá el acuerdo de todos los Ayuntamientos afectados (art. 97 EAA).

La implantación de Comarcas en el territorio nacional es sumamente desigual. Algunas Comunidades Autónomas han creado una estructura comarcal generalizada (Cataluña o Aragón), pero con un controvertido nivel de implantación. En otras no parece previsible su creación (como Andalucía) y en otras se ha optado por crear alguna Comarca aislada en Municipios que requieren una acción común (así, el Bierzo en Castilla y León).

Las Comarcas podrían ver reforzada su posición como gestoras de servicios supramunicipales pues, con apoyo en las disposiciones adicionales 3.ª y 6.ª de la LRSAL, se pueden considerar «entidades equivalentes» a las Diputaciones Provinciales. La STC 168/2016 ha precisado que estas previsiones se aplicarán a la organización comarcal, ya esté prevista en los Estatutos o se instaure al amparo de la competencia autonómica para crear y regular entes locales de segundo grado. No obstante, su financiación depende de la propia Comunidad Autónoma pues, según el artículo 155 TRLHL, las comarcas no pueden exigir ninguno de los impuestos y recargos regulados en la misma ni percibir participación en los tributos del Estado.

3. Las Áreas Metropolitanas

Las Áreas Metropolitanas son entidades locales que agrupan a los Municipios de las grandes aglomeraciones urbanas entre cuyos núcleos de población existen vinculaciones económicas y sociales que hacen necesaria la planificación conjunta y la coordinación de obras y servicios (art. 43 LRBRL). Su creación corresponde a las Comunidades Autónomas, previa audiencia a la Administración del Estado y a los Municipios afectados, que, en todo caso participaran en sus órganos de gobierno y administración.

La creación de Áreas Metropolitanas ha resultado sumamente compleja por la pérdida de atribuciones para los Municipios que implica, razón que en parte explica el fracaso de los intentos al respecto. Más éxito han tenido las entidades metropolitanas que asumen competencias de los Municipios concretas en los servicios que se prestan más adecuadamente para el conjunto de los Municipios del entorno metropolitano como recogida y tratamiento de basuras o el transporte urbano.

4. Las Mancomunidades de Municipios

Las Mancomunidades de Municipios son una manifestación del derecho de asociación de los Municipios que deciden crear una entidad local para la ejecución en común de obras y servicios determinados de su competencia. Se rigen por sus Estatutos que determinarán el ámbito territorial de la Mancomunidad, su objeto y competencias, sus órganos de gobierno (que en todo caso serán representativos de los Municipios mancomunados) y recursos, el plazo de duración y cualquier otro aspecto necesario para su funcionamiento (art. 44 LRBRL). Los Estatutos determinarán también las potestades que se reconocen y, en defecto de previsión al respecto, se entenderá que ostentan la totalidad de las potestades administrativas siempre que sean precisas para el cumplimiento de sus fines (art. 4.3 LRBRL).

La voluntariedad en la creación de Mancomunidades explica que haya sido un mecanismo fundamental para la colaboración intermunicipal en la prestación de servicios y en la gestión de competencias conjuntamente, en particular para los Municipios de menor capacidad. No obstante, también ha provocado la proliferación de Mancomunidades con fines sumamente genéricos e indeterminados, con escaso grado de implantación y funcionamiento real. Por ello, la disposición transitoria 11.ª de la LRSAL limita las competencias de las Mancomunidades a la realización de obras y la prestación de servicios vinculados con las competencias municipales propias y los servicios municipales obligatorios (arts. 25 y 26 LRBRL). La STC 41/2016 no considera este límite contrario a la CE pues los ámbitos en los que los Ayuntamientos pueden mancomunarse son suficientemente amplios y el legislador autonómico conserva dentro de ellos (en particular, en los descritos en el artículo 25.2 LRBRL que pueden reconducirse a sus atribuciones estatutarias) la competencia para conferir y regular las competencias propias municipales.

Corresponde al legislador autonómico regular el procedimiento de aprobación (y modificación o supresión) de los Estatutos, si bien se establecen unas reglas mínimas: elaboración por los concejales de todos los Municipios reunidos en asamblea; informe de la Diputación o Diputaciones afectadas y aprobación por los Plenos de todos los Ayuntamientos.

Por no respetar que la aprobación ha de corresponder a los Plenos de todos los Ayuntamientos, la STC 19/2022 declaró inconstitucional el artículo 74.2 LAULA que atribuía la aprobación de las reformas de los Estatutos de las Mancomunidades a un órgano de éstas, aunque se trataba del órgano en que están representados los Municipios mancomunados.

En Andalucía, las Mancomunidades de Municipios y los Consorcios son entidades de cooperación territorial. A diferencia de las Mancomunidades, los Consorcios permiten la participación de las Diputaciones Provinciales y de la Junta de Andalucía. Por otra parte, la LAULA también regula la cooperación territorial que se realiza mediante otros instrumentos que no conllevan la creación de nuevas personificaciones, como son los convenios y las redes de cooperación, así como «cualquier otra modalidad de cooperación interadministrativa que no dé lugar a la creación de un ente con personalidad jurídica, que pudiera establecerse para el desempeño de servicios, obras o iniciativas de interés para la cooperación territorial en Andalucía» (art. 62 LAULA).

VI. ESTATUTO DE LOS MIEMBROS DE LAS CORPORACIONES LOCALES

Elegidos en los términos previstos en la LOREG, los miembros de las Corporaciones Locales están amparados por el artículo 23 CE que asegura la permanencia en el cargo y el pleno ejercicio de los derechos de participación política a cada uno de ellos, sin perjuicio de la posible constitución de grupos políticos para canalizar la actuación corporativa.

El TC ha afirmado que el cese en el cargo al que se accede por voluntad de los electores, depende de ellos o del elegido, y no del partido político en cuyas listas fue elegido (SSTC 5/1983 y 10/1983). Este planteamiento condiciona también la figura del concejal no adscrito, esto es, aquel que no se integra (o abandona) en el grupo constituido por la formación electoral en la que fue elegido que contempla el artículo 73.3 LRBRL y que debe ser siempre compatible con los derechos inherentes a la función político-representativa (De la Torre Martínez).

Los miembros perciben retribuciones por el desempeño de su cargo en régimen de exclusividad. La LRBRL determina el número máximo de cargos públicos en dedicación exclusiva según la población del Municipio y fija el tope anual de retribuciones que pueden percibir (arts. 75 bis y ter).

Quienes desempeñan su cargo a tiempo parcial por realizar funciones de responsabilidad (presidencias o vicepresidencias de órganos locales, ostentar delegaciones...) percibirán las retribuciones que procedan por el tiempo de dedicación efectiva. Sólo quienes no tengan dedicación exclusiva ni parcial podrán percibir asistencias por la concurrencia real a las sesiones de los órganos colegiados. La STC 111/2016 considera que el establecimiento de estos límites no es contrario al artículo 23.2 CE.

Los miembros de las Corporaciones Locales están legitimados para impugnar ante la jurisdicción contencioso-administrativa los actos y acuerdos locales que hayan votado en contra [art. 63.1.B) LRBRL].

Se trata de una legitimación directamente derivada de la condición de representante popular que ostentan los miembros de las Corporaciones locales y que se traduce en un interés concreto —inclusive puede hablarse de una obligación— de controlar su correcto funcionamiento, como único medio, a su vez, de conseguir la satisfacción de las necesidades y aspiraciones de la comunidad vecinal (SSTC 173/2004 y 108/2006).

VII. FUNCIONAMIENTO DE LOS PLENOS LOCALES

El Pleno celebra sesiones ordinarias (con la periodicidad prevista en el Reglamento Orgánico dentro de los límites mínimos preestablecidos), sesiones extraordinarias (cuando lo decida el Presidente o lo solicite una cuarta parte de los miembros) y sesiones extraordinarias urgentes [art. 46.2.*a*) LRBRL].

Se celebrará al menos una sesión ordinaria al mes en las Diputaciones Provinciales y en los Ayuntamientos de más de 20.000 habitantes; cada dos meses en los que cuenten con una población entre 5.001 y 20.000 y cada tres meses en los de menos de 5.000 habitantes. Cuando los miembros soliciten la celebración de una sesión, la misma deberá celebrarse en quince días y, si el Presidente no efectuase la convocatoria, la sesión queda automáticamente convocada para el décimo día hábil siguiente, lo que notificará el Secretario de la Corporación.

Las sesiones deben convocarse al menos con dos días hábiles de anticipación, salvo las extraordinarias urgentes (en tal caso la convocatoria urgente deberá ratificarla el Pleno) incluyendo el orden del día, que condiciona el desarrollo de los debates y votaciones. La documentación íntegra de los asuntos incluidos en el orden del día debe estar disponible en la Secretaría de la Corporación desde el momento de la convocatoria.

Además, los miembros de la Corporación, tienen derecho a obtener del Alcalde-Presidente o de la Junta de Gobierno cuantos antecedentes, datos, o informaciones estén en poder de los servicios locales que resulten necesarios para el desarrollo de sus funciones (art. 77 LRBRL).

La válida celebración de las sesiones requiere la presencia de un tercio del número legal de miembros de la Corporación, que nunca podrá ser inferior a tres, así como del Presidente y del Secretario de la Corporación o de quienes les sustituyan legalmente.

Si no se cumple el quórum asistencial, no podrá celebrarse la sesión ni adoptarse acuerdo alguno. Para impedir las actitudes obstruccionistas de los miembros, la LRBRL dispone que la ausencia de los miembros una vez iniciada la deliberación se considera abstención.

La adopción de acuerdos se produce generalmente por mayoría simple (esto es, los votos afirmativos son más que los negativos), aunque se necesita mayoría absoluta (es decir, la mitad más uno del número legal de miembros) para decidir sobre cuestiones especialmente relevantes como las relativas al término municipal, al nombre y capitalidad, la aprobación del Reglamento Orgánico, o la creación de Mancomunidades, entre otras (art. 47 LRBRL). El Alcalde-Presidente cuenta con voto de calidad para deshacer el empate que se repita en una segunda votación.

Según la disposición adicional 16.ª LRBRL si no se alcanzaba la mayoría exigida en el Pleno respecto de concretos acuerdos, correspondería la competencia para su aprobación a la Junta de Gobierno Local. No obstante, la STC 111/2016 declara la inconstitucionalidad de esta disposición por implicar un sacrificio del principio democrático no justificado.

Las sesiones de los Plenos son públicas, aunque podrá ser secreto el debate y votación de asuntos que afecten al derecho a la intimidad de los ciudadanos si se acuerda por mayoría (art. 70 LRBRL).

VIII. RELACIONES DE LAS ADMINISTRACIONES LOCALES CON LA ESTATAL Y LA AUTONÓMICA

Ya se estudiaron en la lección 9 las relaciones entre la distintas Administraciones territoriales de las que se ocupa el Título III de la LRJSP (arts. 140 y ss.). Lo allí dispuesto resulta de aplicación a las relaciones de las Administraciones locales con la estatal y autonómica. Es más, según el artículo 140.2 LRJSP, «en lo no previsto en el presente Título las relaciones entre la Administración General del Estado o las Administraciones de las Comunidades Autónomas con las Entidades que integran la Administración Local se regirán por la legislación básica en materia de régimen local». O sea, que ante todo declara aplicable a esas relaciones la LRJSP y solo para lo no previsto en ella llama a la LRBRL.

Respecto al principio de lealtad institucional y los deberes de colaboración y cooperación, así como en cuanto a la coordinación voluntaria, poco relevante hay que añadir.

El artículo 55 LRBRL sintetiza bien lo que estos principios significan para las relaciones que ahora nos ocupan, pero no añade gran cosa a lo que ya conocemos. Igualmente, el artículo 57, que prevé la colaboración voluntaria mediante convenios y consorcios, tampoco introduce singularidades de relieve. Por su parte, el artículo 58.1 permite que las leyes estatales y autonómicas creen «para la coordinación administrativa, órganos de colaboración», ya sean de carácter general o sectorial, con funciones deliberantes o consultivas, no resolutorias. La misma LRBRL creó la Comisión Nacional de Administración Local como «órgano permanente para la colaboración entre la Administración estatal y las locales», Comisión que está integrada por un número igual de representantes de ambas Administraciones (arts. 117 a 119). Caracteres similares presenta el Consejo Andaluz de Concertación Local (arts. 95 EAA, 85 LAULA y Ley 5/2014).

Pero hay otros aspectos peculiares que sí es necesario destacar. Veámoslos.

1. Especial deber de información

Ya sabemos que toda Administración tiene un deber de facilitar información a las otras Administraciones sobre su propia actividad para que esas otras puedan ejercer sus competencias [arts. 141.1.*a*) LRJSP y 55.*d*) LRBRL]. Es una concreción del deber de colaboración. Pero, aparte de eso, las Administraciones locales tienen un más extenso y gravoso deber: el de remitir a la Administración estatal y autonómica en determinado plazo copia o extracto de todos sus actos y acuerdos (art. 56.1 LRBRL). Y esto ya no es una faceta del deber de colaboración sino un instrumento para el control de las Administraciones superiores. Además, la Administración receptora puede exigir ampliación de esa información (art. 64 LRBRL). Y asimismo las Administraciones estatal y autonómica están facultadas, con el fin de comprobar que el ente local cumple la legislación estatal y autonómica, para recabar y obtener información concreta sobre la actividad local, pudiendo solicitar incluso la exhibición de expedientes y la emisión de informes (art. 56.2).

2. Coordinación imperativa

La exigencia de coordinación se reitera a lo largo de toda la LRBRL. Pero lo que hay que destacar es que en muchos casos la LRBRL no se limita a exhortar a la coordinación voluntaria, sino que establece o permite a las leyes sectoriales establecer la coordinación imperativa; es decir, atribuir a la Administración estatal o autonómica potestades de coordinación que obligan a los entes locales a un determinado comportamiento.

En la misma Constitución se reconoce la potestad autonómica de coordinación de las policías locales (art. 148.1.22.ª). En la LRBRL destaca la previsión del artículo 36.2.*a*) LRBRL según el cual «la Comunidad Autónoma asegura, en su territorio, la coordinación de los distintos planes provinciales» y en su virtud se han aprobado leyes autonómicas que permiten a la Administración regional interferir profundamente en esa competencia capital de las Diputaciones, leyes que el TC ha aceptado (STC 27/1987). Más allá de esas previsiones concretas, la LRBRL posibilita que las leyes sectoriales instauren potestades de coordinación cuando las actividades o servicios locales trasciendan el interés propio de la correspondiente entidad local, incidan o condicionen relevantemente en los de la Administración estatal o autonómica o sean concurrentes o complementarios de los de éstas (art. 10.2 LRBRL). Además, prevé formas de coordinación imperativa que restringen intensamente a los entes locales. En concreto:

— El art. 59 LRBRL permite que las leyes estatales o autonómicas faculten al Gobierno nacional o autonómico para coordinar la actuación de los entes locales mediante planes sectoriales vinculantes que fijen objetivos y prioridades.

— El artículo 62 LRBRL admite como modo de coordinar competencias concurrentes los llamados procedimientos bifásicos. En su virtud, donde en principio habría un procedimiento tramitado y resuelto por una Administración local se sustituye por un procedimiento en el que la Administración local solo tramita y hace una propuesta (o una aprobación provisional) y la resolución se atribuye a la Administración estatal o autonómica. En ese sentido hay que entender que el art. 52.2.*a*) LRBRL hable de «los casos excepcionales en que una Ley Sectorial requiera la aprobación ulterior de la Administración del Estado o de la Comunidad Autónoma».

Por otra parte, diversas leyes sectoriales han establecido informes de la Administración estatal o autonómica que vinculan a la Administración local (p. ej., informes vinculantes de la Administración estatal o autonómica competentes en materia de costas, de aguas o de carreteras para la aprobación municipal de planes de urbanismo). Y el TC (p. ej., en las sentencias 57 y 154/2015) lo ha aceptado como forma de coordinar competencias concurrentes.

3. Control y reacción de las Administraciones estatal y autonómicas frente a actuaciones locales ilegales

Tradicionalmente la legislación reconocía a la Administración estatal amplias potestades de tutela para evitar o corregir las actuaciones locales que considerase improcedentes.

Así, con frecuencia los actos locales de cierta relevancia (aprobación de ordenanzas fiscales o de los presupuestos) estaban sometidos a la autorización previa de la Administración del Estado; en otros casos, podía ésta suspender la eficacia de los actos locales aunque de inmediato tuviera que impugnar el acto suspendido ante la jurisdicción contencioso-administrativa; en ocasiones cabía recurso de alzada contra los actos locales para que resolviera la Administración estatal; existían amplias facultades del Estado para suspender y hasta destituir a concejales y alcaldes por mala conducta o negligencia; etc.

Esas extensas potestades de tutela son incompatibles con la autonomía local proclamada por la Constitución. Pero, como razonó la STC 4/1981, cierto grado de tutela sí es conciliable con la autonomía local. En concreto, admitió la constitucionalidad de algunas de esas potestades (que estaban previstas en la legislación preconstitucional) siempre que entrañaran solo controles de legalidad (no de oportunidad) concretos (no genéricos e indeterminados).

Pese a ello, la LRBRL optó por una solución más favorable a la autonomía local, y, por tanto, por reconocer a la Administración estatal y autonómica más limitadamente de lo que en principio consiente la Constitución potestades de control y de reacción frente a las actuaciones locales ilegales. No solo es que no hablase ya de tutela, sino que solo instauró estos tres medios de reacción de la Administración estatal o autonómica frente a las actuaciones ilegales de los entes locales:

a) *Impugnación de los acuerdos locales ante la jurisdicción contencioso-administrativa.* Es decir, permite a la Administración estatal o autonómica lo mismo que puede hacer una particular cualquiera cuando considere que un acto o reglamento local es ilegal y lesiona sus derechos o intereses legítimos. Aun así, esta impugnación tiene algunas singularidades que se contienen en los artículos 65 y 67 LRBRL. Estos preceptos distinguen según la ilegalidad local sea más o menos grave. Lo que importa ahora destacar es que solo en el caso extremo de que el acto local «atente gravemente al interés general de España» se permite a la Administración del Estado suspender por sí misma el acto, aunque de inmediato deberá impugnarlo ante el tribunal contencioso-administrativo que será quien resolverá (art. 67). En los demás casos, será el tribunal quien decida si suspende o no el acto impugnado con la única especialidad de que, si la Administración estatal o autonómica pide expresamente la suspensión y razona que el acto local impugnado afecta a los intereses generales confiados a ellas, cabe que el Tribunal acuerde de inmediato la suspensión sin ni siquiera dar audiencia al ente local que, no obstante, podrá pedir luego que se alce esa suspensión (art. 66). Para los demás casos —es decir, aquellos en que la Administración estatal o autonómica solo alega que el acto local es ilegal— no hay ninguna especialidad en cuanto a la suspensión que se regula por lo previsto en la LJCA para cualquier proceso entablado por un simple particular (art. 65).

Antes de interponer el recurso, la Administración estatal o autonómica puede dirigir un requerimiento al ente local para que anule el acto en el plazo de un mes. El plazo para formular este potestativo requerimiento es de quince días desde que, de acuerdo con el artículo 56.1, se recibió la comunicación del acuerdo local (art. 65.2)

El plazo para interponer el recurso contencioso-administrativo es el general de dos meses (art. 46 LJCA) que se cuenta desde que se recibió la comunicación del artículo 56.1 o, si se hizo requerimiento, desde que se recibió la respuesta o pasó el plazo de quince días sin respuesta (art. 65.3). Si se pidió ampliación de la información, entretanto se recibe queda suspendido el cómputo del plazo (art. 64).

b) *Sustitución de la entidad local.* Cuando una Entidad local incumpla las obligaciones impuestas directamente por ley de modo que ese incumplimiento afecte al ejercicio de las competencias de las Administraciones estatal y autonómica, una u otra en su respectivo ámbito competencial deberá recordar el incumplimiento y conceder un plazo (como mínimo un mes) para corregirlo. Si el ente local no atiende el requerimiento, se procederá a adoptar las medidas para el efectivo cumplimiento de la obligación a costa y en sustitución de la entidad local (art. 60 LRBRL).

c) *Disolución de los órganos del ente local.* Cuando una Entidad local realice una gestión gravemente dañosa para los intereses generales que suponga el incumplimiento de sus obligaciones constitucionales, el Consejo de Ministros, a iniciativa propia y con conocimiento del Consejo de Gobierno autonómico correspondiente o a solicitud de este y, en todo caso, previo acuerdo favorable del Senado, podrá proceder, mediante Real Decreto, a la disolución de los órganos de las corporaciones locales (art. 61 LRBRL).

Según la LRBRL, se consideran decisiones gravemente dañosas para los intereses generales los acuerdos o actuaciones locales que den cobertura o apoyo de forma reiterada y grave al terrorismo, lo enaltezcan o justifiquen, y los que menosprecien o humillen a las víctimas o a sus familiares. Por otra parte, según el artículo 26 de la Ley Orgánica 2/2012 de Estabilidad Presupuestaria y Sostenibilidad Financiera, también cabría la disolución ante el persistente incumplimiento del objetivo de estabilidad presupuestaria o de deuda pública o de la regla de gasto. Pero no son nada más que algunos supuestos de gestión gravemente dañosa para el interés general. Puede haber otras formas de gestión gravemente dañosas que permitan la disolución. De hecho, esta medida solo se ha aplicado al Ayuntamiento de Marbella (RD 421/2006) y fue por una gestión gravemente dañosa que nada tenía que ver con esos dos referidos supuestos. Esta regulación se completa con el artículo 183 LOREG que, ante la disolución, prevé el nombramiento de una comisión gestora y la posterior convocatoria de elecciones locales.

Expuestos los tres medios de control y reacción previstos como tales en la LRBRL, importa hacer las siguientes observaciones:

1.ª) Según el TC, las leyes autonómicas no pueden instaurar medios de control distintos de los tres establecidos en la LRBRL ni modificar lo dispuesto en ella para esos tres.

No pueden hacerlo ni aunque se trate de un sector de la exclusiva competencia legislativa autonómica; por ejemplo, en materia de urbanismo (donde la competencia legislativa es autonómica) no pueden establecer la facultad de que la Administración regional suspenda los planes o las licencias municipales aunque sean manifiestamente ilegales y lesivos; solo podrá recurrirlos y pedir la suspensión por las vías de los artículos 65 y 66 LRBRL. Así se desprende, entre otras, de las SSTC 27/1987, 46/1992 y 154/2015.

2.ª) Pero sí acepta el TC que las leyes estatales establezcan medios de control distintos de los tres establecidos en la LRBRL siempre que respeten lo que impone la autonomía proclamada por la CE; esto es, que se trate de controles de legalidad y sean concretos (no controles de oportunidad ni genéricos).

O sea, a este respecto la LRBRL vincula al legislador autonómico, pero no al estatal. En ese sentido, SSTC 240/2006 y 6/2016. De hecho, en diversas leyes estatales se encuentran algunos medios de control distintos de los tres contemplados en la LRBRL. Buenos ejemplos suministra la Ley Orgánica 2/2012 de Estabilidad Presupuestaria y Sostenibilidad Financiera que permite a la Administración estatal (y en parte a las autonómicas) fijar objetivos, dirigir advertencias, establecer medidas de cumplimiento forzoso, enviar una comisión de expertos... La reforma de la LRBRL que realizó la LRSAL en 2013 está en la misma línea e incluso habla reiteradamente de la Administración que ejerza la «tutela» financiera. Por lo demás, cabe incluso que las leyes estatales establezcan autorizaciones o aprobaciones autonómicas para ciertos actos locales. En la misma LRBRL hay un caso en su artículo 86.2. Y en el TRRL dan ejemplos sus artículos 78.1 y 79.1.

3.ª) Téngase en cuenta, por último, que si se trata de actuaciones de los entes locales en ejercicio de competencias que les hayan delegado la Administración estatal o autonómica, los medios de control y reacción son mucho más variados e intensos. Lo refleja bien el artículo 27.4 LRBRL. Y es que en el ejercicio de competencias delegadas no hay propiamente autonomía.

BIBLIOGRAFÍA

Almeida Cerreda, M. y otros (dirs.): *La racionalización de la organización administrativa local: las experiencias española, italiana y portuguesa*, Civitas, 2015.

Álvarez García, V.: «Las reglas constitucionales sobre la interiorización del régimen local en los Estatutos de Autonomía de segunda generación y la problemática naturaleza jurídica de la Ley Reguladora de las Bases de Régimen Local», *Revista Española de Derecho Constitucional*, n.º 99, 2013.

Arce Jiménez, C.: «Análisis de los Tratados internacionales para el reconocimiento del derecho de sufragio local a personas extranjeras residentes en España que no ostentan la ciudadanía europea», *REALA*, n.º 11, 2019.

Barrero Rodríguez, C.: *Las Áreas Metropolitanas*, Civitas, 1993.

— «Las mancomunidades en la Ley 27/2013, de Racionalización y Sostenibilidad de la Administración Local», en *Homenaje a Muñoz Machado*.

— «La prestación de servicios municipales mínimos en el nuevo artículo 26 de la LRBRL. La difícil interpretación de un precepto fundamental», en *REDA*, n.º 170, 2015.

— «La Ley de reforma del régimen local de 2013 ¿ha modificado realmente las competencias de los municipios?», *REDA*, n.º 184, 2017.

— «De nuevo sobre el nivel intermedio de gobierno local. ¿Qué cabe hacer sin reformar la Constitución?», en *DA. Nueva época*, n.º 6, 2019.

Baño León, J. M.ª: «Autonomía y competencias locales», en *DA. Nueva época*, n.º 6, 2019.

Beltrán de Felipe, M. y Duarte Martínez, R.: «¿Pueden ser concejales, o miembros del órgano de gobierno local, personas que no han sido elegidas por los ciudadanos? Reflexiones sobre la reciente jurisprudencia constitucional y la democracia local», en *Homenaje a Muñoz Machado*.

Blasco Esteve, A.: «Consejos insulares y diputaciones provinciales», *DA*, 3.ª época, n.º 3, 2016.

Boto Álvarez, A.: «Los entes locales intermedios: algunas experiencias comparadas dentro de la Unión Europea», en *Homenaje a Muñoz Machado*.

Bueno Armijo, A.: «La falta de legitimación de la Administración autonómica para instar la revisión de oficio de los actos locales», *RAAP*, n.º 97, 2017.

Carballeira Rivera, M.ª T.: *La Provincia en el sistema autonómico español*, Marcial Pons, 1993.

Carbonell Porras, E.: «Las competencias locales diez años después de la LRSAL», *REALA*, n.º 19, 2023.

— «Los municipios pequeños: entre la supresión y la revitalización», en *Anuario Aragonés del Gobierno Local*, n.º 14, 2023.

— «¿Un estatuto básico para los municipios pequeños?: Un comentario de urgencia», en *REALA*, n.º 15, 2021.

— «La alteración de términos municipales en la reforma local de 2013: crónica de un fracaso anunciado», *REALA*, n.º 9, 2018.

— «Replanteamiento sobre las provincias: del pretendido reforzamiento de su posición institucional a una posible mutación constitucional», *Anuario del Gobierno Local 2015/16*, 2016.

— «Cooperación transfronteriza y Entidades locales», en *Questões Atuais de Direito Local*, n.º 12, 2016.

— «El Conflicto interadministrativo local: novedades en la LRBRL y en la LJCA», *Justicia Administrativa*, n.º extr., 2000.

— «El "interés concreto" de los concejales "en el correcto funcionamiento de la Corporación local" como título de legitimación», *RAP*, n.º 168, 2005.

— «Comentario a los artículos 30, 46 y 47, 63 a 67», en Rebollo Puig, M. (dir.), *Comentarios a la Ley Reguladora de las Bases de* Régimen *Local*, Tirant lo Blanch, 2007.

— «Los Municipios de gran población, cinco años después», en *RGDA*, n.º 20, 2009.

— «Ayuntamiento», «Concejo Abierto» y «Diputaciones Provinciales», en *Diccionario de Derecho Administrativo*, Iustel, 2005.

— «La Administración local en el Estatuto de Autonomía de 2007 y en la reciente legislación andaluza», en *Tratado de Derecho Municipal*, Iustel, 2011.

— «La cooperación intermunicipal en la realización de las obras y los servicios locales (reflexiones a propósito de algunos mecanismos distintos de la creación de entidades supramunicipales)», en *Anuario de Derecho Municipal 2010*, n.º 4, 2011.

— «La división del territorio en Provincias y su evolución», en *Sobre un hito jurídico. La Constitución de 1812*, Universidad de Jaén, 2012.

— «La naturaleza jurídica de Ceuta y Melilla y su encuadramiento en la estructura territorial del Estado», *REDA*, n.º 110, 2001.

— «¿Existe un criterio sobre las Diputaciones provinciales? Algunas reflexiones sobre la Provincia en Andalucía», en *Crisis económica y régimen local*, 2012.

— «Las Diputaciones Provinciales en la Comunidad Autónoma de Andalucía», *Cuadernos de Derecho Local*, n.º 31, 2013.

— «Sobre la reforma local y las competencias municipales propias», en *RVAP*, n.ºs 99/100, 2014.

Carbonell Porras, E. y Piperata, G. (coords): *La reforma del Gobierno local en España e Italia. La riforma del Governo Locale in Spagna e Italia*, Editoriale Scientifica, Nápoles, 2019.

Carrillo Donaire, J. A. y Navarro Rodríguez, P. (coords.): *La reforma del Régimen Jurídico de la Administración Local. El nuevo marco regulatorio de la Ley de racionalización y sostenibilidad de la Administración Local*, La Ley-El Consultor de los Ayuntamientos, Madrid, 2014.

Carro Fernández-Valmayor, J. L. (dir.): *La modernización del gobierno local: estudios sobre la Ley 57/2003, de 16 de diciembre, de medidas para la modernización del gobierno local*, Atelier, 2005.

Castillo Blanco, F.: «La reforma de los gobiernos locales en España», en *Homenaje a Muñoz Machado*.

Chernichero Díaz, C. A.: «La comarca en Andalucía: Hacia una nueva configuración del Régimen Local», *RAAP*, n.º 58, 2005.

Cosculluela Montaner, L. (dir.): *Reforma estatutaria y régimen local*, Civitas-Thomson Reuters, 2011.

— (dir.): *Crisis económica y reforma régimen local*, Civitas-Thomson Reuters, 2012.

— «El Concejo Abierto», en *REALA*, n.º 234, 1987.

Cosculluela Montaner, L. y Muñoz Machado, S.: *Las elecciones locales*, Abellá, 1983.

Cosculluela Montaner, L. y Orduña Rebollo, E.: *Historia de la legislación de régimen local*, Iustel, 2008.

De la Boix Palop, A. y Encarnación, A. M. (coords.): *Los retos del gobierno local tras la reforma de 2013*, Aranzadi, 2016.

De la Quadra Salcedo, T.: «El debate sobre las Diputaciones en un escenario de reforma constitucional del Título VIII», *DA*, 3.ª época, n.º 3, 2016.

De la Torre Martínez, L.: *El estatuto jurídico de los concejales no adscritos*, Fundación Democracia y Gobierno Local, 2014.

— «De nuevo sobre los concejales no adscritos (a propósito de la STC 151/2017, de 21 de diciembre)», *REALA*, n.º 9, 2018.

Delgado Piqueras, F.: «La provincia en las Comunidades Autónomas pluriprovinciales, su compatibilidad con la comarca y otras nuevas Administraciones», *DA*, 3.ª época, n.º 3, 2016.

Díaz González, G. M.: *La acción exterior local. Bases constitucionales*, Iustel, 2019.

Díaz Lema, J. M. (coord.): *Sostenibilidad financiera y Administración Local. Un estudio comparado*, Tirant lo Blanch, Valencia, 2014.

Domingo Zaballos, M. J. (coord.): *Comentarios a la ley básica de régimen local*, Thomson-Civitas, 2005.

— *Reforma del Régimen Local. La Ley de Racionalización y Sostenibilidad de la Administración Local: veintitrés estudios*, Thomson Reuters Aranzadi, 2014.

Escribano Collado, P.: «Provincias y diputaciones: una polémica sin proyecto institucional», en *Homenaje a Muñoz Machado*.

Escribano Collado, P. y Rivero Ysern, J. L.: «La Provincia en los Estatutos de Autonomía y en la LOAPA», en *RAP*, n.º 104, 1984.

Esteve Pardo, J.: *Organización supramunicipal y sistema de relaciones entre la Administración autonómica y el orden local*, Civitas, 1991.

Fanlo Loras, A.: *Fundamentos constitucionales de la autonomía local*, Madrid, 1990.

Fernández Farreres, G.: «El Conflicto de Defensa de la Autonomía Local: Justificación, Configuración Jurídica y Funcionalidad», en *Anuario del Gobierno Local*, n.º 1, 2001.

Fernández-Figueroa Guerrero, F. y Montoya Vilches, J. C.: *Los planes provinciales como instrumentos jurídicos necesarios en la cooperación municipal y para el ejercicio de las competencias propias de las diputaciones*, Fundación Democracia y Gobierno local, 2019.

Fernández-Miranda, J.: «El principio de autonomía local y la posible superación de la teoría de la garantía institucional», *RAP*, n.º 175, 2008.

Fernández Ramos, S.: *Los concejales y el acceso a la información*, Comares, 2.ª ed., 2003.

Ferreira Fernández, A. J.: *Régimen jurídico de la comarca en el sistema autonómico español*, Cedecs, 1999.

Flores Fernández, O.: *El estatuto de los miembros de las corporaciones locales*, Bayer hermanos, 2016.

Font i Llovet, T.: «Los retos actuales del gobierno local: repolitización, diversificación, interiorización», en *Homenaje a Muñoz Machado*.

— «Los distritos en la organización municipal: descentralización y regeneración democrática», *Anuario de Derecho Municipal*, n.º 9, 2015.

Font i Llovet, T., Velasco Caballero, F. y Ortega Álvarez, L.: *El régimen local en la reforma de los Estatutos de Autonomía*, CECP, 2006.

Galán Galán, A.: *La Carta Municipal de Barcelona y el ordenamiento local. El régimen especial del Municipio de Barcelona*, Marcial Pons, 2001.

— *La reordenación de las competencias locales: duplicidad de Administraciones y competencias impropias*, Fundación Democracia y Gobierno Local, 2013.

— «El régimen especial de los Municipios de gran población», *Anuario de Gobierno Local*, 2003.

Gimeno Feliú, J. M. (coord.): *La organización local. Nuevos modelos*, Civitas, 2011.

Goméz-Ferrer Morant, R. (dir.): *La Provincia en el sistema constitucional*, Civitas, 1991.

Hernando Rydings, M.: *La racionalización y sostenibilidad del régimen municipal de Madrid*, Aranzadi, Cizur Menor, Navarra, 2020.

Jiménez-Blanco Carrillo de Albornoz, A.: «La Provincia: virtualidad y fortalecimiento en el territorio andaluz», *RAAP*, n.º 43, 2001.
Jordano Fraga, J.: «La autonomía local en Andalucía: balance, perspectivas y algunas pautas para la segunda descentralización», *RAP*, n.º 158, 2002.
Lasagabaster Herrarte, I.: *La Carta Europea de Autonomía Local*, Iustel, 2007.
López González, J. I.: «La Provincia en el ordenamiento regional de Andalucía», en *Organización territorial del Estado (Comunidades Autónomas)*, IEF, 1984.
— «El régimen de las mancomunidades de municipios en Andalucía», en *Homenaje a Clavero.*
Lora-Tamayo Vallvé, M. (dir.): *Manual de Derecho Local*, Iustel, 2014.
Martín-Retortillo Baquer, S.: *La Provincia. Pasado, presente y futuro*, Civitas, 1991.
Martín Rebollo, L. y Alegre Ávila, J. M.: «Las competencias locales. la STC 41/2016, de 3 de marzo», *Homenaje a De la Quadra.*
Martín-Retortillo, S.: *La Provincia: pasado, presente y futuro*, Civitas, 1991.
Medina Alcoz, L.: *La participación de los entes locales en la elaboración de normas autónomas y estatales*, INAP, 2009.
Medina Guerrero, M.: *La reforma del régimen local*, Tirant lo Blanch, 2014.
Mir i Bago, J.: *El sistema español de competencias locales*, Marcial Pons, 1991.
Morell Ocaña, L.: *El régimen local español*, Civitas, 1988.
— *La Administración Local*, Madrid, 1984.
— «La autonomía local», *RGDA*, n.º 12, 2006.
Morillo-Velarde Pérez, J. I.: «Las Diputaciones Provinciales en la Comunidad Autónoma de Andalucía», en *REDA*, n.º 65, 1989.
— *El Alcalde en la Administración española*, Sevilla, 1977.
— «La Provincia en el Derecho propio de Andalucía», en *RAAP*, n.º 33, 1999.
— «Las competencias municipales en Andalucía», en *RAAP*, n.º 89, 2014.
Muñoz Machado (dir.): *Tratado de Derecho Municipal*, Iustel, 2011.
Núñez Lozano, M. C.: «La situación de Ceuta y Melilla tras la STC de 20 de marzo de 1997», *RAAP*, n.º 32, 1997.
Orduña Rebollo, E.: «Las entidades territoriales inferiores al Municipio», en *Homenaje a Martín Mateo.*
Parada Vázquez, R.: *La segunda descentralización: del Estado autonómico al municipal*, Civitas, 2007.
— (dir.): *Reforma y retos de la Administración Local*, con Fuentetaja Pastor, J. A., Marcial Pons, 2007.
— (dir.): *Las competencias locales*, con Fernández Rodríguez, C., Marcial Pons, 2007.
Parejo Alfonso, L.: *Garantía institucional y autonomía local*, IEAL, 1981.
— «Reflexiones en torno al Gobierno y Administración locales y su racionalización para garantizar la sostenibilidad», en *Homenaje a Muñoz Machado.*
Pizarro Nevado, R.: *Las Entidades de ámbito territorial inferior al Municipio*, CEMCI, 2002.
— «Principios y bases del régimen jurídico de la organización local», en Gosálbez Pequeño, H. (dir.), *La Ley 40/2015, de 1 de octubre, del Régimen Jurídico del Sector Público y las Administraciones locales*, CEMCI, 2016.
— «Entidades y "entes" de ámbito territorial inferior al municipio tras la reforma local de 2013», *REALA*, n.º 8, 2017.
Pons Portella, M.: «La inaudita STC 108/2017, de 21 de septiembre, sobre la ley del parlamento de Cataluña 8/2015, de 10 de junio, de creación del municipio de Mendiyá», *REALA*, n.º 9, 2018.
Porras Ramírez, J. M.: «Las ciudades Autónomas de Ceuta y Melilla y el conflicto en defensa de la autonomía local. Comentarios a la STC 240/2006, de 20 de julio», *Revista de Derecho Político*, n.º 68, 2007.
Quintana López, T.: *Las Mancomunidades en nuestro Derecho local*, MAP, 1990.
— (dir.): *La reforma del régimen local*, Tirant lo Blanch, 2014.
— «La cláusula general habilitante de competencias locales (municipales) y sus límites. Artículo 7.4 LRBRL», *Homenaje a Menéndez Rexach.*
Rebollo Puig, M.: «La moción de censura en la Administración Local», en *REALA*, n.º 277, 1985.
— «Las Entidades Locales Autónomas», *RAAP*, n.º 42, 2001.
— «La supresión de los pequeños Municipios: régimen, alternativas, ventajas e inconvenientes», *REALA*, n.º 308, 2008.

— «Municipio, Ayuntamiento y Concejo Abierto», en Casas Baamonde, M. E. y Rodríguez-Piñero y Bravo-Ferrer (dirs.), *Comentarios a la Constitución Española. XXX Aniversario*, Wolters Kluwer, 2009.
— «Artículo 141», en Casas Baamonde, M. E. y Rodríguez-Piñero y Bravo-Ferrer (dirs.), *Comentarios a la Constitución Española. XXX Aniversario*, Wolters Kluwer, 2009.
— «La policía local como título competencial», *REDA*, n.º 182, 2017.
— «Autonomía local y tutela. Un equilibrio inestable», en *DA. Nueva época*, n.º 6, 2019.
Rebollo Puig, M. (dir.) e Izquierdo Carrasco, M. (coord.): *Comentarios a la LRBRL*, Tirant lo Blanch, 2007.
Rego Blanco, M. D.: «Ante la inactividad local ¿sustitución, acción popular o contencioso interadministrativo?», *REALA*, n.º 300-301, 2006.
Reverter Valls, J. L.: *Los conflictos en defensa de la Autonomía local*, Prensas de la Universidad de Zaragoza, 2018.
Rivero Ysern, J. L.: «El régimen local en el nuevo Estatuto de Autonomía de Andalucía. Reglas sustantivas y distribución de competencias», en Muñoz Machado, S., y Rebollo Puig, M. (dirs.), *Comentarios al Estatuto de Autonomía para Andalucía*, Civitas, 2008.
— «La determinación de las competencias locales en la nueva Ley 5/2010, de 11 de junio, de Autonomía Local de Andalucía», en *Derechos y garantías del ciudadano: estudios en homenaje al profesor Alfonso Pérez Moreno*, Iustel, 2011.
— *Derecho local de Andalucía: la Ley 5/2010, de 11 de Junio de Autonomía Local de Andalucía*, Iustel, 2012.
— *Manual de Derecho Local*, Civitas, 2014.
Salanova Alcalde, R.: *Mancomunidades de Municipios y autonomía municipal*, Diputación General de Aragón, 1989.
Salazar Benítez, O.: *El sistema de gobierno municipal*, Centro de Estudios Políticos y Constitucionales, 2007.
Salvador Crespo, M.: *La autonomía provincial en el sistema constitucional español. Intermunicipalidad y Estado autonómico*, Fundación Democracia y Gobierno Local-INAP, 2007.
Sánchez Morón, M.: *La autonomía local. Antecedentes históricos y significado constitucional*, Civitas, 1990.
— «Observaciones sobre el régimen de organización de los Municipios de gran población», *JA*, n.º 25, 2004.
Sánchez Sáez, A. J.: «La incidencia en las Administraciones locales de la nueva regulación de las relaciones interadministrativas en la Ley 40/2015», en Gosálbez Pequeño, H. (dir.), *La Ley 40/2015, de 1 de octubre, de Régimen Jurídico del Sector Público y las Administraciones locales*, CEMCI, 2016.
Santamaría Pastor, J. A. (dir.): *La reforma de 2013 del régimen local español*, Madrid 2014.
Sosa Wagner, F.: *Manual de Derecho Local*, Aranzadi, 2005.
Suay Rincón, J.: «Las peculiaridades del gobierno insular», en *Homenaje a Boquera*.
Toscano Gil, F.: *El fenómeno metropolitano y sus soluciones jurídicas*, Iustel, 2010.
— «El nuevo sistema de competencias municipales tras la Ley de Racionalización y Sostenibilidad de la Administración Local: competencias propias y competencias distintas de las propias y de las atribuidas por delegación», *REDA*, n.º 165, 2014.
Velasco Caballero, F.: «Régimen jurídico de los municipios de gran población», *JA*, n.º 28 2005.
— *Derecho local. Sistema de fuentes*, Marcial Pons, 2009.
— «Régimen jurídico-organizativo de la Administración local tras la Ley de Régimen Jurídico del Sector Público», *Anuario de Derecho Municipal*, n.º 9, 2015.
— «Juicio constitucional sobre la LRSAL: punto final», *Anuario de Derecho Municipal*, n.º 10, 2016.
Vera Jurado, D.: «Competencias de la Comunidad Autónoma de Andalucía en materia de régimen local», *RAAP*, n.º 42, 2001.
Vilalta Reixach, M.: *El Consejo de Gobiernos Locales. La nueva participación de los entes locales en las Comunidades Autónomas*, Iustel, 2007.
Vilalta Reixach, M. y Toscano Gil, F.: «El Consejo Andaluz de Concertación Local: una oportunidad perdida para la autonomía local en Andalucía», *RAAP*, n.º 70, 2008.
VV.AA.: *Organización territorial del Estado (Administración Local)*, Madrid, 1984.

— «La organización municipal», en *DA*, n.º 228, 1991.
— *La planta del Gobierno Local*, Actas del VIII Congreso de la Asociación Española de Profesores de Derecho Administrativo, Madrid, 2013.
— «¿Un nuevo gobierno local en España? La reforma de la Administración local en la Ley 27/2013», *Anuario del Gobierno Local*, 2013.
— «La revisión del Gobierno y la Administración local en la Ley 27/2013», *Cuadernos de Derecho Local*, n.º 34, 2014.
Zafra Víctor, M.: «Ley de Autonomía Local de Andalucía», en *Revista de Estudios Regionales*, n.º 88, 2010.

LECCIÓN 13

LOS ENTES INSTITUCIONALES*

I. CONCEPTO Y MARCO NORMATIVO BÁSICO

En la lección 1 se aludió ya, dentro de los entes no territoriales, a los de naturaleza institucional y se hizo referencia a las clases de esos entes institucionales, sobre todo con la finalidad de analizar su carácter o no de Administraciones y su sometimiento al Derecho Administrativo.

Asimismo, en la lección 9 se ha hablado, frente a la descentralización territorial, plasmada en la existencia de entes territoriales, de una *descentralización funcional*, que se traduce en la existencia de entes institucionales.

Como se ha estudiado ya en esa lección 9, la descentralización administrativa es sobre todo descentralización territorial, esto es, atribución de competencias generales a favor de una Administración pública territorial. Pero por razones históricas diversas, junto a este tipo de descentralización surge y se desarrolla otra, más tenue, de carácter funcional. El calificativo funcional no es muy expresivo y puede inducir a error, pero es el que se emplea tradicionalmente, queriéndose decir con él que, a diferencia de la descentralización territorial, tiene ésta por objeto el ejercicio de determinadas *funciones*, propias de aquellos otros entes territoriales.

Con esas premisas, se trata ahora de abordar específicamente los tipos, significado y régimen de esos entes institucionales fruto de la descentralización funcional.

Los entes institucionales pueden, de esta forma, definirse como aquellos entes no territoriales de base institucional —no corporativa— con personalidad jurídica propia, creados para la realización de determinadas actividades o servicios de la competencia de una Administración pública, normalmente territorial.

El que estos entes sean creados para la realización de una competencia específica propia de una Administración pública no significa, sin embargo, ni que se creen sólo por la Administración, ni que se encuentren siempre vinculados directamente a una Administración territorial, ni siquiera que ellos mismos tengan siempre y en todos los casos la naturaleza de Administración pública.

---

* Por Manuel Rodríguez Portugués. Grupo de investigación de la Junta de Andalucía SEJ-196. Proyecto de la Junta de Andalucía PROYEXCEL_00903.

En efecto, los entes institucionales no son creados siempre exclusiva y directamente por una Administración pública. Es más: lo normal es que sea el legislador el que los cree. Por ejemplo, en relación con determinados entes del sector público institucional estatal, el artículo 91.1 LRJSP dispone: «La creación de los organismos públicos se efectuará por Ley». Además, hay veces en que determinados entes institucionales tienen la potestad de crear, a su vez, otros entes institucionales para mantenerlos bajo su dependencia y control. Así, por ejemplo, pueden hacerlo las Universidades públicas, las cuales «(...), para la promoción y desarrollo de sus fines, podrán participar y crear, por sí solas o en colaboración con otras entidades públicas o privadas (...) fundaciones del sector público u otras personas jurídicas de naturaleza pública» (art. 63 LOSU).

Aunque las Corporaciones de Derecho público no territoriales (a las que se aludió también en la lección 1 y que se analizan en la lección 14) tienen asimismo competencias sectoriales, los entes institucionales son otra categoría organizativa por completo diferente. Si en aquellas sus miembros integran la organización, inscribiéndose en la categoría general de la *universitas personarum*, los entes institucionales responden más bien a la de la *universitas rerum*, pues no dejan en el fondo de ser más que una simple ordenación de medios y recursos de la Administración matriz al fin de interés general que le es propio.

Aunque el Estado dispone de la competencia exclusiva para establecer las bases del régimen jurídico de las Administraciones públicas (art. 149.1.18.ª CE), ha renunciado a establecer una tipología básica de entes institucionales, limitándose la LRJSP a formular los principios generales en la materia.

Sin duda pesa en esa decisión del legislador estatal la doctrina del TC según la cual la propia Administración y su sector público institucional, es la «más genuina expresión» de la autonomía de las Comunidades Autónomas (SSTC 76/1983, 14/1986 y 227/1988, p. ej.). De ahí que seguramente las normas básicas que condicionen el ejercicio de la autonomía en esta materia no pueden ser sino excepcionales, justificadas sólo en un interés estatal prevalente.

Los principios básicos aplicables al sector público institucional de todas las Administraciones se encuentran enunciados en el artículo 81 LRJSP: «Las entidades que integran el sector público institucional están sometidas en su actuación a los principios de legalidad, eficiencia, estabilidad presupuestaria y sostenibilidad financiera así como al principio de transparencia en su gestión [...] Todas las Administraciones Públicas deberán establecer un sistema de supervisión continua de sus entidades dependientes, con el objeto de comprobar la subsistencia de los motivos que justificaron su creación y su sostenibilidad financiera [...]». Eficiencia y supervisión continua parecen ser los dos grandes principios que preocupan ahora en esta materia. No se conforma, sin embargo, con ello el legislador estatal, sino que los artículos 82 y 83 prevén y regulan la organización y funcionamiento de un instrumento concreto, dependiente de la Administración estatal, al servicio de dichos principios básicos: el *Inventario de Entidades del Sector Público Estatal, Autonómico y Local*. Se trata de un registro público administrativo cuya finalidad es «garantizar la información pública y la ordenación de todas las entidades integrantes del sector público institucional cualquiera que sea su naturaleza jurídica» (art. 82.1 LRJSP).

La inscripción de los entes institucionales en el Inventario —gestionado por la Intervención General del Estado— se configura como una auténtica obligación para todas las Administraciones públicas españolas, ya que de dicha inscripción depende que al ente institucional en cuestión le sea asignado el número de identificación fiscal por la Agencia Tributaria (cfr. art. 83.2 LRJSP). La STC 132/2018 ha confirmado la competencia estatal para establecer esta exigencia, sobre la base de que la creación, transformación, fusión o extinción de estos entes sigue dependiendo de las opciones organizativas que desarrollen las Comunidades Autónomas y los entes locales, ya que el inventario se limita a reflejar estas decisiones. No puede entenderse, por tanto, como un instrumento que instaure un control jerárquico contrario a la autonomía constitucionalmente garantizada a las Comunidades Autónomas y a las corporaciones locales.

Finalmente, y también como disposición básica, se regula con carácter general un aspecto perteneciente más bien a la legislación administrativa contractual, objeto del tomo II de este manual, y a él remitimos su estudio. Se trata de la posibilidad de que los entes integrantes del sector público institucional sean utilizados como «medio propio» de las Administraciones de las que dependen, de modo que las actividades que dichas Administraciones les encomienden no quedan sujetas a las exigencias contenidas en aquella legislación (art. 86 LRJSP).

Los únicos tipos de entes institucionales regulados en la LRJSP son los entes instrumentales de la Administración General del Estado, a excepción de los consorcios, único ente instrumental típico regulado por la LRJSP para todas las Administraciones públicas. Además, existen entes instrumentales del Estado cuyo régimen está fuera de la LRJSP y se dice de ellos que son, por esta razón, *atípicos*.

Para los entes institucionales de las Administraciones autonómicas hay que estar, por tanto, a las normas que sobre ellos haya aprobado cada Comunidad Autónoma. Distinto es el caso de los entes institucionales de las Administraciones locales, a los que el Estado sí ha dedicado algunas previsiones en la legislación de bases del régimen local.

II. CLASIFICACIÓN GENERAL

Hay una tipología muy variada de entes institucionales. Una primera clasificación es la que distingue entre entes institucionales *instrumentales* e *independientes*. Los entes instrumentales se caracterizan por ejercer sus competencias bajo la dirección, control y supervisión de una Administración pública denominada —por ello— Administración matriz. En cambio, los entes independientes son los que por razones técnicas, económicas o jurídico-institucionales, se crean para ejercer las competencias que les atribuye la ley pero fuera del área de influencia o al margen de la dirección del Gobierno o de la Administración territorial correspondiente. Mientras que los entes instrumentales pueden o no estar constituidos como personas jurídicas de Derecho público (y, en consecuencia, pueden o no tener la condición de Administraciones públicas), los entes independientes son siempre personas jurídico-públicas y tienen naturaleza de Administración pública en todos los casos.

Los entes independientes reciben también en ocasiones el nombre genérico de «Administraciones independientes», «autoridades administrativas independientes» o —por influencia del Derecho angloamericano— «agencias independientes». Son un fenómeno relativamente nuevo en el Derecho Administrativo español, lo cual ha planteado —como se verá— diversos problemas y dudas acerca de su encaje no sólo en el ordenamiento jurídico-administrativo, sino sobre todo en el constitucional. Ejemplos de Administraciones independientes son el *Banco de España*, la *Comisión Nacional del Mercado de Valores*, la *Comisión Nacional de los Mercados y de la Competencia* o la *Autoridad Independiente de Responsabilidad Fiscal.*

Al margen o además de las categorías de los entes institucionales instrumentales e independientes, hay también determinados entes institucionales *dotados de autonomía constitucionalmente garantizada*. Se trata de las Universidades públicas, que por su régimen jurídico deben considerarse Administraciones públicas, y que, por disposición del artículo 27.10 CE, gozan de una autonomía especial, la denominada autonomía universitaria. Se rigen por la ya varias veces aludida LOSU, Ley Orgánica 2/2023, de 22 de marzo.

Dicha autonomía es la que explica, por ejemplo, que sus órganos de gobierno sean elegidos por ellas mismas, en un fenómeno próximo a la autoadministración típica de los entes corporativos y que, por eso, ha hecho dudar sobre su naturaleza jurídica como auténticos entes institucionales. Pero dicha autoselección es una exigencia de su autonomía y del principio democrático que ha querido imprimirse a su funcionamiento, y no obedece a que las Universidades públicas tengan una base distinta a la estrictamente institucional. Con todo, no puede decirse que las Universidades respondan con propiedad al fenómeno de la descentralización funcional, puesto que no obedecen a una idea de autonomía instrumental por necesidades técnicas de gestión y de eficacia, sino a la autonomía como garantía de las libertades de enseñanza e investigación científicas. Ello hace, en definitiva, que las Universidades públicas sean en sí mismas un género específico y singular dentro del mundo de los entes institucionales.

Hemos dicho, además, que por su régimen jurídico las universidades públicas deben ser consideradas Administraciones públicas, y ello pese a que literalmente la LRJSP parece privarles de tal condición. Otra cosa carecería de sentido: tienen personalidad jurídica pública, prestan un servicio público, persiguen fines de interés general, ejercen determinadas potestades administrativas… No porque la LRJSP deje de enumerarlas entre las Administraciones públicas de su artículo 2.3, dejan de tener tal condición. Así sucede con otros entes de Derecho público mencionados en las disposiciones adicionales de la LRJSP (*Agencia Tributaria, Puertos del Estado…*), y nadie les negaría por ello su condición de Administración pública (Santamaría Pastor).

III. LOS ENTES INSTITUCIONALES INSTRUMENTALES

1. Su sometimiento y dependencia de la Administración matriz: la «relación de instrumentalidad»

La relación entre el ente instrumental y su Administración o ente matriz está caracterizada por el sometimiento y dependencia de aquél a este. Dicho sometimiento es tan intenso que el concepto clásico de tutela (lección 9) es desplazado aquí por el de «instrumentalidad» de la Administración matriz sobre el ente instrumental. Se dice así que las relaciones entre la Administración matriz y el ente instrumental son más que relaciones de tutela, y se las denomina «relaciones de instrumentalidad».

La relación de instrumentalidad revela, por lo demás, la auténtica naturaleza de estos entes: simples personificaciones de la Administración matriz para la realización de alguna de las actividades de su competencia. Por eso, aunque formalmente Administración matriz y ente instrumental sean personas jurídicas diferentes, no es extraño que en ocasiones y a ciertos efectos la distinción entre ambos se difumine.

Ello encuentra reflejo en preceptos centrales del ordenamiento jurídico. Así, el artículo 20.*c*) LJCA excluye que puedan interponer recurso contencioso-administrativo las «Entidades de Derecho público que sean dependientes o estén vinculadas al Estado, las Comunidades Autónomas o las Entidades locales, respecto de la actividad de la Administración de la que dependan». En el mismo sentido, el artículo 21.2 LJCA dispone que en el proceso contencioso-administrativo será parte demandada no el ente instrumental autor del acto que se recurre, sino su Administración matriz cuando dicho acto hubiera sido modificado por ésta.

A veces, la distinción entre la Administración matriz y su ente instrumental (sobre todo cuando este es una sociedad mercantil) se difumina también en materia de responsabilidad por deudas. Aunque la jurisprudencia está lejos de aceptar sin más la responsabilidad de la Administración matriz respecto de las deudas contraídas por sus entes instrumentales, existen muchas sentencias que la admiten, aplicando con poco rigor distintos criterios, entre ellos la doctrina iusprivatista del «levantamiento del velo». En aras de una mayor seguridad jurídica en esta cuestión, lo razonable quizá sea partir del principio de la responsabilidad de la Administración matriz respecto de sus sociedades mercantiles instrumentales, si bien de forma subsidiaria y matizada según la naturaleza empresarial o de servicio público de los fines de la sociedad en cuestión (Chinchilla Marín).

La relación de instrumentalidad se construye sobre determinados mecanismos y facultades jurídicas que las normas ponen a disposición de la Administración matriz a fin de que esta se asegure el sometimiento y control de sus entes instrumentales. De entre dichas técnicas, las más frecuentes son:

a) *Mecanismos sobre la organización y configuración del ente.* La creación y existencia del propio ente instrumental depende, en mayor o menor medida, de la Administración matriz. Algunas veces el ente institucional se crea —como hemos señalado— por Ley; otras, por la propia Administración matriz. Pero incluso en aquellos casos en que la creación del ente instrumental está confiada al legislador, no es infrecuente que la propia Ley atribuya a la Administración matriz la potestad de suprimir o refundir esos entes instrumentales.

En este sentido, el artículo 96 LRJSP dispone que determinados entes instrumentales del Estado (los organismos públicos estatales, es decir, organismos autónomos y entidades públicas empresariales) pueden extinguirse no sólo por determinación de una Ley, sino también mediante acuerdo del Consejo de Ministros en gran cantidad de casos (transcurso del tiempo de existencia señalado en la ley de creación del organismo, asunción de sus fines y objetivos por la Administración General del Estado, cumplimiento total de los fines del organismo que no justifique su pervivencia, desequilibrio financiero durante dos ejercicios presupuestarios consecutivos, etc.). En igual dirección el artículo 94 LRJSP: «1. Los organismos públicos estatales de la misma naturaleza jurídica podrán fusionarse bien mediante su extinción e integración en un nuevo organismo público, bien mediante su extinción por ser absorbido por otro organismo público ya existente. 2. La fusión se llevará a cabo *mediante norma reglamentaria*, aunque suponga modificación de la Ley de creación…».

También suele ser la propia Administración matriz la que aprueba, con naturaleza reglamentaria, los estatutos de la entidad institucional.

Por ejemplo, el artículo 93.2 LRJSP: «Los estatutos de los organismos públicos [estatales] se aprobarán por Real Decreto del Consejo de Ministros a propuesta conjunta del Ministerio de Hacienda y Administraciones Públicas y del Ministerio al que el organismo esté vinculado o sea dependiente».

Por lo demás, todas las Administraciones públicas tienen ahora el deber general de controlar periódicamente que los motivos y presupuestos que justificaron la creación de sus entes instrumentales siguen existiendo.

Dispone el artículo 81.2 LJRSP: «Todas las Administraciones Públicas deberán establecer un sistema de supervisión continua de sus entidades dependientes, con el objeto de comprobar la subsistencia de los motivos que justificaron su creación y su sostenibilidad financiera, y que deberá incluir la formulación expresa de propuestas de mantenimiento, transformación o extinción».

b) *Mecanismos sobre los órganos rectores del ente.* Tanto el nombramiento como el cese de los órganos superiores del ente instrumental suelen corresponder discrecionalmente a la Administración matriz.

Por ejemplo, entre otros muchos posibles, el artículo 7 del Estatuto del organismo autónomo *Instituto de la Juventud* (aprobado por RD 486/2005, de 4 de mayo): «El Director General del Instituto de la Juventud, que ejercerá su representación legal, será nombrado y separado de su cargo por real decreto acordado en Consejo de Ministros, a propuesta del Ministro de Trabajo y Asuntos Sociales».

c) *Mecanismos de control sobre los actos del ente.* Muchas veces la Administración matriz puede anular los actos del ente instrumental mediante revisión de oficio o, menos frecuentemente, a través del denominado recurso de alzada impropio.

Mediante la revisión de oficio, la Administración matriz puede a veces anular los actos del ente instrumental que sean inválidos. Así se prevé en el artículo 111 LPAC: «En el ámbito estatal, serán competentes para la revisión de oficio de las disposiciones y los actos administrativos nulos y anulables [...] [e]n los Organismos públicos y entidades derecho público vinculados o dependientes de la Administración General del Estado [...] [l]os órganos a los que estén adscritos los Organismos públicos y entidades de derecho público, respecto de los actos y disposiciones dictados por el máximo órgano rector de éstos». Mediante el recurso de alzada impropio, la Administración matriz procede a anular el acto del ente instrumental que haya sido recurrido ante aquella por algún interesado. Un ejemplo de este mecanismo de control puede verse en el artículo 12 del estatuto de la *Agencia de Información y Control Alimentarios*, aprobado por RD 227/2014, de 4 de abril: «Los actos y resoluciones del Director de la Agencia no ponen fin a la vía administrativa, salvo en materia de personal, y contra los mismos se podrá interponer recurso de alzada ante el Secretario General de Agricultura y Alimentación».

d) *Mecanismos de dirección sobre la actividad del ente.* La Administración matriz con frecuencia puede dirigir la actividad del ente instrumental imponiéndole «directrices» o determinados objetivos a través de instrumentos normativos de diversa denominación (planes directores, planes de actuación, etc.).

Por ejemplo, en el artículo 85.1 LRJSP dispone que «todas las entidades integrantes del sector público institucional estatal contarán, en el momento de su creación, con un plan de actuación, que contendrá las líneas estratégicas en torno a las cuales se desenvolverá la actividad de la entidad, que se revisarán cada tres años, y que se completará con planes anuales que desarrollarán el de creación para el ejercicio siguiente». En el caso más concreto de los organismos públicos estatales, estos entes deberán contar con un plan anual de actuación y una programación estratégica trienal, ambos aprobados por el departamento del que dependan (art. 92 LRJSP). A veces se prevén instrumentos similares adicionales, como en el estatuto del *Instituto de la Vivienda, Infraestructura y Equipamiento de la Defensa* (RD 1.080/2017, de 29 de diciembre), en el que se regula la elaboración de un plan director de determinadas actividades del organismo por parte de la Subsecretaría de Defensa.

En otras ocasiones, la dirección discurre a través de la evaluación de la eficacia de las actividades realizadas por el ente en cuestión. Así, el artículo 85 LRJSP: «Las entidades integrantes del sector público institucional estatal estarán sometidas al control de eficacia [...] El control de eficacia será ejercido por el Departamento al que estén adscritos, a través de las inspecciones de servicios, y tendrá por objeto evaluar el cumplimiento de los objetivos propios de la actividad específica de la entidad y la adecuada utilización de los recursos, de acuerdo con lo establecido en su plan de actuación y sus actualizaciones anuales».

2. Los entes instrumentales de Derecho público

A) *Marco normativo y naturaleza*

Como se apuntó antes y se anticipó en la lección 1, los entes instrumentales no siempre son de Derecho público; a veces, las Administraciones crean entes de este tipo conforme a algunas de las personificaciones propias del Derecho privado (habitualmente sociedades mercantiles y fundaciones). Como es lógico, sólo cuando se constituyen como personas jurídicas de Derecho público se puede predicar de ellos la condición de Administración pública. Es entonces cuando se puede utilizar con propiedad, para referirse a estos entes, la expresión genérica de Administración instrumental. Por eso, las normas que los regulan suelen aclarar que gozan de las *potestades administrativas* precisas para el cumplimiento de sus funciones, con la única excepción de la potestad expropiatoria, de la que son titulares sólo las Administraciones territoriales (así expresamente, p. ej., arts. 89.2 LRJSP y 55 LAJA).

Que los entes instrumentales de Derecho público son Administraciones públicas se refleja en el artículo 2 LRJSP. Dispone que tienen la consideración de Administraciones públicas, además de las Administraciones territoriales, «[c]ualesquiera organismos públicos y entidades de derecho público vinculados o dependientes de las Administraciones públicas».

La LRJSP, sin embargo, ha incluido dentro del «sector público institucional estatal» a los denominados «fondos carentes de personalidad jurídica». Dichos fondos no son más que masas patrimoniales nutridas principalmente por los presupuestos generales del Estado y afectas a fines específicos por una disposición legal concreta. Su gestión, conforme a los principios especificados en dicha norma legal de creación, se atribuye a una división departamental o a un ente institucional de la Administración del Estado. No obedecen, por tanto, a un fenómeno de descentralización funcional y en muchos casos ni siquiera son una unidad organizativa orgánica, por lo que no constituyen tampoco en general una técnica organizativa en sentido propio. Por ello, es natural que su previsión en la LRJSP sea calificada unánimemente por la doctrina como inapropiada y asistemática. Con todo, el artículo 137 LRJSP exige que la creación de estos fondos se haga por Ley, no así su extinción, que podrá realizarse por norma con rango reglamentario. Por lo demás, se recuerda que están sujetos al régimen presupuestario, de contabilidad y de control de la LGP (art. 139 LRJSP). Ejemplos de estos entes sin personalidad son el *Fondo para la Internacionalización de la Empresa* (FIEM), creado por la Ley 11/2010, de 28 de junio, y cuyo Reglamento fue aprobado por RD 1.797/2010, de 30 de diciembre; y el *Fondo de Resolución Nacional*, gestionado por el Fondo de Reestructuración Ordenada Bancaria (FROB) y creado por la Ley 11/2015, de 18 de junio, de recuperación y resolución de entidades de crédito y empresas de servicios de inversión.

B) *La Administración instrumental del Estado*

A los entes instrumentales de Derecho público dependientes de la Administración del Estado se los aglutina en la legislación estatal bajo la expresión imprecisa de «organismos públicos», y son de tres clases: *organismos autónomos* (arts. 98 a 102 LRJSP), *entidades públicas empresariales* (arts. 103 a 108 LRJSP) y *agencias estatales* (arts. 108 bis a 108 sexies LRJSP). Estos tipos de entes instrumentales tienen algunas previsiones comunes: las más importantes son que tienen personalidad jurídica pública, y que ejercen las potestades administrativas precisas para el cumplimiento de sus fines, en los términos que prevean sus estatutos, salvo la potestad expropiatoria (art. 89).

Se les reconoce también una cierta potestad reglamentaria («potestad de ordenar» la llama la Ley) sobre «aspectos secundarios del funcionamiento para cumplir con los fines y el servicio encomendado», entendiéndose que las «disposiciones que fijen el régimen jurídico básico de dicho servicio» (art. 89.2 LRJSP) corresponden al legislador y al Gobierno en la medida que a cada uno toque según la materia. Otra regla destacada de los organismos públicos estatales es —como se dijo antes— que su creación queda reservada a la Ley (art. 91 LRJSP), no así su extinción o su fusión con otros organismos, que se atribuye al Gobierno (arts. 94 y 96).

Los *organismos autónomos* se crean para el desarrollo de «actividades propias de la Administración pública, tanto actividades de fomento, prestacionales, de gestión de servicios públicos o de producción de bienes de interés público, susceptibles de contraprestación» (art. 98.1 LRJSP). Aunque —como se ve— pueden dedicarse a la producción de bienes susceptibles de contraprestación, los organismos autónomos se crean para el desempeño de tareas eminentemente administrativas. De ahí que queden sometidos en general al Derecho Administrativo (art. 99 LRJSP), y que, en lo que toca a sus recursos económicos, se nutran —entre otras fuentes de ingresos— de «consignaciones específicas que tuvieren asignadas en los presupuestos generales del Estado» (art. 101.2 LRJSP).

Ejemplos destacados, entre otros muchos posibles, de organismos autónomos de la Administración del Estado son el *Instituto de Contabilidad y Auditoría de Cuentas*, dependiente del Ministerio de Economía y Competitividad; el *Centro de Estudios Jurídicos* y la *Mutualidad General Judicial*, dependientes ambos del Ministerio de Justicia; el *Instituto Social de las Fuerzas Armadas (ISFAS)*, y el *Instituto de Vivienda, Infraestructura y Equipamiento de la Defensa*, ambos dependientes del Ministerio de Defensa; el *Instituto de Estudios Fiscales*, el *Comisionado para el Mercado de Tabacos*, el *Parque Móvil del Estado*, el *Instituto Nacional de Administración Pública (INAP)* y la *Mutualidad General de Funcionarios Civiles del Estado (MUFACE)*, dependientes del Ministerio de Hacienda y Función Pública; el *Centro de Estudios y Experimentación de Obras Públicas (CEDEX)*, dependiente del Ministerio para la Transición Ecológica; el *Centro Nacional de Información Geográfica*, dependiente del Ministerio de Transporte, Movilidad y Agenda Urbana; la *Biblioteca Nacional* y el *Instituto de la Cinematografía y de las Artes Audiovisuales*, dependientes del Ministerio de Cultura y Deporte; etc. Otro ejemplo tradicional son las distintas *confederaciones hidrográficas*, que el artículo 22 del Texto Refundido de la Ley de Aguas (Real Decreto Legislativo 1/2001, de 20 de julio) configura como organismos autónomos.

En cambio, a diferencia de los organismos autónomos, las *entidades públicas empresariales* no se crean tanto para la realización de actividades típicamente administrativas como para la realización de «actividades prestacionales, de gestión de servicios o de producción de bienes de interés público, susceptibles de contraprestación», razón por la cual «se financian con ingresos de mercado» (art. 103.1 LRJSP). No obstante, como también señala el mismo precepto, eventualmente ejercen potestades administrativas. Por todo ello, estas entidades experimentan una suerte de desdoblamiento de régimen jurídico: mientras que las reglas de formación de la voluntad de sus órganos y el ejercicio de las potestades administrativas que tengan atribuidas se someten al Derecho Administrativo, todo lo demás, especialmente sus relaciones con los particulares (usuarios, compradores, etc.), queda remitido en principio a las reglas del Derecho privado (cfr. art. 104 LRJSP).

Con todo, tienen inequívocamente naturaleza administrativa, lo que determina, por ejemplo, que muy raramente el control de su actividad se realice por una jurisdicción que no sea la contencioso-administrativa, como se desprende de la práctica judicial. Ilustrativa a este respecto es la STSJ de Cataluña de 12 de junio de 2018 (recurso n.º 282/2017), que declaró la competencia de la jurisdicción contencioso-administrativa sobre una reclamación de responsabilidad patrimonial frente a RENFE y ADIF (ambas entidades públicas empresariales), en contra del criterio del juzgado, que lo había hecho a favor de la jurisdicción civil.

Una peculiaridad organizativa de las entidades públicas empresariales reside en que pueden depender directamente no de la Administración General del Estado, sino de un organismo autónomo vinculado o dependiente de ésta, al que le corresponde la dirección estratégica de la entidad pública empresarial, la evaluación de los resultados de su actividad y el control de eficacia (art. 103.2 LRJSP). Están actualmente configurados como entidades públicas empresariales, por ejemplo, la *Fábrica Nacional de Moneda y Timbre-Real Casa de la Moneda*, dependiente del Ministerio de Hacienda; *Adif-Alta Velocidad*, *Adif*, *RENFE-Operadora* y *ENAIRE* (parte de la antigua *AENA*), dependientes del Ministerio de Transportes, Movilidad y Agenda Urbana; etc.

En cuanto a las *agencias estatales*, se crean, como los organismos autónomos, «para el cumplimiento de los programas correspondientes a las políticas públicas que desarrolle la Administración General del Estado», y —por eso— están «facultadas para ejercer potestades administrativas» (art. 108 bis.1 LRJSP). De ahí también que, al igual que los organismos autónomos, se sometan enteramente al Derecho Administrativo (art. 108 ter.1 LRJSP), y que, en lo tocante a sus recursos financieros, se nutran fundamentalmente con cargo a los presupuestos generales del Estado, aunque también pueden recibir ingresos como contraprestación por las actividades que puedan realizar, «en virtud de contratos, convenios o disposición legal, para otras entidades públicas, privadas o personas físicas» (art. 108 quinquies.1 LRJSP). Su principal característica, y que más las diferencian de los organismos autónomos, consiste en que disponen de una amplia flexibilidad y autonomía de gestión.

La figura de las agencias estatales había sido introducida mediante una ley específica, la Ley 28/2006, de agencias estatales. A su amparo, algunos organismos autónomos (el *Instituto Nacional de Meteorología*, el *Boletín Oficial del Estado*, etc.) se transformaron en su momento en agencias estatales, y otras —como la *Agencia Estatal de Seguridad Aérea*, la *Agencia Española de Protección de la Salud en el Deporte*...— se crearon de nuevo cuño. Al aprobarse la LRJSP, entraron en un período en el que deberían haberse suprimido. Pero la Ley 11/2020, de 30 de diciembre, de Presupuestos Generales del Estado para el año 2021, ha reintroducido en el ordenamiento este peculiar tipo organizativo, abriéndoles espacio en el articulado de la LRJSP. Sin embargo, parece que su reinstauración está muy ligada a la necesidad coyuntural de ejecutar con eficacia el Plan de Recuperación, Transformación y Resiliencia aprobado por el Gobierno para canalizar los fondos procedentes de la UE y destinados a reparar los daños provocados por la crisis del COVID-19. Por eso, el definitivo asentamiento de esta figura en nuestro ordenamiento administrativo es todavía incierto.

La flexibilidad y autonomía de gestión de estas entidades deriva, sobre todo, del hecho de que las directrices de su Administración matriz son propuestas por la propia agencia y se materializan en el llamado «contrato plurianual de gestión», que no es tal sino una peculiar norma reglamentaria de contenido planificador elaborada por el procedimiento específico contemplado en la Ley (art. 108 ter

LRJSP). En esta línea, cuentan con un órgano unipersonal ejecutivo el Director de la agencia, que es nombrado por el Consejo Rector, órgano colegiado superior de la agencia, a propuesta del Presidente de la misma (art. 104.quater.11 LRJSP). Como contrapeso a la mayor autonomía de gestión de estas entidades se prevé la constitución de una Comisión de Control dentro del citado Consejo Rector y cuya función principal consiste en informar a este sobre la ejecución del contrato de gestión y, en general, «sobre todos aquellos aspectos relativos a la gestión económico-financiera que deba conocer el propio Consejo y que se determinen en los Estatutos» (art. 108 ter.5 LRJSP).

En su momento, algunos organismos autónomos fueron transformados en agencias estatales: por ejemplo, el antiguo *Instituto Nacional de Meteorología* pasó a ser la actual *Agencia Estatal de Meteorología*, o el *Boletín Oficial del Estado*, que también es actualmente una agencia estatal. Otras agencias de este tipo son la *Agencia Española de Cooperación Internacional* (AECID), la *Agencia Estatal de Seguridad Aérea* (AESA), la *Agencia Estatal Comisión Española para la Lucha Antidopaje en el Deporte* (CELAD), etc.

Además de los organismos públicos previstos en la LRJSP (organismos autónomos y entidades públicas empresariales) y que podríamos llamar, por eso, «típicos», existe un número más o menos amplio de entes instrumentales «atípicos», es decir, entes instrumentales de Derecho público dependientes de la Administración General del Estado, cuya organización y funcionamiento se encuentran regulados en gran medida fuera de la LRJSP, en leyes administrativas especiales.

Un ejemplo es la *Agencia Estatal de la Administración Tributaria*, creada y regulada por el extenso artículo 103 de la Ley 31/1990, de 27 de diciembre, de Presupuestos Generales del Estado para 1991. La LRJSP solo se le aplica supletoriamente y con muchas cautelas: «se regirá por su legislación específica y únicamente de forma supletoria y en tanto resulte compatible con su legislación específica por lo previsto en esta Ley» (disp. adic. 17.ª). Otros ejemplos de entes atípicos instrumentales son el *Instituto Cervantes* (Ley 7/1991, de 21 de marzo, y RD 1.526/1999, de 1 de octubre), el *Consorcio de la Zona Especial Canaria* (Ley 19/1994, de 6 de julio); el *Museo Nacional del Prado* (Ley 46/2003, de 25 de noviembre, y RD 433/2004, de 12 de marzo); o el *Museo Nacional Centro de Arte Reina Sofía* (Ley 34/2011, de 4 de octubre). También responden al perfil de entes instrumentales, sin encajar en la tipología de la LRJSP, otros entes cuyas normas de creación a veces califican genéricamente de «entes de Derecho público»: son los casos, por ejemplo, del ente *Trabajo Penitenciario y Formación para el Empleo*, colocado bajo la dependencia del Ministerio del Interior (RD 122/2015, de 27 de febrero); el organismo público *Puertos del Estado* (Real Decreto Legislativo 2/2011, de 5 de septiembre), incardinado en el Ministerio de Transportes; etc. En realidad, en estos casos dichos entes tienen personalidad jurídica pública y su régimen específico no difiere esencialmente del previsto por la propia LRJSP para los organismos autónomos o las entidades públicas empresariales. Por ello resulta cuando menos discutible que continúe perviviendo una dispersión tipológica de entes institucionales que en nada ayuda a la claridad y simplificación organizativas de la Administración. Más justificación puede tener, sin embargo, por sus funciones y disciplina de su personal, la especificidad del *Centro Nacional de Inteligencia (CNI)*, cuya Ley reguladora lo califica genéricamente de «organismo público con personalidad jurídica propia» y lo coloca bajo la dependencia orgánica del Ministerio de Defensa (art. 7 de la Ley 11/2002, de 6 de mayo), y al que es aplicable supletoriamente la LRJSP en cuanto sea compatible con su naturaleza y funciones (disp. adic. 18.ª).

C) *La Administración instrumental de las Comunidades Autónomas y de las entidades locales*

Como se señaló arriba, a falta de bases estatales más específicas en esta materia, los entes instrumentales de Derecho público de ámbito autonómico son los que señalen las normas de las correspondientes Comunidades Autónomas. Aun con una terminología más o menos diferenciada para referirse a los distintos tipos de entes, dicha legislación ha adoptado por lo general un esquema similar al de la Administración instrumental del Estado.

En Andalucía la norma de referencia es la LAJA. Con diferente nomenclatura, los entes instrumentales de Derecho público responden al mismo esquema conforme al que están organizados en la Administración del Estado. En lugar de «organismos públicos», en Andalucía se denominan «agencias» y son de tres tipos:

a) *Agencias administrativas*: se someten completamente al Derecho Administrativo, pues su misión es el desempeño, en régimen de descentralización funcional, de alguna de las competencias de una Consejería (art. 65 LAJA). Son más o menos los equivalentes en la Administración andaluza a los organismos autónomos del Estado. Es una agencia de este tipo, por ejemplo, la *Agencia Digital de Andalucía*, que tiene encomendadas funciones administrativas en materia de tecnologías de la información y ciberseguridad.

b) *Agencias públicas empresariales*: las hay, a su vez, de dos tipos, las que se crean para actuar en régimen de libre mercado a cambio de una contraprestación por sus actividades o productos, y las que tienen por objeto actividades de promoción pública, prestacionales, de gestión de servicios o de producción de bienes de interés público, sean o no susceptibles de contraprestación, sin actuar en régimen de libre mercado. Sólo las primeras se rigen por el Derecho privado, excepto en las cuestiones relacionadas con la formación de la voluntad de sus órganos y con el ejercicio de las potestades administrativas que tengan atribuidas, en que se aplica el Derecho Administrativo. Las segundas también se rigen por el Derecho Administrativo en estos aspectos, y en lo demás por el Derecho privado o por el Derecho Administrativo, según su particular gestión empresarial lo requiera (arts. 68 y 69 LAJA). Está configurada como agencia pública empresarial, por ejemplo, la *Agencia Andaluza de Cooperación Internacional para el Desarrollo*.

c) *Agencias de régimen especial*: se crean para la realización de las mismas tareas que las agencias administrativas, pero con el matiz de que es necesario para ello asignarles «funciones que impliquen ejercicio de autoridad que requieran especialidades en su régimen jurídico». Se someten, por tanto, en general al Derecho Administrativo excepto «en aquellos ámbitos en que su particular gestión» requiera la aplicación del Derecho privado (art. 71 LAJA). Por lo demás, la dirección estratégica de la Administración matriz se articula a través de un «contrato plurianual de gestión», aprobado por el Consejo de Gobierno (art. 72 LAJA). Son similares a las agencias estatales.

También las entidades locales pueden disponer de entes instrumentales de Derecho público. El artículo 85 LRBRL los enumera dentro de las fórmulas de gestión directa de los servicios públicos de competencia local: el *organismo autónomo local* y la *entidad pública empresarial local*. El artículo 85 bis LRBRL extiende a estas figuras el régimen jurídico contenido en la legislación del Estado para sus equivalentes estatales, aunque con las especialidades y adaptaciones lógicas al ámbito local.

Entre esas especialidades se puede destacar el que la creación, modificación, refundición y supresión de estos entes corresponderá al Pleno de la entidad local, quien aprobará sus estatutos. Deberán quedar adscritas a una Concejalía, Área u órgano equivalente de la entidad local, si bien, en el caso de las entidades públicas empresariales, también podrán estarlo a un organismo autónomo local.

Por lo demás, las Comunidades Autónomas han desarrollado estas bases estatales de régimen local, en ocasiones enriqueciendo el catálogo de figuras, e incluso modificando la denominación prevista para ellas en dichas bases.

Es el caso, por ejemplo, de la LAULA, según la cual puede haber en el ámbito local andaluz: *agencia pública administrativa local* —que es el organismo autónomo local de la LRBRL—, *agencia pública empresarial local* —la entidad pública empresarial local de la LRBRL— y la *agencia especial local* (art. 33.3). El régimen jurídico deparado para estas entidades es, por otra parte, mimético del de las agencias autonómicas reguladas en la LAJA, con la única particularidad destacable —y desacertada— de que las agencias especiales locales quedan en general sometidas al Derecho privado, pese a que se trata de una fórmula prevista para cuando se «asignen funciones que impliquen ejercicio de autoridad» (art. 36 LAULA).

D) *Administraciones instrumentales dependientes de una pluralidad de Administraciones: referencia a los consorcios y a las mancomunidades de municipios*

Aunque lo normal sea que el ente instrumental dependa de una sola Administración matriz, puede darse el caso de que sean varias Administraciones las que concurran en la creación de un único ente instrumental, el cual queda entonces bajo la dependencia de todas ellas. Normalmente se trata de fórmulas en las que se plasman los principios de coordinación, cooperación o colaboración entre Administraciones públicas. Las figuras que conforman este fenómeno son fundamentalmente los *consorcios* y las *mancomunidades de municipios.*

Los consorcios «son entidades de derecho público, con personalidad jurídica propia y diferenciada, creadas por varias Administraciones Públicas o entidades integrantes del sector público institucional, entre sí o con participación de entidades privadas, para el desarrollo de actividades de interés común a todas ellas dentro del ámbito de sus competencias» (art. 118.1 LRJSP).

Nótese que en el consorcio pueden integrarse o participar no sólo Administraciones u otras entidades públicas, sino también auténticas *entidades privadas.* Además, a diferencia de lo que ocurría antaño, se califica expresamente por el legislador como entidad *de Derecho público.* Ello implica que los consorcios quedan sometidos al Derecho Administrativo, como cualquier otra Administración pública, lo cual no quita que en algún aspecto concreto su régimen se remita a las reglas del Derecho privado con carácter supletorio.

La participación privada en los consorcios administrativos tan solo se contemplaba antes de la LRJSP en la legislación local, y únicamente a favor de entidades sin ánimo de lucro (fundaciones privadas, asociaciones de utilidad pública, cajas de ahorro, etc.). Ahora, como se ha señalado, se admite con carácter general la participación de entidades privadas y sin ni siquiera la exigencia de que dichas entidades carezcan de ánimo de lucro, con la única aclaración —evidente, por lo demás— de que en tales casos «el consorcio no tendrá ánimo de lucro» (art. 120.3 LRJSP).

Una modalidad tradicional y muy extendida ha sido la del consorcio de ámbito local, que cuenta con normas especiales. Sin embargo, dichas normas, contenidas fundamentalmente en la LRBRL, son ahora supletorias de lo dispuesto en la LRJSP (cfr. art. 119.3).

Los consorcios se crean «mediante convenio suscrito por las Administraciones, organismos públicos o entidades participantes» (art. 123.1 LRJSP) y se rigen por sus estatutos, que forman parte del convenio y que determinarán, en el marco de la Ley, su régimen orgánico, funcional y financiero, además de la Administración pública a la que el consorcio queda adscrito (cfr. art. 124 LRJSP).

Este último aspecto es muy importante, porque, aunque el consorcio está constituido por una pluralidad de entidades públicas y, eventualmente, privadas, siempre debe estar adscrito a una sola Administración pública, adscripción de la que dependen aspectos tan relevantes como el régimen presupuestario, contable y de control del consorcio, que será el de la Administración a la que esté adscrito (cfr. art. 122 LRJSP). Los criterios de adscripción a los que deben obedecer los estatutos y que, en su caso, motivarán su modificación cuando la realidad del consorcio cambie, están determinados por la propia Ley en su artículo 120 (número de votos en los órganos de gobierno, facultades de nombramiento o destitución de los órganos ejecutivos, porcentaje en la financiación del fondo patrimonial y las actividades del consorcio, etc.).

Normalmente el convenio de creación requiere ser previamente autorizado por el órgano de gobierno correspondiente: en la Administración del Estado por el Consejo de Ministros (art. 123.2 LRJSP) y en la Administración de la Junta de Andalucía por el Consejo de Gobierno (art. 12 LAJA). En cambio, la competencia para suscribir el convenio suele ser del órgano superior que corresponda por la materia (ministro, consejero...) (arts. 123.2 LRJSP y 26 LAJA). Con prioridad a todo ello, la creación de los consorcios en los que participe la Administración del Estado debe estar autorizada, además, por Ley (art. 123.2 LRJSP). En el ámbito estatal, del convenio formarán parte los estatutos, un plan de actuación y una proyección presupuestaria trienal, además del informe preceptivo favorable del Ministerio de Hacienda. El convenio suscrito junto con los estatutos, así como sus modificaciones, serán objeto de publicación en el *Boletín Oficial del Estado* [cfr. art. 123.2.*c*) LRJSP]. Similares previsiones se contienen en la LAJA para los consorcios de la Junta de Andalucía (cfr. art. 12.2 LAJA).

Por lo demás, la extinción del consorcio se produce por su disolución, de la cual es causa no sólo el cumplimiento de los fines para los que se creó, sino también la separación del consorcio por alguno de sus miembros, que es un derecho reconocido a estos por el artículo 125 LRJSP. La disolución abre la liquidación del patrimonio del consorcio, regulada con cierto detalle por la LRJSP en su artículo 127.

Sin embargo, la separación del consorcio por alguno de sus miembros no conlleva su disolución cuando «el resto de sus miembros, de conformidad con lo previsto en sus estatutos, acuerden su continuidad y sigan permaneciendo en el consorcio, al menos, dos Administraciones, o entidades u organismos públicos vinculados o dependientes de más de una Administración» (art. 126.1 LRJSP).

También en el ámbito local, la *mancomunidad de municipios* puede considerarse, al tiempo que un tipo de ente local [art. 3.2.*c*) LRBRL] con importantes potestades administrativas (art. 4.3 LRBRL), un ente de carácter instrumental: no en vano surge del ejercicio de la facultad que el artículo 44.1 LRBRL reconoce a los municipios «a asociarse con otros [...] para la ejecución en común de obras y servicios determinados de su competencia».

Sin perjuicio de remitirnos aquí a lo ya estudiado en la lección 12, recordemos que se constituyen —con capacidad y personalidad jurídica propias— para la ejecución de los servicios y el ejercicio de las competencias señaladas en sus estatutos y pertenecientes a los municipios mancomunados. Para ello gozan de las potestades señaladas en sus estatutos o, en defecto de previsión estatutaria específica, de aquellas de las enumeradas en el artículo 4.1 LRBRL que sean precisas para el cumplimiento de sus finalidades (art. 4.3 LRBRL).

3. Los entes instrumentales de Derecho privado

A) *Noción y distinción de supuestos cercanos*

Pero también es posible, porque así se ha aceptado de antiguo en nuestro Derecho Administrativo, que las Administraciones territoriales dispongan de entes instrumentales creados y personificados conforme al Derecho privado, o sea, iguales que los que pueden crear los sujetos privados. Estos entes instrumentales de Derecho privado son fundamentalmente de dos tipos: sociedades mercantiles (sobre todo, sociedades anónimas) y fundaciones. Al carecer de personalidad jurídico-pública, no tienen naturaleza de Administración pública ni se les aplica, como su Derecho propio, el Derecho Administrativo, a excepción de las relaciones entre ellos y sus Administraciones matrices.

No es absolutamente indispensable, por otra parte, que el ente de Derecho privado esté constituido o participado por una única Administración.

Por ejemplo, es posible que, como técnica de cooperación entre Administraciones, se prevea la participación de una Administración en una entidad dependiente o vinculada a otra Administración diferente [art. 144.1.*c*) LRJSP]. Asimismo es posible la creación de sociedades por diversos entes locales (son las que el art. 39 LAULA denomina «sociedades interlocales»).

Sin embargo, no deben confundirse este tipo de entes instrumentales con otras personificaciones de Derecho privado en las que interviene también la Administración pública, pero concurriendo, no con otras Administraciones, sino con sujetos privados. No son entes instrumentales, por tanto, las llamadas *sociedades de economía mixta*. La sociedad de economía mixta es una de las fórmulas en las que se puede plasmar la gestión *indirecta* de los servicios públicos. En concreto es una de las modalidades que puede revestir el contrato administrativo de gestión de servicio público. Se traduce en la constitución de una sociedad mercantil en la que participa la Administración en concurrencia con una persona natural o jurídica previamente seleccionada por el procedimiento de contratación correspondiente (cfr. disp. adic. 22.ª LCSP). Estas sociedades no son entes instrumentales sencillamente porque el control de la Administración titular del servicio sobre la sociedad no discurre a través de los mecanismos típicos de la relación de instrumentalidad, ya vistos, sino a través de las potestades administrativas que conserva la Administración contratante en relación con el cumplimiento y ejecución de un contrato administrativo (el contrato de gestión del servicio público bajo la modalidad de sociedad de economía mixta). A este mismo fenómeno, distinto del de los genuinos entes instrumentales, es al que responde lo que la LAULA, en relación con el sector público andaluz, regula en su artículo 43 bajo la errática designación de «empresa mixta de colaboración público-privada».

Acaso quepa decir que no son entes instrumentales en sentido estricto (o que no lo son por completo), las sociedades mercantiles de la Administración —unipersonales o participadas por varias Administraciones— cuyo objeto social es, en todo o en parte, la realización de una actividad puramente empresarial (p. ej., las empresas del grupo *Sociedad Estatal de Participaciones Industriales (SEPI)*, como *Tragsa, Navantia, Agencia Efe*...). La razón es que en estos casos la creación de dichas entidades no responde tanto a un fenómeno de descentralización funcional de competencias, como al ejercicio de la iniciativa pública en la economía que admite el artículo 128.2 CE. Pero no se puede establecer un corte absolutamente nítido. Algunas de estas empresas públicas, además de actividades puramente empresariales, también prestan servicios o realizan funciones de naturaleza diversa (piénsese, p. ej., en *Correos*).

B) *Sociedades mercantiles*

Para la Administración General del Estado, la posibilidad de constituir sociedades mercantiles se encuentra en la LRJSP. Cuando una sociedad mercantil está bajo control estatal dicha entidad tiene la consideración de sociedad mercantil estatal y le resultan aplicables los artículos 111 a 117 LRJSP.

Se entiende que hay control estatal cuando o bien la participación directa en el capital social por parte de la Administración General del Estado (o alguna de las entidades integrantes del sector público institucional estatal) es superior al 50 por 100, o bien cuando la Administración General del Estado o sus organismos públicos vinculados o dependientes ejerzan un dominio sobre la sociedad mercantil equivalente al que se remite para los grupos de sociedades el artículo 5 del Texto Refundido de la Ley del Mercado de Valores, aprobado por Real Decreto Legislativo 4/2015, de 23 de octubre (cfr. art. 111.1 LRJSP).

El artículo 113 LRJSP establece que se rigen, además de por la propia LRJSP, por la LPAP y por el ordenamiento jurídico privado, salvo determinadas materias en las que resultan aplicables ciertas normas de Derecho Administrativo (normativa presupuestaria, contable, de personal, de control económico-financiero y de contratación).

Esa remisión a la LPAP, que antes se hacía específicamente para las sociedades mercantiles estatales que tuvieran concretamente la forma de sociedades anónimas, reviste ahora escasas consecuencias prácticas, toda vez que la LRJSP ha incorporado la mayor parte de aquellas previsiones de la LPAP para todas las sociedades mercantiles estatales, con independencia de su tipo concreto. Con este alcance, se establece que el Consejo de Ministros es el órgano competente para adoptar las decisiones más importantes en relación con estos entes: autorizar su creación, atribuir la «tutela» de la sociedad a un determinado departamento ministerial, etc. (art. 114 LRJSP). En coherencia con esa función de dirección, el Ministerio de «tutela» podrá instruir a la sociedad respecto a las líneas de actuación estratégica y establecer las prioridades en la ejecución de las mismas (art. 116.3 LRJSP). Excepcionalmente, también podrá darles instrucciones para que realicen determinadas actividades, cuando resulte de interés público su ejecución (art. 116.4 LRJSP). El artículo 116.6 LRJSP introduce en este punto una interesante especialidad de régimen jurídico en relación con la responsabilidad de los administradores de las sociedades de capital por los actos de administración: quedarán exonerados de la misma cuando las consecuencias lesivas se deriven de la diligente ejecución de las instrucciones dirigidas por el Ministerio a la sociedad. Se entiende, por tanto, que la responsabilidad es exigible a la Administración estatal, de la que la sociedad depende. Por lo demás, al tratarse de una sociedad unipersonal, es aplicable lo dispuesto en el artículo 15 de la Ley de Sociedades de Capital, según el cual «el socio único ejercerá las competencias de la junta general». Ello quiere decir que en las sociedades estatales esa función la ejercerá en general el Ministerio bajo cuya dependencia se haya colocado a la sociedad, pues es, dentro de la Administración General del Estado como socio único, el órgano concretamente encargado de tales menesteres por la LRJSP.

La legislación autonómica también suele contemplar expresamente la creación de sociedades mercantiles como entes instrumentales de la Administración de la correspondiente Comunidad Autónoma. Lo mismo ocurre en la legislación local, en la que la sociedad mercantil «cuyo capital social sea de titularidad pública», se enumera entre las formas de gestión directa de los servicios públicos de competencia local (art. 85.2 LRBRL).

En Andalucía, las «sociedades mercantiles del sector público andaluz» se contemplan y regulan dentro del género denominado «entidades instrumentales privadas» de la Administración autonómica. Su creación está sometida a autorización del Consejo de Gobierno de la Comunidad Autónoma, autorización que deberá ser objeto de publicación en el *Boletín Oficial de Andalucía* (art. 76 LAJA).

Por su parte, como la decisión sobre la forma de gestión de los servicios públicos municipales es competencia del Pleno (cfr. art. 22.2 LRBRL), la constitución de las sociedades mercantiles locales deberá ir precedida por el correspondiente acuerdo del órgano municipal citado. Por lo demás, serán los estatutos de la sociedad los que determinarán la forma de designación y el funcionamiento de la Junta General y del Consejo de Administración, así como los máximos órganos de dirección de la misma (cfr. apartado 3 del art. 85 ter LRBRL). En Andalucía la LAULA impone, como ya era tradicional, que el Pleno de la entidad local se constituya en Junta General de la sociedad (cfr. art. 38.4).

C) *Fundaciones*

Otro tipo de entes instrumentales de Derecho privado son las fundaciones creadas por las Administraciones. En efecto, a todas las Administraciones públicas se les permite crear fundaciones iguales a las constituidas por voluntad de los particulares. Así lo establece la misma Ley que regula las fundaciones privadas: «Las personas jurídico-públicas tendrán capacidad para constituir fundaciones, salvo que sus normas reguladoras establezcan lo contrario» (art. 8.4 de la Ley 50/2002, de Fundaciones).

En la LJRSP se contienen unas pocas reglas básicas aplicables a todas las fundaciones constituidas por las distintas Administraciones públicas. Dichas reglas se refieren a los criterios determinantes de la Administración a que la fundación quedará adscrita y al órgano al que se atribuye el protectorado de estas fundaciones.

Los estatutos de la fundación en cuestión deberán determinar la Administración a que dicha fundación queda adscrita según los criterios y el orden de prelación especificados en el artículo 129.2 LRJSP (número de patronos en el patronato de la fundación, facultades para nombrar o destituir miembros de los órganos ejecutivos, etc.). El artículo 129.3 LRJSP admite implícitamente que en las fundaciones del sector público participen entidades privadas sin ánimo de lucro (lo que no queda claro es si pueden participar entidades privadas con ánimo de lucro). Y el artículo 134 LRJSP establece que el protectorado será ejercido por el órgano de la Administración de adscripción que tenga atribuida tal competencia, ello sin perjuicio de los controles de eficacia y supervisión continua a que están sometidas estas fundaciones en cuanto que entes instrumentales.

Los demás preceptos de la LRJSP en esta materia son sólo aplicables a las fundaciones del sector público del Estado, que disponen así de una regulación específica.

En este sentido, se considera que una fundación pertenece al sector público estatal cuando cumpla alguno de los siguientes requisitos (cfr. art. 128.1 LRJSP):

a) Que se constituya de forma inicial, con una aportación mayoritaria, directa o indirecta, de la Administración General del Estado o cualquiera de los sujetos integrantes del sector público institucional estatal, o bien reciba dicha aportación con posterioridad a su constitución.

b) Que el patrimonio de la fundación esté integrado en más de un 50 por 100 por bienes o derechos aportados o cedidos por sujetos integrantes del sector público institucional estatal con carácter permanente.

c) Que la mayoría de derechos de voto en su patronato corresponda a representantes del sector público institucional estatal.

Pese a su denominación, no responden a esta categoría las llamadas *fundaciones públicas sanitarias* reguladas en el artículo 111 de la Ley 50/1998. Son, más bien, un género atípico de entes de Derecho público del sector sanitario. De hecho, «se regirán en lo no previsto en el presente artículo por lo dispuesto para las entidades públicas empresariales en la [LRJSP]».

El acto de creación de las fundaciones del sector público estatal se aparta ahora mucho del régimen general de las fundaciones puesto que se reserva a la Ley (cfr. art. 133.1 LRJSP). Los estatutos, sin embargo, corresponde aprobarlos al Consejo de Ministros por Real Decreto (cfr. art. 133.3 LRJSP), cuyo proyecto debe elevarse a aquel junto con el anteproyecto de ley de creación de la fundación (cfr. art. 133.2 LRJSP). Son fundaciones del sector público estatal, por ejemplo, la *Fundación ENAIRE* o la *Fundación de los Ferrocarriles Españoles*.

Los ordenamientos de las Comunidades Autónomas también incluyen con normalidad a las fundaciones del sector público dentro del catálogo de tipos de entes instrumentales autonómicos.

Así, por ejemplo, el artículo 52 LAJA clasifica las «entidades instrumentales de la Administración de la Junta de Andalucía» en «agencias» y «entidades instrumentales privadas», figurando entre estas últimas las «fundaciones del sector público andaluz». El régimen de estas fundaciones se encuentra desarrollado, sin embargo, en los artículos 55 a 57 de la Ley andaluza 10/2005, de 31 de mayo, de Fundaciones de Andalucía, de forma parecida, por lo demás, a las del sector público estatal. La diferencia más notable es que la creación de estas fundaciones no está reservada a la Ley, bastando para ello con que sea autorizada por el Consejo de Gobierno. Son fundaciones de este tipo, por citar dos ejemplos, el *Centro de Estudios Andaluces o la Fundación Pública Andaluza para la Integración Social de Personas con Enfermedad Mental (FAISEM)*.

La legislación básica local no menciona las fundaciones entre los entes instrumentales de las Administraciones locales, pero sí las han introducido algunas leyes autonómicas de régimen local. Por ejemplo, en Andalucía, dentro de las formas de gestión directa de los servicios de competencia local, se citan las «fundaciones del sector público local» (arts. 33.3 y 40 a 42 LAULA).

La figura de las fundaciones del sector público *local* se enfrenta a un problema específico. Como es sabido, el régimen jurídico sustantivo de las fundaciones somete la actividad de estas entidades al control y tutela de un órgano administrativo, el Protectorado, que —en el caso de las fundaciones de ámbito inferior al estatal, como lo son las del sector local— es ejercido por la Administración de la Comunidad Autónoma correspondiente. En consecuencia, la utilización de una fundación del sector público local como forma de gestión directa de un servicio público, equivaldría a que el ente local colocara la gestión de un servicio público propio bajo la constante supervisión de la Administración autonómica. Ello provoca inevitablemente que la figura de las fundaciones del sector público local se revele, allí donde ha sido prevista, como un instrumento escasamente útil y atractivo para los entes locales. Pese a ello, existen en la práctica municipios andaluces que han optado por esta figura como fórmula de gestión directa de determinados servicios (p. ej., en el municipio de Granada, la *Fundación Pública Local «Granada Educa»*).

Por otro lado, no deben confundirse, en cualquier caso, estas fundaciones del sector público local con las antiguas «*fundaciones públicas del servicio*», erigidas en muchos municipios de España al amparo de los ya derogados artículos 85 a 88 RSCL. En general se han transformado en organismos autónomos locales, aun conservando en su denominación la expresión «fundación».

D) *Régimen jurídico aplicable y prohibición de ejercicio de funciones públicas*

Como se señaló en la lección 1, todas estas personificaciones de Derecho privado —aunque sean creadas por una Administración para realizar parte de las actividades de esa Administración— no son ellas mismas Administraciones públicas. La principal consecuencia de ello es que no les es aplicable el Derecho Administrativo, salvo en las relaciones con su Administración matriz.

Con todo, la inaplicación general del Derecho Administrativo a estos entes no es absoluta. Con el tiempo se ha tomado conciencia de lo absurdo que es permitir que la Administración huya, sin más, del Derecho que le es propio a través de la creación de estas personificaciones. Así pues, el ordenamiento jurídico ha ido reaccionando paulatinamente a esta «huida del Derecho Administrativo» y ha extendido a estos entes instrumentales de Derecho privado ciertas normas propias de la Administración. De tal suerte, a ciertos efectos les son aplicables determinados principios y reglas fundamentales en materia de empleo público, control presupuestario, contratación pública, patrimonio público, etc.

Por ejemplo, el artículo 113 LRJSP: «Las sociedades mercantiles estatales se regirán por lo previsto en esta Ley, por lo previsto en la Ley 33/2003, de 3 de noviembre, y *por el ordenamiento jurídico privado, salvo en las materias en que le sea de aplicación la normativa presupuestaria, contable, de personal, de control económico-financiero y de contratación*». Una previsión equivalente se contiene en relación con las sociedades mercantiles locales en el apartado 1 del artículo 85 ter LRBRL. Por su parte, la LAJA, después de decir que el personal de las sociedades mercantiles del sector público andaluz «se rige por el Derecho Laboral», añade que su nombramiento, sin embargo, «irá precedido de *convocatoria pública en medios oficiales y de los procesos selectivos correspondientes, basados en los principios de igualdad, mérito y capacidad*» (art. 77). Una previsión similar de alcance general, para todas las entidades privadas del sector público estatal, autonómico y local se contiene en la disposición adicional 1.ª EBEP.

Otra consecuencia de que estos entes no sean Administraciones públicas ni estén sometidos en general a las mismas reglas que las Administraciones, es que no pueden ejercer funciones públicas que lleven aparejadas el ejercicio de potestades administrativas. Es frecuente que las leyes así lo recuerden de forma expresa, aunque en relación con las sociedades mercantiles estatales la LRJSP ha abierto una peligrosa y criticada excepción: «En ningún caso podrán disponer de facultades que impliquen el ejercicio de autoridad pública, sin perjuicio de que excepcionalmente la ley pueda atribuirle el ejercicio de potestades administrativas» (art. 113).

Las sociedades mercantiles estatales, aun englobadas en el sector público, carecen de la condición de Administraciones públicas, que es a quienes se ha reservado siempre dicho tipo de potestades y frente a las cuales se aplica la generalidad de las garantías del Derecho público (principio de legalidad, procedimiento, sistema de recursos, imparcialidad de autoridades y funcionarios, etc.). Por eso, se ha dicho que esta atribución pone en riesgo de quiebra el sistema de garantías del Derecho Administrativo (Sánchez Morón).

No obstante, la prohibición en relación con las fundaciones del sector público estatal sí se mantiene categórica: «Las fundaciones no podrán ejercer potestades públicas» (art. 128.2 LRJSP). Similares previsiones se contienen en las leyes autonómicas y en la legislación local.

IV. LOS ENTES INSTITUCIONALES INDEPENDIENTES

Los entes institucionales independientes —también llamados «Administraciones independientes», «agencias independientes» o «autoridades administrativas independientes»— son los que, por razones técnicas, económicas o jurídico-institucionales, se crean para ejercer las competencias que les atribuye la Ley, pero fuera del área de influencia o al margen de la dirección del Gobierno.

Entre estos entes y la Administración a la que formalmente se adscriben, no hay, pues, una relación de instrumentalidad. Más bien, al contrario: el régimen jurídico de los entes independientes está precisamente configurado, en una buena medida, con la intención explícita de asegurar y garantizar dicha independencia. No es extraño, por ello, que los mecanismos previstos en dicho régimen consistan en general justo en lo contrario de aquellos en los que se basa la relación de instrumentalidad típica de los entes instrumentales.

Con las lógicas diferencias de detalle, los mecanismos previstos en general para garantizar esa independencia funcional a este tipo de entes son los siguientes:

a) Frecuentemente, la Ley de creación del ente contiene una prohibición formal de aceptar o dirigir a dicho ente cualquier instrucción que pueda menoscabar su independencia.

Por ejemplo, el artículo 3.2 de la Ley 3/2013, de 4 de junio, de creación de la Comisión Nacional de los Mercados y la Competencia, dispone: «En el desempeño de las funciones que le asigna la legislación [...] ni el personal ni los miembros de los órganos de la Comisión Nacional de los Mercados y la Competencia podrán solicitar o aceptar instrucciones de ninguna entidad pública o privada».

b) El ente no sólo es creado por Ley, sino que sus normas de organización y funcionamiento se encuentran ya muy detalladas en la Ley, de forma que aunque el Gobierno deba aprobar posteriormente sus estatutos, éstos son un mero reglamento ejecutivo con menos libertad de configuración. Por supuesto, cualquier variación sustancial, fusión con otro ente, extinción, etc., está reservado a la Ley.

c) El nombramiento de los órganos rectores —que normalmente no pueden ser reelegidos— debe recaer sobre personas de reconocida competencia profesional en relación con las actividades del ente, de forma que, al menos en teoría, prima el perfil técnico sobre las relaciones de estricta confianza política. Además, aunque el nombramiento pertenece al Gobierno, el Parlamento interviene en él a través de diversas fórmulas.

Unas veces, la participación del Parlamento consiste en un poder de veto al candidato que prevé nombrar el Gobierno. Esto es lo que ocurre, por ejemplo, con los miembros del Consejo de la Comisión Nacional de los Mercados y de la Competencia: «Los miembros del Consejo, y entre ellos el Presidente y el Vicepresidente, serán nombrados por el Gobierno, mediante Real Decreto, [...] previa comparecencia de la persona propuesta para el cargo ante la Comisión correspondiente del Congreso de los Diputados. El Congreso, [...] por acuerdo adoptado por mayoría absoluta, podrá vetar el nombramiento del candidato propuesto en el plazo de un mes natural a contar desde la recepción de la correspondiente comunicación [...]» (art. 15 Ley 3/2013).

Otras veces la participación del poder legislativo es más incisiva, porque el nombramiento por el Gobierno se condiciona, con mayores o menores exigencias, a la aceptación expresa del candidato por el Parlamento: «El Presidente será nombrado por el Consejo de Ministros, a propuesta del Ministro de Hacienda y Administraciones Públicas, previa comparecencia de la persona propuesta para el cargo ante la Comisión correspondiente del Congreso de los Diputados, con el fin de que examine si la experiencia, formación y capacidad de la persona propuesta son adecuadas para el cargo. El Congreso, a través de la Comisión competente y por acuerdo adoptado por mayoría absoluta, aceptará la propuesta. Si transcurridos quince días desde la comparecencia no hubiera aceptación, será suficiente la mayoría simple de la Comisión competente del Senado para manifestar la aceptación» (art. 24 de la Ley Orgánica 6/2013, de 14 noviembre, de creación de la Autoridad Independiente de Responsabilidad Fiscal).

d) El cese de los órganos rectores no es libre, sino que está sometido a un plazo predeterminado por la Ley, siendo —además— dicho plazo normalmente más amplio que el de la legislatura en la que fueron nombrados. El cese anticipado sólo cabe ante la concurrencia de un número cerrado de supuestos asimismo predeterminados por la propia Ley (incumplimiento grave de los deberes del cargo, condena por la comisión de delitos dolosos, etc.).

Dispone, por ejemplo, el artículo 15.2 de la Ley 3/2013: «El mandato de los miembros del Consejo [de la Comisión Nacional de los Mercados y la Competencia] será de seis años sin posibilidad de reelección». El artículo 22 de la Ley 3/2013 contiene, por su parte, en forma de lista cerrada las causas de cese: renuncia, incompatibilidad sobrevenida, condena por delito doloso, incapacidad permanente y separación por incumplimiento grave de los deberes de su cargo o el incumplimiento de las obligaciones sobre incompatibilidades, conflictos de interés y del deber de reserva. La potestad de cese —a diferencia de la de nombramiento— es, en suma, una potestad absolutamente reglada.

e) Los actos del ente tan sólo son revisables por el propio ente o directamente por la jurisdicción contencioso-administrativa.

Por ejemplo, dispone el artículo 36.2 de la Ley 3/2013: «Los actos y resoluciones del Presidente y del Consejo, en pleno y en salas, de la Comisión Nacional de los Mercados y la Competencia dictados en el ejercicio de sus funciones públicas pondrán fin a la vía administrativa y no serán susceptibles de recurso de reposición, siendo únicamente recurribles ante la jurisdicción contencioso-administrativa».

f) Algunos de estos entes disponen de una potestad más o menos amplia para aprobar —normalmente bajo la denominación de «circulares»— reglamentos administrativos en el ámbito restringido de sus competencias.

Ya se aludió a ello en la lección 8. El ejemplo quizá más clásico es el del *Banco de España*: «1. Sin perjuicio de lo establecido en el artículo 1.3 el Banco de España podrá dictar las normas precisas para el ejercicio de las funciones previstas en el artículo 7.3 desarrolladas en la sección 1.ª y el artículo 15 del capítulo II de esta Ley, que se denominarán "Circulares monetarias". Asimismo, para el adecuado ejercicio del resto de sus competencias, podrá dictar las disposiciones precisas para el desarrollo de aquellas normas que le habiliten expresamente al efecto. Tales disposiciones se denominarán "Circulares". 2. Unas y otras disposiciones serán publicadas en el *Boletín Oficial del Estado* y entrarán en vigor conforme a lo previsto en el apartado primero del artículo 2 del Código Civil...» (art. 3 de la Ley

13/1994, de 1 de junio, de Autonomía del Banco de España). Ejemplo más reciente ofrece la Ley de la Comisión Nacional de los Mercados y la Competencia (de 2013): «La CNMC podrá dictar las disposiciones de desarrollo y ejecución de las leyes, reales decretos y órdenes ministeriales que se aprueben en relación con los sectores sometidos a su supervisión (energía, telecomunicación, audiovisual, etc.) cuando le habiliten expresamente para ello. Estas disposiciones adoptarán la forma de Circulares de la CNMC...» (art. 30). Ya explicamos en su momento que estas Circulares son distintas de las que, aunque con esa misma denominación, son en realidad meras instrucciones de servicios.

Sólo cuando el régimen jurídico de un ente institucional contiene esta serie de garantías es posible calificarlo propiamente de independiente. En otro caso, la independencia predicada del ente por el legislador no pasará de ser una proclama más o menos retórica y carente de contenido real.

Disponen de estas notas jurídicas y, por tanto, pueden incluirse en la categoría de los entes independientes —además del *Banco de España* y la *Comisión Nacional de los Mercados y la Competencia*, ya citados— la *Comisión Nacional del Mercado de Valores* (Ley 24/1988, de 28 de julio), el *Consejo de Seguridad Nuclear* (Ley 15/1980, de 22 de abril), la *Agencia Española de Protección de Datos* (Ley Orgánica 15/1999, de 13 de diciembre), el *Consejo de Transparencia y Buen Gobierno* (Ley 19/2013, de 9 de diciembre, de transparencia, acceso a la información pública y buen gobierno), la *Autoridad Independiente de Responsabilidad Fiscal* (Ley Orgánica 6/2013, de 14 de noviembre) y el *Fondo de Reestructuración Ordenada Bancaria* (FROB) (Ley 11/2015, de 18 de junio, de recuperación y resolución de entidades de crédito y empresas de servicios de inversión). De más reciente creación, responden también a esta categoría la *Autoridad Independiente para la Igualdad de Trato y la No Discriminación* (Ley 15/2022, de 12 de julio, integral para la igualdad de trato y la no discriminación) y la *Autoridad Independiente de Protección del Informante* (Ley 2/2023, de 20 de febrero, reguladora de la protección de las personas que informen sobre infracciones normativas y de lucha contra la corrupción).

Por lo demás, la LRJSP ha dedicado dos artículos a las «autoridades administrativas independientes de ámbito estatal» en general. La previsión más importante es la que se refiere a su régimen jurídico. Después de señalar que, como es lógico, cada autoridad se rige por su Ley de creación, sus estatutos y la legislación sectorial del ámbito sometido a su supervisión, se establece que se regirán también supletoriamente y en cuanto sea compatible con su naturaleza y autonomía, por lo dispuesto en la propia LRJSP (en particular para los organismos autónomos), el resto de la principal legislación administrativa general (LPAC, LGP, LCSP y LPAP), «así como el resto de las normas de derecho administrativo general y especial que le sea de aplicación [...] [siendo aplicable en] defecto de norma administrativa [...] el derecho común» (art. 110.1 LRJSP).

También en las Comunidades Autónomas se han creado algunas autoridades independientes en determinados ámbitos (protección de datos personales, sector audiovisual...). Algunos de estos entes con el tiempo han pasado a ser órganos estatutarios. Es lo ocurrido, por ejemplo, con el *Consejo Audiovisual de Cataluña*: creado por la Ley de Cataluña 8/1996, de 5 de julio, y regulado por la Ley de Cataluña 2/2000, de 4 de mayo, se encuentra ahora previsto en el artículo 82 EAC dentro de las «Otras instituciones de la Generalitat». El mismo camino ha seguido el *Consejo Audiovisual de Andalucía* (Ley de Andalucía 1/2004, de 17 de diciembre, y artículo 131 EAA). Precisamente, en Andalucía, la disposición adicional 2.ª LAJA define este tipo de entes y clarifica su régimen jurídico, disponiendo la aplicación supletoria de las normas previstas para las agencias: «Tienen la consideración de Administración institucional las entidades públicas vinculadas con personalidad jurídica propia a las que se les reconozca expresamente por ley independencia funcional o un especial régimen de autonomía respecto de la Administración de la Junta de Andalucía. Estas entidades se regularán por su normativa específica y supletoriamente por lo establecido con carácter general en la presente Ley para los distintos tipos de agencias que resulte de aplicación en atención a las características de cada entidad. En lo que se refiere a su régimen económico-financiero, de control y de contabilidad se regulará por lo dispuesto en la Ley General de la Hacienda Pública de la Comunidad Autónoma de Andalucía».

El problema jurídico más importante que ha presentado la categoría de las Administraciones o entes independientes es el de su compatibilidad con las bases constitucionales de nuestro sistema de organización administrativa. En efecto, la independencia que caracteriza a estos entes choca con la literalidad del artículo 97 CE: «El Gobierno *dirige* [...] la Administración civil y militar [...] del Estado». Por el momento, la objeción se ha superado en el plano doctrinal afirmando que la *independencia* que caracteriza a estos entes debe entenderse de forma relativa, simplemente como una *autonomía funcional* más intensa que la que es común al resto de entes institucionales.

En definitiva, hay un acuerdo amplio en admitir que si bien no tienen una dependencia instrumental del Gobierno, sí tienen una dependencia *lato sensu*, en el sentido de que el poder de dirección política del sector de que se trate sigue depositado, en mayor o menor medida, en el Gobierno (junto con el Parlamento). Se afirma, por ello, que la Constitución no excluye la creación de Administraciones independientes, aunque sí opone ciertos límites generales al respecto: por ejemplo, los poderes administrativos de «ordenación» en el sector de que se trate deben seguir atribuidos al Gobierno (en colaboración —en su caso— con la Ley) y las potestades conferidas a las entidades independientes no deben tener un alcance que vaya más allá de una mera «supervisión».

De ordinario estos entes independientes se crean porque así lo quiere libremente el legislador español (sea el estatal o el autonómico). Pero en ocasiones son una imposición del Derecho de la Unión Europea. Aunque, según se ha explicado en los lugares correspondientes, la Unión no se entromete en las formas de organización de las Administraciones españolas, a veces sí lo hace y, en concreto, por lo que ahora nos importa, impone esta forma de organización de los entes independientes. Y no sólo lo hace cuando se trata de que las Administraciones españolas actúan como Administración indirecta de la Unión sino también cuando actúan como Administraciones nacionales pero limitadas o condicionadas por normas europeas.

A esto respondió, por ejemplo, la creación de la Agencia Nacional de Protección de Datos que obedece a que la Directiva 95/46/CE disponía que los Estados miembros debían constituir autoridades que actuaran «con total independencia». Veremos en el tomo III otros ejemplos en el marco de los llamados servicios económicos de interés general para los que la Unión impone que haya unos reguladores que actúen con independencia de los Gobiernos.

BIBLIOGRAFÍA

Alegre Ávila, J. M. y Sánchez Lamelas, A.: «Unos apuntes a vuelapluma acerca de la configuración del sector público institucional en la Ley 40/2015, de 1 de octubre, de Régimen Jurídico del Sector Público», en *Homenaje a Martínez López-Muñiz*.

— «De la universidad y sobre el derecho de las universidades», *REDA*, n.º 193, 2018.

Álvarez Fernández, M.: «Organización y funcionamiento del sector público institucional en la Ley 40/2015», *RGDA*, n.º 43, 2016.

Amoedo-Souto, C. A.: «El impacto de las Leyes 39 y 40/2015 en las universidades públicas: contenido, hipótesis y retos de futuro», *REDA*, n.º 182, 2017.

Ariño Ortiz, G.: «Hacia un nuevo modelo de Estado. Perspectiva actual y futura de la Administración institucional», en la obra recopilatoria del autor *Lecciones de Administración (y políticas públicas)*, Iustel, 2011.
— «Administración, Derecho Administrativo y sociedades de Estado», en la obra recopilatoria del autor *Lecciones de Administración (y políticas públicas)*, Iustel, 2011.
Barrero Rodríguez, C.: «Los consorcios administrativos ante un nuevo régimen jurídico», *RAAP*, n.º 96, 2016.
Bermejo Latre, J. L.: «Las fundaciones privadas de iniciativa pública y la huida del Derecho Administrativo», en *Homenaje a Martín Mateo.*
Betancor Rodríguez, A.: *Las Administraciones independientes. Un reto para el Estado social y democrático de Derecho*, Tecnos, 1994.
Boto Álvarez, A.: *La Administración instrumental en el proceso*, Reus, 2011.
— *El enigma de la descentralización funcional. La utilidad de otros modelos en la reforma de la Administración española*, Erasmus Ediciones, 2013.
— «La noción de sector público institucional: aplauso, crítica y desconcierto», *DA* (nueva época), n.º 2, 2015.
— «Organización y funcionamiento del sector público institucional (I)», en Gosálbez Pequeño, H. (dir.), *El nuevo régimen jurídico del sector público*, Wolters Kluwer, 2016.
— «Disciplinar la independencia: el nuevo estatuto de las autoridades independientes en Francia», *Revista General de Derecho Administrativo*, n.º 45, 2017.
— «La organización institucional no administrativa en la Ley de Régimen Jurídico del Sector Público», en *Homenaje a Carro Fernández-Valmayor.*
— «La determinación administrativa de derechos fundamentales: autoridades independientes y órganos de resolución de recursos especiales», en Punset Blanco, R. y Álvarez Álvarez, L. (coord.), *Cuatro décadas de una Constitución normativa (1978-2018): Estudios sobre el desarrollo de la Constitución Española*, Civitas, 2018.
Carbonell Porras, E.: «El municipio como socio único de sociedades mercantiles: naturaleza y control de las decisiones del Pleno», *REDA*, n.º 120, 2003.
Carlón Ruiz, M.: «Las Administraciones independientes españolas a la luz del Derecho europeo», en *Homenaje a Martínez López-Muñiz.*
Castillo Blanco, F.: «Los consorcios administrativos: especial referencia a los consorcios de entidades locales en la legislación andaluza», *RAAP*, n.º 42, 2001.
— (dir.), *La reforma del sector público*, Instituto García Oviedo, 2014.
— «La disolución y liquidación de los consorcios administrativos», *REALA*, n.º 7, 2017.
Chinchilla Marín, C.: «Las sociedades mercantiles públicas. Su naturaleza jurídica "privada" y su personalidad jurídica "diferenciada": ¿realidad o ficción?», *RAP*, n.º 203, 2017.
Cueto Pérez, M.: «Organización del sector público institucional estatal: la nueva regulación de los organismos públicos», en *Homenaje a Carro Fernández-Valmayor.*
De Vicente Domingo, R.: *Los entes instrumentales en las leyes de procedimiento y de contratos de las administraciones públicas*, Civitas, 1996
Del Castillo Vázquez, I. C.: «Administración pública y fundación privada. Las complejas relaciones de las Administraciones públicas con sus entes instrumentales de naturaleza fundacional», *RAP*, n.º 167, 2005.
Del Guayo Castiella, I.: *Sector público empresarial e instituciones paraconcursales*, Marcial Pons, 2004.
Díaz Capmany, F.: «Los organismos autónomos de la Administración Local», *REDA*, n.º 88, 1995.
Domínguez Martín, M. y Rodríguez-Chaves Mimbrero, B.: *El régimen de constitución, organización y contratación de las sociedades mercantiles locales*, La Ley, 2013.
Fernández Farreres, G.: «Administraciones instrumentales», en Sáinz Moreno, F. (dir.), *Estudios para la reforma de la administración pública*, INAP/Ministerio de Administraciones Públicas, 2004.
Fernández Torres, I.: *La creación de sociedades públicas a examen. Una aproximación crítica*, Tirant lo Blanch, 2021.
Fortes Martín, A.: «¿Déjà vu o regreso al futuro? Agencias estatales y paramnesia organizativa del sector público en tiempos de recuperación», *RGDA*, n.º 61, 2022.
Fuertes López, M.: *Grupos públicos de sociedades*, Marcial Pons, 2007.

— «Acotaciones al estudio de Carmen Chinchilla sobre las sociedades públicas y la responsabilidad por sus deudas», *RAP*, n.º 206, 2018.

García Llovet, E.: «Autoridades administrativas independientes y Estado de Derecho», *RAP*, n.º 131, 1993.

García-Manzano Jiménez de Andrade, P.: *Los reglamentos de las Administraciones independientes*, Civitas, 2013.

García Rubio, F.: «Los consorcios locales en el Proyecto de Ley de Régimen Jurídico del Sector Público. Reflexiones necesarias», *DA* (nueva época), n.º 2, 2015.

Gómez-Ferrer Morant, R.: «La sociedad privada municipal concesionaria de servicios públicos», en *Homenaje a Martín Mateo.*

Gómez Jiménez, M. L.: «Organización y funcionamiento del sector público institucional (II)», en Gosálbez Pequeño, H. (dir.), *El nuevo régimen jurídico del sector público*, Wolters Kluwer, 2016.

Gómez Moreno, J. B.: «Agencias estatales: El modelo consolidado en sistemas jurídicos de tradición anglosajona que fracasó en España», *Revista Aragonesa de Administración Pública*, n.º 58, 2022.

Jiménez de Cisneros Cid, F. J.: «Organización instrumental pública en la Ley de Organización y Funcionamiento de la Administración Pública», *DA*, n.os 246-247 (1996-1997) (ejemplar dedicado a *El Gobierno y la Administración*).

Jiménez de Cisneros Cid, F. J. y Gallego Anabitarte, A.: *Los organismos autónomos en el derecho público español: tipología y régimen jurídico*, Ministerio de Administraciones Públicas, 1987.

Jover, J. M.: «La potestad normativa de la CNMC», *RAP*, n.º 211, 2020.

Laguna de Paz, J. C.: «Administraciones independientes», en *Homenaje a Muñoz Machado.*

López Ramón, F.: «El Consejo de Seguridad Nuclear: un ejemplo de Administración independiente», *RAP*, n.º 126, 1991.

Magide Herrero, M.: *Límites constitucionales de las Administraciones independientes*, Ministerio de Administraciones Públicas, 2000.

Malaret García, E.: «La Comisión Nacional del Mercado de Valores: una aproximación a su configuración institucional», *REDA*, n.º 76, 1992.

Martí del Moral, A.: «La incidencia del Derecho comunitario en la formación de las autoridades reguladoras como Administraciones independientes», en *Homenaje a Cosculluela.*

Martín-Caro García, F., Estoa Pérez, A. y Bettschen Capa, B.: *Las agencias estatales*, Iustel, 2007.

Martínez-Alonso Camps, J. L. e Ysa Figuereas, T.: *Las personificaciones instrumentales locales en Cataluña*, INAP, 2003.

Martínez López-Muñiz, J. L.: «El régimen necesariamente jurídico-público de los bienes, contratos, personal y entes instrumentales de los poderes públicos», *RGDA*, n.º 27, 2011.

Mellado Ruíz, L.: «Organización y funcionamiento del sector público institucional», en Gosálbez Pequeño, H. (dir.), *La Ley 40/2015, de 1 de octubre, de Régimen Jurídico del Sector Público y las Administraciones locales*, CEMCI, 2016.

Menéndez, P.: «La veste de fundación pública no determina la naturaleza de la entidad subyacente», en *Homenaje a Fernández Rodríguez.*

Montoya Martín, E.: *Las empresas públicas sometidas al Derecho privado*, Marcial Pons, 1996.

— «Reestructuración de la Administración instrumental y de estructuras asociativas», en Castillo Blanco, F. (coord.), Universidad de Sevilla, 2014.

— «Las sociedades estatales en la Ley 40/2015, de 1 de octubre, de Régimen Jurídico del Sector Público», en López Menudo, F. (dir.), *Innovaciones en el procedimiento administrativo común y el régimen jurídico del sector público*, IGO, 2016.

— «Los entes instrumentales, la doctrina del TC y las leyes de régimen jurídico y de contratos del sector público: algunas reflexiones», en *Homenaje a Menéndez Rexach.*

Nieto Garrido, E.: *El consorcio administrativo*, Cedecs, 1997.

— «El consorcio administrativo», en *Homenaje a Muñoz Machado.*

Núñez Lozano, M. C. y Maldonado Saavedra, S.: «El riesgo de huida silenciosa del Derecho Administrativo», *RAAP*, n.º 77, 2010.

Ortiz Mallol, J.: «La relación de dependencia de las entidades instrumentales de la Administración Pública: algunas notas», *RAP*, n.º 163, 2004.

PALOMAR OLMEDA, A.: «La organización instrumental pública en el ámbito de la Ley de Organización y Funcionamiento de la Administración General del Estado», *DA*, n.os 246-247, 1996-1997.
PÉREZ MORENO, A. (coord.): *La Administración instrumental. Libro homenaje a Manuel Francisco Clavero Arévalo*, Civitas, 1994.
PIÑAR MAÑAS, J. L.: «Fundaciones constituidas por entidades públicas. Algunas cuestiones», *REDA*, n.º 97, 1997.
POMED SÁNCHEZ, L. A.: «Fundamento y naturaleza jurídica de las Administraciones independientes», *RAP*, n.º 132, 1993.
— *Régimen jurídico del Banco de España*, Tecnos, 1996.
PUNSET BLANCO, R.: «La forma de gobierno de las universidades públicas», *RAP*, n.º 162, 2003.
RALLO LOMBARTE, A.: *La constitucionalidad de las Administraciones independientes*, Tecnos, 2002.
REBOLLO PUIG, M.: «Los Consorcios entre Entes Locales como Forma de Cooperación», *Anuario del Gobierno Local*, n.º 1, 1997.
— «Los entes institucionales de la Junta de Andalucía y su utilización como medio propio», *RAP*, n.º 161, 2003.
— «Entidades públicas empresariales», en MUÑOZ MACHADO, S. (dir.), *Diccionario de Derecho Administrativo*, Iustel, 2005.
RIVERO ORTEGA, R.: «Las novedades en la regulación de las entidades instrumentales de naturaleza pública», en LÓPEZ MENUDO, F. (dir.), *Innovaciones en el procedimiento administrativo común y el régimen jurídico del sector público*, IGO, 2016.
— «La aplicación de las Leyes 39 y 40/2015 a las universidades públicas: eliminando interrogantes», *RAP*, n.º 201, 2016.
RODRÍGUEZ PORTUGUÉS, M.: «Las fundaciones del sector público en Andalucía. En especial, las fundaciones públicas locales en la nueva Ley de Autonomía Local de Andalucía», en *Anuario de Derecho de Fundaciones 2010*, Iustel, 2011.
— «Nuevas formas de gestión de los servicios públicos locales: protectorado autonómico frente a autonomía local», en *Forme private e interessi generali: quale ruolo per le fondazioni? Atti del XVIII Congresso dell'Associazione italo-spagnola dei professori di Diritto Amministrativo*, Bononia University Press, 2012.
— «Derechos fundamentales y organización de la transparencia», en LÓPEZ BENÍTEZ, M., FUENTETAJA PASTOR, J. A., RODRÍGUEZ-CAMPOS GONZÁLEZ, S. (coord.), Aranzadi, 2017.
— «Regulación del sector financiero y separación de poderes», *Revista de Fomento Social*, n.º 286, 2017.
SALA ARQUER, J. M.: «El Estado neutral: contribución al Estudio de las Administraciones independientes», *REDA*, n.º 42, 1984.
— «Sociedades mercantiles estatales y sector público», *REDA*, n.º 117, 2016.
SÁNCHEZ MORÓN, M.: «La regulación del sector público institucional en el Proyecto de Ley de Régimen Jurídico del Sector Público», *DA* (nueva época), n.º 2, 2015.
— «El retorno del Derecho Administrativo», *RAP*, n.º 206, 2018.
SANTAMARÍA PASTOR, J. A.: «Los proyectos de Ley del Procedimiento Administrativo Común de las Administraciones Públicas y del Régimen Jurídico del Sector Público: una primera evaluación», *DA* (nueva época), n.º 2, 2015.
SOCIAS CAMACHO, J.: *Fundaciones del sector público*, Iustel, 2006.
SOLANES MULLOR, J.: *Administraciones independientes y Estado regulador: el impacto de la Unión Europea en el Derecho público español*, Congreso de los Diputados, 2016.
SOSA WAGNER, F.: «La fundación en el horizonte de las formas de gestión de servicios públicos locales», en *Homenaje a Martín Mateo.*
SUAY RINCÓN, J.: «Organismos autónomos», en MUÑOZ MACHADO, S. (dir.), *Diccionario de Derecho Administrativo*, Iustel, 2005.
TARDÍO PATO, J. A.: *El Derecho de las universidades públicas españolas*, Promociones y Publicaciones Universitarias, 1994.
— «¿Tiene sentido que las Universidades Públicas dejen de ser Administraciones Públicas en las nuevas Leyes del Sector Público y de Procedimiento Administrativo Común?», *DA* (nueva época), n.º 2, 2015.

Terrón Santos, D.: «A vueltas con las agencias estatales. Un ente público para una crisis», *REDA*, n.º 216, 2021.

Tornos Mas, J.: *Las autoridades de regulación de lo audiovisual*, Marcial Pons, 1999.

Toscano Gil, F.: «La nueva regulación del consorcio local en la Ley de Autonomía local de Andalucía», *REALA*, n.os 313-314, 2010.

— «Otra vez los consorcios administrativos: novedades introducidas por la Ley 40/2015 de régimen jurídico del sector público», *RVAP*, n.º 105, 2016.

Trayter Jiménez, J. M.: «La Administración institucional, el sector público institucional», en *Homenaje a Carro Fernández-Valmayor*.

Vaquer Caballería, M.: *Fundaciones públicas y fundaciones en mano pública: la reforma de los servicios públicos sanitarios*, Marcial Pons, 1999.

VV.AA.: *La Administración instrumental*, Instituto Andaluz de Administración Pública-Junta de Andalucía, 2005.

— «La urgente reforma del sector público», *El cronista del Estado social y democrático de Derecho*, n.º 31, 2012.

LECCIÓN 14

CORPORACIONES DE DERECHO PÚBLICO DE BASE SECTORIAL*

I. RECONOCIMIENTO CONSTITUCIONAL. NATURALEZA Y CARACTERES

1. Reconocimiento constitucional y avatares históricos

Hablamos ya en la lección 1 de las Corporaciones de Derecho público no territoriales o de base sectorial y en la lección 9 aludimos a la descentralización corporativa que es precisamente la realizada en favor de este tipo de entes. Ahora nos ocuparemos concretamente de estas Corporaciones, de sus rasgos generales y de sus muy diversas modalidades. Comencemos por analizar su parcial e inconcreto reconocimiento constitucional.

Los artículos 36 y 52 CE reconocen, respectivamente, la realidad de las organizaciones representativas de profesiones tituladas y de las organizaciones profesionales representativas de intereses económicos. Leyendo conjuntamente ambos preceptos se aprecian como rasgos comunes la existencia de una reserva de Ley para su regulación y la exigencia de que la estructura interna y el funcionamiento de tales organizaciones se atengan a principios democráticos. Evidentemente, el hecho de que ambas previsiones constitucionales coexistan con el derecho de asociación, regulado en el artículo 22 CE, supone, por un lado, que el constituyente —con los matices que, más adelante, pondremos de relieve— no ve incompatible el reconocimiento de aquellas organizaciones con la consagración de este derecho fundamental, y entraña, por otro lado, que ha querido otorgarles un tratamiento constitucional diferenciado. Sin embargo, los preceptos constitucionales reseñados no han establecido —como ha recordado el TC, al menos para las organizaciones profesionales de interés económico— una garantía institucional (STC 132/1989, de 18 de julio), ni han predispuesto tampoco una determinada forma para tales organizaciones. En concreto, no proclaman que hayan de ser precisamente Corporaciones de Derecho público.

Pese a ello, no puede ignorarse que muchas de estas organizaciones profesionales a las que aluden los artículos 36 y 52 CE, gozan de una gran raigambre histórica, anterior en algunos casos al nacimiento del propio Derecho Administrativo, y continuaron existiendo incluso frente a legislaciones poco favorables a su permanencia.

---

* Por Mariano López Benítez. Grupo de investigación de la Junta de Andalucía SEJ-196. Proyecto de la Junta de Andalucía PROYEXCEL_00903.

En relación con lo que acabamos de decir, hay que destacar que los gremios medievales están en la base y constituyen el antecedente histórico más esclarecido de algunas de las Corporaciones que en esta lección se tratan. En este sentido, se ha constatado la existencia de gremios artesanales en algunas partes de Europa en los albores del siglo x. Tales gremios constituyeron en las ciudades un elemento de estructuración social y económica muy fuerte, ya que, como ha destacado Wickham, no sólo regulaban y disciplinaban el ejercicio de los oficios (lo cual, según este autor, pudo significar, por las restrictivas limitaciones que imponían, un retraso de siglos en la implantación del capitalismo industrial), sino que, por la vinculación que establecieron con otras asociaciones como las cofradías religiosas se convirtieron en un camino para hallar nuevas formas de compromiso religioso. Curiosamente, si nos centramos en los Reinos Occidentales españoles de la Baja Edad Media (estudiados por B. Caunedo) se observa la pujanza que en ellos —y, particularmente en Castilla— adquieren las denominadas cofradías de oficios (de comerciantes, mercaderes, recueros, zapateros, sastres, etc.), que, aglutinando a todas las personas de un mismo menester o profesión, establecían la reglamentación técnica de los productos, aseguraban el abastecimiento y calidad tanto de éstos como de las materias primas, y propiciaban en muchos casos funciones religioso-asistenciales (de ahí la colocación de cada oficio bajo la protección de un santo patrono) y de socorro mutuo entre sus miembros. Solían constituirse más tarde que el oficio que encarnaban, y generalmente a iniciativa de algunos de sus miembros. Gozaban de unas ordenanzas y de una estructura administrativa (cabildos, mayordomos, prohombres, tesoreros, escribanos, etc.) que les venían aprobadas y concedidas por un privilegio real.

Siglos adelante, todos los denominados «cuerpos intermedios», incluidos los gremios y corporaciones antecedentes de los que aquí tratamos, tuvieron que enfrentarse, como ha estudiado Cosculluela, con la prohibición establecida ya en los inicios de la Revolución Francesa: «Tous les privilèges corps et communautés son abolis sans retour et demeurent confondus dans le droit commun de tous les français». Consecuencia y desarrollo de esta prohibición general, fueron la Ley *Allarde* (2 de marzo de 1791), que prohibió los gremios y las organizaciones representativas de intereses económicos, y la Ley *Chapelier* (14 de junio de 1791), que hizo lo propio con las profesionales, prohibiendo que los ciudadanos de una misma profesión nombrasen presidente, secretario o síndicos, así como tomar acuerdos o deliberar sobre sus intereses comunes. Sin embargo, la resistencia de muchas de estas Corporaciones fue intensa, reinventándose y acogiéndose a fórmulas organizativas variopintas. La evolución histórica experimentada en nuestro ordenamiento por las Cámaras de Comercio resulta altamente reveladora. Pero lo mismo podría decirse con respecto a los Colegios Profesionales, que gozan de raíces históricas muy profundas.

En cambio, la creación de otras organizaciones configuradas como Corporaciones de Derecho Público se vincula a circunstancias y contextos político-legislativos muy diferentes y más cercanos, además de no tener ningún reconocimiento constitucional.

Algunas se consolidaron como fruto de las concepciones del precisamente denominado «Estado corporativo» del fascismo italiano y del similar Nacional-sindicalismo español que propició durante el franquismo que hasta los sindicatos tuvieran la consideración de Corporaciones de Derecho público. En ese contexto, además de los sindicatos, se afianzaron otras Corporaciones de Derecho Público (como las Cámaras Agrarias o las de la Propiedad Urbana) que son las que, a raíz de la Constitución han ido progresivamente reduciendo su protagonismo hasta el punto de desaparecer o de restringir su papel a aspectos muy marginales. Y otras Corporaciones de Derecho Público han nacido o se han configurado como tales más recientemente al socaire de nuevas necesidades.

2. Su naturaleza corporativa: significado y caracteres

Aquellas organizaciones de raigambre histórica y algún reflejo en la Constitución y otras más recientes y sin ningún respaldo constitucional han asumido en nuestro ordenamiento jurídico el ropaje de Corporaciones de Derecho Público. Pero ello no clarifica del todo su naturaleza jurídica, que es polémica. Así, junto a quienes las consideran un tipo más de Administraciones públicas —la que llaman Administración corporativa—, están quienes estiman que se trata de sujetos que, aunque sean de Derecho público y aunque en determinados casos desempeñen funciones públicas y queden parcialmente sometidos al Derecho Administrativo, no tienen la condición de Administración pública. Aunque avanzamos ya nuestra posición en la lección 1 (no son propiamente Administraciones públicas), repasemos los caracteres que las adornan lo que permitirá afrontar con más conocimiento la cuestión de su naturaleza jurídica.

A) Su carácter de Corporaciones, dentro de la *summa divisio* que nuestro Código Civil (art. 35) establece en relación con la clasificación de las personas jurídicas, nos sitúa ante una *universitas personarum*. Están integradas por las personas que comparten y ejercen una misma profesión titulada (la abogacía, la medicina, la arquitectura, etc.) o que ponen sus oficios y artes al servicio de un mismo sector económico (los comerciantes, industriales y nautas respecto a las Cámaras de Comercio, Industria, Navegación y Servicios; los profesionales de la pesca, en lo atañedero a las Cofradías de Pescadores, etc.). Tales personas no sólo son las que conforman el sustrato social de la Corporación, sino que son también quienes integran sus órganos de gobierno y delinean a través de éstos los actos de voluntad de la Corporación, comenzando por sus propios estatutos y reglas de funcionamiento.

Ahora bien, lo anterior no significa que exista en todo caso una obligatoriedad de pertenencia a estas Corporaciones.

Tradicionalmente se entendía que la adscripción o colegiación obligatoria era un rasgo consustancial a la propia naturaleza de las Corporaciones. Sin embargo, el TC ha ido tejiendo una compleja casuística al respecto, de tal modo que, en la actualidad, el panorama con el que nos encontramos es muy variable: hay, en primer lugar, Corporaciones sectoriales en las que la afiliación es obligatoria, debido a que tal afiliación obligatoria resulta la mejor manera de alcanzar los fines públicos que la Corporación tiene encomendados y de garantizar los derechos de quienes reciben los servicios de ellas. No sin vacilaciones jurisprudenciales (STC 179/1994, de 22 de junio), este es el caso de las Cámaras de Comercio y de algunos Colegios Profesionales. En segundo lugar, existen también Corporaciones con respecto a las cuales, atendiendo a los fines que desenvuelven, no se estima necesario establecer la afiliación obligatoria: tal es el caso, por ejemplo, de las Cofradías de Pescadores y de ciertos Colegios Profesionales. Finalmente, existen supuestos intermedios en que, siendo voluntaria la afiliación a la Corporación, se otorga, no obstante, la condición de miembro (y, consiguientemente, también de elector) a todas las personas que ejercen la actividad profesional objeto típico de la Corporación. Las Cámaras Agrarias, aún existentes en algunas Comunidades Autónomas, son ejemplo de esto último. De todos modos, hay que subrayar que, aún en los casos en que la afiliación no es obligatoria, no cabe equiparar las Corporaciones de las que hablamos a las meras asociaciones ya que, aun en estos casos, las Corporaciones no nacen de la libre voluntad de sus miembros, sino de un acto normativo.

Muy vinculado al régimen, voluntario u obligatorio, de afiliación o adscripción a las Corporaciones está el tema de si los miembros tienen o no la obligación de pagar cuotas para el sostenimiento de la Corporación. Históricamente, la adscripción obligatoria a las Corporaciones tenía su corolario en la obligatoriedad también de pagar cuotas o derramas, ingresos a los que en muchos casos se les atribuía naturaleza tributaria y se les respaldaba con la posibilidad de acudir a la vía de apremio administrativo para asegurar su cobro. Con respecto a las Comunidades de Usuarios las cosas aún siguen siendo así. Sin embargo, también aquí el escenario ha cambiado de manera relevante, ya que existen incluso Corporaciones de adscripción obligatoria —Cámaras de Comercio— frente a las cuales sus miembros no tienen obligación de pagar cuota o derrama alguna, más allá de lo que decidan con carácter voluntario. Por lo demás, en la mayoría de los casos en que la colegiación o afiliación es obligatoria y las cuotas de afiliación o colegiación gozan de igual carácter, éstas han perdido toda naturaleza tributaria, asumiendo la condición de ingresos cuya reclamación, en caso de impago, se efectúa ante la jurisdicción civil, todo ello sin perjuicio de que tal impago pueda constituirse también tanto en el presupuesto de hecho para el ejercicio de las potestades disciplinarias corporativas como para acordar la baja corporativa [SSTS 1642/2019, de 28 de noviembre, rec. cas, 7002/2018 y 901/2020, de 1 de julio, rec. cas. 438/2019].

B) Dentro del amplio concepto de «Corporación», las Corporaciones de las que aquí hablamos, tienen la calificación de Corporaciones sectoriales, lo que significa que, a diferencia de las Corporaciones Locales, carecen de una base territorial. Dicha afirmación precisa de todos modos alguna explicación adicional, ya que la organización o la delimitación del sistema territorial de este tipo de Corporaciones representa uno de los aspectos que el legislador suele regular con mayor mimo, no siendo infrecuente, como veremos, que muchas de estas Corporaciones se estructuren territorialmente en demarcaciones provinciales. Lo que pretendemos decir cuando afirmamos que carecen de una base territorial es que no son entes territoriales en el sentido que ya se expuso en la lección 1, de modo que sus miembros no son todas las personas que se asientan sobre un territorio, sino únicamente aquellas que guardan relación profesional con un determinado sector. La Corporación sectorial no tiene, por tanto, poderes y competencias universales, y los que tiene únicamente puede ejercerlos sobre sus miembros.

Aparte de lo que se ha indicado acerca de la pertenencia obligada o no a estas Corporaciones, el carácter sectorial implica que las normas y acuerdos colegiales carecen de ese alcance general que el artículo 8.1 CC traza para las leyes de policía. Por ejemplo, un Colegio de Abogados sólo puede aplicar sus normas y ejercer, en su caso, la potestad disciplinaria sobre sus colegiados, no así sobre sus clientes o sobre las personas que, por determinadas razones, puedan estar en un momento dado en la sede colegial. Esto no significa, sin embargo, que los actos colegiales carezcan siempre y en todo caso de eficacia frente a terceros. Cuando ejercitan funciones públicas las actuaciones colegiales proyectan sus efectos sobre terceros, ajenos en principio a la organización colegial. Pongamos un ejemplo. La Ley de Asistencia Jurídica Gratuita (Ley 1/1996, de 10 de enero) descentraliza en los Colegios de Abogados y Procuradores la designación de abogado y de procurador de oficio para una persona carente de recursos económicos para litigar. Obviamente, esta persona no sólo resulta concernida por la designación que el Colegio haga, sino que puede efectuar quejas por el desempeño que el abogado o procurador designado haga de su oficio (art. 42) e, incluso, reclamar responsabilidad patrimonial ante el propio Colegio por el funcionamiento de los servicios de asistencia jurídica gratuita (art. 26).

C) Su personificación es de Derecho público. Este carácter es, sin duda, el que en mayor grado ha contribuido a oscurecer su naturaleza jurídica. Se ha entendido que ser una Corporación de Derecho Público determinaba automáticamente asumir la condición de Administración pública. Sin embargo, pasando por alto el dato de que en última instancia toda atribución de personalidad jurídica reviste, como advirtiera Santi Romano, un carácter de Derecho Público, porque proviene de la atribución o reconocimiento que efectúa el propio Estado, el hecho es que, en el caso de estas Corporaciones, tener una personificación jurídico-pública solo entraña establecer, por un lado, una más ajustada correlación entre el mundo subjetivo de las formas y el ámbito objetivo de las funciones, y resaltar, por otro, una serie de rasgos que concurren en ellas.

En concreto, esta personificación jurídico-publica entraña lo siguiente:

— El nacimiento de una Corporación sectorial es una creación legal, del poder público, al igual que su extinción.

A diferencia de las asociaciones en las que el *pactum associationis* es el que determina la voluntad de crear la asociación de que se trate, en el caso de las Corporaciones la voluntad de sus miembros no resulta suficiente para dar origen a la Corporación, aunque, en ocasiones, tal voluntad sí se contemple como una especie de requisito de seriedad para que el Poder Público pueda proceder a la creación de aquella. Una Corporación concreta —el Colegio de Abogados de Jaén o la Cámara de Comercio de Málaga— nace de una decisión del Poder Público —que la mayoría de las veces combina una decisión general de la Ley y una actuación más concreta de la Administración—. Igual acontece con su extinción. Mientras una asociación puede ser disuelta libremente por la voluntad de sus miembros, existe, en cambio, una resistencia legal a disolver una Corporación: los intereses que la Corporación actúa, llevan a que, antes de declarar la extinción de una Corporación, se agoten todas las posibilidades legales existentes, desde la sustitución de las personas titulares de sus órganos de gobierno hasta la designación de una comisión gestora, pasando por una nutrida serie de fórmulas intermedias.

— La Ley es también la que determina la manera en que una Corporación sectorial se inserta en el sistema administrativo: diseña su ámbito territorial de actuación; determina quiénes son sus miembros, cómo se adquiere tal condición y si la pertenencia a la Corporación es obligatoria o no; traza los fines y funciones que la Corporación debe desarrollar así como el marco de relaciones que entabla con la Administración, sin duda, más intenso que el existente para con las asociaciones.

La personificación jurídico-pública de las Corporaciones sectoriales no sirve, pues, para conferirle a éstas la cualidad de Administraciones públicas, pero sí para subrayar la particular naturaleza que este tipo de Corporaciones poseen, tanto en lo que se refiere a su diferenciación con respecto a las asociaciones y a las personas de derecho privado que ejercen funciones públicas, como en lo que atañe a los intereses que representan y a las especiales relaciones que establecen con las Administraciones públicas. En reiteradas ocasiones, el TC ha afirmado que las Corporaciones «participan de la naturaleza de Administraciones Públicas», expresión feliz ideada por García de Enterría, que igualmente se ve reflejada en las normas generales y específicas por las que las Corporaciones se rigen. Con ello, el TC lo que ha querido resaltar es que las Corporaciones sectoriales se comportan como «instrumentos de la acción Administración» en el logro de los intereses públicos (STC 132/1989, de 18 de julio).

Recientemente, lo ha recordado también la STS 1402/2021, de 30 de noviembre —rec. cas. 1787/2020— a propósito de la aplicación del régimen de incompatibilidades del sector público a los cargos directivos de los Colegios.

D) Característica que singulariza a las Corporaciones de Derecho Público representativas de intereses económicos o profesionales es el haz de funciones que desempeñan. A diferencia de las asociaciones, las Corporaciones de las que hablamos se caracterizan sobre todo por la normalidad con que ejercen funciones públicas, unas atribuidas directamente por la Ley y otras delegadas por las Administraciones. El número de funciones públicas que se atribuyan o delegan a estas Corporaciones no es, sin embargo, homogéneo, sino que depende del tipo de Corporación sectorial. Además, no todas las funciones públicas asignadas revisten la misma importancia, lo que, según tendremos ocasión de desarrollar al hilo de la exposición relativa a cada Corporación, posee consecuencias sobre aspectos muy relevantes de su régimen jurídico. De acuerdo con el TC, sí puede estimarse que hay un núcleo mínimo de funciones públicas que se hace presente en casi todos los tipos de Corporaciones, el concerniente a ser entes de consulta y colaboración con las Administraciones públicas, extremo que pervive incluso con respecto a aquellas Corporaciones —como, por ejemplo, las Cámaras Agrarias— que en el camino se han dejado la exclusividad en la representación de los intereses económicos.

Junto a ese cúmulo variable de funciones públicas, las Corporaciones ejercen como función propia la prestación de servicios a sus miembros y la representación y defensa de sus intereses económicos y corporativos [art. 15.1.*c*) y 3 de la Ley del Proceso Autonómico], funciones que se desglosan en una serie interminable de competencias enumeradas por las respectivas Leyes y Estatutos corporativos. A tales funciones se las denomina convencionalmente funciones privadas por contraposición a las públicas. Sin embargo, tal distinción no está carente de matices. Las funciones privadas que las Corporaciones realizan también revisten importancia para el interés general; al interés público no le resulta del todo indiferente que un Colegio o una Cámara de Comercio aglutine e integre los intereses y aspiraciones de la profesión o del sector económico que tiene encomendados, ya que la correcta autoadministración de sus propios intereses resulta también importante para la Administración en la medida en que ésta ha confiado en ellas su autoorganización y ordenación, relevándola de asumir tales cometidos. Por otra parte, el interés corporativo no puede ser confundido con el interés individual de cada uno de los miembros que integran la Corporación, ni siquiera con lo que sería la resultante de la suma de tales intereses individuales. El interés corporativo es otra cosa distinta que se halla a medio camino entre el interés puramente privado y el interés público o general: es un interés social que resulta relevante y decisivo para una correcta conformación de una parte del interés público.

Respecto a la delimitación de los intereses corporativos, el Tribunal Supremo ha aclarado, en relación con declaraciones de índole política efectuadas por algunos colegios profesionales, que «una corporación de derecho público, representativa de una profesión y a la que es obligatorio afiliarse para ejercerla, no puede abandonar la posición de neutralidad que le es propia en ese campo para asumir posiciones ideológicas o políticas de parte, desconectadas además de los intereses profesionales a los que debe servir», estableciendo, como doctrina casacional, «que no es ajustado a Derecho que un colegio profesional —ni, en su caso, el correspondiente Consejo General— tome oficialmente postura sobre cuestiones políticas que dividen a la sociedad y son ajenas a la función de defensa de los intereses profesionales, en especial cuando sobre ellas existe discrepancia entre los colegiados» [STS 922/2019, de 27 de junio —rec, cas. 2352/2017—].

E) En general, el carácter de las funciones que, en cada caso, ejerzan las Corporaciones determina también su sujeción o no al Derecho público, aunque por las razones ya apuntadas hay aspectos que, sin ser ejercicio de funciones públicas, quedan sometidos, sin embargo, al Derecho público en razón de la importancia que su regulación tiene para el interés general. Tal cosa sucede con lo relativo a la organización y el funcionamiento interno de los entes corporativos, y a los procesos electorales mediante los que se conforman sus órganos.

El artículo 2.4 LPAC preceptúa que las Corporaciones de Derecho Público, se regirán por su normativa específica en el ejercicio de las funciones públicas que les hayan sido atribuidas por Ley o delegadas por una Administración pública, y supletoriamente por la LPAC. Sin embargo, este artículo 2.4 no dice que esta legislación específica sea de Derecho Administrativo, ni tampoco que en todo lo demás le sea aplicable el Derecho Privado. En materia de control judicial, el artículo 2.*c*) LJCA sujeta al conocimiento de la jurisdicción contencioso-administrativa, «los actos y disposiciones de las Corporaciones de Derecho Público, adoptados en el ejercicio de funciones públicas». Ahora bien, en línea con lo anteriormente desarrollado, resulta verdaderamente significativo que ninguna de estas Leyes las conceptúe como Administraciones públicas. Como tampoco lo hacen otras normas vertebrales de nuestro ordenamiento —como la LGP—, que ni tan siquiera la menciona. Saliendo al paso de las críticas que doctrinalmente se habían formulado (G. Fernández Farreres), la LCSP sujeta las Corporaciones de Derecho Público a su ámbito de aplicación «cuando cumplan los requisitos para ser poder adjudicador» (art. 3.5), previsión que, como hemos expuesto en otra sede, plantea más problemas que soluciones, ya que no resulta fácil aplicar los caracteres de los Poderes Adjudicadores a gran parte de las Corporaciones aquí tratadas. Finalmente, el hecho de que la LRJSP no aluda a las Corporaciones de Derecho dentro de su ámbito de aplicación, tiene que ver tanto con que no las considera integrantes del sector público como que su regulación en nada se somete a las previsiones de dicha Ley, sino a su legislación básica y específica que se estudia en el presente tema.

F) Por último, la particular relación que las Corporaciones de Derecho Público tienen con las Administraciones determina que queden sujetas a la tutela administrativa. Hay que indicar que estas potestades de tutela, que siempre deben venir atribuidas por Ley y tienen carácter tasado, abarcan toda la vida del ente corporativo, sin ceñirse a los aspectos públicos. Normalmente, la tutela es ejercida por la Administración autonómica, aunque, por razón de la actividad, se dan supuestos en que las potestades de tutela son actuadas por la Administración del Estado, e, incluso, a veces, por una Administración institucional.

3. Regulación general y distribución de competencia legislativa

La regulación de las Corporaciones de Derecho Público sectoriales se realiza a través de normas específicas para cada una de sus clases, en algún caso, anteriores a la Constitución de 1978, aunque objeto de abundantes modificaciones posteriores. En esa regulación hay normas estatales básicas y autonómicas en virtud de una compleja distribución de competencias legislativas.

El legislador estatal, en virtud de las competencias que ostenta sobre el régimen jurídico de las Administraciones Públicas (art. 149.1.18.ª CE), ha procedido a dictar las bases comunes a todas las Corporaciones que se contienen en el artículo 15 de la

Ley del Proceso Autonómico, y además, en muchos casos, a dictar la normativa básica para cada tipo de Corporación en la medida en que éstas, aun no siendo Administraciones públicas, participan, como hemos dicho, de su naturaleza.

Esta distribución de competencias se refleja en el artículo 79 EAA.

II. CORPORACIONES REPRESENTATIVAS DE INTERESES SOCIALES Y ECONÓMICOS

1. Las Cámaras de Comercio, Industria, Servicios y Navegación

Las Cámaras Oficiales de Comercio, Industria, Servicios y Navegación son una de las Corporaciones sectoriales representativas de intereses económicos que gozan de mayor historia, arraigo e implantación. Probablemente también sean las que han experimentado mayores cambios legislativos en las últimas épocas; constituyendo la Ley 4/2014, de 1 de abril, el último hito de esta sucesión continuada de regulaciones. La Ley 4/2014, de 1 de julio —LBCOCISN—, que además ha cambiado la denominación tradicional de estas Corporaciones añadiendo la referencia al sector *servicios*, representa la nueva norma básica en la regulación de esta clase de entidades y ya ha sido objeto de desarrollo legislativo por parte de bastantes Comunidades Autónomas.

Prescindiendo en este lugar de los antecedentes más remotos que las actuales organizaciones pudieran encontrar en los gremios (influencias bien destacadas por Cosculluela), y centrándonos en las evoluciones experimentadas por las Cámaras de Comercio en España a partir del siglo XIX, hay que aislar varias etapas. La primera viene representada por el Real Decreto de 9 de abril de 1886 que las configuró como Asociaciones de carácter voluntario: «Las Asociaciones de carácter permanente que, usando de su libertad constitucional funden los comerciantes, industriales, navieros y capitanes de la Marina Mercante de altura, se considerarán como Cámaras Oficiales de Comercio, Industria y Navegación para los efectos de este Decreto, si en su constitución y régimen se acomodan a las bases siguientes». Como explicó Nieto, a finales del siglo XIX, en el momento de enfrentarse el legislador con la tarea de revivir las Cámaras de Comercio, existían en España restos de una vieja organización corporativa, que se hallaba en una situación de postración debido entre otros factores a que nuestro Derecho había compartido los recelos del ordenamiento francés hacia la existencia de cuerpos intermedios. Por eso, el Real Decreto de 1886 contempla la creación de las Cámaras como una creación *ex novo*.

La segunda etapa, presidida por el Real Decreto de 21 de junio de 1901, «reconstituye» las Cámaras como establecimientos públicos, noción extraña a nuestra tradición jurídica y que en Francia, lugar desde el que se importó, abrazaba dos realidades diferentes: por un lado, la relativa a unos órganos administrativos que atendían finalidades de un marcado carácter técnico para lo que requerían un cierto grado de autonomía financiera y patrimonial; y, por otro lado, la concerniente a una serie de organizaciones, entre ellas las *Chambres de Commerce*, que gestionaban los denominados *intérêts speciaux* y en razón de lo cual quedaban sujetos a estrictos controles sobre su nacimiento y actividad. En España, la Ley de Bases de 29 de junio de 1911 (complementada por el Real Decreto de 29 de diciembre del mismo año) consolidó tal consideración.

Por último, el artículo 1 del Reglamento General de Cámaras de Comercio de 2 de mayo de 1974 pasó a considerar las Cámaras de Comercio como Corporaciones de Derecho Público, dependientes del Ministerio de Comercio y Turismo; calificación que han mantenido hasta nuestros días tanto la Ley 3/1993 de Cámaras Oficiales de Comercio, Industria y Navegación, como la vigente.

Como decimos más arriba, además de haberse producido ya el Reglamento General de desarrollo de la Ley Básica estatal (RD 669/2015, de 17 de julio), han sido ya bastantes las Comunidades que han adecuado su legislación de desarrollo a las previsiones de la nueva normativa básica: Asturias (Ley 8/2015, de 20 de marzo); Aragón (Ley 3/2015, de 25 de marzo); Comunidad Foral de Navarra (Ley Foral 17/2015, de 10 de abril); Murcia (Ley 12/2015, de 30 de marzo); Valencia (Ley 3/2015, de 2 de abril); La Rioja (Ley 3/2015, de 23 de marzo); Madrid (Ley 2/2014, de 16 de diciembre); Canarias (Ley 10/2019, de 25 de abril); Islas Baleares (Ley 1/2017, de 12 de mayo); Castilla-La Mancha (Ley 6/2017, de 14 de diciembre); Extremadura (Ley 3/2018, de 21 de febrero) y Castilla y León (Ley 8/2018, de 14 de diciembre). En Andalucía, rige la Ley 4/2019, de 19 de noviembre (LCOCINA). No obstante, otras Comunidades Autónomas (como el País Vasco, mediante el Decreto 78/2015, de 26 de mayo), ha producido regulaciones más modestas que sólo abordan aspectos muy parciales de la nueva Ley Básica como la composición de los órganos de gobierno de las Cámaras y el procedimiento electoral (Decreto 189/2018, de 9 de octubre); y otras, como Cataluña (Ley 14/2002, de 27 de junio) o Galicia (Ley 5/2004, de 8 de julio), siguen ateniéndose a la legislación emanada con anterioridad a la nueva normativa básica estatal.

En el marco de los genéricos fines de representación, promoción, y defensa de los intereses generales relacionados con el comercio, la industria, los servicios y la navegación, y de prestación de servicios a las empresas que ejerzan las indicadas actividades, la LBCOCISN delinea las funciones de las Cámaras, distinguiendo entre funciones público-administrativas y funciones privadas (art. 5). Entre las primeras, junto a las de ser órganos de colaboración, consulta y asesoramiento de las Administraciones públicas en las materias relacionadas con su objeto, la LBCOCISN detalla una amplia serie de funciones público-administrativas (art. 5.1 y 2) para cuya asignación no sigue, por cierto, criterios ni técnicas uniformes y homogéneos.

Ciertamente, no resulta fácil comprender la sistematización de las funciones público-administrativas que efectúan los apartados 1.º y 2.º del artículo 5 de la LBCOCISN. Para empezar, conforme a lo que establece su disposición final 1.ª únicamente su apartado 1.º goza de la condición de precepto básico; circunstancia que, como decimos, hace muy complicada la comprensión del apartado 2.º, cuya vocación inicial parece que iba dirigida a que las Leyes autonómicas asignasen a las Cámaras algún grado de participación con respecto a las materias que dicho apartado enuncia. Desprovisto, sin embargo, tal apartado de su condición básica no se adivina tarea fácil desentrañar su significado. Por otra parte, pese a los rotundos términos con que se pronuncia el apartado 1.º («Las Cámaras... *tendrán* las siguientes funciones de carácter público-administrativo), lo cierto es que muchas de las funciones que allí aparecen enunciadas remiten a normativas posteriores o a los requerimientos que, para tales menesteres, puedan formularles, en su caso, las Administraciones.

En lo que respecta a las funciones de colaboración de las Cámaras, caben destacar, a título de ejemplo, los Convenios firmados con el INEM para la realización de programas de formación profesional en la empresa (Resolución de 27 de abril de 2021); con el ICEX, para la gestión de las ayudas relativas a la promoción de la internacionalización de la empresa española (Resolución de 29 de abril de 2021); o con el Ministerio de Política Territorial, para la identificación de las cargas administrativas y su reducción (Resolución de 24 de mayo de 2021). En alguna Comunidad Autónoma, como Asturias, se han firmado convenios para el desarrollo de actividades que complementen la formación y permitan el aprovechamiento de las capacidades profesionales del personal militar, fomentando su incorporación al ámbito laboral civil (Resolución 420/38343/2021, de 8 de septiembre). La Ley de Emprendimiento de Andalucía (Ley 3/2018, de 8 de mayo), prevé expresamente que la Consejería promoverá la participación e iniciativa de las Cámaras en las actividades de emprendimiento (art. 7.3).

Para facilitar el ejercicio de las funciones público-administrativas de las Cámaras se ha suscrito igualmente un convenio con la Agencia Tributaria para la cesión de la información de carácter tributario (Resolución de 3 de diciembre de 2019).

Por otra parte, con respecto a las funciones que la LBCOCISN denomina privadas, las Cámaras resultan habilitadas para prestar en régimen de libre competencia todas aquellas actividades que contribuyan a la defensa, apoyo o fomento del comercio, la industria, los servicios y la navegación, o que sean de utilidad para el desarrollo de las indicadas finalidades, tales como el desempeño de actividades de mediación y arbitraje, la prestación de servicios de certificación y de homologación a las empresas, la gestión de bolsas secundarias y lonjas de contratación, etc. En la medida en que la LBCOCISN ha suprimido el tradicional recurso cameral permanente —que, como exacción de naturaleza parafiscal, las Cámaras percibían de sus miembros—, la prestación de tales servicios se constituye ahora en una de las principales fuentes de financiación de las Cámaras, en unión de las aportaciones voluntarias que puedan realizar las empresas y entidades comerciales y de los productos y rentas que generen sus propios patrimonios.

No obstante, que la nueva regulación básica haya terminado con el recurso cameral, no es óbice para que la pertenencia a las Cámaras continúe siendo obligatoria. De oficio quedan adscritos a las Cámaras en cuya circunscripción tengan establecimientos, delegaciones o agencias todas las personas físicas o jurídicas, nacionales o extranjeras, que ejerzan actividades comerciales, industriales, de servicios o navieras dentro del territorio nacional. La adscripción determina además que la persona o empresa de que se trate quede inscrita en un censo público que servirá, a su vez, como base para la formación del censo electoral utilizado para la integración de sus respectivos órganos de gobierno (Pleno, Comité Ejecutivo y Presidente).

El artículo 7 LBCOCISN excluye del censo de las Cámaras a las personas que desarrollen actividades agrícolas, ganaderas y pesqueras de carácter primario, a las personas físicas que presten servicios de mediadores de seguros y reaseguros privados, y a los profesionales liberales. La razón de excluir las actividades agrícolas, ganaderas y pesqueras puede deberse a dos factores: por un lado, posiblemente pese el hecho de que, para el sector de la pesca, existan, como vamos a ver más adelante, otras estructuras corporativas *ad hoc*: las Cofradías de Pescadores; consideración que, por analogía, podría extenderse a las legislaciones autonómicas que aún mantienen el tenue latido de las Cámaras Agrarias. No obstante, una razón de mayor peso, puede estar en la concepción antiagrarista que rezuma el Código de Comercio y que le llevó en su momento a excluir de su ámbito de aplicación toda actividad que se relacionase con la agricultura y la ganadería.

En lo que concierne a la organización, las Cámaras cuentan, como decimos, con un Pleno, compuesto por un número de entre 10 y 60 vocales, que son elegidos por entre los distintos grupos en que se agrupan los miembros de las Cámaras (art. 10.2 LBCOCISN). El Pleno, a su vez elige de entre sus miembros a los que integrarán, su Comité Ejecutivo, órgano encargado de la gestión, administración y propuesta de la Cámara. Tanto el Pleno como el Comité Ejecutivo cuentan con un Presidente elegido por aquél y a quien compete la representación de la Cámara y la responsabilidad de la ejecución de los acuerdos de todos sus órganos.

Desde el punto de vista de su ámbito territorial, la LBCOCISN, aunque impone la existencia, como mínimo, de una Cámara por provincia, prevé que sea el legislador autonómico el que determine la demarcación territorial más idónea de acuerdo con la realidad económica y empresarial de cada Comunidad Autónoma. De este modo, resulta factible que en una provincia coexistan varias Cámaras, cada una con su propio ámbito territorial. Igualmente, se permite que determinados servicios de una Cámara puedan ser prestados por otra, perteneciente incluso a una Comunidad Autónoma diferente. También es frecuente que las Leyes autonómicas creen un consejo en el que se integren y estén representadas todas las Cámaras existentes en la Comunidad Autónoma.

La Ley de Cámaras de Comercio, Industria y Navegación de Andalucía (LCOCINA), que respeta la idea de que en cada provincia exista, al menos, una Cámara (art. 9.2), permite, por un lado, la existencia de Delegaciones Territoriales, que actuarán como órganos desconcentrados de la Cámara «en aquellas zonas o áreas en las que su importancia económica lo aconseje» (art. 11). Por otro lado, prevé que únicamente puedan crearse nuevas Cámaras «sobre la base de intereses comerciales, industriales, de servicios y navieros específicos» y «siempre que la nueva Cámara a crear cuente con recursos suficientes», extremo que la Ley cuantifica en que los ingresos previstos asciendan, como mínimo, al diez por ciento de los ingresos de todas las Cámaras de Andalucía durante el último ejercicio (art. 12.1). Junto a ello, se establece la posibilidad de que se creen nuevas Cámaras mediante integración de una o más Cámaras en otra, o mediante la fusión de dos Cámaras. Ambos procesos pueden ser voluntarios o forzosos (pensados especialmente para los casos de disolución, suspensión o inviabilidad económica de una Cámara), pudiendo ser, los primeros, adoptados por los Plenos de las Cámaras concernidas; y, los segundos, por Decreto del Consejo de Gobierno (art. 13). Más ambiguamente que el art. 5.3 de la anterior Ley de Cámaras de Comercio de Andalucía de 2001, el art. 9.1 de la nueva parece seguir exigiendo que no existan Cámaras cuya demarcación no coincida, al menos, con un término municipal; previsión lógica, pues otra cosa llevaría tanto a una dispersión cameral poco deseable, como a la elección de un escalón territorial poco propicio para la prestación de los servicios y funciones públicas que las Cámaras tienen atribuidas. En atención a ello, en Andalucía existe una Cámara de Comercio en cada una de las provincias, y existen además otras Cámaras de ámbito infraprovincial en Andújar, Campo de Gibraltar, Jerez de la Frontera, Linares y Motril. No obstante, en la actualidad, la Cámara de Comercio de Jaén se encuentra en fase de liquidación (Orden de 21 de septiembre de 2021 y Resolución de 17 de noviembre de 2021), ya que, mediante Orden de 12 de mayo de 2021, se declaró su extinción.

Sustituyendo al Consejo Superior de Cámaras de Comercio —concebido por la legislación básica derogada como una Corporación de segundo grado—, la LBCOCISN crea, como Corporación de Derecho Público, la Cámara Oficial de Comercio, Industria, Servicios y Navegación de España, en la que se integran (siguiendo los criterios establecidos por la Orden ICT/998/2018, de 24 de septiembre), representantes de las Cámaras de Comercio de las Comunidades Autónomas y ciudades de Ceuta y Melilla, las grandes empresas de mayor contribución, las organizaciones empresariales y de autónomos, los Ministerios competentes por razón de la materia y las Federaciones de las Cámaras Oficiales españolas en el extranjero. Además de actuar como órgano consultivo y de colaboración de la Administración del Estado, esta Cámara gestiona el Plan Cameral de Internacionalización y el Plan Cameral de Competitividad.

La Orden ECC/953/2015, de 14 de mayo, aprueba el Reglamento de Régimen Interior de esta Cámara. El Plan Cameral de Internacionalización es elaborado por esta Cámara y aprobado por el Ministerio de Economía y Competitividad, previa consulta con las Comunidades Autónomas. Dicho Plan abarca la descripción de actuaciones de interés general en las áreas de formación e información, dirigidas prioritariamente a promover la adquisición en el exterior de bienes y servicios producidos en España y cualquier otra relativa a la operativa de comercio internacional. El Plan Cameral de Competitividad es un plan suscrito bianualmente entre la Cámara de España y el Ministerio de Economía y Competitividad para la mejora de la competitividad de las empresas españolas. En particular, tal Plan implica de manera muy decidida a las Cámaras en su desarrollo y en el apoyo a las PYMES. Mediante Orden ECC/1727/2016, de 27 de octubre, se ha regulado el procedimiento de aprobación del Plan General de Internacionalización, se han fijado los términos del convenio para su ejecución y se han desarrollado ciertas funciones relativas a la tutela de comercio exterior.

Dentro del papel de colaboración de la Cámara de España con la Administración, resulta de interés reseñar que, por RD 801/2022, de 4 de octubre, se ha otorgado a aquella una subvención directa para la realización de las actuaciones dirigidas a garantizar la información, asesoramiento y acompañamiento de los ciudadanos susceptibles de acudir al procedimiento de acreditación de las competencias profesionales adquiridas por experiencia laboral, en el marco del Plan de Recuperación, Transformación y Resiliencia. Asimismo, por Resolución de 14 de julio de 2020, la Cámara de España ha firmado un convenio con el Ministerio de Industria para la realización de acciones de activación del comercio.

A imagen del Consejo estatal de Cámaras, las legislaciones autonómicas también han creado Consejos Autonómicos. En Andalucía, el art. 61 LCOCINA configura el Consejo Andaluz de Cámaras de Comercio como una Corporación de Derecho Público integrado por todas las Cámaras de Andalucía, así como por representantes de las organizaciones empresariales más representativas. Actúa como órgano de asesoramiento y colaboración de la Administración de la Junta de Andalucía y restantes instituciones autonómicas para la representación, relación y coordinación de las Cámaras de Andalucía. Entre sus funciones, muy pormenorizadas por su art. 62, descuellan las de informar preceptivamente los proyectos de disposiciones generales que afecten directamente los intereses generales del comercio, la industria, los servicios y la navegación, así como los expedientes de creación, fusión, integración, suspensión, disolución y extinción de las Cámaras y los relativos a la modificación de las demarcaciones camerales.

Junto a la Cámara de Comercio de España, el RD 1179/2020, de 29 de diciembre, ha previsto el reconocimiento oficial de las Cámaras que se constituyan libremente en el extranjero por personas de nacionalidad española y personas extranjeras relacionadas con España «con el fin de fomentar la internacionalización de la empresa española y la defensa de los intereses de sus personas asociadas». Una vez reconocidas, actuarán como órganos consultivos y colaboradores de la Administración española, fundamentalmente a través del ICEX y de las Oficinas Económicas y Comerciales integradas en las Misiones Diplomáticas. Sobre la naturaleza de estas identidades vid. la STS 481/2023, de 17 de abril (rec. cas. 6712/2021).

Muestra de su limitada autonomía, cada Cámara se rige por un Reglamento de Régimen Interior, propuesto por el Pleno cameral y aprobado por la Administración de tutela, y en el que deben constar la estructura del pleno, funciones, número y forma de elección de los miembros del Comité Ejecutivo y las normas de funcionamiento de sus órganos de gobierno.

En la Comunidad Autónoma de Andalucía, una serie de Órdenes de 23 de abril de 2019, publicadas todas ellas en el *BOJA* núm. 81, de 30 de abril, aprueban los Reglamentos de Régimen Interior de todas las Cámaras Oficiales de Comercio, Industria, Servicios y Navegación existentes en Andalucía (a excepción del de la Cámara de Jaén), para su adaptación a lo establecido en el Decreto 189/2018, de 9 de octubre, al que ya se ha hecho referencia más atrás. Asimismo, mediante Orden de la misma fecha se ha aprobado igualmente el Reglamento de Régimen Interior del Consejo General de Cámaras de Comercio de Andalucía (creado mediante Decreto 190/1983, de 21 de septiembre).

Finalmente, las Cámaras quedan sujetas a la tutela administrativa que, por regla, es ejercida por la Administración autonómica y que afecta, como ya nos consta, a la totalidad de la vida del ente cameral, tanto a sus funciones públicas como a las privadas. Las resoluciones de las Cámaras, dictadas en ejercicio de sus funciones público-administrativas, así como las que afecten a su régimen electoral, son recurribles ante la jurisdicción contencioso-administrativa, previo recurso administrativo (recurso de alzada impropio) antc la Administración de tutela. En cambio, las actuaciones de las Cámaras en otros ámbitos y, especialmente, las de carácter mercantil, civil y laboral se dilucidan ante los Juzgados y Tribunales de esos órdenes jurisdiccionales.

Como decimos, es la Administración autonómica la que, con carácter general, ejerce la tutela sobre las Cámaras de Comercio que tengan su sede en la Comunidad Autónoma. Esta regla general conoce, no obstante, dos excepciones: por una parte, la tutela sobre la Cámara Oficial de Comercio, Industria, Servicios y Navegación de España es ejercida, lógicamente, por la Administración General del Estado. Por otra parte, es también la Administración General del Estado la que actúa la tutela sobre todas las Cámaras en materias de comercio exterior.

Por lo demás, el ámbito de la tutela sobre las Cámaras es muy amplio y, en general, resulta detallado por las Leyes autonómicas que, además, siguen empleando esta expresión y no otras expresiones espurias (art. 48 LCOCINA). Comprende, en primer lugar, potestades de control sobre los órganos camerales —que van desde su convocatoria hasta la suspensión o disolución de los mismos en supuestos de incumplimiento de sus obligaciones, paralización o adopción de acuerdos gravemente lesivos para el interés público— (art. 37 LBCOCISN). El artículo 11 LBCOCISN prevé incluso que la Administración tutelante designe un representante para que sea convocado y asista a las reuniones del Comité Ejecutivo de la Cámara. En segundo lugar, las potestades de tutela también abarcan el control sobre los actos y disposiciones de las Cámaras. En este sentido, tanto la LBCOCISN como la legislación autonómica prevén, además de lo ya indicado con respecto a la aprobación y modificación del Reglamento de Régimen Interior, un rosario de autorizaciones y aprobaciones por parte de la Administración de tutela (art. 48.3 LCOCINA), e incluso de comunicaciones previas para la disposición de bienes camerales de poca cuantía (art. 51.2 LCOCINA). Buena prueba de que la tutela se extiende sobre la totalidad de la actividad de la Cámara y no sólo sobre sus funciones administrativas es que el artículo 5.4 LBCOCISN requiere autorización previa de la Administración de tutela para enajenar bienes y para que la Cámara pueda firmar convenios e integrarse en otras asociaciones, fundaciones, etc. Junto a todo lo indicado, cabe señalar que el artículo 6.3 LBCOCISN (añadido por la Ley 20/2015, de 14 de julio) atribuye a la Administración tutelante regular los supuestos y el procedimiento para la creación, integración, fusión, disolución liquidación y destino del patrimonio de las Cámaras y de los Consejos de Cámaras. Con respecto a las Cámaras sujetas a la tutela de la Administración General del Estado, estas últimas potestades de tutela van incluso más allá, puesto que el artículo 38 (añadido asimismo por la Ley 20/2015) permite someter a las Cámaras a un Plan de viabilidad económica, que puede desembocar en su disolución. En este mismo sentido, la LCOCINA regula exhaustivamente tanto la suspensión y disolución de los órganos de gobierno camerales (art. 54), como su extinción, procedimiento de liquidación y extinción y asunción de funciones (56, 58-60).

2. Cofradías de Pescadores

Reguladas por las específicas determinaciones básicas contenidas en los artículos 45 a 49 de la Ley de Pesca Marítima (Ley 3/2001, de 26 de marzo) y, en su caso, en el RD 670/1978, de 11 de marzo, así como por la normativa autonómica, las Cofradías de Pescadores son Corporaciones de Derecho Público sectoriales que presentan la sobresaliente singularidad de incorporar a armadores y trabajadores que se dedican a la actividad extractiva pesquera, ya sean personas físicas o jurídicas; trabajadores por cuenta propia o ajena; o dediquen su actividad a la pesca de bajura o de altura. Con raíces históricas que en algunos casos se remontan a la Edad Media, las Cofradías de Pescadores llevan en la actualidad una vida lánguida, debido en parte a que muchas de las funciones que tradicionalmente venían desempeñando las realizan hoy, por determinación del Derecho de la Unión Europea, las organizaciones de productores de la pesca y las organizaciones interprofesionales constituidas en el sector. Por otra parte, también el hecho de que la pertenencia a las Cofradías de Pescadores revista un carácter voluntario ha contribuido, sin duda, a su debilitamiento progresivo. Aun así, como entes corporativos, siguen asumiendo el papel de entidades de consulta y colaboración con las Administraciones y, algunas Cofradías de Pescadores, particularmente vigorosas en determinadas zonas del litoral español, prestan importantes servicios de asistencia, socorro y ayuda a sus miembros (art. 46 de la Ley de Pesca Marítima), que, en épocas anteriores de mayor pujanza, llegaron incluso a la erección y gestión de los hospitales del mar. Desde el punto de vista de su organización interna, las Cofradías de Pescadores se estructuran en la Junta General, el Cabildo (encargado de la gestión y administración) y el Patrón Mayor (elegido por la Junta General de entre sus miembros). Las Cofradías de Pescadores pueden integrarse en Federaciones territoriales y en la Federación Nacional prevista por la normativa básica (art. 47 de la Ley de Pesca Marítima).

Sorprende que las determinaciones básicas que, con respecto a las Cofradías, se contienen en la Ley de Pesca Marítima, se amparen en el título competencial relativo a la ordenación de la pesca marítima (art. 149.1.19.ª CE), y no en el artículo 149.1.18.ª CE, como sería lo normal, dado el alcance fundamentalmente organizativo que aquellas determinaciones presentan. En Andalucía, la regulación de las Cofradías de Pescadores se contiene en el Decreto 86/2004, de 2 de marzo, y de la Orden de 28 de diciembre de 2004, regulación que, a diferencia de otras normativas autonómicas [como las de Galicia (art. 3 de la Ley 9/1993, de 8 de julio), Cataluña (art. 4 de la Ley 22/2002, de 12 de julio), y País Vasco (art. 4 de la Ley 16/1998, de 25 de junio)], no es muy explícita a la hora de enunciar las funciones de las Cofradías de Pescadores. En lo que respecta a una de las funciones más tradicionales que las Cofradías de Pescadores han realizado —la comercialización del pescado— el artículo 3 del Decreto ciñe las funciones de las Cofradías andaluzas a ejercer las funciones que les sean atribuidas por las Administraciones Públicas, permitiéndoles que puedan ser titulares de las concesiones administrativas para la ocupación y gestión de los servicios de Lonja, «sin perjuicio de las asociaciones pesqueras de carácter comercial» (art. 3.7). Precisamente, para salvar esa antinomia que parece existir entre las Cofradías de Pescadores y las Organizaciones de Productores, el artículo 5 de la citada Ley catalana permite que las Cofradías creen, dentro de su estructura interna, unidades diferenciadas dedicadas a la producción y comercialización, unidades que pueden optar al reconocimiento como organizaciones de productores.

3. Cámaras Agrarias

Las Cámaras Agrarias son Corporaciones de Derecho Público de base sectorial que sólo perviven en unas pocas Comunidades Autónomas, habida cuenta de que la Ley 18/2005 derogó la Ley 23/1986 por la que se establecía la regulación básica estatal. No obstante, las Comunidades que las han mantenido vivas —entre las que no se halla Andalucía, que las suprimió por Ley 1/2011—, permanecen en general fieles a los rasgos que consagró la derogada legislación básica, esto es, pertenencia voluntaria (subrayada especialmente por la STC 132/1989), compatible con el carácter de elector que conservan los no-miembros, y reducción de sus funciones a las consultivas y a aquellas que pudiera encomendarles la Administración autonómica, que es también su Administración de tutela.

En el caso de Andalucía, los artículos 14 a 17 de la Ley 1/2011, de 17 de febrero, complementada por la Orden de 7 de julio de 2011, operaron la extinción de las Cámaras Agrarias «de cualquier ámbito territorial de la Comunidad Autónoma». Sus relaciones jurídicas y obligacionales fueron asumidas por la Consejería de Agricultura y sus entes instrumentales; y su patrimonio se traspasó, con carácter preferente, a las organizaciones profesionales agrarias más representativas en el ámbito de Andalucía. Similar operación a la realizada por Andalucía ha llevado a cabo Castilla-La Mancha (Ley 6/2021, de 5 de noviembre). Cataluña, siguiendo la huella de la Ley estatal 12/2014, de 9 de julio, ha dado un paso más, ya que, mediante Ley 17/2014, de 23 de diciembre, a la vez que extingue las Cámaras Agrarias existentes en su territorio, articula un sistema de representatividad de las organizaciones profesionales agrarias (aspecto que otras Comunidades Autónomas están abordando en sus respectivas Leyes de Agricultura). La Ley gallega 1/2006, de 5 de junio, a la vez que extingue las Cámaras Agrarias provinciales, crea el Consejo Agrario Gallego, que se configura como un órgano permanente de participación, asesoramiento, diálogo y consulta de la Administración gallega en materia agraria y desarrollo rural, y en el que, junto a componentes burocráticos, se integran representantes de las organizaciones agrarias más representativas. Por el contrario, en otros casos, la falta de derogación expresa de la normativa dictada en desarrollo de la Ley 23/1986, permite presumir la pervivencia de las Cámaras Agrarias en otras Comunidades Autónomas (son los casos, según creemos, de Madrid —Ley 6/1998, de 26 de mayo—; Aragón —Ley 2/1996, de 14 de mayo—; Castilla y León —Ley 1/1995, de 6 de abril— y Cantabria —Ley 3/1998, de 2 de marzo—).

4. Consejos Reguladores de Denominaciones de Origen e Indicaciones Geográficas Protegidas

El artículo 15 de la Ley 6/2015, de 12 de mayo, siguiendo la secuencia ya iniciada por la Ley de la Viña y del Vino (Ley 24/2003, de 10 de julio), a la que deroga en muchos aspectos, determina que el gobierno y administración de las denominaciones de origen e indicaciones geográficas protegidas (DOP e IGP) —signos distintivos de titularidad pública que singularizan por su origen a los productos agroalimentarios— corresponde a los Consejos Reguladores, entes de gestión a los que les otorga la consideración de Corporaciones de Derecho Público. Todos los operadores (productores, elaboradores, transformadores, etc.) que pretendan colocar sus respectivos productos bajo el amparo del signo geográfico de que se trate tienen que incorporarse a la DOP o a la IGP, inscribiéndose en los registros que les correspondan. A través de procesos electorales, articulados por grupos, se conforma la integración del Consejo Regulador que, como señala la Ley, debe contar con un órgano en el que estén representados de manera paritaria todos los intereses económicos y sectoriales que participen en la obtención del producto protegido. Por lo demás, junto a las funciones que pudiéramos denominar privadas, el Consejo Regulador desempeña genuinas funciones públicas sobre las que la Ley —para las DOP e IGP de titularidad estatal— prevé recurso de alzada impropio ante el Ministerio de Agricultura, que es también el órgano competente para la imposición de sanciones a los miembros de las DOP e IGP (arts. 17 y 38).

En Andalucía, tanto el artículo 24.1 de la Ley de Protección del Origen y la Calidad de los Vinos (Ley 10/2007, de 26 de noviembre), como el artículo 12.3 de la Ley de Calidad Agroalimentaria y Pesquera de Andalucía (Ley 2/2011, de 25 de marzo), diseñan un régimen similar para las denominaciones de origen e indicaciones geográficas de titularidad autonómica, por ceñirse su ámbito territorial al estricto de la Comunidad Autónoma de Andalucía.

5. Corporaciones de Derecho Público en materia urbanística

En materia urbanística, es tradicional que uno de los sistemas de ejecución de los planes urbanísticos sea el de compensación, mediante el cual son los mismos propietarios de una unidad de actuación quienes —por sí mismos y a su costa— se encargan de realizar las obras de urbanización, hacer las cesiones obligatorias de terrenos exigidas legalmente y asumir las tareas de reparcelación. Para el desenvolvimiento de tales fines, los propietarios conforman una Junta de Compensación, Corporación de Derecho Público, que elabora sus propios Estatutos y Bases de Actuación, objeto luego de aprobación municipal, y que actúa todas las funciones públicas precisas para la urbanización de la unidad o sector de actuación de que se trate. Lógicamente, en el desempeño de todas aquellas actuaciones que revistan el carácter de funciones públicas, las Juntas de Compensación deben sujetarse al Derecho Administrativo y sus actos son susceptibles de recurso de alzada ante el Ayuntamiento.

En el ámbito urbanístico existen también como Corporaciones de Derecho Público las denominadas Juntas de Conservación, encargadas del mantenimiento de las obras de urbanización que se hayan realizado en una determinada unidad, sector o polígono de actuación. Al igual que las Juntas de Compensación, de las que en muchos casos son continuadoras, las Juntas de Conservación están integradas por todos los propietarios, que son quienes a su costa deben sufragar la conservación de aquellas obras.

Los arts. 98.5 y 103 LISTA y 201 y 220 de su Reglamento de Desarrollo regulan, en el ámbito de la Comunidad Autónoma de Andalucía, la naturaleza y funciones de las Entidades de Conservación y de las Juntas de Compensación, respectivamente.

6. Las Reales Academias

Como afirma Cabrera Rodríguez, a falta de una Ley estatal que esclarezca los confusos términos empleados por los respectivos Estatutos, existe un relativo acuerdo doctrinal (N. de Miguel Sánchez; en contra, José María Baño León) y jurisprudencial a la hora de conferir a las Reales Academias la cualidad de Corporaciones de Derecho Público. Pero hay que señalar que, en concreto, el TS ha basado su apreciación en la concurrencia de una serie de signos externos, como son la dependencia que las Reales Academias tienen del Ministerio de Educación, las funciones de colaboración que realizan para las Administraciones públicas o las asignaciones financieras que reciben de los Presupuestos público y que representan su principal vía de sustento (STS de 23 de julio de 1985); signos que, como con razón ha observado en alguna ocasión la Abogacía del Estado, no son suficientes para explicar cuál es, en realidad, el sustrato o base de intereses privados característico de este tipo de Corporaciones aquí protegido (Dictamen de 7 de abril de 1999). En lo que respecta a sus fines, suele decirse que garantizan y promueven la libertad de investigación científica y que ejercen —en el caso de la Real Academia de la Lengua— la estandarización normativa del castellano.

La reciente STS de 17 de noviembre de 2015 (rec. cas. 764/2014) ha dado un paso importante en el esclarecimiento de la naturaleza jurídica de las Reales Academias. Aunque afirma que son Corporaciones de Derecho Público, niega, en cambio, que puedan asimilarse a las Corporaciones sectoriales de base privada, pues, dice, tienen una «base privada» muy «tenue, si no directamente inexistente», ya que «su creación y regulación provienen de la iniciativa pública y sus fines son fundamentalmente públicos (...y...) no hay ningún atisbo de fines privados ni de intereses particulares, a diferencia de lo que es usual en las corporaciones sectoriales de base privada arquetípicas, como pueden ser los colegios profesionales o las cámaras de comercio». Consecuencia de ello, según el TS, es que sus actos (en el caso concreto, la expulsión de un académico) se residencian a efectos de su control ante la jurisdicción contencioso-administrativa.

El artículo 35 de la Ley 16/2007, de 3 de diciembre, Ley Andaluza de la Ciencia y el Conocimiento, determina que los fines de las Academias de Andalucía son el fomento de la investigación; el desarrollo de la innovación y la promoción y divulgación del conocimiento, para lo cual actúan como entes de consulta y asesoramiento de la Administración autonómica y local y de las Universidades. A partir de la entrada en vigor de esta Ley, ésta únicamente admite la existencia de academias de ámbito autonómico, academias que además se aglutinan en torno al Instituto de Academias de Andalucía (Ley 7/1985, de 6 de diciembre).

Cada Academia se rige por sus respectivos Estatutos, que se aprueban mediante Real Decreto. En la actualidad, las referencias normativas de los Estatutos de las principales Academias de ámbito nacional son: Lengua (RD 1.109/1993, de 9 de julio, modificado por RD 1.554/2005, de 23 de diciembre); Ciencias Morales y Políticas (RD 537/2015, de 26 de junio); Ingeniería (RRDD 397/2013, de 7 de junio y 536/2015, de 26 de junio); Medicina (RD 750/2011, de 27 de mayo); Historia (RD 39/2009, de 23 de enero); Ciencias Exactas, Físicas y Naturales (RD 1113/2020, de 15 de diciembre); Jurisprudencia y Legislación (RD 1.058/2005, de 8 de septiembre, modificado por RD 919/2017, de 23 de octubre); Bellas Artes (RD 542/2004, de 13 de abril); Farmacia (RD 367/2002, de 19 de abril) y Ciencias Económicas y Financieras (cuyos Estatutos se aprobaron por RD 2.878/1979, de 7 de diciembre, y que, teniendo su sede en Barcelona, es, por cierto, la única Academia de ámbito nacional que no tiene su sede en Madrid). Todas estas Academias de ámbito nacional citadas se integran además en una Corporación de Derecho Público de segundo grado: el Instituto de España (cuyos Estatutos, que han sufrido algunas modificaciones, se aprobaron mediante RD 1.160/2010, de 19 de septiembre). Las funciones del Instituto de España son fundamentalmente propiciar los trabajos y actividades interdisciplinares sobre materias de interés general entre Academias, y establecer la coordinación y cooperación necesaria de las Academias integradas entre sí y de éstas con las no asociadas. Además de las Academias enumeradas, pero también con la naturaleza de Corporaciones de Derecho Público, se hallan las Academias de Psicología (RD 378/2015, de 14 de mayo); Ciencias Veterinarias (RD 101/2014, de 21 de febrero); y Doctores de España (RD 398/2013, de 7 de junio), respecto a la cual la STS 1584/2022, de 30 de noviembre (rec. 346/2021), ha considerado no discriminatoria la denegación de su inscripción en el Instituto de España por «no identificarse con un ámbito del saber que esté suficientemente consolidado y tenga entidad propia, y que sus actividades, por tanto, se refieran a un ámbito del conocimiento que no se encuentre específicamente cubierto por otra Academia de ámbito nacional previamente integrada en el Instituto de España».

Pese a su denominación, más espuria resulta, en cambio, la naturaleza jurídica de la Academia de España en Roma, a la que el art. 1 del RD 813/2001, de 13 de julio, califica como una institución de la Administración General del Estado en el exterior, «que desarrolla su actividad principalmente en la República Italiana [... y que...] tiene por objeto primordial contribuir a la formación artística y humanística de creadores, restauradores e investigadores, con la finalidad derivada de lograr una mayor presencia cultural española en Italia, un mejor entendimiento de las culturas de ambos países y una mayor vinculación cultural entre Europa e Iberoamérica», fin para cuyo logro otorga becas y pensionados en su sede».

Mayor complejidad reviste aún en orden al esclarecimiento de su naturaleza jurídica, la denominada Academia Joven de España, creada y regulada por el RD 80/2019, de 22 de febrero. Se configura legalmente como una «corporación científica de derecho público», cuyos fines (pormenorizados en su art. 3) son esencialmente la «visibilización y representación de los científicos jóvenes, preferentemente en el campo de las ciencias experimentales y de cualquier área intelectual creativa relacionada con dicho campo». Su composición distingue entre académicos numerarios, correspondientes y honorarios. Los académicos numerarios —que constituyen el verdadero pilar de la Academia, se compone de 50 académicos que son elegidos— a propuesta de sociedades internacionales científicas, fundaciones, academias e instituciones científicas de reconocido prestigio, de entre científicos que tengan un promedio de edad de 40 años y lleven, al menos, 12 años como Doctores. Su mandato dura cinco años y, tras su finalización, se integran como académicos correspondientes. Aspectos muy importantes de la actividad de esta Academia Joven son, por supuesto, la generación de anuarios y publicaciones científicas, pero también el establecimiento y mantenimiento de relaciones científicas y culturales con otras academias de jóvenes mundiales (*Global Young Academy*), europea (*Young Academy of Europe*), iberoamericanas y de otros países, así como con Universidades e instituciones científicas y culturales en general.

7. Comunidades de Usuarios

Las Comunidades de Usuarios, reguladas en los artículos 81 y siguientes de la Ley de Aguas (RD Legislativo 1/2001), son Corporaciones de Derecho Público que aglutinan a los usuarios del agua y otros bienes de dominio público hidráulico de una misma toma o concesión. La característica más destacada de estas Comunidades, cuyas funciones detallan el artículo 83 LAg, es que, a efectos de tutela, se adscriben a una Administración Institucional, los Organismos de Cuenca (arts. 82.1 y 84.5).

8. Corporación de la Organización Nacional de Ciegos Españoles

La Organización Nacional de Ciegos Españoles (ONCE) es, según su Estatutos aprobados mediante Orden SCB/1240-SCB/2019, de 18 de diciembre, una Corporación de Derecho Público de carácter social, cuyos fines sociales se dirigen a la consecución de la autonomía personal y plena integración de las personas con ceguera y con deficiencia visual grave, mediante la prestación de servicios sociales, que ejerce en todo el territorio español funciones delegadas de las Administraciones públicas, bajo el protectorado del Estado. La afiliación tiene carácter voluntario para quienes reúnan determinados requisitos de discapacidad y se financia básicamente con los beneficios obtenidos de la explotación de las modalidades de juego para cuya práctica y organización está autorizada.

III. COLEGIOS PROFESIONALES

Los Colegios Profesionales son Corporaciones de Derecho Público que, según el artículo 1.3 de la Ley 2/1974, de 13 de febrero (LCP), tienen como fines esenciales la ordenación del ejercicio de las profesiones, la representación institucional exclusiva de estas cuando estén sujetas a colegiación obligatoria, la defensa de los intereses profesionales de los colegiados y la protección de los intereses de los consumidores y usuarios de los servicios de sus colegiados. Bajo la común rúbrica de Colegios Profesionales se amparan, no obstante, realidades muy diversas, pues muy diferentes son también tanto los orígenes como las problemáticas que afectan a las distintas profesiones tituladas. El núcleo aglutinador de los Colegios Profesionales es, sin duda, que engloben a personas que ejerzan profesiones tituladas de nivel universitario, aspecto este que, como bien ha notado Cosculluela, está siendo en ocasiones banalizado, dando lugar a la aparición de Colegios que agrupan a sectores profesionales cuya actividad no se corresponde con una especial titulación.

En el marco de los fines indicados, los Colegios Profesionales desarrollan una serie muy extensa de funciones, que vienen enumeradas en el artículo 5 LCP. No obstante, ni siquiera tan prolija relación refleja todas las funciones que, en la práctica, los Colegios realizan, pues a través de las diversas llamadas que el artículo 5 efectúa a funciones que les puedan atribuir o encomendar las Administraciones públicas, entran en el ámbito de atribuciones de los Colegios un nutrido racimo de funciones públicas. Evidentemente, las competencias más relevantes de los Colegios giran en torno a dos ejes: por un lado, la ordenación de la actividad profesional de los Colegiados —que entraña la aprobación de Normas Deontológicas y el ejercicio de la potestad disciplinaria sobre sus colegiados (M. A. Rodríguez Portugués)—; y, por otro lado, la defensa y representación de la profesión, que dota a los Colegios de una amplia legitimación para defender los intereses corporativos ante cualquier instancia —pública o privada— y para luchar, en particular, contra el intrusismo profesional. Junto a ellas, no deben olvidarse las funciones consultivas y de colaboración que, como ente corporativo, desenvuelven cerca de las Administraciones públicas, así como la preceptiva participación funcional que tienen en muchos procedimientos legislativos y administrativos.

Como decimos, detallar las funciones de los Colegios Profesionales es una empresa ardua, porque en gran medida las funciones de cada Colegio dependen de la naturaleza de la profesión titulada a la que el Colegio se refiera, abundando las situaciones de conflicto entre las atribuciones que corresponden a unos y otros Colegios (*vid.* recientemente STS 3995/2017, de 8 de noviembre, rec. cas. n.º 4674/2016 y 1222/2021, de 11 de octubre, rec. cas. 883/2020, referida esta última a la delimitación de atribuciones entre médicos y enfermeros); confusión que, como sugieren las SSTS 287/2019, de 5 de marzo —rec. cas. 597/2016— y 343/2020, de 10 de marzo —rec. 279/2018— se ha visto agravada por la diversidad de títulos universitarios. Según ya hemos resaltado, con carácter general es muy común que los Colegios Profesionales participen funcionalmente o deban ser oídos preceptivamente en determinados procedimientos legislativos y administrativos: además de la previsión general que a este respecto se contiene en los artículos 26.2 y 6 LG, la participación de los Colegios Profesionales en la implantación de los títulos universitarios de grado y máster y en la elaboración de sus correspondientes planes de estudio, particularmente cuando habilitan para el acceso y ejercicio de una profesión regulada (DA 12.ª RD 822/2021, de 28 de septiembre), es muy importante y su omisión está siendo particularmente sancionada por los Tribunales. Junto a la participación funcional, el ordenamiento a veces también dispone supuestos de participación de los Colegios en órganos administrativos: así, algunas Leyes autonómicas de Colegios Profesionales prevén la integración de representantes de los Colegios Profesionales en los Consejos Sociales de las Universidades. Los Colegios realizan también una importante función en orden a velar por el cumplimiento de las Leyes, siendo en este sentido paradigmático el visado colegial que emiten los Colegios de profesiones técnicas (ingenieros, arquitectos, etc.) en relación con determinados proyectos y trabajos profesionales de sus colegiados (tema regulado por el art. 13 LCP y por el art. 2 RD 1.000/2010, de 5 de agosto, y en Andalucía, por el art. 300 del Decreto 550/2022, de 29 de noviembre, por el que se aprueba el Reglamento de desarrollo de la LISTA). En tal función de vigilancia, es de gran trascendencia las variadas funciones de control que desarrollan los Colegios de Farmacéuticos en múltiples aspectos (presencia del farmacéutico en el establecimiento; correcta llevanza de los libros preceptivos; respeto de la normativa sobre dispensación de recetas y medicamentos, aspecto que suele articularse mediante conciertos con los Servicios autonómicos de Salud, STS 860/2019, de 24 de junio, rec. cas. 2940/2017, etc.; todo ello sin olvidar otras como la organización de los turnos de guardia y de los períodos de vacaciones de las farmacias). Abundando en el rol de colaboración con la Administración, los arts. 9.2.*b*) LISTA y 10-16 de su Reglamento de desarrollo abren enormes posibilidades a los Colegios Profesionales —fundamentalmente a los de Arquitectos— para que celebren convenios de colaboración o formalicen encomiendas de gestión con las Administraciones urbanísticas para la realización de tareas de carácter instrumental, material, técnico, auxiliar o de apoyo a las actuaciones de verificación, inspección y control del cumplimiento de la normativa urbanística en el ámbito de la actividad de edificación.

En relación con la colaboración con la Administración de Justicia, los Colegios disponen de listas de peritos e informan en los procedimientos administrativos o judiciales en los que se debata sobre honorarios profesionales. Por otra parte, no hay que olvidar los servicios que los Colegios prestan habitualmente a sus colegiados, ofreciéndoles formación, asesoramiento, mutuas de asistencia y medios materiales para la facilitación de sus actividades, e incluso actuando como árbitros o mediadores en los conflictos que se susciten entre los colegiados.

Más en relación con los Colegios referidos a profesiones jurídicas, hay que destacar que, en la actualidad, por específica atribución de la Ley de Asistencia Jurídica Gratuita (Ley 1/1996, de 10 de enero, modificada por Ley 2/2017, de 21 de junio, y desarrollada por RD 141/2021, de 9 de marzo, cuyo art. 41.1 ha sido anulado por STS 757/2022, de 15 de junio -rec. 151/2021), la solicitud de tal asistencia —configurada por el Preámbulo de la Ley como un verdadero servicio público (calificación ratificada por la STC 103/2018, de 4 de octubre)— se insta ante los Colegios de Abogados, que son también quienes realizan las designaciones provisionales de Letrados y quienes se integran —también con representantes de los Colegios de Procuradores— en la Comisión Jurídica de Asistencia Gratuita existente en cada capital de provincia, que es la que dicta la Resolución definitiva. Los Colegios de Abogados se encargan asimismo de la llevanza y asignación de los turnos de oficio y disponen de servicios de orientación y asesoramiento a los ciudadanos, cuyos gastos de funcionamiento sólo en una muy pequeña parte son compensados por las Administraciones autonómicas. Precisamente, sobre la base de esta conceptuación de los servicios de asistencia jurídica gratuita como un genuino servicio público, es por lo que la jurisprudencia considera que la prestación de tales servicios de asistencia jurídica gratuita no está sometida a las previsiones de la Ley de Defensa de la Competencia (SSTS 955, 1010 y 1068/2019, de 1, 8 y 15 de julio, recs. cas. n.º 4232, 3699 y 3883/2018, respectivamente), estableciendo así un sesgo con respecto a la doctrina general que el propio Tribunal Supremo viene manteniendo en relación con el grueso de actividad de los Colegios Profesionales (entre otras, SSTS de 19 de junio de 2007, 4 de noviembre de 2008 y 3131/2017, de 27 de julio, rec. cas. n.º 956/2015). Además, esta configuración de la asistencia jurídica gratuita como servicio público y, consiguientemente el amplio margen de conformación que ello otorga al legislador es lo que legitima que pueda declararse normativamente la adscripción universal y forzosa de todos los colegiados al servicio de defensa y representación gratuita (SSTS 109/2016, de 26 de enero, rec. cas. n.º 923/2014 y 413/2016, de 29 de enero, rec. cas. n.º 3242/2014). Ahora bien, tal y como venimos sosteniendo, el hecho de que la asistencia jurídica gratuita sea un servicio público que los Colegios prestan por atribución legal no convierte a los abogados y procuradores que actúan en los respectivos turnos en empleados públicos: por ello, la Sala de lo Social de la Audiencia Nacional en Sentencia 26/2019, de 22 de febrero, rec. 3/2019, ha denegado la creación de un sindicato («Red de Abogados») del Turno de Oficio, «al no haber quedado acreditado que los promotores sean sujetos de una relación laboral o de carácter administrativo o estatutario al servicio de la Administración».

La Ley 34/2006, de 30 de octubre, de acceso a las profesiones de abogado y procurador de los Tribunales, desarrollada por el RD 64/2023, de 8 de febrero, atribuye, en fin, a ambos colegios profesionales, junto a las universidades, un papel muy destacado en la organización e impartición de los Másteres que dan acceso a esas profesiones. Las relaciones de los Colegios de Abogados con sus colegiados y de los Colegiados entre sí se rigen, como decimos más arriba, por unas Normas Deontológicas que aprueba cada Colegio y que se mueven en el marco del Código Deontológico de la profesión aprobado por el Consejo General (el de la Abogacía, fue aprobado por el Pleno en sesión de 6 de marzo de 2019).

En todo caso, la paulatina sujeción de las actividades profesionales a las exigencias del Derecho de la competencia ha incidido obviamente sobre el régimen jurídico de los Colegios Profesionales, prohibiéndoles, entre otros extremos muy clásicos de su regulación, que fijen honorarios mínimos o que impidan a sus colegiados publicitar la oferta de sus servicios.

En este sentido, y en relación con los Colegios de Abogados, un racimo muy nutrido de sentencias del Tribunal Supremo ha considerado que el establecimiento de unos denominados «criterios orientativos para la tasación de costas y jura de cuentas», aun fijados singularmente por parte de algunos Colegios de Abogados, tienen un alcance suprautonómico, que justifica la competencia de la CNMC para examinarlos, porque desborda el concreto ámbito territorial del colegio en el que se adopta cada uno de estos acuerdos, habida cuenta tanto la consagración del principio de colegiación única, como el hecho cierto de la difusión general tenida por dichos acuerdos entre todos los profesionales [SSTS 1692/2022, de 19 de diciembre (rec. cas. 7649/2021), 1707/2022, de 21 de diciembre (rec. cas. 7662/2021) y 35/2023, de 16 de enero (rec. cas. 8681/2021), entre otras]. Por otra parte, con respecto al ejercicio de la Procuraduría, la STS 960/2021, de 5 de julio —rec. cas. 282/2019— ha establecido como doctrina casacional que «la limitación a tres de los carnets de oficial habilitado que un mismo procurador pueda solicitar, de acuerdo con la Orden del Ministerio de Justicia de 15 de junio de 1948, no vulnera la Ley 17/2009, de 23 de noviembre, sobre el libre acceso a las actividades de servicios y su ejercicio, ni la ley 25/2009, de 22 de diciembre (ley Ómnibus); y tampoco vulnera la Ley 20/2013, de 9 de diciembre, de garantía de la unidad de mercado».

La creación de un Colegio Profesional se hace por Ley a iniciativa de los profesionales interesados. Por consiguiente, no resulta factible que la Administración promueva de oficio la creación *ex novo* de Colegios, sin asegurarse sobre la existencia de una verdadera demanda al respecto. Por otra parte, la exigencia de Ley debe ser entendida en sus justos términos, esto es, viene referida a la posibilidad en abstracto de que una determinada profesión titulada pueda constituirse en Colegio Profesional, pero no a que, una vez admitida tal posibilidad legal, la creación de cada uno de los Colegios territoriales de la misma profesión deba efectuarse igualmente por Ley, ya que en tales supuestos bastará con un acto administrativo de reconocimiento.

El artículo 3 LCP, conforme a la redacción dada por la Ley 25/2009, de 22 de diciembre, determina igualmente que sea la Ley —y, en concreto, la Ley estatal— la que establezca la obligación de incorporarse a un Colegio Profesional como requisito indispensable para el ejercicio de una profesión titulada. Evidentemente, tal previsión supone la admisión implícita de dos tipos de Colegios Profesionales: los de adscripción obligada y los de colegiación voluntaria, según lo establecido por Ley. La jurisprudencia constitucional ha establecido que la colegiación obligatoria se justifica particularmente en aquellos supuestos en los que la colegiación se perfila como un instrumento eficiente y razonable de control del ejercicio profesional para la mejor defensa de los destinatarios de los servicios, así como en aquellas actividades en que pueden verse afectadas, de manera grave y directa, materias de especial interés público (SSTC 89/1989; 131/1989; 35/1993; 76/1996; 194/1998; 120/2003 y 6/2005). En todo caso, cualesquiera que sea el carácter obligatorio o no que tenga la colegiación, lo que sí es cierto es que existe un verdadero derecho subjetivo a incorporarse a un Colegio por parte de quienes ostenten la titulación requerida y reúnan las condiciones exigidas legal y estatutariamente, sin que resulte factible reconocer al respecto margen de apreciación alguna a los Colegios. Por lo demás, frente a lo que ocurre con otras Corporaciones que mantienen la adscripción obligatoria, los colegiados, sean ejercientes o no, tienen el deber de abonar las cuotas colegiales, cuotas que carecen de la consideración de ingreso tributario.

La existencia, como veremos más adelante, de Colegios Profesionales que se articulan sobre la base colegios territoriales ha planteado tradicionalmente el problema de si resultaba necesario integrarse en los Colegios de todos los ámbitos territoriales en que se ejerciera o pretendiera ejercerse la profesión. La solución que originariamente daba la LCP era precisamente ésta, matizada con la posibilidad de que los colegiados solicitasen habilitaciones específicas para ejercer ocasionalmente en otras demarcaciones territoriales. La Ley 7/1997 eliminó, sin embargo, la multicolegiación, supresión que ha remarcado de manera definitiva y contundente el artículo 3.3 LCP, según la redacción dada por la Ley 25/2009, indicando además que los Colegios no podrán exigir a los profesionales que ejerzan en un territorio diferente al de la colegiación comunicación ni habilitación alguna ni el pago de contraprestaciones económicas distintas de aquellas que exijan habitualmente a sus colegiados por la prestación de los servicios de los que sean beneficiarios y que no se encuentren cubiertos por la cuota colegial. En diversas ocasiones, la jurisprudencia constitucional ha subrayado que no precisan, en cambio, colegiarse los funcionarios públicos o el personal que presta sus servicios en el ámbito de la Administración pública (abogados del Estado y letrados de otras Administraciones; Arquitectos municipales; médicos de un hospital público, etc.), ya que en tales casos, la Administración «asumiría directamente la tutela de los fines públicos concurrentes en el ejercicio de las profesiones colegiadas que, con carácter general, se encomiendan a los Colegios Profesionales» (SSTC 69/1985, 131/1989 y 194/1998). No obstante, el protagonismo que, en punto a la colegiación obligatoria, otorga la LCP a la Ley estatal ha llevado incluso a declarar la inconstitucionalidad de aquellas Leyes autonómicas que eximen de la colegiación obligatoria a quienes ejercen la profesión al servicio de la Administración (SSTC 3/2013, 46/2013, 50/2013 y 89/2013).

La estructura colegial no sigue un modelo único. Aunque hay profesiones tituladas que se estructuran en torno a un solo Colegio de ámbito nacional, lo más frecuente es que respondan a una estructura múltiple, en la cual existe un Consejo General de ámbito nacional y diferentes colegios territoriales de la misma profesión. Además, la entrada en escena de las Comunidades Autónomas ha determinado en muchos casos la aparición de Consejos autonómicos.

Cuando existe un solo Colegio Profesional de ámbito nacional este puede desconcentrarse en Delegaciones de ámbitos territoriales muy distintos (provinciales, regionales, etc.), a las que los órganos de gobierno del Colegio pueden atribuirle el desempeño de algunas funciones en relación con los colegiados de su ámbito territorial.

Pero lo más frecuente es que los Colegios Profesionales se estructuren siguiendo un modelo múltiple. La base de este modelo son obviamente los Colegios territoriales de la misma profesión. A diferencia de lo que ocurre en relación con otras Corporaciones de este tipo, la LCP no define una circunscripción territorial mínima para ellos, limitándose a indicar que, dentro del ámbito territorial de cada Colegio, no podrá constituirse otro de la misma profesión, a menos que se produzcan procesos de fusión, absorción, segregación o disolución con respecto a los Colegios ya existentes. En todo caso, tales procedimientos de alteración siempre se verifican a iniciativa de los propios Colegios y precisan de la aprobación de la Administración de tutela. Por su parte, el Consejo General de Colegios de una misma profesión se configura como una Corporación de Derecho Público de segundo grado y es de existencia obligada. Pese a que los Colegios territoriales son los miembros del Consejo General, no se encuentra esclarecida del todo la naturaleza de la relación que une al Consejo General con los respectivos Colegios.

El TS ha entendido en reiteradas ocasiones que la relación que une al Consejo General con los Colegios territoriales es una relación de jerarquía, por lo que, en aplicación del artículo 20.*a*) LJCA, éstos no pueden recurrir los actos del Consejo General, y este sí puede, en cambio, convalidar los actos de aquéllos. Esta calificación no es compartida, por ejemplo, por Calvo Sánchez, quien prefiere hablar de la existencia de una relación especial en cuya virtud el Consejo General asume una posición de «órgano representativo y coordinador superior de los Colegios».

En esencia, las funciones del Consejo General, enunciadas por el artículo 9 LCP, se centran en la representación unitaria de la profesión en el ámbito nacional, en elaborar los Estatutos Generales y aprobar y visar los Estatutos y Reglamentos de Régimen Interior de los Colegios, en resolver los conflictos que se susciten entre los Colegios y, en fin, en revisar por vía de recurso los actos dictados por éstos. Ahora bien, la previsión por parte de las Comunidades Autónomas de Consejos de ámbito autonómico ha actuado sobre este haz competencial del Consejo General, limitando o matizando algunas de sus competencias.

En Andalucía, la Ley 6/1995, de 29 de diciembre, por la que se regulan los Consejos Andaluces de Colegios Profesionales, atribuye a los colegios profesionales la iniciativa para la constitución del consejo andaluz de colegios de la profesión respectiva, iniciativa que debe ser, no obstante, aprobada mediante Decreto del Consejo de Gobierno de la Junta de Andalucía. Creado tal Consejo para una determinada profesión, este asume, entre otras funciones, la representación unitaria de la profesión en el ámbito de la Comunidad Autónoma con todo lo que ella conlleva; las relativas a dirimir los conflictos que se susciten entre los colegios integrantes; el ejercicio de las facultades disciplinarias sobre los componentes de las Juntas de Gobierno de los Colegios y la resolución de los recursos que se interpongan contra los actos y acuerdos de los Colegios «de acuerdo con lo que establezcan sus Estatutos» (art. 6). En el ámbito de la abogacía andaluza, los Colegios de Abogados existentes en la Comunidad Autónoma (Almería, Antequera, Cádiz, Córdoba, Granada, Huelva, Jaén, Jerez de la Frontera, Lucena, Málaga y Sevilla) acordaron la iniciativa para instituir el Consejo Andaluz de Colegios de Abogados de Andalucía (CADECA), cuyos Estatutos están aprobados por Orden de 7 de octubre de 2016. Por lo que respecta a la Procuraduría, los Colegios existentes en Andalucía (Almería, Antequera, Cádiz, Córdoba, Granada, Huelva, Jaén, Jerez de la Frontera, Málaga y Sevilla) vieron constituido su respectivo Consejo Andaluz mediante Decreto 23/1988, de 10 de febrero; rigiéndose en la actualidad por sus Estatutos, inicialmente aprobados mediante Orden de 27 de noviembre de 2013 y modificados recientemente por Orden de 15 de noviembre de 2017.

Con independencia de la estructura territorial que adopten, los Colegios Profesionales se organizan internamente conforme a un patrón común. Todos los colegiados, ya sean ejercientes o no, conforman la *Asamblea o Junta General*, a quien compete, entre otros cometidos, la aprobación de los presupuestos y de los Estatutos y Reglamento de Régimen Interior. Todos los colegiados, bien reunidos en Junta General, bien mediante procesos electorales *ad hoc*, designan a los componentes de la Junta Directiva o de Gobierno, presidida por el Decano, Presidente o Síndico e integrada por un número variable, según los Estatutos, de vocales o diputados que asumen los distintos cargos de responsabilidad del Colegio y que, en principio, deben tener la condición de colegiados ejercientes, salvo que los Estatutos reserven la posibilidad de que algún cargo pudiera ser cubierto también por no ejercientes (art. 7.1 LCP). La Junta de Gobierno ejerce las funciones directivas y de administración del Colegio.

Señala el artículo 7.3 LCP que las elecciones para la designación de las Juntas Directivas o de Gobierno u otros órganos análogos se ajustarán al principio de libre e igual participación de los colegiados, sin perjuicio de que los Estatutos puedan establecer hasta doble valoración del voto de los ejercientes respecto de los no ejercientes. De igual modo, los Estatutos de cada Colegio pueden establecer condiciones para ser elegible, tales como residencia, antigüedad en el ejercicio profesional u otras condiciones de carácter profesional. Por lo que hace a las competencias de la Junta de Gobierno a ésta le corresponden, entre otras, la admisión de nuevos colegiados; el ejercicio de las facultades disciplinarias, la gestión económica y administración del patrimonio, la convocatoria de las Juntas Generales y la ejecución de sus acuerdos. Finalmente, debe dejarse constancia de que los Estatutos de cada Colegio, además de los órganos necesarios que hemos señalado, pueden crear otros órganos complementarios como la Comisión Permanente u otras Comisiones temáticas.

El régimen jurídico de los Colegios viene establecido por los Estatutos Generales que, para todos los colegios de una misma profesión, elaboran los Consejos Generales y que aprueba, posteriormente, el Gobierno. Los Estatutos Generales se ajustan además a un contenido mínimo (art. 6.3 LCP), y, a partir de ellos, cada Colegio territorial elabora sus propios Estatutos particulares que son aprobados por el Consejo General, siempre que estén de acuerdo con la LCP y con los Estatutos Generales. El sistema normativo de cada Colegio se completa con el Reglamento de Régimen Interior, que desarrolla a los anteriores en cuestiones de organización y funcionamiento y que son visados también por el Consejo General.

La naturaleza jurídica tanto de los Estatutos Generales como de los Estatutos particulares no resulta pacífica. Aunque nadie duda de su carácter normativo, hay quien los ve como Reglamentos estatales, en la medida en que, a la postre, en última instancia resultan aprobados, al menos los Estatutos Generales, por el Gobierno. Otros autores entienden, en cambio, que lo que hace el Gobierno es un mero control de legalidad, siendo, por consiguiente, los Estatutos Generales (y también los particulares) una manifestación de la autonomía normativa de los Colegios Profesionales. En otro orden de ideas, hay que destacar que el Estatuto General de la Abogacía Española está aprobado por RD 135/2021, de 2 de marzo (cuyo ajuste a la legalidad ha sido confirmado por las SSTS 1033/2022, de 19 de julio —rec.159/2021— y 1089/2022, de 22 de julio —rec. 158/2021—), y que el Estatuto General de los Procuradores de los Tribunales de España lo fue por RD 1281/2002, de 5 de diciembre (modificado por RRDD 1373/2003, de 7 de noviembre y 351/2006, de 24 de marzo).

Los actos y acuerdos de los órganos colegiales y de los Consejos Generales, en cuanto estén sujetos al Derecho Administrativo, serán directamente recurribles ante la jurisdicción contencioso-administrativa, una vez agotados los recursos corporativos (art. 8 LCP). En el esquema originario de la LCP, esta previsión significaba que los actos y acuerdos de los Colegios territoriales eran susceptibles de recurso ante el Consejo General [art. 9.1.*e*)]. Sin embargo, la creación, por un lado, de los Consejos autonómicos de Colegios Profesionales, y, por otro lado, las previsiones del artículo 15.3 de la Ley del Proceso Autonómico, han entrañado, como ya destacamos, el práctico desapoderamiento de los Consejos Generales en esta materia a favor de los Consejos autonómicos.

En el caso de los Colegios Profesionales de Andalucía, la Ley de Colegios Profesionales de Andalucía (Ley 10/2003, de 6 de noviembre), establece, en cuanto al denominado recurso corporativo, un modelo dual: con respecto a aquellos Colegios Profesionales para los que exista un Consejo Andaluz de Colegios, los actos y acuerdos de los órganos de cada Colegio territorial serán susceptibles de recurso de alzada ante su respectivo Consejo Andaluz, recurso cuya resolución agotará la vía administrativa (art. 35; así se prevé concretamente en el art. 30.1 de los Estatutos del CADECA); en caso contrario, el artículo 33 de la Ley obliga a que en cada Colegio Territorial o, en su caso, en el Colegio único, exista una Comisión de Recursos, integrada como órgano del Colegio, pero no sujeta a instrucciones jerárquicas de los órganos de dirección. En lo que concierne a la impugnación de los acuerdos de los respectivos Consejos andaluces de Colegios, lo que sus normas estatutarias establecen es la posibilidad de interponer recurso de reposición potestativo [por todos, art. 30 de los Estatutos del CADECA]. Controvertido es si, dentro de cada Colegio, la Junta de Gobierno puede impugnar los actos de la Junta General y viceversa: aunque existen dudas, en algún caso se admite expresamente (p. ej., art. 117 de los Estatutos Generales de los Procuradores).

BIBLIOGRAFÍA

ARGULLOL MURGADAS, E.: «Las Cámaras de Comercio ante el Tribunal Constitucional: de un control riguroso a la autolimitación de la justicia constitucional», en *Homenaje a Martín Mateo.*

ARIÑO ORTIZ, G.: «Naturaleza de las Cámaras de Comercio. Notas a una polémica», en *Régimen jurídico del comercio interior*, 1973.

— «Sobre el concepto y significado institucional de la expresión establecimiento público», *DA*, n.º 155, 1973.

— «Corporaciones Profesionales y Administración Pública», *RAP*, n.º 72, 1973.

ARIÑO ORTIZ, G. y SOUVIRÓN MORENILLA, J. M.: *Constitución y Colegios Profesionales*, Unión Editorial, 1994.

BAENA DEL ALCÁZAR, M.: *Los Colegios Profesionales en el Derecho Administrativo*, Montecorvo, 1968.

BAÑO LEÓN, J. M.: «Las competencias del Estado y de las Comunidades Autónomas sobre Colegios Profesionales», *Derecho Privado y Constitución*, n.º 11, 1997.

— «El ejercicio de las profesiones tituladas y los Colegios Profesionales», *Revista Gallega de Administración Pública*, n.º 24, 2000.

BAÑO LEÓN, J. M. y BOIX PALOP, A.: «La Administración Pública de la Comunidad valenciana», en BASSOLS COMA, M. (coord.): *La Administración Pública de las Comunidades Autónomas*, INAP, 2004.

BAUZÁ MARTORELL, F. J.: «Jurisdicción y autorregulación. Los consejos reguladores de las denominaciones de origen», en *Homenaje a Santamaría.*

CABEZAS HERNÁNDEZ, M.ª T.: *Las Cámaras de Comercio, Industria y Navegación de España: naturaleza y funciones*, Atelier, 2002.

CABRERA RODRÍGUEZ, J.: «El derecho fundamental a la libertad de investigación científica [art. 20.B) de la CE] como principio organizativo. El caso de las Reales Academias», *RAP*, n.º 193, 2014.

CALVO SÁNCHEZ, L.: *Régimen jurídico de los Colegios Profesionales*, Civitas, 1998.

CARLÓN RUIZ, M.: «Las Corporaciones de derecho público», *Lecciones y materiales para el estudio del Derecho Administrativo*, Iustel, 2009.

CHINCHILLA MARÍN, C.: «Las Cámaras agrarias en la reciente jurisprudencia del Tribunal Constitucional», *REDA*, n.º 65, 1990.

CORDERO TORRES, J. M.: «El régimen de las Reales Academias (con especial referencia a la Ciencias Morales y Políticas», *RAP*, n.º 66, 1971.

COSCULLUELA MONTANER, L. M.: «Nuevas tendencias en la regulación de las Corporaciones de Derecho Público en el Derecho español», en *Homenaje a Clavero.*

CUESTA REVILLA, J. (dir.): *Juntas de compensación*, Francis Lefebvre, 1999.

DE MIGUEL SÁNCHEZ, N.: *Las Academias y su configuración jurídica*, Cedecs, 1999.

DEL SAZ CORDERO, S.: *Cámaras Oficiales y Cámaras de Comercio*, Marcial Pons, 1996.

— *Los Colegios Profesionales*, Marcial Pons, 1996.

FALCÓN Y TELLA, R.: «Cámaras de Comercio: la inseguridad creada por una desafortunada sentencia», *Quincena Fiscal Aranzadi*, n.º 18, 1994.

FANLO LORAS, A.: *El debate sobre colegios profesionales y cámaras oficiales. La Administración corporativa en la jurisprudencia constitucional*, Civitas, 1992.

— *Las Confederaciones Hidrográficas y otras Administraciones hidráulicas*, Civitas, 1996.

FERNÁNDEZ FARRERES, G.: *Asociaciones y Constitución (estudio específico del art. 22 de la Constitución)*, Civitas, 1987.

— «Las Cámaras de Comercio, Industria y Navegación y el derecho de asociación», *Revista Aragonesa de Administración Pública*, n.º 5, 1994.

— «La distribución de competencias entre el Estado y las Comunidades Autónomas en materia de Colegios Profesionales», *Revista Gallega de Administración Pública*, n.º 24, 2000.

— (dir.): *Colegios Profesionales y Derecho de la Competencia*, Unión Editorial, 2002.

— «Corporaciones de Derecho Público», en SAINZ MORENO, F. (dir.), *Estudios para la reforma de la Administración pública*, INAP, 2004.

FERNÁNDEZ RODRÍGUEZ, T. R.: *Derecho Administrativo, sindicatos y autoadministración*, IEAL, 1972.

— «Sobre la naturaleza de las Comunidades de Regantes», *REDA*, n.º 2, 1974.

GARCÍA DE ENTERRÍA, E.: «Las Cámaras de Comercio, Industria y Navegación ante el Derecho», *RAP*, n.º 139, 1996.

GORORDO BILBAO, J. M.: *Cámaras Oficiales de Comercio, Industria y Navegación (naturaleza, funciones y régimen jurídico)*, Civitas, 2005.

LÓPEZ BENÍTEZ, M.: *Las Denominaciones de Origen*, Cedecs, 1996.

— *Del Estatuto del Vino a las Leyes del Vino*, Civitas, 2003.

— *Régimen jurídico de las Cámaras Oficiales de Comercio, Industria y Navegación*, Junta de Andalucía, 2007.

— «Cláusulas subrogatorias en materia de Administración de Justicia y prestación de los servicios de asistencia jurídica gratuita», en *Homenaje a Muñoz Machado.*

— «Algunas consideraciones a propósito del ámbito subjetivo de la nueva Ley de Contratos del Sector Público de 2017. En particular el caso de las Corporaciones de Derecho Público», *Documentación Administrativo*, nueva época n.º 4, 2017.

— «La protección extrarregistral de las DOP e IGP: las relaciones entre la Administración Pública y los entes gestores de cada signo distintivo», *Indicaciones geográficas y marcas: luces y sombras de una obligada convivencia comercial*, Ed. Reus, 2022.

LÓPEZ BENÍTEZ, M. y REBOLLO PUIG, M.: «Aplicabilidad y extensión del art. 149.1.18.ª CE a entes no administrativos», en *Homenaje a Clavero.*

LÓPEZ MENUDO, F., FALCÓN Y TELLA, R., REBOLLO PUIG, M. y LÓPEZ BENÍTEZ, M.: *Estudios jurídicos sobre Cámaras Oficiales de Comercio, Industria y Navegación de Andalucía*, Junta de Andalucía/ Consejería de Economía y Hacienda, 1991.

MANZANEDO MATEOS, J. A. y NIETO GARCÍA, A.: «Régimen jurídico del comercio interior, con especial referencia a las Cámaras de Comercio, Industria y Navegación», en *Régimen jurídico del comercio interior*, IEAL, 1973.

MARTÍN-RETORTILLO BAQUER, S.: *De las Administraciones autónomas de las aguas públicas*, IGO, 1960.

— (coord.): *Los Colegios Profesionales a la luz de la Constitución*, Civitas, 1996.

— «Funciones de las Cámaras Oficiales de Comercio, Industria y Navegación», *REDA*, n.º 90 1996.

— «De las Comunidades de Regantes a las Comunidades de Usuarios de las aguas públicas. El tema de su personalidad jurídica», *Autonomies*, n.º 21, 1996.

Martínez López-Muñiz, J. L.: «Naturaleza de las Corporaciones Públicas Profesionales», *REDA*, n.º 39, 1983.

— «El Estatuto Jurídico de las Academias Científicas Territoriales», *Revista Jurídica de Castilla y León* n.º 45, 2018.

Orriols Sallés, M. A.: «Una Corporación de Derecho público *sui generis*: la Corporación de reserva estratégica de productos petrolíferos», en *Homenaje a Martín Mateo.*

Pérez Pérez, E.: «Naturaleza de las Comunidades de usuarios del agua y esquema de su régimen jurídico», *REDA*, n.º 81, 1994.

Rebollo Puig, M.; Falcón y Tella, R. y López Benítez, M.: *Naturaleza y régimen jurídico de las Cofradías de Pescadores*, Universidad de Córdoba, 1996.

Rodríguez Portugués, M. A.: «Reserva de Ley y tipificación de infracciones y sanciones por los Colegios Profesionales», *REDA*, n.º 195, 2018.

Sainz Moreno, F.: «Profesiones tituladas y Colegios Profesionales», en Alzaga Vilaamil, O. (dir.), *Comentarios a la Constitución de 1978*, Edersa, 2.ª ed., 1996.

Salom Parets, A.: *Los Colegios Profesionales*, Atelier, 2007.

Sánchez Saudinós, J. M.: *Los Colegios Profesionales en el ordenamiento constitucional: Colegios Profesionales y ejercicio de las profesiones tituladas en el Derecho público español*, CEC, 1996.

Tolivar Alas, L.: «Sobre la naturaleza y régimen jurídico de las Academias», en *Homenaje a Martín Mateo.*

Tornos Más, J.: «Las Cámaras Oficiales de Comercio, Industria y Navegación», en *Homenaje a Clavero*, Civitas, 1994.

Trayter Jiménez, J. M.: «El futuro de los Colegios Profesionales. Perspectivas tras la Directiva de Servicios y ante la futura Ley de Servicios Profesionales», en *Homenaje a Santamaría.*

Trayter Jiménez, J. M. y Noguera de la Muela, B.: «Presente y futuro de los Colegios Profesionales», en Aguadó Cudolá, V. y Noguera de la Muela, B. (dir.): *El impacto de la Directiva de Servicios en las Administraciones Públicas: aspectos generales y sectoriales*, Atelier, 2012.

VV.AA.: *Las Cámaras de Comercio e Industria en Europa Continental*, Centro de Documentación, 1995.